撒切尔夫人传

我是牌中大王

[英]查尔斯·莫尔 著
赵杰 译

世界知识出版社

图字：01-2013-8213号

Margaret Thatcher:The Authorized Biography,Volume One:Not For Turning
by Charles Moore

This edition arranged with AITKEN ALEXANDER ASSOCIATES
Through Big Apple Agency,Inc.,Labuan,Malaysia.

图书在版编目（CIP）数据
撒切尔夫人传：我是牌中大王 /（英）莫尔著；赵杰译．—北京：世界知识出版社，2015.6
书名原文：Margaret Thatcher The Authorized Biography Volume One: Not For Turning
ISBN 978-7-5012-4856-8
Ⅰ．①撒… Ⅱ．①莫… ②赵… Ⅲ．①撒切尔，M.H.—传记 Ⅳ．① K835.617=5
中国版本图书馆 CIP 数据核字 (2015) 第 018748 号

责任编辑：王瑞晴　蔡金娣
策　　划：董保军　张天罡
特约编辑：于建梅
版式设计：张彦普

书　　名：**撒切尔夫人传**：我是牌中大王
作　　者：[英] 查尔斯·莫尔
翻　　译：赵　杰

出版发行：世界知识出版社
地　　址：北京市东城区干面胡同 51 号 (100010)
电　　话：010-65265923（发行）010-85119023（邮购）
　　　　　010-85112689（编辑部）
经　　销：新华书店
印　　刷：北京温林源印刷有限公司
开本印张：787×1092 毫米　1/16　27 印张
版次印次：2015 年 6 月第 1 版　2015 年 6 月第 1 次印刷
标准书号：ISBN 978-7-5012-4856-8
　　　　　ISBN 978-0-713-99282-3
定　　价：49.80 元

目　录 PREFACE

前　言 | PREFACE

苏格拉底在接受雅典法庭审判时，曾说出一句至理名言："未经检验的人生不值得度过"。当然，他从未遇见过玛格丽特·撒切尔。从幼年时起，直至晚年时疾病缠身无能为力之外，撒切尔夫人终其一生都在努力工作，并无止息。对她而言，工作具有近乎宗教性一样举足轻重的意义，并且这也是她所知道的唯一的生活方式。哪怕是在身离政坛之后，她还是常常说"有太多的工作要做！"她讨厌一个事实，就是自己再也没有机会驰骋其中。

这类人不会回头顾盼。即便是当他们身体力行之时，亦不会停下来观察自己做事的方式。他们一直专注于目标，总是害怕浪费时间。在对玛格丽特·撒切尔的人生进行检验时，几乎只有一种感觉就是有人批评她在特定场合的表现——某次演讲表现得不够好，她对某某会议并未进行恰当准备，诸如此类。她对于自我提升有一种清教徒般的严格要求，以确保听到批评后在下次能够表现得更好。她几乎不曾坐下来反思过去。诚然，当她成为保守党党魁时，曾经从自己的记忆中遍寻来自那个小城的故事以及父亲的训词，毕竟这些构成了她的信仰基础，但是她这样做只是为推进自己的事业，而非出于任何自传性调查的需要。她惊人的精力也得益于这种不刻意分割个人经历的习惯：如果她花时间回顾过去，就将有更少的时间前进。正是通过观察撒切尔夫人，有了小说家阿兰·霍林赫斯特（在电影《美丽线条》中）称其为"优雅急行客"，在从一场会议到另一场会议的匆忙步履之间，你能够看到她的生活并未给自我省察留下空间。

然而，当1990年11月离开办公室之际，撒切尔夫人（就像随后成为的那样）被迫思考自己的故事。出版商开始频繁叩响她的房门，吵闹着讨要她的回忆录。她着实不想写下这些故事，因为她历来讨厌对外泄露个人信息。实际上，她是真的没有想过如何应对这样一桩任务。例如，她极其厌恶一件事，就是温斯顿·丘吉尔围绕自己所从事事业而撰写的书，到头来变得和那些事情几乎同等重要，但是，在她对被迫离开办公室的方式狂怒不已时，的确希望将自己过去11年半时间里身为首相所取得的成就来个总结。她希望出一本书来证明自己所坚持的信条是正确的。当然，她的出版商们更感兴趣的是她的私人回忆和能够产生丰厚利润的有趣故事，因此，这对于她那些忠诚而能干的文字助理团队而言，要做到面面俱到，无疑是一项艰巨的任务。团队中有些人回忆起来当初要说服撒切尔夫人来坦言自己的奇闻轶事何等困难，毕竟，一份好的回忆录必须有独特的个人风格，清晰的叙事线索。

她发现很难专注于过去，并且讨厌将任何发生在自己身上的事情曝光于世，任何这方面的想法都会惹她反感。虽然在20世纪末期她的思考力开始明显变得退化之前，那些个人回忆录都写得很好，但是在述及个人生活方面还是有些并不自然和准确。当涉及政府管理方面的事实和数据，她的记忆力总是体现出惊人的准确性，但是一旦关系到个人过往历史细节时，则显得力不从心，不时出错。她太忙了，忙到不能将生活中的琐事印到自己的脑海里。已经问世的两本回忆录《唐宁街岁月》和《通往权力之路》都体现出了高度的专业性，它们都技巧性地在字里行间透露出辛辣和锐利的语气，而这种特点也正是撒切尔夫人在口头表达过程中惯常流露出来的，不过一旦要正式诉诸纸面，她则会倾向于回避这些。如果是单独工作，它们悄然欺哄她的内心，从而超过她本来能够驾驭的范围跳出来。这些传记代表的是她的真正思想和态度，但是却永远无法克服一个难题，就是它们虽然是自传，但是书的主人却没有以自传式的方式来思考。

随着回忆录的出炉，有一个问题浮出水面，就是撒切尔的文件资料——在她的整个政治事业生涯中，累积了大量记载。虽然一所美国大学提供了巨额资金，撒切尔夫人还是拒绝了，并承诺给了当时的内阁秘书罗宾·巴特勒爵士，表示自己的文件资料要首先提供给国家所有，否则不能予以处理。鉴于她的母校牛津大学在其担任首相时，曾拒绝为其提供荣誉学位，她转而找到了剑桥大学。1997年，由自己的家庭同意，她将这些文件资料永久出借给了丘吉尔学院，后者拥有最好的现代英国政治文件档案馆。在这件事尘埃落定后，她的顾问们接着提出了出一本传记的想法，经过数次讨论，撒切尔夫人最终给出的想法是，既然自己的传记无疑要由人撰写，那么此人最好是整个过程的旁观者，根据她的判断标准，要选择的这名作者应当值得信任，一方面能够提供给公众所未曾见过的文字，另一方面能够提供给公众未曾听说过的来自同事和家族成员的现身说法。1997年，该选择落到了我身上。之所以选我，我的个人想法是主要出于两个原因，作为一名编辑、时政记者和评论员，我曾经紧跟时代，并认识各类剧中人物。同时，虽然我的写作从起初就赢得了撒切尔夫人的认可，但是我从未成为她“帮派”中的一分子。

撒切尔夫人提供给我的任务安排是，要与她自己全面接触，进行采访，并且要充分了解她的文件和档案。她愿意支持我所有对其他人的采访请求，其中包括接触她的家庭成员。她的“手谕”还超出了英国国界，尤其集中于环大西洋，那里有她的大量朋友、熟人和愿意分享记忆的前政要，还有许多之前从未见过光的日记和文件。由于她对本书的支持，当时的内阁秘书理查德·威尔逊爵士允许所有现任和前任公务员对撒切尔时代向我畅所欲言，并允许我检查政府文件，而这些资料基于法规 30 年内是不向公众公开的。对研究政府文件的授权保证了所有我文稿中的引用内容在出版之前都是经有关部门允许的，也确保了它们不会危及国家安全。最终，书中有一些细微变化，但是没有任何实质性的重要内容被剔除，本书并非官方历史，因此内阁办公室并未拖延（亦未施加倾向性影响），没有试图影响或者压制其中的任何观点。之所以描述为“经授权的”传记，是因为是撒切尔夫人要我撰写的，但是我们的协议明文规定，撒切尔夫人不许阅读我的手稿，而本书在她在世期间不能出版。这样做的部分原因是避免她在老年时会发生任何争议，以至影响出版，而且也是要确保读者相信，她未能对书中之言施加任何控制。这还有助于接受我采访的有些人在知道她永远不会读到其中言语时，会免去顾虑。我撰写本书的费用并不由撒切尔夫人支付，而是来自我的出版商企鹅出版社。

坦白说，当撒切尔夫人和我在 1997 年第一次讨论该议题时，和过去通常表现出的一样，她同样缺乏兴趣。她一直热切坚持自己曾经承诺的任何事，保证了数次较长时间的采访，总是给予配合。后来，随着她的记忆力衰退，长时间的正式采访变得不可能，她乐意友好地和我共进午餐，在其中的闲聊中，我会摘取一些有价值的信息。但是当有人将此与男性政治家通常对个人过往成就斤斤计较的做法进行比较时，就会发现有一点不同寻常的是，她从不要求我采取某种特别路线，甚至不会询问我打算对任何事要采取的说法。和所有引人注目的领导人一样，她有强烈的自我中心主义。她一直相信，是自己，并且是自己一个人将英国从 1945 年之后的半社会主义颓势中拯救了过来。她相信来自自己婚姓之后的那个“主义”将会对人类的自由进程产生永久的不同意义。但是至于历史会如何评判自己，她一点也不敏感，或者甚至一点也不担心。

这样就把她的传记作者置于一种不同寻常的位置上。大部分传记作家在工作过程中要面对的，就是不得不应付其主人公（他/她）的干预、热心过度或者敌意。对这些作家而言，他们很难摆脱写作过程中来自对方的阴影。我曾经预料会进入到撒切尔夫人的阴影中，但是这一点从未发生。这给了我巨大的自由。另一方面，撒切尔夫人对这类工作先天缺乏兴致，也使得她成为一种令人沮丧的资源。她很少建议我在 **X** 一事上与谁进行对话，或者可以在何处找到 **Y**。（幸运的是，其中许多人事对她而言尚触手可及。）她已经为我扭动了锁中之匙，但是似乎很少知道房间有什么更多的东西。并且，当我采访她时，她很难理解历史性询问和政治论证并不相同。当问到关于个人过往的问题——她父亲的政治理念是怎样的，都说了什么，或者她在牛津大学最熟知的人是谁——她习惯于从特殊性直冲向普遍性，概括而笼统地回答。

有一次，我问到她一个关于她母亲的职业问题，她回答说，自己的母亲曾经是一位很棒的女裁缝师，并且"她做事出于自愿，且干得精彩。而这是英国女性身上所具备的一种东西——她们把自愿从事的工作做得无与伦比——和法国女人不同"，而之后未等我拦住，她已经从自感索然无味的私人话题逃离到了其擅长而又情有独钟的政治领域。通常，当我所想得到的只是一条简单的信息时，却发现在实际层面被带入一些重大事件的专题探讨，比如法治，而这些只需要一个偶然性的词汇即可被无意识地激活。有时候，在她激情高涨时，撒切尔夫人会全然忽视一个事实，就是坐在面前的我不是自己的传记作者，而就像是那些电视访谈者的一员，比如在过去数年她曾经一直与之角力的罗宾·戴。"你只用说因为你是一名社会主义分子就行了！"当感觉到自己被逼到墙角时，她会如此大喊着说，虽然（就像她非常清楚的）我终其一生从来都不会是一名社会主义者。就像阿兰·克拉克曾经谈到的，她在交流中会采取一种"跳铁轨"的方式，这是一种有趣的体验，但是对于一名历史学者则不是什么好玩的。

对于她的大部分职业经历而言，和对自己生活点滴中的故事的态度一样，玛格丽特·撒切尔对于个人资料表现得同样缺乏兴趣。她是那种清爽利落的人，会通过抛弃一些事情来获得某种积极乐观的愉悦感，并将之视为自己引以为傲的家庭主妇智慧的一部分。在任何一次大选前，她都会着重清理一下自己的办公桌，以做好不会再回到这里的准备。任何时候搬家或者变动办公室（这些相当频繁），她都会扔掉大堆的文件资料。她几乎没有保留任何儿时的东西，并且在1970年父亲去世之后允许对大量的家庭资料加以销毁。来自牛津大学的记录寥寥无几，而来自早期婚姻生活的记录亦然。除了对个人记载兴趣索然之外，撒切尔夫人还本能地有一种秘密性和戒备性，她确信别人无权了解自己在公共领域之外的生活。在从事这项工作过程中，我发现了玛格丽特曾经写给她姐姐穆雷尔的逾150封信，其时间段主要集中于20世纪30年代和20世纪60年代之间，从中我更多地了解到了她的私人生活，而这种了解比此前所有已经披露的内容总和还要多。她的确保留了一些关于自己早年演讲的剪报，但是倾向于把自己认为太过个人化的那些扔掉。按照她自己的话来讲，在身为一名年轻国会议员时，并不适合保留许多政治文案，甚至在她担任教育部秘书时也是如此，因为“我只是认为自己无足轻重”。直到1974年11月她得以代表党魁并于1975年2月赢得该地位时，才开始保留重要的政治文档。这归功于一个事实，就是她身边有了更多人来组织这些事情，而这些人对保存记录的兴趣超越了她本人。

撒切尔夫人也不像那些维多利亚时代的领导人，会写大量日记并在相互的持续信件往来中记录自己的思想，她从未保存一本日记，并销毁了大量信件（极少有完整日期的），这些行为通常是亲手为之，而信中常常流露出令收件人开怀的热情和吸引力，但是很少透露出个人的思想细节。更为常见的是，这些信中会有一些感谢之言、哀悼之词或者同情之语，偶尔会包含一些随性为之的评论，流露出些许有趣的观点，但是几乎从未太多陈述过在公共问题上的个人理念，亦未分析过身边的同事们。她对这两件事都怀有兴趣，但是感觉由自己口头表达会更安全。非常罕见的是，她撇开时间写下对一些重要事件的私人看法。最为引人注目的案例是她对福岛战争的陈述，福岛侵略事件结束后，她用了一年时间来写作。但是，总体来说，商业媒体以及对泄密的担忧破坏了她本来让自己见诸报端的承诺。到目前为止，关于她政治观点披露最多的文字记载是那些她信手涂鸦的备注。担任首相期间，她在案头大量的文件上这么做过。这些都是直接反应，需要由她的私人秘书们收集整理并加以解释，通常这些文字只有他们能够看到，并且其中充满了她的急迫心理，以及通常的愤怒风格，更多使用的标点是感叹号而非句号，同时还以重重的下划线来表示强调。她几乎没有亲自写过任何备忘录。

因此，撒切尔夫人的传记作者很难由当事人亲自来检验自己那未经检验的人生。对我而言，这使得这件工作更加令人着迷。在她纷繁复杂的经历故事中，要尽量分辨出重大主题——她的欲望本性，她的信仰基础，她政治技能的提升，她对于爱情、婚姻和家庭的态度，以及在一个几乎全部由男人控制的世界里冉冉上升并得以生存的办法。她是英国政党第一位也是目前仅有的一位女性，这一事实使得所有事情都变得不同。正是出于这一原因，我在谈到她的整个公共事业时，都称之为“撒切尔夫人”：这也是人们称呼她的，而“夫人”一词在他们的意识当中非常重要。同事们、竞争对手以及选民们对她的态度——以及她对待大家的方式——从根本上受到其性别的影响。她的手提包成为她的统治权杖。她几乎一点都没有分析过这一点，但是却用实际行动体现了出来，通常是在充满戏剧性的场合更加明显。我的任务是讲述这种激动人心的故事，并试图加以解释——就像她从未做过也不想或者不能做的——其背后存在的内容。

有太多故事要告诉给大家，以至于整部传记需要分四卷。我认为她在个人自传中所做的明确分界——她在 1979 年大选中胜出——并不正确。那样做使得第三、四卷不得不涵盖她作为首相的整个拥挤时期，显示出不必要的密集。事实上，1982 年福岛战争胜利才是真正的分界线，这一事件使她在其党内的领导人地位得以巩固且无从置疑，因此是决定性的人生经历。由此，她达到了人生的巅峰。这件事作为高潮时刻，自然而然地成为她前半生故事的完美终结点。

读者们将会发现，就在撒切尔夫人成为首相之后，组织叙事就显得不太容易。由于涉及曾经参与其中同时又身处不同领域的各种人的生活，这一直是一个问题。在很多方面，最好尝试纯粹按照时间顺序来讲故事。政治领域就像生活一样，一件事会导向另外一件事。在呈现一名首相的人生过程中，要展示其如何跨越彼此不同的事件——一次恐怖分子袭击，一次糟糕的递补选举，以及英镑飙升或许在同一天发生，而唐宁街 10 号院的主人必须立即将它们处理好——同样显得颇有价值。总体而言，我遵循了这种方法。但是一旦有特殊主题显得太过重要又独立于其他普通事件之外，就不得不以单章专门处理。在本卷中，我在对待北爱尔兰、冷战和福岛等事件时，采取了这种方式。

在撰写第一、二卷的过程中，我还决定第三、四卷将同样采取类似方式。其中有一些主题，尽管在第一、二卷中的相应时期已经有所体现，但是后来会变得更加重要。因此，为了避免重复，在第一、二卷中我对于撒切尔夫人的私人生活和处理问题的智慧着墨不多，而所有这些将会在第三、四卷中详加阐述。同样的，这种做法也应用于或许被称为“玛格丽特·撒切尔迷思”的领域。她成为左派的眼中钉，又是右派心目中的巾帼英雄，一位在海外（特别是美国和东欧）拥有巨大声望的领导人，而这一点也将会在第三、四卷中着重处理。

虽然我曾经从事新闻业，密切关注政治，但是必须承认，我常常发现政治传记枯燥无趣。如果涉及的角色在生活中兴趣平平，细节的使用量看起来会显得比例失调。在玛格丽特·撒切尔的人生中，细节的数量巨大，但是主人公的兴趣并不逊色。在对她去世一事的反应上，这一点得到了凸显。她是那种几乎不可能处于骑墙立场的人。人们为她着迷、亢奋和心生敬畏。许多人认为她拯救了英国，许多人又认为她颠覆了这个国家。唯一将他们联合一处的是他们的兴趣。随着她从当前的争议中进入历史，这种兴趣并未显得暗淡。撒切尔夫人正在成为一个全国性的典型，围绕她的争议声将永远不绝于耳，就像亨利八世，或者伊丽莎白一世，或者纳尔逊，抑或温斯顿·丘吉尔。而由于她的性别、信仰以及性格，她还是一个全球性典型——一个为所有人加以考量的领导人：对有些人而言，是一个引人警戒的传说；对另外一些人来说，则是一颗熠熠闪光的明星。

致 谢 | Thanks

首先，我必须感谢已故的撒切尔夫人给我这次机会来撰写此书。由我来做她的授权传记作者，完全出乎意料，但也着实是一种令我不能推却的荣幸之机。在为我提供完整访问的过程中，她言出必行，在诸多方面——不管是接受采访，还是阅读所有她的文件资料——都说到做到，和起初承诺的一样。

由于撒切尔夫人的支持，所有她的家庭成员都鼎力相助。我与已故的丹尼斯·撒切尔爵士进行过大量对话。马克·撒切尔爵士和卡罗尔·撒切尔两人也都在成书过程中接受了采访，并且无论何时被提出要求，都会热心地帮助我了解信息。

撒切尔夫人的姐姐（她唯一的姊妹）穆雷尔·库伦夫人，除了多年前接受过一次简短媒体采访外，从未公开抛头露面发表过什么言论。在她去世前，我们见过两次面，进行了大量具有实质性内容的交流。除此之外，她的儿子安德鲁也给我提供了支持。经她允许，我得以阅读到玛格丽特早前年轻时给她写的大量信件，并且之前完全没有公开过。看着那些被束之高阁的书信存放于老旧箱子中，我就产生了一种印象，自从穆雷尔当初收到它们以来，就再也没有被人重读过。

这些收藏简直是无价之宝，为我提供了了解玛格丽特·罗伯茨私人生活的独特通道。与库伦夫人的女儿珍·梅斯的谈话给了我更多帮助，她还向我展示了他们的家庭照片。自始至终，库伦家庭都对我表现出极大的热心。对此，我要特别予以感谢，毕竟他们都是讨厌抛头露面的人。安德鲁·库伦更愿意在自己的农场里工作。在威斯敏斯特的纷繁复杂间碰撞太久之后，我发现这一点非常容易理解。

撒切尔夫人历来想方设法培植自己忠实而又精干的个人团队，而他们也对我产生了不可估量的价值，尤其是辛西娅·克劳福德夫人，传奇人物“克劳氏”，在长达三十余年的时间里，她很少远离自己的上司；马克·沃辛顿身为撒切尔夫人长期的私人秘书；吉利·潘罗斯直到近期还在做她的私人助理。而凯特·索耶是周到的护理工，从而使她身体每况愈下的晚年时光里生活有了诸多不同。朱利安·西摩尔是撒切尔夫人私人办公室主任，一度是我求之不得的最好的朋友——果断、风趣、足智多谋，必要时也会大动肝火。朱利安正是第一位将写传记的消息传达给我的人，而他也正是从一开始就坚持要我做此事的人。

然而，对于撒切尔夫人而言，拥有出传记的想法是一回事，对我来说要将这一切变成可供出版的书籍则是另一码事，毕竟要让一切从想法变成现实，首先需要依靠我的代理人吉伦·埃特肯，他从那时开始一直照顾着我，其次还要靠接受了这项出版任务的企鹅出版社。委托者有安德鲁·罗森海姆，一度投入了一个大赌注，毕竟玛格丽特·撒切尔比如今还要更过气许多。后来取代他直到现在的是斯托特·普罗菲特，也是英国出版界最伟大、最有素养，也是最值得尊敬的编辑。在一个笨拙的孕者身上，他证明了自己是一位多么令人钦羡的助产士，做了太多“为他人作嫁衣裳的工作”。

撒切尔的文件资料有两个主要收藏处。她的个人和政治文档存放于剑桥大学丘吉尔学院的档案中心，该中心专门创办了撒切尔档案馆来储存它们。就它们的规模而言有一种感觉：如果我活到一百岁，而且没有其他工作要忙，也看不完这里的所有资料。我最要感激的是丘吉尔档案馆馆长艾伦·帕克伍德博士，还有撒切尔档案管理员安德鲁·赖利。安德鲁是这个世界上了解玛格丽特·撒切尔最多的两个人之一，他的行事彻底、高效，良好的幽默感和对于个人专业的积极兴趣都让人赞叹不已。没有他，这项工作不可能完成。我还应当感谢他的得力助手管理员索菲·布里奇斯，以及所有他的团队成员。

另外一位最了解撒切尔夫人的人不是我，而是克里斯多夫·柯林斯。他是玛格丽特·撒切尔基金会网站 www.margaretthatcher.org 的编辑。这个先锋企业要将撒切尔夫人曾经的公开言论全部加以校对并公布在网站上，另外还要处理她私下里说到的许多话以及来自世界各地的相关文件。它变革了现代历史研究，并很快被到处复制。当其他人想丢弃有关撒切尔夫人的资料的情况下，柯林斯博士能这么做，真是功德无量。对那些人而言，他显得冷酷无情，而对我来说，他却是知识和信息的源泉。

当然，政府文件从范围上也很广泛。本卷书中覆盖的大多数资料已经向位于克佑区的国家档案馆披露。不过，在它们公开之前，我已经在白厅研究了其中的大部分内容，并且获得了内阁办公室官方历史办主任特萨·斯特林、副主任萨利·福克的理解和保护。尤其是萨利，坚持引导我长达九年之久，期间她从未失去耐心，即便是当我们都不得不从水兵拱门转移到财政部的新址过程中亦然。我还必须向如今已经退休的克里斯·格林道尔致敬，他从遥远之地带给我那么多的文件。另外，在与不同的官方历史学家们近距离接触和工作的过程中，我也受益匪浅，他们中包括斯蒂芬·沃尔爵士、伊恩·比斯利、吉尔·本内特和罗德尼·劳伊。我还要感谢帕特里克·塞尔曼的智慧。

应撒切尔夫人的要求，由当时的内阁大臣理查德·威尔逊爵士（现在是丁顿的威尔逊勋爵）出面，为我提供了合作。尽管我并非官方历史学家，但是他提供了一项帮助，就是认为我应当被提供一名官方（即政府）历史学家的各项权益。这种优待在他的继任者特恩布尔勋爵、奥唐纳勋爵以及杰里米·海伍德时期依然持续。后来的首相们——托尼·布莱尔、戈登·布朗和戴维·卡梅伦——对该项目也非常感兴趣。我还应当感谢道格·金，以及其他王室成员，因为他们都给予了礼貌的配合。

撒切尔夫人在美国的档案资料丰富得惊人，她与美国的关系确实特殊，文件量自然也大。在这方面大量超负荷的每日工作并不由我亲历，而是由我的美国研究处主任丹尼尔·考林斯去做。后者是我一起工作过的人中最严谨、聪明而又坚韧的学者，此前曾经在总统图书馆和其他档案馆工作超过八年时间。他还承担了大部分的美国采访部分，单就本卷和第二卷而言，就几乎与八十位美国高层政策制定者进行了对话。我要感谢安东尼·赛尔登，是他将丹尼尔带到了我的工作中，与我齐头并进。

对于美国方面的重要资源和材料，我欠下了几个总统图书馆极大的人情债，它们有福特图书馆、卡特图书馆、里根图书馆和老布什图书馆等，丹尼尔和我按照信息自由法案和强制性审查程序，提出了调阅大量文件的请求。其中许多已经开花结果，而果实就躺在本书一页页纸面的字里行间。我们的工作还得到了那些勤劳的档案管理员的引导，对他们要给予最大的赞誉。我们还要对加利福尼亚西米谷罗纳德·里根图书馆无所不知的谢利·威廉姆斯予以特别致敬，他为我们提供了孜孜不倦的帮助。而亚特兰大吉米·卡特图书馆的基斯·舒勒、得克萨斯州大学城乔治·H.W. 布什图书馆的乔治亚和罗伯特·霍尔兹维斯，也应该获得我们特别呈上的感谢。

我的研究还得益于信息自由法案，借此可以直接向联邦调查局（FBI）、中央情报局（CIA）和国防部以及国务院提出调档请求。凡此种种，到目前为止都产生了最富成效的结果，我要感谢那里所有的工作人员，尤其是罗琳·哈特曼，她在整个过程中负责处理反复的诉求，并在其间表现出了耐心和真正的奉献精神。

我在此希望向美国内外大量的图书馆和档案馆工作人员致谢，其中包括联合国、IMF、国际英语演讲联合会、国会图书馆、美国国家档案馆、乔治·华盛顿大学的国家安全档案馆、斯坦福大学的胡佛研究所、哈佛大学的怀德纳图书馆、普林斯顿大学的马德图书馆以及乔治城大学的劳因各图书馆。

在美国，有太多前政府官员和办公室负责人慷慨相助。我深深地感谢他们所有人。尤其要指出的是我从兹比格纽·布热津斯基那里学到了太多（他还好心地拿出自己的私人日记与我分享并供我摘选），另外还有理查德·艾伦、巴德·麦克法兰和乔治·舒尔茨，他们所有人亲自见证了我的主旨研究，也阅读了与他们在职期间的总统有关的章节。亨利·基辛格则一如既往地提供了一个独特视角，尤其是关于玛格丽特·撒切尔访美的最初经历等内容。爱德华·斯特劳特和后来的吉姆·伦特斯勒也为我提供了之前不为人知的信息，那可谓储藏丰厚的富矿，有太多次，他们宁愿花费自己宝贵的时间（还有后者所提供的私人文件）来帮助我们。我一直欠着他们的人情债。彼得·罗宾逊慷慨地与我们分享了个人见解、文件，甚至还有自己亲手写就的手稿——《玛格丽特·撒切尔与里根总统》，该文中的所有内容都对我产生了极大的价值。至于学术界，我要感谢莱斯大学的道格拉斯·布林克利教授，他在里根总统的日记方面为我提供了帮助，还有莱顿大学的贾尔斯·斯科特—史密斯教授，他慷慨地与我们分享了自己对玛格丽特·撒切尔1967年访美之旅的研究。

其他还提供了帮助的研究机构及个人包括：牛津大学波德林图书馆的保守党档案馆；巴黎的国民档案馆；牛津大学（波林·亚当斯）萨默维尔学院；牛津大学（在追踪托尼·布雷过程中至关重要）布拉斯诺斯学院的伊丽莎白·博德曼；凯斯蒂文和格兰瑟姆女子学校；《格兰瑟姆日志》社；国际英语演讲联合会档案馆。大卫·巴特勒教授与丹尼斯·卡瓦纳教授一起，在牛津大学纳菲尔德学院就英国选举已经构建了独具价值的现代采访记录。它对于本书的价值难以估量，并且大卫·巴特勒还亲自给予我热情而慷慨无私的帮助。而身为一名老会员，我还要一直欠着伦敦图书馆的人情债。

有些人给我看了私人文件——日记、信件等——以及从未公开过的照片。我必须特别向玛丽安·韦伯致谢，因为她允许我研究其父艾瑞·尼夫那扣人心弦的日记；还有约翰·希金斯爵士，他的部分日记之前已经公开出版，但是还有未公开部分如今得以披露，甚至还告知公众更多内容；梅根·里斯则为我们提供了她父亲未经公开出版过的手稿；还有鲁斯勋爵关于福岛的资料；还有已故的迪兹勋爵，是我之前的主编，并且在撒切尔传记事宜上一直担任我的顾问，还让我得以浏览他的档案；还有安东尼娅·弗拉瑟夫人，提供了她的日记片段；科恩布鲁克夫人为个人日记提供了私人见解；伦威克勋爵和汉内勋爵则提供了回忆录手稿；彼得·克罗珀提供了私人文件；马尔科姆·里弗金德还提供了自20世纪70年代以来的备忘录；还有玛丽·莫里森夫人，提供了照片和其他资料；麦克莱伦家庭还提供了罗伯特·亨德森的照片；托尼·布雷提供了个人照片；谢利·伊利斯夫人提供了玛格丽特年轻时的照片以及她在格兰瑟姆的照片；亚当·里德利爵士那些令人羡慕的全套政治文件；还有罗丹溪谷的文森勋爵那些政策研究中心的资料；瑞德夫人与撒切尔夫人一路走来的记录；还有安·戈尔德所提供她哥哥爱德华·博伊尔的信札。

本书是四卷本的第一部，因此对帮助过我的主要人士并非均悉同等着墨。比如，有两位至关重要的见证者——乔治·W.H.布什总统和贝斯沃特的鲍威尔勋爵——在第一、二卷几乎未见踪影，但是，就查尔斯·鲍威尔而言，我所写的一切都从多年间与他的交流中受益匪浅。我希望所有感觉在这份致谢辞中应当被提及的人士告诉我，以便在第三、四卷成书时给我一次将功补过的机会。

下面是本卷书中热心接受采访者，他们中的许多人此前从未接受过采访：大卫·亚伦；安东尼·艾克兰德爵士；肯尼斯·阿德尔曼；乔纳森·埃特金；安德鲁·亚历山大；理查德·艾伦；马丁·安德森；查尔斯·安森；伊尔敏斯特的阿姆斯特朗勋爵；约翰·阿什沃斯博士；雅克·亚特利；西恩·艾尔沃德；詹姆斯·贝克尔；杜金的贝克尔勋爵；约翰·班克斯；拉尔夫·巴克斯特；拜耳勋爵；已故的贝尔斯泰德勋爵；已故的肯尼斯·贝利尔爵士；已故的比芬勋爵；丹尼斯·布莱尔；已故的布雷克勋爵；迈克尔·布鲁门萨尔；艾瑞克·博尔顿教授；克莱夫·博瑟姆爵士；理查德和维罗尼克·包德乐—瑞纳；罗德里克·布瑞斯维特；菲尔德·马歇尔，布拉马尔勋爵；托尼·布雷；希拉·布朗恩；已故的布莱特曼勋爵以及布莱特曼夫人；斯邦尼斯尔的布里坦勋爵；威廉·布罗克；奈杰尔·布鲁姆—菲尔德爵士；哈罗德·布朗博士；兹比格纽·布热津斯基博士；伯恩斯勋爵；理查德·伯特；乔治·H. W. 布什总统；大卫·巴特勒爵士、教授；迈克尔·巴特勒爵士；已故的亚当·巴特勒爵士；布洛克威尔的巴特勒勋爵；已故的约翰·卡尔伯格；弗兰克·卡鲁西；卡灵顿勋爵；布莱恩·卡特里奇爵士；约翰·凯西博士；安东尼·查米尔；约翰·奇尔科特爵士；约翰·克莱尔；威廉·克拉克法官；约翰·克勒斯爵士；科尔布鲁克夫人；罗伯特·康奎斯特；伯克利的柯普勋爵；已故的珀西·克拉多克爵士；辛西娅·克劳福德夫人；彻斯特·克劳克；彼得·克劳伯；已故的米尔班科的库克尼勋爵；安德鲁·库伦；穆雷尔·库伦夫人；瓦雷里·吉斯卡德·德斯坦总统；肯·戴姆；约翰·多斯；乔纳森·戴维德森；查尔斯·德·查西陇；提摩西·迪尔；基恩·迪恩夫人；已故的迈克尔·迪弗；已故的迪兹勋爵；大卫·迪尔克斯教授；多布斯勋爵；艾什顿的东诺各胡勋爵；诺尔·多尔；爱德华·杜·卡恩爵士；肯尼斯·杜伯斯坦；安德鲁·杜吉德；已故的劳伦斯·伊格尔伯格；迈克尔·爱德华兹爵士；谢利·伊利斯夫人；布莱恩·福尔爵士；菲罗斯勋爵；埃德温·福伊尔纳；罗杰·方泰安；罗伊·福克斯；已故的米尔顿·弗雷德曼；罗伯特·凡赛斯；泰萨·盖斯曼；约翰·格森；马丁·吉尔伯特爵士；晚年克雷格米勒的吉尔默勋爵；德莫特·格里森；大卫·格姆波特；大卫·古道尔爵士；菲利普·古德哈特爵士；奥列格·哥德尔维斯基；高里伯爵；帕特里夏·格里诺夫人；阿兰·格林斯潘；弗雷司发奇的格里菲斯勋爵；已故的玛丽·格里尔斯夫人；德本勋爵；理查德·哈斯；道格拉斯·黑格爵士；已故的亚历山大·黑格；约恩·霍尔；彼得·汉纳福德；奇思维可的汉内勋爵；保罗·黑尔；晚年圣十字山的哈里斯勋爵；波林·哈里森教授；菲利普·哈沃斯 QC；约翰·赫杰；玛德琳·赫拉白夫人；已故的乔西·亨德森夫人；已故的尼可拉斯·亨德森爵士；西斯廷勋爵；威廉·西斯廷爵士；查尔斯·希尔；詹姆斯·胡利；罗伯特·霍麦茨；约翰·希金斯爵士；德里克·豪伊；艾德礼科特的豪伊夫人；亚波拉昂的豪伊勋爵；吉尔福德的豪威尔勋爵；晚年唐沃思的亨特勋爵；罗伯特·亨特；维斯特维尔的赫德勋爵；罗宾·埃布思爵士；已故的弗雷德·艾克雷；伯纳德·英厄姆爵士；鲍比·雷·英曼；约翰·以兹比基；迈克尔·詹姆斯；彼得·杰伊；罗丁的詹金勋爵；已故的迈克尔·詹金斯爵士；保罗·约翰逊；已故的弗兰克·约翰逊；乔普林勋爵；金洛查德的科尔勋爵；迈克尔和拉切尔·金琴—史密斯；已故的敦菲尔的莱恩勋爵；托尼·雷克；勒维克的拉蒙特勋爵；提姆·兰科斯特爵士；基布·兰佛尔；布莱比的劳森勋爵；已故的弗雷德里克·劳顿爵士；已故的亨利·里奇爵士、海军上将；约翰·雷曼；帕蒂·利雷；约瑟芬·路易斯；鲁斯勋爵；布莱恩·麦克阿瑟；莫杜·麦克林爵士；克里斯多夫·麦拉白爵士；晚年曼宁顿的马什勋爵；简·梅斯夫人；特怀斯登的梅休勋爵；西格林的麦克阿尔潘勋爵以及麦克阿尔潘夫人；罗伯特·麦克法兰；埃德温·米斯；克里斯多夫·迈耶爵士；彼得·米德尔顿爵士；副总统沃尔特·蒙代尔；已故的福格斯·蒙哥马利爵士；洛厄—马什的莫尔勋爵；理查德·慕斯；葛文·摩根；已故的麦克斯·莫里斯；鲍勃·莫里斯；已故的查尔斯·莫里森爵士；萨拉·莫里森议员；罗伯特·莫斯；托尼·莫特利；已故的德莫特·纳利；大卫·尼克尔森；托马斯·尼尔斯；爱德华·诺曼博士；约翰·诺特爵士；西恩·欧’卡拉汉；约翰·欧’苏利万；大卫·奥曼德爵士；迈克尔·奥本海默爵士；斯坦利·奥尔曼；艾米·奥蒙德夫人；欧文勋爵；已故的亨利·欧文；迈克尔·帕克南爵士；已故的迈克尔·帕里瑟爵士；卡恩福斯的帕金森勋爵；马修·帕里斯；已故的简·帕森斯女士；迈克尔·帕特里奇爵士；帕滕勋爵；巴尔内斯的帕滕勋爵；杰弗里·帕蒂爵士；迈克尔·帕蒂森；戈登·派博；茉迪，珀西瓦尔夫人；理查德·珀尔；科林·彼得森；德雷克和特萨·菲利普斯；理查德·派普斯；约翰·波因德克斯特；阿曼达·庞森比；迈克尔·博蒂略；贝斯沃特的鲍威尔勋爵；科林·鲍威尔将军；查尔斯·普莱斯；已故的克莱夫·普莱斯利；普莱尔勋爵；已故的斯蒂芬·普罗宾；已故的迈克尔·昆兰爵士；已故的提摩西·瑞森爵士；南希·里根；已故的戈登·里斯；托马斯·里德；已故的里斯勋爵；已故的里斯—莫各勋爵；哈里山的伦顿勋爵；已故的吉姆·伦特斯勒；克里夫顿的伦威克勋爵；威廉·里克特；亚当·里德利爵士；马尔科姆·里弗金德爵士；贝蒂·罗宾斯夫人；罗杰·罗宾逊；彼得·罗宾逊；大卫·洛克菲勒；迈克尔·罗斯爵士、将军；唐纳德·鲁姆斯菲尔德；已故的伦西亚勋爵；温瑟姆的瑞德夫人；温瑟姆的瑞德勋爵；萨奇勋爵；尼克·桑德斯；詹姆斯·施莱辛格博士；迈克尔·斯科勒爵士；布伦特·斯考克罗夫特；瑞蒙德·塞兹；奈杰尔·谢恩沃德爵士；罗伯·舍费尔德；已故的阿尔弗雷德·舍尔曼爵士；乔治·舒尔茨；已故的格雷斯戴尔的西蒙勋爵；杰里米·辛克莱尔；弗雷德·西尔维斯特（通过信件来往）；沃尔特·斯洛科姆比；罗娜·史密斯女士（通过信件来往）；杰弗里·史密斯；约翰·斯派洛爵士；贝蒂·斯派斯夫人；已故的博伊尔·斯普林科尔；约翰·斯坦利爵士；肯尼斯·斯托伊爵士；

诺曼·斯特劳斯；爱德华·斯特里特；巴利·斯特雷文思；尼克·斯托特；威廉·塔夫特四世；泰迪·泰勒爵士；特比特勋爵；卡罗尔·撒切尔；已故的丹尼斯·撒切尔爵士；已故的撒切尔夫人；马克·撒切尔爵士；帕莫拉·托马斯；哈维·托马斯；德雷克·托马斯爵士；斯温纳顿的托马斯勋爵；朱利安·桑普森少将；詹姆斯·汤姆森；已故的约翰·提普拉迪；肯·提斯戴尔；格雷戈里·特雷沃顿；特恩巴尔勋爵；休伯特·韦德林；保罗·沃尔克；约翰·厄尔爵士；罗伯特·韦德—盖里爵士；维克汉姆夫人；北山的维尔德格雷夫勋爵；布莱恩·沃尔登；已故的沃赛斯特的沃尔克勋爵；斯蒂芬·沃尔爵士；已故的肯尼斯·华莱士博士；已故的阿兰·沃尔特斯爵士；雪莉·沃纳；道格拉斯·沃思爵士；已故的威瑟利尔勋爵；马里昂·韦伯；西蒙·韦伯利；谢利和阿兰·威尔斯；约翰·维斯顿爵士；克莱夫·惠特莫尔爵士；已故的玛格丽特·威克斯泰德夫人；菲利普·威尔考克斯；大卫·威尔莱兹；已故的理查德·威瑟林博士；保罗·沃尔福威茨；沃夫森勋爵；琼·伍德；丽塔·莱特夫人；理查蒙德的莱特勋爵；已故的奥利弗·莱特爵士；格拉夫汉姆的杨勋爵；德福·扎克黑姆。

其他还有一部分接受采访者要求匿名。对于他们的帮助我不胜感激。

还有许多人以其他方式为我成书提供了帮助：

——企鹅出版社。理查德·杜吉德和丽贝卡·李（编辑部经理）；彼得·詹姆斯（文字编辑）；克里斯多夫·菲利普斯和玛丽安·埃尔德（索引）；斯蒂芬·莱恩和迈克尔·佩吉（校对）；鲁斯·平克尼、泰伦·琼斯和丽塔·马特斯（出品）；吉姆·斯托达特（艺术主管）、丽萨·西蒙斯和克莱尔·马森（设计）、唐纳德·福特斯（斯托特·普罗菲特的助理），尤其还要特别致谢的有伊萨贝拉·德·凯特和塞西莉亚·麦凯（图片研究）。

——所有帮助我进行研究的人士。丹尼尔·科林斯当之无愧，还有北爱尔兰问题专家大卫·希尔斯博士也投入了大量时间。前期我还雇用了马修·斯拉特和后来的彼得·斯诺登，后者一次又一次地为我提供帮助。乔·达顿让我寻找玛格丽特的女校友，也是法国笔友（不幸的是，在我找到她之前她就已经去世了）。这一“非正规军”军团进行了卓越而至关重要的工作，不过，鉴于对政府文件的安全审查，有些时候我只能孤军作战，进行了大量孤立无援的英国问题研究。我必须感谢我的嫂子露西·科文特里，她确保了整个文本的精确性，尤其是还承担了尾注这一复杂的任务。

——由于我还担任着《每日电讯报》的编辑工作，几乎没有时间，但是我的确在弗兰西斯·班克斯拥有一位绝佳的秘书和全世界最好的司机基斯·雷克。他们两人在相当大的程度上减轻了我的重担。如今，我在《每日电讯报》的工作由派特·温特里协助。为本书提供帮助并非她的分内之事，但是她持之以恒的支持对我是一种极大的安慰。

弗吉尼亚·厄特利自始至终负责该项目。他起初在20世纪80年代曾是我的秘书。从维护和更新我的所有联系人，到加工我的手稿，再到有条不紊地改进我的文本，弗吉尼亚一如既往地凸显出自己无可估量的价值。她已故的父亲T. E. 彼得·厄特利是本书的奉献者之一。彼得·厄特利在三十多年前就在《每日电讯报》帮助我，并以他敏锐的历史观启发了我，使我对撒切尔现象有了最初的了解。

所有那些年里，我一直为《每日电讯报》或者《旁观者》工作，或者是同时要兼顾两者，对于组织撰写我这一项目中的故事确有优势。毕竟主要经由这两份媒体，我从比尔·迪兹、科林·威尔士、亚历山大·钱塞勒、乔治·琼斯、萨拉·桑兹、安德鲁·吉姆森，还有更多人那里了解撒切尔时代的政治、文化和历史。我与一些人进行了数不清的交流——就像人们习惯说的“既严肃又快乐”——他们有佛迪·芒特，迪恩·戈德森，尼可拉斯·加兰，他们都以艺术家的眼光来看待此事，而我的亲密好友弗兰克·约翰逊不幸早逝。所有这些对话充实并印证了本书内容。我还必须感谢我担任编辑时期的资本方康拉德·布莱克。他委任我负责三项主要工作中的两个，并且好心地允许我维持与其报社的编辑关系的同时，履行与撒切尔的合同。

我还要感谢《每日电讯报》的所有人。大卫爵士和弗雷德里克·巴克雷爵士，还有大卫爵士的儿子艾丹，他们都对于我这项对一名女士的研究充满热情，毕竟这位主人翁是他们都钦佩的。当然还有首席执行官默多克·麦乐伦；我的编辑托尼·加拉格尔，以及副编辑本·布罗根。他们通过使本书序列化显示出各自的热心。我还要感谢理查德·普莱斯顿、克里斯·迪伦和罗伯特·科尔威尔，大家都自始至终给我以大力支持，哪怕在已经影响到了日常工作方式时依然如此。还有《旁观者》的编辑弗拉瑟·尼尔森同样如此。

除了正式采访，与政界朋友们日常交流我的议题同样价值非凡。许多诸如此类的交流是在我知道自己要撰写本书之前进行的，但是所产生的作用并未有丝毫削弱。我尤其要说到的是威廉·维尔德格雷夫，已经去世的尼克·巴德根，罗伯特·赛里斯布里，弗兰克·菲尔德，诺曼·特比特，彼得·卡灵顿，爱丽斯泰尔·麦克阿尔潘，理查德·瑞德以及过世了的阿兰·克拉克。（最后一位毫无疑问是不可靠的，但是也经常一语中的，观点精辟。）

马丁·吉尔伯特爵士和安德鲁·罗伯茨应我的请求，在如何写好一部政治传记方面热心为我提供了建议。

我还经常以非正式的方式与过去数年里和玛格丽特·撒切尔有私交的人士进行对话，尤其是卡洛琳·瑞德、阿曼达·庞森比、罗密丽·麦克阿尔潘、辛西娅·克劳福德和卡拉·鲍威尔。与这些朋友之间闲散的聊天有助于我更好地理解身为女人的撒切尔夫人。

出自记者的工作履历背景，我对于公务员系统的了解要远少于政治。与撒切尔时代如此之多的公务员们谈话实在是令人着迷的事情。因为他们在做记录方面训练有素，并且有着比政治家们更精确的记忆，后者永远是跳跃式思维。撒切尔夫人工作生涯最佳见证人通常是其私人秘书们，我与他们中的大部分人进行了对话。

本卷以及第二卷书所涵盖的年代里，我尤其要对布莱恩·卡特里奇爵士表示感谢，还有约翰·克勒斯爵士、迈克尔·斯科勒爵士以及克莱夫·惠特莫尔爵士，他们带我走进了那个时代，向我阐述了他们当时的所思所想。我还必须提到前内阁大臣伊尔敏斯特的阿姆斯特朗勋爵，他那清晰而精确的大脑和记忆完全保持着透亮，所提供的独到见解和逸闻轶事源源不断，似乎永不会枯竭。他的继任者布洛克威尔的巴特勒勋爵同样对我不无助益，其主要体现在第三、四卷。阿兰·佩蒂则帮助引导我进入了政府那些鲜少被察觉的领域。

我的撒切尔研究之旅，一直被太多的热情所支持。我特别要感谢理查德和维罗妮卡·包德乐—瑞纳，她邀请我待在斯克劳斯·弗洛依登贝格宫——几乎是撒切尔夫人唯一愿意前往的度假之地；在米尔顿的菲利普和伊萨贝拉·内勒—雷兰德，呈现了福岛集会现场；还有坎帕尼亚的查尔斯和卡拉·鲍威尔；威尼斯的罗密丽·麦克阿尔潘；以及赖萨罗的戴安娜·西摩尔。

每当我前往牛津大学档案馆采访那些退休公务员时，理查德和凯特·埃尔曼都宽容地为我提供床铺，而这些公务员通常都是以议长身份卸任的。理查德和凯特还颇为认真地阅读了我的初稿并发表了看法；同样还有诺尔·麦尔科姆，万灵学院研究员哈罗德·詹姆斯，他是普林斯顿大学的历史系教授和国际关系系教授（所有的素材都涉及经济学）；还有撒切尔文件管理员安德鲁·利雷。还有我的父亲理查德·莫尔，我的岳父拉尔夫·巴克斯特。每每我开始努力尝试听、说、读法语资料时，凯特·埃尔曼都会好心地额外倾力相助。

多年来，我与埃尔曼、奥利弗和伊萨贝尔·赖特文就该议题反复进行了最多的谈话，另外还有欧文和罗斯·帕特森。每谈及此处，都要追溯回三十多年的友谊。这是最无与伦比的对话，我无法充分表达自己对他们的感谢。奥利弗已经去世的母亲谢利对本书同样贡献甚巨。

我还要特别感谢那遍查万事的“猎手”汤米，还有堪称“大师”的戴安娜·格里塞尔，他向我展示了自己的严谨。他们总是让我保持头脑清醒。

最后，我必须感谢我的家人，尤其是我的姐姐夏洛特和我的哥哥罗万。据我所知，除了我之外，没有莫尔家族的人曾经支持过玛格丽特·撒切尔。从许多方面来说，这里都堪称她的传记作者开启写作的绝佳之地：开始投入研究我钟情已久的议题，那感觉就像偷食禁果的快乐。另外，没有我的父母理查德·莫尔和安·莫尔，我永远也不会体味到历史的魅力。这本书要献给他们。

在启动该项目那年，我的一对孪生儿女威廉和凯特刚刚七岁，如今他们已成年。除了有一次威廉未经允许在我电脑上玩耍时弄丢了所有手稿，他们一直都是乖巧又可爱的好孩子的典范。因为出生于撒切尔夫人担任首相的最后一年，因此他们为我这种于1979年首次参加投票的人提供了一种曾经欠缺的视角。当我花去如此多的时间忙于和“另外一位女士”相处时，我的妻子卡洛琳却一直给予我爱和忍耐，并且一下子就是这么多年。对她的感激之情溢于言表。

1

格兰瑟姆

“桃花心木与小孩子”

菲比·斯蒂芬森带着她的孙女穆雷尔·罗伯茨上楼去。突然，一声新生婴儿的啼哭从卧室门缝飘出来。

“你听到了什么吗？”菲比问 4 岁的穆雷尔。

“我要说‘没有’,”七十多年过去，穆雷尔回忆当时的情境说,“我的确听到了什么，但是我宁愿不这么说”。[①]

就这样，不事张扬地，在 1925 年 10 月 13 日，未来的玛格丽特·撒切尔夫人来到了这个世界。

她出生在父母亲阿尔弗雷德·罗伯茨和比阿特丽斯·斯蒂芬森位于林肯郡格兰瑟姆市北巡街（North Parade）的家中，并被取名为玛格丽特·希尔达·罗伯茨。他们居住在父亲于 1919 年买来的杂货铺楼上。穆雷尔是玛格丽特唯一的姐姐，父母并未给她们生下兄弟。

身为来自北安普敦郡灵斯泰德一名鞋匠的儿子，阿尔弗雷德·罗伯茨早在 13 岁时就因谋生需要而辍学，但是他对教育心怀切望，并且通过如饥似渴的阅读与学习获得了应有的知识。他以从事零售贸易起家，在年纪尚轻时就在昂德尔学校的小卖部担任助理。他曾在卫理公会教会担任地方传教士（英国国教会称之为未经按手接受神职的传道者），并且有些许关于他布道生涯的记录片段。通过这些片段，一些偶尔的拼写错误成为他缺乏正规教育的唯一证据。这些错误包括——“attemp”，“waisting your time”，“beleif”，“desease”。[②]这些手记字体优雅，表达清晰而流畅。

在一本陈旧课本的某页上，有一些“二战”后一篇布道的记录，[③]阿尔弗雷德·罗伯茨在其中阐述了一个观点“桃花心木柜台被忽视的长度”，以及它的制造过程：“当一件物品被能工巧匠精雕细琢之后，会变得何其美。但是美只是存在于那里，等待被人发现。”在同一页上，罗伯茨另举一例：

一个被人忽视的小孩子，衣衫褴褛，周身脏乱不堪，长相粗俗毫无魅力，从一个污浊肮脏、缺少父母关爱的所谓“家庭”被遗弃，转而被一对充满爱心的父母收养，对他的生活关怀备至、慈爱有加，想象一下会出现怎样的变化？

这个孩子会变得举止优雅，性情极其可爱，甜美怡人。其实，这些美好品格一直存在，但是只有人愿意付出努力倾心奉献，才能使这一切变成孩子人生阅历的一部分。

当阿尔弗雷德·罗伯茨的二女儿为她的国家“付出努力倾心奉献”后，她重读这些手记，并着手准备个人回忆录，其中使用了这两个故事。在一张黄色便利贴上，她写道“桃花心木与小孩子”。

陪伴着一直保持着优雅姿态的桃花心木柜台，玛格丽特渐渐长大，偶尔前后穿梭其中服务顾客。“如果你从罗伯茨的……得到它，你得到的将是‘极品’。”在1925年的格兰瑟姆市镇年鉴中，有这样一则广告自夸道，而根据那些如今依旧记得那家杂货店的人的回忆，此言不虚。

尽管北巡街在格兰瑟姆大街的尽头，但这个小镇各处家境较富裕的家庭也宁愿额外付上舟船之劳前往这个商铺，以获得超值之选。玛丽·华莱士的母亲就是其中之一。彼时，玛丽的父亲是镇上的顶尖牙医，而她本人也是玛格丽特同代人中，由本地入读牛津大学的两名优等生之一（另外一位就是玛格丽特）。④

玛格丽特自己兴致勃勃地回忆：“柜台背后，有三排精妙绝伦灼人眼目的桃花心木香料抽屉，点缀其上的三个金光闪闪的黄铜把手一溜排开，摆放其上的是庞大的黑色亮漆茶叶罐……在凉爽的后屋，悬挂着已经被剔骨并切片的熏肉。香料散发出奇妙的香味，糅杂着咖啡和烟熏火腿的味道，弥漫整个房间。”⑤玛丽·罗宾逊曾是商店的一名助理，回忆起来对这个房屋里“上好的饼干”津津乐道——这五个字是当时的核心质量指标——其理念比罗伯茨的商业和政治竞争对手消费合作社更具魅力。⑥

罗伯茨夫妇的商店坐落在小镇的“骑墙”位置——富人区和穷人区中间，为这两种人提供服务，并扮演着多重角色，当然其主要身份是高级供应商，同时也是一个邮局，因此为早期福利国家的客户们提供服务。贫穷者与中产阶层生活得如此之近，他们却各有满足。彼时，在玛格丽特前往凯斯蒂文和格兰瑟姆女子学院的途中，有一个劳工市场，在她入读该校时的1936年，格兰瑟姆的失业率已经是三年前顶峰时期的一半，1933年的失业人数是2300。七十年后，她回忆起当年的一幕：一位身着黑衣的寡妇带着两个年幼的儿子走进商店，“她问我是否可以用两个橘子的钱买三个，因为她不得不为自己的生活精打细算。”⑦玛格丽特解释说：“生活并非我们所不了解的事物。我们恰恰置身其中。”⑧罗伯茨夫妇将对不幸者施以援手视为自己的责任，他们以不事张扬和谨慎的方式来帮助那些身处患难中的人们。每个周日是早早关闭店门的日子，这天下午，比阿特丽斯·罗伯茨会进行一场“烘焙大制作”。之后，三三两两的面包会结伴进入“那些我们认识的人”家中，而这些人正处在贫苦时光中。善行在被接纳之前通常会被解读得模棱两可，玛格丽特会在赠送面包时说：“我妈妈烘焙的面包太多了，她想知道你是否喜欢这个。它是手工制作的，显然会比买来的要好……”你不得不非常慎重。人们都有非常强烈的自尊心。[1]⑨

据穆雷尔所说，教会会友几乎将罗伯茨看作轻信而容易上当甚至被利用的人：“如果他们想要钱，‘噢，阿尔弗将会给我们一些。’我们会坚持施比受有福的原则给予。”⑩但是，像歌中唱的一样，做善事的阿尔弗雷德·罗伯茨常有好报。商店的生意日渐兴旺，他又在北巡街1号的原店基础上增加了2、3和4处经营场所，就在玛格丽特出生前不久，第二家商店又在亨廷托尔路（Huntingtower Road）开张了，距离车站约一英里。玛格丽特的启蒙学校就在这个商店对面，其名为亨廷托尔路县小学。

罗伯茨从未变得富裕，1970 年去世之际，他只留下自己的一处房产和些许家具。作为动产，他的著名女儿只获得了两把椅子。⑪但是他建立起了一个稳固而令人尊敬的商业模式，这成为他作为一名议员、一名扶轮社会员和卫理公会教会教徒去服务这个城镇的基础。

这房子的硬件基础简朴到了极致。它没有花园，没有热水，倒是有一个室外洗手间。战后，罗伯茨夫妇作为杂货商所坚守的可靠性与高效率，已经允许其在定量供应时期以这些品质为高价售出产品来增加财富，罗伯茨本来可以有能力买一幢位于同一条街 19 号带有花园的独立房产，其名为阿勒顿，顾名思义，就像那个时期的常态一样，市郊的房子通常会归于一户贵族名下。当时，这栋房子曾属于约克郡的斯托顿家族。

但是，玛格丽特一直只是生活在位于北巡街1号的家里，她以家庭所事之业为荣，尤其强烈地为自己的父亲自豪，但是她很早就意识到所居之地的局

1　这是一种传统的慈善方式。在乔治·艾略特的《织工马南传》中，那位车匠的妻子多丽·温斯洛普为可怜的马南送去猪油蛋糕，上面印有耶稣的缩写，并解释说自己前一天制作蛋糕过多，以至于吃不完了。

促。1985年，她告诉米丽娅穆·斯托帕特："房子实在太小了，我们连一台现代化设备都没有。我记得自己当时的梦想就是强烈希望住进一所漂亮房子，如你所知，这座房子要比我们的小屋内容充实。"[12]房子实在是太小了，它被工作、宗教活动所强占。商店通常在周六营业至晚上9点，周五则会到晚上8点打烊。周一是洗衣日，周二是熨烫日。[13]由于商店需要，玛格丽特"从未与父母一起度假"，[14]并且由于不停工作的氛围，她从来没有时间来幻想或者闲逛一下。就像她的女儿卡罗尔所描述的："她从未经历过无所事事的生活。"[15]

礼拜日一整天几乎是不停的教会服事活动。阿尔弗雷德·罗伯茨的巡回布道以弗兰克林大街卫理公会教会为中心，这是整个城镇中心的一栋外观精美的建筑，全家人就在那里参与主日服事，有时候则在离此很近的布朗街礼拜堂。主日学会在 10 点钟开课，一小时后开始早堂服事。用过午餐后开始下午主日学和傍晚的另外一次教会服事。

每年几乎一半的礼拜日，她的父亲都会外出，用一部分时间在周边的村庄讲道。他的角色常常是将来访的讲道者带回家，大多情况下，这些传道人来自卫理公会教派比较普及的偏远之地，还是在那个时期的格兰瑟姆极其少见的黑人。[16]遇见来自印度的卫理公会传教士激发了玛格丽特的雄心，好奇心开始在一个小大人心中萌发，她想进入英属印度公务局。在听了他们的讲说后，她回忆说："我希望成为其中的一名公务员，因为我当时认为印度是一个非同寻常的地方，我渴望成为这个伟大帝国的一部分，就像车轮上的一个铆钉。并且我记得父亲有一段时间告诉我，'我不确定这个局到那时为止是不是大英帝国的一部分'。（英属印度的历史时期截止于1947年。——译者注）"[17]

玛格丽特很欣赏甚至享受卫理公会教义的许多方面，她喜爱约翰·卫斯理关于"强强联合"的教导及其弟弟查尔斯的圣诗。[18]她全身心地投入音乐生活中，就像她的父母一样（她曾是女中音，母亲是女低音，父亲则是男低音；她和母亲都弹钢琴，她在18岁时还学习了风琴）。在回忆录中，她提到自己第一次学习使用的钢琴上，刻着身为制造者的其伯祖父约翰·罗伯茨的名字，而他也为教会制造风琴。[1][19]另外，她也很享受教友们交流公

---

1 这种音乐传统对罗伯茨家族非常重要。在结束他的生意后，阿尔弗雷德·罗伯茨待在马斯顿教会协助一个朋友修理风琴。他曾给穆雷尔写信提到这些："奇怪的是，我正在从事的工作正紧随罗伯茨家族的脚步。"（1961年4月27日）当他的遗孀茜茜（玛格丽特的继母）于1982年离开阿勒顿时，为玛格丽特提供了一架钢琴。

共问题的过程。通常这种交流会在主日晚堂服事后进行，地点则是商店的客厅，那时候教友们会进行一些维修工作。[20]“父亲教导我去喜欢他所谓的‘探讨’。”她回忆说。[21]尽管晚年时候进入英格兰教会，并且在最后几年每个主日都会到切尔西区皇家医院服务，玛格丽特·撒切尔从不否认一点，就是儿时领受的《圣经》中要对诚实心存敬畏、努力工作、将《圣经》付诸实践等卫理公会所阐释的教义。她父亲写满教义和表述的布道笔记常常从她的双唇中跳跃出来：“对于追随十字架的信心侍者，并无人生无虞轻松度日的应许”，“上帝不希望他的使者内心无力”，甚至还有“我们必须避免因教派原因闭店”。[22]“我们是卫理公会教徒，而且卫理公会就意味着方法（因为英语中 Methodist 一词包含 method。——译者注）。”玛格丽特告诉一个传记作者。[23]她一直对“方法”情有独钟。

她同样学习父亲的演讲技巧。“一旦有事要讲，就要尽可能表达清楚，这是独一无二的秘密。”他在自己的布道笔记中引述马修·阿诺德的话，[24]玛格丽特也坚持这一观点，一生未出其右。她注意到父亲在福音理念的诠释上反复推敲。“他经常寻找到一个新的信息解读路径……并未有新的信息。但是你不得不找到一种方式来阐释使其与时代同步。”[25]

她钦佩父亲的方法，并且以批判的眼光来观察。在父亲去世后三十年谈及他，她说：“他并非很有热情，而是很有思想……有时我会说，‘爸，那是你讲道的声音，你正在讲道的声音’，然后一切变得明快起来。如果你要依据《旧约》或《新约》提供一条信息，就要意识到这是一份责任……如果你给出一个自己视为信条的信息，而你同样将该信条视为责任，你所要做的未必是解释上帝，而是要自己身体力行。”[26]

玛格丽特一直在针对自己的各种批评面前保持克制，让自己仅仅发出一些严谨的评论。她说家庭的宗教生活使他们“有些脱离各自的伙伴们”，并且教会“稍微有些过头了”。“你肯定不会像法利赛人的比喻一样（《路加福音》18:9—14）……因为你很清楚自己距离理想有多遥远。”[27]她常常表达自己有多么享受拜访校友基恩·法莫尔的过程，后者的父亲是付柏科的建筑师，那里距离格兰瑟姆约10英里，气氛更自由也更轻松愉悦。说到这里，她告诉一名传记作者：“他们一起打网球，一起跳舞，且远不止这些。与他们一起的，还有那些能共同带来欢笑与乐趣的人们！”[28]基恩·法莫尔同样回忆起在罗伯茨家里的严肃氛围，将他形容为“一个不太会放松的人”，她一度“对他有些敬畏”。[29]

然而，玛格丽特的姐姐穆雷尔却对关于女孩子的宗教教育颇感不耐烦，"一整天全是教会、教会、教会，"她说，"我有一个叔叔，每个圣诞节都会送我宗教书籍。哦！上帝！我们是多么憎恶这点。你被禁止做游戏，他们真是太固执了，不是吗？"[30]

罗伯茨的杂货铺就坐落于罗马天主教堂对面，他和教父里奥·阿伦岑关系友好，后者是颇受欢迎的教区牧师。但是，当有一天阿伦岑神父邀请他去看教堂的一幅画时，他拒绝了，连说"不"，"我永不会踏进天主教堂的门槛"。[31]后来，当玛格丽特成为达特福德的年轻候选人时，她的父母担心由于其朋友之一是一名天主教徒，或许会受到影响，尽管事实上这名女士在一些问题上曾对玛格丽特言听计从。[1][32]这种态度在当时一点也不奇怪，并且另有证据显示阿尔弗雷德·罗伯茨的宗教态度非常宽宏大量。

比如，玛格丽特的校友玛格丽特·古德里奇回忆说，她的父亲与罗伯茨友情笃深，而他是英国圣公会牧师，以宗派之间的热心而闻名。[33]但是纵观当时的多数家庭，罗伯茨夫妇在这方面对于女儿的严格要求，似乎在情理当中。当玛格丽特开始拥有自己的孩子，比阿特丽斯·罗伯茨会反对他们进入英国国教而不进入卫理公会服事。[2][34]在罗伯茨家女孩子们的意识中，限制与狭隘是来自母亲而非父亲。有文章称，玛格丽特像爸爸，而穆雷尔则更接近妈妈。穆雷尔本人对此予以否定，至少两个女儿都更接近父亲一些。

在自己的晚年，尤其是丧偶之后，阿尔弗雷德·罗伯茨对穆雷尔的关注多于玛格丽特（这是迟早的事情，因为玛格丽特忙于事业）。"我认为，我比她更亲近父亲。即便在他的晚年，无论我遇到什么麻烦，他都会赶到。"[35]事实上，罗伯茨现存的信函（均为二战后的）显示了对两个女儿共同的爱，尽管对玛格丽特没有怎么关心自己一事有些许责备，确凿无疑的是，他在任何事上都优先考虑女儿们。在战争中期，他找到加农·古德里奇为玛格丽特能够进入大学而寻求帮助。"我最大的希望，"他告诉古德里奇，"是

1 玛格丽特自己回忆说非常羡慕天主教会的女孩子，因为她们在首次圣礼上戴着丝带。她曾在儿时说过，一个卫理公会女孩一旦被发现戴着丝带会被告知："迈往罗马的第一步！"（与约翰·欧·苏利万的通信）

2 玛格丽特常常对宗教的圣礼内容含混不清。在奥列佛·赖特万为双胞胎孩子的洗礼仪式上，之前的作者问玛格丽特关于她双胞胎儿女的洗礼，她有些为难地说："哦，是这样，他们受洗了，但是他们没有水。"

让玛格丽特进入牛津大学，我想知道你是否能辅导她”。[36]这不是一个希望把女儿拴在身边的家长之所为。“他希望我完成其未竟之业。”他的女儿回忆说。[37]

在穆雷尔看来，比阿特丽斯·罗伯茨是“顽固的卫理公会教徒……玛格丽特和我不太接近她……我们不理解她”。结果，穆雷尔相信，玛格丽特的成长是尽其所能地与母亲分开：“母亲并不存在于玛格丽特的头脑中。”在这个问题上，玛格丽特通常是以宽容而巧妙的态度表达，但是并无太多感情。在“名人录”节目中，她在谈到已故的阿尔弗雷德·罗伯茨时，并未提及母亲，她倾向于将母亲描述为一个附属角色。米丽娅穆·斯托帕特曾问玛格丽特：“你的母亲为你立下了怎样的榜样？是和父亲相反吗？”她回答：“哦！妈妈在一切正确的事情上都是父亲的有力后盾。”她以圣经人物的视角来解释母亲的角色，或者引用她喜欢的作家吉卜林诗中所提到的“玛利亚和马大”（实际标题是“马大之子”）：“玛利亚是那个在耶稣脚边兴致勃勃的倾听者，而马大是常常走开的那位，‘够吃吗？’‘你喜欢新衣服吗？’‘你想躺下吗？’这就是我母亲……我仍记忆犹新。”[38]据说玛格丽特引用吉卜林的版本，是由于它对马大之子给予了高度评价（很遗憾他并未提及马大的女儿）。马大之子就是生活中确信上帝工作的人：他们不宣扬上帝会在大家对工作的懈怠初现端倪时唤醒自己；他们不教导上帝的怜悯会允许人们在无所适从时放弃工作；他们看问题自始至终都并不自负；不像一把从地球到天堂之梯，不像任何宗教的目击者，而只是在自我基本需求中以自己的方式简单服事的人。

“单纯地服务和给予”是玛格丽特·撒切尔最为欣赏的方式，并且她确信这点正是她母亲的贡献。

但是她一度并不喜欢这种方式，在她于20世纪40年代写给穆雷尔的信中经常提及她们的母亲，但是几乎都是与禁止有关系的词眼。1944年夏天，她问穆雷尔：“你认为一个制作手提包的人能为我制作一个像你的蓝色皮包那样的褐红色皮包吗？我已经决定要让褐红色做我衣橱中的最佳色，就像那件粉红色的一样……我并未告诉爸妈这些，因为我确信妈妈无论如何都会认为这样太夸张。”[39]同年，在进入牛津大学第一个夏天后的长途旅行中，她流露出一种情感，就是自己比母亲更老练。她与比阿特丽斯一道去看了电影《扬帆》：“我从不喜欢贝蒂·戴维丝，但是我认为在这部电影中她表现出色。”

罗伯茨夫人却不那么喜欢："我认为她应该以更加幸福的方式结尾。"[40]这或许并不奇怪，因为她本人是保守的，而由于电影中女儿的一再挑衅，那位母亲罹患心脏病去世。"我非常爱她，但是在我十五岁之后我们彼此之间再无交流。"在二十岁之前，玛格丽特就已把母亲抛于身后。

要将母亲在女儿性格中的影响完全剔除，无疑是一个错误。基恩·法莫尔作为她早年最亲密的朋友，认为"玛格丽特从母亲身上吸取到的东西比她自己能够意识到的要多——她是一个工作勤勉的人，善于持家和帮助打理商店。"[41]玛格丽特·撒切尔本人通常更像马大而非玛利亚：她热衷于家务活，认为烹调、缝补、清洁与装饰房间等具有治疗作用，她是一个激情四射的家庭主妇。在她年届高龄时，这令她的服务团队感到悲哀和震撼，因为他们找不到合适的事情干，常常走进门、拉开抽屉，眼目所及之处皆一尘不染。[42]

比阿特丽斯·斯蒂芬森是格兰瑟姆车站一名衣帽间服务员的女儿，在卫理公会教会遇见阿尔弗雷德·罗伯茨并于1917年嫁给他之前，曾经是职业裁缝。她曾经手把手教女儿们裁缝技术以及如何更好地使用材料。玛格丽特很好地继承了母亲的特长："（我）从未使房间看起来不整洁。"[43]当她在20世纪50年代开始抚养自己的孩子时，她没有忘记自己的实践经验，一个曾在酒吧中的同代人还记得马克和卡罗尔穿着就像老旧苗圃窗帘一样的粗呢外套的样子。[44]

在现存超过150封她写给姐姐的信中，服装是远比政治更常见的话题，并且在她80岁之后还清晰记得自己小孩子时穿着的每个细节。她能够描述母亲为自己亲手制作的在爱心联盟（现在是 NSPCC）的圣诞晚会上所穿礼服的样子："它以柔软的粉色缎面制作，有八九排如烟般的淡蓝色纹路，下面是粉色和蓝色相间的绸边，背后有一个平滑的弓形……"[1]即使功成名就，玛格丽特并未忘记哪怕最普通的事。终其一生，包括抵达权力之巅，她喜欢记住人们的基本所需——食物、满足感、赞誉、慰藉，甚至于睡眠。玛格丽特·撒切尔的私人团队一致认为，她关注大家最小的需求并且了解每个人的兴趣以满足他们。

事实上，她周围喧嚷的人们是她乐于展示慈爱和关心的方式：她喜欢

1 然而，同样真实的情景是，玛格丽特姐妹穿着母亲为她们设计的衣物时，会感觉到有些尴尬。这让她们感觉到难为情，就是"我们的东西和别人的不一样"。（帕特里夏·莫雷著，《玛格丽特·撒切尔》，W.H. 艾伦，1980，第 22 页）

务实，以实际方式帮助别人。或许她会每天早上离开丈夫出门开始为整个国家谋篇布局，但是这些不会发生在为对方做完早餐之前。所有这些均遗传自比阿特丽斯·罗伯茨。

晚年困扰玛格丽特的是一种负疚感，她感到自己误会了母亲，这点不像父亲——确信他对自己的人生产生了伟大的积极影响。她发现要公开自己对于母亲的感激很困难，最终，她只能简单一句带过："我认为我对母亲的感谢并不充分，因为你根本没有意识到……"[45]

外人是如何看待罗伯茨夫妇的呢？阿尔弗雷德·罗伯茨容易给人留下一种强烈的印象，他六英尺二英寸高（约一米九——译者注），有着穿透人心的蓝眼睛和坚硬的金色头发，虽然这些头发在年纪很轻时就变白了。在年轻的玛格丽特·古德里奇看来他是"一个值得尊敬、不寻常的家伙"。[46]玛格丽特在凯斯蒂文格兰瑟姆女子学院的另外一位同窗丽塔·海恩德记得："任何时候他的名字被提及，都是以一种颇受尊敬的方式。"[47]还有一位名为谢利·沃尔什的校友以"一个充满喜乐的男人"来描述罗伯茨。[48]据卫理公会团契的弟兄、镇上图书管理员内尔·塔沃斯所言，罗伯茨是"格兰瑟姆最博览群书的一个人"。[49]

罗伯茨是图书馆管理委员会主席，在他女儿的记忆中常常重复着一件事，就是周六随他一同走进图书馆。他会借阅一本严肃的书，同时会为她们的母亲借一本轻松的小说。[50]玛丽·罗宾森同为卫理公会团契成员，被罗伯茨雇为店员直到这位店主去世。这在罗伯茨的角度是一种乐善好施的行为，因为他以每周 5 先令的工资支付给玛丽，而这高于之前双方达成的标准。[51]

同样有难以被察觉的反面观点。罗伯茨夫妇的牙医之子肯尼斯·华莱士很喜欢玛格丽特，曾经数次邀请她去听自己收集的经典碟片——西贝柳斯、贝多芬。他认为这个女孩子很友好并且是一个"好的交流对象"，但是他发现对方的背景"非常受限"，并且猜测（一种在玛格丽特姊妹两人间的通信中被确认的推测）"另一半所在家庭比自己家更有教养，是她所喜欢的"。他发现罗伯茨有着不必要的严格，比如不允许年轻男人进入家庭（肯尼斯不是玛格丽特的男朋友），并且认为他的态度"盛气凌人"。[52]

肯尼斯的妹妹玛丽发现罗伯茨"令人望而生畏"，并且他的演讲通常"难以忍受"（作为地方杰出人物和市长，他有时会在学校做演讲）："他们并未说什么——只有他用手指指着我们宣称‘我所说的句句精准’。”[53]这兄妹俩还支持一种论调，就是阿尔弗雷德·罗伯茨拥有瞄向女色的眼睛，这一观点同样为内尔·塔沃斯所认同。肯尼斯·华莱士的妻子曾经说：“我一点都不相信这个男人，一旦他有半点机会，就会将手放在我的裙子上。”[54]玛丽·华莱士说他“会完全无缘无故地触摸女性”。[1][55]至于比阿特丽斯·罗伯茨，有人形容其为“蜜蜂”，有人则以“美女”喻之，这种相去甚远的结论只是由于她的外在表现给人的印象大相径庭。肯尼斯·华莱士认为“她比眼睛看见的内容更多……她鼓励玛格丽特外出和旅行。她好像很温暖宽厚，但是却内含刀锋”。[56]但是在格兰瑟姆大多数人看来罗伯茨夫人是一个害羞、不善交际、安静和朴素的人。出生于1888年的她年长丈夫4岁，直到20世纪30年代她并未因漂亮和优雅而显示出虚荣。“她完全投靠于老罗伯茨的五指山下，”玛丽·华莱士说，“她只是在那里为家人操持家务，我的印象是，玛格丽特同样感觉到了这点。”

玛德琳·埃德沃兹曾与玛格丽特一道成为女子学院的佼佼者，她记得罗伯茨夫人是“一个娇小的女人，有一个圆发髻，通常看起来有些焦虑的样子”。[57]内尔·塔沃斯说她一直“非常端庄，举止恰如其分”；“她让孩子们保持漂亮而合身的衣着，但是自己的服装却无一装饰，整个人非常朴素。”内尔·塔沃斯的描述推进了关于罗伯茨夫妇婚姻不幸福的论调：“我发现了问题所在，就是‘美人’太冰冷。”[58]基恩·法莫尔将罗伯茨夫人看作“倾其所有为女儿”，并且在制作包括校服在内的服装过程中加深自己的痛苦，

---

1 非常有意思的是，这个话题在格兰瑟姆被引起，是因为1937年一本小说的登场——随后被压制——这本书名为《有名无实的选区》，作者是笔名为奥列弗·安德森的朱利安·潘，是邻村哈莱克斯顿的牧师之子。这本书很生动活泼，然而却对偏僻地区的英国人有着令人尴尬的滑稽描述，其中有薄薄的一本关于本土人物的讽刺漫画，将上帝和本地金融达人显贵布朗夫人包含在内。书中有一个插曲，就是自治区的新报纸《每周指南》披露了一个名叫汤普金斯的男人的行为，在其中被称之为“淘气的议员”。这名议员信誓旦旦地说高速公路是被煤气而非电照亮的，因为他供职于煤气公司。他坚持要新的电灯“垂直悬挂在外面风口处”，他的私人杂货店“坐落于一个非常危险的角落并且可以挽救许多生命，但是他的真实想法是这样一来就可以卖出许多火腿，因为他是一个有着巨大销路的杂货商”。一天晚上，《每周指南》说，汤普金斯“想着他应当和柜台后的年轻女郎寻那么一点儿乐子”，但是很不巧，身边有路人会注意到他这么做。这一计划的泡汤令他大为光火，就画了一个盲人并用自己安装的灯照亮。汤普金斯接着“在公共厕所里用伍尔沃斯的吊带裤上吊自杀了”。据包括熟识书作者的目击者（私人信息）在内的多数人相信，汤普金斯的原型即是阿尔弗雷德·罗伯茨，因为他同样是杂货商，其商店位于一个繁华的角落，曾经在一个市属煤气公司上班。然而，并无确凿证据，并且罗伯茨的确没有被公开的丑闻。

就像许多人一样，她被淹没于大量的家务事当中并注重结果："她的父母不得不努力工作赚钱，并且节约每一分钱。"[59]关于比阿特丽斯·罗伯茨现存的所有印象都非常表面化，好像无人真正认识她一样，而这些人甚至包括她的女儿们。

阿尔弗雷德·罗伯茨在格兰瑟姆变得日益重要，这个小镇是在20世纪20年代和30年代初期的经济"寒冬"中略显成功的城镇，30年代中期开始复苏。1919年，格兰瑟姆中心自治区约有19700人；到1938年，这一数字达到20600。整个议会选区有接近50000的投票者，并且延伸至周围村庄。农业经济是占主导的，镇上有些生产农业器械的工厂。节礼日（又称圣诞节次日，多为圣诞节后第一个礼拜天。——译者注）的猎狐活动上，罗伯茨将带上女儿们前往。他是猎狐的强烈支持者，个中原因颇不寻常，就是如果不这样干，狐狸将从手推车里偷走婴儿们。[60]年轻的玛格丽特喜欢在田野间行走，这样她可以走出格兰瑟姆碗一样的城郭，去长亭山上采玫瑰果，并且她非常乐于去拜访像基恩·法莫尔这样的朋友们，或者加农·哈罗德·古德里奇优雅的教区长住宅，科比·格伦的牧师以及她的校友玛格丽特·古德里奇的父亲，但是她和她的家庭更像镇上的小鼠，尽管与乡野联系甚密，但是毕竟城镇已经太大且有了相当的城市气质。在早年关于格兰瑟姆网球赛的一封信中，玛格丽特将自己的落选搭档贬损为"乡巴佬"。[61]城镇，尤其是发展最好的城市对她有着强大吸引力。

当地最有权势的人——也是最大的地产商——罗德·布朗洛，他的卡斯特家族位于格兰瑟姆城外的拜尔顿。他与威尔士亲王（英国皇太子的封号。——译者注）是密友，以至于被批评在威尔士亲王于1936年以国王爱德华八世的身份退位后与其联合。年轻的玛格丽特对卡斯特家族印象很好，根据她姐姐穆雷尔的描述，罗德·布朗洛的女儿卡洛琳·布朗洛曾经对玛格丽特极力赞扬。一张在撒切尔夫人回忆录[62]中的复印照片显示，她曾经在浸礼会教友圣诞聚会上满面春风地站在年轻而优雅的布朗洛夫人身边。尽管经常有人说杂货商的女儿对传统保守党贵族有些敌对，事实上并非如此（他们中有些人对她反应得有些势利眼）。布朗洛夫妇是金融贵族中首先对她示好者，反过来她也很欣赏对方。当她成为首相时，撒切尔夫人安排罗德·布朗洛从拜尔顿借钱，这些钱当时被国民托管组织（英国保护名胜古迹的私人组织。——译者注）拥有，此举旨在推进唐宁街的刀具业发展。她还有一个绘有格兰瑟姆景观的绿色搪瓷盒。在罗德·布朗洛离开当地市长办公室那年，这个盒子被赠送给他。[1][63]

要强有力提振格兰瑟姆的经济近乎一场战争，这个城镇的优势在于位于主干道的地理位置，并且有铁路连接着伦敦和苏格兰，据玛格丽特·撒切尔的公开备忘录："我的第一个遥远记忆和交通有关"[64]——它增加了这里的工业基地。在1932年和1943年之间，可评估价值增加了60%（以财产税为计算基础），这对于阿尔弗雷德·罗伯茨在当地财政委员会主席任职上不无助益。从1934年开始，格兰瑟姆的新公司以每年新建一个的速度增长，多数是工程业，例如拉斯顿和霍恩斯比制造发动机的企业。

艾弗林—巴福德制造蒸汽压路机和拖拉机，1938年军火制造公司B.M.A.R公司在当地开了一家企业，由丹尼斯·肯德尔管理，当时每年的薪资达到惊人的10000美元。肯德尔是一个极富魅力的人而绝非昙花一现，他会驾着一辆摩托车与当地的杰出女性联络。1942年，他作为独立派人士通过选举赢得了首个战时国会议员席位，出任国家政府首脑候选人。他以"倡导生产力的男人"名义参加竞选，并对围绕温斯顿·丘吉尔的"帮派行为"提出批评，当然并不针对丘吉尔本人。战争期间，肯德尔取代罗德·布朗洛成为城镇领导角色，据当地媒体披露，1945年大选中，他以多出15000张选票的成绩击败保守党再次获选进入议会。直到1939年，格兰瑟姆再度出现全就业景象，上班的大潮涌动，以至于必须错开上班高峰，否则就会出现因自行车过多而导致的交通拥堵。

战争同样带动格兰瑟姆的武器服务业有了长足发展，当地有包括克兰温尔英国皇家空军学院在内的四个皇家空军基地，[2]在玛格丽特给穆雷尔的信中多次提到战争中当地的舞会，其中描述成群的飞行中尉热切渴望跳

1 坊间流传一种颇受欢迎的说法，就是玛格丽特·撒切尔有着卡斯特血统。故事需溯及玛格丽特的祖母菲比·斯蒂芬森，其中提到她曾在贝尔顿做过侍女（该事实至今并未被证实）。故事的进展是，她被当地著名的花心男哈里·卡斯特引诱，后者极有可能是戴安娜·库珀的生父。她的乳名是克拉斯特——和卡斯特很接近——并且她的孙女被认为拥有"卡斯特的眼睛"。卡洛琳·卡斯特现在是值得尊敬的卡洛琳·帕特里奇夫人，曾告诉之前的作者她相信该说法，不过在她看来卡斯特应为玛格丽特的父亲而非祖父。这是不可能的，因为哈里·卡斯特在玛格丽特出生八年前就去世了。并无证据来支持该说法，也无法保证其间细节未被添加渲染，就像约翰·坎贝尔在他关于玛格丽特·撒切尔的传记中显示的那样（乔纳森·凯普出版公司，2000年、2003年版，两卷本，第一册：杂货商的女儿）。然而，该说法在保守党圈子里广为接受。当本书作者将该说法交给玛格丽特·撒切尔时，她颇显自豪地说："蓝眼睛并非贵族的特产。"

2 这些基地的战时气氛是被特伦斯·拉提根在话剧《照明跑道》中捕捉到的最佳之处，他于1942年推出的这部话剧就在其中一处的附近上演。

舞。格兰瑟姆为轰炸机司令部提供总部基地（华莱士就为机员哈里斯提供过治疗）；从 1943 年 10 月开始，就有大量的美国空军出现在镇上。丹尼斯·肯德尔利用了因美国人大量涌入而引发的不满。美国雇员被支付高于英国人五倍的收入，并被指控和当地女孩子有不道德行为。肯德尔抱怨说，他们的市政厅被租用以演出，但是同样的权利则在英国雇员中被排斥。在国会上，他发起一场要求美国人不许在大街上和女孩子搭讪的风暴，该指控迅速被罗德·布朗洛和本郡警察局长反对。

但是，这个城镇确实变成了一个年轻男女寻欢作乐之地。据特里·布莱德雷的说法，战争结束后，一个工党议员和阿尔弗雷德·罗伯茨的反对者在高街发起众所周知的“5 先令靠边”运动，其中办公人员挽起女孩子们，另立队伍发起“半克朗靠边”活动。[65]作为对问题的回应，罗伯茨通过选举来支持礼拜天为部队打开影院的行为，因为他相信对他们而言，看一场演出总比无所事事要好。这成为他的女儿评价他的实用主义和独立思想的依据所在。（因为此举与卫理公会团契精神相悖。卫理公会作为保守的基督教派，坚守礼拜天为安息日，这一天影院不能营业。——译者注）[66]

阿尔弗雷德·罗伯茨在战前开始他的地方政坛生涯。他首先在圣伍尔夫莱姆—伍德当选，在那里他从 1927 年开始以独立地方税纳税人身份存在。虽然玛格丽特经常在这点上有些闪烁其词，穆雷尔的态度却非常明确，就是她们的父亲一开始在政治上是自由党人士。[67]但是罗伯茨还是当时主导派的强有力支持者，那时在地方政府之外应当保持国家党派忠诚，他将此做法贯穿了职业生涯的始终，以至于当他在 1970 年去世时，当地媒体只能猜测他的政治隶属关系。

在 20 世纪 30 年代早期政治不确定的年代，罗伯茨成为保守党成员（在国家政府占主导地位），这个被前工党首相拉姆齐·麦克唐纳主导的政治联盟主要致力于应对经济下滑。而他却并无明确的政党忠诚度。他在 1936 年 7 月的格兰瑟姆扶轮社社长就职阐述中，将自己描述为“就像大多数人一样，经常很无助，在政治世界中是一种彻头彻尾的游荡状态，有时对一个政党非常信任，有时又是另外一个，就像早些年其他人表现出来的一样。有一种感觉（一个人或许看不出任何特殊性），政党或者对于男人救赎的信仰可以帮助他们脱离恐惧”。[68]

1949年，当玛格丽特当选达特福德议会准议会候选人时，她的父亲打破了一直以来的习惯，在政党政治会议上演讲来表达对她的支持。在明确个人定位这一问题上，他在会上表示现在保守党的立场“和他年轻时的自由党所做的事情非常相似”（见第五章）。玛格丽特在她的回忆录中针对该观点提供了个人解释：“就像许多其他商人一样，他已经被自由党在集体验收过程中抛在后面。”[69]

战前或者战争过程中，意识形态并未太多侵入议会工作，例如，在经济问题上，仅有的一次重大分歧发生于1935年早期，当时一项清除贫民窟的计划被提起。按此计划，有106座房屋要被推倒，415人需要安置。议会在是否针对劳动人口直接实施这一计划上产生了分歧，阿尔弗雷德·罗伯茨表示反对。很快，罗伯茨在议会获得财经和税务委员会主席的职务，并且履职超过20年，《格兰瑟姆日志》称其为“格兰瑟姆的财务大臣”。[1]他是议会预算高效而认真的守卫者，而不是一个空头理论家或竞选政客。

但是由于工党是在议会上唯一攻击政治认同约定的党派，因此，对于罗伯茨而言，工党通常是他的政敌。他的首次获选有赖于贸易厅的支持，他们共同对抗工党，并发起相关合作运动。在1935年大选中罗伯茨决定抛开个人影响力，站在保守党候选人维克多·沃伦德[2]爵士背后，尽管事实上许多他的卫理公会会友已经支持于当年结束的和平投票。[3]

正是这样，给了玛格丽特首次品味政治的机会，她帮忙将沃伦德的竞选地址折叠起来放进信封内，并且在选举日她扮演了信差的角色，将选举站中参与投票者的信息带到保守党委员会会议室，以便于他们确信将自己的民调结果变成投票行为。[70]玛格丽特·撒切尔并不确定究竟是什么激发了她早年对于保守党的热情和忠诚：“我不知道为何成为如此坚定的保守党支持者，我认为这或多或少来自父亲的观念。”[71]但是她很快提及沃伦德说：“我要告诉你什么吸引了我。他的存在感总是那么自然而然，穿着一件大衣，那么恰如其分地贴身。对了，一点都不显浮华。他是一个相当英俊的男人。当他说话时，你只需听着就好。”她乐于“被一个地位不对等的

1 在成为保守党领袖之前，撒切尔夫人经常说她的最高理想是成为财政部的首位女大臣。她将任何和钱有关的工作视为“实际的”，其他的工作则被她时不时称为“行福利”。这或许是继承了她父亲的观念。

2 维克多·沃伦德（1899—1933），在伊顿公学接受教育；1923—1942年任格兰瑟姆保守党国会议员；1942年，担任部长职务；同年被封布伦特斯菲尔德勋爵。

3 和平投票是由英国国际联盟于1935年组织的，是英国压力集团为摆脱困境和重振国联声威而发起的一场社会运动，奇怪地被历史所误传。事实上，其大多数是参加支持和平谈判的，但是被证明的结果是680万人投票认为其在反对镇压过程中使用了暴力，相应地有240万人认为它并非如此。

人把自己放在对等的位置上来对待……他认为是人性吸引选票”。[72]因此，在她日后处理各样事情过程中，总是敏感于好看的男人、优雅的服饰，俗称有教养的一切元素。[1]

在构成自我国际视野的过程中，阿尔弗雷德·罗伯茨从扶轮社搜集到的内容或许比任何政治党派都要多。从过去至今，扶轮社是一个国际范围的运动，于20世纪初在美国建立后，在战争中迅速受到欢迎。格兰瑟姆扶轮社于1931年获得特许成立，罗伯茨是筹建成员之一。1935年，他成为该组织的年度社长。根据其宗旨“施比受更有福”（原文为“Service above Self”，即高于个人利益至上的服务，根据扶轮社的定位作此翻译。——译者注），扶轮社是一个非常有意义的组织，大部分由商人组成，主要服务于社会进步和致力于慈善事业。据格兰瑟姆日志上详细的会议记录显示，其有一个为该社团演讲所选择颇显滑稽的推进项目列表：“现代心理学”，一场关于压路机（本地制造）和什一税、租金方面的谈话。该组织对于政治的态度是刻意保持不那么复杂，它呼吁人们撇开政治分歧而投入更广泛的公共利益中去，这同样也被应用于国际领域，一种和解的姿态远比选择与希特勒对抗来得更有力量。玛格丽特·撒切尔说，她的家庭起初意识到希特勒所犯的错误：“当我们听说他镇压扶轮社时”。[73]她通过扶轮社的视角看到了更宽广的世界。

身为格兰瑟姆扶轮社国际服务委员会主席，阿尔弗雷德·罗伯茨会组织参观演讲者。基于此和他的博览群书，他对于国际事务的了解，可能并不比其他扶轮社成员逊色。玛格丽特和穆雷尔都记得，一名担任本地非专科医生的扶轮社成员曾经给他一本关于对希特勒有利的小册子，但是他没有被这位名叫施密博士的德国人说服。在玛格丽特·撒切尔的印象中，施密博士是一个“非常冰冷的人”。[74]但是有一点很明确，就是罗伯茨的扶轮社员主义或者卫理公会主义，使他倾向于绥靖，尤其是像以张伯伦为代表的政策。张伯伦自 1937 年担任首相。

在 1939 年 1 月 26 日的格兰瑟姆扶轮社年度午餐上，罗伯茨作为演讲者提醒他的听众，扶轮社的原则很清楚，就是避免政治以及不要沉迷于“政

---

1 当撒切尔夫人成为首相时，她经常待在瑞士楚格州附近的弗洛依登贝格宫，也就是格罗佛夫人的家中。一个她像朝圣般前往对方家中拜访的男人就是已经非常老的维克多·沃伦德。一名目睹者说，他们的会面非常令人感动：撒切尔夫人感谢他帮助自己建造了政治理想基础。（与理查德·柏德乐—雷纳的采访。）

府形式”。“他们（扶轮社）并不站在关于应当实行独裁、君主制或者共和制的任何一边”，当时对他发言的报道中称。他们也并不参与“不管是进攻还是防守的国际名人”的话题争论，但是他们持守“公平、真理和自由”原则，这驱使他们提出“弱国权利同样神圣，并且必须备受尊重”。

罗伯茨说，由于扶轮社成员被这些原则所支配，“对他们而言，无所谓武装强大或者几乎没有武装，他们如今已经意识到一个人应当做的，只是被几样东西所武装：一把整齐收好的雨伞，清晰的思想意念，和对和平的热切之心。”（鼓掌）[75]罗伯茨指的是张伯伦于此前一年 10 月同希特勒签署的协议，其随后变得臭名昭著。公平而言，在罗伯茨的演讲中，有约四分之三的英国人分享了他的观点。“绥靖”并非一个污秽的词语，只是被绥靖者本人所使用而已；他们相信通过对话可以实现和平。那些像温斯顿·丘吉尔者显然不同意被战争贩子所攻击。罗伯茨只是代表了传统观点。

在同一个晚宴上，不同的演讲者都表达了对于扶轮社在德国和意大利被禁止的担忧，他们诉诸有关国际组织，但是他们坚持认为扶轮社关于“团契关系”的理念在日益严峻的大气候中，提供了一条最佳“通向和平的路径”。[76]

当然，玛格丽特·撒切尔因其对于姑息独裁做法的厌恶以及对于丘吉尔的赞赏而闻名（例如，她于1990年将西方社会针对萨达姆·侯赛因的软弱与对待希特勒的态度作比较）。[77]或许正是因为此，她不喜欢直接承认其父亲曾是张伯伦的支持者，但是委婉接近主题。她后来坚持认为，张伯伦“是一个可敬的人……我常常想他清楚在1938年时自己必须为让我们大家做好准备赢得时间。我相信他在后来获得的比希特勒更多……或许是从这点而言，我们欠了张伯伦一大笔债，我们应当感谢他在那些年针对所发生事情而做出的判断，正是这一判断使得温斯顿可以走得更远。”[78]她说，可敬者竭力从其他外国政府身上找到荣誉：“或许这是英国政治家的一个错误，就是我们通过玫瑰色的眼镜（此语用以形容有些盲目乐观的做法。——译者注）来看待其他政治家，并认为他们会和我们一样。”[79]

然而，当战争于 1939 年 9 月爆发时，任何犹豫之念都被弃之不顾，阿尔弗雷德·罗伯茨在格兰瑟姆面对危机的时刻变得越来越重要。他是围绕应对战争提出战略构想的三名议员之一，他指出，一旦战争开始，晋级委员会应行使全体议会的权力。同时，他在 1942 年成为该委员会的副主席，并且亲自投入大量与战争相关的事务中去。他于 1938 年参与到议会的 ARP（空袭注意事项）计划中，并且在战争期间扮演着民防的领导角色，后来成为总突袭福利处主任，主要解决安置和照顾被炸伤者诸如此类的问题。1940 年，他建起一座英国餐厅，作为国家提供基本食物的一部分，工人在那里无须使用津贴即可就餐。首先是在桥尾路的弹药工人，接着在临近芬肯街的校舍内开了第二家餐厅，他曾在这里的卫理公会教会布道。

他在国民储蓄运动中功名卓著，该运动的地方储蓄委员会鼓励节俭并为资助战争而努力。所有这些工作不仅有意义而且是真正需要的，同时，他还需要经营自己的两个商店。1940 年，罗伯茨被提命担任格兰瑟姆市长职务，但是由于时间不足不得不拒绝了。1943 年 2 月，他被任命为市议员，这成为在伦敦市之外废除非选举产生议员的一种形式，由议会内部任命议员成为尊重地方并消弭区别的一种标志。彼时的罗伯茨年届五十，或许是格兰瑟姆历史上最年轻的市议员，在当时的环境中，他失去了这一机会，大约十余年之后，这件事在他的女儿身上产生了深刻影响。就是在战争结束后，罗伯茨再度被任命，这次他接受了市长职务。从战争开始到 1943 年离家前往牛津，除了同穆雷尔在伯明翰接受理疗护士的训练，玛格丽特实际上都只是一个待在家里的孩子。她近距离目睹了父亲无休止的劳动和公共精神，由于战争，一个生命不得不在个人幸福方面做出牺牲。责任、工作、爱国主义（以及对敌人的憎恶）在此期间成为主导。

就在格兰瑟姆扶轮社的演讲中阐述关于和平和战争的理念同时，阿尔弗雷德·罗伯茨同时开始将扶轮社原则付诸实践的尝试。在女子学院，许多女孩子有外国笔友已是惯例：玛格丽特有一个笔友是来自萨瓦名叫姿莱特·帕斯奎耶尔[1]的法国女孩，但是穆雷尔有一个笔友是名叫伊迪斯·穆哈鲍埃尔的奥地利人。伊迪斯是犹太人，她的父母曾在希特勒于头一年3月吞并奥地利后遭受迫害，当时他们写信给罗伯茨问他是否能够收留伊迪斯以逃脱纳粹势力范围。罗伯茨同意了，并且安排一些扶轮社会员家庭轮流照顾伊迪斯。罗伯茨与伊迪斯父母的联系并未维持下去，但是在1939年1月21日伊迪斯自己从维也纳写给罗伯茨的信中说到，前往附有罗伯茨邀请信的英格兰签证已收到。信中生涩的英语打印整齐，表达了对他所提供帮助

---

1 撒切尔夫人在自己的回忆录中误将姿莱特写作柯莱特，但是她的受洗名字是凯茨乐（法语）。姿莱特·帕斯奎耶尔曾嫁给一个罗纳地区的社会主义参议员，他们自 1977 年至 1999 年一起生活。她和玛格丽特从未见面，直至 1982 年去世。她或许并不知道自己的前笔友已经成为英国首相。

的感激——“我一声（生）将永不会望（忘）记你”——继而询问了一些到达罗伯茨家的具体问题：“从伦敦到格兰瑟姆[1]，我应该乘坐火车还是轮船？”⑩

但当时，办理获准离开的官方手续花了些时间。3月23日，伊迪斯再度写信说遇到一些耽延，但是她应该会被允许在几周内离开奥地利：“首先请允许我对你的好心来信和照片表达感谢，有你帮助我，并且那么多不同的人也想给我提供帮助，我倍感幸福。大家把我带进他们漂亮的家室中，我真切希望在那里会幸福。”⑪

不幸的是，尽管罗伯茨一家很慷慨，伊迪斯与他们在一起非常不幸福，在玛格丽特和穆雷尔的回忆录中浮现着问题的印迹：“那些时日我们没有一个合适的浴室，”玛格丽特说，“她习惯于更好的东西”。⑫穆雷尔说伊迪斯是一个“友好的女孩”，并且“她有一个精彩的衣橱……我想他们在奥地利会穿着漂亮的裤子”。好像为了避免给她带来可能的压力，伊迪斯的犹太身份并未被提及。不过，她与他们是如此不同，这也让罗伯茨一家增长了见识，也给他们贡献了见识。⑬伊迪斯不喜欢罗伯茨家庭的礼拜，每个下午要在格兰瑟姆的田地间步行：“她说，‘这弄坏了我的鞋子。’”⑭

后来发生的事情好像令阿尔弗雷德·罗伯茨被伊迪斯的复杂所打击。她聪明的外表和对化妆的爱好，在那个时期对于未成年女孩极其危险。麦德林·爱德华兹家也曾收留过伊迪斯，她用稍显尖酸的言语将伊迪斯描述为“一个非常成熟的17岁女士”。⑮她喜欢坐在卧室的窗台上望出窗外，使得罗伯茨感觉“那就像阿姆斯特丹”。⑯伊迪斯告诉玛丽·华莱士她发现北巡街1号是一个“压抑的家庭”。⑰她在那里“非常不幸福”。⑱这在罗伯茨和他的扶轮社成员、牙医华莱士先生之间制造了一些问题。两个男人开始争吵，并且华莱士告诉罗伯茨：“你答应接收这个女孩子，却不好好照顾她，以至于她非常不幸福。”⑲

这个版本被穆雷尔·卡伦含蓄地证实了，她说“父亲拒绝承担更多责任，游走于所有扶轮社成员之家去说服大家收留伊迪斯……有时我想他后悔当初接纳她。”⑳

伊迪斯的确未在北巡街待太久，她4月份到达这里，到5月16日就从威尔碧花园爱德华兹制造行的房屋给穆雷尔写信。她为自己未能较早给穆雷

1 格兰瑟姆是内陆城市。

尔回信表示道歉，但是解释说她在到达爱德华兹家之前搬过两次家：“我感觉自己像一个吉普赛人。”

因此，她可能在北巡街未住满两周，事实上，她热情地写信给穆雷尔（其中提到穆雷尔的妹妹就像“马吉特”），这些表明她们之间的联系并未断开。另外她在信中还提到：“我经常步行去看你亲爱的父亲罗伯茨先生，问问当天是否有我的信件。”她对于罗伯茨一家的帮助非常感激，并且在年老时接受记者采访中一再如此表示。她和自己的家庭后来逃至巴西并居住在那里。

伊迪斯的故事从一个有意思的角度表明阿尔弗雷德·罗伯茨是一个充满好意的人，按照自己的原则而生活，慷慨大方而又和蔼可亲，同时又苛刻而有些令人望而生畏。或许欣赏他比与他一起生活更加容易些。玛格丽特比伊迪斯年轻几岁，对她并不熟悉，但是被对方在维也纳生活中的一个特点惊呆了：“她说犹太女人被造的目的就是清扫街道。”[91]

2

奖学金女孩

“你在阻滞我的志向”

玛格丽特公开的最早信件[①]仅存一张薄纸，她在其中分析了自己的考试。1941年夏，她只是坐着苦等学校证书（大致相当于普通中等教育证书），并且发现生活节奏非常紧张——“如你能够想象，这意味着（原文）令人恐怖的大量苦读。”

最大的问题来自于地理。第一张试卷基于英国地形测量地图的相关工作，显得并不太糟糕，但是“另外一张是基于不列颠群岛和一个大陆的情况，则着实让人崩溃。因为如果仅仅是一个和美国相关的大陆就显得一点也不难，但是在其中和不列颠群岛有关的三个岛屿中，只有一个是我们能够触及的。”所有这些与苏格兰和爱尔兰以及它们的城镇知识有关，且涉及很多细节。“不幸的是，我们未接触过这些岛屿（原文）并且只有两节课与苏格兰相关……不过我们还是竭力幸存下来回家用餐，心中盼望着下午是一份能够让人体面的试卷。”虽然当时只有15岁，还是激发了她未来的政治同情心。整个考试，英国和美国可以理解，苏格兰些许提及，爱尔兰未知，欧洲大陆干脆只字未提。

玛格丽特的姐姐在伯明翰结束了自己的考试。“祝贺你在考试中取得优异成绩，我想此时镇上每个人都已获悉此消息，”玛格丽特在信件抬头处插入一句话。她相信自己的毕业证书对于穆雷尔而言是极其诱人的，其中写道，“我将尽快把试卷送给你，但是我想让马科斯先生先睹为快。”哈罗德·马科斯是格兰瑟姆皇家学院男子文法学院的一名硕士，玛格丽特对他充满了尊敬。她的父亲安排马科斯偶尔担任自己女儿的私人家教。当然，当时玛格丽特所在的女子学院并无男生。

其实，玛格丽特在整个考试过程中并不担心，她的地理考得很棒。在1941年9月20日写给穆雷尔的第二封信中，[②]她列出了自己所有的考试结果。她的化学、算术和代数均获得了优秀成绩（最高级），并且她其他的所有科目都获得了高分，除了写生这一科仅仅是勉强过关。

除了将自己的成绩列表，她还列出了同班同学的考试结果。尽管她并未对自己提供的信息加以说明，但是很明显的一点就是，通过这些数据显示，她所提到的其他女孩子均无同时获得三科优秀的成绩。事实上，40 个人中有 11 个未通过考试。这种结果成了这些女孩子人生的分水岭，有些人待在一个较低的水平线上开始重考，其他人，比如玛格丽特则将视野投向了大学。

怀着对于年轻时代的向往之情，玛格丽特感怀各种变化：“在中学毕业季的时光，不如弗吉尼亚的一半精彩，我的同学们被分散，甚至其中有些人已然离去……没有了曾经那样鲜活的精神……我们曾经共同奋斗，相互依赖……但是现在……如此多的老关系消失殆尽，再无任何事物能将我们团聚一起。”人数开始惊人地减少，在五年级，玛格丽特算了一下，当时还有53个女孩子。③1941年圣诞节过完，只剩下了4个——玛格丽特、麦德林·埃德沃兹、基恩·法莫尔和新来的罗尔纳·斯密斯。

多数女孩子离开是由于战争期间大量触手可及的就业机会。玛格丽特的昔日同伴约恩·奥卡尔德和派特·梅登思已经工作一年了；她的密友中，只剩下基恩·法莫尔还共处一班。玛格丽特和基恩也是硕果仅存的科学家。虽然玛格丽特·罗伯茨一直对于屈尊俯就的状态很敏感，并认为自己在六年级的表现“相当优秀”，但是她还是在玛格丽特·古德里奇（见前一章）被委任班长时表达了开心之情，因为后者“是一个名副其实的合格人选”。

为了描述再次开学前最后的愉快时光，玛格丽特沉浸到一些画面之中：

……基恩缓步而来，约恩也逐级而下（从格兰瑟姆城外山上她父母的家中出来），然后我们一起走向“州国”（格兰瑟姆的一个电影院）。那是一个午后，我们静坐品茗，作为开学前的最后一次灿烂释放。我们看了由康丝坦斯·卡明斯、埃姆林·威廉姆斯和约翰·克莱门茨主演的纪录片《如此英格兰》。尽管是一部历史题材的电影，我们还是爱极了它。同时看的一部电影还有由西萨·罗么埃洛和帕特里夏·莫里森主演的《大河之浪漫》。我们就着鲑鱼沙拉喝茶。不仅如此，我们还有果酱和巧克力饼干。一不留神，我们竟然点燃了如此幸运的一天。[1]

---

1 去看这两场电影是对罗伯茨夫妇所持期望的小小挑衅。他们认为自己的女儿应当仅仅去看那些基于父母许可的电影，唯此方为正确选择，而非随随便便逮着什么看什么。（参看玛格丽特·撒切尔所著自传《通往权力之路》，哈珀柯林斯出版公司，1995 年，第 14 页）

重返校园后，玛格丽特并未对所有教员产生太深刻的印象："新来的运动课女老师不像昔日的老师那样年轻，她名叫戴尔斯小姐，看起来大约30岁左右。历史老师格外令人失望，她接近中年，而且着装邋遢。"另外就像曾任年级主任的地理老师安默尔小姐，如今的新角色是副校长，摆着一副"自命不凡高高在上的样子"，以至于"她周五根本不会露面"。玛格丽特在述及校长吉利斯女士处理考试结果的态度时，则保留了特别尖酸的评论："校长从不给予一丁点的祝贺（或同情心），只是毫无感情地使用'通过'或者'不合格'两个词语一笔带过。"

然而，她在学习上刻苦用功，并且与姐姐分享关于未来的想法：

进入五年级后，你不必决定自己要从事的职业，除非它对于选课确有帮助……爸爸一点都不赞同从医的想法，但是我正在读生物、化学和数学，并且主要辅修法语。我清单上的另外一个计划是读大学，拿到理学学士学位，然后通过公务员考试并进入海外机构工作。对于一名女性而言，这个学位是必须拿到的。当然，我必须拿到奖学金，否则根本不可能去读大学。

整封信对于战争只字未提，尽管当时德国正在入侵俄国，并且英国在自由世界中几乎已成孤胆英雄，美国丝毫不愿卷入冲突漩涡之中。玛格丽特所处的历史时刻，对于其本人的影响并非直接，而且也较小——体现为鲑鱼沙拉的减量供给；提到关于卡姆登女校被疏散并要分享本校设施的事实；教师团队整体年龄的提高。战争，只是被她处理为当时学校生活之余的一个背景，但是对于她形成个人人生信条以及国家理念发挥了举足轻重的作用。

不过，在她最早留给我们的文字中，15 岁的玛格丽特·罗伯茨显示出了自己的头脑清晰、自信、雄心勃勃、勤奋、聪明，以及些许尖酸刻薄。

她的教育情况如何，以及教育是如何塑造了她本人？早在亨廷托尔路读小学时，玛格丽特就表现出色。关于她 9 岁时一次获奖经历的故事，至今仍被人津津乐道，只是版本有细微差异。[1]

---

1 在拉塞尔·路易斯的《玛格丽特·撒切尔》（Routledge & Kegan Paul 出版社出版，1975 年）一书中提到她在当地乐人大会诗朗诵中获奖一事，乐人大会是发端于威尔士的节日活动，在当时的格兰瑟姆盛极一时。在奈尔列·塔沃斯采访《玛吉：第一夫人》（Brook Lapping Productions for ITV and PBS 出版，2003 年）中谈到，她不仅因此赢得祝贺，而且曾获得教会音乐节的钢琴独奏奖。或许该典故融合了不止一个场景。

当校长向玛格丽特的好运气表示祝贺时，她反驳说："不是我幸运，而是实至名归。"这种口气有时显示出一种自以为是和傲慢自大，但是可能更多反映出年轻的玛格丽特心直口快的特点。[1]她并不是靠运气；她获奖是理所当然，因此她就脱口而出。任何另外一种表达将会徒增对整个评判过程的怀疑。

现存玛格丽特·罗伯茨参与的第一份影像资料——一部短小而动感十足的胶片电影——要追溯至1935年。那一年，格兰瑟姆作为一个自治市镇来庆祝其百年诞辰，玛格丽特与她的校友们一起参加了游行，并以人体组成单词"格兰瑟姆"。在电影中，9岁的玛格丽特·罗伯茨能够被看出正在如此做准备："恰如其分地，我是字母'M'的一个组成部分。"④

次年，玛格丽特赢得了KGGS的一个奖学金。众所周知，这个学院是当地女孩子所能上的最好的学校。它建于1910年，是一所自费文法学校，但是其中有四分之一的女生可免于交费。奖学金女孩们需要通过相当于统考的升学考试；自费女生们则能够在更小的年纪入校。当玛格丽特于1936年9月入校时，全校大约有330名学生，其中包括不是奖学金女孩的穆雷尔。由于它极高的声望，KGGS不仅吸引了格兰瑟姆城镇内的所有家庭，连与城镇相去遥远的家庭也慕名而来。学生们的社会背景迥异，有的来自声名显赫的富贵之家或书香门第（工程企业的高管、英国圣公会的神职人员），亦有出身寒门却凭借自身聪明入校的孩子。以金钱来考量，罗伯茨一家在整个学校里或许处于中等稍微偏下的水平；以社会地位论，由于阿尔弗雷德在城镇上日渐提升的角色，则位次较高。

虽然获得了奖学金，玛格丽特还是直接被分入了B组。这丝毫不能代表她的学业有缺陷，只是说明一个事实，就是那一年获得奖学金的女孩子着实非常多，不是所有人都能进入A组。这一分组使得玛格丽特有一种从同龄人中被分离之感，并且许多人都有同感。而这也将她与基恩·法莫尔分在了一起，后者是建筑师的女儿，来自付柏科。基恩也是奖学金女孩，玛格丽特唯一的B组"盟友"，基于此，她说，"我们是黄金搭档"，⑤在她们进入A组之前共度了两年这种时光，直到1943年玛格丽特进入牛津、基恩进入师范学院。

---

1 心直口快是玛格丽特·撒切尔为之自我省察的一个性格特点。在个人回忆录里，她说："我常常困惑于'三思而后行'这句成语的深意。但我认为它比'行成于思'这样的表达好过许多……"（撒切尔夫人所著《通向权力之路》，第17页）

基恩是一个随和、受人欢迎的女孩子，并以说话时像“尖叫”般的声音闻名，[⑥]正是她及其家庭使得玛格丽特在北巡街的生活中感受到了更多乐趣。作为对玛格丽特邀请的回应，她被允许自由而快乐地出入主日学，阿尔弗雷德·罗伯茨对此作了一番著名反馈：“玛格丽特，绝不要因为别人做了什么事就去做，要自己决定所做之事并且说服别人跟随你。”[⑦]玛格丽特对这种要求极其反感，但恭敬不如从命，她选择了吸收该经验。她历来反感父亲的教导，但是通常都确信他是正确的。

基恩·法莫尔毫不保留对玛格丽特的喜欢。她将玛格丽特描述为“一个非常喜乐、幸福、热衷娱乐的女孩子”，丝毫没有身处压力的样子，甚至有些“逍遥自在，无忧无虑”。她“略显丰满”，并且常常保持“礼貌、努力和凡事投入”。她们两人“从未发生过争执”，并且基恩对于后来一些针对玛格丽特的批评颇感愤怒，认为这些评价很不公平，比如指责她毫无幽默感或者过于专横，“我丝毫没有感觉到她的专断……她格外热心而优雅。”两人通常在彼此父母家里过奇数周末，甚至法莫尔一家曾带着玛格丽特一起在斯凯格内斯（英国东北部的一个滨海城市，按照英国本土叫法，是个小镇。——译者注）度过一个周末。她们还为亲自制造的一次探险经历激动不已，当时，她们“潜入”斯坦福德男校去看了一场法语电影《塞维利亚的理发师》（“但是我们对片中人的对白只字未懂”）。

以基恩看来，玛格丽特并非天才，但是她“有惊人的专注力”，并且她就任首相后最著名的个性特征就是：“她不必像我们一样需要太多睡眠。”[⑧]基恩的父母亲也非常喜欢玛格丽特，在1945年换届选举运动中，正是基恩的父亲杰克主持了付柏科的保守党会议，这次经历为玛格丽特日后竞选保守党候选人来了一次热身。这也是她所做的首次公开演讲。[1]

法莫尔一家与玛格丽特一直保持联系，在她后来竞选成功后还写信表示祝贺。1974年3月——前一个月保守党刚刚在竞选中失利——玛格丽特在弗慕白出席一个仪式时，再次见到当时已定居此地的基恩，她回信说：“当我为一所小学举行开学仪式时看到了基恩，真是太好了。她看起来令人赞叹，我想我们两个‘老古董’都棒极了！”[2]她继续写道：“如今距离我在

---

1 撒切尔夫人告诉本书作者她曾于1942年的竞选中，在格兰瑟姆发表公共演讲，但是这好像会有出入：或许是不可能的，因为她当时只有16岁。

2 值得注意的是，撒切尔夫人会在赞美自己的容貌时附带上基恩。她发现毫无保留地称赞其他女士一点都不容易。

林肯郡的‘家园时光’已渐行渐远。从某种意义上讲，我认为那些时光比我如今更幸福和充实，在伦敦的岁月将注定非常忙碌——但是没有了在那个小镇和乡村的温情与友谊。”⑨事实上，玛格丽特可能并非那么喜欢格兰瑟姆，甚至一度渴望离开那里，但是她承认自己在那个地方获得了不可或缺的价值观。当然，她无疑也受到了来自法莫尔一家的影响和感染，尤其是他们恬淡自然的乡村生活。[1]

并非只有基恩·法莫尔一个人如此喜欢玛格丽特，另外一个朋友谢利·沃尔什（现用名爱丽斯）也和玛格丽特关系密切，这个甜美的女孩子每天早上都会站在林荫路上自家门口台阶前，静候玛格丽特的到来（“她通常会早到”），⑩然后两人一起步行穿过维特姆河前往学校。正是玛格丽特告诉她，1940年一个春天的早上，入侵德军武装已经空降入荷兰。随着两人年纪渐长，玛格丽特和谢利一起在Toc H（Toc H是一个不从属于任何宗教派别的国际性社会服务组织，“一战”期间由英国人发起成立。它在大萧条时代尤其活跃，建立起年轻人俱乐部、妇女俱乐部，旨在训练女性学习服务理念，帮助女孩子们找工作，等等。它还发起许多社区服务，其中包括红十字会和PWP主导下的输血服务。——译者注）工作，任务是周六在部队食堂为军人们提供服务。

在谢利看来，玛格丽特“从不会瞧不起自己的同学或者伙伴们”，并且有着出色的幽默感。“她不具鼓动性，却坚持贵在参与”，她“没有令人讨厌的性格特点”。至于幽默——玛格丽特在晚年表现出不事张扬的机智和风趣——在她和穆雷尔的信件往来中也可窥一斑。在写到从一场曲棍球比赛返程途中的巴士见闻时，她描述着车上的拥挤境况，女孩子们不得不坐在土豆袋上，“当我们抵达北威瑟姆时，土豆们几乎要被焖熟捣碎了”。⑪尽管她的同时代人均证明玛格丽特所表现出来的严肃使其格外与众不同，但是玛格丽特同样参与当时的十几岁女孩感兴趣的一切活动和事宜。她喜欢打网球，擅长打曲棍球（打半场）并且进了校队。更引人注目的是伴随她的成长经历而塑造的特点，即对于电影中和时尚元素里所呈现的魅力有强烈兴趣。她在和穆雷尔的几乎每一封信件中都提到格兰瑟姆即将上映的最新电影，其中提及与基恩和约恩一起看《如此英格兰》的那封，还讨论了其他五部电影。她说，《苦乐年华》（Bittersweet）与《红花侠》（Pimpernel

---

1 基恩·法莫尔本人并不像玛格丽特那样野心勃勃，她说：“我对格兰瑟姆毫无印象，它并未（给我们——译者加）提供太多。”（根据对基恩夫人的采访）

Smith）不日上映，[1] 但是她已经去看了《蝴蝶梦》（Rebecca），并且认为其“是我所看过最棒的电影之一，其中伴随着一个精心布局的大阴谋”。⑫

信中，她还写到与妈妈一道去看《爱在失业时》，一部关于战时兰卡斯特城的失业棉纺工人题材的电影，“三百万失落男人的幽灵大军”，非同寻常地反映了各种战时社会问题。这并不合玛格丽特的口味：“我想说我并不喜欢它，虽然它确实是一部好电影。”接下来的一个月，是格兰瑟姆的狄安娜·窦萍演出季：“我与基恩和约恩一道，看了《俊妞》，感觉糟糕透顶。”⑬

格兰瑟姆的电影更对玛格丽特父母胃口，比如由坎贝尔执导的电影《如画之家》。坎贝尔一家是罗伯茨家的座上宾，是受人尊敬的邻居，住在盛大的威尔花园中。J.A. 坎贝尔是阿尔弗雷德·罗伯茨的扶轮社会友。他们的女儿茱迪在 20 世纪 30 年代与父母同住，是一位非常漂亮的女士，之后成为著名演员，并且以一首《伯克利广场的夜莺之歌》风靡一时。[2] 玛格丽特对茱迪有所了解，并且对她无比钦羡。

玛格丽特同样对琴吉·罗杰斯所饰演的电影情有独钟，这曾使得格兰瑟姆最权威的历史学家吉姆·艾伦在年老时问她喜欢罗杰斯，是否因为后者在担纲主演的电影《女人万岁》中，诠释了一个在男人圈中大获成功的女人形象。“不，不是这样，”撒切尔夫人回答，“我一直渴望能像她那样舞姿摇曳”。⑭

据玛格丽特自己说，“早年在我生命中的最大惊喜”是她 12 岁时只身前往伦敦的经历，当时她住在卫理公会教友、牧师斯金纳夫妻家中。他们带她去了伦敦的各大景点，其中包括议会和唐宁街，以及圣保罗教堂（“约翰·卫斯理会在轮休日上午会在此祷告”）。⑮“但是最兴奋的还是我第一次去刘易舍姆的卡特福德剧场的经历，在那里我看了西格蒙德·龙贝格的著名音乐剧《沙漠之歌》，那三个小时里，我生活在另外一个世界，完全

---

1 在她的回忆录里，撒切尔夫人说她“对于法国大革命的观点是被《红花侠》中的莱斯利·霍华德和可爱的梅尔·奥伯伦光荣地证实了的”（撒切尔著《通往权力之路》，第 14 页）。或如其然。但是电影上映的 1934 年，玛格丽特年纪尚幼，或许她记得由莱斯利·霍华德主演的潘佩内尔·史密斯教授，而这些使《红花侠》的故事在她心目中变得意义非凡。一方面被置于备受战争蹂躏的欧洲大背景之下，另一方面又随着历史发展被不断更新。

2 茱迪·坎贝尔逝于2004年，是简·博尔金的母亲，同样有名的另一首歌曲风截然不同：“我爱你……我更爱你”（法语歌词——译者注），流行于20世纪60年代晚期。简的女儿夏洛特·甘斯布曾于21世纪早期饰演题材鲜明内涵痛苦的电影《反基督者》。

与女主角大胆的《红色阴影》融为一体——以至于我买了乐谱在家里演奏，并且经常如此。”她以相当动人的笔调写了这次旅行，其中描述斯金纳夫妇“善良优雅，给了我深刻记忆。用塔列朗的话形容他们是，‘甜蜜生活’”（原文为法语——译者注）。

在她日后声名鹊起后，就很少有时间再来细细品味生命中这种难以言说的气质，不过一旦她做到了，就会倍加珍爱。她同样热衷于地位显赫之地，伦敦的交通和车水马龙“好像产生出一种魔力”，甚至建筑物散发出的煤烟也额外生发出“黑暗而宏伟壮丽的气质，以至于不断提醒我自己处于世界的中心”。除了效忠于政治之外，她还渴望站在核心位置。

除了电影，另外一条能为枯燥的格兰瑟姆带来美丽的途径就是衣服。玛格丽特从未想过要引领时尚，即便这个词当时已然存在，但是她不断地追求自己着装的优雅和品味。由于战争和战后实施的定量供应政策，加之父母的谨慎预算，她的追求一度难以实现。在写给穆雷尔的信中，她不断提及对于零星物质的需求，或者尼龙长袜，抑或是纽扣，诸如此类；还会谈论关于时尚以及漂亮话题的细节；在何处能买到中意之物，及其价格。

1944 年 7 月 30 日，在德国军官针对希特勒的爆炸案计划泡汤后几天，玛格丽特写信给穆雷尔说将与基恩一道前往林肯郡，她“希望能来一次采购，买些鸡零狗碎。想到明天是 8 月 1 日，我们应该能用新的优惠券了，但是，我现在发现须在 7 月 31 日使用，因此我不能买太多东西，因为只剩下一张券可用了”。不过，她头一天去了格兰瑟姆的钱伯斯“买了两套内衣套装，我非常喜欢。我买到一个白色的凯瑟套装和其他品牌的粉红色精致套装，还有一个粉红色的隆起胸垫……”另外，她还挑选了一件流行款式的上衣。“我想将会有足够的材料去制作一个小浆果形状的帽子（她的意思是贝雷帽），时下正在流行，如果那个男人能够给我做一个手提包，就更完美无缺了。”[16]

1941 年的生日当天，玛格丽特的父亲给了她一英镑让她买一个粉彩碗，“告诉我把零钱带回去”。[17]她找到一个漂亮而又朴实无华的，价格是 10 先令（50 便士）（“只是一个在碗口处带着金边的普通玻璃碗”）。“本来有一个我非常喜欢，”她继续写道，“它是绿色的，非常大，用刻花玻璃制作。最终选择放弃的唯一理由是价格——32.6 先令”。[18]玛格丽特一直以实用方法来看待事物，不管是价格还是友谊。1941 年 9 月入校的罗娜・史密斯，记得她是一个“安静、刻苦学习、胸有成竹的人，平静而自信。有些人认为她有些令人不快，甚至极其自负，但是我担心这些是出于嫉妒！对我个人而言，我认为她很快乐且乐于助人，这些使我作为这个学校的新生，内心十分感激”。

对于罗娜，玛格丽特表现出无比欣喜的神态，透露出母爱般的善良。在晚年的生活中，罗娜时常对那些在自己身边工作的人说：“一个隆冬的早晨，我不得不骑车去格兰瑟姆，没吃早餐，去找牙医剔除神经。从手术室蹒跚而出一段时间后，我径直跑向玛格丽特，她当时正在购物，她乍一看见我那苍白浮肿的脸颊，就把我拉进卡特林咖啡馆为我要了一杯用以恢复体力的热饮。她应该不记得自己的善举了，但是我永远不会忘记。”[19]尽管玛格丽特的标签就是明确的目的性，就像谢利·爱丽斯所说：“她往往显得格格不入，原因在于其他年轻女孩不知道自己将要何往，而她很清楚。”

并且伴随着这一目的性的，是一种对基本道德规范的乐于坚守。对于20世纪30年代的校园女孩而言，保存签名书是一种风尚。至于后来的几代人，保存名人签名者还没有收集朋友签名的人多。朋友签名书上可以题写自己喜欢的鼓励话语或者语录。1937年3月23日，11岁的玛格丽特在麦德林·爱德华兹的签名书上写了如下话语：

生命如斯，轻易快乐，
岁月晴好，一路欢歌。
殊不料然，唯一难得，
身处绝境，笑靥轻抹。

丽塔·新德（后来名为莱特），是另外一位校友，保存着15岁的玛格丽特·罗伯茨于1941年6月22日为她题写的话语（那一天，全世界传播的是希特勒入侵俄国的新闻）：“小事虽小，所信若内住于心，实则伟大事矣。”（该语句出自英国人戴德生之口。戴德生，1832—1905，英国赴华传教士，1853年进入中国，创办中国内地会。除去本句，他最为人熟知的话语是：“我若有千镑英金，中国可以全数支取；我若有千条性命，绝对不留下一条不给中国。”——译者注）谢利·爱丽斯的签名书已经丢失不见，但是她清晰记得玛格丽特在1939年为她题写的话语：“微笑片时，遂再引来片时微笑，如此往复，笑音袅袅，千里而不绝。”

教规一旦被学习，就必须同时对外宣布。玛格丽特的教会成长背景和父亲的榜样作用，使和她同一利益战线的人都自然而然希望发表公共演讲，虽然当时这样做对于一名女士并不寻常。然而，这相距她开始真正发表自己的演说仍有多年。她的第一次公共表演是背诵一首自己喜欢的诗歌——朗费罗、丁尼生、惠特曼或吉卜林的著名段落——她以庄严而又有力度的语气朗诵，但又将诗歌中的道德寓意浅显易懂地表达出来。为了这些历练，她开始以演讲课上的规范来约束自己，而这些成了她职业生涯的重要注脚。据 KGGS 的同代人康妮·皮奇福德回忆，玛格丽特曾经受到“轻微的在 Rs’上发音不清问题的困扰”。1936年，她和康妮一起上了演讲课。[20]正是由此而非后来的经历，在政治抱负上倾力前行以提高自身社会地位的路上，围绕玛格丽特的批评声中，即有一条指责她发出了刀刻玻璃的声音。当年，所有的演讲课老师都致力于强调准确、仔细而清晰的发音，至于玛格丽特，已经在朗诵技巧比赛中体现竞争力，但也不可能做到不露痕迹（哪怕看起来很轻微）地取得胜利，她无法消除自己的林肯郡口音。后来，她认真的发音变调一度刺激了她在萨默维尔和牛津的许多同学，大家称之为“人工合成”。[21]因此从某种意义上，他们认为在措辞发音上的做作处理，远比攀爬充满油滑心机的政治和社会制高点要纯洁得多。玛格丽特自己理解，矫揉造作就是皱起眉头：她的所学课程教导她避免夸张和情景剧演法技巧的重要性：“你被教导不要过度表达，一旦这样做就损害了你的意旨，因为它会变得虚伪。”[22]

课程产生的影响立竿见影。1937年，玛格丽特在格兰瑟姆艺术节上摘得银牌，当时她朗诵的是约翰·德林柯沃特的《月光下的苹果》和沃尔特·德拉·梅尔的《旅行者》。1939年，谢利·爱丽斯记得当时与她一道演绎丁尼生的小说《尤尼西斯》片段，而共获荣誉。但是，玛格丽特绝非文学女孩，她是那种很容易就被诗歌的深情与高贵表达所感染，进而迸发激情的人。“我喜爱语言和韵律”，她说。[23]她对诗人敬慕有加，就像约翰·梅斯菲尔德和亨利·纽博尔特那样，沉迷这种热爱。“笔触丰满的吉卜林是我们的英雄”，她说。[24]并且一生中，她常常引用吉卜林的诗歌——比如：“真理加上一颗充满恶意的心 / 远比精心编造之谎言本身更狰狞。”——这些在她的记忆中俯拾皆是。有人或许会推测吉卜林和那些卫理公会传教士一样，激发了她对于印度的想象。她喜爱“语意清晰”的英语诗歌选集，就像帕尔格雷夫的《英诗金库》和魁勒·寇沃池版的《牛津英语诗歌选》。

她给自己的第一位正式男友送了一本帕尔格雷夫的诗集复本。对于丹尼斯之前的这位男士，她几乎快要托付终身时，送给对方一套莎士比亚的作品全集，这些选择并不能说明她的文学素养，但是她对于伟大作品的崇敬与爱慕是真正发自内心的。她将这些情感予以升华至钦定版英语《圣经》，挑选出《以赛亚书》、《福音书》和《使徒行传》："再也没有比这些更伟大的英语作品了。"㉕她之所以选择《使徒行传》，有点不同寻常，并且值得注意的是——这部书是整本《圣经》中针对要向世界所传递信息最重要的一部书。并且，在临终时，她脑海中牢记着多首赞美诗的歌词。在2003年7月丹尼斯的葬礼上，当她痛苦不堪以至于精神混乱到分不清眼前的棺材是丈夫的还是父亲的，但是大家看到她在唱所有的赞美诗时字正腔圆，发音准确而完美，丝毫没有去看歌本一眼。[1]

下面是1941年9月那个新入校的害羞女孩罗娜·史密斯所记得的，KGGS六年级的情景：

我们六年级同学共享一个活动室，其中有一张书桌和两张长条桌，我们会面对面坐在旁边，其中更多高年级女生通常会坐我对面，因此我得以凝视自己遇到的那些未来之星。

有一个女孩子玛格丽特·古德里奇（玛吉），聪明、善良而颇具吸引力，着装得体，有着一头亮红色的头发，扎成一个整齐的蝴蝶结。她想成为吉利斯女士的"宠儿"，但并未如愿。

她的妹妹琼·古德里奇（琼妮）也在长条桌旁，她同样很聪明，但是非常安静，只言不发。她的肤色很白，头发乌黑且亮丽。

接下来是麦德林·爱德华兹，她的一头长发惊人地浓厚。她为自己的威尔士血统颇显自豪，性格强硬，是一个天生的领导者，拥有极大的天赋恩赐。她凡事上都表现得很出众，尤其是在绘画和音乐方面更是如此。

……有时候，玛格丽特不在化学实验室"刻苦用功"时，同样会在活动室里。而平时，她经常是待在实验室里。

就像女孩子们描述的，她并不出众，"鼠色"一样的头发（就像我的！），然而她很有特点，有着爽滑的皮肤，机警的灰白色眼睛，姣好的体形与修长的双腿，加之敏锐的才智。浑身上下释放着平静的信心。

罗娜分享了关于玛格丽特的修正版历史，其中包括每周一次的"时事"会议。

课后……我们会懒洋洋地待在活动室里，一边侃着八卦，一边想着自己

1 本书作者目睹了这一切。

的未来。玛格丽特说她要成为一名科学家，但是她同样对政治感兴趣，这一点有点像她的父亲。她说或许有一天会尝试进入议会。“想象一下吧——一名国会议员！”我不无钦羡地说到，“或许有一天你能成为首相也说不定哦！”她连连摆手否定这种说法，但是她看起来充满了梦想，目标坚定。从那时候起，我不断听到她宣告类似的雄心壮志。一切被印入记忆，清晰如昨。[1]

尽管在 KGGS 很少谈论政治，但是大家不可避免地会讨论战事进程情况，在此期间，大家关心的是英国的军事命运，而非冲突中的政治是非。关于政治态度，反映在学生家长和学校身上，他们的立场稍微偏向于保守党，但是那些热衷于辩论的女孩子们更多聚焦于宗教问题而非政治问题。“我想我们更在乎的是信仰层面”，丽塔・新德说。[2]㉖女孩子们都非常理想主义：这是“一个非常注重品德修养的时期”，据悉并无女孩子在校时有男友。“有更多比男生更重要的事情”。玛格丽特在回忆中说。㉗那是一个意气风发的时期，大家都热爱教育。“我们并未感受到伴随着战争而来的空虚感”。丽塔・新德说。那个时期，到处弥漫着令玛格丽特陶醉的深刻思想氛围，她对此倍加珍惜：“我十分确信她希望保持灵魂的鲜活，或者希望使灵魂苏醒。”㉘无人记得玛格丽特在那段时期是否曾参与政治议题辩论，尽管她热爱这些话题是众所周知的。事实上，在20世纪40年代以来玛格丽特所有尚在世同学的记忆里，很难找到一个例子能证明，她曾经在任何议题上表达政治观点。她的政治参与性很明确，但是关于这些，她提到的都是与组织、会议、演讲有关的内容，并无触及政策或政治理念的实质。

她曾提出学校“强烈的宗教偏见是被我们原则性极强的校长（吉列斯小姐）所引导的”，罗娜・史密斯记得，许多同学都在谈论信仰，1942 年圣诞节前的一个午后，在从学校前往格兰瑟姆的路上，她和玛格丽特之间展开了数番交流，其中不乏奇谈怪论。“她当时评论说，她的确无法相信天使。‘哦，为什么？’我问她，当时想知道她会作何想。‘唔，’她回答道，‘我已经进行了科学实验，要想自由翱翔，一个天使需要一根六英

1 玛格丽特・古德里奇说，撒切尔夫人以略微不同的方式确认了这些（参看帕特里夏・穆雷所著《撒切尔夫人》，W.H.Allen1980 年出版，第 38 页），她第一次表达自己希望成为一名国会议员的想法，是在玛格丽特・古德里奇的 21 岁生日宴会上。1944 年 12 月 22 日，她赞同另外一个女生给她的提议，就是希望从事政治事业。事实上，就像罗娜・史密斯的故事表明的，此意念的浮现是出人意料得早。

2 接受本书作者采访的几乎所有 KGGS 昔日女生，如今都继续保持着积极活跃的宗教生活，除了麦德林・赫拉比（姓爱德华兹）从一神论转向了巴哈伊教之外，其他人都是基督徒。

尺长的胸骨来托起翅膀的重量。’”末了，罗娜又补充了一句，颇有点画蛇添足的味道，“……那时候玛格丽特可是非常认真”。[29]

玛格丽特在别的事情上同样诉诸科学实验，并且制造出令人震惊的结果。1943 年春天，在考试后的欢庆活动上，墨汁被泼在“活动室里珍贵的实木地板上”。[30]对于罗娜·史密斯而言，这是记忆中的第二桩糗事。当时，大家发现水与肥皂根本无法解决问题，该怎么办呢？这样一来我们被开除恐怕是确定无疑的事情了，这时候，有人想起了我们的科学家之星——玛格丽特·罗伯茨应当知道如何将地板上的黑色印记去除干净。她的补救办法是，撒上漂白粉然后倒上盐酸（从实验室偷的）。我则一阵狂擦，果不其然，地板开始恢复原貌了。但是紧接着我几乎被烟雾呛晕过去，赶紧夺门而出，脸色铁青——我们无人知道这些混合物会释放出氯气。我们激烈的咳嗽声和上蹿下跳的动作惊动了工作人员，他们非常关心我们，以至于大为光火。不过，颇为意外的是，第二天并未有惩罚落在我们头上，我怀疑是玛格丽特悄悄找到吉利斯小姐坦白了自己那近乎致命的意见。（从那以后，我的双肺都开始和往常不一样了。）

由于有着严格而正统的信仰，这个学校保持着竞争力，至少处于学术方面的较高梯队，并且在这方面无人能出玛格丽特之右。丽塔·新德记得，她、玛格丽特和麦德林·爱德华兹通常会竞争第一名的席位，在此过程中，玛格丽特表现出比其天赋更突出的决心：“发生于玛吉身上的事情，要么值得学习，要么就是很做作。”[1][31] 即使是天赐禀赋的罗娜·史密斯也发现玛格丽特在学习成就方面所流露出的骄傲相当令人窝火：“我记得（1942年7月）玛格丽特告诉我，我们的班主任说我们所有人的地理成绩都极其令人失望——除了她本人的，当时望着她那相当自负的样子，我着实有些恼火。”[32]在她的同学们看来，玛格丽特的缺点来自于几个方面：争取第一、确保正确和触人痛处。引人注目的现象是，那些最讨厌她的同学通常是站在学校之巅的“学霸们”。麦德林·爱德华兹和玛格丽特·古德里奇都记得，她有一个气人的特点，就是不管任何人来校演讲，她都会抢着第一个发问，来显示自己的学识渊博，哪怕她还是一个四年级小女孩时（“我们会对视彼

1　只有莱特夫人在采访中称呼玛格丽特为“玛吉”。其他所有人，除了里根总统，并无证据显示还有谁知道她人生中的这一名字，尽管它被小报头条作者奉为至宝。当被问及自己的名字时，撒切尔夫人回答说：“我不喜欢这些，尤其是希尔达：它有着丑陋且困难的发音。但是我宁可选择希尔达也不愿要‘玛吉’。”（对撒切尔夫人的采访）

此然后说：‘她又来了。’”麦德林·爱德华兹说）；并且玛格丽特·古德里奇还记得，在她1944年12月的21岁生日上，一个朋友对玛格丽特·罗伯茨怒目相向：“如果你不停止对我们指手画脚，我一定会把你的脚剁个稀巴烂。”[33]而那些竞争力较小的女孩子们，比如罗娜、基恩和谢利，都觉得玛格丽特并不那么使人压抑。

六年级时，玛格丽特成了学生会主席，她在工作中有几个主要特点：精力充沛、甘于奉献、不能容忍别人的缺点，这些一度成为她后来职业生涯的标签。1941 年 12 月，她写信给穆雷尔提到要为在学校举办一场慈善嘉年华做准备。她决定分年级运作此计划，每年级会进行两轮竞争。“我碰巧负责较低的四年级。”玛格丽特写道，并且进一步说：

有大量的额外工作要做，比如需要贴海报以吸引人们的注意，他们必须前往七号房间……哎，你知道我不是什么画家，因此我让我这组的两个同学在周四上午去制作一些海报。结果，她们在当天都跑来找我说她们很抱歉，但是……周四晚上，我不得不坐下来亲自制作……这些小孩子有一腔热情，但是并未有充分准备以承担太多事情。

她这组竞争募集到 30 先令，而她本人募集到 10 英镑。——“一个堪称完美的结果”。[1][34]

在大家印象中，玛格丽特并非冰雪聪明的学习天才，但是她在班级里一直名列前茅，获得老师的较多赞誉和肯定。早在 1936 年的圣诞节前，她获得的学期结语是“学习稳定且一以贯之地保持良好。她能力尚可，开朗乐观的性格使她在班级中总是快乐的一员。她的表现非常优秀。”[35]即便是被升至 A 班后，玛格丽特继续每年排名第一，只有一年获得了第二。评语中常常使用诸如“认真而投入”之类的词汇来描述她的品行。而像“非常令人满意”、“有思想且乐于助人”和“兴趣多元”等词语更是不胜枚举。其中还注明她有着“持久坚持兴趣的力量”。

当玛格丽特进入牛津后，吉利斯小姐与她的联系有一搭没一搭，然而在对她的个人评语中却表明“她是一个逻辑性非常强的思想者”，并且“有着非常清晰的思维”。[36]末了，她的话语更是不吝赞誉：“玛格丽特有着表

1 玛格丽特·撒切尔很少给自己的信标注精确的时间。它们通常被冠以“星期二”或者“星期天晚上”诸如此类的名号，或者干脆什么也不写。

现出众的雄心壮志，她已经展示了驾驭事物的足够能力，并且我认为，她已经做好准备去获得大学教育所能提供的更多领域的奖学金。”

玛格丽特适应了 KGGS 的气质且对其欣赏不已，但是，于1970—1974年担任教育部长期间，她发现自己承担了一项重任，就是一旦地方政府要求，就要关闭文法学院，并且在她任期之前，从未有如此多的此类学校被停办，这一过程使她痛苦不堪。她喜爱文法学院，认为其是有能力的孩子走出平民之家步入上流社会的机会之阶。1986年，她曾访问 KGGS 并为罗伯茨大会堂的落成揭牌，该大会堂旨在纪念她的父亲为这个城镇效劳几近40年，先是市长，继而出任市委会主席。她声称：“我无法一直待在10号院，但是这所学校可以做到。”[37] 并且，此后的1977年，在担任在野党领袖时，她曾写信给当时的校长表达感谢：“对我而言，本校校训一直如犹在耳。”[38] 这句校训是“从这里开始引领真理之声”。（引自贺拉斯的《诗艺》，原文为拉丁语：Veras hinc ducere voces——译者注）公平言之，尽管可以把政治需要当作借口，但玛格丽特·撒切尔一直格外注意自己的言行，尽量保证自己言由心生。她从自己的母校而非城镇接受了爵位，由此她成为凯斯蒂文的撒切尔男爵。在回复谢利·爱丽斯的贺信时，她说：“我们 KGGS 的朋友们喜欢这一称谓，我倍感欣喜。”[39]

然而，可能的事实是，玛格丽特与母校的关系如同她与格兰瑟姆本身的关系一样，多少比她本来希望的要多一些模糊不清。当地感觉她应当利用自己的名声为学校利益多做些贡献，但是结果是他们的感情似乎被打了折扣——她的确尽其所能与学校保持联系，毕竟，她还有许多别的事情要做——但是最明显的冲突发生于玛格丽特还是个小学生的时候，当时她决定尝试进入牛津读化学，对此感到胜券在握，并且她的老师正是自己非常尊敬的凯小姐。

这和校长的性格有关系，当玛格丽特第一次踏进 KGGS 的校门时，时任校长是格拉迪斯·威廉姆斯女士，从 1910 年学校建立之初就一直担任该职。玛格丽特喜欢威廉姆斯：她对于女士们（确实也有男士）的感受通常受到对方的态度、外表和举止影响，并且她本人也依靠这些受到人们的关注。[1] 她的“不怒自威……驾驭万事”，她在自己的回忆录中记载。“我

1　年轻的玛格丽特对人也有过尖酸刻薄的评论，其中大多数是针对那些外表邋遢且仪态粗俗恶劣者。在她1941年写给穆雷尔的信中，如是描述学校曲棍球队前往麦尔顿比赛时的情景：“她们的教练是一个可怕的暴躁狂。她的肤色斑点交错，细长的头发滑腻不堪——从未修剪过。戴着眼镜，衣着邋遢。她凡事都能揪住缺点，并且在担任裁判过程中偏向自己执教的一方。”

非常羡慕威廉姆斯小姐在重要时日所穿的专门套装……当她身着量身定做的漂亮丝绸布衣出场时，看起来真是风情万种、仪态万方。”“她非常务实，对我们的建议是当价格相当的情况下，永不要买质量较低的丝绸而要买高质量的棉布……其中的不二法门就是以你的个人收入来确定质量。”[40]

纵然已被证明是迄今为止英国历史上最成功的职业女性，撒切尔夫人喜欢的仍然是淑女般的气质和传统女性应有的成就。她证明威廉姆斯夫人使得所有坚持“学术见鬼”的女孩子，钻研本土科学，一学就是四年。[41]并且，威廉姆斯夫人从没有过被投诉记录，虽然她本人也在研究，也曾在教六年级数学时，因为女孩子们接受吃力而数度灰心丧气。[42]基恩・法莫尔对威廉姆斯夫人有相似印象，就是“身材苗条，着装漂亮，气质平静，头上无一丝乱发”。[43]丽塔・新德亦然，她评价其“优雅，高贵，华发染头……期望值颇高。她富有同情心却又让人望而生畏”。[44]1939年，威廉姆斯夫人退休。她的继任者多萝西・吉利斯小姐风格迥异。比起前任，她更像一名学者，且有着更多的脾气，“她是一个暴躁的苏格兰人”，丽塔・新德说。[45]她甚至一度将鞋子掷向别人。麦德林・爱德华兹至今还记得她一边把书砸出去一边朝女生们吼叫：“你们全部都是一群笨蛋。”甚至学校官方的历史记录也有些许暗示，称吉利斯夫人是“被误解的”，并拿她与哥德史密斯的乡村校长作比：“如果凡事上严厉苛刻，就有责任学习如何去爱。不过他是一个好心人……”[46]不过，在看待吉利斯女士的品行方面，有一点不能忽视，就是和威廉姆斯夫人不同，她不得不去处理学校战时所遭遇的各种困难。其中包括卡姆登女校的学生被分散到 KGGS 去的事实，历时5个学期直到1941年底，使得 KGGS 的课程只能在上午进行，并且本应上课的孩子变得稀稀落落。更糟糕的是，爆炸时常发生，格兰瑟姆在1940年9月至1942年10月间，遭受了21次扫荡，并且在最后一次最严重的攻击过程中，有32人惨遭杀害。学校里无一人在扫荡中受伤。但是，网球场被掘地三尺建起了一个防空壕。并且战争给校长带来的因分裂和责任造成的重荷，无疑是巨大的。

或许因为吉利斯夫人并不是威廉姆斯夫人，她和玛格丽特根本无法相处。玛格丽特认为她毫无教养；吉利斯夫人则认为玛格丽特盛气凌人，需要被杀杀威风。她们之间的分歧导致玛格丽特对于向牛津提交的申请有些忧虑。直到等学校毕业证书时，虽然明知如果拿不到奖学金就无法承担大学学费，但是玛格丽特还是迫不及待地要上大学。

按照以往惯例，她开始制订计划，选择理科作为可能的大学选修科目，因为“科学是通向未来之路”。[47]她向穆雷尔声明自己将放弃数学，因为“我无法与那个脾气粗暴的大嘴女（格兰德利女士，数学老师）相处：她对问题的解释就像泥巴那样‘清晰’”。

她继而向马科斯先生请教，遵从他的建议转向地理，同时她也倾心致力于学习生物（“我以前做梦都没想到一只昆虫的肚子里竟然有那么多东西，找到卵巢就是世界上最艰难的工作……”），她说：“我已经决定学习拉丁语以帮助学习生物，并且这也是我进入大部分大学的进身之阶。”[48]

有些传记作者将吉利斯小姐定位为古典主义者，事实并非如此，她并未阻止玛格丽特在校时学习拉丁语。玛格丽特的学习一向很好，1942年在她拿到高中毕业证书时（成绩相当于如今的A级），距离格兰瑟姆最近的诺丁汉大学和伦敦的贝德福德大学都向她伸出了橄榄枝。但是要上牛津的意念早就在玛格丽特和她父亲的心间扎根发芽，并且一度遭到吉利斯女士的反对。除此之外，吉利斯反对她额外学习拉丁语的要求，以至于迫使玛格丽特说：“你在阻滞我的志向。”[49]据穆雷尔描述，玛格丽特曾告诉吉利斯她想上牛津的想法，吉利斯说：“我担心这个想法不能实现，你还不会拉丁语。”她随即表示：“我会学会的。”因此，她去男子学校找到拉丁语老师[1]获得了拉丁语学习入门证书，并且一年之后通过了考试。[50]玛格丽特从未忘记吉利斯女士对自己想法的拦阻，尽管她也记着校长曾借给自己拉丁语课本，包括她父亲编写的一本。[51]晚年时，她曾向威廉姆斯夫人表达了虚伪的尊敬，却并未将只言片语送给吉利斯女士。大部分同时期的老校友都记得1960年的一幕，当时玛格丽特作为新当选的国会议员和尊贵嘉宾返校致辞，当场对吉利斯夫人在开场白中所使用的拉丁语予以纠正。罗娜·史密斯写道：“观众们一度极其尴尬；众所周知，校长曾经手把手教会了玛格丽特所知道的每个拉丁词语！”[52]如今，往事久已矣，但是玛格丽特身上的粗鲁无礼依旧明显可见。其实，吉利斯身上的问题在于急性子。

玛格丽特终于拿到了牛津大学的入校通知书，当年她只有17岁，迫不及待地要在接下来的秋季前往报到，当时已经很接近1943年她的18岁生日。这种急迫心理并不独独反映玛格丽特的欲望和雄心壮志：其中有战时这一特殊因素。18岁时，并非所有女孩子都可以进一步接受教育，因为她们肩负起了响应号召去服役的责任。妇女们不能参加战斗，并且，在这件事上，

1 也有说法称玛格丽特被罗伯茨家的邻居里奥·阿伦德森神父教过拉丁语课，里奥还是当地罗马天主教堂的教区牧师。（据卡农A.P.道尔兰的信）

并没有针对女孩子们“逃兵役可耻”的规定。[53]

事实上，格兰瑟姆牙医的女儿玛丽·华莱士颇为自己建立的先例自豪，因为当时她说服了牛津接受自己进入1943年的夏季班，因此得以免除被征兵服役。[54]然而，格兰瑟姆杂货商的女儿则有一点小麻烦：“我感觉有点内疚，”她回忆说，“但是我的生日到了”。[55]如果按照吉利斯夫人的建议，玛格丽特将不得不再等一年，那样一来，她很有可能被迫服役。

这距离将要发生的事情已迫在眉睫，除了拉丁语需要尽快抓紧死记硬背之外，还有其他的不足急须玛格丽特去补救。尽管她的理科成绩非常有竞争力，但是她相对较宽泛的教育面则被认为缺乏可信度，正是基于这一原因，她的父亲找到加农·古德里奇[1]让他为玛格丽特做应考辅导。当她在坐等牛津大学萨默维尔学院的奖学金时，想着获得的几率微乎其微。相反，她被提供了另外一个机会，就是重返 KGGS 校园就读至来年秋季，还可以避开 1943 年 10 月 13 日 18 岁之后的服役征召。即使走第二条路，她依然要面对入校延期的可能性，因为届时征召在即，这样一来，她的学位将会被缩至两年以供她随后尽上为国服务的义务。

当年 KGGS 的秋季学期 8 月份才开学，因为战时的土豆丰收需要人手帮忙，暑期时间较长。随后，这个学校发生了一件划时代的事情，就是有两名学生脱颖而出——麦德林·爱德华兹和玛格丽特·罗伯茨，在兴趣和风格上分站两极的人，却都有着强势人格。玛格丽特的一些同学质疑称，她是通过她父亲身为市委会主席的身份影响获得了录取通知书，但是这种说法站不住脚：阿尔弗雷德·罗伯茨直到战后才担任该职。麦德林和玛格丽特是当时仅有的两名报考者，确切说，只有她们两人在当时拿到了高中毕业证书。我们并不清楚为何她们都获得了录取通知书：或许如有人所言，在两者之间取舍太过麻烦。

不管怎样，玛格丽特并未用太长时间来品尝人生中首次最高荣誉的滋味，入校三星期后，萨默维尔学院的一名女生辍学，院方为玛格丽特提供了一席之地，她接受了，旋即步入一个崭新的世界。

1 见第一章

3

牛津的爱与恨

“玛格丽特，这是大理石吗？”

玛格丽特对于牛津心怀些许担忧，毕竟她以前从未离家生活过太长时间，何况战争无疑加重了离别的意义。然而，格兰瑟姆与牛津之间的鸿沟更多体现为生活环境的不同，而非单纯的距离感。她是家里第一位读大学的女性，更是全家唯一一个读牛津的人。在那里的所有人中，她将只认识玛丽·华莱士和玛格丽特·古德里奇，并且两人均不和自己同一学院，另外，她们还都出自书香门第。她只能向她们咨询情况。

玛丽·华莱士记得，玛格丽特考入牛津的消息在格兰瑟姆一石激起千层浪。当时是 1943 年 9 月，她在玛格丽特父母高街的家中见到了这个给自己留下“非常真诚”印象的女孩子。“她热衷于去做正确的事情”。并且，在她的晚年生活中，无数次地表达对一件事情的焦虑，就是“我应该穿什么衣服”。[①]在玛格丽特·古德里奇看来，“牛津之于玛格丽特的意义，无疑像‘鲤鱼跳龙门’，对我们（这里是指她的姐姐约恩和她本人）则不然，因为牧师身份有着特定的地位和意义。”她记得，当自己和父亲首次到玛格丽特在萨默维尔的房间访问时，发现她孤独而惆怅地靠着火炉烘烤茶点，而火炉使用的是每周定量供应的一斗煤。[②]玛格丽特本人也承认她感觉到“害羞和局促不安”。[③]有时，她会独自一人在基督教会的草场上静走，或者在麦格达伦的滨河步道（Addison's Walk）上漫步。每每此时，她感受到了一种由 C.S. 路易斯所著《基督徒的行为》（1944 年版）一书带来的满足感，书中要求基督徒把时间安放一边，以供独自思考，[④]但是有人猜想她的离群索居并非完全出于自愿。

玛格丽特所遭遇的问题之一是钱。没有奖学金，她不得不依靠父亲所能承担得起的费用，以及学院能够提供的各种额度很小的公费津贴资金。那段时日，如果下去在一些地方做老师，能够赚得较多生活费用，但是玛格丽特拒绝这么做，理由是自己并没有这样的能力。[⑤]不过，她的父母尽职尽责，为她提供小额生活费。并且，她的母亲还亲自为她制作蛋糕，使她屋内的茶点品质提升不少档次，高于在校生的平均水平。但是，她的生活一直处于拮据状态，她回忆称，只有在第一学年期末长假期间，自己在一所格兰瑟姆中学教书后，才能够独立负担得起牛津生活中的基本所需，也就是一辆自行车。[6]

如果认为大部分本科生都超级富裕而唯独玛格丽特极度贫穷，这种印象大错特错。须知，艰苦的战争缩小了30年代已经很明显的社会差异性。但是缺少钱资的确加深了玛格丽特对困苦逆境的感受，毕竟她每天都要战胜它们，而此状态同样增强了她在同学当中形成的印象。大家对于她在牛津的记忆是"棕褐色"——从里到外皆然，不管是头发还是衣着，甚至某种程度上也包括她的个性：[7]蕾切尔·林克是OUCA（牛津大学保守党协会）在玛格丽特担任主席之前，仅有的两名女性之一，也是战时保守党部长之女。她记得玛格丽特当时"安静，像极了一只小老鼠"，"就是一个褐色女孩"，在其成长背景下"尚未找到自己的风格"以便"收拾打扮"的一个人。后来若干年，她说，在牛津时认识玛格丽特的人发现了"一件超自然的事情"，就是"那只毫无幽默感的老鼠"已经取得了如此惊人的成功。[8]据当时同样在OUCA任职的玛丽·华莱士回忆，玛格丽特只是在保守党俱乐部的显贵中保持了"些许隐忍"，而被后者视为"只能被用来出苦力的人"。[9]在他们看来，她是一名"苦工"，毫无明星气质。

关于自己在牛津第一年的生活，玛格丽特未留下一封信，但是在她几乎全部是写给穆雷尔的大量书信中，后来三年涉及的内容主题是衣服以及为购买衣服所承担的困难。褐色重现："那种铁锈色的材质……与我衣橱的褐色边围浑然天成。"她在一封未署日期的信中写道。这封信写于大二开学前的1944年9月，当时她为了尽好火灾警戒员的职责，提早返回牛津。她利用旅途之便，从格兰瑟姆在伦敦折道，人生中第一次前往邦德大街："不过我没有告诉妈妈这些"，在那里买了褐色的德布坦帝·拉尼特（Debutante Lanette）盛装女鞋，以和她的褐色马歇尔—斯尼尔格罗夫（Marshall and Snelgrove）所产手包形成配搭。"同时我还想着去买一件深棕色（nigger brown，这是当时男士服装经销店采用色的标准用语，而非玛格丽特发明的种族主义短语。[因为nigger一词在英语语境中容易被理解为对黑人的蔑称，作者特此标注——译者注]）的普通工装"，以使自己拥有一套"完整的装备，像棕色小鹿一般"。

她最终如愿以偿，但是一个新的问题产生了："它的出现着实令人叹为观止。并且穿上它我激动到发抖，不过我这里只是想说，当我提出要带走它时，突然意识到还没有问价格……毕竟这是一个卖廉价礼服的小门面而已，不是吗？接下来服务员的一句20英镑，让我张大了嘴半天合不拢……”旋即，玛格丽特屏住呼吸一通狂找，最终，如她所描述的，还是从众多羊毛装中找到了“一件普通的小连衣裙，在上身有两个印有小飞侠(《小飞侠》又译名《彼得·潘》，是1904年在伦敦首映的一部名剧，其作者是苏格兰小说家及剧作家詹姆斯·马修·巴利，该剧的主人公 Peter Pan 是一个会飞且拒绝长大的顽皮男孩——译者注）的小口袋，裙摆上也配搭着另外两个”，这件衣服的价格是3英镑16先令。

即便是如此低价，对于玛格丽特而言依然很高，但是那位“年长的”服务员来了一番强势推销：“她看出来我有些吃惊，就一再强调这件衣服绝对物超所值（恰好是切中玛格丽特心意的表达方式），她说，重要的不是为一件礼服花了多少钱，而是我自己确信自己试穿到了‘物美价廉的礼服’。”试图讨价还价的女孩被说服了，她兴致勃勃地回忆说：“长话短说，我最终买了那件套装，并且确信它是我购物经历中的最佳体验之一。下次，我将把它偷偷带回家给你欣赏，而不让妈妈看见……我将在任何场合以套装示人，一个都不错过。”⑩

玛格丽特也对自己的体重比较在意，当作者有一次问她年轻时如何看待自己的外貌时，她回答说：“哦，我从未认为自己漂亮，但是觉得我有些超重。”⑪彼时，对于一位女性而言，丰满绝不像如今一样不时尚，但是，在前面引述的邮件中，玛格丽特以科学家的幽默来表达了自己的忧思：“……我依旧重约65.3公斤……从量上来看减肥效果微乎其微……你能从医学视角来分析如何减掉臀部和腹部的赘肉吗？——哦！还有如何一边减肥一边隆胸？”⑫她的体重一度高达68.0公斤，对于一个1.65米高的20岁女孩来说，着实超标过多。[1]

玛格丽特可能会被牛津的上流圈子蔑视为矮胖臃肿、单调乏味且不值一提的人，但事实上，她本人在自己的大学生涯中几乎要面临的却是相反的问题。据玛格丽特同时期在学院里读化学的仅有的“三朵金花”之一贝

---

1 她对于自己体重的忧虑一直在持续。1974年10月，撒切尔夫人告诉BBC电视台的《有问必答》(Any Questions?)栏目：“哦，我已经尽力减肥了……若非如此，我将会是庞然大物。我每年都会减去7磅体重，然后它们又迅速反弹……但是我发自内心地希望人们看好自己的体重。你知道，国会有一名工党政治家对我说，‘如果政治家们不能在自己的饮食上有充分的自制，大家如何期待他们在政治生活上保持足够的自制呢？’”（克里斯多夫·柯林斯主编，《1945—1990年玛格丽特公开演讲全集》，牛津大学出版社出版，1998/2000）

蒂·斯派思回忆，萨默维尔学院大厅的桌子被分成三组，其约定俗成地代表了三类群体。贵宾席最近的桌子坐着的是“异国风情人士”，外国人、犹太人、妮娜·梅比（后来的小说家妮娜·包登）和读PPE（哲学、政治学和经济学）且说话字正腔圆的女生们。另外一端徘徊着的是公共学院女生。中间的则是文法学院的“产物”，许多人和玛格丽特有着相似背景。因此，他们很自然地需要适应玛格丽特，并且大家确实这样做了，但是并未显示出极大热情，不管是从自己抑或对方的角度。[1]她的声音是制造麻烦的因素之一，“当她说话时，显得并不自然，”贝蒂·斯派思记得，[13]“她很甜美，就像一个布娃娃，但是你无法接近她。她并不希望和我们在一起，因为我们不过是文法学院的女生。她乐于和那些能为她提供帮助者相处”。[2]另外一名和玛格丽特同时代的人吉恩·索德斯特，同样注意到她的言谈和外貌：“她那经过演讲培训的声音显得做作。而她对于自己外在的过度关注和在意一度成为笑谈。她前往牛津（亚士图）找要价最贵的理发师，连续多日抓紧一切空闲时间搜罗伦敦西区的合身礼服。”

玛格丽特的首次演讲课已经使她轻微口吃的毛病得以改观，并且帮助她在公共场合高谈阔论。据相较年轻些的KGGS校友琼·帕克回忆，女生们都要上演讲课，通过这些课程，林肯郡特色的元音被消除，以使大家不再说“噶菜（芥菜）”或者“卤蛋糕（乳蛋糕）”（按照林肯郡本土口音，常常把短元音[ʌ]发成长元音[u:]，所以会把mustard读成moostard，把custard读成coostard。——译者注）[14]艾米·伍登曾与玛格丽特同年就读牛津数学系，两人在大厅中同坐一桌。她认为玛格丽特丝毫不“傲慢自大”，但是提到对方“不太外向”：她“从来都谨守自己，以保证凡事不亏欠任何人”。[15]玛丽·麦玲森曾于玛格丽特晚年期间，在沃尔顿大街与其同住。她记得对方一直“不露声色地保持整洁，梳洗装扮得干净利索”。[16]宝莲·考恩曾于1945—1946年间在里士满路上与玛格丽特同住。在她口中，玛格丽特“并不善于谋求社会高位”，反而有些“不自信和心虚”：“我感觉她从未真正发自内心地幸福过。”[17]事实上，是非成败均成过往，玛格丽特赢得了尊重。甚至贝蒂·斯派思评论她是“一个诚实的人”，[18]她十分享受在大

---

1 1979年，何处“安置”玛格丽特的困难再现，当时她返回萨默维尔参加百年晚宴。据艾米·伍登回忆，没有人知道她会选择哪个校友组就座。

2 贝蒂·斯派思相信玛格丽特的声音是本色的，因为“爸爸在她未长大时就教给她演讲课”。事实并非如此，就像第二章已经解释过的一样。

厅用餐过程中被潜在男友们取笑的状态（“她的脸红到了脖子根”）。帕米拉·罗德认为她“在同龄人中显得非常成熟”，[19]卫理公会教友吉恩·索德斯特记得“她的大学宿舍通常开放以供大家度过愉快的八卦、诵诗之夜（在这方面我非常感激她），其间大家分享美味无比的咖啡和蛋糕等，身为一名杂货商的女儿，这些使她成为这个房间非常受欢迎的女主人！”[20]她言出必行，并且“对于自己想达到的目标有清晰的思路和理念”。[21]玛格丽特乐于参加女同学们的欢宴，在第三学年的考试结束后，她写信给穆雷尔，自己与朋友一道前往观看了电影《静悄悄的婚礼》：“它自始至终引人尖叫，我把以往数月未发出的笑声全部倾倒一空，真希望你也看过了。周二晚上，我们去看了亨弗莱·鲍嘉主演的《通往马赛之道》……它不是一部烂片，但是也着实没有可圈可点之处。我们乐在其中是因为当时我们正在庆祝。我告诉过你有七个男生考试挂科的事情吗？”[22]

玛格丽特释放出来过度注重自我的性格特点，并没有使她成为让同学们喜闻乐见的类型。这里有玛丽·麦玲森忆及的一桩发生于牛津岁月末期的往事，当时是期终考试前的礼拜天，在场的还有沃尔顿大街上的同住室友玛丽·福斯。[1]

玛格丽特活在自我里……玛丽·福斯和我已经度过了相对轻松的一年，但是临近期末，玛丽陷入恐慌，因为她过去一年花费太多时间用于社交事宜，此刻突然意识到尚有太多事情亟待办理。那天，玛丽在楼下，玛格丽特和我在二楼，大家各自待在自己房间相安无事，直到传来一阵巨大的锤击声。玛格丽特和我冲下楼去，发现玛丽平躺在地板上昏厥过去。我们做了力所能及的事情后再度回到楼上开始复习。这样的事情连续发生了四次之后，玛格丽特看着我说，我们不能这样一整天折腾于楼上楼下，她意识到这是一种歇斯底里症。而玛丽并不会受到任何伤害，她建议下次就由我去。她并非心硬，而是非常现实和实际，毕竟自己有大堆的工作要完成，并无太多时间去付出……[23]

1 玛丽·福斯在颇具戏剧性的环境下皈依了罗马天主教。身为康沃尔郡的一名原始卫理公会教徒，她在牛津与一名叫大卫·拜尔海沙特的本科生陷入爱河，后者是一名天主教徒。她皈依天主教并嫁给了对方。其信仰的转变导致母亲罹患心脏病并且拒绝出席婚礼。（拜尔海沙特夫人于几年前去世，笔者从玛丽·威廉姆森处获悉上述信息。）关于玛丽的故事或许有助于读者理解后面的情节，即比阿特丽斯·罗伯茨担心罗马天主教对玛格丽特产生影响。（见第五章）

在牛津的四个女生学院中，萨默维尔是最严厉的。时下还流传着一个笑话，说的是不同学院的女生遇到一名年轻男士时的不同反应。来自玛格丽特夫人学堂的女士问："他的父母亲是谁？"来自圣希尔达的女生问："他玩儿什么游戏？"萨默维尔女生则问："他读什么书？"圣休学院的女生会说："他在哪里？"[24]

当时学院的本科生中最期待的是教育以及公共服务相关领域的工作。但是很少有人想到经商、赚钱或者赢取社会地位，希望从事与政治相关的工作的人同样寥寥。生命是严肃的，大学的女性受教育权必须体现出应有的价值。玛格丽特本人由衷地信赖信誉和公共服务，并且她在自己的职业生涯中对此加以践行，而这种方式为当时的许多萨默维尔人所不齿，即便所获得的成功或许会引发一些人的妒忌。前往萨默维尔就读的女生中存在一定程度的怨恨，尤其是当她成为国际知名人士时。她展示着许多人所认为的自鸣得意的完美。贝蒂·斯派思说："我们并不以玛格丽特为傲。我们对她成为首相感到有些难堪，还包括她嫁给丹尼斯并获得对方的金钱，然后一气呵成生了一对双胞胎。"[25]在1993年玛格丽特入校50周年纪念会上，萨默维尔举办了一场晚宴，在学院所设新的玛格丽特·撒切尔套房中配备了饮料。看到前首相的半身像，其中一名同学走上前去，用一件夹克将之盖上，以此增强娱乐大众的效果。[26]

类似情况同样发生在许多萨默维尔老师的身上，尤其是那些受该学院校长珍妮特·沃恩（1945年开始担任该职）影响的老师。她是进步主义教育学派代表人物之一，认为保守派是大脑有缺陷的一类人。"她算是脱颖而出，"珍妮特告诉许多传记作家，"萨默维尔历来主张激进的建院理念，并无太多保守派……她是一名坚定的保守派成员……我们习惯于周末有大量的娱乐活动，但是她从未被邀请。如你所知，她毫无贡献。"[27]宝莲·考恩记得，在1979年玛格丽特成为首相后不久，萨默维尔学院的贵宾桌位有聚餐。"我们所有人都着黑装"，教师们告诉她。[28]值得一论的是，玛格丽特的职业生涯代表了珍妮特·沃恩所提及的激进主义传统：她的青春保守主义的确表明了不甚一致的态度和立场。事实是，她的大部分萨默维尔同学对其了解甚少，并且大家并未被自己所了解到的她身上的内容所吸引。

撒切尔夫人从自己的角度出发，一直对萨默维尔充满赞誉，甚至包括珍妮特·沃恩，撒切尔夫人称之为"一个卓越非凡的人"。[29]她对于珍妮特此后的科学工作满怀兴致。一旦注意到任何形式的敌意，她都只字不提，更别说报复。她保持着对大学体系的钦羡："一个大学就是一个大学的样子，谢天谢地。"[30]尽管在就任首相后，牛津大学投票拒绝授予其荣誉学位曾深深伤害了自己，她却从未对自己的母校以牙还牙。部分原因是因为她对于1980至1989年间担任萨默维尔学院院长的达芙妮·帕克[1]心怀极大尊敬。贯其首相生涯始终，她保持着对那个地方的兴趣，但是不得不承认一个事实，就是她没有一个来自萨默维尔岁月的密友。

一封写自 1945 年 4 月 19 日的信中（希特勒死去不到两周前，但是并未提及战争），玛格丽特提到自己的返校时间比其他同学稍早（可能是要参加一个由 OUCA 组织的短期竞选活动）。入校后，她前往用餐时"令我沮丧"地发现自己形影相吊：

> 偌大的饭厅冷冷清清，我独自一人孤独无依，唯有服务员在等着我。老师们在自己的私人包间里用餐，所以这种状态对她们并无影响。谢天谢地，我吃了一顿绝妙大餐。首先，是一些美味奶油汤；其次是滑嫩无比的瘦牛肉，配搭着烤土豆和花椰菜；还有为主食做辅料的白色酱汁；最后是一些顶部附着柠檬味道酥皮的柠檬果冻。

餐后，她找不到一个搬运工，只好自己拖拉着行李箱走到楼梯底部，但是发现它太重了，只好将行李倒出分装，然后"用胳膊托运我的物品"。"后来我又开始归置房间的东西以腾出空间，"但是过了 11 点半，她筋疲力尽，倒头就睡。[31]这封信并不是在写一个人痛恨自己的母校，当然亦非一个人在表达置身其中无限幸福的状态。

玛格丽特在萨默维尔相对孤独的部分原因来自于她是一名理科学生的现实。身为一名化学研究员，她是当时全校仅有的五名女士之一。要花费大量时间在实验室，不像艺术生那样，她或多或少需要一些强制性，使自己较多地离开萨默维尔同学所组成的小社会。尽管工作刻苦，玛格丽特并不十分享受实验室的生活："相比实践性工作，我更喜欢理论。"[32]但是，她很幸运地遇到了多罗西·霍奇金，萨默维尔学院里一位在全世界享有盛名的化学家。霍奇金夫人后来获得了诺贝尔化学奖，她的突出贡献在于分

1　达芙妮·帕克（1921—2010），曾在牛津大学罗萨·巴萨特学院和萨默维尔学院执教；是秘密情报局的领军人物；1980—1989 年间担任牛津大学萨默维尔学院院长；1990 年被授予蒙茅斯郡帕克男爵夫人。

子结构中的晶体分析，后来又发现了和青霉素结构有关的重要信息。青霉素作为第一种抗生素，发现于1928年，但是其开创性实验开展于多年之后的牛津，准确地说是在玛格丽特进入牛津的两年前：关于青霉素的研究如今被称为那个时代处于前沿的科学。

据玛格丽特的同学贝蒂·斯派思介绍，霍奇金是一位“卓越的化学家，但是又是一位可怕的导师”。她习惯于以润物细无声的方式将人带入整个科学世界。[33]宝莲·考恩尽管没有表达得那么明确，语气间认为霍奇金在教授一年级学生时表现糟糕。[34]然而，玛格丽特却对霍奇金夫人表示出极大的尊重，或许是因为她获选在学习第二部分化学课时，得以与霍奇金夫人一道工作，获得对方的言传身教。从过去至今，大部分牛津本科生的课程都是三年时间，对于学生而言，其后通过考试获得普通学位都不成问题。但是要获得按学时积分且以满分获得特别分类理学士奖励的，则必须选择进深研究一年，最终在“口试”（以面试方式探讨）环节提交论文。玛格丽特选择了后者，在霍奇金的指导下完成了所有环节。

“我必须承认与她相处非常愉快，”1988 年，霍奇金教授写信给一名科学界同事，“我一直鼓励我的萨默维尔学生们展翅高飞，如其所愿地在各自领域大展宏图……我曾收到来自美国和莫斯科的一些短杆菌肽、抗细菌肽，目前仍在面对 X 光分析的难题……格哈德·施密特（一位犹太难民身份的科学家）从莫斯科开始进行最基本的短杆菌肽 S 研究……玛格丽特在含重原子晶体方面为他提供帮助，但是均证明解决起来过于复杂。”（实际上，解决其中一些问题花费了逾 40 年时间）“他们所做的实验最终被证明是有价值的。”[35]

身为一名科学家，玛格丽特究竟有多优秀？她的确在所事领域保持着严谨的兴趣——通过该领域，她部署着未来。她喜欢指出一点，就是自己是第一位拥有理学学位的首相，而非以首位女首相自夸。毕业后，她曾重返牛津拜访晶体学研究领域的老朋友，并且在一封写给穆雷尔的信中提到，在牛津期间以及毕业后较短一段时期，她热衷于去拜访诸如莱纳斯·鲍林和麦克斯·佩鲁兹等著名科学家，以及前往剑桥拜访晶体学研究同行。她本人刻苦研究，常至深夜，在前两年就获得了两个学院奖，虽经历了诸多论文危机，但最终还是证明了实力，以至于在后来的大学生活中声名鹊起。在第三年参加期末考试时，她一度不得不在疗养院完成其中一些科目。玛格丽特告诉朋友们她在一段时间生病了，但是亦有证据显示这些是由于其

过度工作而引发的脑力（神经）虚脱。㊱

第四年底，她被授予值得敬慕的二等学位。科学家珍妮特·沃恩并非化学家，以贬损的口气谈及玛格丽特：“她充其量是名化学家。我的意思是对她的研究无人知晓。”㊲但是她的评判或许被浓厚的政治敌对态度渲染了，以至于晚年戴着有色眼镜看待玛格丽特。霍奇金教授与玛格丽特的政治立场同样有别，[1]但是了解她并且对其偏爱有加，其评语相对公允：“我认为她是个好学生。她的懂事值得信赖，诠释论文很到位。当然，对于有些人获得的一些成绩，她亦相距甚远。”㊳玛格丽特本人对于导师的观点并未表示不认同，晚年时在表达对霍奇金的赞誉之词时，她谈及与麦克斯·佩鲁兹的一次交流，她说，霍奇金曾告诉她，在科学领域，“理性与数学能够使人走得很远，但是要达至巅峰则需要灵感。”其中有“一种令人着迷的关联”，她继续道，“在艺术和科学之间”。㊴她确信霍奇金即拥有这种灵感，同样具有艺术和想象力的天赋。

玛格丽特从不过度渲染自己。实际上，纵使在一些领域有着惊人的自信，她却从不在自己不具备的知识层面上加以吹嘘：在牛津，她遇到太多在智力上优于自己的人，对此她乐于承认并且愿意尊重和顺从他们。

霍奇金同样指出另外一个事实，就是“她并未完全投入”到化学当中，㊵就像贝蒂·斯派思所言，“她的心并不在其中”。㊶在牛津期间，她对于法律的兴趣日渐浓厚。在其回忆录里，她提到自己的父亲在1945—1946年间担任格兰瑟姆市长时，自然而然地坐上地方长官的交椅。假期里，她乐意与父同行前往地方法庭，在那里会遇见经验丰富的律师坐在椅子上，如记载：“一次偶然的机会，我和父亲与一名叫诺曼·万宁的王室律师共进午餐……我一度脱口而出：‘我真希望自己能成为一名律师；但是我所知道的一切都是化学，并且无法改变在牛津所读的专业。’”㊷

万宁说他曾在剑桥读物理，但是之后留校修了第二学位法学。她回答说这样一来，自己无法承担费用，因此万宁向她推介了另外一条道路（“高负荷工作”），就是在伦敦或者周边找一份工作，进入伦敦四所法学院之

1　霍奇金是反核帕格沃什科学家小组成员（帕格沃什会议是科学和世界事务会议的别称——译者注）。该学会中很多人被认为在态度上对于苏联过于轻信。她曾一次又一次写信给撒切尔夫人反对巡航导弹，并警告她不要太多听取苏联不同政见者的声音。撒切尔夫人对她保持着感激之情，但是认为她的观点太过幼稚。1983年在首相乡间别墅收到来信后，她告诉她的客人，以及当时的萨默维尔学院院长达芙妮·帕克：“是否有可能在关于苏联问题上为多萝西（即霍奇金——译者注）做一些普及教育？”（对蒙茅斯郡帕克夫人的采访）

一学习，晚上学习司法。在回忆录中，撒切尔夫人将这些全部纳入晚年生活的背景中——“1950 年我还真的照做了”[43]——但是有一点很重要，就是在牛津期间，她学习法学的意愿如此强烈，与此同时，也在远离化学。但是，那两年她只是对万宁的建议留有印象，却无清晰的实施计划。

离开牛津前，她开始寻找工作，其中影响她抉择的关键因素之一就是能够在工作中学习一些法律知识。1947 年初夏她写信给穆雷尔，其中描述了在斯托克顿附近 ICI 的白金汉厂面试的经历。

她喜欢这份工作的理念，但是说相距伦敦需要六个小时车程“会对司法考试有着极大的不利”。[44]尽管她在 1951 年结婚前开始读司法，但是她真正能够应对一份法律职业，是在丹尼斯·撒切尔给她带来安稳的经济条件之后的事。

晚年时，玛格丽特·撒切尔反观到了自己年轻时的兴趣模式：“身为一名格兰瑟姆的卫理公会教徒，我学习了上帝的律法；当我在牛津就读化学时，学习到了科学的规律，它同样源自上帝的律法；当我开始研究司法时，学习到了关于人的法律。”[45]这是在各种特定知识的光彩中找到发自内心的兴趣并形成的一份足够坦诚的简历，作为政治基础的是她对于律法的信条，这是她的信仰中最为有力的要素之一，也最常被反复践行。但是她最为看重的，并非口中轻描淡写的法律，而是有助于其追求政治职业的那些内容。在牛津，她是一名积极活跃的卫理公会教徒，甚至进行过巡回布道，其中她的主日崇拜布道词被认为是“最令人印象深刻的”。[46]她是一个热忱的巴赫合唱团成员；她是一名有良知且兴致盎然的化学家；但是她的痴迷和梦想，是政治。“我对于历史激情在怀，”五十年后，她说，“对于政治亦然。政治是鲜活的历史。”[47]

她可能将兴趣点投射于过往的历史上，只是当时并无太多表现。但是有一点确定无疑，就是她已经在孕育对于政治的那种激情。一进入牛津，她就加入了牛津大学保守党协会（OUCA），并投入其中。这一阶段，她所释放的并非对于自我政治理念和信条的有力践行，也不是一名本科生对于政治的单纯喜好。很简单，它是一个决定，加入其中但并不进行明显的自我检测，只是参与到政治生活当中，重构政治组织，做一些力所能及的事情。

尽管战争给本科生的交流带来了源源不断的可供消遣的话题，但是它产生了一个令人不解的效果，就是使得牛津的政治氛围比其他许多历史时期都不活跃，尤其是相比20世纪30年代更明显。其中部分原因是因为太多的男人进入了战场。牛津联盟作为大学政治辩论的中心，仅允许男人参与其中。[1]另外一条原因在于赢取战争是当时的压倒性需求，如果对战后政治达不成共识，至少要做出一个不致引起争吵的决定。就像玛格丽特·撒切尔五十年后谈及萨默维尔的战时政治氛围时所说："战时的一切都在生死关头，除了爱国你别无选择。"⑱在同时代人的记忆中，尽管大家的言谈中常常要讨论战争进程，但是很少有争议性话题。据艾米·伍登的说法，典型的萨默维尔桌边谈话通常是从战争新闻转向微小事件——"她们从贵宾桌拿了香蕉"——然后再转向当天的普通八卦。许多本科生都恪守信仰，就像在KGGS，显然上帝比苏联共产主义或者经济政策更能成为讨论的话题，其中包括玛格丽特亦然。⑲当时的政治意识相当低。仅仅因为玛格丽特的两个化学家同伴是自由主义者，艾米·伍登就一度将她误解为自由主义的一分子。⑳

这种政治无争议的状态同样形成了玛格丽特在牛津期间与姐姐的交流风格。坦率而言，穆雷尔并不是一个政治性较高的人，但是在与玛格丽特的信中，字里行间也表达了自己较为单一的政治观点，且在当下政治事件方面言之无物。政治，自产生之日起，就意味着是一桩需要大量工作的事务，并且需要开拓各种机遇，还要让公众满意。它需要身体力行，而非坐而论道。在牛津，只有一位目击者记得与玛格丽特之间有一次真实的政治辩论。宝莲·考恩记得，玛格丽特是她在萨默维尔遇见的第一人，其第一举动就是试图说服她加入OUCA，她认为玛格丽特是一名共产主义者，拒绝了。宝莲曾于1945—1946年在里士满路和玛格丽特同住，记得那时"相当不愉快的早餐"。早餐由房东太太提供，包含了土豆泥和热沙丁鱼之类菜肴。她和玛格丽特的整个用餐过程都在争论战后社会结构问题，并认为它应该如何实现平等。她不太能记得当时所言内容，但是印象深刻的是"玛格丽特除了反对就是不认同"。㉑但是这种争论是例外。玛丽·华莱士在格兰瑟姆时就认识玛格丽特，同样在OUCA很活跃，但是对于玛格丽特什么时候表达过政治观点毫无印象。㉒战争结束，牛津的态度以保守主义为主，尽管有惊人的大量新兵，但是并未有求战心切的表现。例如，当时对与斯大林的合作并无批评，它也没有对此可能导致的危险性提出警告；同时也没有对福利国家的增长提出抗议。20世纪90年代开始撰写个人传记时，玛格丽特竭力回忆当时她的观点。就英苏友谊，她说："我们从不认为这是

1　即便在成为OUCA主席后，玛格丽特也只能在走廊里参与集体辩论，除非有成员给她一张客票。

正确的。这个残忍到令人难以置信的人，由于战时宣传，获得了‘乔大爷’（Uncle Joe 在美俚语中有‘老好人’之意。1945年2月，美国总统罗斯福在雅尔塔会议上称赞斯大林是‘伟大的人道主义和民主主义者’，变相谓之‘Uncle Joe’。——译者注）的称谓。”[53]

她还记得曾读过弗里德里奇·冯·哈耶克出版于 1944 年的《通向奴役之路》。[54]但是有一种感觉就是这些回忆只是被提起，却并无强烈的感触。玛格丽特本人承认“我不能说自己当时就完全抓住了哈耶克著作的要领”。[55]“那是一个政治时代，”她在 1994 年提及牛津岁月时说，“战争究竟是如何再度发生的？”[56]但是并无证据显示这是她和她的年轻派保守党同僚们较多讨论的议题。实际上，当时同学间的政治讨论有一种好奇而舒适的感觉，就像人们所坚信的，无论如何，事情都将变得好起来。

事实是，战争结束后，玛格丽特与几乎所有保守党成员一道，对白厅男人们的能力有一种强烈的信念，就是以人道主义和有序方式来治理国家。她对 1944 年的充分就业白皮书钦羡有加，此举受到凯恩斯密切而直接的影响。就像在晚年一直对丘吉尔念念不忘，[1][57]她称赞“温斯顿”用智慧开创重建和发展部。在供应部的管理思想家奥利弗·弗兰克斯[2]，随后在介入马岛战争的提议中成为她的得力智囊，提升了她的信心，就像当年威廉·贝弗里奇爵士提供了 1942 年的社保报告；R.A. 巴特勒提供了 1944 年的教育法案。

她喜欢一个事实，就是战时经济是“一种有目标的经济”，为几乎每个人提供了一份工作。[58]她说她并不认为自己当时是一名“右翼保守党员”：“英国人性格中的一个显著痕迹就是公平。”该痕迹通过定量供应方式被满足。[59]她在这一时期的保守主义，在一定程度上超越了对于非工会组织社会阶层本能的忠诚，其首要特点在于集体主义对自由和经济成功的威胁感；同时有一种浪漫的帝国主义，从中可以看到大英帝国稳健的文明价值，哪怕是在衰落的过程中依然熠熠生辉。的确，这两样东西构成了她

1　撒切尔夫人经常被批评动辄提及丘吉尔，就像她和这位伟人相识一样。看起来更可能的是她在重复年轻保守派成员的习惯做法，不是像她的同时代的身边人一样毫不掩饰自己认识她，可以直呼其名“玛吉”。

2　奥利弗·弗兰克斯（1905—1992），在布里斯托尔文法学校及牛津皇仁学院受教；1927—1945 年间，是牛津和格拉斯哥大学的哲学家；1945—1946 年，供应部常务秘书；1946—1948 年，牛津大学皇仁学院教务长；1948—1952 年，驻美大使；1954—1962 年，劳埃德银行行长；1962—1976 年，牛津大学伍斯特学院教务长；1982 年，福兰克群岛审查委员会主席；1946 年封爵；1962 年被授弗兰克斯勋爵；1977 年被授予荣誉勋章。

的观念体系。她说自己想实现的是“一个更自由的社会，能够产生使英国变得伟大的强大力量”。[60]她同样被提醒乌托邦的危险性。尽管是名科学家，她记得自己一直对那些试图将科学方法运用到政治领域的人保持怀疑：“你获得的是乌托邦政府。”[61]1944年，她看了由J.B.普利斯特里的剧本改编的电影《他们来到城市》，从中获得了一种理念：“你不能以忽视人的本性而达成一种解决办法。”[62]

1945年5月欧洲战争结束后，7月份的普选使得政治变得强硬起来。玛格丽特参加了竞选活动——由于举行的日期是7月5日，[1] 她大多数时间是在格兰瑟姆而非牛津参与，当时竞选活动的主要支持形式是公开会议。——对于玛格丽特而言，她的角色是在保守党候选人沃思少校夜复一夜地围着格兰瑟姆周边的村庄巡游时，为其做热身演讲。她以相当自我批判的态度回忆这些事件：“我在运动进行过程中表现得糟糕透顶。我只在科研方面受过专业训练，因此只能以短句来演说……机关枪式的风格。”[63]但是她的言行显示出过早成熟的勇气。她已经有了演讲经验——例如，在那个春天对格兰瑟姆扶轮社女士们讲话，主题是“一名牛津本科生生命中的一天”，并且在OUCA亦有展示，其中她向穆雷尔吹嘘说：“我提交的农业政策论文是一个惊人的成功。”[64]由于她不过是一名年仅19岁的女生，尚未拥有投票权，[2] 但是，当她演讲时，一定吸引了地方的注意力。

1945年6月25日在斯利福德的一次会议曾被斯利福德公报广泛报道（“一场激动人心的会议”)。玛格丽特在当天为候选人的第六次会议进行了热身，她被描述为“非常年轻的M. H.罗伯茨小姐，是格兰瑟姆市议员A.罗伯茨的女儿”。她曾经参与国际事务，并探寻如何确保英国重现繁荣之道，“直到我们帮助其他欧洲诸国建立于健康发展的基石上”，其路径在于重建贸易。她谈及德国：“罗伯茨女士说在她的生命中有一次，许多人的生命中有两次，一些人的一生中有三次，经历到德国将世界推进战争。德国必须保证无战备并引入公正理念。她并不是要剥夺其所有，但是必须给以公正的惩罚。”关于德国引起战争一事在20世纪90年代被撒切尔一再重复，尽管有时“德国”一词会被“欧洲大陆”所取代。

她的斯利福德演讲中，大多是对温斯顿·丘吉尔的赞誉之词——国家“必须明白他们没有失去提振世界信心的唯一一人”——在此背景下，玛格

1 因为要从国外军人处收集选票，结果直到7月26日才公布。

2 当时可参选的法定年龄是21岁。

丽特·罗伯茨针对苏联表达了相对令人吃惊的观点："社会主义者说我们不想与俄罗斯交朋友，但是丘吉尔先生和艾登先生已经前往该国，为与其合作进行着不遗余力的工作。"她视英国为一个可以与美国和苏联平等对话的有力强国。

彼时，她详述了一个足以点燃其激情的主题："罗伯茨女士有一个非常热切的意念就是忠于帝国。它是迄今为止全世界各民族所知道的最重要社区，它带领世界近乎半数的人们在逆境中相互帮扶，极尽忠诚。帝国永不会被颠覆。"[65]

或许这个市议员的 19 岁女儿口中所阐释的关于世界法律的思想有一些可笑之处，但是同样也有值得惊奇和令人印象深刻的内容。玛格丽特在这次运动中所做的本次及其他相关演讲，引起穆雷尔的一位做护士的老朋友利兹·百灵顿在几周后提笔给她写信：

我必须说当听到她在竞选活动中的出色表现时兴奋不已。你有一个非常聪明的妹妹——并且当你回家时无疑会认为更明智的做法是保持不听！你——还有所有人！！我想知道她最终会在何处停止？或许我应当说："哦！是的！当我知道这位年轻女士不日将到来有多么兴奋……别忘了我正全力以赴为她的姐姐找脚灯。"不要笑，我是说真的。[1]

利兹又说："和你一样，我不希望投票给工党或保守党。"[66]这难道就是利兹要求穆雷尔在家中选择"保持不听"的原因？

克莱门特·艾德礼的工党以压倒性优势赢得政权。在格兰瑟姆，丹尼斯·肯德尔以华丽的独立姿态稳坐交椅，来对抗保守党的挑战。玛格丽特在斯利福德参与了计票，然后去格兰瑟姆电影院透过大屏幕观看竞选结果。[67]他们使这个女孩子震惊了。六十年后，玛格丽特说，温斯顿·丘吉尔的失败"着实令人万分心碎"，[68]但是她在一个中立的制高点上审视 1979 年以来集体主义的全过程，努力扭转了自己的想法。[69]然而，在当时，这对她而言简直不合情理，并且现实终止了她的经验，因为直到那时，关于保守党的优越性持续占据着她的全部政治记忆。更显著的印象产生于 1974 年，当时的失

1 穆雷尔从未打过脚灯（成为引起公众注意的人物——译者注）。她嫁给了一个名叫威利·库伦的农民。但是在写本书时有一个令人惊喜的重大发现，就是穆雷尔的内心或许比她那声名远扬的妹妹更强大。

败深深刺痛了她。

1945 年她返回牛津时，学校的氛围被一些因素所改变——原子弹以及随后盟军在远东的胜利；工党在选举中获胜；参战本科生的返校。玛格丽特在格兰瑟姆时对战争有切身的感受，当时该市被炸的程度超过多数地方。

遇到服役的男人们令她激动。她回到了被她称为“一个更成熟的牛津”。学校变得“更加跨年代”从而能够让人受益。[70]此时她作为 OUCA 的一员，和史丹利·莫斯一道加入了其中的政策小组委员会，后者是一名从战场回来的本科生，另外还有后来与拉切尔·威灵科结婚的迈克尔·金琴·史密斯。他们雄心勃勃地在授权范围内起草相应条款，第一部分，隆重定题“保守主义的基础”，由莫斯起草；第二部分，“保守党的当前角色”，由玛格丽特和金琴·史密斯执笔，[71]但是三人在全文上均签署了名字。

莫斯那一部分有些空谈，偶尔一些内容显得晦涩，无论是从形式上还是内容上并未显得引人注目，但是其中可见一些注解，后来变成了撒切尔夫人的口吻：“个人比制度更重要”，“个体企业是一切进步的主要动力”，“类似纳粹那样的神秘社会、州国等所有系统，均反对坚持经验证据的原则。”和本该在战争中出现的情况一样，其采用的也是对立的口气。当提到党应当避开宗派主义时，它对任何时候政府逾越选举授权的做法表达出“强烈而直言不讳”的批评，并宣称应当反对任何形式的对自由的威胁，“各种可能的武器抵抗和不妥协的思想”。最严厉的评论给了保守党自身：“这次普选是1831年议会选举改革以来，政治发展历程上的一个转折点。在20世纪国家框架内需要使人再度适应保守主义。如果本党要避免湮灭，有必要像皮尔那样去践行。”保守党需要“比以往更明确自身的基本原则”；它需要“清扫门户”；它应当有一个合适的研究部门（感谢 R.A. 巴特勒，它的确出现过）。标题为“政策”的部分的开头是：

> 在公众看来，保守党的政策较多涉及特定问题的一揽子管理解决方案，在一些相关的特定领域，则被一些有钱阶层毫无理性的偏见与自私的利益所影响。一旦这种极具摧毁性的观点被驳倒，整体政策与各种解决方案之间的关系实质将会显露出来，同时，后者将得以从各种围绕国家与部门利益的猜疑中释放出来。当工党和保守党达成普遍共识时，必须证明由此产生的政策是一项保守主义的政策，它源自保守主义而非社会主义原则。[72]

五十年后再从她的回忆录中读到这份小册子，撒切尔夫人在其中几个段落上踌躇不前，就像有一章提议财富的再分配，尤其有一段关于领导本质的表述，颇显滑稽，她将之归因于其他作者。关于后者的内容是："在一个类似 OUCA 这样依靠自愿努力的组织中，可能理想的模式需要一个像美国总统罗斯福那样的位置，跟随着公共舆论，同时对其塑造并适度超前。"她表示，领导的同时又伴随这样的自我矛盾并非自己的风格。[73]但是，总体而言，她承认这些是自己当时的想法。它们很少是具有革命性的观念，但是相较战时保守党的自身政策，它们代表了一种更锐利、更具反叛精神和更具社会自觉的保守主义。它是一种无法承担其统治权的保守主义，同时知道其不得不为自己的存在而奋斗。

接下来的 3 月份，玛格丽特作为牛津代表，参加了由大学保守党联盟和工会会员联合会（FUCUA 是一个不受欢迎的缩略词）在伦敦华尔道夫酒店举行的会议。她和金琴·史密斯均赞同决议，其中她推动，"要求向工薪阶层官员和候选人重复强调决议"并"尽管实施"。[74]在温斯顿学院的一次会议上，当时的约克郡在周末保留着一个乡间别墅以供有想法的年轻保守党员们分享奇思妙想，玛格丽特记得与她的同伴们展开了一场争论——更"左倾"也更易落实——希望对财富进行再分配。她记得自己很尖锐地问道，"结合到大的乡村庄园如何实施？"大家的回答是没有办法。[75]1946 年 10 月，也就是她获选 OUCA 主席的那个月，玛格丽特首次作为代表前往黑潭参加党务会议。当时保守党会议的标准是，基调是反叛性，普通成员攻击领导层没有推进本党的政策和信条。她写道，自己"着迷了"。[76]这或许是有人用这个词语来记录保守党会议的唯一个案，然而具体到玛格丽特自身，或许这个词恰如其分。她被确认身份后进入保守党大厅，就倍感轻松和自由，并被其制造的感觉所振奋。这种身份感在未来有一天有助于她的领袖地位保持安然无恙，哪怕党内有较多高级官员希望暗中削弱甚至损害她。1946 年，那些高层人物感觉有些焦头烂额。"我有一种感觉，"玛格丽特写道，"党的领导层——领导人（丘吉尔）是明显例外——来到黑潭准备将自身与英国的社会主义达成和解……而这绝非普通会员们所愿意听到的……我的本能是要与这些人一起，尽管我尚未完全消化如何反对集体主义的强大智慧……"[77]

然而，不应当认为玛格丽特是精英主义制度的支持者，"普通会员"政治信条使她与牛津保守党的主流思想产生分野。但是，年轻的玛格丽特·罗伯茨凡事严谨，包括她的政治，无人能够想象她对于情趣、优雅以及社会氛围毫无兴致。无论她的政治信念多么真诚，她还是视OUCA为社会进步的一种形式，是一扇朝向更文明世界打开的门。在另外一位相较年轻的牛津校友、未来《泰晤士报》的编辑威廉・里斯・莫各的言语中，她或许一度是一个“气度狭小”的保守党员，[78]但是她自己认为OUCA开阔了其视野，让她获得了成长。

在这个世界上她最称道的代表人物之一是爱德华・博伊尔[1]。此人既不帅气也不自信，然而对玛格丽特非常有吸引力。他是一位在基督教会侍奉的伊顿公学学员，并已继承了男爵爵位，精致的知识结构以及彬彬有礼的态度，迅速赢得了她的尊重，这种方式在别人身上从未体现过，直到多年以后，她遇到另外一位慈祥的男爵基斯・约瑟夫。博伊尔被他的本科生同伴们普遍认为是未来的保守党首相，称其“优秀到你无法企及”。[79]他还有些马虎，以刮完胡须而忘记洗掉脸上残留的肥皂泡闻名。[80]

博伊尔，后来成为哈罗德・麦克米伦时期的教育部长，继而成为保守党的极端左翼成员，但是在20世纪40年代在政治上与玛格丽特比较密切。相比意识形态领域，他对玛格丽特的影响更多体现在道德层面。她认为博伊尔有着“伟大的头脑。他的思想从不轻浮和中庸”。[81]并且，由于她常常这样感受对方，以至于爱屋及乌，对他思想和品格的钦羡转而至于其物理环境。她对来自牛津的回忆栩栩如生，博伊尔母亲的“在伯曼广场神话般的寓所”及其中的“宝物”，有些是来自中国的：“对我而言那是一个截然不同的世界，我从未到过像它一样的公寓。”她还记得，20世纪60年代，当她与丹尼斯在肯特郡同租一间蜗居时，在爱德华・博伊尔家拜访了他，他家在苏塞克斯郡的奥卡姆。当时博伊尔给他们提供了“最好的红酒”。博伊尔的晚年生活陷入困境：“爱德华从不了解金钱：它只是在那里。”[82]她并未分享对方超凡脱俗的生活方式，但是她爱他这一点。同样也由于他对玛格丽特从未有过势利之心。[2]

---

1 爱德华・博伊尔（1923—1981），第三代男爵，曾在牛津的伊顿公学和基督教会受教；1948年，牛津大学大学生联盟主席；1950—1970年，汉兹沃思保守党议员；1956年，辞去苏伊士初级部长职务；1962—1964年，任教育部长；1970—1981年，利兹大学副校长；1970年，被授予汉兹沃思博伊尔勋爵。

2 尽管有较深的政治分歧，他们的友好关系却贯穿至生命最终。当爱德华・博伊尔于1981年逝于癌症前，他曾前往10号院拜访撒切尔夫人以做临终告别。他们进行了单独谈话。

在 OUCA，没有另外一人像博伊尔一样，但是对于那些对她友好的上流阶级的人，她总是感受到特别的感情，另外一位基督徒达尔基斯伯爵[1]后来成了保守党国会议员，除此之外，巴克卢公爵亦然。1947年当他还是 OUCA 人员时，将 OUCA 委员会的人召集一处说："瞧瞧，我们已经找到了最努力的员工。（指玛格丽特。——译者注）当爱德华·博伊尔几乎还未能穿过马路时，她已经踩着脚踏车出发前往莫里斯·考利（一家汽车制造厂的名字——译者注）。她有一天会成为首相，但是却身无分文，因此让我们为她筹建起一个特别基金。"[83]达尔基斯向每个人筹到25英镑，但是将近六十年后却无法记清，该基金是否最终成功建立，以及它的确切功用是什么。[2]他记得玛格丽特"完全无怒气，如此热心"。历史并无记录玛格丽特对于这些馈赠的态度，但是她将约翰尼·达尔基斯描述为"一个相当了不起的人"。[84]

玛格丽特写给穆雷尔的信中，可以明显看出她那源自 OUCA 友情的快乐，并且她确信自己已经通过在 OUCA 的工作赢得了威望。在1946年10月她写给对方的文字当中，对穆雷尔所赠的21岁生日礼物表达了感谢，并问后者是否能够借给自己珍珠项链以及黑色晚礼服，因为她将连续出席两个 OUCA 的晚宴。同时，她解释自己已经写信给格兰瑟姆的邻居倪德思夫人，对她的礼物表示感谢："收到这么大一个礼包的原因在于其中有 OUCA 的贺卡，我想她或许乐于展示。"[85]次年5月，当穆雷尔的生日渐近，她写信告诉姐姐自己找到了"纯丝袜——完全过时了……（不是来自黑市）"，还有"一瓶'远大前程'，是专门为瓦莱丽·霍布森[3]创造的"。她还记得自己前往剑桥参加一个保守党的晚餐（贝尔福俱乐部），会后已是"午夜时分——我们驾着一艘平底船起航，漂流在河面上。（我没有穿自己那件黑天鹅绒上衣，谢天谢地。）"[86]1947年1月，玛格丽特写信给穆雷尔，解释她去参加

---

1 （沃尔特）约翰·蒙塔古·道格拉斯·斯科特，第九代巴克卢公爵（1923—2007），曾受教于牛津的伊顿公学和基督教会；1939—1945 年间在 RNVR 就职；1960—1973 年，担任北爱丁堡保守党国会议员（以达尔基斯伯爵的身份）。

2 一位达尔基斯的朋友记得，他当时被问是否有钱，要为玛格丽特买一辆自行车。撒切尔夫人告诉本书作者她当时认为这很正确。这样一来，她传记中提到第二年自己买了一辆自行车的说法或许就有错误了。如果达尔基斯是正确的，她在收到礼物前"踩着脚踏车"去考利，那么她是骑着谁的车呢？此事貌似很不可能，在当时的通胀岁月里，只有最有钱的本科生才能每人拿出 25 英镑作为捐赠。

3 瓦莱丽·霍布森：著名演员，后来误打误撞嫁给了约翰·普罗夫莫，后者是哈罗德·麦克米伦时期的军事部长。

为 L.S. 埃默里举行的 OUCA 晚宴，后者是一位丘吉尔风格的领导者；另外一场晚宴是为保守党主席罗德·伍尔顿准备的："除此之外就是周年晚宴"。[87]"我的黑天鹅绒上衣看起来华丽极了！裙子配上十字架，漂亮非凡。"频频参加晚宴使她向穆雷尔借穿黑色和金色晚礼服。同样很明显的，OUCA 带来了更多逸闻趣事。"尼尔和罗杰，"她写道，"已经几次三番围着茶点等转悠了。有两晚我们出去'狂欢聚会'，度过了最热闹的时光。"

"罗杰"全名罗杰·格雷，来自皇家学院，是一名英俊的昔日战士，还成为牛津大学大学生联盟的主席，因此，可能是整个大学最著名的人士。玛格丽特提到，由于他的"艰巨职责"，她在那段时期很少见到他。"尼尔"本名尼尔·芬德利，来自伍斯特学院，不涉政事，但是是罗杰·格雷的密友和战时伙伴，和罗杰·格雷一样热衷于聚会和饮酒。[1]

这两个人对玛格丽特的吸引力大于她之于二人的，罗杰"发现她工作相当努力"，有时候经过几番推杯换盏之后，他会戳她的胸部并且说："玛格丽特，这是大理石吗？"[88]它当然不是。玛格丽特一度爱上了尼尔，但是事实是尼尔并未意识到。据尼尔的说法，玛格丽特用一种较强大的社会存在感来吸引人们，而非依靠她本人。并且大家通常没有反应。他觉得有些对不起玛格丽特。[89]

玛格丽特暗恋尼尔大约发生于1946年底，这些仅能通过现存她写给穆雷尔的信觅得蛛丝马迹。"只有一次撞见了尼尔——是在商店里，"1947年5月，她如是写道，[90]但是之后的信显示了她真实的感受。在1949年初成为达特福德候选人时，玛格丽特转而居住于此。她写信给穆雷尔谈及这些，描述了一次机缘巧合的偶遇："当我上礼拜天前往坎特布雷度政治周末时，看到了尼尔·芬德利和他的妻子在从车站回家的路上。我想他们没有看见（我），因为尼尔高度近视，并且我也没有上前和他们打招呼。他的妻子是一个非常聪明的女人，但看上去她是一个犹太人。[2] 她有着黑色皮肤和典型的长鼻子。当时我正和多里克·包瑟姆（梅德斯通时期国

---

1 罗杰·格雷逝于20世纪90年代，后来从事司法工作，最终在英格兰刑事法庭担任记录员。朋友们都认为他那卓越才华最终被嗜酒如命的恶习所埋没。尼尔成为一家造纸厂的执行官，他的儿子麦克斯在2011年成为一个互联网传奇，当时他的电影《小狗芬顿逐鹿记》因"耶稣基督在里士满公园"引发关注。

2 这里是玛格丽特表达轻微的反犹太主义倾向的一些场合之一，该倾向在当时比较普遍。而这些观念在其与芬德利接触过程中并不存在。

会议员阿尔弗雷德·包瑟姆[1]的儿子）站在一处：还有东哈罗候选人伊恩·哈维[2]。如果他发现我，我就会很开心，我在和男性的交往方面表现得并不是太糟糕。当我看到他时并未感觉到尖刻的刺痛感，奇怪的是那样一种迷恋何其肤浅。”[91]

透过字里行间的得意洋洋，这封信暴露了玛格丽特在与尼尔·芬德利关系中处于劣势的焦虑感，尤其是当他已经成家时自己依旧形影相吊。她说，事实上当时自己的伤口已经痊愈了。20世纪50年代，芬德利夫妇生活在切尔西的天鹅阁里，和撒切尔夫妇的寓所相同的砖石结构，并且相处愉快。[92]但是很明显，她在牛津时对自己认为魅力四射的男人很敏感，并且害怕被他们鄙视。她视OUCA为自己越过所有障碍的最佳途径。1947年5月写信给穆雷尔讨论姐姐将要到访牛津事宜（玛格丽特离开前的最后一次），她解释了他们的社会计划。她请求爱德华·博伊尔给他们提供一场联盟俱乐部辩论的门票，并且有可能随后他们受邀参加了俱乐部主席的告别宴会。“爱德华有一天也邀请我们共进午餐——如果他现在记得，”她继续写道，她还希望“谋划一次与罗杰和（或）尼尔的邂逅”。但是，问题是“OUCA的各种事务是伴随着明天的花园宴会而结束，我毫无理由问他们是否前往。只能寄希望于他们的意外造访，但是这种几率很低”。[93]尽管在四年大学生涯中非常成功，但女性的弱点使然，她依旧处于一个传统地位。

另外，她一直对早年那份更严肃的爱情的失去耿耿于怀。

玛格丽特在格兰瑟姆期间很可能没有任何男友。所有当时认识她的人，包括她的姐姐，都确信没有。然而，玛格丽特无疑是一个着装谨慎的年轻女孩，许多人认为她颇具吸引力因而引人关注，她也享受于此。人们记得她玫瑰红的双颊和优雅的双腿。格兰瑟姆的肯尼斯·华莱士很喜欢她流畅而智慧的交流方式。[94]那时候，格兰瑟姆为退伍男兵举办了一些派对。当她前往参加时，常常被大兵们邀请一起跳舞。1944年8月，她在牛津的第一学年底，参加了格兰瑟姆的地方网球俱乐部（她抱怨说自己已经“schorched”［原文如此］自己的网球裙），同时还参加当地的舞会。不久以后“……我与一个已经四十岁的空军中尉同处！！！！或者我宁愿说他与我同处。”[95]

---

1 阿尔弗雷德·包瑟姆爵士（1881—1965），在景和皇家艺术学院受教；1931—1959年，梅德斯通保守党国会议员；1960年被授予男爵头衔；阿尔弗雷德爵士是玛格丽特最早的赞助人之一，这开始于她和丹尼斯结婚搬离了他位于卡尔顿园林的家时。

2 伊恩·哈维，直到1958年担任外交事务助理大臣，在被发现于圣雅各公园与护卫发生同性恋行为后被迫离开了政治领域。

岁末年初，她去了格兰瑟姆附近的科尔比的舞会：

令我愤怒的是，我认识了他们中的一员——一个秃顶的男人——就是那个空军中尉，我花去了那个夏天的几乎整个晚上与他一起在网球舞会上跳舞。当我看见他走过来邀请我跳第一支舞时，我的心都要崩溃了……幸运的是，他的一个朋友过来解了围。他是一个好的舞伴，因此我并不十分介意，据我所知，他是一个相当知名的足球裁判，至少曾经执裁过一次世界杯决赛。不幸的是，他很难摆脱。他想让我和他一同拍照。我告诉他自己必须回牛津学习一周的电力工程课……最终离别时，他给了我自己的电话号码、姓名和其他更细致的联络信息，告诉我回家后和他联系。当然，我没有这么做，因为我不希望在一个这样年纪的男人周围打转，[1]我依稀记得，回到家后，爸爸说："不行，当然不行！"以一种非常决绝的口吻。[96]

玛格丽特后来和一名30岁的飞行员共同度过了当晚的剩余时光，对方在前往德国的航线上工作了数年。在他就要张口变成求婚者时，玛格丽特打住了——不过她在同一封给穆雷尔的信中提到，自己已经有了一个男朋友。

先前，有很具体的证据证明同一时期有一个特殊的男人走进了玛格丽特·罗伯茨的生命，这来自玛格丽特·古德里奇之前的叙述（见第二章），据信当时玛格丽特首次宣布自己希望成为一名国会议员。玛格丽特·古德里奇在1944年12月22日于科比·格伦教区长管区以一种小型聚会的方式为她庆祝了21岁生日，玛格丽特·罗伯茨前往，在拥挤的房间里与希拉·布朗分享同一张床，后者后来在撒切尔入职首相期间，成了学校的巡视员。

玛格丽特以非常不同的两个版本记录了同一件事，[2]就是她们曾在厨房里围坐一起讨论大家的抱负，玛格丽特·罗伯茨公开提出了自己的。据玛格丽特·古德里奇说，她妈妈问玛格丽特，后者回答说，就像以前她就思考过的，"我想成为一名国会议员。"[97]事实上，就像我们看到的，她已经向别人表明了自己的政治抱负，但是玛格丽特·古德里奇还记得，玛格丽特紧捧一束康乃馨，"看起来对她非常宝贵"，她说，这是牛津的男朋友送的。她非常在意这份礼物，于是古德里奇女士就将花束插进盛水的花瓶中。[98]这个男友

1　然而所有试图吸引玛格丽特兴趣的男人，除了一位之外，几乎清一色的都年长于她。

2　在《通往权力之路》（哈珀柯林斯出版公司，1995年）一书中，撒切尔夫人记错了此事的日期，认为是"大学毕业前不久"。

的名字叫托尼·布雷。

托尼是一个部队上的军校学员，于 1944 年 10 月到达牛津，就读于布雷齐诺思学院，但是由于战争期间的窘迫，他不得不住在基督教会楼内。他当时正在读一个为期六个月的专门课程，该课程被设计成主题为“普通科学”的方式，来配合军事训练。托尼来自一个典型的中产阶级家庭，曾在东南部一个小的公立学校布莱顿大学受教，在参军之前，曾为一名法务官做见习律师。他是个矮个子，并且非常不好看，但是六十年后回忆起来，“作为一个舞者他并不差劲”。[99]生于 1926 年的他比玛格丽特年轻一些。

两个人通过 OUCA 认识，大概是一次在兰德福酒店的咖啡讨论会上邂逅的，时间是1944年秋季的某一天。玛格丽特认为托尼“非常有思想，是一个很优秀的交流对象。这个或许引起了我的兴趣。他是一位非常棒的保守党员”。他也被对方对于政治的热情所吸引——“这是非常不寻常的事情，并非许多女孩都那样”——并且，像托尼一样，她是“一名纯粹的、传统的保守党员”。他同样被其外表所吸引：“她是一个丰满的、通过精心装扮吸引人的女孩子。这并非有问题的想法，”并且她有着“优雅的黑色头发”（“我告诉她，我不喜欢金发女郎，所幸的是她不是那样”）。她“着装优雅大方，尽管不是超级时尚的风格”。他同样感觉到她有“一种孤独感”，而这恰恰是“我们相处原因”的一部分。[100]

当时，对情侣而言像“比翼鸟”一样到处闲逛不是常见之事，并且玛格丽特和托尼也没有这样做。他们当时的大学朋友无人记得他们中的一个人认识另外一个。但是，在彼此房间里用茶时，她以自己制作松饼的技术证明了自己是一个“好管家”，旋即，他们变得亲密起来。他发现她的严谨，并且是“一个才女”，但是尤其让他着迷的是她博览群书并且酷爱音乐。她带他听《马太受难曲》，并且身为巴赫合唱团的一员忘情表演。托尼很尊敬她，因为“她非常真诚地表达自己的思想”。就在他送给对方康乃馨的同时——1944 年圣诞节——玛格丽特送给他帕尔格雷夫金装，他每天随身携带，直到 40 年之后在一次搬家时弄丢了。他有着玛格丽特为之迷醉的吸引力，反之，玛格丽特从未交过男友的经历亦很宝贵。她流露出肢体亲密接触时的愉悦。但是，他们谨守当时的规条，从未同床共眠过。

随着托尼对玛格丽特了解渐深，父母生活富裕的他，注意到对方“在大学期间因经济而产生的巨大压力”；她“从不因自己的背景而羞惭”，但是对此表现出“一定程度的沉默”。他发现她“极力要做好”，但是他又惊喜地发现了别的东西："她是一个相对不那么善于交际的人，却享受着交际的过程……她自己知道何时应该放松下来，就恰到好处地放松。"他们在一起其乐融融。[101]

这种快乐，以及这份初恋中贯穿始终的对于生命可能性的意识的强化，都可以在玛格丽特写给穆雷尔的信中看见。她的描述通常不是尖酸刻薄就是一板一眼，口气风格迥异。1945 年 10 月 25 日，从复活节旅行回到格兰瑟姆，玛格丽特写了她所参加每场舞会的细节。由于战争，那个夏天全范围地停止了各种传统的纪念舞会，但是到了 3 月份，随着胜利在望，大学生尽情释放，各种舞会开始举办。玛格丽特参加了五个。

第一个也是最好的一个是在伦道夫酒店的伦道夫舞会："我们度过了一段奇妙的时光……托尼租了一辆车，载着我们一起前往阿宾登的'王冠和蓟'乡村酒馆。我设法借到了一件靓丽的皇家蓝色天鹅绒斗篷，以和蓝色工装搭配得天衣无缝。"托尼给了她一束八朵康乃馨，"从伦敦带来送给我，我将前额的头发盘起来扎在头顶，约恩和玛丽说我看起来简直无与伦比。当我们漫步穿过酒店休息室时，每个人都抬头看我，当时我感觉自己简直飘到了世界的顶端。"玛格丽特继续详细描述他们吃喝的细节："我们走进一个酒吧，喝杜松子酒，吃了葡萄柚，然后去餐厅用餐。我们就着格肉［原文如此，推测应为'鸽肉'——译者注］喝了美味的奶油汤，然后是甜心巧克力，就着这个我们喝了木塞克。你或许不知道，木塞克是一种波光闪烁夺人眼目的香槟。"[1]

8点45分的时候，他们到达了伦道夫："一切进展得都很完美……舞池装饰得令人惊叹，所有的灯光由从阳台布置过来的巨大彩灯打出来。地板有些轻微褶皱，从舞蹈的角度看实在不值得称道。我们到达后不久马尔伯勒公爵夫人也前来了，她看起来非常漂亮。茶点非常可口。总之，这是我所去过的最好也是最大的舞池。"[102]六十年后再度被问及，托尼记得康乃馨是从莫伊赛斯·斯蒂芬斯处买的。当提到玛格丽特的蓝色舞裙时，他突然泪流满面地说："那真是一个不同寻常的晚上。"[103]

第二天是萨默维尔舞会，玛格丽特穿着同样的衣服（"鲜花依旧鲜艳"）："那里有另外一对保守党情侣……于是我们合起来度过了快乐无比的夜晚。"后来一周是伍斯特学院——"我们在那里的时光是彻头彻尾的欢

---

1 事实上，它是一种假香槟。

闹”；继而是沃德姆——“有点熊打架的感觉”；最后是莫顿，玛格丽特在其中穿着“我的绿色绉丝舞装”。[104]

活动一结束，托尼就带她在伦敦闲逛一整天，在摄政街的福乐斯喝咖啡，在多尔切斯特用午餐（“据悉它不是最顶尖的酒店”），在剑桥剧院观看白日场演出的施特劳斯的《威尼斯一夜》，最后在皮尔底丽酒店进行一场品茶舞会。然后打道回府，玛格丽特乘火车去格兰瑟姆，托尼返回牛津。对她而言，世界上一点小小的乐趣都会让她兴奋不已。在她的脑海中，对于一些预兆之事同样很敏感，尽管玛格丽特很少直接在给姐姐的信中描述自己的感情。在同一封写给穆雷尔的信中，她写道：“我为下个周末做着精心准备，真心希望一切顺利。”[105]托尼前往玛格丽特家，和她父母在商店楼上待着。如果她已经将自己与托尼的关系视作一时的心血来潮，这件事不会发生；并且她自己的父母本身思想比较保守和严格，对于因关注自己女儿而造访的男性客人尚不习惯，不知道如何保护自己的女儿。他们将之看作一个潜在的举足轻重的场合。

这种思想多少让托尼有些困惑，并且一度使他有些担忧。晚年时，他回忆起来说自己和玛格丽特从未讨论过婚姻，并且他以自己法律的素养，在做此事时会颇有压力且非常小心。自维多利亚时代而产生的对于违背诺言行为的严格规范，仍旧挥之不去。[106]他在当时将两人的关系视作“不过是一个男生和女生快乐地相处而已”，这也并不足为奇，毕竟他当时才 18 岁。但是或许对于玛格丽特而言，这意味着更多。

无论如何，格兰瑟姆的访问之行是“还好”，但也只能如此。托尼感觉阿尔弗雷德·罗伯茨“有些严厉”并且“总是完全正确”，是一个很好的教会人士；比阿特丽斯行事为人“恰到好处”并且像“慈母一样”。那个商店吸引了他，被认为是“一个非常温和的商业单位”。托尼和罗伯茨一家一道参加了卫理公会教会活动。这不是一个狂欢周末。这也标志着离别时刻的降临。托尼在牛津为期六个月的课程渐近尾声，将于4月份开始完全进入军事训练，此时正是欧洲战争结束前不久。他去了在多赛特的巴温顿军营。早在4月19日，也就是希特勒在柏林进行骇人听闻的生日庆祝活动前一天，玛格丽特写信给穆雷尔[1]：“我通常在周二早上写一封信……他说有形形色色古里古怪的男人，但是，幸运的是，他所在的团组全部是由牛津学员组

1　这和她描述自己在萨默维尔孤独用餐的情境是同一封信。

成。”她说，托尼不得不全天候工作：“周六两点开始，他们理论上是自由的，但是实际上很难实现，毕竟有太多的事情要做，因此这段时间几乎不能成为自由时间。周日同样被安排休息，但是上周日整个上午，托尼都被安排去削土豆皮！！”[107]欧洲战争结束于1945年5月8日。

在巴温顿一个月后，托尼去了另外一个训练营，并且持续从一个地方转到另外一个地方，期间回到巴温顿一次，直到被安排在恩尼斯基伦皇家龙骑士卫兵队后第二年，被派往德国。他在部队上给玛格丽特题赠了一张个人穿着军装的照片。但是来年有一段时间，托尼给玛格丽特的信件回复开始减少直至最终完全停止。玛格丽特写了几封信对托尼的沉默予以指责，后来忧伤至极，忍不住写信给托尼的母亲，问这位从未谋面的妈妈他发生了什么。[108]回答是一切如常。很简单，尽管他的母亲并未说太多，事实上托尼已经决定了这份关系应当是“以失败而告终”。[109]

玛格丽特的姐姐穆雷尔对此有明确解释。她相信托尼是一个势利眼，对他而言，玛格丽特不是出自一个足够优越的家庭。[110]托尼当然不认同这些。他承认玛格丽特的背景确实使他忧虑过，但是这不是主要的，因为她的家庭有种温暖的氛围。使他担忧的是这个家庭的严厉与苛刻。他想要的是快乐，并且找到了这一点。在第二次留驻巴温顿时，他和一个名叫普鲁敦斯的多赛特女孩子确定了关系，后者在他看来“活泼、外向且具吸引力”。此后他发现自己“正生活在德国一个相当迷人的世界中——骑兵团、绿军裤，凡此种种”。在不到20岁的年纪，他尚未找到什么是承诺。[111]

玛格丽特本人呢？当被本书作者问及该话题时，她回答的和事实有出入。她说自己在丹尼斯之前并无男朋友，当随后具体问到托尼时，她承认了上述情境，但是并未谈及细节。如我们可以预想到的，在关于托尼·布雷的故事中尚有更多情节。但是这些只是发生于她在牛津期间。她在大学的最后两年，一位前男友拒绝与其交流。当托尼从记忆中消退后，毕业季期间她暗恋尼尔·芬德利。她在牛津是成功的，获得了优秀的二等学位，上升至保守党政治之巅，这为她的职业埋下了良好伏笔。当她于1947年夏天一头扎进世界开始工作时，有点像她初入大学时的感受，体会到刻骨铭心的孤独。

4

埃塞克斯女孩

“如此俊妞误入政坛真遗憾！”

1947年夏末，玛格丽特开始了她的第一份工作。在埃塞克斯郡曼宁特里的BX塑料厂做一名化学研究员。“塑料”，她回忆说，“是未来事物的一种，”[①]但是几乎没有证据证明她对此有兴趣。她在个人回忆录中记载，当时曾希望能够担任研究和发展总监的个人助理。当现实是不得不戴上白帽子走进实验室工作，而非和人打交道，她就了无兴致。[②]她将工作看作一种需要，其他意义全无。公司每年付给她350英镑（给对应男性雇员的薪资是400英镑），这些钱足够她生活，但无法有结余以储蓄；何况这里距伦敦太近，她要时刻关注政治，并且要坚持学习以获得律师资格，同时，她还在准备取得牛津理学学士学位所需的论文，并准备接受答辩，整个过程下来要到1948年冬。她并不打算在埃塞克斯待太久。

居住于科尔切斯特的一间公寓，每天早上乘巴士前往曼宁特里的公司，相较牛津岁月，玛格丽特感觉此时的生活沉闷极了。“在公司里，衣服出现各种各样的磨损和撕裂，糟糕透顶，”她向穆雷尔抱怨道，“顺便问一句，我的鞋从尤大尔处送回去了吗？我多次充满期待地写信回家询问（当时穆雷尔正与父母同住），但是回信中对它们只字未提。”她位于麦尔登路168号居所的主人是一个名叫伊尼德·麦考利的年轻寡妇，带着两个孩子一起生活。伊尼德试图从光明的角度来看待：“由于公寓里另有他人，晚上就不会显得太孤单，真是幸运。”她偶尔会与另外一位房客泰迪·维斯特去看电影，但是他“不跳舞”，[③]并且他很快发展了一位女朋友。玛格丽特向麦考利夫人描述泰迪的这位女朋友：“土得掉渣——非常放荡，但是她把握住了他，尽可能推进感情的进展……显然她一点也不是一个时髦艺术家，而是被别人设计在纱巾上的花纹”。[④]玛格丽特的愤怒实则表明她发现泰迪·维斯特太具吸引力了。

缺钱是一个不断要面对的头等大事。租金每周涨两几尼（旧时英国金币，合21先令，现只用于价目。——译者注），很快就蹿升了0.4英镑，这使得玛格丽特感觉“有一些担忧”。⑤她不得不在每一次短途旅行或者购物时精打细算：

这周末不去牛津了，我决定买一件真正漂亮的内衣套装，以在里面配搭我的绿松石雪纺上衣。我买到了一件，它的上面是扇形环绕着衣领，还有一些开放式马德拉刺绣。上衣的颜色是很浅的绿松石色，花费了5几尼。[1]接下来在这个月我都不会买任何东西了！……只能等下个月再去牛津了。不管怎样，我买到了一件漂亮的内衣套装，这很重要。⑥

因为她承担不起电烫发的费用，只好改变了发型——“我现在整天在脑后戴一个甜甜圈面包——这样一来就不需要任何卷曲了。”⑦当她写信给父亲要钱想买一件花呢套装时，将信寄到了北巡街上的商店而非父母本人的家中，以免该请求被她那缺乏爱女之心的母亲看见。⑧但是她也写信给了穆雷尔，提到因经济压力而引发的燃眉之急：

如果你正试图拼凑一笔“储蓄金”，会认为来一个奢华的假日比较明智吗？我知道，这听起来有点像爸妈的口气，但是我这些时日自食其力，意识到一个人的银行账户平衡在30英镑至50英镑之间是多么美好的感觉，尤其是在他需要买点什么或者准备去某个地方时。⑨

玛格丽特缺钱的一个受害者是她的母亲，她几乎总是以反对或者尴尬的姿态出现：“我买不起给妈妈的生日礼物，只能送一张贺卡。”⑩在这个困苦居多的世界，政治一如既往地为玛格丽特提供了被认可的机会以及满足感：如果说卫理公会成员不那么友好，保守党员则相反。有些人知道我在科尔切斯特，但是友好这个词已经如野火般消失殆尽。当我踏进每一个会场，都会被人打招呼：“这不是罗伯茨小姐吗？”⑪随后不久，她写道：“我仍然十分不喜欢这份工作，但是政治和社会生活开始在生命中羽翼渐丰，这成了有力的补充。”⑫

通过保守党她认识的第一个人是布莱恩·哈里森，一名剑桥毕业生，在埃塞克斯“有1500英亩的地产”⑬并且在澳大利亚有更多的家庭田产。

1 值得一提的是这些钱在如今的价值。时下的花费不会超过60英镑。玛格丽特所支付的5几尼相当于现在的150英镑。

哈里森作为她当年在保守党毕业生会议上首先邂逅的人，是远东战争的退伍军人，并且是39—45团的核心人物，以战争经验将埃塞克斯保守党员组织在一起。带着她对成熟男人的品位，尤其是军人气质的男人，玛格丽特对这位高大、热爱运动且热心的哈里森及其团组极富热情，并参加了他们的会议。哈里森于1955年出任莫尔登的保守党国会议员，记得玛格丽特是“一个吸引人的女孩……非常非常见多识广”，善于交际且是一个优秀的舞伴。她“雄心勃勃”，他说，“但是有足够的智慧来掩盖这一点”。⑭他还是科尔切斯特年轻保守党的主席，玛格丽特也参与其中。1947年10月初，她参加了致力于经济危机研究的智囊团（“社会主义者都是智力型的人并且十分友好”），⑮很快，她成为大家当中一位固定的演讲者，每周六晚上，都会在科尔切斯特的圣波特尔夫角为卡波·阿尔珀特[1]进行热身即兴演说，后者是保守党候选人。哈里森认为他“华而不实”，并且玛格丽特也不喜欢他。[2]

第二年春天，玛格丽特已经成为科尔切斯特保守党的领导人物。1948年4月，她告诉穆雷尔：“在最近经历过如此多的演讲后，我已经开始尝试脱稿了。”⑯在5月11日的附信中，她描述了在科尔切斯特的一个周末政治学院，一如既往地在信中只是写到政治，却没有提及其中讨论了什么。吸引她注意力的另有其事：

在基恩·墨菲和我之间展开了一场关于最美着装女士的激烈角逐［原文］……我以周六的黑色套装和黑色帽子出场——她当天未戴帽子——但是周日时，她身着碎花裙、狐皮，戴着一顶草帽，其中一缕花边缀于下巴下——我不喜欢自己的帽子，感觉它有太多的毛皮。我穿着自己的蓝色套装，戴着帽子，还有酒红色的外套和饰品。我想自己在这两天胜出一筹。⑰

坊间常常有一种说法，认为玛格丽特·罗伯茨身为一名女性，在保

---

1 库斯伯特（卡波）·阿尔珀特（1912—1998），受教于黑利伯瑞和剑桥大学布罗克学院；1939—1945年，服兵役；1945—1950年，保守党政治中心主任；1950—1961年，科尔切斯特保守党国会议员；1959—1961年，联邦关系办公室国务部长；1961—1963年，罗德西亚和尼亚萨兰英国高级专员；1961年，被授予阿尔珀特勋爵。

2 “以上帝的名义，告诉威利（库伦，穆雷尔的丈夫）不要向阿尔珀特提起我的名字。我不喜欢这个人，和他在科尔切斯特的相处极其不好。”（1951年2月28日给穆雷尔的信。）当玛格丽特·撒切尔成为首相时，阿尔珀特对其政策极其反感以至于辞去了保守党上议院的席位。

守党的社会活动生活中过于严肃。尽管她的确比较严肃，但这相较事实谬之千里：她视保守党为自己的社交舞台。她与大家一道前往德比郡（"不要告诉爸妈！"）去参加一场划船比赛，并为他们精心打扮。当她在科尔切斯特第一次穿黑色套装时，写道"这些天在保守党会议的一些场合，是我能够穿上自己最好的黑色衣服的唯一时机！"这样的着装"在当地引发四面八方的评论如潮，除了维斯特先生，令我不爽的是他只字未发！"⑱

1948年4月，玛格丽特前往众议院参加了由艾伦·雷诺克斯·鲍伊德[1]举办的盛大晚宴，后者后来担任辅政司。作为出场的唯一一名女性，她坐在主人身边："我身着淡蓝色套装和帽子，酒红色的鞋子、手袋和手套，以及新的短版麝鼠皮夹克。整体搭配看起来的确非常漂亮。"在"酒过三巡，度过一场美妙的晚宴"之后，她与其他一些客人一道，前往爱德华·博伊尔的寓所喝酒，直到凌晨两点。第二天，她首次参观骑士桥，视察了新的罗斯福纪念馆，并在那里看了一场关于罗斯福生平的电影。⑲回到科尔切斯特，她围绕大英帝国主题主持了一个讨论小组。听众们"非常感兴趣。我说了大概一个小时，大家自始至终并未表现得坐不住"。她为年轻的保守党员们做了一场题为"现代社会的科学"的演讲，还参加了包括"布雷格·鲍威尔（保守党中心办公室住房部官员）"在内的几个保守党新星组成的智囊团，这是她记得的首次邂逅伊诺克·鲍威尔[2]的情景，许多人相信是此人为后来所形成的撒切尔主义在智库方面扫清了道路。⑳生活正在打开局面，"当时离开科尔切斯特，我感到非常抱歉，"她写道。㉑

玛格丽特日益增强的自尊心，其实另有原因。1948年2月17日，她写信给穆雷尔描述了"在牛津度过一个最为绝妙的周末"，其中包括一场在俱乐部里的雪利酒会，对晶体学系老同学的拜访，一场OUCA晚宴以及在特威兹缪尔勋爵城外的庄园[3]里举办的酒会。但这封信真正的主旨到最

1 艾伦·雷诺克斯·鲍伊德（1904—1983），受教于牛津大学舍伯恩学院和基督教会；1931—1960年，米德·拜兹保守党国会议员；1954—1959年，殖民地事务大臣；1960年，被授予莫顿的鲍伊德子爵；1979年，被撒切尔夫人委任为罗得西亚特别事务代表；他的儿子马克于1988—1990年间担任撒切尔夫人的私人秘书（PPS）。

2 J.伊诺克·鲍威尔（1912—1998），受教于剑桥大学爱德华国王学校，伯明翰和圣三一学院；1950—1974年2月，任伍尔弗汉普顿西南部保守党国会议员；1974年10月—1987年，南唐北爱尔兰统一党国会议员；1960—1963年，卫生事务大臣。

3 埃尔斯菲尔德庄园，是特威兹缪尔的父亲、小说家约翰·巴肯留下的房产。

后才揭晓：

这并非全部。当我打开一封爸爸此前转给我的信，外面是打印出来的信封（避免被罗伯茨夫妇识别到身份？），并且邮戳是“牛津”并包含着一封来自托尼·布雷的信！！！！这封信充满了“三年来，由于一些我无法控制的环境原因，未能给你写信……”诸如此类的感伤笔调。他好像刚刚于上周复员并返回牛津。还好，我并未出其不意地冲向他，我应该回信告诉他不要惹起是非，不要告诉父母这些。无论如何，这个周末真是多事之秋！我应当尽我所能地快快再返回大学一趟。㉒

托尼已经从德国服兵役回来，现在正在他的母校牛津大学修自己的荣誉学位，他曾经自得其乐，现在却怀念起了玛格丽特。五十六年后，他说自己当时写信是真诚的：“我确定自己当时是认真的，并不是一时兴起的献殷勤。”㉓尽管写信叮嘱他别惹是生非，玛格丽特还是赴约了——他在跟进的一封信中做了更新——却并不是不体面的迫不及待。她告诉穆雷尔，自己将去牛津看他，“更多的是希望他看到我的变化而非我本身！”1948年5月18日，她向穆雷尔吐露心声以解释自己缘何没有给父母定期写信，她用了相当“狡猾的”理由来为自己开脱：

已经在给爸妈的信中说了牛津的周末，但是还有一些细节保留或者尚未说清：

1. 至于我与曼德尔伯格斯（牛津的保守党朋友）在一起，我想爸爸或许会认为我如果住酒店就会太奢侈了，也许会不情愿给我付钱……

2. 至于我在周末几次三番再会托尼·布雷。我周五晚上5点和他喝了晚茶，然后闲逛到新剧院看了《造谣学校》，接着在伦道夫用了晚餐。[1]他比先前成熟了，但是样子几乎没有变。很奇怪，我发现和他相处出奇的简单，并无任何尴尬之处。我穿着自己那身为观剧准备的淡蓝色套装——相当可爱。我们很少提及过去的“交往”，只是间接讨论了我们最后一次见面至今所发生的事情。我猜测，他在欧洲大陆度过了超级幸福的时光——尤其是

1 在提到与托尼的约会几乎算是偶然为之时，玛格丽特忘记了一周前刚刚写信告诉穆雷尔自己的计划：“我打算周五晚上去找托尼用晚餐和看演出，计划穿麝鼠皮夹克和淡蓝色套装。如果钱还有富余，我还想找安德烈斯去烫个头。”（1948年5月11日写给穆雷尔的信）

在布鲁塞尔（他曾在此休假）。只有一次直接谈及过去时，他非常笃定地说：“只有当你失去后才意识到曾经拥有——你知道我的言外之意。”然而，我忽略了这些，迅速环顾左右而言他。

玛格丽特继续，表现出一种毫无感觉的漫不经心：

为了找点事做，我和他在周六下午乘坐一艘平底船顺流而下。在那里，我获得了一次刻骨铭心的道歉——我必须公平地说，听起来非常真诚，他说当自己参军后，预计会去远东至少待上三年（战事仍旧在日本继续），因此他不能“要求我苦等”，但是他也做不到写信给我说“我们结束吧”来扼杀我们之间的感情。如今他意识到自己的毫无作为已经消磨了彼此之间的一些东西，无论如何他的毫无音信是相当无礼的。他还提到了“我无法控制的环境原因”。谈及这次道歉，他是有备而来的，是一种成熟的姿态，一再试图将谈话驾驭得举重若轻。我没有对他的道歉做出任何评论——他让我相信他没有和其他女人交往（当然，我并未提到普鲁敦斯）。对我而言，所有他说到的都好像似是而非，一半可信，一半虚假。

那个周末与托尼又进行了约会：

我周一再次与他共进午餐然后分手。丝毫没有提及对未来的安排，不过我确实充满感激——因为它对我而言本来就不会是“向上的力量”，尽管我有一小段时间非常享受再次见到他的过程——它满足了我的好奇心——但是，他在那个地方是一个外表看起来很怪异的家伙！

顺便说一句，他并不知道我已经是 OUCA 的主席了——直到最后一次午餐当我们的交流不断深入时才告诉了他——他对此产生了极大的兴趣。我还告诉他关于演讲者的竞争（一次年轻保守党员的竞赛，玛格丽特从中脱颖而出），这同样让他印象深刻。

不管怎样，我必须说自己非常享受这个周末。我一度希望再这样待上一周。天气自始至终颇给我们面子，事情无法比现实发生得更完美了。[24]

玛格丽特并未保持对未来没有“安排”的状态，7 月份她收到来自托尼的另外一封信并且回复了。然后，她再次写信给穆雷尔解释自己在给父母的信中所言不真实：

事实上，我提到昨天在伦敦会了“一群昔日大学密友”，其实是托尼。他写信给我说，如果我还在伦敦就让他知道——因此我想我们可以共同度过昨天晚上的一夜——我们确实这么做了。他专门从索思威克（他父母在苏塞克斯居住的村庄）赶过来！他下了火车于2：45在King's X与我见面……等我梳妆完毕，就前往福乐斯在摄政街喝茶。

这对情侣前往观看了《皇宫里的爱人》，当时他们在剧场“绝对是最中心的位置”。

我穿着蓝色套装，戴着蓝色小帽，配着酒红色装饰的小皮夹克。我忘记告诉你了，他送给我一束玫瑰！事实上，我的装束看起来绝对漂亮，注意到有些人回过头来看我。中间休息的当儿，我们去酒吧喝了杜松子酒和苦艾酒……托尼已经在克特纳预定了九点钟的晚餐——那是一个非常时尚的西区餐厅。

喝过杜松子酒和苦艾酒，晚餐“棒极了”。“我陶醉在这样一个夜晚——尽管我并未梦想和托尼恢复关系……我不想在销售机构找工作——这些都是枯燥乏味的工作。如果你看到招聘广告，请告诉我。”[25]

他们的关系以某些方式藕断丝连地维持着，1948年12月初，玛格丽特前往牛津并告诉穆雷尔：“周末期间我看见过托尼两次（那个周末她做了最后一次理学学士的口试）……周六晚上我和他一道看了演出，用了晚餐……周日喝了茶。”[26]1949年1月，她写道：“我周六收到了托尼的来信，问我过得怎样之类的话，但是建议我们找时间一起去乡下玩。正好我周六是自由的，就理所当然地接受了邀约。”[27]接下来那个月“我收到了托尼的情人节礼物！太有趣了，其中附了一封信问我什么时间再访牛津”。[28]

此后，在玛格丽特的通信中就没有了太多关于托尼·布雷的信息。或许这并不奇怪，因为他已经对别的女人产生了兴趣。在21世纪初他的描述中，他于1948年和玛格丽特重温旧情，但是1949年冬天他在奥地利交往了一个女朋友，告诉玛格丽特他将前往参加冬运会，其中并未提及那个女人。但是，他对玛格丽特还是念念不忘。他说自己意识到她将从事严肃的政治事业，并且她“对于自己的道路太有主见”。他相信“一个女人应当归回女人的职分”，并且他认为女人不应做全职工作。与玛格丽特的新关系结束于1949年。次年的6月，托尼·布雷与那个后来成为他妻子的人订婚了，并且一起生活了50年直至对方去世。他给玛格丽特打电话告知了订婚的消息，收到了“礼貌的祝贺：她没有带出任何感情色彩”。㉙他并未邀请她参加自己的——婚礼——“它将会是死亡之吻。”㉚

从玛格丽特的角度看，或许她对托尼的喜欢超过自己所愿意承认的（甚至在穆雷尔面前），她不愿意再次被伤害。[1] 1948年冬天，她写信给穆雷尔，当时穆雷尔正在交往一个叫肯的男朋友，[2] 在信中给了姐姐一些建议：“我不赞同你给肯送任何圣诞礼物——如果他乐意就会送你礼物，那是不一样的。”但是她也表达了一定程度的自我怀疑：“我不知道你的‘男友’问题是否和我的一样——看起来你好像远比我成功，尤其是我在处理和他的科尔切斯特同伴们的关系方面！”㉛

“科尔切斯特同伴”显然是玛格丽特感觉无法找到的那一类男人。好像有一个名叫大卫·帕比伦的男人，是一名在科尔切斯特的年轻保守党领袖，一个有能力的年轻律师和商人，在镇上颇受爱戴和钦慕。玛格丽特记得一次有意思的经历，是帕比伦送她一张圣诞贺卡邀请她参加一个宴会。1948年，他们一起乘火车前往兰迪德诺参会，这次会议敦促她果断地踏上了政治生涯之路。玛格丽特认为他很聪明、有魅力且很有权威。当她的同居房客凯·斯托克斯前往大卫的新年宴会时，遭遇了“颇为尴尬”的撞衫，她穿着“雪纺衬衫，颜色和我的那件绿松石衣服简直一模一样”。㉜

大卫同样是难以企及的，因为不为玛格丽特所知的是，他是一名同性恋。㉝终其一生，她对类似事情保持绝缘。无论何时，她在给穆雷尔的信中提到要找的男朋友标准，其中仍旧有托尼·布雷的影子，并且流露出对很难找到合适的那位的忧思。

在她信中可见的一些反复片段显示了别人如何回头看她的穿着打扮，这些表明她非常看重别人对自己的看法和评价，并以此来树立自己的自信

1 2004年，当说到托尼·布雷，撒切尔夫人说她记得在伦道夫舞会前，自己穿着尊贵的蓝色礼服去赴宴。当被提醒到托尼从部队上复员后再次与她联络，并对自己服役期间对她的忽视表示道歉时，她说自己使用合适的言语回应了对方在牛津的道歉，“对于自己错过的机会，多想则无益”。并且不愿在该话题上多谈。（对撒切尔夫人的采访）。

2 “能找到一位完美无瑕的男人简直太棒了！”当那年夏天肯第一次出现时，玛格丽特写信给她姐姐并且赞叹不已（1948年9月22日写给穆雷尔的信）。

心。这种信心随着她事业的辉煌而持续增强。并且，就像我们应该看到的，1949年是她走向成功的真正开始，但是1948年冬她还感觉到有些弱不禁风。

托尼·布雷和玛格丽特·撒切尔之间的故事有一个奇怪的注脚。1973年，托尼谋到一份股票经纪人的工作，从事房产市场的深入研究。他的工作内容是预测房建发展走势，并观察建筑公司的股票走势。在此过程中，他形成了一些观点，就是让原始房主来买他们的政府公屋，将这些收入释放出来去建更多的房产。他将这些理念诉诸纸面，并于1974年把文件送给了爱德华·希思[1]，此时，正值2月份保守党在竞选中遭败。他向希思提到，自己曾在牛津时认识玛格丽特·撒切尔。当时正担任玛格丽特影子环境发言人的希思，同样负责该领域的政策拟定，他遂建议布雷去和撒切尔夫人谈。

玛格丽特邀请他到下议院的中央大厅见面。两人自1950年以来都没有见过面说过话。托尼注意到20多年后的她仪态有变化，"她更像一位贵妇人，很注重自己的个人表现，有一点居高临下"；她只是扫了一眼这位老相识并粗略表达谢意就直奔主题，对于其建议非常认可。午餐在托尼的股票经纪公司进行，其间他们讨论了政策并开始全面计划，但是最终当一切开始实施时，托尼发现自己从中被排除在外了。他不知道为什么，但是只是责备了同事们，并未涉及玛格丽特。㉞从此以后，他再也没有见过她。

20世纪70年代的许多人对政府公屋问题基于市场的解决方案和保守党圈子里的流行理念加以奚落，因此，如果说玛格丽特从第一个男朋友那里找到了被证明是其最成功的施政方针之一，显然有些夸大其词，但是它亦有一定道理。

托尼·布雷曾经判断玛格丽特之于政治事业的过度严肃是正确的。1948年10月初在兰迪德诺举行的保守党会议上，她的机会来了。玛格丽特作为牛津保守党毕业生协会而非科尔切斯特的代表参会。她热切盼望参会，并且希望着装得体，因此前往伦敦购物，并且拜访了伯恩尼、霍林斯沃斯和彼得·罗宾森："我想自己去兰迪德诺不可能穿着一件'共有的'外套（这好像是她们姊妹共穿的一件衣服）……因此，我取出了一些积蓄买了一

1 爱德华·希思（1916—2005），受教于查塔姆研究院学校，牛津大学拉姆斯盖特和巴里奥尔学院；1939—1945年服兵役（急件中有提及）；1950—1974年，贝克斯利的保守党国会议员；1974—1983年，为贝克斯利、西德卡普效力；1983—2001年，为老贝克斯利和西德卡普效力；1955—1959年，政府首席督导员；1959—1960年，劳工部长；1960—1963年，掌玺大臣；1963—1964年，贸易委员会主席；1965—1975年，保守党党魁；1970—1974年，首相；1971、1979年，英国海军上将杯领队；1992年，被授予嘉德勋爵士。

件上好的轻羊毛礼服。它的设计真是相当独特，”她写信给穆雷尔说，[35]并且附信寄给她一张图片（“我”用稚嫩的画笔画出来了）。玛格丽还特意补充说：“不要将我买新外套的事情告诉爸妈。”

在她为会议做准备时，玛格丽特尚未意识到它会为自己的事业发展带来什么帮助。8月，尽管她还在伦敦寻找新工作，并且向殖民地事务办公室投送了申请，以圆自己儿时希望到海外的帝国做一名公务员的梦想，她找了鉴定人并且将自己的名字写在海外科学与技术注册书上。[36]一旦成功，她将止步于政治。并且，当她到达兰迪德诺时，发现其相较曾让自己快乐无比的黑潭会议（见第三章），着实失望之极。“演讲者的水平非常低。”她告诉穆雷尔，[37]令她失望的是一桩和自己相关的事实，就是她没有被要求演讲自己所在组织递交的动议，即呼吁保留大学的特殊议会席位，并保留劳工党致力于取消的伦敦金融城。不过真正发生的事情是23岁的玛格丽特偶然遇到昔日的牛津导师兼朋友约翰·格兰特，布莱克威尔的书商执行官，也是一位她所尊敬的人：“我一直喜欢和他交谈，他在其同龄人（34岁）中，几乎是我所认识的思想最成熟的人。”在兰迪德诺，她与约翰在周四共进晚餐，周五又一起用了午餐和晚餐。在这次碰面中，“我们就个人和政治事务以及我的工作进行了很长时间的讨论，一直谈到凌晨2：30。”[38]她同格兰特还探讨了其他事情，包括她缺乏成为议会候选人所需财力的事实，也正是因为此，她几乎不可能进入党关于提名候选人的核心成员名单。[39]约翰·格兰特在谈话当周就引荐了玛格丽特，这揭开了她政治生涯的序幕。据玛格丽特已发表的文字，周五格兰特碰巧坐在一名建筑商约翰·米勒身边，后者还是达特福德保守党协会主席。达特福德，在伦敦东部边缘泰晤士旁边肯特郡，是工党的强力支持所在。米勒告诉格兰特，他们协会正在找一名候选人，因为现任的那位退出了。格兰特随即向对方推荐了玛格丽特·罗伯茨。米勒予以反对，因为“达特福德是一个工业重镇，我认为一名女士不能胜任”。[40]不过同意在第二天（当时，会议尚未结束，并且持续到周六下午）由格兰特和玛格丽特一道，与他和他的妻子菲，以及他们协会的妇女委员会主席在兰迪德诺码头共进午餐。那次午餐上，玛格丽特给众人留下了美好印象，当时似乎没有发生任何事情，实际上，在她给穆雷尔所写关于会议的全景描述中，同样没有提到与达特福德政要们的会面。但是，在年底之前，所有的铺垫开花结果了。

达特福德邀请玛格丽特于1948年12月30日到伦敦进行一次初步面试。

她突破重围进入了在达特福德的最后一轮选拔，并且在1949年1月31日的皇家公牛和维多利亚酒店，她击败了名单上的四名男士，最终获选。肯·提斯戴尔，当时参加面试的一名年轻保守党员说，她“远远优越于其他人”。[41]生活在这样一个以工党为主的选区里，达特福德保守党试图找到一名斗士，并且做好了冒险的准备。对他们而言，有一个极大的优势就是玛格丽特是一名女士，并且在当时是一位年轻女士。青年保守党特别确认了她是因为她表达了他们的希望和恐惧。[42]“他们希望选择一个不一样的人，”五十年后，撒切尔夫人说，“就是有机会吸引众人注意力的人”。[43]

虽然这次选择了一名未经事先批准而出现在党内名单的人作为候选人，有些不同寻常，保守党中心办公室却没有拦阻玛格丽特的前进。相反，它热情支持达特福德的选择。在她获选后第二天，玛格丽特见到了党的区域代表百利·库克（她很快喜欢上了这个人，并且称之为“百利阿姨”）。库克女士很快向中央办公室做了汇报：“我被她完全吸引了，并认为她会大获全胜。”[44]她还见到了党的妇女委员会主席马乔丽·麦克西。麦克西女士同样给中央办公室进行了热情洋溢的推荐。她将玛格丽特描述为“外表非常具有吸引力，且办事沉稳高效，这些有助于她站稳脚跟”。她特别标注称她的“知识底蕴和演讲能力均远高于其他候选人”。“她希望”，麦克西女士补充说，“拥有每年500英镑的薪资，以及一份在像ICI那样的大化工企业的工作……她特别热衷于帝国事务，对普通的民生政治亦同样心怀热情。”[45]

为了完备这次选择的过程，玛格丽特为中央办公室提供了五份推荐人资料。最不具体而形式化的一封则来自阿尔珀特。它们来自她的朋友约翰·格兰特、科尔切斯特的大卫·帕比伦、格兰瑟姆的邻居苏珊·布雷斯，以及未来的保守党国会议员约翰·蒂尔尼先生[1]的姐姐，还有来自前气候部长、因克尔也的贝尔福勋爵的推荐。“一个优秀的年轻候选人，”贝尔福一言概之，“演讲优秀，外貌漂亮，热情，知道自己的专长。专注且具有上进心。”[46]约翰·格兰特认为玛格丽特“是战后能担负起OUCA复兴之责无人能替代的人选，尽管她比自己所领导的男人们都年轻”。他的用语“尽管”似乎更应该被“因为”所取代，因为玛格丽特能够成功领导的，恰恰应该是年长者。格兰特补

1　约翰·蒂尔尼（1907—1994），受教于伊顿公学和牛津的莫德林学院；1950—1974年2月，任利物浦为伍特里的保守党国会议员；1973年被授予爵位。玛格丽特碰到蒂尔尼时，他们都渴望成为议会候选人，并且对后者心怀钦佩。他自始至终对玛格丽特很友好，在20世纪70年代成为她强有力的支持者。他的妻子吉妮维尔在她任职首相早年曾在着装方面为撒切尔夫人提建议。

充说，玛格丽特“与人相处融洽（不使用太多明显的女性艺术！）并且能够避免她的女同事们的排斥”。最全面的推荐来自布雷斯夫人：

我无法准确说出认识她有多久了，但是确实是自打她还是个孩子的时候我们就认识。她从小就对政治表现出惊人的兴趣，并且我被她凡事提纲挈领的能力以及交流中的深刻洞见所折服……我曾在地方市政会与她父亲共事过一段时间，她父亲非常有智慧和能力。总之，她的“背景”在“公共服务”方面是最好的，同时她还有着前瞻的才智，以及为自己所坚信的原则不遗余力工作的决心。

对玛格丽特而言，她在达特福德获选是比当年进入牛津大学更为重大的事件。这从一定程度上显示了她的政治天赋，她一直享受战斗的状态，并且一生矢志不渝。这件事促成了她的婚姻，使她充满幸福。年老时，不善像别人一样怀旧的她，常常在忆及达特福德时会眼睛一亮。很快地，达特福德还帮她打破了生活陈规。1948年秋冬时节，她在科尔切斯特尚未成功，还在为金钱和不能找到帮她回到伦敦的工作而忧虑。夏末时她躲在自己的寓所内困境重重，1月份，麦考利夫人搬家到了牛津路17号，玛格丽特怀着天然的热情，帮她在新房做了清洁、粉刷和装饰。但是在当年她们的关系恶化了：“事情是这样的，”玛格丽特写信给穆雷尔：

孩子们最近非常鲁莽……一旦我们对他们说话严厉些，她（麦考利夫人）就会指责我们而不是自己的孩子。上周日，海沃德·史密斯（另外一位房客）抱怨时，她发了很大的脾气，冲到对方面前呵斥其周六搬走……她以挑衅的口吻问我们（玛格丽特和凯·斯托克斯）是否对她的孩子们亦有抱怨，我们提到了一些事情——她大发雷霆，告诉我们她的孩子就像其他科尔切斯特的孩子们一样举止端庄，而不是我们所认为的——随后海沃德·史密斯离开了，同样的事情也发生在我们身上。[47]

从麦考利夫人的言语之中，能够体会这个房子里亟待清扫的“气氛”，玛格丽特和凯决定离开，并且告知了麦考利夫人，她变得寝食难安。“她有些崩溃，说自己在银行里只剩下50英镑，并且自从她丈夫去世后度过了悲惨的两年，目前正在竭尽全力供养孩子……”玛格丽特的反应非常有个性:“我们对她表示道歉，然而我们的双眼并未被事实所蒙蔽，如果她只有50英镑，这是她没有理财头脑所致的错误。”[48]玛格丽特和凯掌握了主动权，并搬至莱克斯登路19号暂居，同时寻找她们自己的新居所。在那里，玛格丽特可以进行自己的娱乐活动，但是她们常常失败。有一次，她邀请当地一名年轻保守党成员前往“讨论基督教保守主义”，但是“他表现得有点厌烦。他倾向于在公共讲台上讲话，并且非常自以为是。他只做自认为正确的事情——而不是因为自己发自内心地想做。他到两点钟才离开，我从此以后对他厌烦至极。”[49]尽管在道德方面极其严格，玛格丽特还是倾向于欣赏那些似乎更不务正业的男人。她和凯在当地与男演员们交往甚笃，并且和他们一起跳舞聚会，伴着“该死的好电唱机”。“令我们惊讶的是，在那里遇到了麦考利夫人……我想她见到我们一定很战栗——尤其是看起来这样温文尔雅的男人们和明显令人嫉妒的聚会。”麦考利夫人看起来“非常放荡——着装很少，且行为不端，当然她的身材也不能增益多少”。[50]直到圣诞节前，她和凯在康桥路42号找到了属于她们自己的一处居所，玛格丽特对其进行了精心布置:“我拥有了半个院子的桃红色材料——和妈妈给我的那些衣服形成绝妙搭配，我给它们做出了深深的褶皱花边……看起来可爱极了——事实上非常昂贵。”[51]

但是找工作一再不成功，玛格丽特开始对凯的指手画脚表示怨恨:“我讨厌所有打听我个人私事的人……许多时候，她是一个嫉妒心很强的人，总是尽量贬低我所做的事情。”[52]

不过，对于玛格丽特在年仅23岁时就获选达特福德候选人这样的成就，任何人都无法轻视。她抓住了这个机会，并且转变了对衣服的想法。在获选两周后，她写信给穆雷尔:“我这周末将前往达特福德与米勒夫妇待在一起，希望妈妈尽快将我的居家服准备好，尽管我知道她很忙，但是我要去和不同的官员们相处，不得不保持24小时从头到脚、从里到外的漂亮。有些非常漂亮的睡衣，大概在20到25先令之间……”玛格丽特外出“买了非常便宜的酒红色帽子，并裁掉了所有俗气的装饰，以灰色大绒球取而代之”。[53]她热切地记录着各方对她在达特福德获选一事的反应，特别提到其中一个:

自从达特福德的新闻传出来，经由凯的口四处传播以来，我一直没有见过大卫·帕比伦。我猜他会说……如此俊妞误入政坛真是遗憾！她将会发现此路崎岖难走，想知道她是否会坚守得住。至于如此俊妞误入政坛——如此不平常的生命，本该待在家里，情绪随之反复，我认为在一定程度上他们是在称赞我。[54]

玛格丽特喜欢积累这些赞誉，但是一旦她自己感觉到太多声音表达对一名女士从政的不安，就会一点也不记录在案。相反，她期待着自己的当选会议，当自己获选，被正式宣布作为候选人的那一幕。随后，就像现在，竞选会议已经公布了结果，他们的目的是要集结大批群众，并向全会公布准候选人，划定选区并举行新闻发布会。玛格丽特被安排于1949年2月28日在伊利斯的电力大厦出场。她在准备自己的衣柜和演讲词之前的周末回了趟格兰瑟姆的家。她需要为会议所做的唯一一件新事，就是一顶黑色礼帽。[55]她做了一个新发型，但是并未烫发以避免意外损失："我想自己最好在选区以现在的发型出场，而非在几周内改变风格。"她对于这次会议表达了幸福的忧虑，几乎是孩子般的亲切："我希望诸事顺利。我知道他们在结束时会给我送花。"[56]

然而，就在这个伟大的日子来临前不久，发生了另外一件和达特福德无关的大事。"周一晚上，"玛格丽特写信给穆雷尔，"我去和一名苏格兰农民吃晚饭，他在这里有一块儿地。他前往39—45团向我介绍了自己，他在自己农场所在地区是一位热忱的保守党工人。"在39—45团，那个男人问玛格丽特她是否会在他们的村庄会议上举行一场演讲。"几天后，他出现在劳福德广场（BX塑料厂办公室所在地）要求见我！借口——他是想让我了解已经被安排的一场辩论。我仍旧说自己并不知道下一步的计划。一天后，他打电话邀请我和他共进晚餐——只要我能前往，对他来说哪一晚都可以……"他如愿以偿：

最后，我说"可以"，就在乔治用了晚餐。他大约35岁，有点苏格兰男人才会有的天真，我预计谈话会沉闷得让我哭，但是事实上他非常热心并且有很强的幽默感。他向我出示了自己的证书。他的农场值25000英镑，拥有ICI的股票，这个东西一千，那个东西五百，诸如此类。去年，他支付了附加税。并且作为一名苏格兰人，他还支付了服务员九便士小费。我几乎要滚到地板上去了。那是有钱人的处理方式！他三年前就拥有一辆新路虎，数月前买了一台冰箱。他还花费900英镑拥有了两间新车棚。所有这些就是我们的晚餐！

她的求婚者步步紧逼：

他用自己目前很旧的车载我回家——一路非常热心！我说我几乎不能定下任何时间用于约会，他就说要给我打电话！最有趣的环节是，尽管他已经自我介绍了两次，我还是记不住他的名字并且一直不知道他叫什么！他周围的人都是农民……他说话有着浓重的苏格兰口音。我担心他会是一个可怕而讨厌的人，但是又很想去看看他的农场以满足好奇心。我猜那里的农舍已经有三百岁高龄了，顺便我还弄清楚了他和自己的两个姐妹一起生活。[57]

在玛格丽特找出她的苏格兰农民的名字之前，达特福德已经为它的新保守党候选人举行了欢迎礼。四百人出现在电力公司的展览室内，只有一个人对于罗伯茨女士的当选投了反对票。据伊利斯观察员约翰·米勒主席透露，或许非常不地道的是，有四个当地的杰出商人已经打探了候选人资格并表示拒绝。他对玛格丽特表示称赞，说她“对自己的信仰很真诚，并且表现优秀”。随后玛格丽特本人发表了演讲，“她顶着压力”，报纸称，“帝国特惠制（帝国内部贸易自由，对外则实施关税）仍旧是保守主义的墙角石。”她说，战争期间，“帝国成员……从世界四面八方赶过来为着祖国而战，”因此如今是一个经由帝国盟友的帮助“为经济战争而战”的时期。至少在理论上，当时没有对自由贸易的鼓吹，后来她变成了一名鼓吹手。在坚持帝国特惠制方面，玛格丽特站在非常老套的保守党立场上，该立场由尼维尔·张伯伦传给乔·张伯伦。她认同战前中产阶级右翼的观点，表示出在当前党内领导层各种态度中的独立性。她还宣布，自己未来几年致力于做的事情，将是“一旦在金钱上拮据了，政府就应当做任何好家庭主妇将会做的事情——看看她们的账户然后反思哪里出了问题”。[58]接着，她的父亲也从格兰瑟姆赶去参会并发表了演说，他告诉听众们“从传统上讲，他的家庭是自由党；但是今天保守党所坚守的东西恰恰是他年轻时自由党所坚持推进的”。一名青年保守党员称大家都为一名年轻人获选而“兴奋异常”。[59]

会议的成功被现在尚在世的当时的与会者们所证实。玛格丽特的热情、知识和派头给人留下了无比深刻的印象。她知道自己表现良好，写信给穆雷尔描述当时的场景，不过没有提及她们父亲的演讲。“这是一件令人兴奋不已的事情，”她写道，“所有之前不无挑剔的人在会议结束后都被征服了，他们给了我一束漂亮的粉红色康乃馨，夹着蓝色鸢尾花，蓝葡萄风信子和樱桃花苞。”“当会议结束时，”她继续说道，我回去与那些曾经共进晚餐的索厄德夫妇畅饮，[1]他是所在选区内一个小涂料公司的董事长，其合作董事是撒切尔少校，[2]在伦敦拥有寓所（大约36岁，有很多钱），他同样与大家共进了晚餐，并于午夜时分开车把我送回了家。如你所料，他是一个完美的绅士，并不具有非常吸引力的特质——非常含蓄但是无比亲切。他不是那么热衷于会见“各种人”——他说无法与他们很好相处。大约凌晨一点钟，我们回到了利物浦，他把我送上3：40开的那趟火车。总之，这真是一个令人迷醉的夜晚。[60]

在信的末尾，玛格丽特落脚于琐细小事，经由她的姐姐向身为裁缝的妈妈求助：“如果她要做短衬裤，希望能做成降落伞风格的款式——从小的裙摆切出细纹来。但是如果她很累就不要打扰她了。”

那个斯坦利·索厄德担任董事长的“小的涂料公司”名为阿特拉斯防腐剂公司，丹尼斯·撒切尔是其总经理。阿特拉斯是其家族企业，主业是制作涂料、木材防腐剂、餐桌清洁剂和工业用化学用品。在战时成功担任参谋长一职后，丹尼斯一度非常希望留在他所钟爱的部队里，但是他的父亲要求他回来照看公司。作为一名小的公立学院（米尔·希尔）的老男孩，急件中提到的前军官，驾驭着自己蓬勃发展的公司的男人，丹尼斯在社交方面更胜玛格丽特一筹。他在达特福德保守党协会里同样非常活跃。事实上，他就是前面提到过的四名商人之一。丹尼斯拒绝了当时的安排，[61]确信自己并不希望参与政治。一旦他接受了，或许将再也无法遇见玛格丽特，并且历史上再也不会有一位叫撒切尔夫人的首相。甚至是在两人相遇之前，他已经在为她铺平道路。

据丹尼斯的说法，他的朋友兼同事索厄德曾邀请他去参加竞选之夜的晚会，当时的话是“前来参加晚宴：我希望你遇到一位非常甜美的女孩”，但没有说她是谁。当丹尼斯到了那里时，自言自语地说：“我的神啊！竟然是候选人！”他眼中的玛格丽特是“一个看起来很漂亮的年轻女士，稍微有点偏胖”。[62]由于当时的行程安排，加之玛格丽特不会开车也没有私车，丹尼斯就有了进一步了解她的机会。当时，泰晤士下面并无达特福德隧道，

1 在她的回忆录中，撒切尔夫人记错了这件事，称晚餐是在会后举行的。

2 这里并不是十分确定一点，就是阿尔弗雷德·罗伯茨是否参加了女儿的酒会，亦无证据证明他在这个场合遇见过丹尼斯。

当然亦没有 M25高速公路，因此从达特福德前往科尔切斯特的道路显得有些漫长，如今一个小时就可以到达，当时却远不止。他们要先乘渡轮横穿泰晤士河，或者驾车回到伦敦市中心区乘火车（或者再驾车出城）。由于丹尼斯住在伦敦，常常在达特福德之间往返，就很容易开车送她到利物浦大街。就像她给穆雷尔的信中透露的，玛格丽特在回忆录里错误地记成了丹尼斯在午夜送她到了车站。当时是凌晨一点。难道当时在火车出发之前，丹尼斯待在那里和她谈了两个小时四十分钟的话？如果是这样（就像她说的“把我送上那趟火车”显示的），就要解释当时那个男人给她留下了多么非同寻常的第一印象。否则，就是对方将她一个人扔在2月份冰冷的小候车室苦等，那她怎么会将对方描述成一个“完美的绅士”呢？

回到科尔切斯特，她的罗曼史——如果这是一个正确的词眼——正式开始了。在她描述达特福德当选场景的同一封信中，玛格丽特告诉穆雷尔：“我的苏格兰农夫接我下火车。”并把她带到一位在伊普斯维奇的来自爱丁堡的夫人那里，大家在大白马饭店用了晚餐。“我太享受那个夜晚了，但是我担心他感觉很糟糕。”现在她知道了对方的身份：“顺便说一下他的名字，是威利·库伦，住在多佛法院附近拉姆齐的富尔顿大厅！”[63]她邀请穆雷尔前往科尔切斯特与他见面。她的这一举动非常有意思。四天前，她就写信给穆雷尔：“昨天和我的农夫朋友去看了电影，中间给他提到要找时间和你见面，我给他看了你和我一起的快照——他说他几乎不能看出来差别，因此我想我们应该很容易相互取代。什么时候你能来度一个周末？”[64]看来她正在同时为自己和姐姐寻觅佳偶良伴，并且认为追她的这位男士适合姐姐呢。

5

达特福德浪漫史

“我想我们喜欢彼此”

达特福德并非保守党所称是他们的固有领地。这是一个重工业基地，遍布着水泥公司、工程企业，以及有着像大型加工厂维氏·阿姆斯特朗那样的国防企业，后者的工业直接与内河运输贯通，并且有着强大的工会。其中就有像殿山（Temple Hill）那样的选区，对于一名保守党游说者而言，只身前往是很不明智的做法。伊利斯的大部分是“炽热的红”（red—hot Red）（英国工党的代表颜色是红色——译者注），一名青年保守党女士记得，曾到一名工党支持者家里拉票。当时，主人坚持坐在自家室外的厕所旁迎接她。[①]政治会议很容易就被强烈质问甚至瓦解。达特福德居民中大量的少数派乘车前往伦敦从事文案和管理工作，在选区的周边是一些农民。只有在其中较为繁荣的郊区里，保守党才得以谨守传统，茁壮成长。但是毕竟这里是工党领地，在1945年选举获胜后，不管是得票率上，还是时代精神上，都是该世纪中工党把持时间最久的时期。在达特福德，为数20000的工党占大多数，是无懈可击的。

然而，年轻的玛格丽特·罗伯茨不信邪，兴高采烈地与之斗争。尽管她曾于晚年声称自己当年曾对彼时温和的社会主义者可能有发自内心的钦佩（“他们正在为弱势群体争战”），[②]但是她坚信工党政策行不通。基于此，相比党内的显贵领导层，她更亲近那些草根阶层。1945年以后，这些都在她头脑中形成一个失败主义色彩浓重的框架。她还特别与小商贩以及像她一样出身寒门的社会中下层年轻人保持亲密关系。这些人盼望战争结束后政府能放开各种机会，所以担心工党政府所采取的以税收、管控以及国有化等为特点的政策，会导致他们的盼望落空。随着1950年普选临近，他们的忧虑愈加强烈。他们和她做好了与工党——一直被称为“社会主义者”——战斗的准备。

1949年的达特福德有许多这样的年轻人，玛格丽特以候选人的身份来到，一度吸引了他们加入支持保守党的行列，在数量上出现井喷效应。整个协会的会员人数从她获选后不久的2300人，迅速攀升至1951年她离开不久前的3160人。如今这样的高数字在国内最安全的保守党员席位上已不会再现，但是在当时是极其显著的。会员中有数百人是青年保守党员。当时，青年保守党是一个有着良好本土基础的极其强大的全国性组织，相比直接的政治性，它更多地表现为部落性和社会性。这些达特福德YCs（青年保守党员）中的许多人形成了终生联盟，一直持续到21世纪，他们中的几乎所有人都认同并且钦佩玛格丽特。这些人——银行职员和银行经理、律师助理，一名从事家庭烟花制作生意的男士，一名给当地一家大的建筑商做私人助理的女士——从他们着装利落、彬彬有礼和热情洋溢的年轻候选人身上，看到了些许更宏大和理想化的自我。

尽管他们认为她"受过上层阶级的教育"，并对此表示尊敬[3]，但是大家还是视玛格丽特为自己人："从某种意义上，她是我们中的一员。"[4]"她再次激发我们前进，"其中一个人说，所有人被她"完美的礼仪神态"和"对我们所做之事的感激"所吸引。他们将这些特点与其他保守党候选人做比，特别是已经坐在毗邻的贝克斯利领导席上的爱德华·希思，尽管他本人亦很年轻，并且和玛格丽特有着相似的社会出身，却迫使YCs为他效命（其中有些人被叫时会绕着达特福德边儿走），并视他们"低到不能再低：我们是他的小屁孩儿"。[5]玛格丽特"丰满、聪明、温柔，可爱的帽子，漂亮的肌肤"，她"看起来一直都是那么恰到好处"，并且她脚踏实地，"懂得任何事物的价值"，"没有一丁点架子"。他们还注意到她内在的战斗性并对之颇为钦羡——"我惊讶于她的勇敢"——还有她那流露出来的真诚："无论说什么，她都会是发自内心的。"[6]

帕特·鲁克尔曾于1951年在玛格丽特的第二次达特福德竞选过程中，和她非常近距离地一起工作过，大概总结了她因说话颇具雄辩性而生发的魅力，"我认为她是一名真正的英国人，一切为国家及其人民的利益而奋斗。我们希望英国的一切都变好。"[7]注意这里的用词是"英国人"（English）而非"不列颠人"（British），尽管通常在理论上讲联邦主义，但玛格丽特·撒切尔是以一种非常英国化的视角来看待自己国家的。

玛格丽特很快了解了选区情况。她发现这是一个不太容易驾驭之地，代理人很低效。然而，身为候选人，她并不对这些事情负责，1950年选举后她承担了太多压力，以确保换下这名代理人。[8]她向穆雷尔抱怨说，会计"多年来从未经受任何账目审核"。[9]相较工党对手她还是幸运的。议会解散后竞选连任的议员诺曼·多兹后来的政治理念为玛格丽特所尊敬——“一位非常得力的工党党鞭”。[10]她说，对方信任更强大的社会凝聚力而非极端左翼社会主义。[11] 当时，多兹曾经由于她的性别而低估其能力，并且还有些盛气凌人。他们的第一次见面发生于由克雷福德城区议会主席举办的一场舞会上，玛格丽特如是描述：

多兹本人对我非常好，但是有次与他见面时我被告知，他曾经痛责我左右不是人，并且说了一些非常难听的事情。自我介绍本身是最有意思的，我们款款进入舞池中央，并且始终保持一种好的仪态。我穿着自己的黑色天鹅绒上衣，戴着长长的白手套，佩戴着珍珠，还有长长的水滴珍珠耳环。多兹先生说，他对我是对手表示非常遗憾！然后公开邀请我参加下次舞会，典礼官问我的要求，我说来一支探戈。他们问跳哪支，我说“嫉妒”！我们自始至终一直在跳舞——舞池里只有一对舞者——没有别人加入其中。

媒体拍了照并问起对此的反应：“我说‘我们跳舞时很合拍’并且多兹先生说‘是一种完美的和谐’。我想象着下周报道将会上媒体封面新闻！”[12]结果不出所料。[13]

当月早些时候，多兹和玛格丽特就被载入达特福德纪事中一份冗长而复杂的文件中，事关工党政府的执政方向。一如既往地，她投入到大量事实辩论之中。在此过程中，多兹不明智地邀请她来一场公开辩论，而她抓住了机会。辩论开始于 11 月末，玛格丽特通过对工党政府大宗购买的配给政策从细节上予以攻击，进而将自己与其加以区别。她还抨击了对方在西非的灾难性花生种植计划，以及近期的货币贬值。此番贬值导致现金从 4 美元的固定利率跌至 2 美元 40 美分。她呼吁一个新政策来实现“英镑可以直视美元的脸蛋而非鞋带”。[14]

与会的保守党记得，在这次会议上，她证明了自己的勇气和知识。多兹一度难以置信地问：“你是否已经掌握了数据？”她确实做到了。[15]玛格丽特在获选演说中的强势口气一直持续至选区竞选。她提及中国共产主义革命并强调说“世界被分为两个阵营”。[16] 在家中，她呼吁个人责任的恢复：“战争期间有一句‘所有都靠我’的口号，人们似乎已经忘记了这一点，现在大家都认为应依靠别人。”[17] 并且，她向妇女们提供当今被称之为授权的观念，由此她们得以更好地了解自己的丈夫：“不要害怕高谈阔论的经济学家和内阁部长的话，应该从家庭层面来思考政治。”[18]女人们在公共事务上有可供利用的特殊天赋：“妇女们在人际关系中更柔韧，我们已经开始从人性角度来了解我们的问题。”[19]

尽管很少被注意到，但是同样真实的是，玛格丽特好像接受了当时正在形成的后来被称之为福利国家的共识。在获选一个月后的一次保守党协会年度例会上演讲时，她详述了1942年贝弗里奇报告。而该报告旨在引导政府创建国家健康服务和现代社会保障体系。这对她形成了错误的引导，并将战时联盟的保守党统治归功于这些理念，而未试图质疑它们。她更喜欢指出“如果政府破产了，这些就一无是处”，并且，对一个人而言，使用这些理念时没有任何别的替代品：“罗伯茨小姐强调，一个家庭的保障可以通过自我储蓄获得，可以买属于自己的房子并进行投资，而远远优于一个人可以从任何国家计划中所获得的普通保障。”[20]不管是在事业之初，还是担任首相时，玛格丽特·撒切尔从未排斥过福利国家的战时基础，不管是从医疗卫生、社会政策方面，抑或教育层面。在这方面，她没有其批评者或者推崇者表现得那么激进。她的忧思更多集中于系统的滥用、官僚主义和工会的斗争性，以及后来所称的依赖文化的增长，而不是聚焦于系统本身。

同样，玛格丽特讨厌太多政府管控，这些尽管实用且强大，但是在当时无法帮助她实施理当采取的全面自由市场理念。“有一种窃窃私语——事实上，是一种对竞选操控的呐喊声，”她抱怨说，“如果保守党退回来，他们将取消所有管控，但是这不是真实的。正是保守党在战争期间推介了最好的食品供给体系。”[21]言及此处，她引入战后供给制度来对比，后者事实上变得更加严格，并且貌似要持续推行。她表达了对温斯顿·丘吉尔所蔑称为“Q托邦”（模仿乌托邦所提的说法，指一种到处排长队的社会——译者注）的日益增长的厌恶。但是她身为战时杂货商女儿的经历，给了她对于国家应急机构的能力和市场功效的信心。

或许是身为候选人的最强大的吸引力，是一种迸发出对于努力、成功以及国家强大复苏的热望，而她的年轻和性别更加深了这一点。她给当地媒体所撰写的一篇文章中提到，“妇女们有强烈的爱国心，而英国目前政府威信的丧失沉重地压着她们的心灵”。[22]或许玛格丽特只是将个人的情感简单化地投射到整个女性身上了，但是不管怎样，此一投射引发了许多人热情洋溢的反馈。特别是她激励到了青年保守党员们。当他们看到一个保守党政府力量的回归，她兴奋地告诉 YCs：“他们和所有的年轻保守党员们同国家一起沉浮，并能够和济慈一起说，‘活至黎明属上帝赐福，而年轻实乃真天堂。’”[23] 其实，这些名句的作者是华兹华斯，而非济慈，并且他是说法国大革命的，不可能全部应用在 YCs 身上。

玛格丽特的达特福德候选人身份要求她对自己的生活重新调整，她不得不走出科尔切斯特赚更多钱。在保守党主席罗德·沃尔顿的帮助下，她找到一份安全的工作，是在 J.Lyons 公司做研究药剂师，这是一家在哈默斯密的食品企业，“帽子和漂亮首饰是我被告知的头等大事——即便是在实验室工作，”她向穆雷尔抱怨，要考虑额外开支。[24]就像在曼宁特里的工作一样，玛格丽特对其兴趣全无，并且的确没有职业欲望。她越来越专注于政治，并且以专业视角考虑司法。但是，就像曾经所做的任何事情一样，她是认真的，并且学以致用。不久之后，她给达特福德扶轮社女士节讲解关于蛋粉诸如此类的食品研究：“另外一个最新关注的问题是三明治将在20000英尺的空中被吃掉，”这是当地报纸一个超现实报道的一部分内容。[25] 直到7月份，她居住在达特福德达伦斯路的盖雷山，前达特福德市长莉莲·爱德华兹夫人的家里。她6点钟起床然后步行到达特福德车站，乘坐7：10的火车前往伦敦，然后乘坐18：08的车返回，连夜投入选区的政治工作。[26] 开支是一大问题，并且工作的负担也着实耗费心神，但是对于玛格丽特而言，所有的事情都是令人兴奋的，尤其是服装：“普罗太太（科尔切斯特的一名女帽经销商）为我制作了一顶小帽，黑色天鹅绒配上白色鸵鸟毛，看上去漂亮极了。不像绿色鸡毛那样考究——一顶帽子适合任何场合。”[27] 为了与梅德斯通温和的老议员阿尔弗雷德·博瑟姆先生共进晚餐，并证明对方是自己最好心的主顾之一，玛格丽特不得不借穿穆雷尔的白色上衣。[28] 关于“苏格兰人”的事情尚在继续，回到科尔切斯特，威利·库伦带玛格丽特去了市政厅的加里东舞馆。玛格丽特告诉穆雷尔：“我对他通常都会带着自己的姐姐很好奇！我想自己有点多嘴多舌了。当我站在比尔身边时，有人凑近他说‘下次你就要结婚了！’顺便提一句，他（威利·库伦）34岁了。”他还带她去看“电影”：“他真是太热心了；我对他很感兴趣，在一起感觉非常放松。周六他送给我一双他姐姐在苏格兰买的尼龙袜！另外，每次他带我出去，都不会少了一盒甜心巧克力！”[29] 但是，玛格丽特一再强化自己身为媒人的角色，尤其是她听说穆雷尔与她的求婚者藕断丝连时，“很高兴听说你除了高贵的肯之外还愿意了解别人。希望这样可以使他有所动摇，”并再次敦促穆雷尔前往科尔切斯特，“你最好在哪个周末来一趟，见一见这位男朋友。顺便说一句，他将永远不可能成为你的妹夫，虽然我很期待有一天他会是我的！”[30] 4月8日，在关系开始后的几周时间，玛格丽特让穆雷尔在科尔切斯特小住并把她介绍给了威利·库伦。

调情继续。或许对于玛格丽特来说这是一次快乐的转移，但是对威利而言则更为严肃。威利在1949年保持着记日记的习惯，多数简明扼要，清一色地记录农务话题。对于4月25日的记录语调独特，但是不同寻常：“把粪肥运出放在车道底下。与佛莱德一道就拖拉机事宜在米斯特雷法院出庭。9次共罚款8.15英镑（他驾驶自己的钢轮拖拉机在公共道路上行驶，已经被捕）。6名妇女在挖土豆。5:30在塑料厂与玛格丽特见面。我们去了福莱特佛，一个令人迷醉之夜。”第二天，玛格丽特将下次约会的时间写在了自己手上，同时还把她在科尔切斯特的地址写在日记扉页，附上了两个吻印，并且偶尔在威利的页面上插入自己的一些事项。3月18日，她写道：“我们去了加里东舞馆，在那里度过了美好时光。穿着黑色天鹅绒礼服，珍珠长吊坠耳环。真是棒极了。”当威利在新市场用两匹被称“耗钱虫”和“目空者”的赛马赢得相当不菲的69英镑7先令6便士（“看见伊丽莎白公主了，并且她看见了我！”玛格丽特写下了她第一次见到这位女王的情境，而她最终将成为其第八位首相。）后，他带着玛格丽特在科尔切斯特共进周末午餐并予欢庆。他们去了当地一家著名的餐厅“杰克林的”，并于午前一起观影《白脸鲍勃霍普》。

在餐厅里整体上演了“养殖联谊会”：“当那些面朝大门的人敲响警钟时，所有的头扭转向我们！经过几秒钟惊人的沉寂后，感情突然爆发。此后的整场宴会，他们全部转过来看着我们然后喋喋不休！其中有个人——比尔·斯特朗——是所有人中最大的挑逗玩家，在他走过我们桌旁时，将银色烟纸撕碎撒得威利满身都是！”[31] 当威利带她去观影《堕落的拜伦爵士》，两位农夫和他们的妻子也在那里，旧事重现：“身为苏格兰人，[1]他们当然要到处看看有谁在那里。他们发现我们之前，我们先发现了他们。然后，他们通过制造足够多的野蛮行为和噪音，以使我们一下子就记住他们是何许人也！”[32]

5月份她生病时，威利坚持送给玛格丽特“超级昂贵”的双绉香

1　威利·库伦曾经是苏格兰农民聚居区的一分子，后来在战争开始前或者战争期间，为逃离苏格兰农场的贫穷状态，就共同前往埃塞克斯；他们保持着强烈的集体意识。

纱，并“每隔一天会带着黄油、鸡蛋和葡萄之类”来看她。[33]在他所送的礼物记录中，有一份颇具特色。玛格丽特在给穆雷尔的信中如是描述它：“……威利给了我一个非常漂亮的黑色小牛皮手提包。它并不是太贵，因为我不允许自己那样做——我选择了非常漂亮的一个。我们把我名字的缩写附上，看上去实在太美了……我十分傲慢地说它不是‘非常昂贵’——大约是你或我愿意支付额度的两倍。但是与其他的（15英镑至20英镑）相比，选择这个是很合理的。我现在将不得不拎着它到威利那里去多待一点时间！”[34]

玛格丽特画下了这个皮包寄给穆雷尔，人们通过媒体照片可以准确看到它与在一场达特福德晚会上的他们两个人是多么相配。在与男人们嬉戏并乐在其中的玛格丽特身上，有一种青春却近乎残忍的冷幽默。在同一封信中，她提到了另外一次约会。她前往北肯特旋转大厅，“和一位叫丹尼斯·撒切尔（34 岁）[1]的家伙在一起，他是伊利斯阿特拉斯公司的董事总经理……他人很好——但是却非常不受别人欢迎。他在与他们相处时太过好胜，因此他们自然而然不喜欢这样。”[35]

威利·库伦向自己的家庭介绍了玛格丽特。她被邀请在富尔顿大厅共进晚餐。他的农场在哈里奇附近，其姐姐艾格尼丝在那里有房子（“非常淳朴的女主人”，玛格丽特说）。她很享受这次午餐，不过这次午餐也给她留下了有趣的印象：

这些妻子是典型的贤妻良母——她们除了知道本地琐事外别无所知。晚饭后我和一些人聊了许多别的事情，直到威利建议我或许应该“加入女士当中”。大卫（麦考利，一名当地农民）以相当轻蔑的口吻说：“为什么，——她们既不谈论政治，也不聊任何这方面的事情。”这就是他们看待自己妻子的方式，事实上，当我们加入女士中半个小时后，交流就完全停止了。[36]

由此可以看出，玛格丽特的一生都倾向于参与男性活动，同时也看出威利·库伦的婚姻意味着什么生活方式。从社会意义上讲，她开始感受到一种“四海一家”的氛围；同时她知道，无论是从性情上还是从理智上，

---

1 玛格丽特看来是忘记了自己在几周前曾跟穆雷尔提到过丹尼斯。

作为农民的妻子她都不会幸福。当她再次访问富尔顿时说："起居室在日光下看起来更小了。"[37] 玛格丽特的初次露面无疑是很成功的。然而，穆雷尔后来和玛格丽特一道见了威利，然后也去见了他的母亲。玛格丽特写信解释说，老迈的库伦夫人很紧张，因为她"担心自己的英语不够好什么的"。因此，她特意叮嘱姐姐应该如何着装："我希望你穿上高韦外套，但是下身不要穿太奇特风格的衣服。我们必须尽可能显得温柔，以让库伦夫人感觉轻松自在。我不知道她缘何忧虑，或许是因为她是一位优秀的农民。"[38] 可能因为罗伯茨姐妹避免了"穿奇装怪服"，会面看起来很成功，并且就像预先计划的那样，威利越来越喜欢穆雷尔。实际上，他好像是要与玛格丽特的整体计划搭调，而非准备好了取悦于她。"昨天我吃了一惊，"7月份，她从达特福德写信给穆雷尔，"因为我收到威利的信说他正开车载着母亲前往格拉斯哥，当时丰收在即。并且他们将可能拜访阿勒顿（战后罗伯茨夫妇购买于北巡街的房子）。"当然，穆雷尔和父母在家里同住，而玛格丽特并没有。"希望妈妈能够给以恰如其分的尊重，"她继续写道，"一定要让我知道他们的反应，我希望善良的他不会给爸爸一种准女婿的印象，这会吓到爸的。无论如何，我希望一切顺利。"[39]

拜访如期进行了，并且在威利返回南部时再度去了一趟。穆雷尔给妹妹做了详细通报，玛格丽特亦做了回复：

> 听说"比尔"[1] 拜访的消息我简直太高兴了，他告诉我他本来可以待更长时间的！……爸爸的评论只有一点就是"他看起来是一个通情达理的小伙子……如果你想嫁给他，我这里没问题，我的宝贝儿。"因此我非常开心你给了我真实评论的细节。尽管我很喜欢比尔但是我并不爱他，所以不能嫁给他，我们的婚姻顶多维持两三个月。我们有着完全不同的事业观，朋友圈也完全不同。哪怕我能够和他的朋友很好相处，他却无法融入我的朋友圈。[40]

玛格丽特所说的，是一种相当成熟的谨慎考虑。她对于生命的要求太高，以至于普通的苏格兰农民无论如何辛劳都无法满足。她无疑是正确的。[2] 她匆

1　当时玛格丽特通常称呼威利·库伦为比尔。一般情况下，他更多地以威利的名字为人所知。

2　穆雷尔和威利的小儿子安德鲁·库伦，在2004年接受采访时做了类似情况的分析："玛格丽特或许意识到我爸爸将不会从这里（富尔顿）离开"，因此她不想嫁给他。

忙回家去见穆雷尔，抱怨自己太忙了，以至于“到家时看起来几乎是‘金星号遇难’”。［《金星号遇难》（The Wreck of the Hesperus）是19世纪最伟大的浪漫主义诗人朗费罗的诗集名。——译者注］[41]

1949年秋冬之际，玛格丽特与威利之间的关系趋冷。威利与穆雷尔则相处渐热。玛格丽特早些时候已经告诉穆雷尔，自己在达特福德的角色意味着“几乎没有时间考虑‘个人生活’。即便有时间，也不能被人逮着我特意与某人在达特福德闲逛”。[42] 夏天过去，据信艾德礼首相将很快致电发起选举，玛格丽特全身心投入准备，但是颇感不爽的是她所在协会尚未做好战斗准备。就在她参加竞选过程中，遇到了一个打动自己的人。初秋，她用铅笔给穆雷尔信手涂鸦说，感受到竞选压力没有丝毫减弱，不过她已经有过短暂的喘息：“我下午和晚上与医药院长一起前往南部医院……他是一个最不同寻常的家伙，貌似从业多年，仍旧单身。他40多岁了，因此对人非常亲切！他说，无论何时我感觉到对政治厌倦了可以给他打电话，不过我当然不会这么做。”[43]“威利说他一直没有收到你的来信，”她在同一封信中温和地责备，“请尽快给他写信。”并补充说，她还给威利逗趣来着。威利邀请她与自己的新朋友在10月份她的24岁生日前到富尔顿大厅小住：“我告诉他我和一名医生去了南部医院，他对我印象非常深刻——并且写信给我说我给了他一个滚出去的暗示。”

并且她再次提到了丹尼斯·撒切尔，提醒姐姐“他就是那个在我获选会当晚开车送我回去的人，后来我还路过了他的公司”。当晚，丹尼斯带她用了晚餐，看了演出，她补充说，还于11月末邀请她去了涂料联合会。[44] 这封信特别提到了在玛格丽特心目中一直很重要的四个男人中的三个（托尼·布雷是另外那一个）。后来南部医院出现了更多单身医生，玛格丽特笑称将从他们当中挑选。当她最终开始面临选择时，保持着一种最大限度的谨慎，而不是像上面提到那样享受一些游戏。

后来两个月发生的事情就有些模糊不清，接受本书作者采访的参与者——两位罗伯茨姊妹——并不想对其阐述得太清晰。但是，不管怎样威利·库伦确实“得到了一种滚出去的暗示”，确切地说，他要改变拍拖对象。被玛格丽特温柔抛弃继而被推向穆雷尔的过程，一定是非常复杂的经历。好像掺杂着大量的协商过程，但是并没有两个姊妹之间明显闹翻的痕迹。威利·库伦在日记中记录了自己单独与玛格丽特见面的大致情况：1949年10月27日，他带玛格丽特在伦敦看《第三人》。12月26日，他到了罗伯茨夫妇在格兰瑟姆的家中度过周末，然后带穆雷尔出去参加了高尔夫俱乐部舞会。玛格丽特并未在场。1950年1月初，玛格丽特从达特福德新房东住址所在地诺尔道63号写信给穆雷尔，该房东雷·伍尔科特夫妇是本地保守党员。信中，玛格丽特再度向穆雷尔提到了“联系断档一事”：“我已写信给威利。他以前所未有的热情口吻给我写了一封信，两封信一定在邮局擦肩而过……周六晚上我们在伦敦见面聊了‘咱们仨’的许多事情，我和他之间的关系将会断绝［原文如此］，对谁都好。”他们见面比较好，她在信中说。或许预感穆雷尔会有些许不安，因为“这样就更好了，由于我会以不同的身份和他再见面，比如在欢庆圣诞节时。而我们之间作为朋友是从肉体的意义上分手了——但不包括信件来往——希望你认同”。[45] 实际上，这次会面并未实施。在一封信的附笔内，玛格丽特写了威利给她打电话取消约会，因为“他在科尔切斯特有个宴会要出席”。他们转而以电话讨论了一些事情。“我告诉他我今后将只能从‘法律意义上’作为妹妹的身份出现，他好像非常满意，并且美滋滋地开始了对‘未来的憧憬’。”[46] 一旦“我们仨”被重新安排关系，玛格丽特热衷于操持所有的事情。威利·库伦在1月底去了罗伯茨夫妇在格兰瑟姆的家中，并且玛格丽特提前给穆雷尔写信打气：“我非常希望它（会面）成功，并且我从上一封信中没有看到你悲观的任何理由。”[47] 事实证明，这次会面很成功。1950年2月2日，玛格丽特通过保守党委员会会议室给穆雷尔发出了现存第一封正式的、打印的信。她在该委员会参加了艾德礼于2月23日发起的大选运动。信中，她详细说明了威利前往达特福德拜访时将居住的地方（公牛宾馆），以及穆雷尔过去后会居住的地方（诺尔道）。此后发生了一件事情，就是威利和穆雷尔订婚了。2月14日，在神圣的情人节当日，仅仅是在选举日前一周，玛格丽特让一位秘书又打印了另外一封正式信件，其中，没有任何评论色彩地说道：“通过今天早上的电报我知道你们订婚了。”其中附加了一份礼宾说明：“周二晚上，你、爸爸和我将与达德利·戈登勋爵共进晚餐，记得穿得体面些；周四晚上，你要和我前往去见伯爵，因此要戴一顶漂亮的帽子。”不过，她自己还亲手写了附笔以免助理看到：“看到今天的电报里的消息我实在太高兴了。它为所有的事情画上了一个圆满的句号。想象着你正佩戴珍珠项链，身着彩色梅花灯芯绒西装，并穿着蓝色礼服欢庆佳时……竞选活动进行得非常好——我们的会期都排满了。”[48]

一场关于《每日电讯报》上公告的小小家庭纠纷随后出现。阿尔弗雷德·罗伯茨发了该公告并将自己描述为“Ald”，其为市参议员的缩略。穆雷尔对此有些忐忑，甚至在五十年后依旧如此。她感觉这件事将自己的婚礼变成了一个市政公告。[49] 玛格丽特对此表示认同，或许有一些不同理由，就是地方政府的标题不够醒目，无法引起社会层面的配合游行。“我同意你的看法，此举非常错误。当时我就皱起了眉头。”[50] 这一错误并未在婚礼本身的邀请中再犯。选举活动一处理得当，玛格丽特这位4月份婚礼上唯一的伴娘，就开始全身心投入到每一个细节准备当中。穆雷尔必须有一个带面纱的头巾“否则大家会很难区分新娘和伴娘，我将只戴一顶小礼帽”。她针对鲜花、手套提出了建议，尤其提到一点很重要，就是不要穿银色鞋子，因为看起来会“有点背时”，[51] 还提议要亲手设计一套礼服穿上。她还叮嘱穆雷尔如何牵着未婚夫的手——“对于他周末出现的方式很反感。看到他拿着要去巴黎的衣服（他们将要去那里度蜜月）”——同时告诉穆雷尔要精神点：“不要担心出现婚前紧张情绪。”[52] 她说，穆雷尔婚后一定不要和威利的姐姐艾格尼丝继续生活在一起。[1]玛格丽特所有的干预措施是善意的，目的也很明确。她一直操心着穆雷尔的事情，她的姐姐便失去了个人的独立性。尤其是如果穆雷尔一再被要求做这个做那个而不厌烦，自己的婚礼还被一手安排，并且这些事情出自小她4岁的未婚妹妹之手。不幸的是，穆雷尔给玛格丽特的信没有保存下来，但是我们了解到她有时对于来自达特福德的命令感到恼火。[53] 她和威利·库伦的婚姻持久而成功（他逝于1998年），但是其间也有轻波微澜。就像他们的两个儿子之一安德鲁·库伦所言：“爸爸对玛格丽特阿姨一直有眷恋之情。”[54] 年老时，穆雷尔以轻松活泼的语气描述她和妹妹的关系：“她（玛格丽特）说，‘我认为姐姐是我最好的朋友。’她的话正是我曾告诉过她的自己的想法。”[55] 穆雷尔的女儿珍妮相信她们姐妹两个的关系，整体而言是好的，但是说：“根据他们处理事情和现实的做法，罗伯茨夫妇的感情并不太好。”[56] 尽管玛格丽特从未真正有要嫁给威利·库伦的想法，但是后来在南部医院发生在院长身上那一幕或许打破了沉寂。那个医生名叫罗伯特·亨德森，在玛格丽特第一次见到他时已经47岁（因此正好是她年龄的两倍），当时他已经在享受一份令人

1 她没有和弟弟一家一起生活，而是回到了苏格兰。在那里，她一生未婚，并且与穆雷尔一直保持着不太友好的关系。不过对她的弟弟非常好。当库伦小姐被问及多年来他们之间每周通电话交流时最喜欢谈的话题，她说：“哎呀，一言难尽哇！”（对艾格尼丝·库伦女士的采访）

尊敬的医生职业。

他是来自阿伯丁郡克拉特一名铁匠的儿子，早早就辍学去了当地一家汽车修理厂做学徒。然而，他此前的一位老师注意到他的天分，说服其父亲他有一天会成为一名医生，于是他进入了阿伯丁医学院。在30年代的城市医院中，亨德森发明了曾在美国见到过的一种箱式呼吸机，用以治疗那些不能呼吸的病人。1933年，他的"人工呼吸机"成为一种广受关注的仪器，拯救了一名10岁的身患小儿麻痹症男孩的生命。战争期间，该仪器在全大不列颠帝国范围内被制造和应用。它声名鹊起，拯救了许多生命。1940年，亨德森被任命为达特福德南部医院院长。该医院拥有1700个床位。在闪电战期间，承接了比英格兰任何一家医院都多的病人。1949年夏天某时，玛格丽特恰巧碰见了他。由于海军使用了该医院的500个床位，并且亨德森擅长治疗当时经常罹患肺结核的潜艇艇员。他被委任为RNVR（皇家海军志愿后备队）外科队长，有权穿制服。1947年，由于在医学领域的贡献，他被授予CBE（最高级巴思爵士）。由于工作上的出色表现，他在这样一家大医院颇受人敬仰。

就是这样一个瘦削、冷幽默的男人，对玫瑰和乡村生活情有独钟，偏好一场风雅宴会，尤其是上好的血玛丽酒。[57]从体形上看，他和丹尼斯·撒切尔很像，尽管他更矮小，看起来也更俊朗。他还是"一名非常优秀的舞者"。[58]他工于理财——"100英镑可走遍天下"[59]——还是一名不太积极参与其中的保守党支持者。他喜欢女人，直到1949年，依旧没有步入婚姻殿堂。

在玛格丽特写给穆雷尔的信中，罗伯特·亨德森仅仅适合做那些对其一贯崇拜，偶尔温柔似水女士的男朋友。亨德森是那个夏天她所认识"最不同寻常的家伙"，后来成为当年无比亲密的同伴。在描述她与威利·库伦分手的那封信中，玛格丽特以前所未有的确定口气表明，罗伯特"在等她"："在达特福德火车站遇到罗伯特的那个晚上，我们碰巧乘坐同一列火车。他必须赶回去参加一个护士派对晚宴，但是后来他去了诺尔道，接上我一起去喝了一杯。他说他认为我看起来生活单调甚至有些狼狈，并提出我应该在第一晚回来后出去放松一下。他是不是对我很好？"然而，她自我解嘲说见到他很紧张。她说，他已经与一个富有之家共度圣诞节，后者"拥有埃塞克斯的一半田产"并且有"五个适婚年龄的女儿……前景看起来并不太有希望不是吗！？"[60]后来，在1950年1月，她写道："罗伯特和我有一阵子几乎不怎么见面，因为有一件迫在眉睫的小事，就是大选。"但是在同一封信中显示，稍后不久，她和罗伯特一道去了一个“精彩的派对”（“全都是苏格兰”，意思是指人而非酒）。该派对由罗伯特的一个朋友举行，对方是“皇家的流行病学专家顾问”。他们在周六凌晨3点回到了达特福德。周六下午，他带她逛了南英格兰肯特林地，然后请她在医院用了晚餐。“我想我们喜欢彼此，”她补充说，“事实上远不止于此。我希望如此。”[61]娱乐活动变得愈来愈迷人和亲密。在一封给穆雷尔的关于她订婚的打印信件的附言中，玛格丽特补充说：

顺便说一句，在大选日结束后，罗伯特和我在伯克利共进晚餐并跳舞……我的新白色连衣裙简单可爱，本打算在当晚穿着它前往分区舞会，然而事实上没有如愿。希望你不介意我出去。周六，我去了伊斯特本度周末。罗伯特在周日晚前来看我，整晚与我待在一起，并将于周一开车送我回去。毋庸赘言，我对之充满向往。[62]

这或许是玛格丽特有生以来所享受过的一个最不羁的周末。

值得注意的是，现存当年的达特福德保守党员没有人记得玛格丽特和罗伯特·亨德森之间还有瓜葛。可以确定的是，她讨厌别人打探自己的私生活。在达特福德，她从未向任何人提起亨德森，尽管有人记得他们曾一起出现在南部医院，并向人们做了演说。[63]不过他们的关系在加深，并且一直维持到她离开达特福德时。

1950年2月23日，玛格丽特·罗伯茨以她独特的口音发表了竞选演说。其中她说，作为一个新组建的保守党政府的“第一要务”将会是“设置国家的财政秩序”。她以一位务实女性的身份在各项条款中确保自己的想法落地。至于国有化，她写道：“对于家庭主妇而言，能让人想起的画面是充满粉尘和无法燃烧的灰渣。”她对“小店主”不吝赞誉——“我笃信一点，这些人，无论男女，都将是英格兰坚强力量和后盾的一部分”——并且一再重申对于帝国优惠制的支持，并且宣称“要把让每个家庭都有独立住房作为我们的目标”。并且她自己许下了比其他大部分政治家们更多的诺言：一旦获选，“我将不遗余力地肩负起责任，直至所有的使命均告履行那一刻”。[64]

此前一周的一篇报纸文章中，玛格丽特更明确地阐述了英国的愿景以及在面对社会主义情况下的危机。她确定了四项主题框架：“各国间的英国”，“英国的经济独立”，“国有化或私营企业”，“失败或自由”。她指称，英国的世界声誉在工党带领下已经从1945年的高点跌落，由于它没有加入抵制共产主义的行列，并且，“世界需要她”。讨论美国的租借法案在战时确保国家无欠债时，玛格丽特将美国比作一个友好的邻居，着手帮助对门一位穷困潦倒且陷在失败的沮丧中的人恢复元气。社会主义党人的挥霍是问题所在。在远不能偿付债务时，邻居“不得不卖掉妻子的一些金首饰以支付店主的账单”。这特指用黄金储备购买粮食之举，该观点或许被称为是对哈罗德·麦克米伦的提前回应。后者曾针对撒切尔夫人的私有化进行著名的攻击，指其为“变卖居家细软”。玛格丽特随后向选民发出挑战：“难道你（们）将允许这个曾经绝不接受接济的骄傲的岛屿民族，陷入从一场危机走向另一场危机的漂泊无定……？或者你会相信健全的财政……？”玛格丽特转引“一名来自英联邦自治领土（Dominions）[1]的未署名年轻工程师”的话（他写信给玛格丽特问英国人昔日对自由的坚决捍卫之心出了什么问题），以表达自己的强烈呼吁：“并不是政府建立起了这个国家的技术和工艺——羊毛制品，漂亮陶器，精密工程，这些商品跻身国际市场得益于个体、私营企业的耐心坚持，是它们一点一点聚沙成塔，取得了商业成就。”英国精神不得不被重塑：“你是希望它被一个毫无灵魂的社会主义体制所销蚀，还是全力以赴重新创造一个繁荣的英国？将由你来做决定。”[65] 就这篇文章的实质和口吻而言，倾其职业生涯始终，玛格丽特·撒切尔几乎未出其右。或许这是撒切尔主义的首个清晰文本。伴随着撒切尔主义全面形成的潜在情感力量，并非关于经济自由的教条——尽管它非常强烈——而是渴望自己祖国强大的一种浪漫信念，以及面对其衰落时期的一声悲叹。

心怀这样的有力信条以及对所诠释的权力观颇显早熟的自信，玛格丽特·罗伯茨对于竞选运动乐此不疲。她乐于把自己以及个人背景置于舞台中央。2月7日，她在一次公共会议上提到，她听说有些人认为“她出生于一个有钱家庭；事实并非如此。她身为食品检测师不得不为生计而劳碌，并且一直保持着在早上7：15乘火车离开达特福德，再于晚上7：00返回进行政治工作的习惯”。[66] 她从不认为过于年轻是一个问题：“威廉·皮特在24岁就成了英格兰［原文如此］首相。安东尼·艾登先生在和我同岁时进入议会，从此代表了一个相同部门。”[67] 相信这名候选人必然会以她自己认定的路径，很快脱颖而出。她买了一顶来自伯恩尼和霍林斯沃斯的帽子，其

1　这一名字是针对诸如澳大利亚、加拿大和新西兰这些国家而称的，后来曾以“白英联邦”被提及，再往后还被称为“老英联邦”。

上有着黑白缎带。她为帽子内侧加上“一点蓝色虹边”，并交替穿两套套装。[68] 她全力以赴参与竞选，在工厂门外对着所有男工演讲，以表达对贸易联盟官员的抗议，同时还夜复一夜地举行大型公共会议——“刁难是适合我的对待方式”。除了酒馆，她不停地到处奔波，相信酒馆对一名女士“不太合适”。[1][69] 竞选活动进行得极其顺利，但是玛格丽特也对其投注了全部心血。在演讲了四十多年后，她说：“从此以后的所有竞选中，我都未感到如此劳累过。”[70] 1950年2月23日晚间，结果宣布如下：

诺曼·多兹（工党）	38128
M.H. 罗伯茨女士（保守党）	24490
A.H. 贾尔斯（自由党）	5011
工党席位多数	13638

玛格丽特已经从多兹的支持者中撬走了6000人，比任何一个同样水平线的保守党候选人都表现得优秀，当然，她并未击败多兹，但是已经在逼近这一结果。从全国来看，工党整体取得6个多数席位，这使得第二次大选极有可能很快进行（1951年即再次进行了大选。——译者注）。工党在普选得票率方面依旧高于保守党2.6%，但是在伦敦及其周边诸郡，由于有6%的人投向保守党，相较全国仅有2.4%的多数席位率，它最终的得票席位比例失衡。这就是著名的“郊区的反抗”，该语句很好地诠释了玛格丽特本人的态度。她不允许自己的支持者有休息的机会。“你们的下一次签名会是明天早上。”她在达特福德文法学院计票后的演讲中告诉他们。[71] 数日后，达特福德保守党协会为玛格丽特参选一周年举办庆祝宴会，并送给她一份16英尺长的名册，其中包含着991个积极支持者的名字。“达特福德”，她信誓旦旦地说，“必将在下次选举中对我作为候选人进行的服务予以拒绝。”[72] 他们没有拒绝。然而，玛格丽特确曾悄悄考虑替代方案。南汉默史密斯的保守党正在从工党手中争取席位，并且逼近达特福德的她，甚至在数量上有轻微的超越。她向穆雷尔吐露心情并且解释说：“他们2000个不利的多数派比达特福德的13000 个都要顽固。在这种环境下，我认为改变策略不值得。”[73] 她对达特福德的贡献被认为是基于自己的抱负的力量。

---

1 撒切尔夫人告诉本书作者，由于该原因，她一生中从未单独进过任何一个酒吧。

在其第二个候选人身份确定后，玛格丽特立即对自己的生活进行了全面安排。她开始上驾校，在伦敦找到一个公司以支持自己的职业规划，开始准备律师资格。她在法律方面的第一个领路人是大卫·兰顿[1]，亨廷顿郡的保守党国会议员，通过他的家族与达特福德的关联，玛格丽特被介绍给他。他记得这个女孩子在1950年3月到其府邸拜访："一位漂亮女士款步而入，24岁，鼠灰色的头发，着装朴实大方，没有佩戴首饰。她把所有的东西都带进了门。"[74]她征求了主人的意见。兰顿推荐了自己所在的林肯律师学院，并表示愿意支持她。在就读司法的过程中，玛格丽特甚至一度对超负荷的劳动量感觉到有点恐惧。"我的上帝！有太多的工作要完成，并且将无比昂贵。"她在某个夏日写信给穆雷尔，[75]但是她还是在8月份前往注册，并被允许进入林肯律师学院。她一直被传统所吸引，对于收到的收据颇为开心："外观华贵精致的物什附于漂亮的纸张上，打印得完美无瑕。"[76]注册确认后，学生们会在法学院用晚饭。玛格丽特于10月份在此用了第一次晚餐。她写信给穆雷尔，语气带点好奇的紧张，"今晚我会在林肯律师学院吃第一顿晚饭……万事都难在迈出第一步。"[77]

与罗伯特·亨德森的关系继续，尽管已经表现出难以维持的迹象。"几乎每个周末我都会与他一道外出，其中还包括一个晚上，"她3月份告诉穆雷尔，"但是不管未来会发生什么，我非常怀疑他会认为我们之间年龄的巨大差距。"[78]从罗伯特的角度看，他对将玛格丽特介绍给自己的朋友很谨慎：她认为"当他有访客时会表现得对我视而不见"。[79]1950年5月，她抱怨道："我最近很少再见到罗伯特了。"[80]但是他对她一如既往地在乎。玛格丽特安排他与威利·库伦见面。如果她不期望这种关系持续，就会无动于衷。她兴奋地描述这次会面："我感觉他们打得火热……"她对罗伯特的健康很担忧："他有很严重的十二指肠溃疡，一旦吃了不对劲的东西，就会整天感觉要崩溃。"[81]

6月，他做了手术："我经允许可以进去十分钟……他们正在清除胃部和十二指肠的一部分，并要切断颈静脉。这比罗伯特想的要复杂。昨晚当我去看他时，他感觉有些沮丧。"[82]手术进行得很顺利，但需要一段较长时间的康复期。他前往阿伯丁与姐姐一起生活了一段时间。当他回来时"看

---

1 大卫·兰顿（1908—2007），受教于昂德尔和牛津大学；1945—1979 年，任亨廷顿郡国会议员；1954 年，QC（英国王室法律顾问）；1961—1962 年，国家内政部部长；1979 年，被授予兰顿勋爵。

起来好多了，并且感觉非常健康”。她再次于周日晚上前往南部医院拜访他，“像往常一样”。[83] 在所有这些拜访中，玛格丽特不可能整晚待在那里。并无证据证明他们曾经发生过肉体关系。

通过其他一些事情，玛格丽特知道罗伯特的意图，了解到更多关于医学和护理方面的专业知识，并且感受到他们如何被工党政府于1948年建立的国民医疗服务制度所影响。在周日前往南部医院拜访罗伯特并与其共进晚餐的过程中，玛格丽特碰到了更多的护士和医生。1950年仲夏，她前往西山医院护士联合会，有一件事激怒了她，以至于她向穆雷尔爆发出来：“本是一个相当不错的下午，但是我的天哪！我必须痛恨他们所主导的生活方式。医院管理委员会形形色色的会员（裁员安置会员）趾高气扬地走来走去，我看着他们中一些人就想‘我们的新主人’。”尽管从未反对NHS（国民保障服务）制度所信奉的针对所有病患推行免费护理原则，玛格丽特坚信它反对个体医院自由发展，并且对医护人员实行不必要的过于集中的控制，而这些是经由新的管委会所尝试的。随着 NHS 的实行，罗伯特逐渐屈从于他曾经把持的庞大的南部医院的一些管理思路。玛格丽特眼睁睁看着这一切的发生，并且不喜欢它。

由于罗伯特定居于达特福德，所以当他的女朋友一直寻机离开本地并在伦敦找到住处时，一切感觉怪怪的。不过，事实上，他出现于她的生活着实与后者决心要离开有关联。出于她对于别人知道内在思想和个人私生活的强烈厌恶，对于房东伍尔科特夫妇的怨愤日益增长。他们是一对心怀善意的夫妇，由于没有儿女，他们对玛格丽特给予了慷慨大方的关注，但是玛格丽特产生了压迫感。讨论着穆雷尔的婚礼照片，以及一个为她提供帮助的达特福德朋友玛丽·罗翰，如何为这些照片着色，诸如此类，她不加标点地补充道：“伍尔科特夫妇鄙视这些并且对其表现得极其忧虑而我猜我们将听到一些幼稚的话语。”同一封信中，她提到了来自玛丽·罗翰的提醒，就是伍尔科特夫妇对玛格丽特的隐匿秘密行为给以抱怨，对此她表达了自己的不愉快：“你知道我有多么讨厌别人知道我的个人事务。罗伯特现在拒绝前来，而我也不像往常一样常常会走到马路尽头的交通灯那里见他。”[84] 一切貌似令人感动却显得荒谬——一位48岁的男人宁愿选择在交通灯下见自己的女朋友，却不愿鼓励她勇敢面对自己的女房东。玛格丽特明显渴望一个更成熟的解决方案。

但是在镇上寻找一个居所的过程显得艰难。其间她曾看到过些许曙光，但是每周4几尼的开销又显得太贵了。[85] 与人合租的可能性在经过一番细究之后无果而终。同时需要顾及《租赁法》，由于出租管控使得无家具设备的房子更抢手。6月份有一小阵子，玛格丽特在伦敦威斯敏斯特宫花园找到一个小寓所。她很享受这次经历："我非常喜欢在伦敦寓所短暂居住的日子。它让我省去了每天从达特福德前来的舟车劳顿，并且不被一个爱打听的地主和地主婆问东问西的感觉真好。"就是从这里，她作为年轻演讲者，于1950年6月7日出发前往阿尔伯特音乐厅参加一个党派集会，为温斯顿·丘吉尔投票致谢，这是唯一一次她见到伟大的战时首相："温斯顿先生的会见进行得十分顺利，我简直要被那么庞大的观众群惊呆了，不过诸事顺遂人意。每个人都表现得非常谦恭。"并无记录或者回忆者提及她和丘吉尔进行过私人交流，亦无提及在她的感谢词中说了什么。她还与丹尼斯·撒切尔一同去了皇家赛场，后者仍旧是幕后人士，此时却是他而不是罗伯特请她走出困境和共进晚餐。[86] 蜗居生活同时让玛格丽特对于财富和政治的看法更尖锐。"我是从一名《现代女性》美容编辑手中转租到这间小公寓的，她腾出了二楼的房间。另外一名女孩是（或者曾经是）奥黛丽·威瑟斯——《时尚》编辑——的秘书，我猜奥黛丽·威瑟斯是一名异常强大的社会主义者。这个世界真有意思，不是吗？我每周前往达特福德两三次。"[87] 诸如"这个世界真有意思"的表达日后成为玛格丽特·撒切尔的著名语录之一，就在她辞去首相职务当天也是如此向内阁做出了评论。

寻找公寓的过程一直持续到第二年。1951年2月，玛格丽特与莫里斯·惠勒的谈判失败，后者是一名达特福德保守党协会的商界大亨，在伦敦拥有几处房产。但是玛格丽特曾经拒绝过对方为自己提供在贝尔格雷夫路的寓所，理由是"条件过于恶劣"，同时莫里斯不愿让她住进圣乔治广场马厩街的房子，"好像他意识到那里并非佳地"。"我想爸爸将会如释重负，"玛格丽特向穆雷尔解释说，"他非常担心房子会在皮姆利科中心区！"她深入乡野之地："周日，我在午餐时间去了德威，这个地方真是糟糕透顶——有些人倾向于认为它是加南（原文为 Pukkha，按上下文推测实际应为 Pukka。'加南'应为'迦南'——译者注）美地，因为那里有一所大的公立学校，但是实际上此地外围实在恶劣。"[1][88]

最终，玛格丽特定居在如预料中一样恐怖的皮姆利科和圣乔治广场马

1 出任首相时，玛格丽特已经将当初找房的早期印象忘记得一干二净。1985 年，她和丹尼斯在德威买了一个房子，事后证明此举不啻为灾难，因为对她的退休生活毫无益处。

厩街，1951年5月搬家。她很开心。而心情愉快的部分原因缘于她终于“如鱼得水”：“能住进伦敦真是让我激动万分。在格兰瑟姆的日子，就像在一个小泳池里游泳，动辄就撞上墙壁。”[89]“我向伍尔科特夫妇说了后会有期，当然最后的时光非常美好，”她给穆雷尔写信说。[90]随后在几封信中不吝笔墨，对于居所的布置和装饰做了详细描述，并在与前来拜会者的接触间考验了自己的意志和精力。她去找一名电工“要将一块儿铁做成圈并固定起来，同时要修一下电热圈。电工说他们周二之前都无法来做铁圈，于是我让他们给我提供工具，然后亲自动手。他们面面相觑，并试图通过问我铁块是否完好等问题搪塞我，我坚定地说‘是’并拿着插座冲出了商店。我告诉司机（的士？运货车？），而他说他来做，然后他发现那些人给我的是断开的电插头，因此我拿起它非常坚定地冲回商店。我再也不到那里去了。”[91]

正在此时，穆雷尔生了自己的第一个孩子莫顿，玛格丽特在信中为宝贝提供了简明参考资料：“听说小家伙诸事顺遂，非常开心。”[92]“很高兴知道你再次回家，并且母子平安。希望呕吐的症状能尽快消失。”[93]不过笔锋一转，她很快又提到了自己找房的经历，感叹家里无法洗澡，解释她是如何在家中铺上陈旧的粉红色地毯，抱怨橱柜生了蛀虫（“这只能说明在购买之前应该多么细心”）。[94]并宣称“我不得不尽快去找你，”玛格丽特没有流露出任何急于见到新生儿的渴望，对自己姐姐育后生病严重一事亦未太多述及，只是提到前往的原因是“我几乎不知鸡蛋味了，它们一度是我的主食——炒鸡蛋吐司！”[95]同一个月，玛格丽特要设法通过驾驶考试，而这是她父亲在格兰瑟姆为她安排的。她有两个驾驶课要通过，结果一气呵成，[96]表现出了近乎非人的要物有所值的决心。在里昂时，不像在BX塑料厂，她不得不在周六上午上班。尽管她明显很享受在伦敦的生活，但是还是被工作重压所困：“我有太多的事情要做，以至于不知道下一步的方向。”[97]

她的过度繁忙还为别人带来负累。阿尔弗雷德·罗伯茨在当年1月写给大女儿的信中若有所思地询问：“最近你收到过玛格丽特的来信吗？感觉她在信中显得不太好，我担心这缘于她操劳过度。”[98]当玛格丽特在皮姆利科找到寓所时，她父亲尽力帮她找到家具，并用他当初买给穆雷尔的车前往运输。但是，从他给穆雷尔所写信件的字里行间看出，他并未感受到感激之情：“她能对我们充满感激，已经不错了，毕竟这不是那么容易的事。”[99]穆雷尔和父亲持同样观点，就是玛格丽特在这个世界竭力往上爬的时候，常常不在乎父母为她所付出的辛劳。[100]随后的夏天，罗伯茨夫妇对于玛格丽特忘恩负义的态度产生怨愤，而这种情绪滋生于一种不同寻常的担忧。他对玛格丽特在达特福德的朋友玛丽·罗翰逐渐有了成见，后者当时正在参加一种有害的宗教活动并对自己女儿产生了影响。“过去数日我非常担心玛格丽特，”他给穆雷尔写信说，“因为她一直跟着玛丽。我想知道玛格丽特是否和玛丽一起参加了天主教宣传活动，事实上，我彻夜难眠，却还未给妈妈提到个中缘由。”“关于这一点，我已经给玛格丽特写了信，”他继续写道，“妈妈同样不知道，一旦R/Cs控制了她我将会很悲伤。她自己将会不再自由。而这一切或许会带来无法遏制的家庭悲剧。”罗伯特曾目睹过一些天主教人士采取让子女背叛家庭的形式：

如你所知，关于宗教方面，我给你们两姐妹充分自由。身为父亲，我必须做到信任自己的孩子，但是R/C采取对其他宗教定罪、不包容的灵魂专制主义。玛格丽特多次对我所做的表示出生硬和毫不感恩的态度，但是这一切不会让我停止为你们两个尽心尽力付出。的确，这些已经使我变得穷困，当她通过司法考试时，将很快可以很好地独立起来，这样我将开始轻松一点。现在这种担心接踵而至，我不得不弄清楚事情原委，因此写信给你，一边带着盼望，一边为最好的结果祷告。我亲爱的女儿，我对你有信心，因为可以向你敞开心怀。[101]

玛格丽特给罗伯特夫妇的回信已不存在（如果它曾经存在的话），不过她的确记得父亲的担忧，并归咎于父母亲：“他们或许以为成为一名罗马天主教徒意味着放弃一个人的自由。”[102]并无证据证明罗伯特的忧虑是合理的。玛格丽特没有分享父亲对于罗马天主教会的敌意，后来她开始逐渐对这一信仰增加同情感，但是她强烈的基督信仰从未沾染天主教以及圣礼或者哪怕是教条主义的色彩。不管是1951年，还是其后，她从未见过“罗马教皇”。至于妹妹会被玛丽·罗翰影响的想法，穆雷尔很清楚：“我写信回去说，‘别逗了。玛丽或任何其他人都无法影响到玛格丽特。’”相反，玛丽是“玛格丽特的跟屁虫”。[103]

玛格丽特布置装扮房屋的主要动机之一是吸引罗伯特·亨德森。他常常离开医院，就像“海上医生”一样在邮轮上度假。因此，她由衷担心旅途中的女人们会比自己更适合他。她带着这种可笑的恐惧感描述了亨德森去马德拉旅途时的全部服装。她告诉穆雷尔，他的助理装了“58双袜子和

21件衬衫！！！挤在其他东西之间。罗伯特有一大堆一大堆的衣服。一旦实行配给制，一点都不会打扰到他。”[104]她一找到居所，就决定盛情款待一下亨德森。确实，她还邀请了“丹尼斯·撒切尔……共同喝了一杯，然后出去用了晚饭，接着又溜达到英国节，”但是在同一封信中，她描述了自己为罗伯特提供的更精心的照顾："今晚罗伯特来了，我们一起外出用了晚餐。上次他来我做了精致的晚饭，四道菜只是为了向他显示一下！但是我可不能每次都这样。”[105]她评价了对方的观点："罗伯特周四晚上到我的蜗居来了，被眼前的起居室深深吸引了。”[106]

玛格丽特的信件中，最后一次罗伯特·亨德森的记载要追溯至1951年5月。在那之后，没有再听说他的更多信息，亦无玛格丽特对他的态度，直到1951年9月25日阿尔弗雷德·罗伯茨写给穆雷尔的信。在这里有必要引用一大段，这是第一次提到比阿特丽斯·罗伯茨进了医院（“你应当知道这意味着什么”），[1]罗伯茨继续：

另外，格外令人吃惊的是，玛格丽特和丹尼斯·撒切尔要预备订婚，尽管要等到选举（艾德礼发起了10月25日的大选）后才公布，或许是《泰晤士报》报道后的周二，也可能在12月的第一周结婚。这意味着她不会从事新工作（她在贸易协会被提供了一份差事），而是继续自己的司法工作直到取得资格。如我所告诉你的，周日从你那里离开后我见到了丹尼斯，并收到了玛格丽特的来信，提到丹尼斯向她求婚一事。她愿意考虑一下，不过希望首先和我见面。我不知道你在达特福德是否已经见过他。他是位于伊利斯的阿特拉斯油漆公司的常务董事。他已经用了近乎两年时间变着花样地试图赢得玛格丽特的芳心，但是没有明确反馈。罗伯特的事情令玛格丽特非常不安，但是这都将过去。丹尼斯曾经有过一段不幸的经历。战争期间他结过婚，但是在大约只和妻子一同度过了仅仅五个周末后，妻子就离开了他。这位女士就是如今的希克斯夫人[2]，好像都是头衔惹的祸。我告诉玛格丽特不要在意这个，毕竟他没有什么过错，事实上，他是一个非常好的家伙，况且还有非常优越的经济条件。周日，他们一起前来，因为他想见见妈妈并希望征得我们的同意。

---

1 这或许是癌症第一次出现在罗伯茨夫人身上，九年后此病夺去了她的生命。或许它是一种妇科问题。

2 事实上，她是希克曼夫人。

阿尔弗雷德・罗伯茨继续谈到将于伦敦举行的婚礼，以及“我希望妈妈和我是来自格兰瑟姆的唯一客人”。谈及丹尼斯，他补充说：“他驾驶一辆1948年捷豹，还有一辆凯旋摩托车，但是还想买一辆捷豹Mark V……”[107]

这里发生了什么？如果将她信中的两个男人加以对比，很明显，玛格丽特对罗伯特的态度要比对丹尼斯更亲切。实际上，在她提到丹尼斯时，使用的几乎是同一种语气，要么是毫无感情色彩的呆板，要么是轻微的不屑。例如，在和丹尼斯一起看了《总统阁下》一剧后，她告诉穆雷尔：“说实话，和他在一起外出消夜我并不太快乐。他没有太讨人喜欢的个性。”[108]不过她和罗伯特之间出现了问题。虽然他似乎已经销毁了两人之间的所有信件，但是在他的余生里都保存着玛格丽特送他的礼物——附有“致罗伯特以爱和祝福，玛格丽特”签名的《莎士比亚全集》，还有激进环保主义者E.M.（麦克斯）尼克尔森所著《鸟与人》，上有“致罗伯特以最美好的祝福，自玛格丽特，1951年4月”签名（他的生日是4月7日）。他还保存着一大摞玛格丽特送他的个人照片，都分装在有玛格丽特亲笔书写地址的信封中。罗伯特在信封上写着“玛格丽特・罗伯茨”，之后在一个盒子里写着“撒切尔”。罗伯特・亨德森于1999年去世，享年97岁，在这些事情上并未谈及太多，不管是朋友、媒体，还是他于1960年所娶的妻子乔西。但是他曾被一本由戴安娜・法尔撰写的《十中有五》（Five at Ten）所激怒，这本书出版于1985年，其中谈论了五个首相的眷属生活。在丹尼斯与玛格丽特订婚一章，提到了她与罗伯特的友谊，并表示在她身边的两个男人之间曾有竞争。罗伯特告诉《每日快报》：“我从未向玛格丽特求婚，这真是一派胡言……我们从未进行过浪漫接触。”[109]不过，尽管罗伯特确实从未向玛格丽特求婚，但是他们无疑曾经进行过浪漫接触。

据乔西的说法，她丈夫喜欢说“丹尼斯更有钱，更有前途，从那以后，他（罗伯特）就再无机会……他对此表示理解，因为丹尼斯更合适”。[110]然而，这并非故事的全部，毕竟这些并未解释一个事实，就是在玛格丽特与丹尼斯在一起的头两年，这两个男人曾并驾齐驱。丹尼斯先于罗伯特认识的她，并且在1951年夏末之前在她心中一直处于次要位置。在玛格丽特的信中，没有丝毫痕迹表明她对丹尼斯是严肃的，然而却一再申明对罗伯特的在乎。以穆雷尔・库伦的视角，玛格丽特与罗伯特之间的问题很简单，就是24岁的年龄差距。由于这个理由，她说，玛格丽特不会允许他们的关系开花结果进入婚姻。[111]撒切尔夫人自己证实了这种说法。当被笔者问及罗伯特·亨德森时，她说："他是苏格兰人，一名优秀的医生，但是他确实太老了。"当问到罗伯特或许一度希望她成为未来的亨德森夫人时，她回答说："我不同意这一点，他比我老那么多。"[112]然而，如果当初做决定是如此干脆利落，为何阿尔弗雷德·罗伯茨会认为自己的女儿一度被此事搅得"寝食难安"呢？

另一方面，罗伯特和玛格丽特看起来极不可能是在很糟糕的状态下分手的。和托尼·布雷不同，她是以友好——尽管不亲密——的口气谈论两人关系的。在她的一对双胞胎卡罗尔和马克降生后不久，她写信给穆雷尔说到不知道要在哪里为襁褓中的马克行割礼，基于卫生学的发展，这在当时的非犹太人群中是一个非常普通的手术："我不赞同在伦敦的健康服务中心做这个手术，因为你不知道是谁来操刀，但是个人要花费15—20英镑！我写信给罗伯特咨询南部医院是谁负责这方面，因为我知道马克在那里会得到很好的照顾。"[113]至于南部医院最终是否做了这个手术并未可知，但是事实是，玛格丽特至少从字面上把自己儿子交在了前男友手中，且怀着很高的信任。60年代，当撒切尔夫妇偶尔居住在兰博赫斯特时，他们几乎成为在布伦奇利的亨德森夫妇的近邻，并且常常邀约罗伯特和乔西隔三岔五地一起喝两杯。[114]对于罗伯特的去世，撒切尔夫人写给其遗孀的信姗姗来迟，她因为自己要出访美国而不能参加追思会向对方表示道歉。她的言语稍显程式化，但是如果一个人了解他们背后的历史，就会察觉到暗含深意："罗伯特是一个了不起的人，我知道你将会多么怀念他。终其一生，他给予别人太多。他是那种堪称'他们使世界不同'的少数人中的一员。"[115]

丹尼斯·撒切尔怎么样呢？曾经遭受第一次婚姻挫败的他，行事并不冲动，不会急于飞蛾扑火。并无证据证明他很快就爱上了玛格丽特·罗伯茨。不过，他欣赏那种漂亮、聪明和精神世界丰富的女孩子，在大选之夜碰上她，这种感觉开始滋生。第一个告诉他应该娶玛格丽特的人是他的业界同仁托尼·考利，后者是全国油漆联谊会的主席。丹尼斯曾带着玛格丽特前往联谊会，考利看着玛格丽特斜倚在丹尼斯身上，就说："就是她了。"但是直到1951年夏末他与一名老校友肯特·格林前往法国度单身假日之前，都没有向对方求婚。丹尼斯是"相当枯燥乏味而不招蜂引蝶的人"，他认为玛格丽特是一个有着强大思想和个性的人，"与我生命中见过的所有年轻女性都不同”。他喜欢她背诵诗歌的能力。[1]“让我们一展身手，”他自言自语道，随后度假回来在自己的寓所和对方用过晚餐后，就向对方求婚。[2][116]以撒切尔夫人的看法，或许丹尼斯和罗伯特之间的根本区别就在于丹尼斯向她求婚了，但是罗伯特没有。她担心罗伯特会将自己晾在一边，同时又逮着了丹尼斯投怀送抱的机会。说到没有嫁给罗伯特，她说：“接着丹尼斯就来了，所有发生的一切都没有什么好遗憾的。”[117]

面对求婚，她没有立即表态。就像55年后丹尼斯所言：“她没有跳起来。”[118]丹尼斯的求婚是一个意外，就像她父亲在写给穆雷尔的信中谈及此事时所说的，并且，或许她当时对于罗伯特·亨德森的情感尚未完全处理好。她对于丹尼斯前军人的身份很欣赏：“很明显，有些人了解权威。”[119]她喜欢有人和自己分享政治观点，并且，说得直白点，她还喜欢对方拥有好的工作并在切尔西能负担起一处好的寓所。他在伦敦周边诸郡的尊贵身份恰恰是她梦寐以求的。她喜欢对方的商业知识和金钱，并要依靠它们。她将对方视为有“一种明确风格和冲力”的社交高手，这中间还包含他热衷于飙车的兴趣。[120]她不喜欢运动——他是一个非常严格的橄榄球裁判——但是很喜欢对方乐在其中的激情，并且从不反对他与来自体育圈和商业世界里的所谓“密友”交往甚笃，以至于热衷参加所有男性欢宴。或许在日后回忆时她并未讲明一个事实，就是她很欣赏对方对歌剧有强烈的兴趣。[121]

她离开了，开始思考这一求婚：“事情进展得不能再好了。”[122]她好像有一种直觉，就是即便不和丹尼斯认真讨论，对方也会接受她的政治抱负，而这“在那个时代对一个男人是超乎寻常的”。[123]她意识到，对方的财务和思想支持将允许她通过司法考试。唯一的担忧是其离婚经历，不过当他说“他这次真的很在乎”时，她选择了信任。[124]她渴望婚姻与孩子们的安全：年龄上11岁的差距如其所愿。她接受了他。

一对情侣开车回到格兰瑟姆去看望罗伯茨夫妇。当他们路过维多利亚市政厅时，丹尼斯称之为“这是你所能见到的最丑陋之物”，并告诉玛格丽特，“太讽刺了”，“‘打赌你的老男人对此引以为傲，’她说，‘其实父亲非

---

1 “丹尼斯从不是一个好的读者”，约翰·坎贝尔在他的撒切尔夫人传记中说（玛格丽特·撒切尔，下部，乔纳森·凯普出版公司，2000，2003版，第一部分：杂货商的女儿，第86页），但是事实并非如此。丹尼斯·撒切尔常常被误解为不聪明。他不但聪明，而且是一位严谨的业余历史研究者，尤其擅长军事史。

2 丹尼斯是否了解玛格丽特与罗伯特·亨德森的关系值得怀疑。他告诉笔者，自己或许过于简单了，“我从未听说过一个严格意义上的男朋友”。

常喜欢它。’我自言自语道，‘够了，撒切尔！’”[125]见面的过程很愉快。丹尼斯发现玛格丽特的双亲是“热心人”，和“老男人罗伯茨非常安静地讲话并享受阅读”，不过有点“刻板”。并且罗伯茨夫人“非常安静，是一个非常典型的妻子”。丹尼斯记得，交流“有点枯燥。最后玛格丽特说：‘爸爸，丹尼斯喜欢喝一杯。’他顿时拉长了脸，开始满屋子地寻找；最后打开了一瓶尘封已久的雪莉酒。”[126]婚礼布置开始提上日程，或许因为考虑到丹尼斯的离婚，经各方同意，庆典没有选择在格兰瑟姆，而是在伦敦的卫斯理教堂举行。据丹尼斯的看法，这个教堂是“似是而非”的英国国教教堂。罗伯特夫妇视之为“通往罗马的中途”。丹尼斯与玛格丽特双方父母之间的关系就像一开始那样维持着——正确而从未亲密过。他感觉，尽管他们曾经殚精竭虑生活，玛格丽特并未有“一个幸福的童年”：“终其一生，就是工作，工作，工作。”[127]在其他事情上，丹尼斯为她提供所谓的愉快原则，以弥补她所缺憾的。他本人也是一个勤奋工作者，但是他享受生活，并愿意帮助对方来享受。

不过在一小段时期内，丹尼斯的求婚将玛格丽特带入了纠结。她希望在1951年大选之后再被人所知。尽管婚姻在当时颇受欢迎，但是订婚也不会被视为选举的有利因素，[1]因为普遍认为进入婚姻就拉响了一名妇女职业尽头的警钟。另外一个不容忽视的理由就是丹尼斯的离婚，相较当下，那是一个更容易引发争议的问题。就像阿尔弗雷德·罗伯茨在给穆雷尔的信中所说，丹尼斯的婚姻发生于战时，破裂于其服役过程中，而他本人并无错误。他们1942年结婚，但是很快就被服役要求所割裂。当他1946年复员后，发现自己的婚姻已经走到了尽头。他那同样叫玛格丽特（姓坎普森）的妻子，已经跟了被称为霍华德·希克曼先生的准男爵。他们于1948年离婚。90年代，在丹尼斯的女儿卡罗尔问及此事时，第一个撒切尔夫人自责地说：“全部是我的错，我对此极其愧疚……战争时期是非常时期……你力所能及地要抓住幸福。”[128]

相对于丹尼斯，玛格丽特可能对罗伯特·亨德森有着更多的浪漫情感，因此，丹尼斯可能对于第一个玛格丽特（通常称玛格特）的激情要多于第二个。问及卡罗尔关于玛格丽特晚年时前往拜访的情况，丹尼斯强调，“相当迷离朦胧的眼神”，“她还是那么难以置信的漂亮吗？”[129]他曾经很快与

1　同样值得担心的或许是，玛格丽特是嫁给了一个“富翁”，老男人是攀爬社会阶梯的证据。（帕特里夏·格里诺的采访）

第一个玛格丽特陷入爱河，因此与第二个则经历了缓慢、平静又漫长的恋爱经历。第一次婚姻的挫败对他的伤害使其一直避而不谈，这一决定自然给第二任妻子带来了幸福。“我从未见过她，”后来她回忆说，“我们从未提起过那次婚姻。那是一个典型的战时婚姻。”[130]但是，它当然不是一件可以置之不理的事情。当撒切尔夫人1990年离开唐宁街10号时，女王问她是否希望得到什么荣誉。她回答说，自己想为丹尼斯争取一个（她个人的荣誉在晚年时接踵而至）：她希望对方成为一名男爵。这样做的动机之一是确保儿子马克有一份世袭的荣誉，而大部分原因则是单纯指向丹尼斯的，是一种感恩。但是选择男爵身份好像也可能是对他很久以前所受伤害的礼貌性报复，抑或是对丈夫娶了自己之后变得释放的一种间接感激。希克曼夫人逝于1996年。当这件事发生时，撒切尔夫人私下里对她的长期助理辛西娅·克劳福德说：“克劳菲，我一直无非只是第二个撒切尔夫人。”[131]然而，她成了第一夫人撒切尔。

无论如何，由于1951年10月25日的大选在即，订婚的消息被封锁了。丹尼斯出现在自己的捷豹中，帮助秘密未婚妻拉票。10月15日，他主持了玛格丽特在丽城一所小学的公开会议，宣称：“她有着无与伦比的美丽、头脑和优雅，三种特质集于一身可用以在下议院大做文章。”[132]帕特里夏·鲁克尔，身为年轻秘书，被任命为玛格丽特竞选运动的“随从”，每晚要陪她左右。她记得无论何时玛格丽特被质问并且不得不对任何形式的挑衅行为保持克制时，丹尼斯都会变得非常不安。她被丹尼斯的忠诚所吸引，但是对玛格丽特会接受他一事颇感惊讶：“我以为她希望嫁给一个有趣的男人。他特别不善于交流。”[133]

所有办公室一律宣誓保密，不过一名来自《每日镜报》（玛格丽特作为一名女士，且是最年轻的议会候选人吸引了国家报纸的兴趣）的男士偶然进到了保守党办公室，闻到了一点风声。他并未发布新闻。那则新闻最终在投票表决日前夕被投放给媒体，并非玛格丽特本人的决定。此后数年，她确信这事是由贝丽尔·库克所为，旨在吸引最后一分钟的选票。[134]这激怒了她。

在 1950 年和 1951 年两次选举之间，玛格丽特作为候选人和一名保守党的上升新星，在数字上保持着持续上升态势。就像在牛津，她总让自己做到别人无法完成之事。克莱夫·博瑟姆[1]，是玛格丽特的赞助者阿尔弗雷

1 克莱夫·博瑟姆（1918—），受教于伊顿公学；1959—1974 年，莱姆斯特时期的保守党国会议员；1965 年，以男爵身份子承父业。

德先生之子，本人亦是当时肯特郡法弗舍姆的保守党候选人，记得她当时通常会答应前往其所在选区之外参加各地的周末演讲活动，并且她的演讲能力很强。[135] W.F. 迪兹[1]，同为1951年的肯特郡候选人（在阿什福德），他指出，玛格丽特始终在保守党预期议会候选人协会会议上保持着影响力，"一旦她开口说话，我们剩下的人就开始平淡失色，"他说，她的知识和雄辩的确成为让其他候选人懊恼之源。[136]通过协会，她遇到了保守党当前和未来的领导之星，特别是科尔迪兹英雄埃雷·尼夫[2]，正是这两人在1975年领导人之战时的支持，确保了她的完胜。"大卫·麦克斯维尔·斐弗［原文如此］[3]前来为我们助阵（在协会中），"她告诉穆雷尔，"在对局势的分析方面，他一如既往地出类拔萃——他的忍耐力是无与伦比的。"[137]

玛格丽特开始成为保守党社会网络的一部分——当时依旧被富贾、旧军阀，以及坐拥地产的伊顿公学人所把持——她出乎意料地享受着这一切。阿尔弗雷德·博瑟姆认为，11月一开始的每场议会会议上，"国会议员们的家眷都会拥有区别待遇"。他会为保守党宗族党派们在卡尔顿园林举办盛大派对。他的伦敦豪宅，竖起一个特制帐篷，随着木墙从房舍蔓延至花园，从他在肯特郡的城堡都会一路饰以织锦，并且甚至要为此场合备以胄甲。宾客们佩戴黑色领带，在听完由首相在10号院晚餐上简要发表的女王讲话后，内阁将戴上白色领带，前往博瑟姆的派对。尽管只是一名候选人而非议会成员，玛格丽特还是收到了这场著名年度盛事的邀请函，并受到阿尔弗雷德·博瑟姆的热情款待。当他听说她和丹尼斯将要在伦敦结婚，立即提供自己的房子以供招待用。[138]玛格丽特对于利用这种关系倍感幸福，并且反复以此谋求更好的工作。"当国会重组时，"她在自己新租来的寓所写信给穆雷尔，提到她重新寻找合适的就业机会，"我将为获得'来和我共进晚餐'之类邀请而努力。我已经结识了形形色色的要员，并将看看在那个方

---

1 W.F. 迪兹（1913—2007），受教于哈罗中学；1950—1974年，阿什福德时期的保守党国会议员；1962—1964年，政务委员；1974—1986年，《每日电讯报》编辑；1986年，被授予迪兹勋爵。

2 埃雷·尼夫（1916—1979），受教于伊顿公学和牛津大学莫顿学院；1940—1942年，战时俘虏；从科尔迪兹逃出的第一位英国官员，并且成功组织"全垒打"；1953—1979年，阿宾顿保守党国会议员；担任撒切尔夫人个人办公室竞选经理，以及北爱尔兰的影子国务卿；1979年3月，被爱尔兰民族解放军暗杀。

3 大卫·麦克斯维尔·斐弗（1900—1967），受教于牛津乔治·沃森学院，爱丁堡和巴利奥尔学院；1951—1954年，内政大臣；1954年，被授予第一基尔穆尔伯爵；1954—1962年，以大法官身份授予勋爵。

向上会有什么作为。”[139]在两次选举之间，政治基调有变。起于1950年6月的朝鲜战争，使共产主义威胁的现实回归，并一度引发更广泛的战事。共产主义是一个问题，玛格丽特清楚自己在面对它时所站的立场。在一封写给穆雷尔的信中，她不同寻常地讨论起了政治话题，其中描述了在达特福德举办的联合国协会会议，其中，她与工党对手多兹以及其他一些人一起发表了演讲，还包括罗德和斯特拉博尔吉夫人："罗德和斯特拉博尔吉夫人——就像你赋予的红色——是主要演讲者……其他三人是极端左派。在他们结束演讲时，你或许会以为共产主义国家就是半个天堂，而英国必须缴械。我用了十分钟来阐述自己对他们观点的看法！结果，多兹再也不与我、罗德以及斯特拉博尔吉夫人说话，离开时连个招呼也没打。有些人向我表示祝贺，因此我一点也没有为此困扰。”[140]

两个月后在达特福德的一次演讲中，她警告说"共产主义的威胁……或将在其他地方爆发"，[141]再过了两个月，她宣称："如果德国今晚变成另一个朝鲜，我们中的每个人都将脚底发抖。""唯一让英国有时间去交涉的原因，"她补充说，"是她的原子优势。"[1][142]并且这一她在新年致辞上发表的主题演讲被收录进《达特福德纪事》："我们必须首先相信西方生活方式并坚定地为之服务；其次，我们必须建立起军事力量，以准备好捍卫我们的理想，免于受到那些只知道诉诸武力的国家的挑衅。”[143]在玛格丽特的头脑中，不断回响着一种理念，就是英国是一个强大而独立、勇敢且富于宗教信仰的国家，而此理念源于《圣经》中有关正义底线捍卫者的思想。在达特福德自由教会联邦委员会年度会议上，她选择了《创世纪》的文本，其中提到亚伯拉罕恳求神从行将毁灭的索多玛和蛾摩拉城释放义人——"假若在那里见有十个（义人）呢？"（《圣经—创世纪》18章32节——译者注）玛格丽特指出，"如果他们能够找到十个义人，就可以拯救两个城市免于毁灭。”另外，在《新约》当中亦有十二个义人的故事——使徒们——他们拯救了世界。随后她将该文本用在了当下。"在他们自己的时代，"《达特福德纪事》引述她的说法，"要依靠几个不列颠战役中的男人来拯救岌岌可危的文明。”[144]终其职业生涯，1940年的故事是一个传奇（并非意味着不真实），几乎占据着她的全部想象。

克莱门特·艾德礼面临内忧外患。他不能够保持政党在议会中的少许

1　艾德礼政府领导下的英国，一度决定提高核武器轰炸力量。然而，直到1952年，才做了装备测试。

多数席位，还遭受着左右势力的分裂趋势威胁，这一趋势激起了未来的首相哈罗德·威尔逊的斗志[1]，促使右翼演说家安奈林·贝文由政府离职以示对政府超收假牙和眼镜定额费用行为的抗议，克莱门特·艾德礼遂于1951年10月发起又一轮大选。按照预先达成的共识，玛格丽特第二次站于达特福德。大选期间，关于共产主义的话题和和平威胁依然大行其道。在她的选举会议上，玛格丽特告诉观众，谁会第一时间一起坐下来收听温斯顿·丘吉尔在电台里的党内政治广播，“最严峻的问题是社会主义者坚持认为保守党是战争贩子”。这种指控被支持工党的《每日镜报》在头版反复升级，该报使用标题“谁的手指要扣动扳机？”表明丘吉尔的理念比艾德礼更能触发幸福感。“如果我们在防御事务上能够合作，”玛格丽特继续说，“通过大英帝国和美国，可以做成更伟大的事情。我们可以以整个世界为基础来捍卫它。”[145]这些言论孕育成为她后来的信条，就是“讲英语的民族”能够独自确保自由和安全。在武器装备方面，她的竞选演说还包含了相似呼吁：“英国……必须强大起来，在武器方面强大，在对其信仰方面的强大，以及对自己生活方式的坚信。对和平最大的盼望存在于与美国的友谊与合作之中。”

主张力量的女性正在以个人的方式来对其做出诠释。尽管她在选区内一如既往受到欢迎，很明显，她的力量并非只是经由其迷人的一面得以释放，同样也存在于其坚强的个性中。早在1951年选举年筹备之初，玛格丽特发现她的朋友、协会主席约翰·米勒邀请了达特福德、伊利斯和克雷福德中社会主义者身份的市长前往参加协会年度宴会。她自顾自地站着，并向穆雷尔描述了自己的反应：

我愤怒之至……竞选期间，这些人都是积极反对我们的人，并且从个人层面也对我予以反对，而这一切发生在我的周年宴会上。我奔向电话亭，操起电话问约翰是谁邀请了他们……约翰说是他本着超越政治的立场邀请了他们。我的确蒙了……我告诉他这是对我的侮辱和严重失礼，在邀请名单散发之前并未让我看一眼。约翰告诉我我非常愚笨，他不能在电话里跟我谈论此事。我说这事就像一枚2½d邮票（指1946年英国发行的“和平与胜利”邮票——译者注）……[146]

---

1 哈罗德·威尔逊（1916—1995），受教于威罗文法学校，牛津的贝宾顿、柴郡和耶稣学院；1964—1970年，1974—1976年，首相；1983年，被授予里沃威尔逊勋爵。

与敌人称兄道弟是玛格丽特从未享受过的事情。她在个人回忆录中描述了她和保守党同伴们如何被安奈林·贝文嘲弄为“比害虫还要卑贱”，他还为那些新入党的成员形成了一个害虫俱乐部。[147]

竞选活动本身是艰苦而喧闹的。那些时日，选举争议不允许在BBC电台或电视（少数派拥有）上播出，只有党的政治广播可以控制。因此，选举只能经由每个选区内的报纸斗争，并且比如今更频繁。无论大小地方的竞选会议，都挤满了人。玛格丽特充满活力地参与斗争。其中一次于投票日前不久在克雷福德市政厅举行的会议，一度失控。当时玛格丽特到别处演讲，热身活动由梅尔福德·史蒂芬森KC操持，后者后来成了法院中著名的最直言不讳的保守党法官。他好像进行了一次彻头彻尾的热身，因为在玛格丽特到达时，会议主席告诉她，他刚刚送走了警察。“看在上帝分上别这么做，”玛格丽特说，“交给我来处理。”[148]她成功了。《达特福德纪事》记载着“在她演讲的前九分钟——其间她谈到了保守党关于和平的政策——大厅里没有一个人发表评论……”[149]这次，在没有自由党候选人的情况下，她与多兹进行了面对面的交锋，结果如下：

诺曼·多兹（工党）	40094
M.H. 罗伯茨女士（保守党）	27760
工党多数席位	12334

她从多兹的多数席位中撬走了1300个。就全国范围而言，工党事实上获得了比保守党更多的票数，并且比1950年更多，但是投票过于扎堆在工党的安全区域，以至于保守党获得了更多席位。保守党还拥有多于工党4%的妇女票，这得益于他们强调消费和定量供应所带来的问题。在丘吉尔治下，他们自战争以来首次以17票的整体多数，重返权力之巅。但是玛格丽特·罗伯茨停住脚步，开始准备结婚。

6

婚姻、法律与芬奇利

“必要的热情”

现存第一封来自撒切尔夫人而非玛格丽特·罗伯茨的信，要追溯至1952年2月中旬，也就是她嫁给丹尼斯两个月后。该信写自伦敦切尔西庄园街天鹅阁112号，是丹尼斯位于六楼的单身寓所，玛格丽特告诉姐姐穆雷尔，他们夫妻计划举办的首次鸡尾酒会将要被推迟，因为英王乔治六世2月6日刚刚去世。

尽管字里行间的语调堪称完美，但是这封信的确没有显得欣喜若狂。它很实际，并且其主题是短缺，和进入20世纪50年代居住在伦敦的人们常常体会到的一样。城镇上闹了一次“蛋荒”，她说，自己想从穆雷尔和威利的农场买一些鸡蛋，并将严格按市场价付钱。她同样在寻找衣服：“我已经从彼得·琼斯处得到了绿松石套装，但是仅有的百褶腰围却是相当扎眼的粉红色。”她与吉布森和沃尔德伦（“法学课导师”）一起开始了一门法律课程——共十周，每周三天——不过仅限于刑法：“我发现罗马法可以自己搞定。”[①]

对已故国王的哀悼产生了另一方面的影响，就是国际橄榄球赛被取消，否则丹尼斯将会参加。玛格丽特的事务可能很少对上丈夫的口味：她带着丹尼斯去听自己在卡姆登镇卫理公会教堂举行的一场奉献礼上的演讲，该教堂由斯金纳先生主持。斯金纳是一位热心的牧师，撒切尔夫人在战前只身前往伦敦参观时曾与他一起生活过一段时间。第二天，他们参加了位于城街上的卫斯理小礼拜堂的主日敬拜，听了牧师斯比维伊先生的讲道。这位牧师曾和斯金纳先生一起主持并见证了他们的婚礼。

婚礼举办于1951年12月13日。新娘记得那是“一个寒冷而多雾的12月的一天”。[②]与天气配搭——抑或是她身为女孩子嫁给了一名离婚男人而产生的些许不安状态所致——她没有穿白色，而是一件嵌有蓝宝石的蓝色天鹅绒裙，有点模仿她在牛津一度珍藏的白色天鹅绒礼服。戴着一顶引人注目的帽子，颇有点盖恩斯伯勒对德文郡公爵夫人乔治亚娜所做的画像的神态，鸵鸟羽毛从右侧垂下轻裹脑后。整张照片显示出一位闪亮耀眼、幸福而甜美的年轻女孩。她的新郎现在看起来——当时亦然——有些显老并且颇显害羞。

伴随一对新人婚礼的是一连串“不朽的，无形的”以及“引导我们，天父，带领我们”诸如此类的曼妙歌声。这些紧随其后的赞美诗歌词用以证明该婚姻成功的预言，并将伴随这对新婚夫妇走过逾半个世纪的人生之旅：“穿过世界波涛汹涌的汪洋大海”。（詹姆斯·埃德默斯顿所谱写的赞美诗《引导我们，天父》，作者引用的是诗歌起首部分两句。——译者注）大约有50人参加了婚礼，接待活动在阿尔弗雷德·博瑟姆位于卡尔顿园林的豪宅里举行。伴郎是肯特·格林，这位男士陪着丹尼斯度过了他单身汉生活的最后一个假日。丹尼斯并未发表讲话。40年后，他告诉自己的女儿（有点奇怪地，考虑到他之前已经结过一次婚的事实）“我不知道自己意欲何为”。[3]或许他已经洞察到日后生活中，自己将确定不会“在她前面”发表任何演讲。

撒切尔夫妇在伦敦的萨沃伊酒店度过了新婚之夜——“一个美妙无比的酒店”，玛格丽特给穆雷尔写信说。“……你只需按一下铃铛，一名代客泊车者或女佣或服务生就会出现在眼前。”[4]接着，他们乘坐飞艇前往葡萄牙的埃斯托里尔。在那里待了几天后，前往马德拉，居住在另外一家萨沃伊酒店，并在那里度过了圣诞节：“和我们同行的一些人非常好心，但也有另外一些是相当‘邋遢’的旅客：犹太人和暴发户。说到犹太人——其中一位J.里昂斯是格卢克斯坦的执行长官之一，他和我们一起。他和妻子非常不错。”[5]在个人回忆录里，撒切尔夫人没有回忆太多吃喝玩乐的经历。丹尼斯同样也没有提到这些：“我们在丰沙尔首府待着，”他告诉卡罗尔，“做了一种经济调查：我们去看人们制作饰带和其他玩意儿，并前往马德拉红酒公司参观。”[6]但是，当时撒切尔夫人在当地度过了无比幸福快乐的时光。圣诞前夜，她给穆雷尔送了一张明信片：“在丰沙尔过圣诞节着实愉快……我们每晚变着花样地用餐，在这里或者利兹酒店用正餐以及跳舞……你可以买到纯真丝衬衫，每件只需3英镑，还有一双15先令的尼龙袜，因此这里真是买衣服的天堂。”[7]返程时的气候太糟糕了，以至于他们不得不飞往葡萄牙内陆，然后一道乘船过海，其间撒切尔夫人一度晕船严重。他们经由巴黎折返英格兰，在巴黎，丹尼斯还处理了一些商务事宜。

撒切尔夫人享受着自己的新婚生活。她的社会地位已经提高，并拥有一位自己喜欢和尊敬的丈夫，一个舒适的豪华地段的寓所，并开始用自己习惯的当地的材料着手装修。1952年1月28日，她写信给穆雷尔，兴奋地描述车轮战一样的各种事务：保守党协会律师会馆年度晚宴，在那里碰到了新政府的外事大臣安东尼·艾登，“从他回到办公室就看见一个新人”；各种派对和会议。“时光如白驹过隙，稍纵即逝。”[8]在个人回忆录中，她曾用诗歌对这段时期加以抒怀，尤其是像她这样的新婚人士：“50年代是……对战争审判后普通幸福生活的再次觉醒，以及战后贫乏现实中的屈辱噩梦。”在达特福德回应华兹华斯时，她说自己当时的状态“恰是天堂”。[9]但是并无可能放缓脚步，亦无从偌大的世界放逐回到厨房的可能。国王的去世给她机会，得以表达对于新的君王统治期应当更多考虑性别和代际问题的个人观念。

在《周日图鉴》上一篇题为《觉醒吧，女士们》的文章中，撒切尔夫人宣称：“如果有尽可能多的热切祷告，伊丽莎白二世继位可以帮助消除以往对女性的歧视阴影，我们对于最高社会地位的切望之心亦不再会受到抵制乃至泯灭，那么一个女性的新时代会水到渠成地拉开帷幕。”她倡导更多的妇女将婚姻与职业结合起来，并遗憾“‘职业女性’一词在很多人的头脑中，很不幸地与脱离了女人味的‘强势’女人画上等号。”她对这种偏见的形成寻根溯源：“我很遗憾地认为，这种偏见更多来自于我们自己的性别。”不过，在她看来，“家庭里的这种观念……非常错误”；一份职业意味着“一个妻子能够在家里做一名更好的贤内助”。她盛赞时下的女性榜样们，其中包括来自萨默维尔的珍妮特·沃恩，并追问：“为什么一个女人不能成为总理——或者外交大臣？”不过她明智而审慎地停止了对一名女首相的呼吁。在后来的生命当中，她身体力行地去推翻旧的性别观，并补充说：“如果她们犯了错误，她们并非第一个在这些工作上犯此错误的人！”[10]

1951年大选后离开达特福德时，玛格丽特·罗伯茨曾表示：“我将不会再这样角逐，但是我不打算离开政治，”此语并非全部真实。在前述写给穆雷尔的信中，她提到在梅德斯通的政治事务结束后前往与库伦夫妇同住事宜。1952年4月初，阿尔弗雷德·罗伯茨给大女儿写信说：“我们收到了一封来自玛格丽特的信……从其中的潦草笔迹，很明显看出如今她比婚前更忙了……我希望她不会在丹尼斯如此可怜的情况下过多苛求。”[11]同时，他提到她将在诺丁汉的区域储蓄大会上发表讲话。同样是此时，撒切尔夫人拥有嫁给政治候选人的经历。在1952年4月肯特县议会选举中，丹尼斯被说服作为地方税纳税人出场，成为保守党在一些区域的标签，而这些区域均被认为是国家政党对地方政府有不恰当待遇的典型。从表面上看，在竞选中，他由于没有投注太多情感与体力，亦无拉票行为而败北。就像撒切尔夫人在写给穆雷尔的信中一言概之的："和所有其他正在为县议会选举中的关键席位奋战的人们一样，丹尼斯采取了同样的方式，但是他没有太失望。"[1]⑫ 但是，就像我们不久之后看到的，政治从未从她的头脑中消沉，玛格丽特事业生涯的当务之急是法律考试。

她的第一场法律考试在 1952 年 5 月 12 日至 14 日进行。1954 年 2 月 9 日，她加入律师行业，不过在此期间她做了妈妈。她的预产期是 1953 年 9 月 29 日，不过早在 8 月份，撒切尔夫人就开始经历十分艰难和辛苦的孕产期，遭受了阵痛，并于 8 月 14 日进入伦敦的夏洛蒂女王医院。次日，医生告诉她一个她此前从未预料过的消息，就是她怀了一对双胞胎，并且这对小家伙一切正常。他们以剖腹产的方式降生，女孩取名卡罗尔·简[2]，男孩叫马克。各重 4 磅。丹尼斯没有见证儿女的出生（当时，医院不允许父亲们在现场）。他甚至不知道发生的一切，因为当时他正在椭圆运动场上观看英国和澳大利亚对决。[3] 当他从赛场回到家中时，才收到来自医院的消息，让他尽快前往。

据卡罗尔的说法，丹尼斯看到自己孩子们的第一反应是大叫："我的上帝，他们看起来像兔子，放回去。"⑬ 无疑，他没有很快被宝贝们所吸引。20世纪90年代，撒切尔夫妇和宾朋一起，其中有本书作者的妻子，同样身为一对双胞胎的妈妈，和丹尼斯聊起了这个话题。她问对方当发现有了两个孩子时做何感想？"我只希望这两个家伙生下来就被淹死算了。"这是他的回答。尽管在这个议题上，撒切尔从未想到会是这样，但是她也不是

---

1 在《围栏之下：丹尼斯·撒切尔传记》（Harper Collins 出版，1996 年）一书中记载，丹尼斯的候选人资格是"几年前"的事。这种说法好像不太准确。

2 在为卡罗尔取名时颇费了点时间。当她一个多月出院后，由于体重过轻并且身患一种传染病，玛格丽特在给穆雷尔写信时依旧称之为"那个弱不禁风的小胞妹"。

3 在《玛格丽特·撒切尔》一书中（乔纳森·凯普出版公司出版，2000，2003 年版下卷，第一篇：杂货铺的女儿），约翰·坎贝尔问到丹尼斯并不知道孩子出生一事是否属实，并怀疑这个故事是否只是一种"浪漫粉饰"，但是这忽略了医院打电话的事实，因为当时这并非易事，并且，就像撒切尔夫人写给约翰·黑尔的信中所解释的，直到孩子出生那天——周六——她才知道自己怀的是双胞胎。至于整个生产过程父亲是完全被排斥在外的，看起来很有可能在无人寻找丹尼斯的情况下，手术提前了。

那种将照顾婴儿当作使命的人。她对拥有一对龙凤胎非常兴奋，但是更多的原因是这意味着自己不必要再怀孕了，而不是对终于能做妈妈了的那种狂喜。卡罗尔曾写道：“我的父母亲都不是天生喜欢孩子并以此为享受的人。”[1][14]另外，就像我们后来将看到的，撒切尔夫人曾一度将个人的事业规划放在对孩子的期待上，至少是一段时期针对一个。

双胞胎改变了一些事情。当她躺在医院病床上时，心中盘算着如何工作。她自己的说法是，几乎被生产的情感影响吓到了，生命的奇迹因早产的危险变得敏感——“奇妙之极，将马克和卡罗尔带入这个世界的释放和幸福感极其深刻，以至于使我不安”——并且她意识到自己必须不断将自己的心思意念放在事业上：“我需要一份职业，非常简单，我就是这样的人。”[15]她决定，纵然有了新负担，也要一往无前，并于12月1日坐在了司法终考的考场上。她还收到了来自保守党副主席约翰·黑尔的一封来信，庆祝她母子平安，并问她，在这种情况下，是否希望将自己的名字从候选人名单上撤出。[16]撒切尔夫人对此予以确认，但是这并不表明自己会永远偏离政治道路。9月2日，她写道：“直到他们出生我才知道是两个孩子……我想自己最好在至少六个月时间里不要保留候选人资格。家里明显需要重组一下秩序，在我能够怀着必要的热情投身其他事务之前，还必须找到一个靠谱的护士。”[17]

在天鹅阁，一名奥地利籍护士格尔达先被聘用了几周，然后被一名来自肯特的保姆芭芭拉取代，后者待了五年。芭芭拉保姆常常提到，当撒切尔夫妇早上离家上班时，“他会记得朝着保姆房的窗户挥挥手（孩子们会由此观望着）……然而撒切尔夫人的心思全部在工作上，会忘记（这么做）。”然而，之后的说法却明确了一点，就是丹尼斯会逃避照顾孩子，然而玛格丽特不会：“撒切尔先生放弃了对撒切尔夫人和我的照顾。”[18]就是在一对婴儿第一次回到家中后，丹尼斯轻描淡写地离开了。并且佣人的使用上亦有空白。“我们有一些重要的宴会要出席，”玛格丽特告诉穆雷尔，“但是，我不得不昼夜不停地独自连轴转，一天24个小时，要做3个

1　撒切尔夫人一直对孩子们很热心。当她担任教育部长时，下属们记得她参观学校时对孩子们的热情关注要远远胜于其前任。但是，或许是因为自我认知当中固有的严肃和教条主义，她好像从未理解孩子们的行为。在20世纪90年代的一次午餐会上，一名客人的小儿子们跑出来玩耍，并且敲打餐厅窗户，然后伸出舌头，将大拇指伸进耳朵，并滑稽地挥动着手指。撒切尔夫人非常大度地挥舞着回应，但是接着就转向本书作者说：“多么有趣的姿势。我想知道这是什么意思。”看起来很奇怪，她尚未找到身为一名母亲的定位。

小时的喂养，否则，两个小家伙就不得不等待。幸运的是，我现在非常健康。”⑲ 六楼的寓所只有三个卧室，并且各种装置对幼儿非常不好。当两个孩子3岁时，丹尼斯把对门的房子租了下来以解决问题，这样一来，“我可以随手将他们三个关在门外了”。⑳

尽管被事业心所驱动，撒切尔夫人还是一位细心和认真的母亲。在她20世纪50年代不定时写给穆雷尔的小信中，以一种稍显缺乏好奇心而又实用的方式，显示了一位母亲在满足孩子需求方面的细心。在他们五个月大时，她匆忙写了一张圣诞节明信片以表达对姐姐送给孩子们婴儿爬裤套装的感谢，她又亲手在上面加了两个秀气的白色领子。她说，马克“肚子里有虫”，令她疲于应对：“我睡在保姆房，这样我可以通宵在他身边，以便随时叫醒丹尼斯。因此对我而言，让保姆晚上睡一个囫囵觉更明智一些。”这个毛病引发了洗衣服的问题，因为“我们一直保持着最少量的衣服（两个人有七套）。”她还提到马克的割礼问题，以及丹尼斯来自南非的派尔拉特堂兄弟正在和他们同住。撒切尔夫人叫他们出来吃饭：“我的天哪！这是吃饭！冷盘、汤、主菜和奶酪！丹尼斯和我通常只需三道菜就足矣，可是现在需要用去7英镑15先令！我们又不能迅速将他们赶出去！”㉑

一年后，她向穆雷尔庆祝对方女儿的降生，“果真是一个女孩子（穆雷尔的第一个孩子是男孩），这下就值了”。她说，一对双胞胎“穿成粉红色”并且有“两个小朋友环绕身边”：“每晚都会做所有的蛋糕和烤饼，在离开保姆后继续忙乎。我应该需要三个保姆才能应付好他们。”字里行间充满了生活的细小变化，她告诉穆雷尔，自己买了一套“零碎”餐点和茶水服务，皇家道尔顿的“灌木林”。结果，从自己的储蓄罐里支付了16英镑10先令。㉒

尽管撒切尔的本性不会属于孩子们，或如其然，在她的余生中也没有亲密的情感互动，然而根据信件披露的字里行间可以看出，他们几乎不做考虑而做判断的痕迹仍然明显。“马克和卡罗尔时不时会吵架，”她写道，“这导致马克用园艺叉叉进自己胳膊。”[1]并且需要打破伤风针。㉓“马克幻想着能骑精灵小自行车了，就非常渴望拥有一辆，”她告诉穆雷尔，但是

1　就像后来一样，撒切尔家的双胞胎从小就彼此打架。马克记得，卡罗尔对于有一个称为马克·克洛斯的苏塞克斯村庄极为恼火，因为没有含有自己名字的村庄。从马克的角度，他对于人们唱颂歌（颂歌一词的英语复数形式是carols，刚好和Carol的名字一样。——译者注）而不是唱“马克歌”愤愤不平。（对马克·撒切尔先生的采访）

12英镑的价格着实太高，并且“我们不得不买两辆，这样对于今年的开支就太大了”。[24]然而，在1957年的圣诞节，她的儿子还是很满意自己的圣诞礼物：“马克非常喜欢自己的礼物，因为里面有子弹。”后来，卡罗尔上了钢琴和舞蹈课，但进步不大：“我想她没有太多音乐天赋——她没有乐感，一点都不能唱在调上。”[25] 1963年11月18日，她写道：“卡罗尔的学校比马克的要好许多，但是你通常会发现女子学校太过强调组织纪律。”[26]更早些，当卡罗尔开始去一所新学校的1960年9月，她的妈妈说：“她对于新鲜事物非常紧张，尽管嘴里不说。”同一封信中，提到一桩事件，就是芭芭拉的替代者阿比·埃文斯，离开了六周时间去帮助前雇主搬家。撒切尔夫人此时身为国会议员强调了其中的问题：“虽然很困难，但是我将不得不挤出更多时间来。我不希望因为短时间内有一个新人使孩子们不安。”[27]当孩子们第一次一起上学时，撒切尔夫人记得：“他们看起来很喜欢学校，但是在那里做了大量的绘画。”[28]词句中的一个“但是”意味深长。

繁忙的生活中有各种各样的安排，撒切尔夫人大量的精力被用于我们这一代人称之为杂耍的活动中。这在假期间尤其明显，成为一种撒切尔夫妇所认为偶然需要但并不愉快的现象，就像去看牙医一样。度假期间，需要在海滨寻找酒店，并且所有的安排都要允许这对年轻伉俪能够成为尽职尽责的父母，而全天候照看孩子被看作是一种拖累。一次偶然的机会，在芭芭拉和撒切尔夫人之间的一些事情几乎引发了争吵，就像撒切尔夫人向穆雷尔所做的如下解释：

她这周又把鼻子气歪了，因为她回来说，有一个保姆的雇主为其提供了一所海滨的房子，为期一个月。同时提出，如果有另外一个保姆能和她配搭来照看两个孩子，就可以相互分担事务。我说，以我去年的经历来看，确实没有做好准备，可以在她离开时把孩子从家里带到宾馆。并告诉她在我们离开时帮着照看 14 天。她说这不适合自己，并称自己有足够的宾馆！她生了两天的闷气！[29]

以卡罗尔的说法，正是芭芭拉保姆带着马克和她去布罗德斯泰斯度过了人生中第一个假日。[30]后来，撒切尔夫妇去了怀特岛看海景，不过这个假日因为 1959 年大选而被迫缩短。这次大选中，撒切尔夫人第一次返回下议院参加竞选。后来成为首相时，她以随时准备好投入工作而讨厌休息著称，并以危机感为早起工作的理由。不管是工作中还是休闲时，均苛刻要求做好时间管理。“我忘记安排我们的复活节彩蛋了，”她在进入下议院初期写信给穆雷尔说，“我能从你那里获得一枚彩蛋，然后你从我这里拿走你的那枚，相比在邮寄时被砸破的危险，这样就简单多了。”[31]

事实上，撒切尔夫人害怕无聊以及她称之为“呆板”的感觉。尽管她以家庭为自豪并且热爱它，但是她将家庭主妇的生活和无聊乏味画上等号，担心置身其中。卡罗尔的看法是：“她一定痛恨成为一名家庭主妇。”[32] 当一对双胞胎尚是婴儿时，玛格丽特在一篇为青年保守党月报撰写的文章中，提到拥有两个孩子对自己的影响：“然而，每每精疲力竭之时，只感觉到自己是一名苦工。”在她看来，要摆脱这种状态的方式就是要有认真的计划：“我很快发现，即使身为一名家庭主妇，也可能额外找到八小时工作的时间。”事实上，这对孩子们是有益的，她宣称，因为“当你不停歇地照顾他们时，你很难不失去耐心，并且很容易将自己的所有注意力放在他们无休止的要求上”。

“居家工作曾是她的显著特征。”卡罗尔回忆说。[33] 妈妈的缺席是好的，玛格丽特辩称，因为“如果她拥有强大而鲜明的个性，个人影响力是无时无刻不存在的，并且孩子们的成长会跟随她所划定的界限”。[34] 这在自传中是路人皆知的说法。撒切尔夫人亦担心魅力和激情会悄然溜走。“我们看起来对于即将到来的一切‘一筹莫展’，”她在孩子们两岁生日前的夏天向穆雷尔抱怨说。“随着时光流逝，办法越来越少，现在我只能穿着睡衣。并不是说我烦恼不安——夜里外出是一桩奢侈的事情。”[35] 1959年在芬奇利的第一次选举前夕的一次采访中，她告诉《晚间新闻》：“一旦我被扔在厨房待一天，就必定无所事事。孩子们上学了，并且不管怎样，我有一个全职保姆……我想自己的政治抱负并不会让家庭遭受任何损失。”晚年时，她开始意识到这是一种误区，并且她担心整个家庭已经遭受了太多损害，不过误区是必需的，因为玛格丽特·撒切尔非常清楚自己必须拥有一份为之耗尽一生的事业，无论发生什么。[1]她尽力减少负面影响，但是永远无法做

1 缘自孩子们被抚养的方式，丹尼斯·撒切尔晚年同样被一种愧疚感所折磨。他告诉本书作者，他们年幼时，自己本应花费更多时间陪着他们。几乎整个夏天，商业活动频繁地驱使他出国，将太多有关孩子成长的事情丢给保姆阿比。“教给孩子们一些礼节”，他如此指导保姆。（对卡罗尔·撒切尔的采访）

到杜绝。“我无权抱怨，”卡罗尔记得，“但是，坦白说，我认为我们的童年并不是她生命中非常重要的一部分。”[36]

对于丹尼斯而言，婚姻的另外一个影响就是玛格丽特与姐姐穆雷尔和双亲日益增加的分离（尽管没有疏远）。这一方面是由于地理位置使然，但是更多的原因或许在于阶层。丹尼斯是一个城里人，受教于公立学校的孩子，家境优裕。威利·库伦则是一名彻头彻尾的苏格兰农夫，尽管很会赚钱，亦善于理财，但是他没有机会或者需求来用这些钱使自己显得阔气。

早些时候，丹尼斯还会与威利在科尔切斯特打打高尔夫，但是库伦夫妇为他所持的高傲口吻所不满：“那么，掉在田里的那些玩意儿怎么样了？”诸如此类的问话，搞得他们很愤懑，[37] 并且这种怨愤在后来加剧了，一度将马克视为通过妈妈成功生活的冤大头，称丹尼斯为“游走在比他更有钱的圈子里”。[38] 玛格丽特常常在没有丹尼斯陪伴的情况下拜访富尔顿。“当我们还是小孩子的时候，认为这感觉很棒”，卡罗尔回忆说——一望无际的田野，还有自由自在的大海，给了孩子们可供冒险的机会。[39]

库伦夫妇一直认为玛格丽特本人有些势利和自命不凡，并批评她凡事都要以自己的政治工作为重。她与穆雷尔保持着合理的亲密接触，每月都会在伦敦吃午饭，并且直到20世纪60年代初期撒切尔夫人成为副部长时，都会写信给她。当时她邀请他们一起拜访女王的营养师，以供减肥：“我需要减去1英石（14磅），我们可以一同前往……”[40] 在写给姐姐的信中，即便没有一切溢于言表，但是也显得友好、坦诚和值得信赖，不过有一点也很明显——对自己没有嫁给威利·库伦这一决定的暗示——她意识到自己和姐姐一家之间有一条社会鸿沟，如我们后面将看到的，这条鸿沟将父亲更多地推向穆雷尔一边而非自己。这种紧张关系通过一件琐事暴露出来，1955年1月穆雷尔生下女儿的时候，夫妇两人想给她起名艾格尼丝，这一切发生于威利的未婚姐姐在他们婚后被逐出家门之后。给孩子取这个名字，库伦夫人并没有考虑太多，但玛格丽特却非常反对。她强调说：“你一贯喜欢诸如‘佩内洛普’和‘妮古拉’这样的名字，难道没有考虑过这些吗？以上帝的名义，请让你的孩子拥有一个英国人的名字，就像英格兰这个国名出自威廉公爵之手一样，明显有他出生的印迹。”[41] 有一个事实，在玛格丽特·撒切尔的一生中，我们很少找到关于不列颠群岛中的凯尔特成分，尽管她的两个男朋友都是苏格兰人。1954年1月，撒切尔夫妇前往观看她称之为“特威克南年度朝圣之旅”的英格兰和威尔士的赛事。“就个人而言，”

玛格丽特告诉姐姐，“由于威尔士人不知道如何输赢，我一点都不喜欢他们的比赛。”[42] 考虑到撒切尔夫人的感受，穆雷尔和威利最终为女儿起了一个普通的英国人名字：简。

但是撒切尔夫人现在正在迈向一个比佩内洛普或者妮古拉意义更广泛的世界，它由专业切尔西（切尔西是文艺界人士聚居地——译者注）、半郊区和极其保守的肯特郡交织而成。她在伦敦的生活并不华贵亦非时尚，反而有些自命高雅。撒切尔夫妇愿意持着上等票去观看演出、歌剧和电影——《蝴蝶夫人》，《国王和我》（“当然你意识到这是一个真实的故事”），《四对方舞》，奥利佛的《理查德三世》（“绝对是一流的”）——并且会购买高质量的家具和衣服，不过通常非常在意价格。比如，她为彼得·琼斯买了一件夏装，由于它已经被模特穿过，价格从12英镑左右砍至3英镑97.5便士。[43] 他们参加了大量的鸡尾酒会和自助晚餐会，当然，还会参加保守党舞会（“安东尼·艾登夫人接待了我们，她真是一个毫无个性特色的人。”）[1][44]偶尔，他们会在伯克利广场的克罗尼俱乐部跳舞。[45] 这里更多是丹尼斯的世界，她非常热切地希望成为其中的一部分。有一个周六，因为丹尼斯要到桑特赫斯特军校执裁橄榄球赛，玛格丽特和他同往，并被眼前看到的所吸引：“我从未想到这是一个如此精彩的地方：理由有很多，不过最吸引我的是在上面走过的年轻士兵们。周六下午是自由活动时间，但是我们什么也没有做，只是一个人懒散待着。他们穿着军服，以超级吸引人的方式做着各自的事情。他们同样是一群智力出众的孩子。”[46]

为了追求他们宏大的资产阶级梦想，同时被保守党政府的房屋出租控制政策结束的驱使，加之一对双胞胎亟需更多空间，撒切尔夫妇在1957年圣诞节前搬家到肯特郡的法恩伯勒。新房子被称为“老虎窗”，位于郊区的一条死胡同。他们有点被敲诈了，不得不支付6600英镑。卡罗尔和马克“超喜欢”这个地方，她将这里描述为“一个神秘的童年之家，那里有长长的林荫道，独立的房舍和茂密的花园”。[47] 在他们买下房子后不久，撒切尔夫人开始陷入“浴室和清洁的问题。然而，我期待我们会及时将一切收拾得干净整齐。”物业让渡及印花税开支245英镑；“这是我们居住之前的。”[48] 当他们搬过去后，开始时并不喜欢它。1957年新年前夕，她写信给穆雷尔：“看起来这里是一个有压迫感的社区。‘老外’绝对不受欢迎。到目前

---

1 这是撒切尔夫人对别的女人加以评判的典型方式。实际上，艾登夫人以自己的漂亮、聪明和倔强个性著称。

为止，来自一位邻居的一瞥也是怒目而视，当时丹尼斯把车停在水果店运货车的对面几秒钟，而我正在要送货员打电话！我们对门的邻居不得不从中间的缝隙里慢速开车！我们非常怀念切尔西。不过，在那里住了六年后，如果我们仅用了两周就安顿下来，也太令人惊讶了。”[49] 其实，尽管这个房子对丹尼斯在达特福德的工作很便利，但是对撒切尔夫人前往法院却很不方便，更别提她之后的政治生活，但是它确实给孩子们提供了一个近乎永久的家园，他们爱它。玛格丽特本人从理论上讲落地生根了：她“对于园艺变得狂躁”，并且“餐盘的尺寸”在增长，然而丹尼斯变成了一个热情的割草机，宣布野雏菊是“一号公敌”。[50]

对玛格丽特而言，从格兰瑟姆杂货商商店楼上至今的生活，是一条漫长的道路，整体而言，是一条幸福的漫长之路。

搬家前往法恩伯勒时，撒切尔夫人已经是一名执业律师。1953 年 12 月 1 日通过司法终考后，她向约翰・森特爵士请教，后者是保守党法律圈子的领军人物，并以税法律师的身份闻名。森特鼓励她，告诉她应当先进行一些刑法基础训练。在森特的建议下，她获得了跟随弗雷德里克・劳顿[1]（后来，以弗雷德爵士的身份，成为上诉法院的法官）实习的机会，后者是那个时代中最著名，也是最受喜欢的律师之一，他广泛的习惯法业务为她提供了民事和刑事案件的经验。同样在劳顿办公室的有埃雷・尼夫，不久后成为罗宾・德伊[2]，后来成为那个时代著名的电视政治记者。1954 年 2 月，当撒切尔夫人被叫去律所时，她的名字出现在按字母排序的名单表中，她前面的是迪克・塔沃尼，后来成为一名工党国会议员，他从工党离开后成为社会民主党的开拓者；排在她后面的是杰里米・索普，后来成为自由党领袖。实习生的费用是六个月 50 英镑，办事员是 5 几尼。“我使丹尼斯承担得太多了，”撒切尔夫人写信给穆雷尔说，“在我现有衣服从我身上脱落前，我将不得不一直穿着破衣烂衫出行！”[51]

由于战争破坏而带来的职位短缺，见习机会很难获得，加之性别歧

1 弗雷德里克・劳顿（1911—2001），受教于巴特西文法学校和剑桥大学科珀斯・克里斯蒂学院；刑事律师；1957 年，英国王室法律顾问；1961 年，高等法院法官；1972 年，上诉大法官；1961 年，被授爵。

2 罗宾・德伊（1920—2000），受教于布里奇学校和牛津大学圣埃德蒙得学堂；1950 年，牛津联盟主席；大律师；1955 年，加入 BBC；1955 年，独立电视新闻公司（ITN）新闻主播；BBC《看遍世界》等栏目全景主持人；1979—1989 年，BBC《问答时间》主席；1981 年被授爵。

视，对一名女士来说更难。进入林肯律师学院的报名表通常使用男性代词，因此撒切尔夫人不得不手写插入“她”和“她的”。大律师的办事员尤其倾向于反对女性，因为他们认为这样会导致他们的收入减少。已婚妇女尤其不在考虑范围。当撒切尔夫人最终在办公室确立了办事员地位后常常听见有人说：“我希望将女士放在她名字前以取代夫人：她能胜任更多工作。”[52]

但是，弗雷德·劳顿已经迫使其职员接受了两名女实习生。他有一项规定，就是一次只能有一名实习生，每人为期一年，因此关系比较密切。“不久以后，”他谈及撒切尔夫人说，“我才意识到她是我曾经带过的最棒的实习生……她很勤奋，敏于领会……她对于法律有天赋直觉……并且平心而论，她常常着迷于我所从事工作的人性化层面。”[1][53] 当撒切尔成为首相后，两人在一次宴会上再次遇见，她“把我推到一个角落里”，开始聊起自己做实习生时劳顿曾经参与办理的一起谋杀案。30年后，她还记得此案的每一个细节。[54] 劳顿常常被她活学活用的能力所吸引，尤其提到一个有关违反销售化学品保证条款的案子，当时她全面调动自己的科学受教背景，对所有的化学专家冷静反复质询和预审。他认为，如果她留在法律界，将会是一名非常成功的王室法律顾问，“但是我想她将不会成为第一位女性上议院高级法官。因为她尚未具备作为一名上议院高级法官应有的思维能力。”身为劳顿的实习生，她唯一的缺点就是自始至终没有和职员斯丹利·霍普金斯建立起良好关系。后者找到劳顿说：“我希望你告诉自己的实习生，我不是帮着拿书的办公室小男孩。”[55] 霍普金斯一直不支持使用女实习生。然而，据劳顿所言，办公室中“一个相当好色的威尔士人”因错误的原因支持女实习生。他最终给予她鉴定通过：“我想这里的工作她应对自如。”[56]

撒切尔夫人在法律工作中完美地表现出求真务实和认真细致的特点，这些在她担任部长时同样体现出来。她在成为内阁部长时，写信给劳顿告诉他，正是从他那里获得的训练帮助自己修订来自公务员的信笺，令他们大为光火。[57] 不过她对法律的感受更深刻。谈到自己事业达至顶峰以及退休后的生活，类似“法治”和“不仅仅是自由，而是法律基础上的自由”的语句比往常更多地脱口而出。她将法律视为区分自由和非自由社会的标

1 撒切尔夫人甚至喜欢琐碎案件。“上周五我不得不前往剑桥庭审，”1955 年 5 月她写信给穆雷尔说，“并且超级喜欢它。它是一起关于洋葱种子的案件！”

志，并且在该意义上而言，法律甚至比民主更重要。[58] 并且在撒切尔夫人的头脑中，在英国对法治的表达要优于世界上几乎任何别的国家。“我对于一些事物日益着迷，”她写道，“就是英国法院经由一个潜移默化的过程，已经为‘英国人的自由’打下基础。”[59] 她推崇 A.V. 戴雪所著《英宪精义》一书中的观点，强调议会主权。同时，此后多年间，在这些观念支持下，她对于欧洲联盟主张日益怀疑。

在律师学院的日子，诸如此类的观点无疑在专业的司法实践过程中予以强化。弗雷德·劳顿这么认为：“我们都成长壮大了。我担心其间会伴生一种英国法律是最好的这种颇具侵略主义色彩的态度。这是一种你从不会为之争辩的东西。”在他看来，当时的英国律师有着“令人难以想象的狭窄知识培训”。英国法律与大陆法系有着根本的不同，后者中，“所有的法律都要考虑到人权”，然而英国法律“所持观点是你要考虑个人的全部权利”。大陆法系中，只有当法律宣布时，权利才存在。在英国，它们是自然而然地存在，无须政府颁布法令，除非法律对其予以删改。劳顿说，根据英国法律，“一部法规需要通过其中使用的用语加以解释而非其他任何方式……大陆法系则认为，法规……应根据推行过程中的意图来做解释……唔，在50年代，这对我们是全然不同和陌生的。”[60] 这在撒切尔的一生中都意味着舶来品。她将这种宽泛的法律视为对政治家工作的侵犯，其普遍主张和国家独立的精神相悖。

然而，尽管她大量吸收此类理论，撒切尔夫人当时是否还向它们注入了大量思想是值得怀疑的。她是一个雄心勃勃、忙碌且思想传统的年轻女士，不是一名知识分子，她需要研究出如何制定法律之道，至少在将要到来的时日里，这是一份好职业。在12个月实习期满时，她找到弗雷德·劳顿并告诉他：“没有什么事情比在这些办公室里做事更吸引我，就像你所从事的这种工作一样。但是，身为一个年轻已婚妇女，有两个年幼的孩子，我无法像你主导生活一样去主导自己的生活。我不能坐在房间里等着办事员在4：30进来告诉我，我是诺维奇名单中的第一个；第二天上午10：30，他在皇家酒店为我预定一个房间，并且在利物浦街有一趟6点的火车等我前往搭载。这对于一名已婚女士并不合适。”劳顿记得，她后来继续说：“我将不得不找到法律的其他意义，这样一来，就可以不用过那样的生活。”[61] 受约翰·森特的影响，她选择了税法。

税法意味着在大法官法庭见习，因此她搬到了约翰的办公室，后来到了布莱曼法官[1]那里。丹尼斯或许从未对妻子的职业规划进行过干预。一天晚上，他回到家中发现她正在钻研和会计有关的论文。她解释说，要理解税法，拥有一个会计师资格是必要的。丹尼斯明确表示：他了解会计，如果她需要在这方面获得帮助，自己愿意提供。彼时，她简直要被从事的这一新领域的艰难研究搞疯了。[62]撒切尔夫人接受了丈夫的意见，并于1955年初出现在税务案件的特别专员面前，心中颇有些忐忑不安："税务的确相当复杂，我有时会对理解它时不得要领而绝望。"[63]她的工作同时还涉及公司法、土地法和信托法。

对于女性的排斥一如既往。撒切尔夫人是约翰·布莱曼的第一个女实习生，这使得她可以使用王室法律老顾问诺曼·戴恩斯的办公室。戴恩斯很少露面，但是他曾经表示："布莱曼，身为女士，决不可以单独坐在我的房间里。"因此，她和布莱曼一同坐在他的房间。并且，他会问客户是否介意她坐在交流现场。[64]据布莱曼夫人的说法，她认为撒切尔夫人是"一个具有吸引力和迷人的女士"。这种安排一度闹了笑话："我丈夫的同事向我嘲笑她的长相。"[65]就像一度被证明了的，在她的政治生涯中，撒切尔夫人从某种程度上受益于司法界中女性，尤其是有魅力女性的缺乏。没有丝毫的不得体，她在聪明的老男人群中收放自如并乐在其中。律师业界反应热烈。大约就是这时候，有一次，曾在达特福德的选举大会上替玛格丽特辩护的麦尔福德·斯蒂文森（后来成了一位以尖刻著称的法官），把撒切尔夫人带回家和他妻子一起用晚饭，但之前并未给家里打招呼。斯蒂文森的儿子约翰和妈妈约定，从此刻起终其一生要敌视她。[66]

跟随布莱曼学习之后，撒切尔夫人成为她最初的赞助者约翰·森特尔的弟子，在这里她同样表现优秀。但是，出于种种不太清楚的原因，森特尔决定裁减人员，因此没有按照最初承诺她的，在撒切尔夫人实习期满后为她提供一席之地。据一名同为当时的资深大律师彼得·罗兰的说法，森特尔是"一个非常奇怪的人"；他对待撒切尔夫人"很不公平"，除此之外，他"非常压制办公室其他成员的愿望"。撒切尔夫人并未公开抱怨过，但是"一次偶然的机会，我看到她脸上的表情，知道她极其失望"。[67]以帕梅拉·托马斯（见下文）的看法，森特尔并非与他的同事们作对。[68]无论何时，撒切尔夫人不得不在办公室四处寻找位置。这一切以进入新广场5号的林肯

1 约翰·布莱曼（1911—2006），受教于马尔堡和剑桥的圣约翰学院；税务律师；1970年，大法官法院法庭法官；1971年，劳资关系法院法官；1982年，上诉法院大法官。

律师学院而告终，但是她只在那里实习了几个月就被随即而来的政治事业中断了。

就像撒切尔夫人一开始就了然于心的，律师职业是征途的政身之阶，许多大律师都是政治活跃分子。她加入了律师学院保守党及统一党学会，任帕莫拉·托马斯的秘书，后者带她进入了学会的税法委员会。同时代其他的保守党大律师还包括帕特里克·金肯[1]，后来成为她的内阁部长；安东尼·巴伯[2]，后来成为爱德华·希思的财务大臣；还有杰弗里·豪[3]，她最终的克星。帕莫拉·托马斯习惯于几乎每天通过咖啡时间在律所和她谈论政治，他说撒切尔夫人当时正在触及党的核心，并且她当时为苏伊士冒险行动的溃败非常苦恼（就像她自己在个人回忆录中确认的一样）。当时，英国、法国和以色列于1956年攻击了纳赛尔任总统的埃及，后者一度占领了苏伊士运河："她感觉艾登使所有人失望"，[4]⑲同时令她困惑和难过的是，她的老朋友爱德华·博伊尔反对苏伊士战争，并因该问题从政府辞职。在个人回忆录中，她确认纳赛尔在苏伊士的政治（尽管不是军事）胜利，成为中东随之而来的大麻烦的原因："当我离开办公室时账单依旧如雪飘来。"同时，她指出溃败的另外两个重要教训。其一在于它标志着那个时代"英国政治阶级……从相信英国凡事可为转而几乎神经质地开始持守英国无可作为的信条"。其二源于一个事实，就是美国并不支持苏伊士冒险行动，允许挤兑英镑之举迫使艾登撤军：她认识到，在任何重大事件上，英国再也不应该错误地站在美国的对立面。⑳

在本地事务上，她作为一名年轻律师的观念同样预示着未来。帕特里

---

1 帕特里克·金肯（1926—），受教于克里夫顿以及剑桥的耶稣学院；1964—1987 年，万斯特德和沃德福德保守党国会议员；1974 年，能源部长；1979—1981 年，社会服务部国务秘书；1981—1983 年，工业部；1983—1985，环境部；1987 年，被授予罗丁的金肯勋爵。

2 安东尼·巴伯（1920—2005），受教于莱特福德文法学校和牛津奥利尔学院；1951—1964 年，唐克斯特的保守党国会议员；1965—1974，奥尔特灵厄姆与赛尔任职；1970—1974 年，财政大臣；1974 年，被授予巴伯勋爵；1974—1987 年，渣打银行主席。

3 杰弗里·豪（1926—），受教于温彻斯特以及剑桥的三一学堂；1964—1966 年，贝宾顿的保守党国会议员；1970—1974 年，供职于赖盖特；1974 年 2 月—1992 年，供职于东萨里郡；1956 年，王室法律顾问；1970—1972 年，副检察长；1979—1983 年，财政大臣；1983—1989 年，外交大臣；1989—1990 年，上议院院长兼副首相；1992 年，被授予阿伯拉文豪勋爵，系终身贵族。

4 撒切尔夫人比后苏伊士时代的评论者都推崇艾登。由于其在 30 年代的记录，她视之为"希望站起来反对外国独裁者的男人"；她还对艾登在一战中的表现印象深刻，当时他特意从由自己军团的退伍军人控制的汽油站为自己的汽车加满油。（与大卫·迪尔克斯教授的通信）

克·金肯说，她在经济政策上已经展示出强硬姿态，这成为她日后著名的在钢铁行业反对合伙制理念的发言："不，它必须予以恰当定位，就是私营行业范畴。"[71] 她是一名"一流的律师"，帕莫拉·托马斯说，但是她的政治抱负是清晰的——她希望成为财政大臣，或许，至少是在所有政治工作中可以见到的女性。[72]

政治从未退场。1952年6月12日，撒切尔夫人的赞助者和推崇者博伊尔·库克在保守党中央办公室给约翰·黑尔写了一封备忘录。库克小姐，作为伦敦周边诸郡和东南区域代表，记录道："撒切尔夫人昨天来看我了，引用一下她的话——'没用；我必须面对它：我不想被政治的洪流甩出去。'"她补充说："撒切尔夫人告诉我她的丈夫和自己的观点非常一致，如果她获得一官半职，将尽力做好她的后盾……我知道她能实现这一点（获得席位），因为她嫁给了一个可靠的男人，这个人可以消除她在财务上的后顾之忧，尤其是在达特福德时。"库克小姐说："政治是她的血液。"[73] 一周后，黑尔记得在中央办公室对撒切尔夫人"有一个采访，博伊尔·库克小姐将她描述为自己所知最优秀的女候选人。我也表示同意，因为……她给我的印象就是一个具有非常好的个性，很迷人的女人，并且拥有高于常人的灵敏大脑。我尽力提醒她下议院生活的恐怖，尤其是其到目前为止对家庭生活的影响。但是我所说的对她毫无影响。她希望自己的名字为着坎特伯雷前进……"黑尔补充说，他将劝告她考虑伦敦30英里范围以内靠近边缘和安全的席位，[74] 但是有趣的是，她的雄心已经做好了黑尔所奉劝的30英里以外的地界。

由于从未有过撒切尔搁置自己政治抱负的确切说法，哪怕一度像我们看到的，偶尔她也宣布要这么做，但是或许并无必要解释这一时机的来龙去脉，以至于发起争执。不过它确实和一件她父亲政治生涯中的重要事件颇为巧合——此事的意外结果。

阿尔弗雷德·罗伯茨在1943年是格兰瑟姆的市参议员。当时，政党政治尚未掌控市镇地方政府，但是在1950年地方议会选举后，工党控制了格兰瑟姆议会。1952年大选后，随着更深的渗透，工党对工党和非工党代表议席对等状态表示不满（议员由议会选择而非直接选举产生）。工党坚持授予资格的市议员要多于对手的原则无可厚非，但是因为三名议员中的两位辞职，麻烦骤增。因此，如果政党要获得议员的多数席位，就必须将一些人踢出去。由于阿尔弗雷德·罗伯茨希望更新的任期，恰巧在那个时候终止，他成为工党选择的牺牲品。此举引发强烈抗议。此前，在格兰瑟姆的议员从未被政党政治除名过，加之他在任职期间广受尊敬，被认为是一个特别不应该的受害者。格兰瑟姆教区圣伍尔夫莱姆教会的布道对政党政治的邪恶予以诅咒，甚至如今已不再是国会议员的议会成员丹尼斯·肯德尔也支持他的前对手，并将对罗伯茨除名的行为描述为一场“肮脏的把戏”。

据穆雷尔·库伦所言，“爸爸期待留任，妈妈则不然”；然而他很不安，“因为他确实很爱格兰瑟姆”。[75]的确，阿尔弗雷德·罗伯茨准备就此事件制作一部戏剧。议员结果宣布时，候选人们穿着长袍站定。当罗伯茨被投出去时，他说：“自从我自豪地穿上这些长袍，至今已有九年，如今我相信自己脱下它们，会依然为之自豪。”[76]在他说话时，拉下了长袍将它们放在面前的桌子上。在1970年《格兰瑟姆日志》中，罗伯茨的讣告给出了更为全面的描述：“他站着，脱掉了自己的长袍，在将之置于议员席上时满目是热望的眼神，然后开始以深情而低沉的口气说话，他是那么安静，大家几乎听不见声音：‘没有勋章；没有荣誉，但是有内在的平安和富足。愿上帝祝福格兰瑟姆，直到永远。’”[1][77]

这件事对罗伯茨的小女儿有着深刻影响。1985年，接受米里厄姆·斯托帕德的电视采访，或许是撒切尔夫人最坦诚敞开的一次，[78]她将自己父亲描述为“转离议会”并称之为“如此悲凉”。言及此处，眼泪充满她的双眼，以至于她不得不停顿了片刻。就好像她后来所相信的，当时有一种对背信弃义的预感，1990年她的保守党领袖职位被人取代。就像她离开办公室后接受格兰瑟姆的本土历史学家吉姆·艾伦采访时的表现，稀里糊涂但袒露内心：“我想我父亲的榜样实在棒极了。如此令人受伤但又如此精彩，亦如此高贵。但是他和我一样受到攻讦。我没有忘记。”[79]看到父亲身处倒台的阴影中，反而刺激她致力于重返政治，这或许并不稀奇。生平第一次在她的记忆中，他的离开意味着他没有了公共生活。罗伯茨于1952年5月离开议席，6月份，撒切尔夫人再度走进保守党中央办公室。

事实上，如上所述，双胞胎的降生使得撒切尔夫人回到政治中去的速度没有曾经希望的那么快，但是确实没有任何事能冷却“必要的热情”。由于要尽责做好母亲，看起来好像她要放弃站在即将到来的大选台上了，但是因为沃尔德伦·史密瑟斯的去世，奥平顿的席位空缺，这对撒切尔夫

1　报纸登载了一张罗伯茨脱去长袍的照片。据悉，当时是不允许用相机记录整个事件的。如果是这样，有意思的是罗伯茨愿意为其利益重新上演一遍。

人来讲是绝不可失的大好机会。奥平顿与达特福德相去不远，但是更多的是保守党员，她所嫁的丹尼斯居住的郊区、保守党的老巢肯特郡曾邀请过她。1954 年 12 月，她打电话给保守党中央办公室以表达自己的兴趣，并受到约翰·黑尔的鼓励。[80] 撒切尔夫人一度入围候选人名单，但被本地党协会主席唐纳德·萨姆纳击败。此次失利前所未有地差点将她带离政治舞台。1955 年 1 月 3 日，撒切尔夫人写信给黑尔，告诉他自己想在司法领域追求税法和遗产税事业。

奥平顿一度是“未来十年仅存的政治诱惑”，因为她已经“对之有着长时间的吸引力”，但是如今诱惑不再，她希望将自己的名字从候选人名单上撤出。[81] 黑尔回信鼓励她如果胜算有望就要重新考虑，但是她回复说自己“心意已决要退出政治转而追求法律”，并将在随后的大选中不考虑接受任何邀约，尽管她乐意自己成为一名演讲者。[82] 然而十年的自我否定期事实上只持续了 13 个月。1956 年 2 月 28 日，撒切尔夫人写信给负责候选人事务的党的副主席唐纳德·卡百利，希望前往见他。她一再使用一个词“诱惑”——“重返活跃政坛的诱惑”。她告诉卡百利，自己钻研税法和公司法只能使自己对于议会事业兴趣更浓：它已经扭转自己的注意力至“那些对立法负责的主体，而我在这方面已持有强烈成见”。[83] 卡百利同意见她并让她填写了再度成为候选人的必要表格。撒切尔夫人重返政坛。“当我开始在其中一页纸上写下名字时，”她感怀道，“好像在过去的 30 年里我一无所成。”[84] 几乎没有人认同，但是，无论如何，第二个三十年将会弥补第一个中的所有缺憾。

接下来一年间，撒切尔夫人尝试了一些地方。她拒绝前往伦敦市中心和威斯敏斯特，告诉卡百利自己缺乏对这样一个议席的足够实力。然而同时希望尝试一下南肯辛顿。[85] 另外，她还尝试了柏肯汉姆和赫摩尔—赫莫普斯泰德，亦未成功。她四处巡回演讲推广自己的理念。“周二，我在北肯辛顿的妇女下午大会上演讲，”她写信给穆雷尔，当时她还正在购置位于法恩伯勒的新房。“一切进展得非常顺利，但是在一个不利的选区这样顺利有什么用呢？”[86] 她的最佳时机好像是在梅德斯通，在这里，她的恩人阿尔弗雷德·博瑟姆正要辞职。1958 年 3 月，她在这里进入了最终的三人候选人名单，其主要竞争对手是约翰·威尔斯，前伊顿公学和牛津大学学生，战争期间曾做过潜艇兵。尽管地方协会主席兴致勃勃地告诉中央办公室，一名女候选人有着“进入核心的趋势”（“很好的思维能力，强大的‘吸引力’，确信这名女士会尽快进入议会”），但是地方代表明确她败给威尔斯的理由：

> 撒切尔夫人随后演讲，直接切入政治，最后只留下了非常少的时间谈及自己在这份事业上的战略。她被问到个人作为一名议会成员的应变能力，大概了解到的是她有一个丈夫和一个小家庭，我认为她的回复对个人不利。她谈及用一名出色的保姆，同时，身为一名议会成员将会有自由释放的早晨（完全忽视了一个事实，就是议员们早上有委员会）。她还谈到周末很闲，丝毫没有提及周末在梅德斯通度过的事宜。[1]她的确说到自己将不得不放弃法律业务。[87]

这是非常令人沮丧的。以她的成绩而论，撒切尔夫人每次好像都表现不错，只是由于性别原因以失败而告终。紧接着到了芬奇利。

1958年3月，一名不太活跃的老议员约翰·克劳得尔先生宣布在下一个竞选季从芬奇利辞职，在伦敦北部郊区。撒切尔夫人报了名，并被列入，获得了最多的选票。但是她没有允许自己寄予太高期待。7月3日，最后一轮选举前11天时，她写信给穆雷尔，开头谈到了别的事情。她说，丹尼斯担任项目监理多年，如今却面临被解雇，因为他“只是不与团队齐心协力”，目前他人在非洲（乌干达的恩德培），要出一次长差。她担心丈夫：“类似长差下来，丹尼斯通常都会瘦10磅，这次回来时希望他看起来不会太瘦。”接着她提到了竞选：“我已经再度出现在了‘安全’选区的候选人名单中，这次是芬奇利，有12000的保守党多数选民。我们有三个人在最终名单上，[2]并将于7月14号周一晚上前往参加最后一轮角逐。我预料时下对女性的歧视将会盛行，其结果就是我可能不可避免地‘以微弱劣势屈居第二’。”[88]当晚，“通常的歧视”的确出现了。甚至还有末轮竞选中的青年保守党代表德雷克·菲利普斯，他可能原本期待着有利于创新，自言自语道：“如果有一名女士，我不会投她的票。”[89]还有一名多年后成为芬奇利协会主席的

---

1 撒切尔夫人坚持回避对不得不居住在那些或许选她的选区做出任何承诺。对于丹尼斯和一对儿女，会强加给他们一些限制。

2 事实上，名单上有四个人。其中一名候选人是战争英雄C.M.伍德霍斯，中间由于在牛津选举成功而退出，因此执行委员会没有允许在仅有的两名候选人之间展开竞争，而是在此后加入了另外两名。如果有什么影响的话，这使得撒切尔夫人的任务更轻松了，因为四人中有两个不堪一击。

邮递员约翰·提普拉迪，和妻子一同前往时说，他将永远不会投票给一名妇女。[90] 有些人，尤其是妇女对这种观点束手无策。然而，许多人被说服了。就像撒切尔夫人稍后以相当轻佻的口气写给唐纳德·卡百利的信中说的："……我穿着你所说的我应该在当选之夜穿上的装备，"[91]"有着褐色装饰的黑外套"，还有一顶4月份拜访他时曾经戴着的小黑帽。[92] 约翰·提普拉迪记得她"显著的外表"，并将之与她的对手、当地持有十字军功章的托马斯·朗顿做了对比，对后者的印象是一名"单腿准将"。一名哥斯特特纳复印公司的经理低声告诉提普拉迪："我们正在看着一位未来的英国首相。"[93]

德雷克·菲利普斯认为她看起来"非常灵巧"，并且"是一个非常真实的保守党员"。她看起来有着大家正在寻找的"更多现代特色的愿景"。[94] 依旧在非洲出差的撒切尔夫人丈夫的缺席，与出场的另外三名携带家眷的男士形成鲜明对比，但是这些并未对玛格丽特形成伤害。这样一名漂亮、着装精致的32岁女士只身出入，并顶着如此大的压力演讲，着实让人振奋。第一轮中，她位居首位，朗顿以一票之差位居其后。在他们两人之间举行了加时赛，她以46对43的优势胜出。这是最终宣布的结果。但是，伯蒂·布拉奇当晚告诉自己的儿子哈登："她事实上并没有胜出。那名男士胜出了，但是我想，'他生于富贵之家'，将会得到另外一个席位。因此我'放弃'了给他的两张选票，转而给了对方。"[95] 因此，撒切尔夫人或许（并不知道）是通过欺诈的方式赢得了进入议会的门票。由于不在场，无法见到妻子的丹尼斯听说意外胜出的消息："我大喝一通，然后在飞机上一路不敢相信。我不得不改变在尼日利亚首都卡诺的行程，位置上放的是头天晚上的《标准晚报》。我……随手翻了几页，看到有一个细小的段落，宣布玛格丽特·撒切尔已经被选举为芬奇利的保守党候选人。我一直说这是由于我的离开而走运，因为这只是险胜，如果他们看到我将会说：'我们不希望是这样一对。'"[96] 丹尼斯所看到的晚报标题是：保守党党员选美。[97]

按照惯例，协会要全体一致赞同当选的候选人，但是在撒切尔夫人身上没有这么做。对于选择一名女性，有些人表示反对。地区副代表哈利斯小姐此前曾预言女性将不会当选，她将撒切尔夫人获胜的消息通报给了中央办公室，并补充说："不行的是，最后有少数人拒绝支持票选结果。"[98] 尽管如今很少见，这种反对形式甚至在7月31日撒切尔的竞选庆功会上依然存在。撒切尔夫人被人描述为"一个妇女和她的小集团"，[99] 并且有个五人帮一起拒绝为她的当选投票。[100]在写给卡百利的信中，撒切尔夫人说："在当选庆功会后，我意识到在协会成员中反对歧视女性任重道远。”[101]

当选大会是撒切尔夫人通过媒体向芬奇利选民展示自己的第一次机会。“芬奇利和弗里恩—巴奈特的保守党员们，已经用一种新武器武装自己”，由保守党主席伯蒂·布拉奇拥有的芬奇利媒体宣称，“那就是——一个聪明的女人。”“包裹在黑色和金色之中，并戴着一顶黑色小帽”（和选举当天一样的装束？），新候选人已经“旗帜鲜明地对中东局势予以评估；以一名家庭主妇衡量家常菜配料的技巧权衡了俄罗斯的宣传运动；精确地将纳赛尔描述为汤钵里的苍蝇……无人能够指责她在观众面前失去了女性气质。”报纸错误地宣称：“如果还有任何一个人要反对——他们滚回去转换想法。”[102]但此语抓住了当时的流行情绪。

《芬奇利时报》报道了撒切尔夫人对工会“专制”的攻击：“一个男人，”她说，“在他不希望停工的时候，应当拥有不停工的权利。我们必须立法规范工会行为，并保护个体工作者。”[103]报纸登载了更多她针对中东立场的解释：“在伊拉克反抗活动中，遭到残酷屠杀的是阿拉伯人。在关于中东问题的讨论中，我们必须考虑到以色列国，因为我们对他们的存在肩负主要责任。”[104]相较大多数英国选区，中东问题在芬奇利尤其集中的原因在于，该选区拥有以犹太人为主的选票。在撒切尔夫人参选时，自由党已经通过一系列关于阻止犹太人进入芬奇利高尔夫俱乐部的举措受益，该俱乐部坚持要即将入会会员说明自己的宗教隶属机构。这种思想在一些保守党人身上得以严重体现。并且当时在协会中有一定程度的反犹太人情绪。即将离职的国会议员约翰·克劳德先生就被指曾经抱怨保守党中央办公室试图于选区内，强迫在“一个残忍的犹太人和一名残忍的妇人”之间做出选择。[1]据约翰·提普拉迪的说法，玛格丽特·撒切尔当选大会在一个周五晚上举行，以使正统犹太人不能参加。[105]这并非事实——大会在一个周一开始——但是提普拉迪记成了这样，表明这种不良情绪的确存在。在获选之后不久，撒切尔夫人致力于查漏补缺。1958年9月17日，她写信给中央办公室讨论一个问题：

无论如何我没必要叨扰你。犹太人的信仰使他们结盟于自由主义，并

---

1 见丹尼斯·沃尔特斯，《并非一直在包装》，Constable 1989 年出版，102—103 页。但是载明的确提到了“残忍的犹太人”，彼得·戈德曼未在芬奇利名单中。他是 1962 年奥平顿自由党补选胜利中的不幸受害者。

且在当地最后一次选举中从我们保守党的议会中赢得五席。如今我们发现在这些区域推进工作的难度颇大，尤其是在汉普斯泰德郊区公园。

就像众所周知的，芬奇利以往曾拥有一名自由党国会议员，如今正在竭尽力量进一步深化保守党事业。我担心分部（这里指选区）作为一个整体，过去一度不太有活力。[106]

尽管犹太人的人口或许不是撒切尔夫人在同一封信中所提到的25%，事实是五分之一或更少，但是它对于任何一个亟须获得中间阶层支持的候选人而言，无疑是举足轻重的。通过她在芬奇利的经历，撒切尔夫人对犹太人的价值观产生了强烈的钦佩。后来她宣称，犹太人是“最博学的民族之一”，并且“他们还是《旧约》时代的选民：如果不相信《旧约》，你何以相信《新约》？”[107]她还被他们积极主动的社区感所吸引——“依我看，他们是好公民”——这种感情融化于“不要只说，而要做和给予”的理念之中。同时，她喜欢他们的商业美德，将犹太人视为“天生的贸易商”，他们管理上“积极主动通过自己的努力向前”。[108]在她的首相生涯期间，经常接近犹太人的宗教领袖，特别是首席拉比以马内利·约克伯维茨。她推崇后者甚于基督徒领袖。但是早年间在芬奇利的日子里，她看待犹太人的事情是以一种更实事求是的方式：她需要犹太人的选票，并且认为保守党在他们身上做出了不必要的牺牲。就像我们将会看到的，尽管她与犹太人社区的关系从根本上是和谐和富有成效的，但是撒切尔夫人的确发现芬奇利犹太人有时会令人恼火。然而，可以明确的是，她并未像所在党内一些领域存在的偏见那样去看待他们，同时，他们给以热情回应。就像她在个人回忆录中记载的，[109]在时任首席党鞭泰德·希思帮助下，撒切尔夫人在高级保守党国会议员会上起草文件，并站在个人立场上发表演讲。这些人中著名的是基斯·约瑟夫[1]，后来成为她最伟大的政治同盟，利兹东北的国会议员，也是他那个时代最重要的犹太籍保守党员。1959年2月，他在芬奇利为撒切尔夫人发表演讲。

回溯既往，任何人都能看到，撒切尔夫人确实要在下一个竞选季中为

1 基斯·约瑟夫（1918—1994），第二代男爵；受教于哈罗公学和牛津莫德林学院；1956—1987年，利兹东北部保守党国会议员；1970—1974年，社会服务部国务秘书；1981—1986年，任职于教育和科学部；1974—1979年，创办政策研究中心并任主席（在1991—1994年任执行官）；1987年被授予约瑟夫勋爵。

保守党守住芬奇利，无论何时开始大选。这种小康人家、小资产阶级、自由业主、郊区选区均为保守党的铁杆支持者，并且对其所推选的候选人非常合适。尽管这些语汇在当时并未被使用，撒切尔保持着上升势头，芬奇利亦然。另外，政治风向已经开始左右政党偏好。1957 年 1 月，哈罗德·麦克米伦取代艾登成为首相，并制定了自己的扩张性政策。战后时期的艰苦节约成效不错，业已结束，转而被新的政策所取代。这种政策一度被贬为“资产阶级的必胜主义”。大卫·凯纳斯顿是英国战后的社会历史学家，他引述了一则 1957 年第一周出现在妇女杂志上为新西兰黄油所做的广告，来描述那个时代的精神。“好食物遍地，就业充裕，家中装修精致——如今的一代深谙好生活之道！”原始文本是在赞美黄油的“自然黄金色”之前。[110]

尽管麦克米伦本人生于19世纪，看起来相当老派，具有爱德华时代的特点，不过即便你眼前浮现的是这样一幅图像，他却擅长政治繁荣时期的治理之道。正是他在担任房屋大臣时，就在1951年大选前制定并实现了所在政党的誓愿，就是每年建造30万公租房。正是麦克米伦，在1957年7月20日，发表了著名的演讲并宣称：“让我们坦率论之——我们人民中的大多数从未有过这么好的时代。到乡下走走，到工业市镇看看，到田间地头逛逛，你将会发现我们有生以来从未见过的繁荣国度——不过，它的确不是这个国家历史上的首次。”的确如此，在1951年保守党获胜以来，产业工人的平均实际工资上涨了20%。同年早些时候，麦克米伦写信给中央办公室的一位官员：“我常常耳闻关于中产阶级的说法。他们究竟想让它是什么样子？你能将它写在一张记事纸上吗？我将看看我们是否能够提供给他们。”[111]1959年大选临近时，他似乎已经找到了答案。

在“从未有过这么好的时代”的演讲中，麦克米伦本人已经提出了问题：“它会因为太好而无法持续吗？……在经济扩张过程中我们要保持充分就业，物价能够保持稳定吗？”接下来的十年，这个问题一度考验政治，但是，在50年代末，人们倾向于认为它能够被推迟。1958年1月，由麦克米伦的大臣彼得·桑尼克罗夫特[1]和伊诺克·鲍威尔领导的财务团队表示，浪费将会导致通货膨胀。后者曾为反对政府不愿撤回过多公共开支而辞职（争议的资金量只有5000万英镑）。麦克米伦以“小的地方难题”驳回了辞职请

---

1 彼得·桑尼克罗夫特（1909—1994），受教于伊顿公学和伍尔维奇皇家军事学院；1938—1945 年，斯塔福德国会议员；1945—1966 年，供职于蒙茅斯；1967 年，被授予桑尼克罗夫特勋爵；1975—1981 年，保守党主席。

求，并或多或少地做了调整。辞职行为在很久以后被视作货币主义的先驱，并被撒切尔团队颇为推崇。但是当时他们并未实现目标。随着1959年大选的逼近，媒体报道的通货膨胀率在3% 以下，麦克米伦关于公共支出的政治路径似乎得以被证明无辜。

在1959年的预算中，财政大臣将所得税标准税率从42.5便士削减至38.5便士，同时削减购置税和啤酒税。同年9月，麦克米伦快速发起一轮10月8日大选。宣传中称："你想提前出线，将繁荣带回家吗？""你希望目前的领导人代表你本人吗？"根据其中流露的语气，这些问题意味着自信，或者有些沾沾自喜。"保守党治下，生活会更好"的口号，以直观的物质感受而言，确实如此。

晚年时，撒切尔夫人以批判性的眼光回顾过去。1979年，她告诉麦克米伦的官方传记作者阿里斯泰尔·霍恩："我认为我们1959年后的部分问题源于1959年的过度宽松的财政预算案。"[112]但是，当时她还是愿意随着政治洪流而动。

撒切尔夫人最好的政治禀赋之一，就是与生俱来的惊人的自信和一个女性的责任心，从不把任何事当成理所当然。如果她的政党冒险心生自满，她不会。她为竞选竭尽全力。在 1959 年 3 月 23 日的芬奇利保守党员年度大会上，主席伯蒂·布拉奇称赞她在不到 8 个月的时间里，已经满足了演讲中提到的 130 个需求。[113]相较在达特福德的首次参选，撒切尔夫人在推行个人观念时更显周全，并且她乐于支持自己政党所自夸的日益增长的支出，但是她留下了日后被称为撒切尔主义的一些标记。1959 年 4 月 3 日在弗莱恩·巴内特的一次公开会议上演讲时，她强调自己的忧虑，虽然有日益增长的物质繁荣，但是看起来道德提升却微乎其微。"如果一个人渴望建立由负责任的公民构成的负责任的社会，"她追问，"议会将怎样实现这一点？"在力所能及的小范围内，坚定的标准执行力和追求卓越是关键。她告诉自己的听众，她支持使用桦木条抽打犯下暴力罪行的人，"由于对暴行的轻薄之爱"。

她还致力于解决综合学校的潜在问题。在说到一些综合学校或许被证明非常好的时候，撒切尔夫人明确了自己的关切点所在："我们从不相信那些被抛弃了的亦被证明为确实正确的传统和经验，转而代之以一些仍然在试验阶段的事物。"[114]她在9月21日的当选会议上强调："我们在家里以及在海外的整个未来，基于我们拥有一个具备清还债务能力的社会，"[115]这是麦克米伦所正式尊崇的一个学说。然而，在这位33岁议会候选人的观念中，没有什么表明是危险的非正统之处。尽管针对本党领导人的权力，她提出赞同中间道路，宣扬“从未如此好地拥有过它”。她的竞选强调民意，也就是麦克米伦在10月8日呼吁的主要问题类别：“你的家庭……你的工作……你的孩子……你的未雨绸缪……你的选票”，并提供一个由安全、繁荣和高支出等因素组成的传统混合体。

对芬奇利候选人的尊重并非基于意识形态：因为她已经有点明星样——通过她的性别，她的长相，她的活力和她曾经沧海的神气。尽管的确有些忧郁，但是这是保守党的一次颇具说服力的创举。“工人阶级的业务即将过时，”竞选期间，她告诉一名《晚间新闻》的记者。“毕竟，我不是工人阶级吗？我可以告诉你，我快活地努力工作。”[116]不知为何，她敦促（女性）采访者宣布：“毫无疑问，她绝对是一个甜心宝贝。”[117]

计票了，气氛僵硬而又紧张，撒切尔夫人听到自己的票数从12825上升至16260，赢得了所有票数的过半。结果是：

撒切尔夫人（保守党）	29697
埃里克·迪肯斯（工党）	13437
伊万·司本思（自由党）	12260
保守党多数	16260

全国的结果——保守党获得107的多数——是保守党自战争以来的最好成绩。玛格丽特·撒切尔在她的政党运势一度频频走低之时，却抵达了议会的一个高峰。

7

议员与部长

“何以使她忙起来以解其忧？”

新的国会议员沿着下议院的台阶拾级而上，周遭的空气里回响着她那有个性的短促而清脆的脚步声，洋溢着由内而外的自信。第一个向她表示庆祝的是秘书帕蒂·维克多·史密斯。两人此前从未谋面。

维克多·史密斯女士是另外一位保守党国会议员弗雷德雷克·贝内特的秘书，额外承担一部分撒切尔夫人的工作以赚取外快。她获得该职并未经过面试。在议员入口乍一看到撒切尔夫人，她就认为对方“非常漂亮，装扮得体”。[①]这种整洁而果敢的印象从未消退。后来在拜访玛格丽特的“老虎窗”之家时，帕蒂·维克多·史密斯记得“她的所有衣服被非常优雅地悬挂于塑料袋中”，并且好像使用的是冷藏袋——就是如今常见的此类袋子的原型。[②]

然而，撒切尔夫人或许并未感觉到如外在流露出的那种泰然自若。尽管竞选成功且因婚姻做保证而无后顾之忧，她依旧是一名局外人；尽管对家庭极尽忠诚，她还是对自己那中下阶层的出身感到些许尴尬。1959年选举几天后，她写信给穆雷尔，对来自姐姐的贺礼表示感谢，并抱怨自己还有350封信和75封电报要回复。她说自己太忙了，以至于家里主妇缺位成为“大愁事”。另外，在大选之夜，她父亲的兄弟哈罗德·罗伯茨突然不约而至：“你能相信吗，哈罗德叔叔出现在大选日上？他参观了两个委员会会议室后，由于自己没有安排返程交通工具，我不得不带他前往参加了一个派对，然后开车送他回去。”[③]

给穆雷尔写信三天后，她们的父亲在评论之余，以相当伤心的语气更充分地解释了所发生的一切：“到目前为止，我们只收到玛格丽特的一封短信，但是她说自己那里的信件已经泛滥成灾。我们意识到这需要耐心。”显然，哈罗德叔叔已经决定：“在没有任何人预先发出邀请的情况下，当天只身前往芬奇利”。他在那里找到了自己的侄女，并且“跟着她度过了当晚的剩余时光”，去了唱票处并出席了庆功宴，然后“在凌晨4：30被带到圣潘克拉斯车站”。“这令我非常不安，”阿尔弗雷德继续说，“因为我和哈罗德很亲近，因为他是一个好人。显然，无论如何他有些贸然行动，并且为玛格丽特和丹尼斯平添了照看的负担。何况从信义角度，他们也确实尽职尽责了。”阿尔弗雷德·罗伯茨着手处理了此事，并说：“本着好心和理性的态度，我已经告诉他，他不应该做不速之客。”他也写信给自己的妹妹弗兰西斯·加兰，她的丈夫查理在没有告知的情况下出现在撒切尔夫妇的住处：“弗兰西斯回复了一封气急败坏的信，但是只要能够保证玛格丽特和丹尼斯的未来不出差池，我忍了也值得。他们为什么以这样蛮横的方式想要在玛格丽特的成功上揩油呢。”④

哈罗德·罗伯茨是一个好心人，与阿尔弗雷德关系亲密，但是他没有自己的哥哥成功。他一生生活在北安普敦郡的乡村劳恩兹，在那里，罗伯茨家的七个孩子被养大，并在一家鞋厂上班。他在玛格丽特人生的重要时刻贸然出现，着实不合时宜，让人想起狄更斯《远大前程》中成年的皮普和自己的姐夫乔·葛吉瑞重新团聚的场景。作为一个处事谨慎的女人，撒切尔夫人当晚照顾了哈罗德，但是同样作为一个社会地位正在不断攀升的人，平心而论，她不希望对方出现在那里。

在下议院，撒切尔夫人的起步似乎并未遇到太多阻力，即便当时的保守党一度是贵族扎堆儿并以挑剔见长，并且或许还有比如今更多一些的势利和自命不凡。经由婚姻以及后来发生的选举，她已经成为肯特郊区一名富裕的中产阶级（在芬奇利的生活亦毫无问题）。如此一来，她成为战后保守党许多人中的一员，并且当时并未受到自己格兰瑟姆杂货商店出身的太多影响。她所处的阶级并不显眼，然而其性别着实是一个问题。这并不是说她被明显利用了，而是相反。对于女性议员的礼貌对于曾经足不出户的她们产生了影响。身为仅有的 12 名女保守党国会议员的一名，亦被认为是其中最具吸引力的一位，撒切尔夫人发现自己被一种刻意为之的礼貌所对待，这种方式是她所喜欢的。但是，她非常清楚的一点是，这种礼貌背后的真正用意在于将她的政治生涯拘囿于一定范围之内。直到今天，议院不成文的规定要求，一名身为女王诉讼律师的议员应该“博学多识”，一名前正规军官应该“勇敢殷勤”，诸如此类。

当撒切尔夫人进入议会时，他们还认为，一场有一名女议员发表的演说被描述为“迷人的”，哪怕它明显并非如此。玛格丽特无疑拥有迷人的特质，但是此语无论对她的个人能力还是抱负均失公允。多年后，她抱怨说，20 世纪 50 年代到 60 年代间的女国会议员们经常被转移注意力至她隐晦指称的“福利之事”上。⑤这一度意味着她的命运，但是她最终决定要摆脱，这些有助于解释她为何要在律所学习税法，以及为何曾将财政大臣作为终极梦想。在早年的那些时日，撒切尔夫人经常被报纸和电台找上门来，要她以“女性”视角来分析政治生活。1960 年，她首度在 BBC 电台的“有问必答”栏目亮相，其中不得不回答诸如妻子们的职场一周之类的问题（“问题不在于你投入的时间，而在于你在投入的这些有限的时间里做了什么”），还要支招如何谋到好夫婿（“要找一个好心肠的丈夫，我认为这是男人身上少有的美德”）。⑥当月，一家伦敦报纸问她关于教养孩子的问题（“我六岁的双胞胎儿女设法将硬币从储蓄罐里取出来，或者干脆要砸碎了之。因此，现在每人拥有一个存钱罐，除了银行官员谁都不可能打开”）。⑦

芬奇利的新议员不是任何一个帮派或者俱乐部的一分子，并且从未有在同性成员中树敌的想法。和当时的多数国会议员们一样，撒切尔夫人在议会中没有个人办公室。和大多数人不同的是，她从未找到走近抽烟室和酒场的方式。实际上，在她整个政治生涯中，她独自一人从未走近过抽烟室半步，就像从不独自进酒吧一样。⑧她在一个女议员会议室里处理了自己的大量工作，她的秘书和其他一些人在威斯敏斯特礼堂同住一屋，因此撒切尔夫人经常碰到他们的房东，她未来的副手——威利 · 惠特劳[1]，可谓低头不见抬头见。[2]但是她只是在那个房间里处理工作：口授信件。那里没有电话，一旦有电话要进来，接线员将会招呼当事人到专门的电话亭去接听。这里也不是一个开会的地方。从财务方面讲，一切都要勒紧裤腰带：没有任何离谱的像2009年引发的丑闻那样的大量开支。议员们不得不亲自掏腰包购买邮票，并且他们自己直接支付秘书费用。撒切尔夫人每周要从1250英镑的年薪中，抽出13英镑付给帕蒂 · 维克多 · 史密斯，这高于当时的平均水平，以保证她专属服务的安全：“她是一个相当苛刻的老板。虽然提

1 威利 · 惠特劳（1918—1999），受教于温彻斯特以及剑桥大学的三一学院；1939—1946 年，服役于苏格兰卫队，荣获十字勋章；1955—1983 年，任彭里斯和英苏边境的保守党国会议员；1972—1973 年，北爱尔兰国务秘书；1973—1974 年，就业部国务秘书；1975—1979 年，保守党副主席；1979—1983 年，内政大臣兼副首相；1983 年，被授予惠特劳子爵；1983—1988 年，英国上议院和枢密院领袖。

2 贝蒂 · 布思罗伊德后来成为下议院的第一位女议长，当时身为工党国会议员杰弗里 · 德弗雷塔斯的秘书，在同一间办公室工作。

供的待遇很不错，但是同样期待每天有出色的工作表现。”[9]有时，撒切尔夫人会带着帕蒂去做头发，并且在吹干机下面口授给她任务。

努力工作，一如既往，是撒切尔夫人针对任何困难的万灵丹，并且，很偶然地，机会亦会灵光乍现般到来。围绕普通议员议案 (Private Member's Bill) 展开投票时（抽签环节通常会在议会会议开始环节进行），她位列第二。这些法案过去（现在亦然）允许新法令从后座议员席被推介，对于议员们而言，这代表着一次个人成名的机会。她在投票中的位置确保了她的法案将会赢得必要的议会时间，还意味着她在下议院的演说处女秀会与几乎所有其他人的不同，将会有实质意义且具备立法效力。从一开始，她就是动了真格的。撒切尔夫人本人记得，她在选择法案主题以及后来成文时一度遇到一些困难。[10]作为一名新议员，她一开始被一份针对藐视法庭案中的上诉环节加以构建的法律草案所吸引。但是，在围绕该主题做了一些原始起草工作之后，她被检察总长提醒放弃了，因为它对一个私人条例草案而言太过复杂（事实并非如此，就像她在个人回忆录中提到的，她以太枯燥为由拒绝了党鞭接手该草案的邀请）。接着，她考虑拟定一份关于禁止工会关店权的法案，这一主题早已烂熟于心。但是，这一想法再次被官方劝阻，大家说在实践过程中，不可能针对法庭审理此类案件时的复杂过程加以立法。最终，撒切尔夫人挑选了完全不同的选题。她选择了地方议会会议上媒体的提问许可权问题。

该问题并未被扯开见光。过去数年，当一些劳工委员会投票将媒体从他们的工作环节剔除出去时，它已经成为事关政治争议的议题。在利物浦，由于一家地方报纸在报道罢工问题时，制作了一个关于罢工破坏者的版面，地方议会使用“转交委员会解决”的条款进行处理。这样一来，它可以避开现存的1908年法律中关于支持媒体被许可参加全体议会会议的规定。最终，投票将报道罢工破坏者的报纸驱逐出了会议厅。距离格兰瑟姆很近的诺丁汉一度吸引了撒切尔夫人的注意，她目睹了一桩自己将之描述为“社会主义者与工会共谋”的案例。[11] 保守党在1959年大选宣言中已经公布：“我们要特别明确一点，就是媒体对地方政府和官员活动拥有报道权。”玛格丽特将之作为自己的草案选题实属如愿以偿。

她选择该议题的内在动机曾引发争议。据一位传记作者约翰·坎贝尔的说法，必须以心理学乃至弗洛伊德的方式予以解释。他认为，该草案对玛格丽特的父亲是一个打击，很可能是“一种……对阿尔弗雷德本人以及来自她童年所处压抑环境的反应”。虽然没有关于阿尔弗雷德针对此法案反应的现存证据，坎贝尔认为“极有可能”的是，阿尔弗雷德·罗伯茨或许会视之为“对地方政府从事正常工作权力的愚昧干扰”。⑫ 坎贝尔还将此草案看作她就任首相后反对地方政府独立时的愤怒先兆：“就像80年代的征税上限法令，她的1960年草案是旨在控制少数人权力滥用的普遍措施，直指所有地方议会。”他抱怨说：“没有任何对地方政府积极价值的一丁点认可。”

这种分析没有说服力。在提交个人法案时，撒切尔夫人无意介绍一个干预地方政府事务的新原则，或者试图约束地方议会从事正常业务的权力，而是要强化1908年现存法律的有效性，而后者已经被《1933年地方政府法案》削弱。它很明显的是反对权力滥用，而非反对地方政府的合法行事原则，就像对她父亲及其个人影响力一样，并非使其不安的衡量方式。[1]在首次演说中，她说该法案的“首要目的”是确保公众知晓他们的钱是如何被花出去的，阿尔弗雷德·罗伯茨不会对该原则有任何争议。尤其可能的是，撒切尔夫人对该议题的唾手可得，是因为她是市议员的女儿，因此拥有良好（或许是二手）的关于地方政府工作的知识结构。另外，她在法案中希望打击的是那些在剥夺阿尔弗雷德·罗伯茨议员长袍行为中的主谋们。

这是一个政治动机，对于工会权力及其与社会主义勾结的厌恶激励着撒切尔夫人。当该法案在常务委员会上引起争论时，在玛格丽特成为候选人时担任达特福德代表市长、工党党员的查尔斯·潘内尔（如今是利兹西部议员，亦是她友好的议会“拍档”）[2] 将社会主义者的经典观点视作骗子行径：“对我这样被背后的工会主义伴随40年的人而言，在其他人罢工时继续工作的行径，就是深藏的罪性（sin）之一。”⑬ 玛格丽特则深信，首先要打破的是工会权力。

或许还有一个因素，就是和她自己后院（所在政党）有关的政治考量。

---

1 在1949年10月牛津保守党杂志上一篇题为《地方政府》的文章中，玛格丽特·罗伯茨以达特福德新议会候选人的身份写道，工党正在通过它攫取权力以破坏地方政府，并导致“地方政府责任感的丧失”，进而使其在人民心中失去威信。看起来，议员罗伯茨的被除名证实了这一观点。她不是要反对地方政府本身。

2 “拍档”是反对党成员赖以安排工作的条款，为方便彼此起见，大家不在同一个部门，并取消对方的选票。该条款为党鞭所批准。一个常设委员会认为，公开法令才是立法过程的一部分，而普通意义上的政策条款则不然。法案在经二读后“进入委员会”，并且二读是全体议会进行立法辩论的主要环节。

这次，在芬奇利，最大的威胁来自自由党。尽管他们在1959年大选中落后于工党候选人一点，但是自由党在这次大选中大幅度增加他们的选票，并提供了日益增长的政治能量，来反对撒切尔致力于抗争的问题。自从1956年高尔夫俱乐部发生争吵以来，芬奇利的自由党就被1957年选举产生的犹太裔议员们所控制。他们发起雄辩，指出自治镇、区正在被偷偷摸摸和自私自利进行选举的保守党徒所辖制；后者有时会和工党结成罪恶的联盟。截至1958年，选举产生了7名自由党议员。自从自由党指控保守党通过排斥媒体向全体议会只提交一个既定事实的行为，凡事由"偷偷摸摸的"委员会会议来定夺，议会会议的入场许可就成为处于风口浪尖的问题之一。在自由党的攻击中，包含大量事实，而地方保守党对此的反馈过于轻描淡写。1958年1月，芬奇利的一名保守党议员在该问题上就投奔了自由党。这份法案对于芬奇利的新议会议员并无损害，她站在开放的立场上，阻止自由党的攻击。它还有助于在自己漫长的政治生涯中再度赢得犹太人的支持。许久以后，由于她使一位犹太裔自由党议会领袖转投保守党而获得回报。[1]

如果说撒切尔夫人起初期待一帆风顺，现实却使她很快醒悟并要迅速消弭指责。尽管她的法案看起来符合保守党的政策，政府其实却很不喜欢它。早在1959年11月11日，撒切尔夫人收到了一封来自总检察长乔斯林・西蒙爵士的信，其中警告前面会出现的来自地方政府游说者的麻烦。他告诉撒切尔夫人，对其在保守党协会法院所做的贡献印象深刻，并且记得她有一个习惯，就是在宴会席上要确保自己贴近主讲人就座——他认为这证明了一颗令人称道的雄心。⑭ 现在他温和地建议："所有这些使一件事变得非常重要，就是你应当尽可能在工作上与亨利・布鲁克（住房和地方政府部长）保持密切接触。我应当建议你始终顺服他的观念。无疑，他将会因为持有一个由一名下院议员提交的项目法案而感觉到些许尴尬；但是他是一个非常好的同事，在该问题上会有独到见解，并且我相信，他会给你提供帮助以使你们的相处光明正大。"⑮ 西蒙补充了一点："我很抱歉，你对早期的几个选题感到失望，但是最终你的确获得了一个法案，它将带给你一次精彩的议会体验，并将确保你受到媒体的青睐！当然，其间会有重重困难相伴。"

事实上，政府有点稀里糊涂。12月9日，亨利・布鲁克[2]记录了内阁民政事务委员会的内容："撒切尔夫人的法案此时出现，带给我们一些问

1 这方面的全部讨论，参看1963年8月的《新视点》（New Outlook）。
2 亨利・布鲁克的儿子彼得，1988年开始为撒切尔夫人的内阁效力。

题。在我们的竞选宣言中宣称我们的意图，是要确保媒体对地方政府和官员的活动拥有报道权。我亲手起草了这些话，并且我们必须信守承诺，履行誓愿。”问题在于，撒切尔夫人的法案要“错误地”提供“如此宽泛的权益给媒体”。⑯ 还有一种不言而喻的担忧，就是该领域的法律或许太过严厉，会激发地方和中央政府之间不必要的冲突。相较立法，政府的确更喜欢一套行为准则。

两天后，经委员会会议一致同意给出的结果是“似乎将要做一些适当的准备，并交给撒切尔夫人一个政府能够接受的法案”。冒险的做法是，她可以引入一个条款“远离政府许可”，这样一来，“她应当被提供一份法案，却只能基于一种明确认知，就是她本人反对对那些和政府观点不一致之处进行修改”。⑰ 或多或少地，这件事还是发生了。三天后，布鲁克找到撒切尔夫人，承诺安排议院律师参与起草法案，只要它“在我们之间达成明确共识，如果法案基于这些原则被呈现，在未经我本人或者我的同事们同意的情况下，你可以反对对其做出修改”。⑱

这种共识在文本上得以体现，但是在实际操作层面却有更多的误解。在一份1960年1月7日的备忘录中，一名住房和地方政府部门的官员C.J.皮尔斯，记录了一段和撒切尔夫人以及议会起草人约翰·费因斯在一起的令人精疲力竭的时期。那名新议员要求甚多：

> 撒切尔夫人希望法案在一些方面予以强化，而这些内容看起来表明她在期待一份比我们所考虑到的更加极端的法案。此外，她的一些评论表明，她在表达强化法案规定的观点并反对修改时，并未提供令人信服的依据……撒切尔夫人……痴迷于成为那些或许不可靠的议会中的少数人，而我们脑海中考虑的是，大多数地方政府与媒体的关系基本令人满意。我下意识地认为这是一个遗憾……对地方政府而言，如此重要的一个法案，却要出自一个对地方政府知识了解有限的议员之手，何况她对于地方政府、公务员和官员明显持有偏见。[1] ⑲

---

1 费因斯甚至一度被搞得痛苦不堪，只是因为听到关于草案作者应当在起草过程中拥有严格发言权的提法。他辩称她不应当和下院官员一起参加相关起草会议，但未成功。“我不确定撒切尔夫人来做这些是否算好事。她在该问题上可能几乎没有什么想法……并且如果她像对待我们一样对待他们，或许会把大家惹火了。这不是你能够告诉她的事情。”

紧张气氛在加剧。1月11日，撒切尔夫人写信给部里的政务次官基斯·约瑟夫，说自己“对于当前处理一个惩罚性条款的做法有些失望”；同时，对于法案未被批准扩展同样的规定，越过议会直接到20年后以半官方组织（准自治非政府组织）著称这一点，她同样感到不快。后来因为出现在理查德·克罗斯曼的日记而闻名的该部常任秘书艾薇林·夏普夫人，当时变得恐慌起来。她说，撒切尔夫人“似乎正在倒退，我想我们已经在随着她一起达成共识”。艾薇林夫人告诉布鲁克：“如果她写信给我，我将毫不含糊地提醒她我们之间通过了什么。”[20]这场论争发生于公务员和撒切尔夫人之间，前者实际上希望此法案不了了之，但是后者则希望它能够产生自身应该产生的影响。由此，在她和官员之间在未来漫漫征途中存在成百上千个歧见这一点上，我们从一定程度上可窥一斑。1月11日，亨利·布鲁克聪明地在艾薇林夫人的备忘录上添加了一点小小的手书备注。他写道，撒切尔夫人的行为“是说她实际获得的必须高于自己真实期待达到的目标”。布鲁克以迂回的方式对该法案予以支持，同时也让自己从中抽离得干干净净。

1960年2月5日，撒切尔夫人首次在下议院亮相，动议对其所提交的草案进行二读。当时正坐在她身后的阿什福德议员 W.F. 迪兹，注意到她在该场合当中表现得非常好。以一个男性的模糊记忆，他记得撒切尔穿着“一件带有图案的长礼服。占主导地位的说明都是陈词滥调”。他还记得她如何经济地使用自己的笔记——“在下议院使用笔记的模范”：她的演讲听起来是由心而发的，非常好，对外传递着强大的自信。演讲是如此成功，以至于迪兹将其时间错误地记成了7分钟长：[21]事实上，它长达27分钟。[1]由于是在立法环节，撒切尔夫人当即解释，自己将采取一个初次演讲应该有的普遍礼节，这要求演讲不会引发争议，并切中选区的兴趣点：“……我知道自己有幸代表的芬奇利选区将希望我单刀直入切中要义。”她说，这里的“要义”和1908年法令的初衷是一致的：“通过让公民获悉关于其代表针对地方政府可采取行为的全面信息，来捍卫他们的权利。”她强调指出地方政府花费了多大一笔钱（在英国和威尔士，每年14亿英镑），并宣称“承认媒体权益的首要目的是，由此我们可以知晓这些钱是如何被花出去的”。其次，为支持法案基本理念，她

1 这次，迪兹过着双重生活，同时还给《每日电讯》的彼得伯勒专栏写作（匿名）。次日，他在该专栏中将这次演讲描述为“具有议会前座（英国议会席中两大政党领袖人物就座的前排——译者注）的水平”。

在此引用了奥利弗·富兰克林的法庭调查报告："宣传是抵制任何专制行为最伟大而又最有效的检查手段。"

按照惯例，下院议员草案会在周五提交辩论，这样一来，国会议员们前往议院参加会议后，可以在周末返回各自选区。但是，由于个人全面彻底的办事习惯，撒切尔以个人名义给她的250名保守党同事、后座议员写信（"我历来相信一封个人亲笔信的影响力——哪怕是来自你或许不太认识的某个人"）[22]，请他们前往参会并投票。许多人照办了。她的草案以152:39的压倒性优势获得通过。虽然有些人对她演讲的反应是刻板俗套——按照惯例，在听取一个新议员的演讲时应保持礼貌，随后应予称赞——但是很明显，她已经赢得了真正的钦慕。芭芭拉·卡斯特尔[1]，在撒切尔夫人之后英国历史上最重要的女政治家，以她的左翼视角听完后反应热烈："宣传的支持者一直都代表着进步运动。"并补充说，"保守主义历来需要生存的秘密，社会主义则不然。"反对草案的查理·潘内尔，却盛赞撒切尔夫人的"相当精彩的演讲处女秀"。[2] 始终持支持态度的W.F.迪兹，向撒切尔夫人送上祝贺，称"接手这样一份草案，她的勇气可嘉"。作为政府的代表，他们的赞许，通过自己谨慎的支持言行洋溢出来。亨利·布鲁克说，撒切尔夫人的"酣畅淋漓"已经在这个周五取得了罕见的功绩，使得议会声望大振："我都找不到合适的词眼来表达对她那卓越演讲的称赞。"然而，他站在距离草案不远处的地方表示，它对于一名下院议员而言是"不可思议的事情"。同时表示自己喜欢行为规则胜于法律，该草案或许要以失败告终。[23] 就在一连串的关键时刻频频出现在其个人早期政治生涯中时，她的丈夫却并未成为见证者：丹尼斯正在中东出差的旅途中。

这次演讲所产生的立竿见影的结果是大量的媒体关注。"昨天，名望与撒切尔夫人交上了朋友，"《星期日电讯报》报道称（虽然其真正的时间是前一天），该报策动她像曾经宣称的那样背叛自己的理想："我不能进入内阁工作，除非有一天我的一对儿女长大成人。"[24] 当月晚些时候，她在《新闻晚报》上撰文，标题为《我力挺一位妻子身兼二职》。[25] 几天后，她告诉

---

1 芭芭拉·卡斯特尔（1910—2002），受教于布莱德福德女子文法学校以及牛津大学的圣休学院；1945—1979年，布莱克本工党国会议员；1965—1968年，交通部长；1968—1970年，国家就业和生产部国务秘书；1974—1976年，社会服务部；1990年，被授予布莱克本城堡男爵夫人。

2 此语背后好像有一个关于性别歧视的笑话（或者是不吝赞美），就是用了一个词组"相当精彩"来形容"处女的"而不是"演讲"。

《每日快报》“接下来九年里我的女儿必须学习什么”。玛格丽特希望卡罗尔入读大学：“我不希望卡罗尔在学校的最后几年里被塞给太多实践课题，而是要学习学术科目——是的，去苦干。”她还希望女儿学习“传统艺术”，但是太多的非学术教育可以在家里实现，只是要考虑过程：“向一名六岁半的孩子教授礼仪和社交，会引发希望与绝望的交织感受。看起来无穷无尽的唠叨……”[1] 她认为，女孩们应当尽量让自己看起来漂亮，因为“一个女孩的外在对个人自信非常重要”，并且一旦卡罗尔在妆扮方面不愿意听妈妈的，妈妈就将“送她到未成年美容中心”。

她告诉记者，玛格丽特对儿子和对女儿寄予的希望没有太多不同。她希望两个人都要接受好的教育，拥有一份有价值的职业。“如果钱不够用了，”她继续说，自己一直设想孩子们将要接受私人教育，“我不得不在儿子和女儿之间做出选择，整体上我会坚持择优。（除非我的丈夫或许坚持要让马克回到他的母校读书。）”[2] 但是她补充说，一名男孩能够通过职业规划调整人生的历程，女孩则不然，因为“对她而言，有一个强大的无法预知的因素——婚姻”。她考虑到自己小女儿的婚姻的各种可能性——不管是身为年轻妈妈还是老母亲，嫁给一个“知名人士”——但是尚未想象有一天她的女儿根本不愿意结婚。[3][26]

回到议会，撒切尔夫人的法案在委员会上历经曲折。该法案本来可以作为法律更好地加以制定，以保护包括媒体在内的公众权益，而不是单独涉及媒体权利的问题。它在这方面做了适当修订，在击溃了委员会中来自工党对手对其的百般阻挠之后，最终成为公共团体（参会许可）议案（Public Bodies Bill）。然而，撒切尔夫人亦有改变，就政府被授权时间的问题，她前所未有地受到摆布。辩论的时间愈久，法案就越发被削弱。她未能如愿使其适用于所有拥有委托权力的委员会，并且上议院在修改过程中，将所有的警察机构从中除外。基斯·约瑟夫称赞她的“能言善辩，漂亮，逻辑清晰以及沉着冷静的态度”，同时表示，这些规定“对于形成法律的首次冒险不太理想”。[27]

10月底，法案成为法律。其中并无太多变化，但是她树立起了玛格丽特·撒切尔在议会的声望，并且成为她与官员之间成百上千个回合的

1 哪怕在卡罗尔长大成人后，她还一直倾向于担心女儿的外貌、礼仪和言谈举止。

2 这点并未发生。丹尼斯读的是米尔希尔学校；马克去了哈罗公学。

3 在写这段话时，卡罗尔尚未结婚。

遭遇战的首次交锋，这些遭遇战在日后闻名于世。在其后的11月份做客BBC“有问必答”栏目时，撒切尔夫人根据个人最近的经历生成两个答案。就政治滥用问题，她说：“我讨厌时下流行的一种趋势，就是竭力从你可能说的任何话语当中挑刺儿。”当被问及如果她有一些怪癖的话或许会是什么形式的问题时，她表现出一定程度的自我省察：“我想这种形式或许是一种极端的坏脾气，因为低效以及个人大包大揽解雇别人。一件事本来可以被更快更好地做完，但是结果我会很狼狈。”[28]

“我通过媒体看到，玛格丽特是三位仅有的女国会议员之一，她们投票支持‘以桦条抽打’，”阿尔弗雷德·罗伯茨在1961年4月写信给穆雷尔，“但是并未考虑到，投票反对政府会对她在党内不无助益。”[29]撒切尔夫人参与了常委会围绕刑事司法法案的辩论。2月，作为芬奇利的一名候选人，她致力于坚持自己的理念。她在演讲中支持一名后座议员托马斯·莫尔爵士的修改意见，就是恢复工党于1948年废除的关于对年轻罪犯的体罚相关条款。她辩称“惩罚的真正用意”应当是“对社区的保护”，并且这种保护如今并不充分，因为此目的已经因为“我们希望针对罪犯进行人道主义改革”的说辞而受到忽视。她相信，恢复规定不会一直奏效：“在一些案件中，相关当事人如此强硬、毒辣且毫无道德感，以至于在条款中需要有更有益于治病救人的成分。”这对于“新形势下并无抢劫动机，只是为了施暴而施暴，并且以暴力为乐趣的年轻人犯罪”是中肯的。撒切尔夫人说：“我不同意犯罪是精神病的症状。”她辩称：“我们要鼓励他（犯罪者）有自我辩白的机会”，这意味着“我们可以彻底清除所有的内疚感和羞耻感”。她说，自己并不喜欢体罚，但是它是“在未来数年里仅有的——可供选择的——能够打击犯罪浪潮的措施”。[30]

阿尔弗雷德·罗伯茨几乎想当然地错误认为自己女儿的立场将会使其在党内不利。当时，体罚是保守党员之间颇具考验的一个问题，那些支持声在普通成员间颇为流行。实际上，撒切尔夫人在自己的演讲中已经考虑到了父亲所顾忌的问题，并且忍痛割爱予以修正：“无论如何，我不支持以反抗的方式来宣传或提升地位。但是我认为不能以此就排除事件当事人有真诚意念的可能性，这时我认为这种意念是有必要的。”[31]说出这种有些奇怪的想法时（在她看来，什么情况下没有必要保持真诚意念呢？）正好赶上一个关口，就是针对该问题，党内倾向于强烈抵制政府。在对她父亲信中涉及的问题进行投票时，撒切尔夫人是69个“反叛者”之一，并且在同月举行的保守党妇女大会上，自由主义者内政大臣 R.A. 巴特勒在该问题上被逼入进退两难之境。实际上，极有可能的是，党鞭一直致力于找到一种平衡理念，但是她在党内稍微偏右的立场和如此早有准备的直言不讳，成为她晋升部长官阶的助推器。在她整个议会生涯中，这是唯一一次撒切尔夫人投票反对本党的路线。

就该议题给穆雷尔写信的阿尔弗雷德·罗伯茨完全变了一个人。前一年夏天，他妻子比阿特丽斯的健康状况已经让他感到忧虑。1960年8月，他感谢穆雷尔前往与他们同住：“我们很高兴能够与你和玛格丽特共度假日……如今想来那是我们相处融洽的时光。”“我希望玛格丽特现在能够放松几天，”他补充说。[32] 次月，他写信描述了妻子所度过的难挨之夜，还提到7岁的马克开始进寄宿学校，并且玛格丽特已经安装了中央供暖设施。[33] 月末，他告诉自己的大女儿“妈妈今天再次在床上休养”，但是医生“说她已经有所好转而不必担忧”。[34] 那年12月16日，当他开始写现存的下一封信时，比阿特丽斯已经去世了。

在所有撒切尔夫人的信件中，从未提及母亲的死或者患病情况（不过现存的信件确实并不完整）。在 9 月中旬一封未署日期的信中，她向穆雷尔描述了中央供暖设备以及热水的问题，还提到卡罗尔对于新学校的焦虑，以及因家庭保姆离开带来料理难题。她只字未提自己的父母，亦未提到 1960 年 8 月前往看望母亲一事，不过此事已无法确定，因为关于那段时期的日记已然不存在。[1] 关于自己的紧张，还有一点痕迹很容易从其他字里行间看到，就像来自议会工作的重担，曾一度使撒切尔夫人在下议院昏厥，当时是 11 月 24 日。由于低血压，昏厥贯穿了她的整个职业生涯。只有《约克郡邮报》报道过此事，将其归咎于劳累过度。

比阿特丽斯·罗伯茨死于1960年12月7日的格兰瑟姆。家里为前往参加葬礼的哀悼者赠送了打印卡片以示感谢，上面印着阿尔弗雷德、穆雷尔和玛格丽特的名字。就在前一天，《利物浦每日邮报》刊登了玛格丽特的一篇文章，笔调活泼地谈到如何将家庭生活与政治工作结合起来。这位政坛女士写道：“必须对所做之事充满兴趣”，就像音乐和算术，并非天赐，而可

1 一位病人的确收到了来自玛格丽特的意外惊喜，这个人就是她的前男友威利·库伦，也就是现在穆雷尔的丈夫。当时，他由于肺病在伦敦住院［“我已经看完了《沧海无情》（The Cruel Sea），这是我离开学校后读完的第一本书”］。“太让人吃惊了！”他写道。“你的玛格丽特带了一束鲜花前来，他们使得整个房间都振奋起来……玛格丽特看起来很好，我告诉她不知道她何时能忙完自己的工作。”（1960 年 11 月 9 日，库伦写给穆雷尔的信）

后天习得。“漂亮还不够！”她宣称，一位女性必须还要拥有“勇气和信心，因为若非这些特质，其他的都会变得苍白无力且毫无意义”。行文至半时，她补充道，孩子们经常前往威斯敏斯特，“他们最大的乐趣是去爬大笨钟（英国议会大厦上的报时钟——译者注）”。[35]在她母亲病危的背景下（并未提及）阅读该文颇有一种异样的感受。

玛格丽特和丹尼斯邀请阿尔弗雷德·罗伯茨前往共度他丧妻后的第一个圣诞节。从“老虎窗”之家，他写信给穆雷尔：“或许你能感受到，我一切安好”。“当然，我怀念你的妈妈，”他说，“由于每个人都忙于各自不同的工作和事务，这种思念之情日益增加。”在这个家里，“每天的大多数时光都很孤独。”[36] 1961年1月3日，阿尔弗雷德仍然与玛格丽特同住，他写信告诉穆雷尔自己到达她家有一周时间。双胞胎邀请朋友们到家里喝茶，他说：“因此我宁愿躲到自己的房间里逃避喧嚣。”当晚，他与丹尼斯和玛格丽特一同在布罗姆利看了一场电影：“这真是他们难得一遇闲下来的一晚。”

关于父亲同住岁月的描述，玛格丽特的版本在圣诞节后写给穆雷尔的信中有所体现，其中流露出日益不耐烦的情绪：“至于老爸[1]，他决定尽可能长时间与我们同住。他告诉阿比[2]自己担心回家。可是目前我家里真是很困难，如你所知，马克和卡罗尔同睡，时不时相互打闹。而当父亲早上5：00至5：30之间上厕所时，会把他们弄醒。他吃饭太多却又百无聊赖地什么也不做。”回到议会后，玛格丽特感到必须让父亲离开：“我将不得不在1月14日周六让老爸离开……这样做你觉得合适吗？”另外，她给姐姐建议了一个父亲最后返回格兰瑟姆的确切时间，“否则他将会不着边儿地四处闲逛。”[37]

从埃塞克斯回到格兰瑟姆后，鳏夫阿尔弗雷德·罗伯茨给自己的大女儿写了一系列绝望透顶的信。他不止一次地对自己以及被小女儿冷落感到失望。“虽然并非易事，我还是尽量使自己适应新环境，何况一切都在好转，”2月21日，他写道，“如果我能够再多住四五周，就将度过最糟糕的时日……以目前情况来看，我不期望在这周再收到玛格丽特的来信。”事实上，他错了。但是从3月1日再次写的信来看，他并不满意：“收到了玛

1 玛格丽特对父亲的称呼有变化。晚年时，她一直称其为“父亲”，但是在父亲在世时，偶尔会称呼他“老爸”。经常使用“父亲”，但是最多的是“爸爸”。从未使用过“爹”。

2 这是阿贝伊的缩略诨名，并未在家里一致使用。

格丽特的一封短信，但是只字未问我过得如何……当然，她似乎忙疯了。”他还提到自己已经有了一个新遗嘱：“你和玛格丽特都是遗嘱受托人和执行人，房产应该在两人之间分割，由你来决定任何小物件该给谁。”3月24日，他描述了自己开始学习如何熨烫自己的衬衫：“那一时刻，我感觉到自己并不太孤独。”4月19日，他再次写信感谢穆雷尔的生日礼物：“你能记得我这些事太好了。不幸的是，那天玛格丽特一心扑在预算上，对此早已忘得一干二净。”他接下来转移了自己的注意力：“我希望玛格丽特记得安排孩子们（穆雷尔的儿子们）去参观下议院。如果她没有做这件事就太糟糕了，因为这对他们来说是一次难得的出游机会。”或许穆雷尔提醒了玛格丽特父亲的生日，大概一周后，阿尔弗雷德告诉她：“玛格丽特给我写信，对忘记我生日一事表示道歉，还告诉我希望知道有什么能送给我的。”[38]

如果就此评价撒切尔夫人的行为是对父亲毫无责任心就错了。在父亲去留的问题上，由于她当时正要解决儿女们的居住空间问题——父亲的出现或许刺激了她——试图将他送进一个当地宾馆；6月，她、丹尼斯和马克还带他去看了板球决赛。[39]至于他提到一周没有收到小女儿的一封来信，从大多数星期来看，她都写信了。在这些月份里，现存信件中并无玛格丽特写给阿尔弗雷德的信，但是之后不久就有一两封。这些表明，他繁忙的女儿尽其所能地保持着和家庭成员的联系，尽管不是那么亲密，但是很友好。1961年9月初，她告诉父亲自己带着孩子们去了苏塞克斯的康贝金沙滩，“老虎窗”还遭遇了入室盗窃（“我‘被他们进来的声音’惊扰了，但是告诉自己不要干傻事，我一直想着事情”），丢失了几个六便士的罐子，孩子们的生日压岁钱和焦特布尔的靴子。[40]次年仲夏，玛格丽特告诉父亲自己度过了一个“最精彩的上午”，就残疾人康复问题主持了一个国际研讨会，在芬奇利有一个新代表（“他说话简直太多了”），然后去看了阿斯科特赛马会（与数年前她告诉阿尔弗雷德观看的德比马赛做了对比）。她骄傲地吹嘘，自己与丹尼斯一道参加了白金汉宫的鸡尾酒会。她以无意识地自我映射的笔触写道：“女王有着比大多数人意识到的更强大的人格，她一点也没有被爱丁堡公爵（女王丈夫）的名头遮盖。”[41]但是在所有的信件中——父亲给大女儿的，玛格丽特给穆雷尔的，小女儿给父亲的——表明一名女士如此繁忙却又如此热切地参与各种事务，但是原始家庭没有为她分担，并且她的家庭问题并未进入其脑力所及之处。卡罗尔确认了这一点，回忆称她的幼年并未有一丁点罗伯茨家族的痕迹，亦未受到来自外祖父的有力影响。她的母亲“没有随着格兰瑟姆上下起伏，摇摆不定”。[42] 1962年4月生日后，阿尔弗雷德·罗伯茨写信给穆雷尔，一如去年一样对她的礼物表示感谢。他提到，自己将去和玛格丽特住上几周，但是告诉穆雷尔：“正是你的情感帮助我和偶尔袭来的那糟糕的孤独感坚持抗争。”[43] 不过，好像他不可能同时以与之可比拟的热情口吻给玛格丽特写信，或者从后者那里收到一封这样的信。旋即，阿尔弗雷德·罗伯茨娶了一位当地农夫留下的遗孀锡西·哈伯德，这样，他的孤独感不再成为女儿们的心头病。

早在一年前，玛格丽特已经接受了来自《每日邮报》同时代最著名的特写记者戈弗雷·温的采访。温以女王即将到来的生日（4月21日）为采访开场白，并写道：“我对面沙发上的这个女人一定不能出生并生长于除了英国之外的任何国家。她不仅和女王出生于同一年（事实上，她比女王早一年出生），而且拥有着和女王一样的完美无瑕，一样的冷水女士香水味，英国人的特质浑然天成。”[44] 他说自己认识的撒切尔夫人——虽然他当然知道对方的背景——不是作为格兰瑟姆杂货商的女儿，而是“一名有着中上层阶级出身的女士，她的丈夫喜欢带她在苏格兰狩猎”。如果假设撒切尔夫人一度渴望过这种生活，或许情有可原（不过丹尼斯从未狩猎过），并且如果假设她从容不迫地从北巡街那个桃花心木柜台旁逃离至千里之外，亦在情理之中。或许，这个背景有助于解释她的一个举动，就是当时出乎意料地直接对数月前去世的母亲予以评价：“我发自内心地爱着我的母亲，但是自15岁之后我们彼此就再也无话可说。这不是她的错误。她被家务事压着，只能一直待在家里。”无疑，她追求着逃离这样的家庭背景，特别值得指出的原因，就是一旦她留在格兰瑟姆，性别原因会使她在各方面受限制。对父亲而言，即便忘记给他送生日礼物，她还是表达了自己的敬意。“他教我广泛阅读，”她告诉温，“为此，我将所有都归功于他。”[45]

1961年10月9日，首相哈罗德·麦克米伦为玛格丽特·撒切尔提供了她的第一份政府职务。和在航空部获得职位的曼迪·伍德霍斯一道，她是第一个被提拔任职的人。在对这位未来首相一笔带过的日记中，麦克米伦写道：“撒切尔夫人，一位聪明的年轻女国会议员，和曼迪·伍德霍斯成为新人。”[46] 撒切尔夫人同样是被任命为大臣的最年轻的女士，亦是第一个在任命时带着一个小家庭的人。她的工作是议会年金和国民保险部（MPNI）

部长副秘书，薪资是每年3250英镑。就在这些她生命中的重要时刻，丹尼斯都离开了——在非洲的差旅途中——当时任命刚刚下达。她告诉报纸记者们，在媒体将这一消息公之于众之前，自己不敢给他发电报。因此，他是在所有其他人之后得知消息的人。[47]

有一家报纸称：“那天，她穿着和其他家庭主妇一样的装束出现在市镇上，戴着一顶哥萨克风格的兔皮帽子，遮住了几乎所有那些趋于变灰的金色头发。穿着一件绿色羊毛衫裙子。脖子上一个双排珍珠项链隐约闪现。”[48] 然而，撒切尔夫人在任命仪式上见到首相时，据她本人的说法，依旧风姿绰约。她穿着“我最好的套装，这次是宝石蓝”。[49] 并且大会为她的到来设置了满满的日程安排，将她在布莱顿登台亮相的日子定在了坊间俗称的黑色星期五，10月13日，那天是她的36岁生日。她回忆说，自己出场了，“从一辆皇家蓝色轿车走出，穿戴着高贵的蓝裙和礼帽”。[50]

这样的盛装时刻并不意味着她本人工作的重要性。党内领导层已经为撒切尔夫人安排了重大计划。她的这份职位是为数不多的为妇女们预备的职位之一，部分原因是此工作的多数内容和寡妇们的养老金有关。当帕特里夏·霍恩斯比·史密斯在8月底辞职时，已经有强烈的暗示，这份工作不久将归属于撒切尔夫人。在个人回忆录中，撒切尔夫人记得，麦克米伦“非常特别地”建议她第二天不要在11点之前出现在新办公室，并说她应该“四处观望然后走开。我不应该待太久”。[51] 她没有理解对方的建议或许反映了他对于自己提供给她的这份工作的低估。当时的女国会议员们通常会以“福利事务”而结束职业生涯；“你吸纳了一名女士，但是却把她塞进福利行业，”撒切尔夫人回忆说，“不管是福利抑或教育，或者是社会服务工作。”[52] MPNI的职务对许多男士并无吸引力，确切地说是对那些渴望掌控保守党的男人们如此。它是一份非政治性的工作，在细节上纠缠不已。撒切尔夫人在接受任命三天后的ITN采访中总结了这份工作的特点：“……我认为它不仅从人性方面提供机会，帮助那些需要帮助的人；并且从财政层面亦然，可以看出计划的有效性。”这份工作和一个福利国家最基础的部分紧密相关。彼时，几乎无人想到这件事的重要性。尽管她渴望从事男性工作，尤其是经济领域，玛格丽特·撒切尔慢慢了解到这份工作也可以实现这些。它教会她福利是如何有效运作，以及何时不奏效，还有为何政府要花这么多钱在这上面。

当撒切尔夫人首次到达位于约翰亚当大街的部长办公室时，她发现自己的部长约翰·柏一德·卡朋特[1]正在前门等候自己。历来易受殷勤之态感染的她对此印象深刻。从对方的角度亦然。首先他假定她的任命从某种程度上是装点门面，或者就像他说的："只是麦克米伦的伎俩之一"，但是"很快我发现我以往的怀疑是多么错误。以训练有素的律师的头脑，她很快掌握了国家保障体系那些艰深晦涩之处。尽管男士们目之所及的事实是她看起来好像一直把时间花在早上找理发师，下午约女装设计师等方面，然而她在部里工作时间很长且富有成效。"[53]同样是男士的视角，他们实际上从一开始就忽视了她的天分，并且一度对之表示怀疑。她到部里时，还遇到了常务次官艾瑞克·博伊尔伯耶尔爵士，一个以苛刻著称的格拉斯哥人。就像柏一德·卡朋特，他立即给撒切尔夫人安排了从未给别的政务次官提供过的特权，或许是对她性别的尊重。他到她的办公室拜访而非要求对方到自己办公室去，并且一直保持着这一习惯。遇见她之后两人均给予其特权。柏一德·卡朋特想知道，博伊尔是如何看待她的呢？"她非常有能力，将有很长的路要走。"常务次官表示。部长不愉快地点头表示同意："她有麻烦了。我们能够做什么让她一直忙着？"[54]

撒切尔夫人被邀请去参加了一项关于女性角色在国家保障体系中的有利性的研究。她针对该项目的论文已然不存在。但是，据时任博伊尔私人秘书的迈克尔·帕特里奇称，这篇论文令人印象非常深刻，预示了女性雇工、养老金和税收权益的平衡和补偿问题，而这些在20世纪80年代被撒切尔夫人付诸实践。[55]据说当时围绕这项研究的态度是，认为这是没有前途的事情。

然而，撒切尔夫人每天的职责和细节相关，而非政策。部门年度报告在技术性较高的账户变化与交付益处的文字间，偶尔糅合了一些具体趣闻轶事，以显示人性化：

> 一名靠养老金过活的截肢人士提到，当他加入一个人造肢体和装置中心时，难以为自己的火柴生意买一匹小马驹；福利官员找到BLESMA（英国截肢退伍军人协会）和玛丽女王的（罗汉普顿）撒玛利亚基金会，它们一起贡献了一笔钱以支付一匹斑点灰马的费用。[56]

---

1 约翰·柏一德·卡朋特（1908—1998），受教于斯托学校和牛津大学的贝烈尔学院；1945—1972年，金斯顿后泰晤士河的保守党国会议员；1954—1955年，交通部长；1955—1962年，养老金及国家保障部；1962—1964年，财政部首席秘书；1972年，被授予柏一德·卡朋特男爵。

撒切尔夫人的第一次部长级下议院出游到来了，在涉及其他事情的同时，首要的是讨论了工伤包含哪些内容（“让我们引入一个工人的案例，他在回家吃午饭的途中，停下来观看板球赛，不料被一个板球击中”）。[57]第二周，她与芭芭拉·卡斯特尔就是否在资助志愿团体中适用“监护人津贴”问题发生争执。她维护——据她的个人回忆录，尽管这有悖于其个人意志——盈利规则的推行。该规则为孤独老人们接受的国家养老金金额设置了上限，[58]此举展示了她在相关细节方面精湛的知识储备。

撒切尔夫人的议会对手对这位新任年轻官员有两种反应。第一种是如今被视为从其美貌出发表达意见的性别歧视者。比如日后以反对君主制而闻名的威利·罗斯，在下议院辩论过程中说，“我们对这名尊贵女士的数据表示欣赏，但是却不喜欢她的数字（在此为双关，意取‘体态’）——用复数形式。”[59]她好像对这种玩笑很开心。在另外一场辩论中，同样是就盈利规则废除成本的议题，撒切尔夫人宣称，或许很偶然，“我获得了一个着实炙手可热的特质（red—hot figure）。”当有些议员起哄时，“听着，听着，”她话锋一转，“我非常高兴自己今天没有穿一件红色的裙子。话题继续，我有一个最新的重要数字 (a bang up—to—the—minute figure)。”[60]另外一种反应是对她辩论能力的尊重，这种能力以她律师的思维方式将人置于恼怒阴影中，只是因为她在讨论一桩案件时聪明地顾及细节，却没有明显的感情色彩。希尼·希尔弗曼极刑的反对领头羊，述及她针对一群丈夫死于1948年前的妇女谈到的“十先令寡妇”辩词时说：“这位尊贵的女士已经制造了一个案例……着实是一个行政主义、官僚主义和精算主义的案子——有些人将之称为第三类保险公司案——但是它使她本人满足了，我却不能抱怨。”[61]另外一名工党工会议员约翰·孟德尔森，总结了她陈述案例的方式（抵制了一场劳工运动中的抱怨：获益并未跟得上通胀保持），其中设置了未来用以攻击的模式：“在这位尊贵女士演讲的最后，我的印象是，她为我们提供的都是纯学术展示。值得注意的是，她有能力在许多我们老人的不幸遭遇上做一个高谈阔论的长篇演讲，却丝毫未触及关于他们是如何生活的这样的真实体验。”[62]关于玛格丽特·撒切尔铁石心肠的看法产生了。

在回应这些攻击过程中，撒切尔夫人自始至终保持礼貌，但是也未退让半步，有时会据理力争。“如果偶尔我对他说话‘没有感情’，请这位尊贵的议员原谅我，”她告诉一个频繁攻击的对手道格拉斯·霍顿，“我确信他将抓住其正确的精神实质。然而，这是我的想法。”[63] 在1962年7月13日著名的长刀之夜，当哈罗德·麦克米伦试图以替换其内阁21名成员中的7个来恢复政府方向时，撒切尔夫人发现自己在派遣表单中，当时内有嗓子疼，外缺部长，因为柏一德·卡朋特已经被提升了。然而，她全力以赴，开玩笑说自己将面对来自反对派对其部长的敌意评论“当我孤身一人”，同时猛烈地攻击迈克尔·富特[1]，后者后来成为她面对的为数不多的成功的工党领袖。在关于当时作为国家安全范畴的国家补助增率问题上，他们发起辩论。富特是一名“扭转大师”，她说（以此命名的舞蹈随后风靡）。同时，她针对自己身为其中一分子的政府政策提出了含蓄而警示性的批评：“政府过去三年的支出……在国民生产总值中的占比已经日益增长。站在议会一边的尊贵的议员们将不会乐意听到这些。”富特关于增加开支的要求将会使事情越来越糟糕，她说：“如果我们要采纳杰出经济学家们的建议，结合尊贵议员埃布·威尔（富特）的意见，我们将引发暴乱，继而发现无兵前往镇压。”[64] 柏一德·卡朋特记得，她有一种能力将“实质问题”从“国家保障技术体系卷帙浩繁的资料”中摘录出来，同时，撒切尔夫人还表现出难得的冷静。“我首先记得她的勇气，在下议院的地板上，她不仅仅是要站着面对理查德·克罗斯曼[2]，而且还有后者强大的智囊团队，一次一次快速而灵巧地使用事实和数据来驳倒对方。”[65] 克罗斯曼本人对她表示尊敬：“她堪称我的朋友，当她在养老金部时，我与之相处甚好……她坚强而富有能力……”[66]

要了解撒切尔夫人如何看待自己的工作，确切说，一个全面的福利国家是如何建设的，读者必须研究三份著名的改革论文，它们始于“二战”期间，当时左右着政治思想，并被主要政党接受，置于非凡地位。它们分别是 R.A. 巴特勒的 1944 年教育法案，促成了文法学校和现代中学的分割体系；1944 年就业政策白皮书，受到凯恩斯主义的深刻影响，首次将管理

1　迈克尔·富特（1913—2010），受教于雷顿公园中学以及牛津大学的里丁和华顿学院；1945—1955 年，普利茅斯德文波特工党国会议员；1960—1983，供职于埃布—威尔；1974—1976 年，就业部国务秘书；1976—1979 年，下议院领袖；1980—1983 年，在野党领袖；1983—1992 年，供职于布莱耐—格温特。

2　理查德·克罗斯曼（1907—1974），受教于温彻斯特和牛津的新学院；1945—1974 年，考文垂东部国会议员；1964—1966 年，住房和地方政府部长；1966—1968 年，下议院领袖；1968—1970 年，健康和社会安全部国务秘书。工党智囊领袖，后来任《新政治家》编辑。克罗斯曼通过他死后出版的《一名内阁大臣的日记》引发了巨大公共争议。当时，政府未能成功抵制这些出版物。

经济纳入政府责任，旨在保持“一个较高而稳定水平的就业”（不久被解读为全面就业）；以及经济学家威廉·贝弗里奇的报告，为丘吉尔在 1942 年 11 月的战时联盟制定，是关于社会及相关服务的内容。在她的职业生涯中，玛格丽特·撒切尔与第一份论文进行着不愉快的斗争，并且几乎要与第二份论文彻底决一死战了——尽管她将之放在手提包里从不离身。至于第三项，她却从未与之断绝关系。贝弗里奇的内容被她认为是明智的，尽管在某些方面有瑕疵，但也是福利国家的蓝本。在该领域，她和自己的批评者推崇的激进主义不同，不管是身为副部长还是到治理整个国家，都努力把贝弗里奇的原则运用到主流环境之中。当她成为 MPNI 的政务次官时，“第一步是重读最初的贝弗里奇报告”。[67]

贝弗里奇和凯恩斯一样，在政治上是自由党员，致力于为身处各种变化以及生命机会中的英国人民提供较高的安全度。他坚信，国家需要帮助，运用有效的制度体系可以防止“获取权力的不正当性”。在公民的生育、婚姻和死亡方面应有专门的制度。长寿人口的大幅增加意味着必须保证所有人都获得适当的养老金。他说，自己的构想“首当其冲的，是提供一个保障计划，以惠及百姓以提高他们的生活水平，就像正确的但未经经济情况调查的，公民个体可以基于此自由筑梦”。主要通过国家保险制度来实现，具体支付方式则通过工人个人工资的每周“印花”（工人个人缴纳保险费用的印章凭证——译者注），以及雇主的贡献部分来实现。其好处是不必考虑支付手段。由于认识到有时人们会出离保障覆盖面之外，或者不能为国家保障做出贡献，贝弗里奇还提出了用国家补助来回应这种需求。这自然是经过经济情况调查的。另外，他指出，自己的计划在避免大规模失业措施以及合理的“自由”卫生保障缺失时不能奏效（因此促成了 1944 年白皮书）。“医疗措施覆盖所有的需求。”贝弗里奇写道，“将通过设置于健康部门的国家健康服务机构为所有市民提供。”没有轻快的语句，300 页的报告中仅有 5 页的“假说”有贡献，任何政府面对的最重要、最困难而又最宝贵的项目之一——国民医疗保健制度——诞生了。

就像自己所做的，贝弗里奇在计划中有一个强烈而坦诚的信条，存在于国家的温和权力中，但是，通过取消针对公民个体的激励机制来顾及他们自身及其家庭的想法，并非她的意旨所在，也不是要削弱个体企业提供保障的能力。他在自己的报告中写道：“组织安全保障的国家不应当扼杀鼓励机制、机会、责任；在建立最低国家基准方面，它应当为每个公民个体的志愿行为留下空间和激励措施，旨在为他及其家人提供多于最低基准的帮助。”至于国家保障不进行经济情况调查的主要原因之一，是避免惩罚节俭。“一个人的收入管理”，他说“是一名市民的自由权益中的一个实质要素”，并且它对一个国家而言，要消除保险负担就是犯了“原则性错误”：一个受保人本来就不应该感觉到游手好闲就可以不劳而获。然而，这样做将会导致他从一个无底钱罐里源源不断地获得收入。因此，当一个人确实不得不求助于国家补助时，“应当为之提供收入并连带着医疗，以尽快停止其收入中断的局面。”

说着容易做着难，但是后继的英国政府将努力实现这一点作为责任，并且撒切尔夫人接受了贝弗里奇的实质性原则。事实上，她比以往更勤奋地追求实践报告精神——一切有待回答，但是游手好闲之风使人气馁，并且维持“宅人”生活的收入模式未被打破。“贝弗里奇报告从未剥夺自愿原则。”她在晚年时说，[68]确如其然。

部分原因在于她卫理公会教徒的背景，她知晓19世纪时自助志愿者协会兴盛的相关情况，还有互助会以及“贫民学校”，并且她对这样的社区项目有强烈兴趣，把它们看作“己所不欲，勿施于人”之原则的集中体现。[69]不过，她同样相信一点，就是英国社会的正在加剧的流动性和大众城市化意味着，并非所有事都能借助本土知识以及合作方式完成。在她看来，贝弗里奇在辩论中跳过了一些点，或者更多使用比喻，为大家提供了一个基础而非天花板。她保持着对一个国家基本养老制度的偏爱，并且同意贝弗里奇关于国家保障应当精确而不是以其他名义纳税的理念。至于福利领域的社会问题，“依赖文化”，她记得在20世纪90年代，“当时还未被考虑到”。[70]她对于福利问题的态度一直都不是纯粹自由市场组合或落后即挨打理念的一部分。它更多受到战争影响，而保持着老派和传统，却对于政府适合担此重任的想法有着惊人的自信。她希望国家动员人们去帮助不幸者，并一直坚信在这方面没有完全的私人替代方式，但是她一直担心两件事：“逃避责任者”宁愿倾向于从工人的损失中获利；成本若非谨慎控制，将会产生国家灾难。[1]

---

1 由于个人在道德问题上的保守态度，终其职业生涯，撒切尔夫人都讨厌围绕婚姻问题和性行为制定法律，还有就是在此背景下惩罚性地动用税收和救济金体系。这在她的 MPNI 任期内非常明显。她宣称，在所在选区内为未婚妈妈们打开一个家门，“提供帮助是我们的工作，但绝不是坐而论道。”（芬奇利出版社，1963 年 5 月 24 日）

撒切尔夫人在 MPNI 的工作有助于实践贝弗里奇报告。她不得不处理“横跨于贝弗里奇原始概念以及日后该体系（还有伴随其中的公共期待）被发展的方式之间的鸿沟所产生的困难”。[71] 这些困难包括通胀的影响；国家养老金的低统一费率；盈利规则的惩罚性效应；所有人对于更高的“免经济情况调查”效益都有需求，而一部分人在应对特殊需求时需要更多金钱支持。这两者之间有着不可避免的冲突。撒切尔夫人曾在养老金部门工作过的证据是，她关注这些问题，但是要解决它们却超出了她的职责范围。她如此羡慕约翰·柏一德·卡朋特[1] 的原因之一在于，他从 1955 年接任该职以来就曾强调过该领域中的许多难题并尝试解决，显著的有，允许那些有合理私人养老供给者，从与收入挂钩的养老金框架中脱离出来，接受来自他们在 MPNI 中所做贡献的回赠。但是，柏一德·卡朋特在撒切尔夫人加入其团队不足一年后就被调离了 MPNI，而他的继任者尼尔·麦克弗森和理查德·伍德，都没有追求，亦无政治影响力试图推进更深层次的改革。雪上加霜的是，政府从 1962 年开始进入政治衰落期，因此缺乏集体意志。撒切尔夫人对这些压迫感的回应是在明确的任务面前竭力工作，心里一直想的是本部门已成为政府部门中的第二大开支部门（在国防部之后），她不得不压缩成本。

撒切尔夫人在该职上奋斗了三年，最终因1964年大选结束，她宁愿更早被提升。但是她享受这份工作，并且终其一生回头看她都视之为生命中一段积极的岁月。她很快发现了自己对于行政的天然嗜好，并且为自己的好斗个性找到了用武之地。和保守党的达官贵族们不同，她在政府的引擎室而非官员的食堂间接受了教育，这日后成为自己的进身之阶。她羡慕那些自己为之效命的高官，不过他们也羡慕她。就像她1961年的议会私人秘书（PPS）[2] 克莱夫·博瑟姆所言：“他们不喜欢她。”有一天晚上，博瑟姆和她一起在部里，当时她正在注视着一堆有自己署名的信件，当她读这些信时，就撕掉每封信的顶部。“我没有寄出它们，”她说，“其中都是不可理喻的话。”博瑟姆还从撒切尔夫人处听到了官员的回应：“这个野蛮女。她的工作是签字，而不是阅读。”[72]

在政府这部机器当中，玛格丽特·撒切尔只是一枚近乎旁落的小齿轮。早在 1960 年，通胀和政府开支的增加唤起人们对高工资的要求，这造成

1 1969 年 10 月 31 日，她告诉下议院，柏一德·卡朋特已经“教会我太多，如何去了解政治”。

2 议会私人秘书是一名部长的拎包国会议员。他的工作和部里的工作不搭界，并且没有薪水，但是通常位于晋升阶梯的前排。博瑟姆是玛格丽特的赞助人阿尔弗雷德之子。

了公职人员的“薪资冻结”，成为使政府日趋式微的收入政策阴影，直到1979年才告一段落。经济增长开始减缓。1962年3月，自由党在奥平顿选区选举中大获全胜，从保守党中赢取近乎15000个多数席位。1963年1月14日，法国总统查尔斯·戴高乐将军最终反对由爱德华·希思煞费苦心参与谈判的英国申请，未能加入欧洲经济共同体，就是日后人们所称的欧共体。同年6月，战争部长约翰·普罗富莫，由于被发现在和克里斯汀·基勒关系的个人问题上向下议院撒谎后不得不辞职，后者身为一名妓女，一度被称同时还和苏联驻伦敦大使馆的高级海军武官叶夫根尼·伊凡诺夫有染。彼时，正值哈罗德·麦克米伦的政府开始步履蹒跚之际，麦克米伦本人也病倒了。受到前列腺问题侵扰，同时又被一名医生错误建议自己不能全面康复，麦克米伦于1963年10月10日辞职，当时他所在政党的年度会议正于黑潭举行。

在这一连串的事件中，玛格丽特·撒切尔丝毫没有沾边。她忠实于自己的公开声明。她支持共同市场进入，尽管没有任何对欧洲热情的粉饰。对她而言，这是进入一个更大市场的通道。“参与一个商业义务和条约是一个主权国家的实践机会，而非从中堕落，”她告诉芬奇利保守党，[73]同时，尽管当时并未宣称军事意愿，她将EEC视为防卫西欧，尤其是西柏林以抵制苏联共产主义的一部分。她在此事上的语气平静，近乎超然。“如果我们不加入，世界末日就不会来到，但是如果我们行动，将会再好不过。”她在1962年8月芬奇利地方电视台的“有问必答”栏目表示。[74]她要防止社会上发生薪资冻结的情况。就在麦克米伦被攻击对普罗富莫处理不当时，她将之描述为“一位具有最高诚信和荣誉的男士，因而不应该遭受任何道德标准还不及他的人的攻击”。[75]甚至就个人而言，她并未写过文章批评麦克米伦的方向。

然而，未被政府高层全面了解的各种不同观点冒头时，是有可能被识别的。在她成为部长前仅有的在下院议员席上的演讲中，从那些鼓动自己法案的人中分离出去，撒切尔夫人进入了一个经济辩论，呼吁对职场女性分别纳税，并表明当下控制公共消费的手段不够充分。[76]她倾向于采取严密的财政知识立场，拒绝向要求更多公共开支者做出让步：“如果你在凡事上都对孩子的要求说‘好的’，那么你应该想到自己正在以不正确的方式养儿育女。那么，一个政府应该怎么做？”她向芬奇利保守党妇女协会问道。[77]并且在工会问题上，大部分部长级声明都是极其谨慎的，她亮明了自己的立场：“是时候对工会法做出修订了。”[78]她还明确一点，就是相较新英联邦，自己更信任老（白）英联邦。同时她反对来自犹太人选区的抗议，保护法西斯演说家奥思沃德·莫斯利爵士在特拉法加广场举行集会的权利。“如果莫斯利的机会被禁止，”她告诉芬奇利的保守党，“就意味着任何共产党员们不喜欢的集会都会被禁止。”[79]坐在手术室里等候医生前往检查马克身上的疔疮时，她愤怒地给父亲写信说：“相比每一个犹太人在本地区更多言论自由的需求，选区的限制措施却依然不减。”[80]

就像对领导层本身的态度一样，她对于哈罗德·麦克米伦的支持并非只是出于热心。在个人回忆录中，撒切尔夫人说，曾与“超级麦克”代表的凯恩斯主义中的扩张主义予以争论。如果一个人要讲述潜在的信念，这或许是真的，但是并无证据证明当时这些思想在她头脑中很强烈。她更大的关切好像是在麦克米伦作为一位坚定的领导人开始走向失败时产生的，或许还有一种对方对她那种过度的谦恭之态的些许厌烦。多年后，在谈及麦克米伦处理普罗富莫一事时，她说，他是那种人，“一直认为事情能够被悄无声息地平稳处理掉”。[81]她这种说法并非恭维。1963年7月，她在下议院的平台上为芬奇利保守党女士们举行了一场茶话会。说到麦克米伦当然可以继续担任领导人（在公共场合多说别的或许就会被认为是大逆不道），她显示出对R.A.巴特勒的钦慕之情，称赞在处理罗得西亚和尼亚萨兰问题上的工作（不久就走向了巨大的错误），并赞扬他的“经年的智慧”以及“工作上出众的能力”。[82]同月里，麦克米伦的PPS诺克斯·坎宁安，还有撒切尔夫人进入四名政务次官名单，他们“并未获得全部支持”。[83]当1963年10月产生了领导层危机时，她下意识地希望巴特勒而非昆汀·霍格成为麦克米伦的继任者。“RAB（巴特勒的名字缩略——译者注）的确曾经是智囊，”她回忆说，认为他在战后保守党研究部不遗余力，“如果不支持他将会被证明是一个错误……他已经做了那么多。”[84]

麦克米伦宣布离职后，党内会议经历了一段时间的混乱，有一点变得明朗，就是黑尔什姆已经开始插手。巴特勒退后了。在当时通行的选举保守党领袖的体制之下，哪怕是议会议员，也无人拥有投票权。领导人经过咨询过程而“浮出”。

在大会上做了一场成功演说，并展示出可信与公正的自信后，外交大臣休姆勋爵开始崭露头角。他一度获得麦克米伦本人的支持，历来反对巴特勒，如今对起初自己一度推崇的候选人黑尔什姆抱着强烈的怀疑，休姆的支持者开始变得强大，不管是力度还是人数皆然。和黑尔什姆一样，休姆也是上议院议员，并在其中被认为不再有可能领导保守党，但是自从法律改变为允许继任者在上议院获得议席，这些反对意见均不攻自破。[1] 当撒切尔夫人在周一党会之后看到党鞭时，刚刚过完自己的38岁生日的她告诉他们自己更欣赏RAB，但是“我被问及对埃里克的看法。‘这有宪法可能性吗？’我问。得到确认答复后，我不再犹豫，并表示：‘那么我强烈支持埃里克。’”[85] 尽管撒切尔夫人的观点的确对事情本身毫无意义，麦克米伦做了她所希望的，并建议女王关注休姆。

撒切尔夫人此后一直对此人特别注意，直到对方成为第十四世休姆伯爵，并以埃里克·道格拉斯·休姆闻名于世时才打住。她一直称呼他“埃里克”，但是从未称呼麦克米伦“哈罗德”。她尊敬他的判断力、思想和个人优点，并确信那场使他置身战争之外的长期疾病，同样使他有时间深化自己的理解力：“我想他博览群书。就像开始和你讲话时表现的一样，他思考任何事情都会显得深刻，当他说话时，不是给你讲一套政治官话，而是深入到英格兰历史，继而是英国联合王国，继而是大英帝国。”[86] 在她看来，休姆的唯一缺点是其在电视时代的明显不合时宜，他“是一个非常好的人，但……不是能够上电视的凡夫俗子……电视对有些人来说实在不好，但是在表达忠诚方面，无人能与埃里克·道格拉斯·休姆比肩。”[87] 虽然她对首相没有提拔自己而感到失望，但是她还是对其到来满心欢乐。在10月份休姆成为首相的一个月后，她给父亲写信描述了他在10号院为所有大臣摆设午宴的场景：

“我获得了两份由埃里克·道格拉斯·休姆为儿女们亲笔签名的菜单。他们对此兴奋不已。我想我们确实要为新班子高兴。相比哈罗德·麦克米伦，休姆显得更平易近人。”[88] 从某种程度上，休姆是她最喜欢的男人类型——其出身本可以使他瞧不起别人，然而他没有。她理想中的绅士。后来数年，她对于媒体攻击休姆的行为保留着特别不屑的态度：“痛打落水狗的行为实在为人不齿。如果任何人能接受我，我也能够接受他们。”[2][89]

休姆成为保守党领袖的方式引起那些激进保守党分子的嘲笑和愤怒。在1964年1月17日《旁观者》杂志的一篇著名文章中，编辑、保守党国会

1 这次改革是由安东尼·韦奇伍德·本所倡导运动的结果，他后来以托尼·本闻名，是一名不愿继承父亲斯坦斯盖特子爵遗志进入上议院的工党国会议员，因此牺牲了自己的政治生涯。

2 休姆很有包容心，哪怕是对她的缺点。在1975年她成为领导人后，休姆说：“毋庸置疑，她是一个专横的女人。有时你有必要站定个人立场。”（与大卫·迪尔克斯的信）

议员、曾拒绝为下议院效力的前党主席伊安·麦克劳德[1]，攻击其为控制领导人遴选程序的保守党政要的“魔术圈”，导致了遴选领导人规则的变化以及议会中党的阶级构成。撒切尔夫人不同意麦克劳德的说法。不过，她本人也承认，存在“非常外围的甚至是不着边儿的魔术圈”。[90]她从原则及推进路径的视角看待事物本身，认为没有什么是绝对错误的，并相信首要的是找到对的人来做，而非如何找到他。她确实承认“魔术圈不再为那些崭露头角者提供合法性，”[91]但是对于其演进颇感不满。“它曾经还挺管用”这是她的简要观点。就像针对麦克劳德的文章说：“对我而言，那就像背叛。”[92]

道格拉斯·休姆的首相任期姗姗来迟，一度持续了快一年。国会的主要目的是确保保守党及时休整好以备大选。在这件事上，撒切尔夫人扮演了一个不太重要的有力角色。她告诉惠茨通·沃德的人们“忘记埃里克·休姆是第十四世伯爵”（基于一个事实，就是工党对手哈罗德·威尔逊不断以此来攻击他），而要将他视为“了不起的爱国者”，有着“洞若观火的卓越能力”。[93]她忠诚地对政府记录予以支持，包括各种措施，诸如国家经济发展理事会和全民收入委员会的筹建，还有对工业的选择性政府资助，她后来在这方面兴师问罪。[94]虽然在自由企业的立场上非常清楚，她还是以政治家的视角做了更多现实的、基于阶级的分析，而非作为一名经济学家或者思想家来看待。

“我们应当一直对社会主义者的承诺心存警惕，”她告诉芬奇利的保守党妇女协会，“他们常常用私有企业的钱来做事。正是人民，我们这些中产阶级，将不得不为社会主义增长的税收付出代价。”[95]当政府（该议题由泰德·希思主导）致力于废除多数现存的价格控制手段（后来以“维持转售价格”而著称）时，撒切尔夫人对其予以支持，并无围绕自由市场理论的争议，只是涉及她父亲的态度：“当小店主们写道‘我担心这将会将我们逐出商业圈’时，我只能说我父亲早在10年前就说过同样的话。但是维持转售价格实际上从杂货贸易领域离开了，小商店的机会增加了。”[96]杂货商的女儿确信，要让商业因努力工作而获得奖赏。她一直反对政府过度管

1 伊安·麦克劳德（1913—1970），受教于费蒂斯公学和剑桥大学的冈维尔与凯斯学院；1950—1970年，恩菲尔德西国会议员；1952—1955年，卫生部长；1955—1959年，工党以及国家服务部；1959—1961年，殖民部国务秘书；1961—1963年，兰开斯特公国大臣；1963—1965年，《旁观者》编辑；1970年6—7月，财政大臣。

制，但是一定不是固执的反对保护主义者。来自战时经历的影响，使她倾向于认为国家能够在经济领域预先设置，以便为公民提供帮助。就个人而言，她极力批判希思针对维持转售价格的抵制运动，因为其时机。“维持转售价格使我们失去了竞选，”她在30年后准备个人回忆录时说。“这样做没错，但是你没有在去年做。每一个小杂货商都起来抵制。”[97]后来她开始推翻战后经济共识，这样做并不是因为她确信它失败了，而是因为她从未将其置于重要地位上信任过它。

1964年10月15日大选再度被发起，政治学家大卫·巴特勒和安东尼·金选择了芬奇利作为他们希望深入研究以成书的选区之一，该书即关乎选举。[98]他们这样做基于一个后来证明是错误的信条，就是芬奇利将成为“另一个奥平顿”，在富有魅力的年轻候选人约翰·帕尔多[1]领导下，将呈现出一幅自由党复兴的显著画面。年轻的伯纳德·东诺各胡[2]，后来在20世纪70年代成为哈罗德·威尔逊和詹姆斯·卡拉汉在唐宁街10号的高级政策顾问，当时被送去负责这一选区。他以这样的话开始了自己的报告：“芬奇利是伦敦西北部一个不规则的选区，其显著的社会特征在于繁荣、柔弱和智慧。”在1962年的区选举中，自由党已经在芬奇利擦亮了选举牌，从弗莱恩—巴内特五个区中占据了三个，其中还有撒切尔夫人选区的一部分，但是在1964年5月的巴内特区议会选举中再度失去。

东诺各胡将撒切尔夫人描述为“一个魅力四射的双胞胎妈妈”和“令人敬畏”，有着极高的认知力，并有能力以“一连串的官方数据”来回答任何问题。随着犹太区的选举，他记得，选举开始前不久一项关于犹太人的调查表明竞选比例是六个工党对三个保守党对一个自由党。但是，在最后的结果中，撒切尔夫人竞选运动的努力扭转了这一比例，成为2:2:1。四十多年后回忆起那场运动，东诺各胡说，撒切尔夫人看起来“非常有智慧，布局相当精密，有一点点紧张……一个有着无尽精力和能力的中低产阶级商业女性，颇有点爱出风头”。她认为自己是“一个科学家，律师和两个孩子的母亲”。她的脸蛋“被制造得恰如其分”，举手投足显得“很像日本人”：“不会有人想到‘我不确定是否能够信任她’”。他特别记得在一所中

1 约翰·帕尔多（1934—），受教于学伯恩公立学校和剑桥大学基督圣体学院；1966—1979年，康沃尔北自由党国会议员；1976年，竞选自由党魁时失败。

2 伯纳德·东诺各胡（1934—），受教于北安普敦文法学校以及牛津大学的林肯学院和纳菲尔德学院；1974—1979年，首相高级政策顾问；1985年，被授予东诺各胡勋爵；1997—1999年，议会政务次官，农渔和食品部。

学公开会议的那个湿漉漉的晚上，撒切尔夫人“像一位女武神一样走进来，卷起雨衣从肩膀上扔给一名男士，却看也没看他一眼”。[99] 这是东诺各胡第一次见到丹尼斯。

保守党候选人要精力充沛地打一场选举战，完全按照惯例来对待各种问题。“有明确目标的繁荣”，她在选举致辞中强调，以回应三十多年后成为工党大臣的观点“有目的的审慎”，其吹嘘政府花了多少钱在教育领域，以及建造了多少公租房。东诺各胡在报告中记着，她以经济繁荣开启运动，以攻击国有化和工党的防卫政策结束。旨在强调的议题是：住房 / 土地，教育 / 科学，防御，接着是移民和工会。工党和保守党忽视了自由党的存在。在接受《每日电讯》采访时，撒切尔夫人与一名工党候选人琼·莱斯特共同出席，谈论女政治家应该穿什么的问题。谈到帽子，她说：“我爱死它们了。但是它们必须有一个好的线条，我不能忍受七零八碎的东西。”就参加派对的着装颜色，她说：“红色是我的最爱，但是，我当然只能在家里或节日时这么穿。”[1] 论及首饰：“我享受它，但是它一定不能喧宾夺主。”就黑色着装问题，她一度有点离题：“我过去经常穿黑色，直到有一次穿着一身黑出现在晚餐会上时，发现每个女士都是这么穿的。这是我至今的保留色。”[100]

无论如何，撒切尔夫人胜出了。结果是：

玛格丽特·撒切尔夫人（保守党）	24591
约翰·帕尔多（自由党）	15789
阿尔伯特·汤姆林森（工党）	12408
保守党多数	8802

撒切尔夫人的多数接近了一半，自由党的表现有史以来难得一见的好，工党却恰恰相反。总之，专家为保守党的表现如此之好倍感吃惊。但是一切无虞。他们失去了办公室，哈罗德·威尔逊以总体仅多出 4 席的优势组成了首个为期 13 年的工党政府，撒切尔夫人开始了自己首次反对党的经历。

1　晚年时，她抵触红色。“红色太扎眼了，”她告诉本书作者。并补充说，帽子“整个就是一幅画”。

8

反对党生涯之 1964—1970

“花光别人的钱”

撒切尔夫人从未尝过失败的滋味。确实，她于1950年和1951年在达特福德失去了自己的两场竞赛，但是众所周知那两次本来就是不可攻破的，何况她本人已经表现得相当出众。1964年工党胜出，尽管只是以微小优势，且结果也是在预料之中，但也是她职业生涯中第一次真正经历挫折——工作、权力在一夜之间几成泡影，甚至丧失了起来做事的能力。

不管是基于个人，抑或是自己的国家，她非常在意这些。“我讨厌做反对派，”她回忆说，“我的本性并非一名进攻选手。”[①]这种评价很出乎意外，暴露了她自我认知的缺乏，因为攻击恰恰是她最擅长的事情之一。但是，她对于成为反对派的厌恶感是毋庸置疑的，因为所渴望承担的责任的缺失使她受伤。她本人在保守党的地位是安全的，但是被置于自己此前一度参与运作的部门——养老金——影子发言人的位置，着实让她几乎不能重新振作精神。整个20世纪60年代，她对于保守党本次失利的分析逐渐明晰，从中所形成的观念犹如一粒种子开始萌芽，酝酿着十年后的勃然怒放。

但是，更为直接的忧虑更多来自个人而非政途。丹尼斯罹患较严重的神经衰弱。曾经在太长的时间里，他过于努力工作。他在阿特拉斯的搭档巴兹尔·塔克忆及过往历历在目，曾几何时，在贝克斯利的黑太子（Black Prince）酒店会出现他们两人的身影，他们结束了精疲力竭的一天后，会在这里畅饮，而丹尼斯不到9点半绝不回家。[②]如今，在自己的50岁生日迫近之际，丹尼斯的当务之急是去应对一场残酷的中年危机：

> 我以前无古人的拼劲儿努力工作……无论如何，我可能是喝得有点太多了。让我担忧的是母亲、姐姐和在阿特拉斯拥有大宗股份的老姨：她们没有一个人能从公司里提取真金白银。我在商场交易中有些受挫（这是说，他本人并未持有充足的股份）……我看起来就是整个家族生活的唯一支柱。[③]

医生告诉他必须充分休息，之后1964年的秋天，丹尼斯乘船前往南非，在那里待了两个多月。等他归来，已然精力恢复，直接前往瑞士的伦策海德滑雪，在那里，其他家庭成员加入了他的旅途，一起度过了圣诞节和新年。这段放松的时光使他确信，自己必须释放压力。之后的1965年，他将自己的公司出售给了嘉实多（Castrol），后者随即雇用了他。这样一来，他不但拥有了可观的资金，还有了一份好的工作。没过多久，进一步的企业收购为丹尼斯提供了一份更好的工作，在伯马石油公司。

晚年时，丹尼斯一再否认这场危机和玛格丽特的政治事业有关。的确，他一直谨慎地支持着妻子，从未插手干预过对方管理自己生活的方式（例如，他从不过问或者试图掌握爱人的个人财务，因为对方远比他更善于理财，或许这是一个遗憾。），但是卡罗尔·撒切尔记得，朋友们确信一点，就是玛格丽特对个人事业的过度专注，冷落了丹尼斯。④她确信，就在"精疲力竭之极"的同时，"他一点都不喜欢娶一个政治家为妻，任何一个方面都如此"。⑤他或许一度考虑过离婚。确实，他将该想法视为一个阶段性的决定，以考虑如何打理自己的生活："我想他不得不做个决定。就是这样。"⑥反观回去，能够发现撒切尔夫妇是一对成功的结合。但是，那时候他们看到更多的是一对身至中年的中产阶级夫妇，正在为工作疲于奔命，以至于不能享受生活，亦不知各自的事业能走向哪里。以卡罗尔的判断，丹尼斯在和妻子的职业关系中，并未获得过满足感："随后，他一头钻进了自己的世界。"⑦

到那时为止，一对双胞胎均已进入寄宿学校就读，[1]根本不知道哪里出了问题。他们习惯了丹尼斯由于长期出差而不露面的日子。但是，玛格丽特本能地开始不安，即便如此两人也并未直接交流过。丹尼斯记得："她非常担心，但并未流露出来，可是我想她告诉了自己身边的一两个密友……我觉得她或许会说自己不再希望过这样的日子。"⑧这段人生的小插曲并未在她的个人回忆录中被提及，但是她本人之后回忆说：

的确，太多的事情要依靠他。战后他姐姐婚姻的破裂，以至于他不得不在照顾我们一家子的同时照看好姐姐和母亲。最终一切柳暗花明了，但是一度你的世界在颠簸当中。丹尼斯的担心是由于一旦事情对你形成压迫，

---

1 马克当时在丹尼斯的母校，米尔希的贝尔蒙特预科学校。卡罗尔在哈特福尔德德奎思德（Queeeswood）学校，最后去了圣保罗学校。

你会难以做到举重若轻。那是一段诸事堪忧的时光，但是至少我还有收入。你必须在所有这些事情上遵从医嘱，需要有充分彻底的休息。能够平安度过这段日子我真是开心极了。[9]

撒切尔夫人不愿在该话题上谈得太多，不过看来有一种推测是合理的，就是当丹尼斯离家前往南非时，她不敢断定丈夫是否还会回到自己身边。原因并非仅仅是由于丹尼斯的疲惫和茫然：还有一种可能就是他们的婚姻即将走到尽头。一旦这一结局发生，她的世界无疑将会真的进入“颠簸”状态。她将会在失去丈夫的支持和呵护下，经济拮据地与孩子们孤独面对一切。加上当时对于公众人物的要求，她的事业亦将遭受打击。当她如释重负地说那句“能够平安度过这段日子我真是开心极了”的时候，其暗含的意思是自己或许认为做不到这点。这是她婚姻生活中最糟糕的一段个人危机。

这段时期，她的公开演讲中也可看出其内心忧虑的蛛丝马迹。在下议院的辩论中，她不止一次地以个人为例来说明，一旦和她一样的女士，在 55 岁以下成为寡妇，将不能获得个人保障。[10]她以玩笑的方式来说这些，当时是作为关于寡妇权益保障的主题辩论内容，在作为保守党观点阐述时遭到反对，但是如果感受到这些话语背后潜藏的忧虑，就不会觉得滑稽。“在这件事情上，我在委员会中倍感孤独，”她告诉议会。[11] 其实，她在家里同样感觉无比孤独。当丹尼斯回家时，久已背负的重荷重重地给了她当头一棒：她病倒了，罹患肺炎以至于卧床不起。1965 年 1 月底是温斯顿·丘吉尔的遗体告别仪式，她由于抱病在身无法前往，不得不在家里通过电视看这场葬礼。[12] 然而，她可以在芬奇利媒体上表达对这位伟人的悼念。在按照常规对这位国家英雄致以颂赞之余，她还补充了一两点特殊的评价。她强调了 1945 年，丘吉尔刚刚从战场上凯旋即遭解雇，这对他是“无情的打击”。她还表达了自己有多么喜欢“他的拒绝……对于地名和人名采用新式发音”，并钦慕他“对于整体制度的尊重”，比如议会。[13] 那些将撒切尔视为有反历史激进主义倾向的批评家们，忽视了她对于英国过往的浪漫主义，以及面对任何对不列颠的攻击时坚定的保守主义——下议院、上议院、君主政体、军事，“温斯顿”本人——这些都是她最为赞赏的。

丹尼斯工作的变化，以及家庭更充分的经济安全保障，允许撒切尔夫妇搬家。由于孩子们住寄宿学校等原因，他们不再居住于郊区，卖掉了“老虎窗”，在马深街威斯敏斯特花园34号买了一处公寓，这里在1966年初是国会议员们青睐的伦敦功能性豪宅区域。这样一来，玛格丽特结束了从法保罗夫前往议院的辛苦周折。但是，撒切尔夫妇并不希望与肯特终止亲密接触，同年底，他们搬往一度被玛格丽特错误描述为乡村“农舍”的地方。事实上，那是一个面积巨大、舒适，相当难看的“都铎风格”房屋，位于兰博赫斯特农村 A21，显得气派而又憋屈。它被称为别墅山庄。尽管儿女们一点都不将这里当作家园，并且最终说服父母将之卖掉换了伦敦市中心的一个房子，但是玛格丽特和丹尼斯很喜欢它。后来丹尼斯回忆起他们到达时的场景，那是1966年圣诞节前不久：“一觉醒来，迷人的早晨，灿烂的阳光。我说：‘亲爱的，快来，咱们去教会。’你知道吗，那里的牧师反南非并且反罗德西亚！我夺门而出，说，‘我谢谢你，神父。’再也没有回去过！”⑭

尽管有来自对教会的失望，丹尼斯还是在兰博赫斯特觅得了其他乐子。从家里望出去，高尔夫球场犹在眼前，其所处位置，以及随后带来的放松感使他不再青睐橄榄球，而是第一次认真地投入了此运动。他对当地的酒吧情有独钟，并且和玛格丽特一起与当地人建立起了新友谊并更新了旧交情，其中距离较近的有玛格丽特的牛津老友爱德华·博伊尔，后者前往拜访了他们。博伊尔是党内教育部发言人。另外还有她婚前的蓝颜知己罗伯特·亨德森。另外一位身为讽刺作家的邻居，晚年信主成为基督徒的马尔科姆·马格里奇，亦是一位好争论人士，当时和撒切尔夫妇初次谋面时，就开始从知识层面对她施加影响。

玛格丽特对于购买古玩心怀强烈兴致。20 世纪 50 年代，有一天在理查蒙德公园，她丢失了丹尼斯送她的礼物：一个嵌有两粒蓝宝石的别针。自此以后，她热衷于花钱（尽管并不宽裕）购买家具，比如瓷器。[1] 她喜欢将瓷器摆放在别墅山庄的富余之地。“我一度迷恋色彩，”[2] 她回忆说，当

---

1 回忆起那些时光，她记得自己在 50 年代中期花 66 英镑买了一个带镜子的漆柜。当所有的政治事件逐渐淡出她的记忆后很久，她依然能精确地说出自己的收藏品，从何处购得以及开支多少等细节。

2 撒切尔夫人更喜欢明亮和精致的瓷器。当她成为教育部国务秘书时，维多利亚和阿尔伯特博物馆（她负责管理这里）为她提供了一套明亮粉色的 19 世纪 40 年代的斯波德式甜点瓷具。她抱怨称其看起来非常脏，并要求他们把它弄干净。事实上，所谓的“脏”是烘烤留下的原始斑点，不可能除去。（与罗萨琳德·萨维尔的通信。）

时还买了王冠德比瓷、伍斯特瓷和科尔伯特瓷。如此一来，她对坦布里奇韦尔斯、瓦德赫斯特的小古玩店和沃特林顿 A21 出售的各种古董熟稔于心。她置家的本能已经前所未有地占据内心，并且由于 1964 年来自经济和婚姻的忧虑早已荡然无存，此时的她倍感释放。1966 年工党大获全胜，反而成了丹尼斯为她带来满足感的机会。丹尼斯给他买了一个刻着“因为我身陷忧郁症困境”的永恒戒。终其余生，她都将这枚戒指戴在手上不离不弃。[15]

虽然埃里克·道格拉斯·休姆已经带领保守党获得了比预期更大的成功，但是伊安·麦克劳德关于魔术圈的攻击还是打击了他，并且许多保守党国会议员们并不相信休姆应该带领大家进入下一轮大选，除非意外发生。1965年6月末，哈罗德·威尔逊宣布本年度将不寻求议会解散，因此保守党感觉他们有机会对其施加影响。一场旨在将休姆赶下台的运动悄然而起，7 月底，他毫无抵抗地决定退出。这令撒切尔夫人极其惊讶和不安，她对于密谋毫不知情，并向党鞭抱怨说：“你为何不告诉我们？我们本来可以支持他的。”[16] 她错误地坚信，休姆的妻子伊丽莎白“已经忍无可忍”，并且她对于自己所认为的媒体谣言以及其称之为“松鸡沼池上的灯笼裤”（该典故出自屠格涅夫小说《猎人笔记》，其中身穿灯笼裤的猎人叶尔莫莱伏击沼池上的松鸡以供主人家食用，这里意指“暗地里伏击”。——译者注）之举颇为愤怒。她对于休姆向自己表现出的热情友善心怀感激，或许她凭直觉感受到自己从继任者身上或将较少体验这一品格。

首次拉票竞选保守党领导人的候选人有雷金纳·麦德宁[1]，爱德华·希思和埃诺奇·鲍威尔，他们均无麦克米伦、休姆时代的贵族背景。三人中，鲍威尔对撒切尔夫人的影响最大，但是并无证据证明她为前者投了票。尽管以自己卓越的知识才华以及雄辩能力著称，并且一度辞职还曾两次拒绝接受职务，鲍威尔已经被认为是一名不同政见者。撒切尔夫人和大部分议会党成员（新规则实行唯一选民制）认为，会在麦德宁与希思之间做出选择。由于选区邻近，撒切尔夫人了解这两个男人。当她在达特福德时，希思在贝克斯利的座位只是和她有一门之隔，而麦德宁当时坐在和芬奇利毗邻的巴尼特。

一开始，由于没有明显的意识形态和政治范畴的差别，只是简单地

---

1 雷金纳·麦德宁（1917—1979），受教于麦钱特泰勒斯学校以及牛津大学的莫顿学院；1950—1979 年，巴内特保守党 MP；1959—1961 年，贸易部长；1961—1962，殖民部国务秘书；1962—1964 年，财政大臣；1970—1972，内政大臣；1975—1976 年，影子外交大臣。

感觉对方更有魅力一些，撒切尔夫人就倾向于雷金纳·麦德宁。但是，他的确不是她的“菜”，此人又胖又懒[1]，并且，在他担任上届政府财务大臣时，过度开支明显。因此，这次选举对于高级保守党员基斯·约瑟夫就显得不太困难，他和撒切尔夫人关系最为亲密，并说服她改变主意。他告诉撒切尔夫人，泰德·希思拥有“使英国走上正路的激情”，[⑰]多年以后，她忠诚地在公开场合用这个短语来形容他。

她接受了约瑟夫的建议，将票投给希思。在其个人回忆录中回忆了1965年领导人选举的情景，撒切尔夫人说，希思“消化了大量流行理论，这些理论试图解释处于对抗夹缝中的世界哪里出错了的问题”。他害怕国家主义，而撒切尔夫人担心“独裁者的绥靖主义政策”。[⑱]虽然两人政见明显不同，但是并未影响当时撒切尔夫人对希思的态度。她下意识地讨厌后者交际中的笨拙之态以及对待女士的局促不安，但是她尊重其对待政治的严肃性，还喜欢他的父亲——从下层小商人起家，脚踏实地发展起来的一个人，和她自己十分相像。[2][⑲]她冷静地公平权衡了一下这些候选人，最终毫无个人感情色彩地做出决定，希思是最佳人选。此后，以现代标准，是不到一周的短期竞争，希思以150票对麦德宁的133票胜出；鲍威尔获得了15票。竞选结束后不久在给芬奇利出版社撰文时，撒切尔夫人或许给出了真实观点：“两人表现都很好，非常难做抉择。目前，我们都在爱德华·希思的带领下努力工作，并且乐在其中。他将是一位严格的工头，但是只会以身作则来要求别人。”[⑳]

这位严格工头对芬奇利国会议员的第一个任命是，将其从养老金部调任住房和土地管理部影子发言人。是次调动发生于10月15日，她的40岁生日两天后，同一天，她第一次向党的大会做登台演讲。她利用这次机会发表了观点充分而又谨慎的讲话，内容主要集中于一度对她形成最大困扰的国内议题——税率，随后地方政府房产税被叫停。

她以柔弱的语气说：“要寻找到一种改革方法，使它比现有制度更简单易行，非常困难。”她反对大规模的变化，类似版本有多年后她所推崇的社区费（所谓的人头税）。她认为，党的会议希望获得的，比她所能提供的更多。[㉑]

---

1 一向避免发表其所谓的“个人评价”的撒切尔夫人，非常温柔地表达此看法，甚至是悄悄地：“雷金纳有一个一流的大脑，但是却不愿奋发图强，竭力追求”（撒切尔论文，剑桥丘吉尔学院，THCR4/4）。

2 后来她觉得泰德·希思已经放弃了父亲的成见，就是支持一个华而不实的、排外的保守党环境。

六年的反对派生涯，撒切尔夫人从事了六个影子职务。前三年，作为助理发言人——首先是养老金部门，接着是住房和土地管理部，继而是财政事务——第二个三年是在影子内阁——负责燃料和能源事务，然后是交通，最后是教育。

这些职务中，她喜欢一部分甚于另一部分，一度被交通工作困扰，而又因经济政策兴奋，不过在所有不同的角色中，可以看到她身上一些共同的特质。首先是她能够通过下议院的深夜会议吸取各种细节并对之深入讨论。当时比如今更明显的是，政治家的声望取决于其在议会的表现，撒切尔夫人以她的好斗和勤勉吸引着自己的国会议员同事们，哪怕是强势到令人发抖。在她入职住房部的简历墨迹未干时的不足两个月后，有一次围绕评级法案的辩论，她通过揭露其聪明而著名的对手理查德·克罗斯曼对可计算收入的似是而非的忽视态度，获得了同事们的认可。[22]她不像伊恩·麦克劳德那样诙谐，亦无埃诺奇·鲍威尔的知识结构；她还不是明星，但是她是一名工人和斗士，而此两者在党内恰恰短缺。那些年里，没有什么能够使她触及保守党的核心圈子，但是实际上她所做的任何事都在提升自己的声望。她被给以机会将一些传统议题传递给两个主要政党的女国会议员们，并且乐此不疲。甚至早于她的工党对手芭芭拉·卡斯特尔，她打破了议会中的女性圈子脱颖而出。例如，1966年5月5日，当她对政府的选择性雇佣税大加攻击时，一名公开支持者伊恩·麦克劳德就宣称这是他记忆中唯一一次一名女士在下议院的“胜利”，堪称划时代的“雁过留声”之举。[23]

第二个引人注意的特点是，撒切尔夫人能够利用每次被派去从事一项普通政治议题调研的机会。虽然她非常强调细节，但是多数时候会在其上明确一个目标。她能够洞见社会主义的暗流，然后毫不犹豫地对之予以抵制。如果以此认为她在发展一个“拥护撒切尔主义”的意识流是不确切的，该意识流是从爱德华·希思的政策中无意识地分流出来的。不过可以确定的一点是，她对于让步和妥协喜怒无常的厌恶的确诉诸形色。她认为，英国在过去由保守党政府管理的大部分时间里都有卓越发展，但是如今在社会主义治下极其悲惨。无论是在议会，还是在选区中，她日复一日不遗余力地宣扬着经济自由的福音，同时表达着对国家过分集中的权力的反对。

1965年，有人发现她在里丁保守党妇女联合会上部署工作时的发言，日后成为令人喜闻乐见的语句："我们所见的每一个工党政府都建立于金钱之上，并且他们历来都得以成功地花光别人的钱。"㉔ 她在1966年的竞选致辞中，警告第二届工党行政任期将"在项目耗资上加强国家权力"。1968年，她告诉《世界新闻》的读者"一触及经济话题，家庭主妇不得不选择节俭，因为政府不愿意省钱"。㉕ 次年，她在电动机代理协会年度晚会上宣称："我希望属于这个国家的我们准备好推崇个人成功，并促使和税务有关的工作值得引发关注……这不是一个人赖以出发的起点，而是他能够到达之处。"㉖ 她在这里使用代词"他"，但是直到1969年，她已经比历史上任何一位保守党女性都走得更远。

如同多数一流的政治家们，撒切尔夫人在对待自己的政敌时，并未让自己的情感和精力浪费在不良情绪上。比如，她喜欢哈罗德·威尔逊，将之描述为"非常狡猾但是极其亲切"；㉗ 她与煽动民心的左翼国会议员埃里克·赫弗[1]关系良好，后者对于基督信仰的忠诚为她所敬重；她对于常常坐在议院矿工席上的那些前煤矿工人们极其钦佩，尤其是来自拉内利的詹姆斯·格里菲斯。她历来喜欢那些支持她口中的"失败者"的工党国会议员。但是她对于纯粹的社会主义教条深恶痛绝，并且这种情感为她有力地发展并提升个人理念提供了必要能量。哈罗德·威尔逊治下的前两届政府从1964年持续至1970年，几乎毫无批判地接受了一种理念，就是国家能够控制左翼分子津津乐道的经济制高点。乔治·布朗，作为威尔逊在竞选领导人时所击败的对手，被任命前往掌控经济事务部，该部由威尔逊创立，旨在攻击传统势力对于财政部的控制权。布朗不失时机地推出了一项国家规划（在撒切尔夫人的眼中是"一份解决通胀的蓝图"），声称要预测和指导英国经济的所有主要领域。该指导理念的方式之一，也是为当时担任住房和土地管理部影子发言人的撒切尔夫人所反对的，就是提议由土地委员会来支配建设用地的价格。她当即提醒部长弗雷德·威利要负起责任，后者对于自己域内的法律"一点不懂"，并且此事对他形成了残忍的折磨。她的对于国家专制权力的憎恶，对于法治的兴趣，以及对于业主的亲切此时集于一身。她告诉威利该法令及其征收提议践踏了个人权利，"其程度我们尚未可知，但是将会是和平时期由

1 埃里克·赫弗（1922—1991），受教于哈特福郡的朗莫尔高中；工匠；基督徒；社会主义者；1964—1991年，利物浦—沃尔顿的工党国会议员；1981年，影子内阁；1983年，工党领袖左翼候选人（名列第三）。撒切尔夫人参加了他的追思礼拜。

政府所制造的”，她同时还抗议对税收的不实申请：“对于一名估价者而言，为其配备一名会计和一名律师是可能的，这样可以明确可供征收的税务额度。”[28]

她在反对土地委员会的过程中，被希思调任职务到梦寐以求的经济事务委员会（尽管只是一名财政部的副影子官员），上司是伊恩·麦克劳德。她的思想和麦克劳德并不接近，但是她对于后者的政治与修辞技巧以及其愿与敌人接近的能力钦佩有加：“伊恩是我所记得的最好的政治家……他一直深谙政治之道，就是一个关于替代选择方案的问题。”“他选择我去做艰巨的工作，”她说，自己乐于填补对方在政策细节上遗留的空白。[29] 1966年4月19日接任新职仅两周后，撒切尔夫人在议会围绕工党提出的选择性雇用税（SET）展开辩论，对上反对财政部首席秘书杰克·戴阿蒙德。就像其名称显示的，SET 是一种工资税；其旨在从工业行业、主要服务业收钱，并将其与其他如主要制造业等行业予以再区分，其动机在于：一者要增加国家收入，因为针对经济增长的预测过于乐观；二者增强行业管理。其过程复杂得令人吃惊，就像撒切尔夫人后来算出的数据，收11.30亿英镑，然后将其中的8.9亿英镑返还该行业。[30]“财政大臣想干什么，”她就此议题在第一轮辩论中解释，“他希望每周为制造业的雇工们支付7先令6便士。他为何不干脆每周给该行业这些钱？……我的确想到您这位尊贵的先生在财政部需要一名女士，这实在太愚蠢了。如果我的主管找到我给我一份像这样的斗鸡眼方案，我应该会问他是不是脑子出了问题。”[31]

撒切尔夫人之后择机针对法案背后的意思予以谴责：“就个人而言，我讨厌永久补贴，并且反馈给行业的额外费用将会是事实上的永久补贴……当然，财政大臣将会因低效的工业而颇受欢迎，但是我不希望因此受到欢迎，而是相反……我宁愿因为效率而受欢迎……低效从它们（补贴）中获益，因为当它们在理应跳出商业范畴时却还滞留其中。”[32]这种说话方式可谓极其勇敢，强烈地触痛了那个时代的根基。

贯穿1966年夏天始末，撒切尔夫人都在攻击。她用一名讲话清楚的家庭主妇的声音说：“因此，当已婚妇女再一次走向屠夫、杂货商和干洗工的时候，当她的事务一切妥当而满怀欣喜地找到发型师的时候，发现所有的价格都涨了。”[33]这并非民粹主义，撒切尔夫人正在为如今称之为日程表的东西而工作，并且它会是一份男女平等主义者的产物。她记得当时的税收体制歧视已婚女性，因为它只是简单地将她们的收入叠加于丈夫的收入之上，而非单独征税，这样一来，问题将会被 SET 加剧，因为它惩罚服务行业，而妇女们在其中的受雇用人数不成比例。同时，它还对每周工作7小时的兼职女工设置了与每周工作满42个小时者同样的税收责任。[34] 她同样攻击赖以向寡妇们征收遗产税的体制，并且支持有关税收减免的修改活动，其主要针对已婚或者遭遗弃母亲们的抚养费："我不知道一名男士是如何站在公文箱旁，眼睁睁看着对一名等候收入救济的男士发放家庭津贴，而与此同时，一名照顾着孩子们的妇女却无法获得应得的抵用抚养费的收入救济。他一定是一个彻头彻尾的怪胎。"[35]

在一场辩论中，撒切尔夫人针对另一个和家庭主妇有关的话题发难："将标准产业分类用以支持选择性就业支付的目的是荒谬的，就像用洗衣机来清洗陶器一样，"她说。在这点上，杰克·戴阿蒙德开始插手干预。撒切尔夫人："您这位尊贵的阁下并不像我一样很善于洗衣服，也不会使用洗碗机，因此他最好坐下来。但是如果他希望我来做，我将掉头就走。"可怜的戴阿蒙德结结巴巴地说："我被吓到了，我只是想表达一个简单的观点……"[36] 这一年晚些时候，她使用同样的手段对政府控制价格和收入增长的努力予以嘲弄。她举了女人们时尚用品价格的例子："一个人不能控制7月迷你裙类服装的价格，但是却想到1月份一件四英尺长过膝的裙子。我非常怀疑贸易委员会主席（道格拉斯·杰伊）是否能注意到其中的区别。"[1][37] 这样的挑衅，甚至有些轻浮和花言巧语的修辞，用以触及税收政策的实质，比任何评论家都来得彻底。撒切尔夫人不仅仅提到税收过高（收入税已经高达峰值税率，按1英镑等于12先令来折算，当时的收入税为19先令3便士，这意味着96.25% 的比率。），还对掌管英国经济者的整体智慧提出质疑。她指出，他们错了，和政府无关的人们却可能正确得多。说到妇女们，她提到，更多根本技能运用于工作中，亲子关系以及婚姻当中，对于税收以及通胀的影响要比造成这两者的男人们理解得更深刻。通过这种暗示，她不仅在挑战工党政府，而且在建立两党共存之事的秩序。

作为她在党内处事技巧的一部分，她在议会的男性同事们多数喜欢她表达问题的方式而非被其吓到。然而，在党的最高层，怀疑在蔓延，他们担心提拔玛格丽特·撒切尔就意味着对男人的和平与安宁带来一定程度的威胁。和她持不同政见者、后来成为她在国家就业部秘书的詹姆

1 她在这里犯了一个错误。众所周知，杰伊的一个显著兴趣就是短裙。

斯·普莱尔[1]记得，希思考虑到在1966年3月竞选工党大胜后提升她到影子内阁一事。希思在和当时作为其 PPS 的首席党鞭普莱尔之间的一次会面中，以他个人的立场来评价撒切尔夫人时认为，他们都将之视为“可诉诸法律的女人”：“有一段很长时间的沉默。‘是的，’他（希思）说，‘威利承认她几乎是最有能力的人，但是也说，一旦她在那里，我们就不能摆脱掉她。因此我们均认为，应该把她抛给马文·匹克。’”[2]㊳ 以他们的视角出发，希思和怀特劳是正确的。1975年，在竞选党魁时，撒切尔夫人将首先击败希思，继而是怀特劳。

虽然撒切尔夫人当时还在影子内阁门外徘徊，以“可诉诸法律的女人”的角色激怒着某些人，但是她也知道如何利用这一点。媒体和公众对于一名政坛女人兴致颇高；后来成为最具影响力的时事讨论节目、BBC 电台的“有问必答”一直在寻找一名女士使节目更具生机，终于可以依靠撒切尔夫人实现这一点。通过该栏目以及其他媒体上的表现，她开始树立起一个显著的公共人物角色，在 1966 年到 1970 年间，她出现在“有问必答”栏目上十次。在这些露面中，她从未错失一次机会来强调自己的性别，常常不经意地流露出对男性的蔑视。

针对一名抱怨1966年世界杯占去太多关注的提问者，她回答说，这些令人心烦意乱的事情主要发生在男人身上，因此“女人们可以在他们缺席的情况下自娱自乐，干好自己的工作”。㊴ 当时有人用女人的腿来判断其智商，有人问到是否可将此用于男人（当时节目中的一个典型问题），她回答说：“我真的仅仅通过看一个男人的头来判断他的智力，但是答案常常是否定的，那个人看不到更远。”㊵ 她清楚懂得在谈及关于女人问题时，如何让她们变成自己的助推力。针对一个关于不同性别间平等收入的问题，她说，自己想知道一个平等的机会是否依然被抑制：“在英国有一个糟糕的趋势，就是将女人们视作优秀的贤内助（Number Twos），但是不给她们最高职务。”另外一个参与辩论者、播音员肯尼斯·艾尔索普建议产生一名女首相的可能性。撒切尔夫人：“唔，我实在没有考虑到那么高的水平。”㊶

---

1 詹姆斯·普莱尔（1927—），受教于切特豪斯中学和剑桥大学的彭布洛克学院；1959—1983 年，罗斯托福特保守党国会议员；1983—1987 年，在韦弗尼；1970—1972 年，农业部长；1972—1974 年，下议院领袖；1974—1979 年，就业部影子大臣；1979—1981 年，就业部国务秘书；1981—1984 年，在北爱尔兰；1987 年，被授予普莱尔勋爵。

2 马文·匹克是一名女士。

撒切尔夫人历来很警醒，不让“女人”角色沦落为仅仅是一个性别标签，这已经毁灭了太多英国公共生活中的职业。金钱和经济，女人们惯常会忽略的这两样东西，却是她的强烈意愿。在这些议题上，她讲话一直很简洁，充满严肃和智慧。对其毫无幽默感的反复指责相较于她的机敏善辩，她的娇媚以及她颇显胡闹实则严肃的能力，实在有失公允，这些统统归一在她的背景中，是引以为傲的东西。有一期“有问必答”中，她和自己的乡村邻居马尔科姆·马格里奇形成对立，一度达到后者作为一名强势的不同政见公共人士的高度。一个提问者问到大家对于被模仿感受如何，马格里奇身为一名善于模仿者，回答说所有人“本质上都是可笑的”。撒切尔夫人：“这是一个可笑的回答。”马格里奇：“何出此言？”撒切尔夫人：“你并未视自己为一个本质上可笑的人。”马格里奇：“我是这样的，你为何和我对着干？”撒切尔夫人：“因为整个晚餐上，你都表现得极其严肃。”马格里奇：“你没有想象着自己是一个严肃的人。”撒切尔夫人：“不，我是这样想象来着。你或许没有。”㊷

一旦涉及整个20世纪60年代被热议的道德和社会问题，撒切尔夫人发现自己性别的有利一面，在任何辩论中都会给自己更有力、更切实的立足点。在其所有观点中，无论是私下还是公开，她喜欢举个人实例或自己发现具有说服力的经历。例如，她支持堕胎法令，原因在于她目睹芬奇利选区主席伯蒂·布拉奇那严重残障的孩子，使生活遭受巨大损失。她记得，那个男孩儿经常问自己的父母“为什么是我？”㊸这导致她确信堕胎对于那些有严重遗传缺陷者，是最佳方式。她支持自由主义法律，但反对同性恋法案，源自于她在做律师时看到的一些案件，并认为这是侵犯个人隐私且让人丢脸之事，同样也是浪费法庭时间。㊹另一方面，身为母亲的个人经历，使她对于1964年至1967年间由内政大臣把控的弥漫着悲观色彩的社会本能地充满敌意，她私下里提到后者称之为“摇摇欲坠的大下巴”。

她支持玛丽·怀特豪斯对色情的谴责，并称“大部分女人”担心性许可证以及毒品会波及自己的孩子。在一次与《新政治家》左翼编辑保罗·约翰逊（日后狂热地转投右派）[1]的电台辩论中，她宣称“我……无法看到任何允许……性行为在剧院舞台上上演会被认为是文明行径，”同时她对约翰逊呼吁大家放松的观点予以反驳，后者认为应让凡事顺其自然发生，生

1 保罗·约翰逊（1928—），1965—1970年，《新政治家》编辑；无数历史作品的作者。

活会在随后搞定它们。“我认为，身为一名立法者，你不得不用立法尽可能保留你所处的社会中好的标准规范以及最好的东西。”如果所有的人们都是有信仰的、良善的，她说，你就不必做出努力规范他们，但问题是他们不是这样的。[45]另外一个相似的悲观观点来自于坚持认为人性邪恶，这使其倾向于支持死刑。就像提到离婚，她反对 20 世纪 60 年代的附加自由条款，就是允许夫妻两人在五年分居后可以自动离婚，这样一来，抛弃一名妇女将太过容易。

这段时期唯一的一次，是1969年10月10日在布莱顿举行的保守党大会上，撒切尔夫人赞同突出党纲以推进其在妇女问题上的理念。该议题和她在交通部门的影子内阁职务毫无瓜葛，但是组织者希望一名具有领导力的女士来促成新政策文本，该文本名为《性别公平，公平分享》。她公开抱怨说这是一个令人尴尬的标题。依然是她典型的开场白：“我想是很久很久以前苏格拉底说的，当女人和男人平等时，她会变成后者的长官，我对于和苏格拉底一样的智者毫无异议。”接着取笑一名在演讲中反对女性解放的议员：“他说女人们婚后生儿育女，但是男人们不需要。这一定会使一些统计学家们不安。”继而，她对家庭主妇应当劳有所偿的观点予以攻击，开玩笑称“丈夫们将会迅速破产”，并强调，没有什么事情应当用以袭扰妻子帮助者的权利。有一句话，囊括了太多她对生活的态度，就是：“公平是比平等好得多的准则。”[46]

1966 年 3 月 31 日，哈罗德·威尔逊发起了第二轮选举，旨在增加他那微弱的多数席位。身为工党首相，他轻而易举地赢得了第二个任期，其新的多数席是 98 个。由于关于给工党更多时间以及更大授权的公众呼声强烈，几乎没有针对爱德华·希思的指责，后者担任党魁刚刚八个月，不过这是二十余年来他所在政党最大的一次惨败。同年秋天党的大会上，希思重整旗鼓。“泰德·希思转变非常大，”玛格丽特写信给穆雷尔，“并且很快就再次证明了自己。我有一次在他的套房里参加鸡尾酒会时，他风闻为我庆生的消息。令我惊喜的是，他停止了酒会，转而让每个人举杯为我庆祝生日快乐！或许香槟酒同样在他身上见效了。”[47]这是半个世纪中仅有的一次关于两个人一度私交甚笃的记录，他们的政治生涯走在两条平行线上，鲜有交叉。玛格丽特的口吻表明，至少在当时，这件事令她吃惊。

撒切尔夫人在芬奇利的个人竞选活动进展顺利，她在竞选致辞中提出警告，工党“将在项目开销上加大国家权力”，并且揭露了工会太多未经许可的权力，称“我们不能再耽延”去回顾已经60年没有生效的工会法。[48]“令人恶心的诸多关于基本英国特色的口授，”她在芬奇利出版报上撰文指出。[49] 她强调了自己选区内对于经济的担忧：“通胀意味着要骗出他们储蓄中的一部分。”[50] 同时，她还不忘强调自己家庭主妇的立场，告诉女权主义者吉尔·特韦迪（代表所有人）：“我已经雇用了一名女管家，但是我依旧亲自下厨……在我摘掉帽子之前，要冲进厨房，剥掉蔬菜烂叶子，放上烤肉……就是这样。”[51]

关于英国加入欧共体的问题再度重提，一方面由于它反映出希思对于此议题的热忱；另一方面因为他希望在该议题上利用工党部门。撒切尔夫人也发声了，从将“欧洲”打造成一个世界极的角度予以思考，后来她对此予以嘲笑。“欧洲已经成为我们运动的房角石，”她在一次选举会上说。“你将会意识到希思先生的（早期的）努力旨在带领我们进入共同市场，当时（1963年）我们面临的诸多难题不复存在……我相信我们齐心协力可以拧成一股绳，形成可与美国或者俄罗斯对等的力量。”[52] 但是，即便在这场运动中，她的欧洲主义背后依然潜藏着怀疑之声：“我不喜欢一种说法，就是希望一个我们不在其中的欧洲，尽情释放自己的权力。”[53]

自由党的选票，不管是全国还是在芬奇利，迅速下滑，使得撒切尔夫人比上一轮多出一些选票，将自己的多数席位增加至662。其结果如下：

玛格丽特·撒切尔夫人（保守党）	23968
伊冯娜·谢夫（工党）	14504
F. 戴维斯（自由党）	13070
保守党多数	9464

虽然工党大获全胜，经济问题对哈罗德·威尔逊政府的考验紧迫。通胀、提高工资、政府高支出低收入，以及收入严重不均等问题，重重地压在政府机构头上，最终导致英镑贬值，1967年11月18日，其固定汇率从2.80美元降至2.40美元。[1] 当月终极噩梦到来前，撒切尔夫人从其影子财政部发言人职务上被调离，不过从上一年的竞选开始到现在，她一

1 货币贬值九天后，戴高乐将军再次拒绝英国加入EEC（欧洲经济共同体），无疑是往伤口上撒盐。

直拥有一个前台席位，并有效地运用之对工党的头儿大加斥责。有三件她所目击到的事情特别触痛了她。其一是经济及财政困难削弱了政治领导人的个人信用。她相信，哈罗德·威尔逊一度被揭露是一个骗子："首相的问题在于，英国的债权人们如今对他了解透彻，"她在1966年7月26日告诉下议院。

信任缺失意味着没有具体的修复措施可以奏效："他们从不自己评判这些举措，而是评判设置措施的人，这些人由首相统领着将一切付诸实施。"[54] 该问题的代理人是财政大臣詹姆斯·卡拉汉。对撒切尔夫人而言，如果威尔逊偏离了正道，卡拉汉则是完全不能胜任。她断定，SET 被引入是因为财政大臣错误地预判了前景。[55]"你不能说他已经失去了对局面的把控力——他从未拥有过这种能力。"[56] 同年10月，她受邀前往在黑潭举行的保守党大会上做前台发言时，暗中批评了过去的保守党政府，称他们治下的税务负担已经"足够高"。接着，她公布了自己对战后预算认真研究的结果，显示四项最高征税预算中的三项由吉姆·卡拉汉推出。"这个叫卡拉汉的家伙"，她告诉欢呼雀跃的观众，"必须滚蛋"。

她的第二个任务是发现自己对法治、慈善以及法律起草并确认的形式等问题的忧思。作为对法案起草的警告，她历来关注一项条款是否艰涩难懂，或者是否授予官员专制权，或者悄然改变税收目的。例如，她很快指出 SET 将打破规则，国民保险制度应当名副其实地担负起自己的使命；SET 显示出"将国民保险制度作为增加政府一般收入之举毫无智慧可言"。[57] 它还给予劳工大臣独断专行的权力以决定谁将获得馈赠，而谁又将受到惩罚。她坚信工资冻结措施同样不公平，它意味着雇主可以对自己向雇工做出的承诺不守信用，并因此暗中破坏法令的神圣权威。

自由特卖被明确无效："这是高压政治的第一步。"[58] 就在个体"价格与收入秩序"被置于议会面前时，撒切尔夫人得以集中在个体状态的荒谬政策上，以阐明个人观点。1967年1月，罗克韦尔玻璃公司承诺为其34名维修工程师增加工资，以确保熔炉不间断工作。撒切尔夫人愤怒地鄙视允许此类案例发生的官僚政治理念，认为其会产生"反响"：如果工人和老板不能制定并遵行他们自己的契约，法治哪里去了？[59] 一次又一次地，她以不公正为由抨击价格和收入政策："按照惯例，打破合同属民事违法之举，如今坚持特卖将会是刑事犯罪。"[60]

她身为财政影子大臣的第三个也是最重要的功课，同时产生于作为反对派第六个年头的全部经历，是关于国家在经济中的角色定位。她历来坚信国有化、高税收和政府干预都是恶举，如今她曾预言过的“撞车”赤裸裸地发生在眼前。她感到，政府只是比一名强盗稍好一点：“政府讨厌投资成果进入那些投钱者的腰包。”[61] 它并未意识到利润是好的，对于工党利益和资本而言意味着成功。她说，卡拉汉“给所有工人的信息就是你一产出，我就拿走”。[62] 同时，她不惧站在关于税收的道德高点上：“政府大佬们已经讨论了社会公正。有许多条路，当一个人行至其间会受到社会的不公正待遇，其中一条就是以极高比例夺走大家的收入。”[63] 她强调，当税率过高时，避税（和逃税相反）是合情合理的。在与埃里克·赫弗的对决中，后者指控她对高税率的抱怨，认为其只是影响到极少数人。她并无畏惧地据理力争：“这位尊贵的绅士所言极是，我们只是关心到了相对较小群体的人们，我不否认这一点，但是我要说的是，未来工业行业的人们极大程度上要依靠这小群人，正是他们可以创造更多的财富，并且相对于在这里自以为是的我们而言，他们之于正常工作的人们更有价值。包括尊贵的先生您在内，我们都做不到这一点。”[64]

对于不良税制的憎恶使她致力于完善理念，日后在她针对住房问题的态度上发挥了举足轻重的作用，税收减免政策要比现金补贴制度好得多得多。她在《建筑协会公报》上撰文表示，补贴“意味着所有收入归国家”，然而减免“恰恰使人们能够存下更多钱以分担起自己的责任”。[65] 她研究愈发深入，指出，因为税收好比让每个市民穿小鞋，对其予以反抗是英国自由精神的引擎。1967 年 10 月她在布莱顿举行的保守党大会上发言指出：

> 这个国家已经获得了自由，不是通过伟大的运动，而是通过反对国家从普通男人们和女人们身上搜刮民脂而实现的。早些年，人们共同手拉手对当时的政府说：“在你填平我们的不满沟壑前，不能拿走我们的钱。”这是他们的金钱，他们的财富，是他们用以保证独立与政府抗衡的源头。这是问题的根本所在。[66]

1967 年 10 月 10 日，就在她在党的大会上发表这篇演讲十天前，爱德华·希思根据自己对其天分的了解，最后一次给了撒切尔夫人以承认，提拔她到影子内阁担任燃料和能源影子部长。她开始反对一个名叫迪克·马什[1]的部长，后者是她在达特福德时认识的，其优雅、俊朗的外表和较为偏右翼的理念使其为玛格丽特所爱慕。在这里对其身处的政治天空可窥一斑，当年更早时候，一份《星期日泰晤士报》中的“圈点首相”栏目推出关于政坛明日之星的特别报道，给了撒切尔夫人 1000—1 的胜率，然而广受喜爱的马什获得了 5—1[67]。不过，她当时已经声名在外，广受尊敬，颇受党内普通成员欢迎，并且获得领导层的充分信任，一再被委以重任前往解决超出自己影子部长职务范畴的难题。最后一点对其尤为重要，因为她不希望与更广泛的经济辩论失之交臂，毕竟从中学到了很多。她进入影子内阁，并未提振领导层的信心，亦无对其意识形态产生显著影响，同样没有明确独立的权力基础。然而，同样明确的是，她颇受敬畏。

在燃料和能源部，撒切尔夫人对于当时保守党所受的约束有了更多的切身感受。虽然看起来对国家所有权扩张的攻击更加容易，但是并不确定该如何应对那些已经被国家占有并控制的工业行业。国有化并未被所有选民明确反对，并且许多人相信多数相关企业根本卖不出去，这样的现实令保守党颇为尴尬。而这种心态反映出当时私有领域的整体软弱，以及对未来的自由市场缺乏信心。因此，在上文提及的党内大会演讲中，撒切尔夫人如此强调税收，对国有化有了更多的慎重考虑。就像有些人那样将自己定位于以“深层次的哲学理由”来反对国有化，随后她补充提醒一点：“我们必须承认，许多人单纯以实际结果来评价这些事情，因此让我们开始选择这条路径吧。”私有化（当时还不这么叫）眼下尚未做好准备提供答案，因为“没有人愿意买一个腐败、烂到根子的企业”。

20世纪60年代，在燃料和能源领域，煤炭是最有争议的事物。其仍旧雇用着最大数量的男人——逾300000——并且其产品的巨大包装很不经济，它同样在工党贵族阶层占据着特殊地位，该阶层为保守党员们所尊敬乃至惧怕，希望与之保持一定的安全距离。然而，撒切尔夫人上任后第一次与之遭遇是在一个比较狭窄但是又更深刻的情感背景下发生的。1966年10月，威尔士阿伯凡的一个煤渣堆滑坡，吞没了一所学校，导致116名学生和28位成人死亡。一年后，下议院围绕法庭调查报告展开辩论。阿伯凡对于正常的政治争论而言，着实是一个惨痛的话题，但是撒切尔夫人被其中浮现出

1 迪克·马什（1928—2011），受教于史云顿的詹宁斯学校，牛津大学的伍尔维奇理工学院和拉斯金学院；1959—1971 年，格林威治工党国会议员；1966—1968 年，能源部长；1968—1970 年，交通部；1971—1976 年，英国国铁主席；1981 年，被授予马什勋爵。

来的教训所震惊。她说自己深感震惊的是，国家煤炭局（NCB）的主席洛本斯并未立即前往灾难现场。她强调，NCB 的生产部执行官被塞给一份关于煤炭技术状态的报告，并未涉及事故资料。“我鄙视任何宁愿推卸责任的组织或个人”，她在议院表示，并补充说：“在私营企业的管理实践将会别样精彩。”[68]

次月做客威尔士“有问必答”节目时，撒切尔夫人将那份报告描述为“那是我所阅读过的可诅咒的管理诉状”，她借此机会，在回答一位阿伯凡丧失了儿子的母亲的问题时，阐释了自己对于未来煤炭行业的构想：“……我认为类似的采煤业不会消失，而会减量，不经济的储藏方式将会被淘汰。”随后，它将会复苏。[69]同月末的下议院里，她详述了自己的观点，并指责2亿吨的生产目标过高，并且“未来的政策无疑要针对煤炭产业的分包制做出规划”。她说，中央发电局由政府强制而对煤炭享有优先权，并且价格昂贵，但是这些更应该依据煤炭工业法案实施。如果动用了公共财物，应该关停更多的小煤窑并帮助失业矿工找到新工作。虽然她发言的主旨在于经济节约，但同时也强调了道德意识。

每周都会有三名矿工在工作中丧命，并且职业病事故频发：“如果一个人可以选择的话，他不会送自己的儿子下入矿井，我就不会这么做……”[1]她升华了自己对 NCB 的批评：“一方面企业矿工的人数在下降，而与此同时发电局的人数却在飙升。如果一个私营企业这么干，结果自明。反对我的议员们宁愿怀抱着美好旧时光，因此在辩论中和我对着干。”[70]一直是家庭主妇的撒切尔夫人从未忘记强调一点，就是针对消费者的燃料和电力政策中政府的作用。在议会中就整体价格上涨话题攻击芭芭拉·卡斯特尔时，她提到了电力成本：“我的账单上涨了，随之而来的是一份制作精美、小小的歉意条，但是这并未改变账单以15%，也就是3先令的比例上涨的事实，而这种增长并不是来自物价和收入委员会。”[71]虽然她和基斯·约瑟夫在这段时期的确梦想过将发电业一分为三，作为推进私有化的前奏，[72]撒切尔

1 撒切尔夫人无数次在字里行间着重提及对自己儿女的盼望和担忧，特别是儿子。同时期一个辛酸的事例来自她在北芬奇利和英国惠特斯通，以及外国圣经学会的讲话（参看 1966 年 10 月 28 日《芬奇利时报》，http://www.margaretthatcher.org/document/101296）。其中，她谈到一个人的孩子罹患严重疾病，最终死得极其恐怖，并且提到了阿伯凡。她盛赞钦定版《圣经》的优美文字（“现存最优美的语言”），并称自己最喜欢的《圣经》章节之一是大卫为其死去的儿子押沙龙的哀叹。很显然，她是从这段文字对家庭的影响角度来谈的，因为这引导她去想象一旦儿子死去她会是什么样的感受。

夫人和她的政党并未围绕煤炭形成一项计划，亦无迹象表明煤炭业最终如何为泰德·希思提供赖以建立的政治战场，同样无法确定自己——很久以后——将会取胜。所有这些，可以明确看出她在这一时期拒绝煤炭业的神秘主义路径，然而这种做法在英国政治文化中极其普遍。

既然进入了影子内阁，撒切尔夫人开始释放出第一波信号：个人要谋求一个面向全局且公开的政治地位。她的第一个大好机会伴随着一份邀请函翩然而至，时间是 1968 年 10 月，当时她受邀出席黑潭党大会的保守党政治中心讲座（CPC Lecture）。该讲座是大会期间最负盛名的分会。被邀请参加者均被认为是后起之秀，因此，这是希思认可撒切尔夫人是后起之秀的方式。实际上，希思邀请她去演讲的是关于妇女权益的话题，但是她以近乎轻蔑的态度拒绝了。“泰德说我可以讲‘政坛女性’，”她回忆说，“我认为这也太无趣无味了。”[73] 她当时勇敢地告诉《每日镜报》自己拒绝了关于女性的话题，“如你所知，直到会议前夕，他们已蜂拥而至。”[74] 她选择了一个包罗万象的替代题目“政治怎么就出错了？”

要理解撒切尔夫人终其政治生涯坚决不跟风的态度，值得一提的是要注意她在特定时期的所作所为，并将之与当时周遭发生的一切加以比较。1963 年约翰·F. 肯尼迪遭遇刺杀当天，她正在所在选区举办一个义卖会，并参加扶轮社俱乐部晚餐会。1968 年夏，当西方世界正在摇摆不定，苏联正入侵捷克斯洛伐克之时，她正坐在兰博赫斯特的别墅山庄内，研究和保守主义政治哲学相关的约 30 份作品，其中包括卡尔·波普尔关于开放社会的著作。她从图书馆借出这些书的目的是准备自己的讲座。这是她第一次专注于组织哲学思维，并且和她后来的作品不同，这是完全由她个人独立完成的工作。

有些人批评撒切尔夫人在 CPC Lecture 上的讲座论文太过天真幼稚，甚至很单调乏味。的确，她的大量引用给人一种笨拙的拽文之感，还有她那一点一点的列举法，带有明显律师训练痕迹地列出七条原因，来说明如今不诚信的政治家难以立足于公众面前。不过，这次讲座整体上同样比较有意思，就是展示了许多令她显得活泼的主要信念，其中大多数用以揭示过去多年间存在的问题。她自己认为这次讲座内容无论是从学术上还是政治层面，均有其重要性。她将之呈现于一件金色织锦连衣裙上，有意要使其最大可能地吸引眼球。[75]

这份论文将政治家们日益加增的不诚信归结于多种因素的综合，就像形形色色的问题，包括议会议员独立性的丧失，电视上的越来越多的即时新闻，还有一个越来越丧失礼仪的社会。她的补救方式更加显得一以贯之。“我相信，”她说，“过去若干年里政府所犯的大错误，是在大多数事情上指手画脚。”保守党员们自身亦并非无辜。20世纪60年代早期，“政治领域的重点转移了”。彼时，“增长”成为核心政治语汇，并且党派之间的竞争主要围绕经济展开，对老百姓的关心则不够。谁通过政府代理机构做出承诺越多，似乎就能赢得最大程度的吸引力，因此英国进入了一个以国家计划转以价格和收入政策来控制通胀的时代。她继续说，如今，越来越多关于“参与”的口号被选民们使用，但是如果这意味着更多政府决定的参与，而非“做出更多针对自己的决定”，就百害而无一利。这种趋势太糟糕了，以至于保守党和工党的收入政策听起来“几乎毫无区别”。政府不能操控价格和收入：“我们太少注意到政府的本质角色，它们一方面控制金钱供应，同时又进行着需求管理。”政府已经成为支付大量开销的“印钞机”。平生第一次，撒切尔夫人介入了货币主义者。关于“降低收入”的整个理念对她的影响微乎其微，她继续说：“人们渴望更多收入，这本身没错，”但是“前提条件”是“努力工作”。如果人们的收入中有更多储蓄，就能够贡献越多，撒切尔夫人在这里使用了一幅她本人及其支持者此后若干年乐此不疲的图景：“此观点的要义在于，好撒玛利亚人要帮助别人，前提是自己必须有钱，否则他也宁愿绕道而行。”[1]最后，她以对保守党员们的一个呼吁结束了论文。她说，英国议会制一个显著而令人钦佩的特点，就在于其没有自动共识。一个“替代政策”常常箭在弦上，而不是徒劳“赶鸭子上架，以取得凡事不持特殊观念的人们的满足”。结尾处，她吹响了未来政治宏图的号角，同时也奏响了自己的进行曲。在近期的一个大学会议上，她说：“一名年轻的本科生找到我说，‘我完全没想到会有如此清楚的替代方案。’他找到了一个有竞争力的思想，并且相比一种思想，人们在其中几乎总是期待他们的国会议员或者政府来解决自身的问题，显然头一种具有无

1　撒切尔夫人这里所描述的典故出自《圣经·路加福音》第十章，其中提到一名律法师想试探耶稣，就问他做什么才可以承受永生。耶稣让他讲出律法书最大的诫命：“尽心、尽性、尽力、尽意爱着你的神；又要爱邻舍如同自己。”随后这名律法师问耶稣，谁才是自己的邻舍。耶稣就举了一例：路边有一个被强盗打了半死的人，有一个祭司路过时绕道而行；利未人亦然。后来一个撒玛利亚人选择了用油和酒给他细心包扎伤口，然后带到店里照应，还给了店主两钱银子让其照顾这个人。以此告诉律法师受害者的邻舍就是好撒玛利亚人。（相比祭司和利未人，撒玛利亚人在《圣经》中是不值一提的，耶稣在这里的用意就是提醒律法师和门徒，得救不在乎国籍、种族、身份，而在乎是否有爱神爱人的心。）

限的有效性。保守党的信条从未提供一种不劳而获的生活。”紧随其后，插入了阿尔德曼·罗伯茨在讲道台上的声音，“民主不是为这类人准备的。自我管理是对那些已经学会管理自己的男人和女人而言的”。撒切尔夫人总结说：“如果不基于一种对自己向往之事的坚定信念，就不会有任何伟大的政党存在。”

撒切尔夫人在其中并未告诉她的黑潭听众任何不忠诚之事，但是却是一次十分巧妙的政治亮相，她的演讲给希思的执政路径注入了日渐增强的不安，是对那些仅仅希望以技术专家治国的领导层的质问，后者试图缩小所有的意识形态差异，并且不能提供一种经济发展的可替代措施，或者，事实上也不能找到政府自身的目的。这次讲话使得一名颇具原则性的演讲者脱颖而出，伴随其间的是其好斗的信念。同时，它确定了其在党内的地位，高于最具争议性的人物以诺·鲍威尔。

同年早些时候，鲍威尔最终与希思断绝关系。历来固执而离群索居，一向比自己的同事们思想新颖的鲍威尔，已经在保守党内拼出了一块日益与众不同的领地。当领导层向中间主义和合作主义倾斜时，鲍威尔对当时的一种理念进行了颇具雄辩力的攻击，该理念认为，企业和政府通过联手合作，能够成功推进英国经济发展。他还发展起了后来称之为货币主义的教条，并且对价格和收入政策能够控制通胀的思想予以鄙视。身为基于防卫的异见人士，他是党内的影子部长，提出了关于核威慑的有效性问题，并建议英国应当从苏伊士东撤出军事存在。他已经排列于前排议员之后，并且鲍威尔感觉自己在影子内阁中已经被边缘化，但是所有这些议题并未有一项取得重大突破。

1968年4月20日，伯明翰。鲍威尔在未经希思批准的情况下选择提前在城市 CPC 上发表演说，其内容打破了影子内阁十天前在相关议题上的共识。该议题和移民有关。鲍威尔引用了自己的一名选民的说法，称后者告诉他想离开英国，因为“这个国家未来15或20年内，黑人将拥有长鞭，得以赶出白人”。使用注册登记官员的推算，由于移民人口及其后代的增加，他宣称：“我们必须发疯，彻底疯掉，作为一个国家，却允许每年50000个亟待扶助者涌入其中……这就像眼睁睁看着一个国家匆匆忙忙参加一个工程，用以堆积起自己的火葬柴堆。”他攻击工党政府随之而来的种族关系法案，通过该法案，移民社区将可以“煽动人们发起抵制同城市民的运动”，最后他以一种启示的视角结束自己的讲话：“就像我高瞻远瞩所见，我有一种预感。就像罗马，我好像看见了‘台伯河水泛起充满血液的泡沫’。”

自从20世纪40年代末在埃塞克斯首次见到对方，玛格丽特一直是以诺·鲍威尔的仰慕者。两人的个人关系并不亲密，部分原因是因为鲍威尔在面对女人时常常尴尬，并且在政治上不支持女性，不过他们是一种朋友关系，两对夫妇偶尔会在一起用餐。历来作为一个知识素养的渴慕者，加之对自认所缺之物的谦卑，撒切尔夫人非常钦佩鲍威尔的大脑（“论才智，他真是独孤求败”），并被他的辩论能力所吸引。她在晚年时说：“以诺在通胀问题上将我们引入了正确的辩论方向。”[76] 她对于移民问题从未产生过多大兴趣，虽然她也曾公开发表过类似观点，支持压缩移民人口数量。她认为这是一种“反讽”。当鲍威尔本人成为健康部长时，一度承认许多移民在英国医院工作。[77]

周日早上，报纸报道了鲍威尔的演讲，泰德·希思召集影子内阁的同事们告诉他们此事，并提议解雇鲍威尔。希思告诉撒切尔夫人：“以诺必须滚蛋。”她回答说：“泰德，我不愿对他所说的做过度解读，”并建议将此事交给时间来平复。但是希思表示：“不，不。大部分人认为他必须走。”[78] 他确实离开了，再也未能回到前排议员席。

当然，像撒切尔夫人这样的影子内阁年轻议员，从不可能劝阻希思放弃自己已经做出的决定，并且亦无证据表明她特别努力尝试着这么做过。不过，这段时期对她至关重要。并无任何不诚心地，她在党的圈子间人为地使自己十分同情鲍威尔的态度变得明朗，在随后数月里，当被邀请去批评对方时，她非但没有这么做，还简单表示自己多希望他能够在党的讨论会上陈述自己的观点。在她的CPC Lecture中，她以祷告来声援以诺·鲍威尔，但是她这么做旨在指出个人能力的有限性。她说，医院是国家能够提供而市民无法提供的事物，并且，她引用了鲍威尔在担任健康部长时旨在达成此效果的十年医院计划。将自己与伟大的反叛者相提并论，是一种狡猾的方式，然而联系已经建立起来了。

随着1970年大选的临近，撒切尔夫人继续悄悄地保持着与鲍威尔的联系。在赛尔斯登公园会议设计出本党的选举前方案的第二天晚上，也就是1970年1月31日，撒切尔夫人没有在赛尔斯登与影子内阁一起用餐，而是选择参加了芬奇利协会的晚宴，其中鲍威尔作为贵宾出席。[79] 后来，她公开保护对背叛者鲍威尔的邀请，基于演讲的自由，并且因为他曾经“将自己的年华奉献给了战争，并且在部队服役时战绩卓著”。[80] 在1970年竞选运动期间，鲍威尔发表了一系列关于“隐藏其中的敌人”的演说，这些人是左翼挑拨者，包括了未来的工党内阁部长彼得·汉，此人当时正在致力于停止南非人在英国的板球之旅，原因是他们反对种族隔离。1967年货币贬值后担任内政大臣的卡拉汉，最后决定停止这次旅行，鲍威尔公开抨击了他，狂热地将该决议与1941年威尔士亲王号和反击号沉没事件做比较，因其“向法令妥协而去收买示威者”。希思办公室私下将这次演讲描述为“法西斯主义者”。与鲍威尔交往甚笃的记者安德鲁·亚历山大，于6月13日登门拜访撒切尔夫人，讨论大选运动事宜。她告诉对方带一份有关于这次演讲报道的伦敦《标准晚报》。她读后告诉亚历山大：“我同意报道中的每一个字。”[81] 鲍威尔的“其中的敌人”是她成为首相后尚未忘记的一个用语。很久以后，在描述全国矿工联合会的极端主义者领导层时，她一度使该说法闻名于世且引发了巨大争议。

玛格丽特·撒切尔，CPC Lecture 中鲍威尔的秘密支持者，开始引起更广泛的注意。她被视作关于保守党权利值得尊重的发声者。1969年春，《每日电讯报》登载了她的系列文章，题目为“共识——还是选择？”以及“参与——进入何事？”[82] 到此为止，党内不情愿的交通部发言人撒切尔夫人插手了超乎职权范围太多的问题。完善她的 CPC 主题时，她引入了关于保守党记录的更深层面的批评：“在控制公共消费方面，我们没有取得本应获得的成功，我们慢吞吞地进行工会法改革，我们留下太高的附加税[1]，并且使遗产税处在可充公的水平。”她攻击“无所作为”的共识，并反对“要增加私有部门的右翼路线”。她攻击关于“参与”话题的喋喋不休之争论，这种攻击在实践中意味着更多的政治。她偏爱能够保证人们对政治家和国家权力有清晰认知的解决方案；“有一点很重要，就是年轻夫妇们尽早购买属于自己的房子。在这些机会上，他们将永远不能指望国家。”

可以找到任何一条理由来认为撒切尔夫人在个人信条中的真诚。或许，这些信条已得以更新，但是她一直悄悄地坚持着。它们同样有助于她的事业。鲍威尔效应已经强迫产生了一种分裂，就是极端中间派、自上而下的政党领导层，以及希望获得更清晰的保守党内部位置的普通议员之间的分裂。撒切尔夫人能够为普通议员提供些许支持。一名借助于其性别和背景的好斗右翼分子，一个来自机构外围的角色，以毫不威胁

1 附加税是针对高收入者征收的高税率收入税。

希思的不忠诚，她在保守党的心腹之处燃起了一把火。因而，它成了1969年10月发生之事的呼应信号，彼时，她的牛津老友爱德华·博伊尔，在鲍威尔主义的压力之下颇感沮丧，她将该压力视为党的政治右倾潮流所致。博伊尔辞去了教育部发言人的职务，转而从事了一份学术职业，撒切尔夫人接替了他。

除了那些在部队服过役的人，就像大多数她同时代的英国人一样，玛格丽特·撒切尔几乎没有到国外旅行过。她第一次出国是到欧洲大陆度蜜月，随后的出行大部分是要去滑雪度假。她从未去过美国，或者欧洲之外的任何地方。丹尼斯则密集出差，尤其是前往非洲，但是出于职业及孩子的需要，她从未有时间陪丈夫一起，哪怕一度非常希望如此。政治或政府事务并未要求她出国。1964—1970年间，这种局面变化了，随着她资历的提升，以及身为反对派为其提供的自由，允许她较多地旅行。这些年里，她的国外旅行包括了1965年前往以色列，1968年前往瑞典，1969年到苏联，以及1967年2月和1969年3月两度去美国。她在以色列的八天之旅，自然和芬奇利与犹太人的联系有关，这些人让她产生了强烈而美好的印象。她游遍了整个以色列，对到处有目的的事务钦慕不已。“在以色列，他们并不会支付给那些游手好闲的人。”她说。[83] 另外，她身为基督徒的敏感性，在看到耶稣曾经看到的光景时一度被触动：“我站在加利利海边。”[84] 她强化了自己并不复杂的信条，就是以色列是一个善良的国度，希望与邻居们保持和平：“以色列向任何愿意接受她的国家伸出了友好之手。”[85]

然而，到此为止，她进行的时间最长亦最重要的访问，是前往美国。第一次时间持续了将近六周；第二次一个月。前一次出差是由于美国国务院国际访问者计划，一个大范围的项目，至今仍然存在，旨在给杰出的非美国市民一个额外机会前往了解该国。项目本身支付所有的差旅费，以及25美元的每日津贴。撒切尔夫人是被美国驻伦敦大使馆第一秘书兼政治事务官员威廉·J.加罗威提名前往的，后者的工作内容覆盖了英国政治，尤其是保守党。他提到她的“非常坚强的意志”，及其“极高的伦理道德标准”，还有她是政坛的明日之星。[86] 1966年8月，当撒切尔夫人担任财政部影子发言人时，加罗威拟了一份相关事务名单，感觉对方会希望在出差过程中有兴趣关注，事实的确如此。她被列举的主要兴趣点有诸如财政以及经济事务，社会安全、保险、工业以及妇女组织。她特别表达了一个渴望就是去会见“一些国会的女成员”，并且想“获得对美国方方面面的政治气氛

的印象”。[1] [87]

1967年2月20日，撒切尔夫人离开伦敦。起初计划让丹尼斯陪着自己前往，毕竟他一直对美国抱有兴趣，但是最终由于其无法离开工作这么长时间而决定放弃。因此，撒切尔夫人只好只身旅行。按照惯例，她的旅途始自华盛顿特区；同样是管理，他们了解到美国国务院的政治倾向，她被安排为其他人表达个人观点，随后便一头扎进了这个国家首都的文山会海之中。她会见了议员约瑟夫·克拉克，一名对约翰逊总统在越南问题上的做法予以攻击的自由派民主党人士；还会见了玛格丽特·查斯·史密斯，是第一位同时被选为美国众议院和参议院代表的女性。她最突出的访问者应当是当时担任约翰逊总统的国家安全顾问的沃尔特·罗斯特，不过，罗斯特在最后一刻把她安排给了自己的副手弗兰西斯·巴特尔。[88] 在去见罗斯特时，撒切尔夫人只是一名反对派国会议员，尚未成为影子内阁成员。因此，很容易理解，就是他决定将自己的时间更好地分配和使用。并未有现存关于这次会见的资料内容，但是据约翰·坎贝尔的传记，她与国际货币基金组织（IMF）高级官员的会面显示在这类场合中，“她历来不太清楚如何展示”：“一个财政部（英国）高级官员在华盛顿期间，在与 IMF 主任讲话时感觉恐惧，后者是皮埃尔—保罗·施维泽——一名抽着烟、懒洋洋的法国知识分子，这种做派此前她或许从未碰到过——在谈到的议题上，他远比撒切尔夫人知道得多。她此次谈话中的整体表现就像是一个笨手笨脚闯祸的人。”[2] [89]

事实上，在她辗转于这个国家时，撒切尔夫人开始清楚“如何展示”。她的一名东道主写信给美国驻伦敦使馆的一位官员称，她“毫无疑问是我们曾经邀请过最可爱又最能胜任的访问者之一。她在全国各地都有迷人而让人印象深刻的地方赞助者”。[90] 她参观了特拉华州威明顿的杜邦化工厂，当住在附近的德尔雷时，被佛罗里达的棕榈沙滩深深吸引。接着，她一路向北前往亚特兰大，在那里被提供给黑人的公民权利所震撼，还令她深受

---

1 在后来的一份草案中，加罗威还提到，撒切尔夫人希望见到自由经济学大师约翰·肯尼斯·加尔布雷斯，他曾经在 BBC 上做瑞思系列讲座。该请求最终并未得到满足。

2 坎贝尔表示自己关于这一故事的说法是“私人信息”，不过由于和施维泽一道用餐的唯一一名英国财政部官员是道格拉斯·沃思，“信息”是个人的说法应该是合理的。沃思是撒切尔夫人于 1979 年首次进入办公室时的财政部常务秘书，并且据信对她的经济政策持相对悲观态度。当本书作者采访他时，他很少对撒切尔夫人与施维泽的会面予以批评。她只是对 IMF 运作程序有着“肤浅的知识”，但是这并不令人吃惊，亦不丢脸。那位愤世嫉俗而又八面见光的法国人只是“她的反照而已”。（对道格拉斯·沃思先生的采访）

触动的是白人市长告诉她的一句话："我没有时间去憎恨。"[1] 在休斯敦，NASA（美国国家航空航天局）的载人航天中心及其尖端技术财富，成为她整个旅途中的核心焦点。她由约翰·霍奇斯带着到处参观，后者曾是她的选民，如今成为"人才流失潮流"中的一分子，而她相信这一点是由于工党的税收政策带来的。

她从休斯敦飞往圣弗兰西斯科，给姐姐穆雷尔寄了一张明信片，上面写道："这里是所有城市中最漂亮的地方。"震惊地听说大多数参观者都只想去看看嬉皮士，她去了一个红木森林，并被带着参观了一所学校，在那里发现美国的孩子们"发音非常非常清晰"，然后参观了凯泽基金会医院。在洛杉矶，她参观了 NBC 彩色之城，在那里看见了世界上第一个彩色电视机工作室，她称之为"真正的人工技术"。她还去了内布拉斯加州在奥马哈的空军指挥部，这里使她感慨："关于美国人漫不经心的说法是一种误导。这里的科学和技术毫无散漫的痕迹。"在芝加哥，她看到了盆地一样的粮食交易市场。接着，她飞往东部，会见了伟大的经济学家保罗·萨缪尔森，当时他正在哈佛大学致力于控制通胀。在那里去了新泽西的蒙特克莱尔，和芬奇利像一对孪生兄弟一样的城市。最后去了纽约市，转而飞往奥尔巴尼，当天会见了该州州长纳尔逊·洛克菲勒，后来他成为杰拉尔德·福特的副总裁。[91] 撒切尔夫人的赞助人针对圣弗兰西斯科和纽约的报告至今尚存。前者显示，她"是一个极其迷人的女士，她的旧金山湾区之旅非常开心"。后者提到，她所见到的人"几乎不能忍受和她道别"。[92]

旅途中，撒切尔夫人还进行了演讲并接受采访，但是鲜有报道。《休斯敦邮报》轻描淡写地发了一篇《妇女团》的文章，起头写道："一名温和雅致的英国议会女议员，戴上了天鹅绒手套，这是周三。当时她被问及英国与北约的贸易问题。"撒切尔夫人对此贸易采取保护态度。休斯敦新闻发布会上，有人问到共同市场是否将摧毁英国。"'没有什么能摧毁大不列颠，'撒切尔夫人做出了明确回应。'共同市场既是政治又是经济……如果我们以政治理由加入——一个关于团结的欧洲或永久和平的概念——我相信我们应当如此。'"她说，英镑疲软是由过度的公共开支造成的，但是《休斯敦邮报》将她描述为"凯恩斯经济学理论的支持者，因为'我们尚未找到更好的（理论）'"。[93] 在她推进的议题或者当时公之于世的思想中，并无任何

1 市长伊万·艾伦是对亚特兰大的本身流行口头禅的回应，该口头禅是说这个城市"太过忙碌，无暇生恨"。

痕迹能够表明她将成为政治人物。

撒切尔夫人对其出访的个人感受并不复杂，均很正面。尽管在英国政坛已经有了显著地位，她表现得更像一名精力充沛的旅客而非要处理专业问题的政治家。事实上，希思很明显地感觉自己能够为她提供这么长时间的缺席，并且看起来他并未给她委派什么政治任务。一开始她有些许心慌。在纽约负责接待事务的格蕾丝·贝尔特记得，当撒切尔夫人抵达华盛顿时，“烦躁不安，并未提前弄明白自己将下榻于什么宾馆，尚未意识到我们将不负责她的夜晚时间，还不知道第二天将会是节日……我猜那段时间里她感觉无比孤独”。[94] 她同样没有预料到华盛顿会很炎热，不得不冲出去买了一堆夏天的裙子。[95] 但是，除此之外，她喜欢旅途中的每一个时刻。她善于接纳还很迷人，并且也获得了相应反馈。她喜欢美国人的礼貌，美国人的热情，还有美国人的技术、商业技能和政治文明。她的反应没有深度，充满了陈词滥调。这些内容当中，没有一项表明她正在沿着政治路径来寻找非常具体的事物，比如思想和联系人。从实质上而言，她身为第一次前往美国的访问者，表现出了对这个国家无辜的乐观主义，并且没有失望。在个人回忆录中，她写道：“我所感受到的兴奋真的久久不能消退。”[96] 这的确是真的，她热爱美国，在那里感受到了自由自在，并且希望再去。

但是她的确从自己的旅途中学到了政治功课。从那时起，她的演讲中开始引入美国例子，经常热情洋溢地拿着它们与英国现状做比。回国后的数月间，她在不同场合的演讲都会提及美国对低收入者的简单税收模式，[97] 以及振兴煤炭行业的方法，[98] 并且，在她的 CPC Lecture 中，提到了政府计算机对个人隐私的保护。总而言之，她注意到了一个拥有可承受税率以及自由市场的社会：“在英国，针对个人收入的最大税率是91.25%……对一对带着两个小孩的已婚夫妇而言，起征点是18900英镑。同样的情况搁在美国……是60%，收入要高达77000英镑才起征。”[99]

她的第二次出访美国是应一个非政治组织国际英语口语联盟（ESU）之邀，该组织旨在加强全世界英语人口之间的联系，邀请撒切尔夫人前往做一系列讲座。泰德·希思勉为其难地让她从1968年的政治争吵中脱身，因此1969年3月，她最终成行，这意味着她错过了大会针对下一届大选的首份政党宣传文件的起草。启程前，她不得不清理掉一些麻烦事以免后顾之忧。首当其冲的是财务。“撒切尔夫人很难脱身，”一名驻伦敦的 ESU 官员告诉她的美国同事，“但是我从她的秘书那里了解到，（私下说）上次访问美国，她不得不偶尔从 A 处步行到B处，因为没有被提供太多钱，或者盘算半天乘坐什么交通工具。并且有时候，她的宾馆账单无人问及。我已经向秘书承诺，撒切尔夫人将会被照顾得非常好。”[100]第二个问题和她的喜好有关："……撒切尔夫人曾要我说……作为一名议会议员，尽管自己不是寡妇，她喜欢被称为玛格丽特·撒切尔国会议员夫人。她注意到D.撒切尔夫人已经被放进旅行指南中……或许在未来所有与你的同事交流过程中，都要告诉他们这个。”[101]

撒切尔夫人的美国之旅再次启程了。她有两个为ESU所做的既定演讲，会在全国巡回几场。其中一个是“挑战民主”，看来是摘取了她在CPC Lecture的部分主题。另一个题为“未雨绸缪：英国和美国”，“解释了以往两国之间的特殊关系，并相应地谈及未来。它讨论了世界上一些国家的民族主义和分裂主义倾向，以及该趋势在未来数年的重要性。要记得，每个国家都没有能力将自己的理论强加给别国，各自探求自己的目的。我们这样的国家能够做什么来解决这些问题呢？”[102]

很遗憾，这两篇演讲都未留存下来。所有我们了解到的就是它们赢得了极大反响，或者，有些是提到撒切尔夫人本人的："她来了，看见了，征服了！”ESU的佛罗里达分支主任给纽约的总部写道，还在命名方面犯了点小错误："当然，这只能说一个人——令人为之倾倒的丹尼斯·撒切尔夫人［原文如此］……有150个会员和嘉宾出席，每个人都被演讲者漂亮的外貌和卓越的口才迷倒了。”[103]

她于1969年首次造访苏联时，拥有了对一个超级强权的清晰标准。她与保守党国会议员同事保罗·查安农[1]一起出差前往该国，后者后来和自己的妻子英格丽德一道，成了她的内阁大臣。尽管是一名苏联政府邀请的官方嘉宾，身为反对派交通部发言人，她从一名同事那里取了费用支付了自己的往返路费，以使自己尽量不受制于东道主。她参观了克里姆林宫，她说，在那里，当主办方问她NATO（北大西洋公约组织）是否已经变得无关紧要时，她回答说："当然没有。”她去了莫斯科大学和GUM（国营百货商店），后者是莫斯科的巨大商店，但是“里面东西少得可怜”。[104]她在苏联科学院用了午餐，请求去教堂里面看看，这些教堂对所有宗教予以清除。在莫斯科，她

---

1 保罗·查安农（1935—2007），受教于伊顿公学和牛津大学的基督教会学院；“党鞭”查安农，亨利先生，国会议员，曾是政治记者；1959—1997年，西绍森德保守党国会议员；1981—1983年，艺术大臣；1986—1987年，贸易和工业部国务秘书；1987—1989，交通部；1997年，被授予科尔维丹勋爵。

的翻译给她展示了一个男人拔剑插进一个铧中的雕塑。“这是共产主义，”他告诉她。“你知道，这不是，”她回答说，“这是《圣经》。”[1]她乘火车从莫斯科前往列宁格勒（当时被称为圣彼得堡）。在那里，她被带着参观了码头和一个住宅大楼。她记得那里的人们餐饮共有，并且几乎没有家庭生活的空间。甚至她被不加渲染的事实弄得精疲力竭，主办方引述“无穷无尽的生产数据”。在参观城市边缘的一处宫殿时，她和一个服务员进行了交流。她问对方家在何处。“在美国。”“他们难道不想回来吗？”“哦，不，不，不。”当她登上飞机起航回家时，她记得自己自言自语说：“哦，真释放！”

1969 年 10 月 21 日，当希思任命撒切尔夫人担任自己的影子教育大臣时，把她扔进了保守党各种原则冲突的境遇当中，而这些冲突又是现实中许多保守派想要的。摆在面前的困难是中学的学校教育综合化问题，当时正在如火如荼地进行着。在此过程中，废除了针对 11 岁孩子的选拔问题，结束了 1944 年文法学院之间的分离状态。该过程中，参与的知识尖子和现代中学越多，教育出的学术精英就越少。对于保守党员来说，他们自然支持文法学校继续存在。他们代表着精英，从家长选择的实践中获益，并且一度是出身贫穷的聪明孩子的最佳进身之阶。不管是撒切尔夫人，还是希思本人都是典型的文法学校精英教育的产物。“像我一样的人们，”撒切尔夫人在 90 年代时回忆说，“不得不想办法进入文法学校，这样我们才能够与像谢利·威廉姆斯[2]这样的人竞争。”⑯但是有两个巨大的困难挡在面前。

其一，当时的国家教育大部分游离于中央政府的手掌之外。在广受各政党尊敬的 1944 年 R.A. 巴特勒教育法案条款规定下，从地方政府选出的地方教育官员，决定学校的供给以及所任命教师的未来。这种安排就是众所周知的“一项由地方支持的国家服务”。白厅的角色就是在一臂之长的范围内，支付新学校建设并协商支付——通过给地方政府补助金的形式——老师的薪资。这种做法为学校本身所珍惜，没有一个学校非要坚持打破它。

---

1 这个故事与撒切尔夫人个人回忆录中的记载有细微差别，不过这些并不重要。在 20 世纪 90 年代后期，由于轻微中风，在记忆丧失之前很长时间里，她常常记不准过往事件的具体情况。

2 谢利·威廉姆斯（1930—），受教于英国和美国的八所学校以及牛津大学的萨默维尔学院；1964—1974 年，希钦地区工党国会议员；1974 年 2 月—1979 年，赫特福德和斯特福尼亚；1974—1976 年，物价部国务秘书；1976—1979 年，教育部。建立 SDP（社会民主党）的“四人帮”成员之一；1981 年，在克罗斯比竞选 SDP 国会议员；1983 年，失去议席；1983 年，被授予克罗斯比的威廉姆斯男爵夫人。

早在20世纪50年代，综合化的理想已经开始落地，第一项尝试是1957年，由莱斯特郡议会推行，并由保守党控制。工党发起了对综合化改革坚决的意识形态上的承诺，并将之转化为中央政府的压力，但是即便没有这些，综合化改革的趋势也无人能抵挡。撒切尔夫人担起新职时，几乎有四分之一的孩子们已经在综合化教育体系下了，并且163个教育机构中的30个已经提交了综合化改革的计划。因此，新法律以及与地方政府的战争，没有中央政府拥有逆转该势头的权力，绝大多数地方教育机构都由保守党把持。

保守党面临的另一个问题可以用数字说话。所有的孩子中，只有低于五分之一的人进入文法学校。这些孩子的父母毫无满足感，他们更可能要支持一种机会均等的体制。对文法学院的最大反对力量来自于一种意图，就是认为孩子们在11岁时会被“烙上失败的印记”。撒切尔夫人年老时回忆认为，对失败的恐惧是“要支配教育的狂热”。[106]许多保守党选民有孩子，他们已经或者将会在升学考试中失败，就像其年龄显示的，这是正值进入中学的时候。对于每个不顾一切要保留文法学校体制的保守党员，可以有一种解决办法。例如，1966年6月，影子内阁讨论了全国民意测验，该测验显示65%的公众支持综合化改革，保守党选民在该问题上则态度对半。[107]

随之而来的是保守党深受在该议题上精神麻痹的折磨，撒切尔夫人在出场时，获得了一项政策的话语权。在一份报纸中，进入影子内阁的爱德华·博伊尔称，该问题是关于“11岁的孩子们按照能力区别对待的”。“远远超出我们想象的保守党人已经开始担忧孩子的升学考试。”特别是，父母们担心自己的孩子被分流于能够进入大学的道路之外。博伊尔继续强调说：“当务之急是确保这一制度变化不会带来学习和知识原则的传统被牺牲掉，毕竟这些曾长期存在于这些学校中（文法学校）。”[1][108]这被证明是说着容易做着难。

因此，政策集中于由中央政府坚持“快速而普遍推行”综合化改革，此举引起了一定程度的共鸣，因为在一份有争议的10/65和10/66通告中，

---

1 就像保守党政治中经常存在的，阶级问题一直如影随形。就像博伊尔一样的老伊顿公学人，倾向于对这个问题颇感愧疚，因此只是在该过程中靠边站。尽管撒切尔夫人保持着对博伊尔的喜欢，还是敏锐地观察到了这些：“爱德华的麻烦在于，他从未来自一个好家庭，亦无接受一个好的教育。”（与大卫·迪尔克斯的通信）文法学校学生更显粗鲁。有意思的是，左翼人士彼得·沃克尔，那个希思的蓝眼睛男孩儿，后来成为撒切尔夫人的对手。他对影子内阁中“综合化改革路径的接受度”提出批评（保守党档案，LCC1/2/13，1968年7月15日）。沃克尔是一名出自文法学校的男孩。

中央政府给教育部门下达了指令，工党教育大臣们已经致力于向地方政府施压，要其落实综合化。[1] 根据 10/66 通告，新校舍的补助来自于针对综合化的一项议会项目。保守党的斗争更多变为防守，就是保护地方政府的独立性，而非站在教育质量的立场上。针对保守党员们所不喜欢的是“拙劣项目”的说法悄然传开。诸如教育券由父母选择的理念最终遭到反对。政党本身为一些简单的数据倍感得意，这些数据表明，1964 年 700 万的学龄儿童，十年后将达到 920 万。政治家们最希望的任务是增加投入建设更多校舍，增添更多老师，并且兑现一个工党推出后落空而被保守党采纳的承诺——提高离校年龄至 16 岁。

在该问题上撒切尔夫人的个人观点是从未存疑。早在1965年，她就曾告诉芬奇利协会，自己“实际上非常关注政府要以综合化原则整顿中学教育的意图”。[109] “我是一个对文法学校笃信不疑的人，”她告诉弗莱恩—巴内特青年保守党员们，“多年来，他们是一些人得以从底层进入上流社会的进身之阶……我记得，保守党和工党的领袖们，以及保守党新主席（安东尼·巴博尔），均曾就读于文法学校。”[110]但是，当她入住新职时的同一年，大选如期而至。没有太多时间在一项议题上反复掂量，保守党员们相信，他们已经保持了在工党之上的历史记录。保守党研究部针对教育政策的评论，在她上任一周后发表了，得意地提及此事：“保守党在教育领域的构想依旧非常好，因此或许无须更积极和与众不同的项目。”[111]另外，希思对教育并未表示出太多兴趣。

因此撒切尔夫人决定做一名现存政策忠实的执行者，采取了和其前任爱德华·博伊尔先生有些不同的腔调。这并不是综合化改革“对抗”文法学校的问题所在，她在就职时告诉媒体，她所反对的是“徒有其表”的综合化改革。[112]她告诉下议院，保守党在教育问题上历来有“前瞻性眼光”——巴特勒法案，大学扩张，小学发展——她不会寻求对抗：“中央政府和地方政府之间真实的关系是彼此合作而非由一方独揽大权。”[113]这一合作关系在随后的数年里令她（和地方政府）鲜有喜乐。她对老师们非常热情。当他们于1969年11月到伦敦游行时，她被大家公开责难，但是私下里，她将他们视为价格和收入政策的受害者。她告诉影子内阁“很难做到不同情他们的处境”。[114]她那有些岌岌可危的立场旋即被平复了，因为当时政府致力

---

1 通告很重要，因为它们是国务秘书敦促一项政策下达至所有地方政府的唯一方式。

于推行综合化，这次是通过立法来强迫执行指令。随后有一个伟大的好运气降临，就是当法令进入委员会时，两名工党国会议员没有参加1970年4月14日的决定性投票。政府被击败了，并且即将到来的大选意味着没有时间将法令拖回到轨道上去。

在这种政府徒有一腔热情却力不从心的氛围中，撒切尔夫人拥有了一个机会，得以在事实上不扭转整体进程的情况下对综合化改革理想予以批评。她推动现存的在地方政府控制范围之外的“直接拨款”学校的进程，并强调许多综合化改革中的规模和地域问题，并发表讲话鼓励那些不愿推行综合化改革的地方政府。

在这件事上，她得以攻击工党的专制主义和其动机：“就像我在我们的教育议题辩论中所听到的，我认为他们一定憎恨中产阶级，因为每次他们用最糟糕的话谈及学校时……就会有巨大比例的中产阶级被波及。”[115] 1970年2月10日，阿尔弗雷德·罗伯茨去世了，时年77岁。当时距离他听到自己女儿在BBC电台“衬裙线”栏目中的声音尚不久，其中她讨论的是女性话题。[1]这是一次她已经于数日前有所准备的采访。这位老人已经被肺气肿折磨了一段时日，最终导致心脏衰竭。他还罹患白内障，由于心脏情况不好而无法动手术。在生命最后的数月里，他倍感伤悲和被曾为其殚精竭虑工作的格兰瑟姆忽视的孤独，抱怨说：“人走茶凉，转眼两相忘，实悲怆。”[116]他还悲叹说：“我从未听说玛格丽特的只言片语，不管是信件，还是电话。”[117]在他病危期间，玛格丽特去看望过他，并且吸引了许多朋友和邻居前往照顾（“有这么多良友陪你走完生命最后的路程，多么不同寻常啊”）。[118]

卡罗尔记得玛格丽特是在前往苏格兰的路上顺道拜访了一下自己垂危的父亲，对于他的健康状况“痛哭流涕”，[119]但是当老人去世时，她妈妈并不在身边。当时她人在伦敦，接到了一份来自反对综改组织国家教育委员会的授权（“她远比爱德华·博伊尔先生更让我们印象深刻”）。[120]两天后，她就命运多舛的教育法案二读在议会辩论中发言。阿尔弗雷德的葬礼在2月16日的格兰瑟姆举行。据玛格丽特的姐姐穆雷尔·库伦所说，玛格丽特并未参加。“当我们前往父亲的葬礼时，”她回忆说，“她当然没有参加，不是吗？她总有事情做。”[121]

1 这个标题表明了许多关于那个时代的态度。

玛格丽特未参加父亲的葬礼一事看起来实在是不孝，不过事实上，她确实去了葬礼。她有两本日记提到了那段时期，记录着当天在巴黎参加了OECD（经济合作和发展组织）的一场会议，但是两个版本都提到在巴黎参会间隙离开了，并且离开了一整天，不过没有提到葬礼。《格兰瑟姆日志》也记录了她的出现。透过更深入的交流，穆雷尔记得锡西·哈伯德，就是阿尔弗雷德·罗伯茨在比阿特丽斯去世后所娶当地农夫的遗孀，根据丈夫的遗愿在葬礼前安排宣读了遗嘱，当时库伦夫人认为"很古怪"。此时，库伦夫人回忆起来，锡西邀请穆雷尔和玛格丽特去拿走自己想要的家具、古玩和照片之类物品。玛格丽特只是说："我想要一些我母亲的遗物。"穆雷尔更坚决地说："我要这个，我要那个……"随后，"玛格丽特告诉我离开。她说，'你有些迟钝，是吗？'"[122]那么，好像不太可能的是，在阅读遗嘱时，玛格丽特或许是去了格兰瑟姆，然后错过了参加紧随其后的追思礼拜。确切的解释应该是，她参加了教会追思会，但是没有前往火化现场。火化由锡西安排，她告诉穆雷尔说"家没了"，令后者很不安，然后她又说："我就把你当成家。"[123]或许玛格丽特并不想参与其中。然而更加可能的是，离家太远，她干脆直接乘火车返回伦敦去——就像她的日记提到的——为第二天的安排做准备。玛格丽特对父亲的态度反映了她的典型个性，当父亲活着的时候，她表现得正确但是很敷衍，有时还有一些不耐烦的情绪。晚年时，或许对此感觉到了一些愧疚，她开始越来越多地怀念父亲的影响和有关他的回忆。1970年，她实在是太忙了。[1]

从1970年一开始，保守党员们就感觉他们应该为大选做好准备。意识到党的政策缺少最后的一锤定音，泰德·希思在克罗伊登的赛尔斯登花园酒店举行了影子内阁会议，从1月30日开始，为期两天。这次会议声名鹊起，但是有传言说其并不正当。为了将自己的对手描绘成左翼，哈罗德·威尔逊发明了一个词语"赛尔斯登男人"。他宣称，这个男人从这次会议中暴露了自己的真实面目——冥顽不灵，自由市场，优胜劣汰思想作祟的希思保守主义。他通过将这些人描绘成过于标新立异、太具侵略性以及围绕一系列信条而抱团，远超过他们的本来面目，不料，这种描述却歪打正着地或

1　1970年10月18日，撒切尔夫人参加了格兰瑟姆分肯街教堂的一个追思礼拜，其中为纪念阿尔弗雷德·罗伯茨，专门摆放了一个诵经台，其中一半开销由会众支持，另一半则来自扶轮社俱乐部。在追思仪式上，据穆雷尔·库伦说，她的妹妹向她抱怨："他们都不知道如何对待一位内阁大臣，不是吗？"穆雷尔回答说："这个仪式不是为你举办的。"

许支持到了保守党。希思在个人回忆录中说道："我能够想到，没有什么主要新起点从赛尔斯登公园里冒出来。"[124]他以辩护之态拒绝了赛尔斯登随后已经提起的关于保守党权利的信条，而围绕这些权利的标准日后成了撒切尔主义。

然而，希思的确表示，撒切尔夫人提到了"大量在赛尔斯登的中产阶级的利益"。[125]有太多缩略词的会议记录在这方面提供的证据寥寥。他们所做的事情表明，她糅合了自己经过实践的女性知识。当会议提议家庭补贴的发放应当仅仅给那些有需要者，她警告这种情况下他们将会耻辱地聚集在邮局。当有人建议通过税收体系而不是直接的救济物资来帮助他们时，她说，如果救济金是到了丈夫而非妻子手里，"它将不会成为家庭救济金。"[126]不过，她的大部分干预都和所处的时代有关。她警告要抵制将教师遴选出来用以打一场提高公共领域生产率的攻坚战。希思禁止了关于教育政策的任何讨论——他说本党已经"有了自己的教育政策"——她只参与了一次和他及其同事的短暂而激烈的争论。那是关于一个独立大学的提议，被自由市场支持者和由麦克斯·贝罗福领导的另外一批人所支持，后者对于更高教育领域的发展趋势表示担忧。贝罗福是一名学者，也是希思的同时代校友。会议记录显示了玛格丽特的询问："我能发表一下看法，顺便来一场顺风吗？"担心代价，希思对此羞于开口，而是补充说：

历来都说没有什么能让他们停下来，在其中花了他们自己的钱，要保持教育标准，但是并未希望使它由国家出钱来维持发展。从未委托我发表看法，私立学校究竟是比国立的好还是不好……一有人说他对此表示欢迎，他们会说你的欢迎经过了什么实践？

基斯·约瑟夫先生：只有皇家特许状。

爱德华·希思：不。

撒切尔夫人：必须等到他们确实获得了皇家特许令时才能得到财政支持。

杰弗瑞·里本：撒切尔有限大学。

撒切尔夫人：那是公开大学（由哈罗德·威尔逊创立），此大学拒绝收钱……

爱德华·希思：……如果你喜欢说他们有权利举办私立大学，并且如果它们达标，枢密院将予以批准。

安东尼·巴尔博：建议我们对其“不花国家一分钱”的做法表示欢迎。

爱德华·希思：真是不切实际。

撒切尔夫人：如果我能够在一场演讲中做到这一点，他们会拼了老命地去获得皇家特许令。

爱德华·希思：不要委托我授予皇家特许令。难道不能信任麦克斯·贝罗福一分钟吗？（贝罗福来自左翼，此时身在自由党，很快就投靠了右派）。已经有太多大学了。[127]

在更大的议题上，尤其是如何把握价格与收入问题，赛尔斯登并未提出解决方案。但是，由于威尔逊的免费宣传，大会看起来十分顺利，并且保守党在民意中高高在上。

截至 5 月份，这一势头发生了逆转。1970 年 5 月 22 日，哈罗德·威尔逊抓住机会发起了 6 月 18 日大选。保守党的宣传《一个更好的明天》，强调脚踏实地，推出宣传辞时，希思呼唤“现代技术”，并承诺改变“政府整体风格”。他不动声色地取得了最重要的个人成就——英国加入 EEC 的计划。新闻发布会上，并无问题涉及教育。在该议题上的宣传口径是“在教育方面，资源问题是重中之重，”并承诺加大对小学校舍的投入、对小学的开支，以及提高离校年龄至 16 岁。就令人挠头的综合化改革问题，宣传口径支持地方教育机构的自由裁量权，但是强调“多数时候，要 11 岁的年纪去做最终决定太早了，毕竟这些决定或许会影响一个孩子的整个未来”。不过，它又补充说，综合化改革的“刚性原则与地方民主相悖，亦与孩子们的最大利益相悖”。简而言之，它试图一举两得。

撒切尔夫人被委派到党的政治广播台前为竞选做准备，但是试用下来，她被认为表现糟糕，理由是太过呆板且不自然，[128]遂被调离前线。她在竞选中投入了大部分时间，预计芬奇利保守党会失利，因此她将关切点集中于经济困境、法律和秩序，以及对集体移民的批评，旨在保护“我们的英国特色”。[129]她在6月1日发给媒体的一封信中说到，英国人的选择介于“两种截然不同的生活方式”之间，其一是国家攫取了越来越多的权力；其二是“国家的角色旨在帮助人们卸下重担”。撒切尔夫人选区外的主要攻击对象是斯卡伯勒，并在5月25日的全国校长协会大会上做了发言。在媒体事务上仍旧像天真少女的她，由于时间太迟未能提交个人文本的关键部分，并遭到记者的口头粗暴对待，坚持要她同意按计划播报。[130]这是最有争议的部分："有些人只希望读长篇漫画和标题，其问题（有时由家庭背景引起）不能被克服，然而归罪于老师……"[1]在竞选中，工党试图在这上面做些文章，宣称她写的东西就像未经教育的三岁孩子一样。不过这些并未产生什么影响。最终，保守党以31席的整体多数赢得了大选。芬奇利的结果如下：

玛格丽特·撒切尔夫人（保守党）	25480
迈克尔·弗雷曼（工党）	14295
G. 米切尔（自由党）	7614
保守党多数	1185

撒切尔夫人的选举以其多数而告终。当晚夜深人静之时，听见汽车电台里传来保守党获胜的消息，正在驾车前往兰博赫斯特的撒切尔夫妇，一路兜风，最后赶到萨瓦伊参加了《每日电讯报》的庆祝派对。[131]

1 约翰·伊兹比奇，当时是《每日电讯报》的教育通讯记者，发现撒切尔夫人在遭受媒体攻击后在自己的长舞服里泪流满面，当时媒体攻击她几乎剥夺了它们的报道权。他在NAHT舞厅和她一起跳了舞，然后带她出去在格兰德酒店附近漫步，欣赏月光下的大海。他一度被对方的优雅所迷醉。据他的同行，当时身为《泰晤士报》教育通讯记者布莱恩·麦克阿瑟的说法，伊兹比奇当时说："你知道吗？如果铤而走险，我确定自己都要成功了。"尽管约翰·伊兹比奇是个万人迷，但是很难相信他说的是真的。

▲"我谨将我几乎所有的一切都归功于我的父亲"。图中是玛格丽特与她的父亲阿尔弗雷德·罗伯茨。摄于1927年。

▲ 比阿特丽斯·斯蒂芬森还年轻的时候。"在我十五岁之后我们彼此之间没有什么话可说"，玛格丽特悲哀地回忆。

► 1934年，玛格丽特在格兰瑟姆亨廷托尔路县小学，时年九岁。

◄ 位于格兰瑟姆北巡街的家庭杂货店。"如果你从罗伯茨处……得到它，你得到的将是'极品'"。

▲ 摄于1943年，被牛津大学萨默维尔学院录取的女生们。后排左数第三位是玛格丽特·罗伯茨。

▲ 托尼·布雷，玛格丽特的初恋恋人，摄于牛津大学拉德克里夫图书馆外。他是布雷齐诺斯学院的本科生。“他是常常绕着原地打转，看起来真是一个让人摸不着头脑的异类，”她写信给姐姐穆雷尔。

▲ 摄于1947年的格兰瑟姆，当时是在玛格丽特的校友谢利·伊利斯（本姓沃尔什）的婚宴上。玛格丽特坐在右边较远的一桌，戴着一顶别致的小礼帽。

► 身着制服的托尼·布雷在第五届皇家恩尼斯基伦龙骑卫队中，大约摄于1946年：“一个骑兵团，绿色长裤，诸如此类。”

▲ 反对社会主义者的女歌手：玛格丽特·罗伯茨，新的保守党候选人，图中她正在公牛客栈为选民们进行钢琴演奏。摄于1949年的达特福德。

▲ 身为化学实验员的玛格丽特，当时正在J.莱昂斯食品公司工作。该照片曾在1950年大选开始之初被公开过：她是所有党派中最年轻的候选人。

▲ 玛格丽特在达特福德的首次竞选演说，时间是1950年。这次她一举夺走了高达6000人的工党多数。

▲ 仰视保守党主席伍尔顿勋爵，当时正在为1951年大选举行新闻发布会，地点是威斯敏斯特的英国圣公会总部大楼。她与德高望重的年长者和权威男士们的融洽相处由此可见一斑。

▲ 1950年4月，身为伴娘的撒切尔夫人在姐姐穆雷尔的婚礼上。穆雷尔嫁给了玛格丽特的前男友威利·库伦。右边第三个人是阿尔弗雷德·罗伯茨，最右边是比阿特丽斯·罗伯茨。

▲ 罗伯特·亨德森在白金汉宫外面。当时由于他对医学服务的成就，刚刚被授予英帝国二等勋位爵士。摄于1947年。“我想我们喜欢彼此，事实上远不止于此。”左边是罗伯特·亨德森的妹妹艾达。

▲ 注意那个手提包。图中的玛格丽特·罗伯茨身为候选人，正在排队等候女演员帕特里夏·丹顿给她的亲笔签名，当时是1951年，后者在达特福德义卖会上进行义演。那个有她名字首字母的手提包是威利·库伦送给她的。

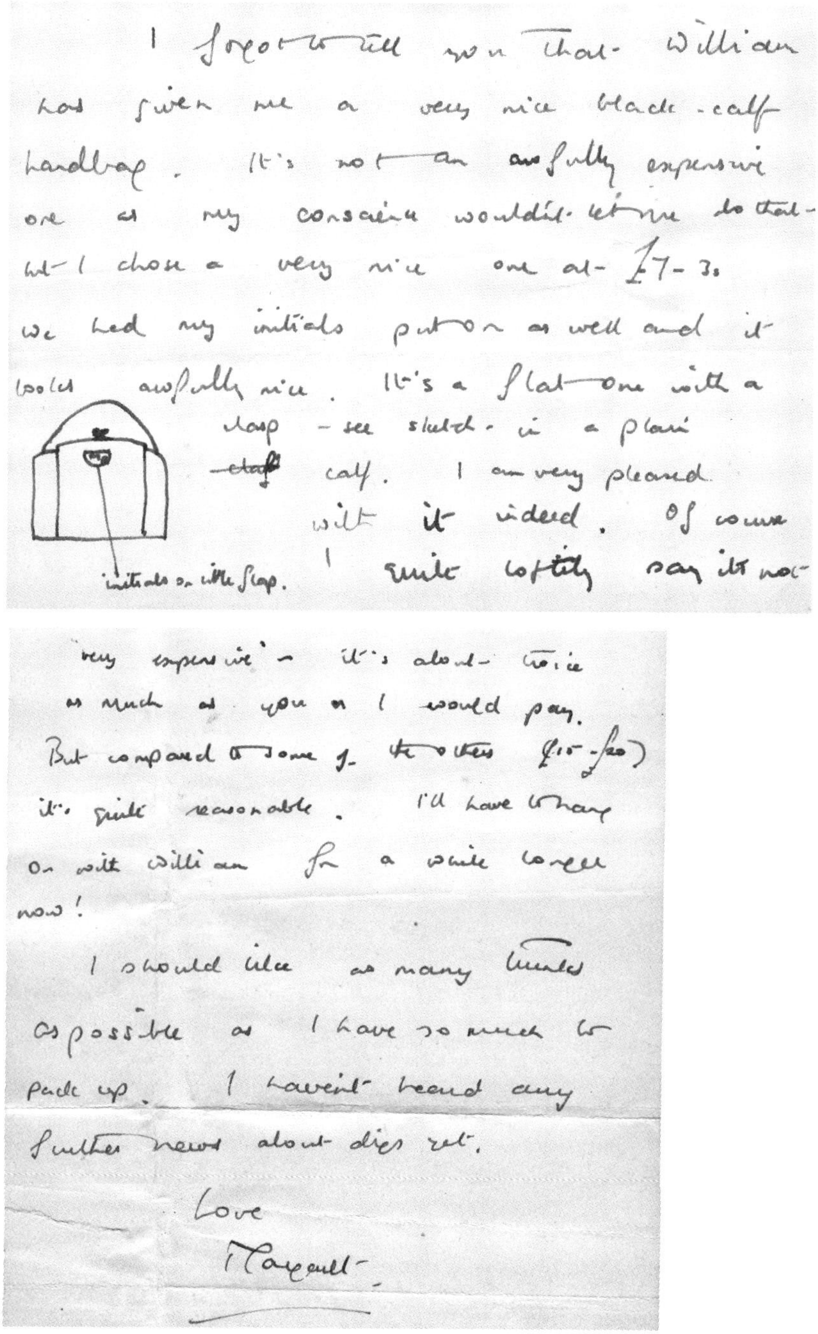

I forgot to tell you that William had given me a very nice black-calf handbag. It's not an awfully expensive one as my conscience wouldn't let me do that – but I chose a very nice one at £7-3s. We had my initials put on as well and it looks awfully nice. It's a flat one with a clasp – see sketch – in a plain ~~staff~~ calf. I am very pleased with it indeed. Of course I quite loftily say it's not 'very expensive' – it's about twice as much as you or I would pay. But compared to some of the others (£15-£20) it's quite reasonable. I'll have to hang on with William for a while longer now!

initials on little flap.

I should like as many trunks as possible as I have so much to pack up. I haven't heard any further news about digs yet.

Love

Margaret

▲ 手提包的故事：玛格丽特告诉穆雷尔她为什么“现在必须要把威利晾在一边观察一段时间！”

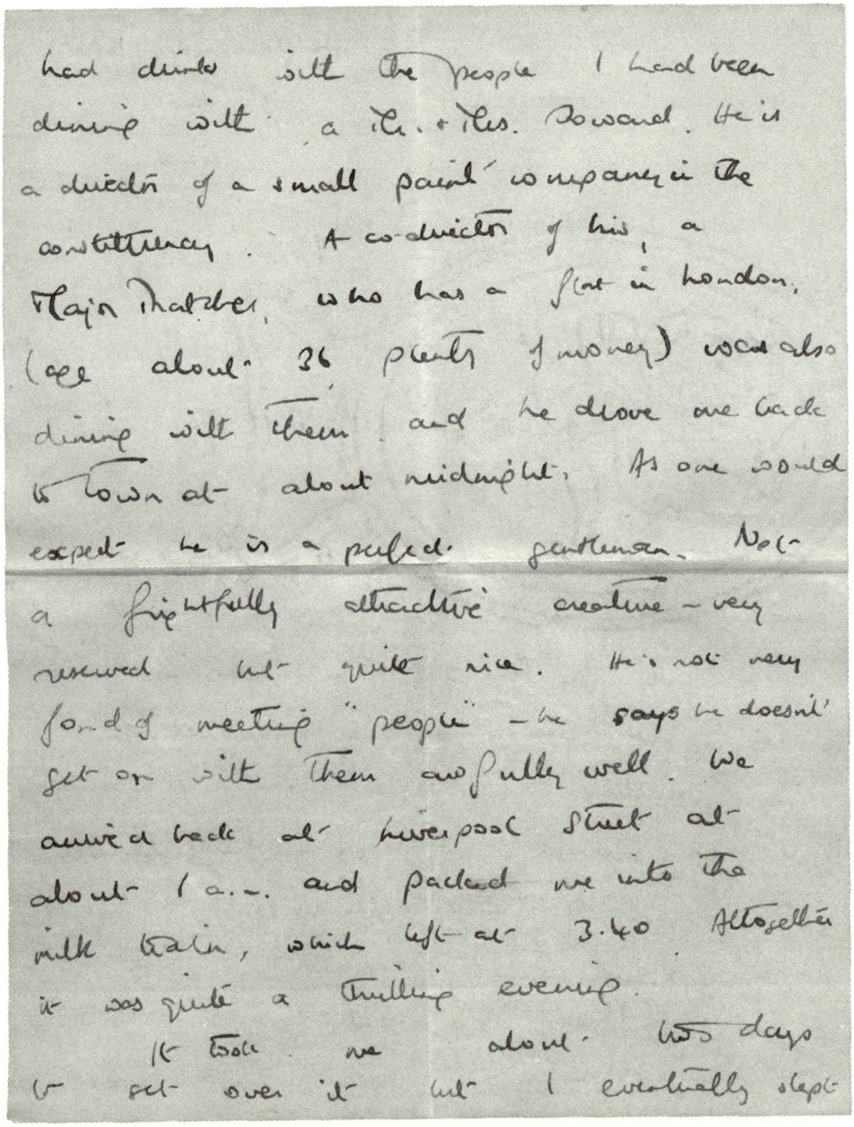

had drinks with the people I had been
dining with a Mr. & Mrs. Howard. He is
a director of a small paint company in the
constituency. A co-director of his, a
Major Thatcher, who has a flat in London,
(age about 36 plenty of money) was also
dining with them and he drove me back
to town at about midnight. As one would
expect he is a perfect gentleman. Not
a frightfully attractive creature – very
reserved but quite nice. He's not very
fond of meeting "people" – he says he doesn't
get on with them awfully well. We
arrived back at Liverpool Street at
about 1 a.m. and packed me into the
milk train, which left at 3.40. Altogether
it was quite a thrilling evening.

It took me about two days
to get over it but I eventually slept

▲ “（他）不是一个非常有吸引力的家伙”，玛格丽特给穆雷尔描述自己与丹尼斯第一次见面后的印象，“那个撒切尔少校……（年约36岁，有的是钱）”，写于1949年2月28日约会之夜后。

◀ 摄于丹尼斯和玛格丽特订婚后。当时正值1951年大选，此事未向达特福德选民公开。

► 1951年12月13日，玛格丽特和丹尼斯在他们的婚宴上切蛋糕，地点是阿尔弗雷德·博瑟姆爵士的豪宅卡尔顿5号庄园。她的帽子是模仿盖恩斯伯勒肖像画中的德文郡公爵夫人乔治亚娜定做的。

◀ 婚后之爱：丹尼斯正在位于肯特郡法恩伯勒的“老虎窗”别墅家中为自己的爱妻扣紧项链。他们于1957年圣诞节前刚刚搬家至此。

▲ 一对双胞胎：马克和卡罗尔出生于1953年8月14日。此时的丹尼斯正在球场观看板球比赛，不知道自己的妻子已经期待着这对双胞胎的诞生。

▲ 正在向离家的孩子们挥手道别：马克和卡罗尔离开“老虎窗”别墅上学去。摄于1959年。撒切尔夫人并不亲自送他们去学校。

▲ 正在“老虎窗”别墅内整理花园，但是并未特意为此改变着装。撒切尔夫人喜欢她那些灿烂怒放而又井然有序的鲜花。

▲ 与马克和卡罗尔一起在家中，摄于1961年。几乎没有多少关于她和孩子们享受轻松时光的记载。

9

抢牛奶的人

“英国最不受欢迎的女人”

平生第一次，玛格丽特·撒切尔如期进入内阁，身份是爱德华·希思的教育及科学大臣。这份任命接受于1970年6月20日。她一再强调自己是一名科学家的事实，但是对于曾经短暂做过教师的事实却鲜有提起。她实在不怎么喜欢那段经历。

由于战争，她已经找到了自己的角色定位。在一次学年重新调整过程中，允许林肯郡的小学生们有更多时间在秋天土豆丰收时在家里帮忙，在只有两周的休息时间结束后，全国的学校恢复了8月中旬的米迦勒节。1944年发生的这一切，允许从6月初就开始在牛津休长假的玛格丽特，得以通过为格兰瑟姆中心男子学校授课来赚钱，并为战争添上一份力。该校当时缺少人手，她就在那里待了暑期的两个月时间，直到随后早早地回到牛津尽上火灾警戒员的职责。第二学期，她又前往授课三周。当时年仅18岁的她教理科和数学，并且极不乐意地也附带教点别的。“过去一周在学校里诸事不顺，”她写信给穆雷尔，“我们卖命工作，我一点闲暇时间都没有。加上批改作业的任务重，我这周末有一套英语短文要批改，同时还有代数和物理，我有生以来都没见过这么令人震惊的废话。”[①]她还不得不带男孩子们去格兰瑟姆游泳馆上游泳课：“上课时我们不和他们一起，只是待在岸上尽量大声叫喊，提醒他们哪里出错了。我个人认为这种方法并不尽如人意，但是我想自己也不愿意穿着泳衣出现在他们面前。”[②]

除了上述职责外，玛格丽特还担任大卫的私教。大卫是一名准海军学员，需要为自己的数学考试进行填鸭式训练。“我担心他是个一点也不聪明的孩子，”她告诉穆雷尔，“当我坐在对面严加看管时，他就表现良好，但是当我离开由他自我发挥时，所有事情都会变得一塌糊涂。”[③]后来，她抱怨说：“……我不能忍受他的低智商了，”[④]并且她不再“对他抱太多希望，因为虽然自我教他以来，他已经有了很大进步，但是他还是不知所以然，并且我已经毫无办法了。我想为赚钱来教他，但这实在是我所做过最难的事情了，并且在我有生之年都希望这是最难的。”她继续说，“周五晚上，教完所有课程，我终于解脱了。就像被释放重获自由了一样。”[⑤]然而，学校依旧很热心：“最后一天，索普先生（校长）非常热情地感谢我……所有人都疯狂地鼓掌，就像面前是一位年事已高的长者。”她浮夸地补充说，“庆祝活动结束后我非常高兴。”玛格丽特兴奋地意识到自己在此地引发了轰动：“被一名牛津大学本科生上课对他们来说真的是新鲜事，并且我听到身后许多人说到‘牛津口音’。”[⑥]该校的一名小学生杰拉尔德·尼克勒姆记得，玛格丽特表现得就像“一支英国玫瑰”，拥有“美丽的皮肤和引人注目的头发，因此我们男孩子认为由这样一名年轻女郎教我们，实在是爽呆了”。[⑦]

无疑，撒切尔夫人没有将余生投注到教师职业上是明智的，不过如果被问到，她也确实会提起这段经历。这样年纪轻轻拥有如此一段经历，相比一个人倾其一生所事职业而言，当然无法相提并论，但是这短短的几周时间对她却有着重要意义。这段时间让她发自内心地理解到教师们所承受的艰辛，也夯实了她的一个信念，就是要确保孩子们正确学习的重要性。这几周同样让她起初的一些想法变得笃定：早些时候在牛津有承诺日后从教就可以获得全额奖学金的机会，她拒绝了，因为当时还缺乏职业教育经历。据观察者对其反应的看法，她的教师经历提供了一种证据，能够证明她的（温和地说是）领导天赋或者（不客气地说是）专横跋扈。这是和其信念有关的一个早期例子，后来为内阁同事们所熟悉，她确信，人们特别是男人，从来都不会非常自觉地把事情做好，除非他们做事时被严加监督。撒切尔夫人一直对教育怀着一种奇怪的百味杂陈之感——这是一份庄严的事业，对于文明和个体有着不可估量的重要性，但是自己的确缺乏耐心。卡罗尔记得，撒切尔夫人作为母亲起初非常溺爱孩子，确实“非常不安，尤其如果我们从学校拿回了不良报告”，这时候她会非常激烈地训斥孩子们，“我先于俄国人体会到她是一名‘铁娘子’。”[⑧]

教育及科学部（DES）在白厅的等级序列中并不高。首先是梅菲尔区的可胜街；其次是撒切尔夫人后半任期所处的位置，在河岸南边滑铁卢附近那丑陋无比的伊丽莎白大厦新楼，在地理位置上被分离于权力中心之外。虽然撒切尔夫人充满情感地怀念可胜街里的“光辉岁月”，但是入口处是那么肮脏，看门人那么粗暴，以至于官员们习惯于在街外与来客会面，并护送他们快速穿过，因为他们无法忍受这种环境太久。[⑨]包括来自内政部、与撒切尔夫人同月入职的常务秘书威廉·派尔在内的许多DES的官员，宁愿选择待在其他政府部门。从某种意义上讲，这反映出一种文化假设，就是教育是一项“女人的工作”，不值得那些意欲统治的男人们劳心费神关注。[1]延伸来讲，这说明一个事实，就是教育以这种方式被组织起来，该部门就不会有什么权力。派尔的前任赫尔伯特·安德鲁先生描述这份工作是“就像以一支橡胶舵柄来划船”。据一名官员的夸张说法，这个部门“只能直接管理V&A（维多利亚与亚伯特工艺博物馆），阿普斯利大厦（第一威灵顿公爵在伦敦的家，如今是一个博物馆），以及科学博物馆”。[⑩]即便是艺术和博物馆，撒切尔夫人发现自己的权力也是有名无实，而被另外一位大臣艾克尔斯爵士基于“独立公平交易原则”单独掌控。无形中教育领域的所有事情要么委派代表，要么通过中间组织，大学通过大学专项拨款委员会拿钱，中小学则通过地方教育机构。这些地方机构会收到占去其75%开支的中央自动拨款。

在议会通过她所在办公室对教育问题所做的回答中，撒切尔夫人所使用最常见的开头语是：“我无权直接控制……”中央政府应当直接干预课程，或者甚至是确保教师质量的思想，都会被视作对地方以及专业自主权的蔑视。只有教学内容方面由法律规定，因此来自国务大臣的责任就是宗教教育，甚至这一任务也被委派给专家和教会。该部门会出钱——用于校舍建设，特别是教师工资发放——但是也没有办法。撒切尔夫人后来一度对此提出抗议。

她记得自己在就职时曾告诉派尔：“我担心学校的内容而非结构。”[⑪]的确，当时有一些事情发生，尤其是她在该部的最后一段时期，她在其间的演讲和采访中都提到了这个问题。在内阁中，有时她抱怨对地方机构的自动拨款问题。但是，并无证据证明她曾做过一系列努力来改变权力的平衡。事实上，她很快推出了最有争议性的政策——废除试图强迫综合化改革的10/65和10/66工党通告——立足于地方独立性原则。她从未说自己原则上反对综合化，而是说现存的好学校应当予以保护，父母和地方机构应当能够为自己做决定，而不是被强制改变。

---

1 曾任教育大臣的爱德华·博伊尔，在她就职时，于1971年的一次采访中总结了教育大臣的地位：“如果你认为战争以来人们与教育的相关性最强，你十分正确。它不是一个强化某个人政治事业的部门。”（《教育政治学：爱德华·博伊尔和安东尼·克劳斯兰德与莫里斯·科根的交流》，企鹅出版社，1971年出版，第100页）

撒切尔夫人迅速撤销了工党通告，在自己的第一个工作日（1970年6月22日星期一）告诉其官员们，她将这么做，并于6月30日发布公开声明。这样的速度招致批评。该部副大臣威尔玛·哈特和一些后台人士试图以推介一个“一揽子政策”来劝阻她。[12] 工会和地方机构抱怨此举缺乏咨询。更糟糕的是撒切尔的观点，唐宁街10号对其首次在内阁讨论中的失败表示不满。[13] 她的胸有成竹被泰德·希思周围的人视作危险信号，是一个为后者所憎恶的“临时政府”的活例。6月23日，在第一次内阁会议的开场白中，希思叮嘱大臣们：“不要急于草率地出政策决定。”[14] 头一天撒切尔夫人刚刚赶了一个决定。她的私人秘书之一约翰·赫杰记得当时与一个和10号院相关人士的交流：“我的上帝，这个女人是一个彻头彻尾的右翼分子。”[15] 那种感觉是她有点自我膨胀。然而，以她自己的看法，撒切尔夫人只是做了自己承诺的事情。对通告的撤销是在竞选宣言中已经提到的，她在介绍个人施政纲领公告时告诉了下议院，竞选就像是“最大型的咨询会”。并无必要对撤销行为予以立法规定。因此，它应当立即执行。经过反思，她感觉在这件事上被部门搞得失望了。她抱怨说，没有人告诉自己去撤销一个通告，你不得不找到一个替代方案，因此她匆匆忙忙亲自起草了一份。[16]

实际上，关于10/70通告的问题，就像她颁布的新政策一样，与其说是一项意义重大的改革，不如说是一次强调改变的风向标。它将叫停新综合化的潮流纳入自己的轨道，其本身并非出众，亦非多么历经精打细算。“我们将……期待一切计划要基于教育相关的注意事项而非综合化改革的原则，”她告诉《每日电讯报》，[17] 但是，抛开原则不说，综合化实践到目前为止有较大推进，以至于要停止它已经没有太大空间。在撒切尔夫人入职当天，英格兰和威尔士共有1137所综合化学校，还有上百个综合化项目箭在弦上。当她于1974年3月离开时，实际操作了3286项综合化项目，只否定了326项；她保留了94所文法学校。就在推进个人政策时，撒切尔夫人接受了时代趋势，告诉《泰晤士报》，非选择性教育正在“以加速度”到来。[18] 她发起了一场围绕1944年巴特勒法案（Butler Act）的争论，认为后者已经提供了一套“综合化”改革服务——这些话见于法案——但是这并非意味着所有的学校不得不一刀切地采取综合化（这里是指非选择性）形式：综合化改革能够围绕一个区域实施，如果它将父母对学校类型的选择权囊括其中就更好。[19]

同年秋天，当她在党的大会上强调，自己并未立足于文法学校的优点，更别提综合化举措的不足。相反，她提到了“多样化选择”的价值理念，并且她并未将该主题置于演讲的核心位置，而是侧重于强调新小学的校舍。10/70 通告的全部重心确保地方政府不被强迫实行综合化。它没有授予撒切尔夫人新的权力以推进教育：事实上，她更多在否定这种想法。她的唯一法定权力是决定是否关闭一所老学校，或者开办一所新学校，这来自于巴特勒法案 13 节的规定。

在任职初期，她延续着前任的习惯，整体推进地方教育机构的学校重组计划，但是从 1971 年 4 月开始停止了。一直认真跟从法定精准定位的她决定，只专注于第 13 节规定的内容——私立学校的命运。当她的工党影子成员泰德·绍特抱怨说，这种推进方式会使得“整体区域计划变得荒诞”，[20] 她不同意这种看法，坚持认为自己必须履行其法定职责。

工作有成功之处。撒切尔夫人阻止了伯明翰的综合化强制措施，在她上任伊始这项措施已经万事俱备了。当工党于 1972 年控制伯明翰议会后，她重新拾起对文法学校的强烈感情，在这个城市支持它们，并保留了近半。然而，整体而言，这种政策并未真正让足够多的人充分开心起来。特别尴尬的是，那些一心想走综合化路线的地区反而由保守党控制。“看看都是谁在和我对着干，”多年后她感慨道。[21] 据绍特讲，在这些区域中有一个忠实之地萨里。在这里的一个网球俱乐部，她与文法学校支持者一道通过一个“秘密”会议，举办了一场并不成功的“网球场战略”，旨在阻止综合化措施。1972 年 4 月，在全国教师联盟大会上发言时，撒切尔夫人发现自己身处险境，当时她面对着由萨里教师们领导的联合抵制，紧接着有大概 100 名反应激进的老师在她演讲过程中退场以示抗议。左翼联盟负责人则以极其无礼的方式，鼓动大家起立从平台上向她大声喝倒彩。[22]

更糟糕的问题发生在她自己的选区。事情的发端是因为巴内特议会希望推进综合化。1971 年 6 月，撒切尔夫人否决了巴内特联接伍德豪斯文法学校和弗莱恩—巴内特县学校的“计划 C”部分。她还基于分裂区域来阻止伍德豪斯学校、克里克伍德走综合化路线，并且要改善不适当的住宿情况。同年早些时候，她已经停止了其他巴内特“计划 C”内容，尽管当时由议会组织了一场咨询会，28000 份反馈中有 86% 的人支持“计划 C”。一贯忠诚的芬奇利媒体报道将本地老师们形容为“步履蹒跚”，并且提到了一名友好的保守党常任顾问、议会教育委员会主席维克·厄舍对撒切尔夫人的攻击。厄舍表达了自己“深深的失望”㉓并抱怨说，一个非代表性团体已经赢得了堵上“撒切尔夫人的耳朵”的战争。在保守党内部，这些在各个议会教育委员会之间产生了分歧，这些成员更多是从整个组织的视角来看问题，因此，希望整齐划一的大规模综合化改革。然而保守党的许多普通议员们非常担心教育水平，并对特殊学校寄予强烈关注。[1]

对政策最为不满的人或许就是撒切尔夫人本人了。由于发现太多计划细节让其疲于应付，并且，由于对政治后果的过度负责和忧虑，她还是在许多细节上徘徊太久。㉔另外，尽管笃信中央政府对国家的每所学校定性的做法并非良策，但是她当时一筹莫展，无法做出正确决定。“她实在憎恶这一点，”一名高级官员回忆说，“她打磨着自己关于让地方政府自由的政策。”㉕这引发了关注，教育体制构建的传声筒、撒切尔夫人的对手《泰晤士报》教育专刊抱怨称，她继续“隐藏在地方政府自治权的背后……只是当该权力对她口味时是如此，一旦它们使用自己自治权的方式令她不快，一条大棒就会旋即被抡起”。㉖同时在别的政策措施上，她同样缺少官方支持、知识准备，以及属于自己的政治影响力。她反对将补助计划用来支持那些父母们的现实选择，而是要在他们的个人努力已经山穷水尽时才能考虑。她热情支持现行的对学校直接资助伴以中央政府助学金和收费措施的做法，但是她不敢将这种做法扩展至已经推行的 176 所学校之外。实质上，她发现在自己主导下，教育结构已经有了巨大变化。她反对现有结构中潜在的平等主义原则，但是却无力扭转。

这种挫败感与孤独感相伴而生。在 DES，她感觉自己没有朋友。在个人回忆录中，她描述了当时流行的气氛，周遭都是“自以为是的社会主义者”。㉗她履职后的第一次抱怨是看到伦敦大学狄龙思图书馆在销售大量的马克思主义书籍。令官员们费解的是，这种和自己不搭界的事情，在撒切尔夫人那里会被阐释为事实上的共谋。[2]㉘有一次她邀请比尔·派尔夫

---

1 撒切尔夫人带有保守党草根情结的同情心，在一定程度上曾招致势利眼的批评。克里斯多夫·普莱斯，一名对教育感兴趣的工党国会议员，在《新政治家》（1973 年 7 月 6 日）撰文指出，这些普通议员都是和她的父亲一样的资产阶级商人，才不会梦想着奋力推进综合化。他们要使用地方文法学校的目的是自己的后代在其中是可塑之才，一旦他们不成器，还可以转入适合年轻女孩的普林格尔女子学院。

2 说来也怪，撒切尔夫人当时是左翼图书馆的常客。克里特是众所周知的共产主义者书店，也卖中国陶瓷，她曾在其中淘换了一些。因而，教育大臣常常被发现在顶楼专注于陈列的陶罐。（THCR4/4）

妻在兰博赫斯特的家中一起用午餐后，没有收到来自派尔的左翼妻子的一封感谢信，这令她大为光火。“她是共产党员。她就是 CP（共党）。”[29] 1970 年 9 月 12 日，全国教师联盟（NUT）的周年纪念晚宴将在市政厅举行，泰德·希思在最后一刻被涉及莱拉—哈雷德的巴勒斯坦劫持危机差走了，撒切尔夫人不得不代替她作为发言嘉宾出席。她声称，自己被眼前的景象震惊了，当晚她的官员和 NUT 竟然保持着那么亲密的关系。“那真是一个腻歪的世界，”她在回忆中说，“我看到一些我们的公务员高层与 NUT 那么亲密的样子。”[30] 这尤其令她担忧，因为共产党员在 NUT 的影响，后来她在内阁提交了相关主题的项目。

撒切尔夫人直陈对本部门的指责多少有点不公平。其中她最直率地加以攻击的对象是一名保守党议员。[31] 另一方面，技术专科学校发展的灵魂人物托比·韦弗，曾为撒切尔夫人高度赞赏，此人是社会主义者，但是又是公开的基督徒，因此在她眼中被扯平了。在部门内部确实并无亲工党的氛围。官员已经发现撒切尔夫人的前任泰德·绍特迂腐、易怒且反应迟钝。他们乐于拥有一位更聪慧、更具决断力的部长，她可以随时派遣任务，并且很少只站在功劳簿中。“和她外出参加一次交流活动的感觉，就像你打了三场难分高下的网球，”尼克·斯图亚特说。[32] 大多数人喜欢她“宽宏大量的人格”，常常留意个人困难，在人表现优秀时不吝感谢，并且对待后来之辈和老资历者一样周到体贴。[33] 许多人羡慕她身为一名女士的魅力，据约翰·赫杰的说法，有些人甚至会被“迷倒”。

然而，其中也有被称之为文明鸿沟之处，部分原因或许和她的性别有关。派尔一直瞧不起撒切尔夫人，并且，据一名高官同事说，“从来都不失时机地在背后啐她一口”，[34] 并认为“理发师”一词出现在她的工作日志中“看起来并不恰当”，因此理发师的名字被代号取代了。[35] 并且不仅仅只是由于她是一名女性的事实，而且通过这样一个细节，对这位保守党女人的性情可窥一斑。她就职初期的私人秘书约翰·班克斯发现其“难以相处”，因为她“和公务员们说话是拿腔作调的风格”。撒切尔夫人从未考虑过把自己的孩子们送进国立学校，这使得官员对其评判态度不一，可谓冰火两重天。（一对双胞胎此时上六年级。卡罗尔在圣保罗中学，马克在哈罗公学。卡罗尔发现自己的母亲身为教育大臣，自己接受教育却难比登天。）[36] 有一天，撒切尔夫人和班克斯驱车前往伦敦的皮米力克综合中学，当时的一所著名新学校。班克斯说自己可能要送儿子到那里。

“哦，约翰，”撒切尔夫人说，“你不能考虑把自己的孩子送到那样的温室里去。”㊲ 在一次前往剑桥的途中，她和约翰·赫杰就为孩子在学校选择一个恰当住所的重要性，进行了一次长谈。后者认为这值得注意，因为她假设（a）一个人的儿子要进入私立学校；（b）他要寄宿；（c）这个人的女儿无须考虑。就像赫杰所言：“部门非常尊重她，但是亦被其偏见所困扰。”㊳

从撒切尔夫人的角度，她一度被官员间的对立偏见所激怒。入职后乍一进入办公室，她的首要举动之一就是质问部属咨询委员会就综合化教育的研究。有一名官员做了全面记载：“我认为，国务秘书无须对研究项目的完成而感到忧虑。毕竟这并非一项宣传运动，而是一项由一个卓越的研究机构所主导的研究项目。”新工作未满一周，撒切尔夫人在会议纪要上信手涂鸦道：“这是我所读过的最令人失望、糟糕透顶的文件。1971年12月之后分文不值。”㊴ 她记得当时叫进一名学校事务首席检查员（她对此并不太确定）告诉他：“你完全反对文法学校。他们被搞得倍感愧疚但是他们表现很好……他们需要一些来自像你这样的人士的赞赏。”㊵ 她对曾接受公学教育的班克斯（伊顿公学）和尼克·斯图亚特（哈罗公学）予以指责，认为他们被个人特权所诱而毫无愧疚感。㊶ 如果说部门官员致力于建立一个平等主义的新耶路撒冷（这里借喻自《圣经》说法——译者注），亦有失公允。更确切的解释应该是说，他们分享了对战后教育方案的态度，并且拒绝改变。而一名从他们圈子之外新加入内阁的女人，在该议题上坚持尚未完全成形的个人观点，并且和他们的理念截然不同。[1]这种和自己部门水火不容的关系有助于解释她第一次遭遇的惨败，这次经历给她安了一个家庭主妇的名头，并且差一点就断送了其政治生命。

爱德华·希思新政府的第一步举措，就是针对所有的政府支出开创一种检查模式。撒切尔夫人迅速带着她毫无想象力的大脑参与其中，其观点和大家的普遍看法截然相反，并且一直潜藏着一种故意自嘲的成分。她在该部门最主要的初级次官贝尔斯特德爵士[2]，参加了那次她宣布自己关于

---

1 这段时间，学术机构、教师和作家们纷纷印制了一系列的教育“黑皮书”，其中包括对教育进步趋势心怀担忧的金斯利·艾米斯，引起了极大骚动。撒切尔夫人对黑皮书予以同情，并且一直持友好态度听取其作者的意见，但是鲜有证据证明她愿意将大家的想法落实到政府行为中。流行的正统说法强烈地体现在相反方向，并且她尚未准备好挑战它。

2 贝尔斯特德爵士（1932—2005），乳名约翰·甘佐尼，受教于伊顿公学和牛津大学的基督教会学院；1958 年以贝尔斯特德爵士身份子承父业；1988—1990 年，上议院领袖。

10/70通告的 DES 会议。“回到你的房间去。”撒切尔夫人在会议结束时告诉他。贝尔斯特德就移步前往常务秘书的烟草色办公室谈事。紧接着他就听到背后的一个声音传来，是他新上司直接冲向派尔那与众不同的腔调：“首相说我们必须高度关注开支，因此从今以后没有我的许可不许有任何新的装饰活动。”[42] 后来，派尔谈了他对其领导风格的看法：“她是我所认识的人中唯一的一个从来不说‘我想知道是否……’……她从来不与人商量任何事。”[43]

但是撒切尔夫人的确曾自挖本部门墙脚。有一段时期，注册学校数量增多，并且她所拥有的、几乎是仅有的权力就是花钱的能力，她决定增加 DES 预算。她这样做的战略安排是接受短期削减来换取长期增长，并且在其预算的非教育领域加以缩减，来支持实际教育开支的增长。财政部的注意力集中于通过两个阶段消除校餐补助，同时出于健康原因考虑，废除小学生晨间休息时免费牛奶的长期供给。（在一项较早的经济措施中，前任工党政府已经废除了针对中学生的牛奶供给。）1970 年 7 月 31 日，财政部首席秘书莫里斯·麦克米伦写信给撒切尔夫人谈及此事，[44] 计算了一下牛奶一项的开支将会在 1971—1972 年间节省 950 万英镑，1972—1973 年间节省 1440 万英镑。他补充说将对这次改变予以立法。

然而，大的趋势似乎是在一边热，撒切尔夫人迅速明确了态度，她不愿接受彻底废除方案，因为它“将会太过猛烈，并且将会引发公众抗议”。相反，她提议要继续给孩子们供应牛奶至7岁，[45] 同时建议节省下来的钱要重新返还到未来两个年度（1972—1973；1973—1974）的小学，用于自己所鼓吹的重建项目。当麦克米伦提出异议，称自己尚未在别处获得足够削减额度时，她回答：“……我一定不会接受你最初关于节省开支的提议……我只是不能接受教育被苛刻地对待，因为你在其他方面的期待已经落空了。”[46] 这迫使该问题被带进内阁加以讨论。9月29日，撒切尔夫人告诉内阁，自己已经达成了一项协议，就像她一如既往坚持的，将继续保留孩子们的校用牛奶。当财务大臣安东尼·巴伯（他在大选后获得该职，当时是大选后刚刚一个多月）在10月底宣布自己的公共开支一揽子计划时，撒切尔夫人被认为已经成竹在胸了。除了承诺增加小学校舍的开支外，她设法保存哈罗德·威尔逊所发明、并为大多数保守党员厌恶的开放大学（OU），确信这将是“通过电视获得良好教育的途径”，并且能够扩大教育机会。[47] 在7月底的一次内阁会议上，她就开放大学方案与多数内阁成员据理力争，最终获胜。她说："我们不能使教育成为我们的首要牺牲品，"虽然希思抱怨 OU"根本就不是一种大学"。[48] 完全无视自己的上司而坚持保留 OU，对一名资历尚浅的内阁大臣而言，不啻为一项巨大成就。当具体支出结果于秋天浮出水面时，《卫报》一度称之为"一场对教育预算极其轻微的袭击"。[49] 然而，麻烦纷至沓来。据曾出席早期会议的目击者称，在这些会议上，部门已经原则上同意减少免费牛奶供应，并未有人提出政治风险（但是和这些会议有关的信件显示，撒切尔夫人对此有看法）。如今，这些都变得更加显性化了，因为需要诉诸立法（亦无提交部里，但是被财政部提出来了——见上文）以保证削减方案生效，并允许政府机构出售牛奶给那些先前一直免费接收牛奶的孩子们。其初衷是要将削减牛奶计划，包含——有人或许会说是掩藏——在由基斯·约瑟夫的卫生和社会保障部所主导的更宽泛的立法范围内，该立法主要是关于牙科和处方费（英国按国民保健法必须支付的——译者注）的。DES 的官员相信，此举或将"对政治批评形成缓冲"。[50]

然而，政府官员以缺乏时间为由反对了该计划，这样一来，DES 不得不独自推进。截至 1971 年 5 月，反对者已经明显增多。教育部门以及工党反对派找到了法律依据，希望继续提供免费牛奶。绍特不怀好意地写信给撒切尔夫人，"你曾在许多场合说自己希望地方政府拥有自由。这里恰好有一个机会可以给它们一些。"[51] 所谓的"自由"并非撒切尔夫人可以左右的东西，因为只有中央政府才能真正为之付出。但是，一些保守党的普通议员开始以稍显礼貌的口吻说同样的话。

1971 年 6 月 4 日，议会就二读展开辩论时，绍特已经进行了充分研究，以至于称此立法"对于一个大国而言显得低劣、卑鄙且毫无价值……是一种让人瞠目结舌的典型的前迪斯累利政府（Pre—Disraeli Government）哲学"。[52] 营养学专家、社会工作者还有 NUT、贫困儿童行动小组一致起来高调反对撒切尔夫人。

这是一个人人都能轻易发表看法的议题，其中的削减举措虽然合理，但是一点也不具吸引力。[1]《太阳报》问道："撒切尔夫人有人性吗？"[53] 一些地

1　从最大程度上讲，或许只有一类人没有表达愤怒，就是那些孩子们自己。成瓶的牛奶在上午茶时间送到，并不受孩子们欢迎，部分原因在于那个年代，几乎没有学校有制冷设备。因此，牛奶被送到得很早，通常会被放在散热器旁的板条箱中数小时，变得热乎乎的，而且呈半分离状。本书作者这一代人感觉从强制牛奶的时代中得以自由解脱。

方机构对法令予以抵制，并继续坚持为小学生们提供免费牛奶。在9月份的工党大会上，一名发言人杜撰了一句戏谑之言："撒切尔夫人，抢牛奶的人。"此语旋即风靡一时，成为大多数公众所了解到的她的唯一特点。

如此小题大做令撒切尔夫人极其痛苦。这是她生命中第一次因工作招致痛恨，并很快使人们认为她——一位母亲——对于孩子们的健康和幸福漠不关心。整件事情中，她感到极大的不公平。令她颇感屈辱的是，自己因此给媒体留下了把柄，以至于它们为其打造了一个毫无吸引力的公共形象，甚至对个人事业都是毁灭性打击。其实，她一进入新办公室，这一问题就已见端倪。教育媒体军团，就像 DES 自身一样，对她的政治态度根本漠不关心，[1] 并且据《观察家报》稍后的一篇报道，1970 年夏它们的一次非正式集会对她形成了"一场灾难"。因为她已经表现得无法准确回答一些公众提问，而这些都是在该政策正常范围内的问题。[54] 另外一个较早的讽刺漫画是来自 BBC 于 1970 年 7 月 23 日推出的全景纪录片，其中包括了由谢利·威廉姆斯贡献的内容，提到撒切尔夫人"非常聪慧，持右派立场……已经成为保守党内的一名女杰"。但是，该节目的主要目的是要将撒切尔夫人描述为一个富有侵略性的中产阶级保守党女人，能力强，可是本质冷漠，并且热衷于特权。

镜头开始于教育大臣正在做头发的场景，继而是撒切尔夫人在别墅山庄生活的场景，其中玛格丽特残忍地修剪着玫瑰，丹尼斯则推着一台庞大笨重的割草机，上上下下地打理着两亩见方的草地。另外一个片段显示，撒切尔夫人在伦敦综合学校的化学课上，其中的孩子们正在学习食品加工中的硫黄使用知识。撒切尔夫人与孩子们交流说："我这里特别要提到你们熟知的早餐勺，你用它们来盛水煮蛋。如果勺子是银质的，你将它们沉下去，将会变黄，妈妈就不得不清洗它们。所以这段时间我们会使用不锈钢，好吗？"在这些学生家中，即便有，也是很少数见过什么银货。这是精彩的左派宣传策略。撒切尔夫人认为此节目是"卑鄙的小电影"。[55] 这有助于从一个媒体的视角来看到公众对她的反对情绪。1971年5月14日，她在利物浦理工学院成立仪式上的讲话被抗议者打断，这些人高喊"学校牛奶！"还有更多类似场景。抗议学生常常在火车站等她，然后冲上去砸她的窗户，这种经历一度使她讨厌火车靠站。有官员们还记得她那种发自内心的害怕，

1 撒切尔夫人本人确信，只有她的仰慕者，《每日电讯报》的约翰·伊兹比奇愿意做她公平的听众。

同时也被人性的弱点所触动。[1] [56] 到了11月，《太阳报》将她描述为“英国最不受欢迎的女人”。[57]

各种打击产生了一种不同寻常的自怜。在接受《卫报》的一次采访中，她脱口而出：“为什么，为什么？你为什么要那么做？”[58] 随后她收到了来自《每日邮报》专栏作家基恩·卢克的鼓励：“重整旗鼓吧，玛格丽特。请记得在谴责声中归来的那激情四射的芭芭拉·卡斯特尔，就像灼人眼目的喷灯一样。”[59] 她将此建议深埋心底。在关于这段艰难岁月的采访中，撒切尔夫人喜欢说这些对丹尼斯而言更糟糕，丈夫不得不忍受所有的打击，而又不能给予回应。不过事实上，正是她而非她的丈夫对整个事件几乎不能忍受。正是丹尼斯鼓励她要足够坚强来承受这种事，是他带着她度过了这段岁月。[60] 真正激发她坚定信念的还有这项政策本身——坚信其从实质上是正确的：“在我看来，认为多数人付不起孩子们那点牛奶钱的看法纯属无稽之谈……它表明，以此来做文章的人并非真的要针对学校牛奶，而是试图要让我离开教育。”[61] 此后数年，撒切尔夫人因其身体与心理上的毅力而获得声望，但是尽管她的决心一直存在，坚强却不得不经由惨痛经历才能获得。20世纪70年代认识她的人常常评价她看起来有多劳累，以及被打击得多不安。“牛奶”是她人生第一次真正的大考验，并且她并未轻松过关。实际上，就在“抢牛奶者”的风潮平息后，泰德·希思和同事们一道，悄没声息地产生了要解雇她的想法。首席党鞭弗朗西斯·皮姆告诉他不能开除其内阁中的唯一女性。希思遂打消了念头。[62]

最后的稻草出现于1971年圣诞前夕。一名DES官员提到了一个事实，就是教育部门错误地推行了其牛奶法令，建议地方政府“在适当的环境下”予以汇款。一旦该建议被落实，教育法案的整体目标就会彻底泡汤。12月23日，派尔几乎是以卑劣的手法写信给撒切尔夫人，告知其错误：“我希望为这一错误向你致以真诚道歉，以后将永不再犯。它在一定程度上进一步徒增尴尬，也给你添了许多麻烦。”撒切尔夫人同意立即纠正错误，并补

1　有一种威胁使得撒切尔夫人一度寝食难安。有一名男士在一次会议上走近她说自己来自“愤怒旅”（尤指20世纪60年代和70年代初由离校生组成的一个左翼团体），该团体在当时是一个小的恐怖主义组织。此人说她将于20分钟后被炸飞。他是在扯谎，但是撒切尔夫人不得不平生第一次来思考恐怖主义的威胁。从牛奶纠纷那段时期以来，甚至在其余生中，她都极其关注极端主义分子以及暴徒抗议分子。这对她而言或许能带来政治上的利好而非相反，不过的确为她及其家人造成了不得不承受的沉重负担。1972年2月，她在内阁提及此事，问政府大臣们是否应当确保不遭受恐怖主义分子袭击。（内阁秘书的笔记本）

充说："应该告知10号（唐宁街）。"[63] 她在办公室圣诞派对上对派尔极其不满，以至于拿开了本来已经为他预备好的礼物，并悄悄告诉一名官员："把那份圣诞礼物收起来，我不能现在送给他。"[64] 或许是由于圣诞假期的缘故，对法令的矫正未经宣传就出台了，并且这当口对牛奶法令的抵制也神秘地悄然冰释。直到1972年1月9日，英国都被卷入针对希思政府的第一次矿工罢工活动中，媒体对牛奶完全失去了兴趣。

此时此刻，泰德·希思的关注点转移，使得撒切尔夫人一直心存感激，也得以重整旗鼓。一直以来，她因为那么小的一项财政节支措施而在牛奶事件上严重受损，公共形象一度糟糕透顶，并且处于一个极易受到攻击的位置上。希思本来打算解雇她，一度有谣言说他正在考虑这么干。最终他还是留住了这个女人。1 月 12 日，他邀请撒切尔夫人、派尔和其他高官到首相府邸小聚以泯恩仇——希思后来回忆说，她鼓动自己将派尔调到别的部门[65] ——并对她的任期计划了一个新方向。希思一度被撒切尔夫人的坚韧所打动，尤其是 1971 年 6 月她在内阁就校舍建设资金问题大获全胜时，这种品格被发挥到了极致，当时她为本部门拉到了更多的钱。这笔钱的投入，从本质上拯救教育于水火之中。牛奶事件暴露出教育机构共同反对撒切尔夫人的事实。因此，带着一丝细微而又苦涩的羞辱感，她在辩论中敦促体制改革，从学生助学金的角度出发向全国学生联合会做了描述，并未考虑他们的期待。左翼学生在未来的工党外事大臣以及大法官杰克·斯特劳率领下，在全国范围内嘲笑她，彼时，他是全国学生联合会主席；并且在对抗几近白热化的一段时期，她从未获得来自副手们的支持。1971 年 8 月的内阁讨论中，除了基斯·约瑟夫之外，内阁大臣们都冷眼旁观，担心一场不必要的政治血战。

次年1月10日，她宣布将该问题暂缓一年。就综合化的问题，首相别墅会议期间达成了共识："一旦地方的反对声音对政策施加了影响……中央政府或许会进退两难，里外失利。"[66] 由此始，她转而专注于人们会赞同的领域：建立更多小学（这方面她已经有了一个好的开头）；继续教育；增加科技专科学校数量；提高离校年龄；扩大婴幼儿教育，并颁布了一份白皮书来设置光明归来。[67]

首相府邸会议之后，希思在下议院表扬了撒切尔夫人。她抓住了这一点，开始重整旗鼓。一二月份大量的采访将她看作一个从挫折中迅速恢复力量的人。她强调了自己的平凡："任何时候我到一所学校去，老师们都会对我说，‘我们一点都不期待你来到。’”[68]在接受琳达·李·波特采访时，语气间隐约掠过一丝触动人心的自我意识，她说：“不同的是，当你知道答案时，人们的确会憎恶你。”[69]“我担心自己会由于牛奶而被记住，”她告诉《利物浦每日邮报》。“但是我宁愿被作为一名部长而被记住，希望大家记住她确确实实提高了离校年龄而不是只玩了一下嘴皮子，”她补充说，“我必须坦白一点，就是此项记录的确会令人印象深刻。我认为首相也会这么想。”[70]离校年龄从15岁提至16岁的政策于1973年9月生效。至1972年5月时，她一直在暗示要扩大婴幼儿教育。并与财政部进行了有效斗争——有官员记得，“毫不夸张地说，托尼·巴伯（财政大臣）看见她走来时掉头就走”[71]——并且在10月份党的黑潭大会上得以再次强调“婴幼儿教育的系统性扩张项目”。

作为一种政治策略，撒切尔夫人准备好了适时闭嘴而使得工作出色。泰德·希思开始日益被经济及工业问题所困扰，乐于在学校面前稍事安静。教育界的利益集团得到了安抚，众所周知，撒切尔夫人在内阁为教师更好的待遇进行不遗余力的争取。于 1972 年成为 UNT 副主席的共产党员麦克斯·莫里斯，同样是 30 年代推进综合化运动者中的先锋思想家，他记得撒切尔夫人“反应非常敏捷且办事有条不紊”，尽管她讨厌综合化，但是“非常实际”。他很高兴其在教师培训报告问题上避免了与联合会的冲突，当时她受到前文法学校高管、卢什尔姆詹姆斯爵士的委托，而后者在 1972 年 1 月递交了该报告。后来，她对该报告表达了不满，因为其更多的是强调结构而非教育内容，不过当时她极其谨慎，并未推进在教室实行“许可证上岗”实习老师的计划。该理念被联合会所不齿，因为如果学生们被允许单独授课而无须限定的话，将会伤害他们的职业情感。[72]

整个部门开始重新感到轻松自在。白皮书被暂时命名为《教育—扩张性框架》，由年轻官员米歇尔·詹姆斯（和詹姆斯爵士无关）起草，并且该名称被保留，因为“没有人给一些意见指出它应该称为什么”。[73]白皮书无疑是汉弗莱爵士的一个梦想，在未来数年间为官员们开创了新职，并且在接下来的十年间使开支增长速度远低于 50%（1971—1972 年 21.62 亿英镑；1981—1982 年 31.20 亿英镑）。事实上，由于幼教的优先权，该计划包括了一些老师数量的控制，以及为支持科技专科学校而限制大学准入，因为此类学校更便宜，并且，在她看来，对于高等教育的扩张有决定性意义。但是，当内阁于 1972 年 11 月 30 日考虑一些动议时——在希思整个任期内，几乎是唯一一次由内阁来讨论教育政策——达成了共识，要控制人数，并且出于宣传考虑，要恢复标题。《扩张性纲领》被放弃转而使用《发展性纲领》。

爱德华·希思向其内阁同事们宣称，它是“1944 年以来该领域中最重要的白皮书”，但是他同时告诉大家政府应当“明确一点，就是这份白皮书关注的是结构，而非教育内容”。[74] 因此，撒切尔夫人对内容的迫切要求无功而返。1972 年 12 月被印制时，白皮书确定了五个领域的内容：婴幼儿教育，学校建设，学校教师标准，教师培训以及高等教育。这些领域的开支“未来一段时期将在特定领域有持续的大幅度增加”，并且文件的大部分内容用以展示不同规划。虽然历来以个人惯常的坚持来把握事情，但是这次例外，撒切尔夫人并未在白皮书中投注太多自己的理念。[75] 里面对父母选择只字未提，鲜有触及标准或代表一种意识形态。文件实质上是一份官僚产物，发端于由希思发明被称之为“项目分析和审查”（PAR）的跨政府实践。它表明了一名官员看待事物的视角：定量而不定性。不过，出于政治原因，撒切尔夫人乐于对其表示赞同。

截至目前，官员们对她的活力和交际天赋欣赏有加，[1]对于她将纲领呈现于世的方式欣喜不已，不过她所呈现出来的和那些年任何其他教育大臣所愿提供的并无明显不同。就像在12月6日她在白皮书发布媒体见面会上所言：“在教育领域，没有钱就难有成就，”的确，钱就是一切的一切。她在教育领域所获甚多。在媒体见面会上，撒切尔夫人还说道：“你们中的大多数人……在过去的大约一年多时间里或许已经感觉到我……已经少有重大新闻发布给你们。”这种有意为之的无为主义最终取得了成功，不过值得怀疑的是，撒切尔夫人是否乐在其中。她感觉自己乏味至极，一度宁愿换工作。[76] 她的软化剂策略保证了其政治生存，但是代价是她丧失了与众不同的高亢的嗓音。那段时间的采访和发言中，她表现出一种平庸的老好人腔调，与其性格格格不入。《卫报》开始称赞她“使得一项值得尊敬的社会主义教育政策已‘轻舟过半万重山’”，并且她告诉《伦敦消息画报》自己

---

1 撒切尔夫人历来是一个“学习快手”，并且至今令人惊讶的是，她在诸如国家教育这样先前完全陌生的领域迅速上手。凯瑟琳·奥利伦肖在撒切尔夫人入驻新职时担任曼彻斯特教育委员会主席，她向撒切尔夫人解释了继续教育的历史和发展，其中注意到她很快就掌握到了要领：“如果在这周内不得不从零开始学习希伯来语以挽救国家，她将以完美的语言表达来证明自己能够胜任。”（来自凯瑟琳·奥利伦肖的信）

对于小学氛围有多满意，其“好多了……进步多了”，[77]然而，在私底下她却向检查员抱怨说这种教育是“满地打滚的碎布娃娃”。[78]1972年10月保守党大会上，议会议长喊着抱怨说，在保护文法学校以及父母选择权许可方面做得并不够。

作为她政治生涯中的首次甚至几乎是唯一一次，撒切尔夫人开始面对来自左右两派的攻击。一次又一次地，她在采访和发言中竭力对外袒露自己那颗保守党人的心，并使其在教育领域保持在正确的位置上。她对阅读标准表达忧思，并且接受了一份来自牛津大学的温和左翼副校长艾伦·布鲁克先生针对该议题的报告。她担心：“我们正在给孩子们灌输怀疑而非信仰，”[79]并称“水准在降低”，[80]并且，她保持着不切实际的夸张，对父母选择权予以支持。私底下，她认为学校课程表正在“脱离轨道”。[81]不过她在公开场合装作视而不见。她在教育部的后1972时期，是一段职业生涯中少有的在下议院陈述政见时不那么咄咄逼人的岁月。她变成了一位忠诚、严谨而心思缜密的政府部门发言人，政府却遭遇越来越多的麻烦。当1973年经济前景一度晦暗时，所有的项目开支均被置于更严格的审查中，而前面的《纲领》理念成为无法兑现的意愿清单。11月12日，全国矿工联合会宣布了一个加班禁令以寻求加薪，次日，担心电力供应的政府宣布进入紧急状态。随之而来被缩减的计划之一针对的是学校的供暖。撒切尔夫人未被告知此事，只是一开始通过BBC的“今日播报”节目听说了它。她只身径直冲进贸易和工业部抱怨，结果12个小时内，这份指令宣告停止。撒切尔夫人煞费苦心地向世界展示着这种果断干预的作风。[82]如果牛奶争议再度卷土重来的话，她希望自己这次是站在正确的一边。

随之而来的要吞下整个国家和保守党的努力，使得校园牛奶事件着实显得微不足道。

10

谁掌舵英国？

“极端左派正蓄势待发”

1970年五六月份，大选帷幕拉开，保守党宣言已然发出：“我们坚决反对强制性工资控制思想。”虽然该宣言集中于希思对“新政府风格”的渴望，而非一种与意识形态相关的项目，它依然被认为是对自由市场的自由主义经济学情有独钟之谈，而这种观念至少在当时是为希思本人所分享过的。[1]他相信，而且亦为宣言所争论的，就是工业领域中的自由集体谈判——作为一种在管理层与工会之间的浮动薪资谈判——能够很好地存在，前提条件是有“一个新的劳动法文本”。①这意味着一种对工会法定特权的遏制，亦是一部新《劳资关系法》的简介。宣言同样明确了对通货膨胀的责备，指出“工党关于高税收和货币贬值的破坏性政策”。政府开支已经从1964年占GDP（国内生产总值）的44%，上涨至1969年的50%。保守党对这种趋势予以谴责，认为其必须停止，转而以一种向下的压力和得以维持的政治方向所取代。“没有什么能对英国造成更多伤害了，”宣言称，“……除了这些年我所看到的无休止的盘点整顿。”

1970年胜出的保守党致力于打造一个更小的政府，一种更自由的经济，并强化了这些问题的紧迫性。他们失败了，而这种失败为玛格丽特·撒切尔成为其党魁创造了条件。要详细阐述希思政府及其经济上的U形大转弯，已然超出本书范畴，这次转弯以1972年引入收入政策而告终。众多因素功不可没。伊恩·麦克劳德的早逝意味着，一个政治上弱势的财政大臣安东尼·巴伯出场。他在经济政策方面并未带来属于个人的重要思想，因此成为一名受制于那个时代占主导的凯恩斯主义的囚徒。相比后来的首相，希思承担的更多，他亲自担任自己的大臣，还有那些与他一起齐头并进的男

---

1 “新政府风格”一语来自保守党的一份宣传册，由后来担任撒切尔夫人能源大臣的大卫·哈维尔提出，在大选开始前不久伴随着对希思的祝福印制发行。这是一份非常强调自由市场的文件，被认为在英国出版物中首次使用“私有化”一词，而该理念为其极力倡导。见大卫·哈维尔著《悬崖边上》（the Edge of Now）Pan, 2000 年 , pp.341 ff.

人们：他的首席私人秘书罗伯特·阿姆斯特朗[1]，内阁秘书波尔克·特伦德爵士，最重要的还有国内文官首长威廉姆·阿姆斯特朗爵士，他们都反对自由主义和自由市场经济。经济惨淡的问题被归咎于政府项目的增加。当时保守党内以口才最佳著称的自由经济学倡导者，同样也是希思最痛恨的对手伊诺克·鲍威尔，引发对政策的批评迅速转化为对个人的不忠。世界局势亦在动荡，其中理查德·尼克松总统于1971年8月采取紧急经济措施；1973年赎罪日战争紧随其后的油价震荡。保守党还担心失业会为党的选举造成致命打击，让人联想到20世纪30年代的政党特权以及相应遭遇：当1972年1月失业数字闯过100万大关时，警报拉响。但是到此为止，政府面对的最大困难是劳资关系；薪资制度和工会，尤其是在国有化行业最为突出，后者从一开始就主导了局面。在哈罗德·威尔逊1969年致力于改革劳资关系时，为其送别的工会领袖们，将不会使他们所反对的新首相的日子太好过。从一开始，他们就恶狠狠地展示了自己的肌肉。

自选举一开始至1973年冬就在唐宁街管理希思政治事务办公室的道格拉斯·赫德[2]，记得"无疑大家都很清楚是什么吞噬了我的大部分工作时间。围绕政府对公共领域控制权的争论一度是占主导地位的议题"。②从一开始就是如此，而非后来才变成更加晦暗的日子。就在新政府刚一成立之时，就有一场码头罢工，使其被迫宣布国家进入紧急状态。政府以极高的代价摆平了此事。1970年11月，仲裁员对其所见予以嘉奖，因为地方工人有了高达14%的增长，着实令人震惊。次月，开始实施定期停电，因为电站雇员要按规定工作。[3]1971年1月，有一场邮政系统罢工。3月，在福特汽车公司举行了一场严肃的辩论。

在处理境况惨淡行业方面，政府推出了一项类似的相应模式，不管是

1 罗伯特·阿姆斯特朗（1927—），受教于伊顿公学和牛津大学的基督教会学院；1950年，加入财政部；1954—1955年，任R.A.巴特勒的私人秘书（财政大臣）；1968年，任罗伊·詹金斯的联席首席秘书（大法官）；1970—1975年，首相的首席私人秘书；1977—1979年，内政部常任副部长；1979—1987年，内阁秘书；1988年，被授予艾丽敏斯特的阿姆斯特朗勋爵；两个阿姆斯特朗并无关系。

2 道格拉斯·赫德（1930—），受教于伊顿公学和剑桥大学的三一学院；1952年，加入FCO；1970—1974年，首相政治事务秘书；1974年2月—1983年，牛津郡中区保守党国会议员；1983—1997年，在维特尼；1984—1985年，北爱尔兰国务秘书；1985—1989年，内政大臣；1989—1997年，外交大臣；1990年，竞选保守党党魁失败；1997年，被授予维斯特维尔的赫德勋爵。

3 按规定工作是一项工会策略，其以精确计时方式按办公室或公司员工手册工作，以至于使正常服务中断。

国有化、私营或者——情况一如既往的复杂——两者兼而有之。1971年2月，航空发动机公司劳斯莱斯向政府确认，其不能承担完成制造 RB211 引擎的任务，并且已经资不抵债。希思出于国家防御利益考虑挽救了该公司。同年6月14日，他向内阁宣布，有部分政府背景的大型联合企业厄伯—克莱德造船公司，该公司提供了15000个工作岗位，主体部分在苏格兰，它将于当天申请清算。他说，毫无疑问要施以援手采取应急措施。但是整个夏天，工会武装分子在克莱德公司大院发起了“当班怠工示威”活动，拒绝离开厂房，公安部门警告他们可能导致秩序失控，希思犹豫了。10月19日，内阁同意挽救该企业。第二年2月，贸易和工业部国务秘书约翰·戴维斯[1] 就失业问题发起了议会辩论，声明针对该企业的救助一揽子方案，这样一来，明显将政府救助和失业总数挂上了钩，就连希思都倾向于认为此举是一个错误。③

直到此时，政府已经被淹没于其严重的劳资纠纷中，并且还有它最具象征意义的重要敌人。1971年7月，全国矿工工会（NUM）要求薪资上涨45%，遭到了否定。12月，工会修改了其规定，降低了比例并要求投票支持游行。59%的人投了赞成票，于是1972年1月9日，近50年来的第一场全国矿工游行开始了。政府认为有足够多的煤储量来左右辩论，问题在于分配。工会纠察员能够防止他们的库存进入流通，同样地，也可以阻止石油进入电站。2月10日，内阁的一次会议被内务大臣瑞奇纳尔德·麦德宁的一条消息打断了。麦德宁曾任伯明翰警察局长，他在消息中要求关闭索特里焦煤仓库，因为大量的纠察队员禁止卡车司机进入。部署的500名警察根本不能阻止来自大约10000名纠察员的暴力威胁，这些人被 NUM 中的强硬左派，也是势头正猛的明日之星阿瑟·斯卡吉尔[2]所率领。希思记得，索特里“对于法治形成了最鲜明、直接而又恐怖的威胁，是我所记得的这个国家遭遇过的最严重的一次”，④这一度导致电力供应不足，有全面断电的危险，使得许多行业都变成了一周三天工作制。[3]后来，撒切尔夫人将索特里事件视作希思的转折点：“索特里事件以来，泰德开始了强有力的领导，并且下定了决心另谋新图。”⑤希思

1 约翰·戴维斯（1916—1979），受教于圣爱德华学校和牛津大学；1970—1978年，纳茨福德保守党国会议员；1965—1969年，CBI 总干事；1970年7月—10月，科技大臣；1970—1972年，贸易和工业部国务秘书；1972—1974年，兰开斯特公爵郡大臣；1976—1978年，影子外交大臣。

2 阿瑟·斯卡吉尔（1938—），受教于白色十字中学和利兹大学；1973年，约克郡全国矿工联合会会长；1981—2002年，NUM 主席；自2002年开始担任名誉主席。

3 这里并非罢工导致“一周三天工作制”，而是由政府自1974年1月强制推行的一个正式安排。

对索特里事件的反应——或许当时已经容不得他有太多选择——是去寻找一条让步的路。他邀请法官威尔伯福斯勋爵尽快做一次争端质询或调查。威尔伯福斯提供了一个艰难而慷慨的和解方案，提出上涨20%的比例，但是即便如此，矿工们仍旧反对。希思亲自出面，邀请矿工领袖们到唐宁街10号一同商谈至深夜。最后，他们接受了威尔伯福斯的支付建议，但是从希思处还获得了额外收获，就是改进实质性福利，就像来了一次长假，如此奢侈却目的明确，就是要致力于获取额外薪酬的对等权益。

面对这次失败，希思推断终究要来一个“产业战略”。1972 年 3 月 21 日，巴伯向议会提交了一份通货再膨胀的预算，第二天，约翰·戴维斯公开了自己的名为《行业和区域发展》的白皮书，其中囊括了一种机制，大臣们能够不失时机地赖以使用公共资金去“支持获胜者”，其中有支持贫困地区的偏向。在未事先告知内阁的情况下，新政策主要由希思、威廉姆·阿姆斯特朗和戴维斯着手准备，其间向发言人透露了一些，而财政部则被蒙在鼓里。当 5 月份该政策变成一纸《工业法案》时，托尼·本从工党席上对其致以热情庆祝，认为这是“社会主义的基石”。6 月，英镑浮动。整个夏天，希思组织了一系列介于政府、英国工业联合会（CBI）和英国劳工联合会（TUC）之间的三方会议，来讨论经济治理目标。这些讨论试图为控制价格和薪资达成一致政策做铺垫。然而，TUC 最终反对协议中的薪资部分。10 月 28—29 日在一次首相别墅的周末讨论会后，希思决定，政府将单方面推进工资和价格管控。11 月 6 日，他向下议院宣布自己将强推为期九十天的薪资、价格、租金和股息冻结措施。

这注定是一个应急措施——或许政府就是单纯地打算这么做——但事实上，政府已经违背了在组建之初关于坚守自由经济原则的承诺。党内并无太多抗议，但是，对其领导人日益不满的情绪开始蔓延。保守党后座议员们于同年秋季选举希思的长期对手爱德华·杜·凯恩[1]来担任 1922 委员会的主席[2]。要驾驭该位置，当时需要极大的声望，它是针对首相权力的一种制衡。总体而言，危机管理措施在全国得以推行。但是就希思政府的剩余岁月，危机在加深，1970 年的施政意图则渐行渐远。后来，撒切尔夫人的批评者攻击

1 爱德华·杜·凯恩（1924—），受教于伍德布里奇学校和牛津大学的圣约翰学院；1956—1987 年，陶顿保守党国会议员；1965—1967 年，保守党主席；1972—1984 年，1922 委员会主席。身为伦敦金融城领导人物，他最终被自己颇具争议性的金融记录搞得名誉扫地。

2 1922 委员会由所有的保守党议会议员构成，负责人由后座议员产生。其私人会议为后座议员提供了一个平台和机会，以与前座议员共商国是。

她在变化中的沉默乃至果断拒绝。她本人在此事上亦有良心里的些许不安。

在个人回忆录中，她大量陈述一个事实，就是自己未出席1972年3月20日的内阁会议，并未参与讨论预算方案和戴维斯的白皮书。然而，在她参加了的一些会议中，并未表示出对新政策的反对。“难道我应该引咎辞职吗？”她写道。“或许如此。但是我们中那些不喜欢这一切发生的人们，已经对局势进行了全面考量，或者已经拿出了备选方案。另外，现实点讲，即便我辞职，事情也不会有许多不同。我就是一个小人物，地位并没有高到足以对‘现实困难’施加影响。”⑥事实上，并无证据证明她曾考虑过辞职。如果是这样，也只是心里想想而已。[1]况且，她的所作所为自相矛盾。她在同一段指出，那些讨厌所发生之事的人已经对此做了分析。他们当中的名人有伊诺克·鲍威尔、尼格拉斯·李德利[2]、约翰·比芬[3]以及乔克·布鲁斯—噶迪恩[4]。

部分原因在于她是男人世界中唯一的女性，另外一部分原因在于她是一个日理万机的部长，在争论这些问题的人中，撒切尔夫人不隶属于任何一个志趣相投的帮派。除了上面四个人，还有约翰·诺特[5]和西塞尔·帕金森[6]心有不满，他们当时组成了坚持自由市场理论方向的经济学餐饮俱乐

1 然而，《泰晤士报》确实报道过撒切尔夫人和其他官员一道，在5月份出版时，就对《工业法案》加以反对（《泰晤士报》，1972年5月17日）。该报道很有可能是正确的，由于该报的政治记者大卫·伍德是当时撒切尔夫人为数不多的新闻联络人之一。早在格兰瑟姆，他就认识撒切尔夫人的父亲。

2 尼格拉斯·李德利（1929—1993），受教于伊顿公学和牛津大学比利奥尔学院；1959—1992年，赛伦塞斯特和图克斯伯里保守党国会议员；1979—1981年，FCO国务秘书；1981—1983年，财政部经济大臣；1983—1987年，交通部国务秘书；1987—1989年，环境部；1989—1990年，贸易和工业部；1990年7月，在一次《旁观者》采访中批评德国及EEC，之后被迫辞职；1992年，被授予利德斯河谷郡李德利勋爵。

3 约翰·比芬（1930—2007），受教于摩根博士学校和剑桥布里奇沃特和耶稣学院；1961—1983年，奥斯维斯保守党MP；1983—1997年，北什罗普郡；1979—1981年，财政部首席秘书；1981—1982年，贸易部国务秘书；1982—1983年，枢密院议长；1982—1987年，下议院领导人；1983—1987年，掌玺大臣；1997年，被授予比芬勋爵。

4 乔克·布鲁斯—噶迪恩（1930—1990），受教于温彻斯特和牛津的莫得林学院；1964—1974年，南安格斯保守党国会议员；1979—1983年，在纳茨福德；1981年，财政大臣；1981—1983年，财政部经济大臣；1983年，被授予布鲁斯—噶迪恩勋爵。

5 约翰·诺特（1932—），受教于布拉德菲尔德以及剑桥的三一学院；1966—1983年，康沃尔郡圣艾夫斯保守党国会议员；1979—1981年，贸易部国务秘书；1981—1983，国防部；1983年，授爵。

6 西塞尔·帕金森（1931—），皇家兰开斯文法学校以及剑桥大学兰开斯特和伊曼纽尔学院；1970—1974年，西恩菲尔德保党国会议员；1983年10月6日，贸易和工业部国务秘书；1987—1989年，能源部；1989—1990年，交通部；1981—1983年、1997—1998年保守党主席；1992年，被授予帕金森勋爵。

部，在议会开会期间每月一次轮流在不同成员家里碰头：撒切尔夫人不是会员，亦未受邀加入，直到 1974 年 2 月大选之后才接到邀请。实际上，有人早些时候建议她加入，但是遭到了另外一些人的否定，因为他们认为她的存在会在所有男人们的讨论当中减少酒宴的快乐气氛，甚至还会逼着大家在宴会开始前就进行严肃探讨。⑦后来撒切尔夫人在内阁中宣称对此表示反对，认为关于经济讨论的三方体制是“反议会的”，⑧但是内阁记录中并未有关于此说法的证据。后来，希思本人也乐于指出撒切尔夫人“在内阁中不再进行大量辩论”，除此之外，如果她表现出“身临困难”的迹象，“一听见内阁桌子上的三声响，就能心领神会（辩论结束了）”。⑨另外一些亲希思的目击者还提到，她在其内阁中毫未引起异议。⑩

这段时期撒切尔夫人对个人政治生涯的态度，以及对她同为其中一分子的这届政府的态度，有了些许亮光，并被随之而来的一份航邮代电挑得更加明亮，这份被递交美国国务院的文件来自该国驻英国大使馆，是由大使沃尔特·安嫩伯格[1]（许久以后成了她亲密的美国朋友）于1973年6月25日呈送的，其中附有一份备忘录，记录了由德克·格雷斯丁主持的使馆员工午餐交流会内容。⑪ 安嫩伯格写道，撒切尔夫人的表现“坚定可靠，值得尊敬且不哗众取宠。她并不追求以激进疗法来解决英国在教育和科学领域的问题”。“她是希思有力的支持者，”他继续写道，并对她或许会成为首相的说法泼了一盆冷水：“她任首相一事最值得怀疑，最大的可能是领导她所在的政党……身为一名受过良好教育，聪慧过人，甚至有些久经世故的女人，撒切尔夫人与党内其他人一起，产生了一种真正的反知识分子的偏见。”

格雷斯丁的备忘录甚至八卦味道更浓，他上个月的午餐会就选择在安东尼·巴伯宣布缩减开支的第二天举行。撒切尔夫人告诉格雷斯丁她已经说服了同事们不要压缩教育开支：“一旦撒手锏作用式微，教育政策将不会通过选举，因此当务之急是避免这个脆弱的领域受到负面打击。”格雷斯丁问到下次选举相关事宜，她“毫不犹豫地说：‘食品价格和住房’”。他将之描述为一种“意识形态”的亮光：“她说自己认为，在以减少市民对政府的依赖成风的时代，构建所有的政府政策是保守党的分内之事。”

流言四起，各种评论包围了撒切尔夫人：“杰弗雷·豪伊。撒切尔夫

1　沃尔特·安嫩伯格（1908—2002），商人和慈善家；1967—1974 年，任美国驻英国大使。

人明显尊敬他并且对其评价甚高，但是说他‘太希望妥协’，并且她想知道他是否愿意克服‘这个弱点’。”“她说米歇尔·哈兹尔廷［原文如此］在从政期间什么都带了，除了脑子。”她保留了对基斯·约瑟夫的称赞，极其钦佩约瑟夫，认为他能力出众，多才多艺且信守承诺。她说他能搞定所有部门，并且信誓旦旦地表示他已经被委以重任。该报道的字里行间表明，撒切尔夫人是一个固执己见的女士（“有些右倾”，安嫩伯格说）。不过，并无观点表明其严重抗议政府的主导方向。

然而，这些记录的确表明，撒切尔夫人在内阁一直保持着相对稳定的地位——尽管由于其非经济信条和缺乏资历，该地位并不显赫。和希思同坐桌子一侧，并且距离他远到不能再远，有时她发现要集中精力都困难。有一次内阁秘书波克·特伦德记得，他确实记录了一次她的插话是“没有听到”（虽然他本人听到了）。后来的内阁秘书、1972年开始担任希思私人秘书的罗宾·巴特勒[1]记得，撒切尔夫人的发言“听起来非常刺耳，掷地有声”；这些话“更多是一种强调而非信心的表达”。⑫

针对她部门之外的所有主题发言，都表明她反对社团主义、工会权力和工资及价格管控。1971年3月，她在内阁反对将辅助抚恤金付给游行者家庭。同年5月，她抱怨公共领域支出超过了个人领域，并攻击当时的“可比性原则”这一流行理念。7月，她反对政府购买BP的股票，表示：“我们正在错过挖掘市场的机会。”1972年2月，她呼吁电力资源供应“更多在小单位普及”；12月，当希思提议将更多钱砸进煤炭行业时，她辩称应该采用节约更多煤炭的政策。她对于因游行而起的政治机会有一种强烈的意念，并且做好准备尽可能更广泛更公开地反对工会权力。在1972年的铁路纠纷期间，她向其内阁同事们宣称：“真正的战争是——也应该被视为——在工会和老百姓之间展开，而非工会与政府之间。”当价格和收入政策被引入后，她并未笼统地推行它，而是从实际层面展开，杂货商之女从方方面面反对它。例如，1972年10月30日，她解释说圣诞节前的一次冻结行为将导致物资短缺，于是坚持对奢侈品除外，因为“只要基本供需面不是荡然无存，这一点就至关重要”。当内阁讨论如何在1973年1月“逐步降级”冻结时，撒切尔夫人说政策上的“一刀两断”或许“从心理学层面上显得更

---

1 罗宾·巴特勒（1938—），受教于哈罗公学和牛津大学的大学学院；1982—1985年，首相首席私人秘书；1985—1987年，财政部公共支出副常务次官；1988—1998年，内阁秘书；1998年，被授予布洛克威尔的巴特勒勋爵。

有智慧”。[13] 于1970年通过选举加入议会的西塞尔·帕金森记得，1973年她有一次将自己叫到一边说："瞧瞧，我正在内阁里为所有这些收入政策和法定管控而奋战，但是我需要内阁外人士的声援。”[14] 她极其反感一种观念，就是认为通货膨胀是经济增长和社会和平必须付出的代价。她一直记得在首相府邸玫瑰花园与罗宾·巴特勒之间的一次交流，后者当时（1971年）是一名来自希思所谓的智囊团“中央政策评估团”（CPRS）的年轻成员，告诉她：“如果我们不能击败通胀，就学会与之相处。”撒切尔夫人做出了断然回答：“罗宾，不。不！”[15] 十年后，当她对巴特勒进行首席私人秘书面试时，以此事提醒他说：“你曾说通胀是普遍存在的。我从未从一个年轻人口中听到比这更令人震惊的评论。”[16]

同样是在非经济议题上，撒切尔夫人在自己后来的职业生涯中，一直在寻求明晰可辨的发展路线，在多数时候，她将自己置身于其内阁的多数人当中，而不是议会和同事中。1973 年 1 月 1 日，巴伯解释说引进增值税（VAT）是英国加入 EEC 的必要措施，[1] 然而，她以“会使局面混乱和在政治上不受欢迎”为由加以反对。当时，北爱尔兰问题一度变得严重，以至于希思在其中大伤脑筋。撒切尔夫人提出，如果它不控制 IRA（爱尔兰共和军），就要对爱尔兰共和国采取报复行动，并且反对权力移交时休会。在斯托蒙特，工会主义者从根本上主导议会，使得“英国部分民主被搁置”。希思指责她说，直接统治规则仅仅适用于类似苏格兰和威尔士的省份。当 1973 年 10 月阿拉伯发动对以色列攻击的“赎罪日战争”时，她在内阁里与基斯·约瑟夫（他是犹太人）站在一道，并且大法官黑尔什姆爵士也反对外交部及希思本人盛极一时的亲阿拉伯观点。

10 月 18 日，她突然义愤填膺地脱口而出，说英国在冲突中的站队政策已经“失去了每个人尤其是年轻人的支持。必须说，毫无疑问，以色列正在从地球表面被抹去。”

希思随即粗暴地止住了她，说：“不要接受公共言论中教育部（在内阁，大臣们通常以部门名称来取代人名）的理念。那是一种启发犹太人的媒体运动。”[17] 她完全有能力直言不讳，并且其思想是一种特色鲜明的预见。然而，还有一个事实就是，她认为自己所处的位置并不会直接引发大面积的原则性问题。例如，1971年7月1日，内阁讨论在加入 EEC 时会失去多少

1 欧盟条约要求以一种常见的间接税形式（并非数量）来增加共同体的收益。

本国主权，其间所关涉的问题如何通过白皮书予以明确指出并加以解决，同时还讨论了失去相关主权的严重性。撒切尔夫人自始至终保持沉默。后来她不无遗憾地说，自己一度将当时鲍威尔和其他人推进的主权争论视为“修辞手段”。[18]

不难理解一点，就是为何撒切尔夫人和其他对希思政府不满的同事不愿参与其中。除了大臣们出于本能地抱团之外，还有一些为后来几代人所忘记的事情：泰德·希思的个人威信。无视民意而赢得1970年大选的希思，在公共领域建立个人威望方面极其成功，但是本人并不露声色。拿他和“狡猾的”哈罗德·威尔逊做比的话，多数时候，他对于英国加入 EEC 的个人承诺，以及在北爱尔兰统一党与民族主义者之间的分权，确保了个人立足的基础；他致力于解决英国的经济失败问题以及劳资关系纠纷，从一开始的确是真诚而雄心勃勃的。在其政府事务方面，希思有一种惊人的能力，他善于打造一个忠实的团队，并使得传统内阁政府有效运作。撒切尔夫人后来抱怨称，他的内阁在政府组建一年后，重要性被削弱，[19] 并且这种倾向在某些领域不乏实例，尤其是在经济政策方面。但是记载表明了许多生动的讨论，甚至有针对结束本届政府的。多年后的私人交流中，撒切尔夫人针对希思处理与同事关系的方式，说了一些言不由衷的恭维话：“我对泰德在内阁中的领导方式印象深刻。如果我也那样做，就会被称为专横跋扈。”[20] 事实上，希思直到最后都在很大程度上保持着忠诚与自始至终的一致性，并且几乎没有因泄露给媒体只言片语而遭殃。

当天空变得阴暗之时，希思常常为同事们的反应所左右，并且，在一定程度上，是迫近他的那些公共言论而非人身攻击更影响到他。虽然价格和收入政策公然藐视保守党入主政府的原则，但是其被引入的背景被广泛认为是一场危机——极端情况下需要极端、暂时性的措施。对政策的保守批评者的危险在于，他们宁愿认为自己的做法是有效的，而非意识形态，亦未与工会激进分子结盟，后两者均致力于拆首相的台。这是撒切尔夫人一度没有注意到的事情。她和希思一样孤注一掷地要击败工会权力，因此到头来发现自己同样置于风口浪尖。另外，她的直觉历来倾向于对政党忠诚，而希思当时是其党魁。

同样重要的是，走向 U 形大转弯的劳资纠纷剧本，开始被上演为反对迅速变化的劳动法改革背景，在其存在的头六个月间，希思政府开始为履行自己在大选期间针对劳资关系的承诺，进行一系列努力。他致力于在哈罗德·威尔逊被迫放弃的领域取得成就，并要改变工会法现状。1971 年最终入法的《劳资关系法案》，“是我们长期经济项目的重头戏”，希思写道，“我们有清晰的指令以引进它”。[21]法案保证了加入或不加入工会的权利，并且提出未来的集体协议应当具备法律约束力。还建立了一个新的国家劳资关系法院，旨在裁定新法可能引起的案例。该理念希望为已经变得野蛮而失控的局面引入正规而合法的程序。来自政治和经济领域的成功赞誉如潮，并将战后以来的历届政府甩在一边。新法律到 1972 年 3 月正式生效，其孕育者心怀极高期待。但截止到 8 月初，它就失败了，并且是眼睁睁地看着其以流产而告终。

该法基于与工会的不合作而出台，并且与法院工作相矛盾。工会拒绝在法案规定下注册，或者干脆对新法院置之不理。在法案推行的头一个月，新法院宣布利物浦码头工人的炭粉集装箱运货车应予停运。码头工人联盟 TGWU 因无视法令和法院权威而被罚 5000 英镑。由于拒绝支付罚款，该联盟再度被罚 50000 英镑，并且面临资产被扣押的威胁，随后它支付了罚款，但是非官方的炭粉集装箱运货车继续工作，甚至涉及的范围更大。与此同时，在与三大铁路工会辩论过程中，政府援引法令规定强制推出了一个所谓的冷却期，然后强行对一次罢工事件予以投票。5∶1，大家对劳工行为予以支持，因此，新法律在实践过程中已经开始逐渐违背设计者的初衷。

对于政府而言，事态在变得更糟。TGWU 开始对抗由全国劳资关系法院（NIRC）成员约翰·唐纳森爵士控制的默西赛德郡，该法院坚持要由工会而非它们的会员个体负责。工会根据情况被支付相应费用。在上诉法院，主簿官丹宁勋爵持有相反观点，他说，工会成员个体均负有法律责任。新法院却将对此说法置之不顾，在 NIRC 试图将其注意力从集体违法者身上转至个人时，混乱事件接二连三发生，这些个人仅仅只是因为太过激进而被抓。7 月份，有五名码头工人，因拒绝执行 NIRC 关于停止集装箱货运车的命令而被捕，并被投入本顿维尔监狱，此事随即成为“本顿维尔五大佬”事件。也有同情罢工的，其中包括国有报纸连续五天没有报道此事。TUC 投票支持为期一天的普遍罢工，并推翻由希思刚刚启动的三方谈话。

迅速前来救援的队伍看起来更倾向于政治而非法律手段，由威尔伯福斯大法官率领的上议院法官们，当时已经受到指控，认为他们向矿工们妥协。这些人推翻丹宁回到了唐纳森的原始理论上去，就是法律的确支持工会要对其成员行为负责。“本顿维尔五大佬”结果被认定是受骗的牺牲品，随即被释放出狱。政府从彻头彻尾的对抗中被解救出来，但是并未从新劳资关系法案及其法定程序的耻辱中缓过神。虽然政府拒绝向 TUC 妥协并废除新法案，但是其针对经济治理的三方协商却实际意味着将该法案束之高阁。1972 年 8 月，ACAS（咨询调解和仲裁服务委员会）由 TUC 和 CBI 成立，作为已获批准的劳资纠纷解决机制。劳资关系法案背后的策略因此崩溃，试图为劳资关系提供一个法律框架的努力最终泡汤。迫于通胀及工会的压力，必须找到其他路径来寻求问题的解决。有一种不为希思政府喜欢的逻辑，但不能再拖延的，就是制定价格和收入政策。伊诺克·鲍威尔后来记得，副检察长杰弗里·豪伊爵士曾于 1972 年 6 月告诉一名后座同事，他对拟定一项收入政策感到"发疯"，但是到了 11 月，身为贸易和消费者事务大臣，豪伊开始亲自实践了。[22] 当豪伊将应对通胀法案（暂时性举措）呈交于下议院时，只有鲍威尔一名保守党员投了反对票。U 型大转弯被刹住了车。

她被经济政策的变化吓了一跳，不过还远不止此，撒切尔夫人被工会对法治的挑战震惊了。当威尔伯福斯提交矿工薪酬建议书时，她就公开对其或将造成的危害表示遗憾（"他们是不得不支付的人群"），但是宣称，劳资关系法案未来将有所助益："如果我们再次遇到相似情况，该法随时待命……情况会十分不同。"[23] 事实证明，"十分不同"的法律于事无补。1972年7月29日在德文郡的一次演讲中，从侧重道德的角度，她将对劳资关系法案的挑衅行为与北爱尔兰的种族主义失序联系起来，后者曾导致希思于3月份对威斯敏斯特强行直接统治。她哀叹说："法庭秩序在劳资领域正在遭遇挑衅。"[24] 她从中领受到的教训是劳工法要取得实效就必须有所不同："从不，决不，不要将正在罢工的工会会员投入监狱，"并且"不要针对人，而要指向资金。"[25] 她还从可能太过温和的希思所犯的错误里面学到了经验教训："不要试图不假思索地与工会做事。"[26]

U 型大转弯后，政府的心态变得古怪而难以捉摸。它以财政挥霍的方式换取了工会的默许，而这种挥霍方式破坏了经济健康，不过同时也对冲突做好了准备，就像要兼得战争与和平一样。从此以后，直到最终，这种思想上的撕裂状态都在折磨着这届政府，尤其是希思，在1974年2月大选中的态度根本就是模棱两可。撒切尔夫人则同样留在教育岗位上，依旧对事件没有实质权力去施加影响，不过她可一点也不感觉糊涂。她期待着冲突发生，甚至对此表示欢迎。她认为工会与政府的合作是虚情假意，因为工会正在使用"赤裸裸的武力"以形成威胁，并且她对共产主义者日益增长

的权力表示担忧，还担心其他隐藏在工会运动过程中的强硬势力："对我而言，很明显的一点就是，这是一场权力的角逐。"㉗

最后的冲突不约而至。起初，价格和收入政策及其阶段1和阶段2都在合理的秩序中，并且短期经济增长因着巴伯的扩张性政策初见端倪，对伤口形成了麻醉效应。但是许多人都看到一场不期而遇的斗争已无法遏制，并且这种情绪已经在发酵。在1973年1月1日开始的私人日记中，心怀愤懑的保守党高级后座议员艾瑞·尼夫预见了这种趋势。2月15日他使用了一句话来开头，此语旋即引发公众共鸣。他写道，价格和收入政策阶段2提出了一个问题："谁掌舵英国？"㉘他很不喜欢希思治理国家的方式。三天后，尼夫听到了自己的领导人在索沃伊酒店的讲话："不明就里的后座议员们。他尚未意识到自己有多么不受欢迎，我也意识到如果他是首相，我将永无出头之日。"[1]㉙逐渐地，针对保守党的公共舆论如潮涌来，一再地反对它们。7月份，对自由党的一股强有力支持，使得他们在里彭和伊里岛获得了意外的补选成功。同月末，货币宽松的通胀影响迫使巴伯将最低贷款利率从7.75%先是提到9%，继而又提至11.5%。8月底，20岁的卡罗尔·撒切尔给自己的姨妈穆雷尔写信简要述及了妈妈的困境："我想，教育以及下次大选时或将把交椅拱手让给自由党的预期，快要把妈妈逼疯了……不要再往这里写信了（撒切尔在切尔西洪水街的家已经于1972年搬走了，当时他们卖掉了兰博赫斯特的房子[2]）——所有要进入教育部的东西都要经过金属探测和炸弹检查——残忍的爱尔兰人。"㉚

价格和收入政策阶段2为工人们提高了收入，每周1英镑加4%，该公式的设计旨在惠及那些不成比例的低收入者。该政策立竿见影，严格说来，没有任何工人组织成功地违抗它。整个夏天，阶段3正在着手准备中。它涉及相当复杂的公式，并且包含了由薪酬委员会进行的"相对性"研究报告，这样一来，就能够对许多工人组织加以比较，同时，他们对这些差异的积怨亦会在阶段4中加以强调。撒切尔夫人对这些工作参与甚少，不过在其个人回忆录中记载了这段时期，她感觉这是一个荒谬的过程。身为内阁经济小组委员会的一员，有一天她参加了一个会议，威廉姆·阿姆斯特朗也在其中。主要议题是关于就像阿姆斯特朗这样的高级公务员的薪资问题。"令

1 一名保守党后座议员在工作20年后将被认为会自动被授予骑士爵位，但是尼夫一直没有收到这份荣誉。

2 撒切尔夫妇周末继续住在兰博赫斯特，他们在斯科特尼城堡租了一套公寓。

我受到打击的……是没有人对现存事实表示怀疑，就是这个特殊群体需要比薪酬政策允许的更多的薪资增长。并且公务员中的次官们所真实体会到的和整个经济环境中其他无数的群体一样真实。我们的薪酬政策不仅仅荒谬：距离公平尚遥远，它根本就是不公正的。”[31]

1973年10月8日阶段3宣布后不久，阿拉伯攻打以色列的赎罪日战争爆发了，石油生产商卡特尔 OPEC（石油输出国组织）宣布原油价格上涨70%，并强行缩减供给。同年底，石油价格再次翻倍。这种突如其来的环境变化，为正在寻机发布最新加薪要求的全国矿工联合会提供了新力量。对要燃油以保证煤炭储备的政府而言，无疑是雪上加霜。然而，希思确信矿工被收买了。同年夏天，他在唐宁街10号花园与温和的矿工领袖乔·格姆雷举行了一次秘密会议。希思和同时在场的威廉姆·阿姆斯特朗获得了一种共识，就是矿工们35% 的加薪要求，可以被改头换面地揉进关于“非正常工作时间”的特殊支付协议中，而“非正常工作时间”又能够适用阶段3的规定范畴。基于种种格姆雷所不能控制的原因，事实证明事情已经变样了，NUM 的会长比他富有战斗性。由于煤炭生产的自身属性，一纸加班禁令在11月12日对产出产生了立竿见影的效果。贸易和工业部长彼得·沃尔克[1] 在议会宣布第五次紧急状态。商店、办公室和学校的暖气被设限使用，汽油供给优惠券刚刚打印出来，却被停用。11月28日，已经失信于整个 NUM 领导层的希思，在唐宁街10号接见了 NUM 的整体执行委员会。这次会见中，在希思和苏格兰矿工领袖、共产主义者米克·麦克噶黑之间进行了交流。坊间对于其中的准确说法存有争议，不过好像希思说：“你想要什么，麦克噶黑先生？”对方回答：“我希望看着你的政府垮台。”[32] 大家对此的较深印象是，这次争议的动机是政治性的。水到渠成的结论，也就是终极一战迫近了。

然而，希思对危机的反应出奇地冷静。尽管承认了对矿工们的政治动机的理解，并且也表示完全遵守阶段3的规定，但是他还是憎恨竞选中的口头冲突。他不断告诉矿工们，他们是受惠于阶段3的相对性规定。他同样憎恨关于冲突的公共言论。看到民意调查中对政府地位的支持力量，刚

1　彼得·沃尔克（1932—2010），受教于拉提莫中学；1961—1992 年，伍斯特保守党国会议员；1970—1972 年，环境部国务秘书；1972—1974 年，贸易和工业部；1979—1983 年，农渔和食品部部长；1983—1987 年，能源部国务秘书；1987—1990 年，供职于威尔士；1992 年，被授予伍斯特沃尔克勋爵。

刚取代道格拉斯·赫德成为希思的政治事务办公室主任的威廉·沃德格雷夫[1]，建议首相转危为机，举行一次“谁掌舵英国？”的选举。诸如卡林顿勋爵[2]、伊恩·吉勒莫尔[3]等保守党高官们对此极其怀疑。他们担心“我们会将斗争中对社会复仇的妖魔鬼怪释放出来”。㉝希思也分享了自己的忧虑，同样恨恶和早期选举有关的思想，因为他担心自己刚刚在北爱尔兰达成的桑宁代尔权力分享协议被阻挡。那一年，他没有度过一个正常的假期，一度精疲力竭，一直处于一种难以决断的状态中。1973年12月13日，他号召英国人民“消除歧见以使我们能够齐心协力解决困难”。他究竟是希望奋斗还是相反？艾瑞·尼夫在日记中写道：“我们看到首相在电视上给全国发出了呆板的请求。今天，我向一些议员建议，惠特劳应当担任首相，但是他们认为他‘太感情用事’。”[4] 撒切尔夫人记得，在圣诞节前不久去参加了兰博赫斯特邻居肯尼斯和帕特里夏·麦克阿尔潘的派对，在那里，所有的台阶都被排上了蜡烛。她在回忆中错误地认为是由于停电，事实上只是他们的装饰使然。她清楚地记得，派对上的每个人都敦促政府进行斗争：“坚持，这次来向他们显示一下自己。”㉞保守党支持者正在等待一位领头羊。

尽管气氛中弥漫着沉重的挫败感，但并未有事发生。1974年1月1日艾瑞·尼夫在日记中写道：“未来几周或将决定议会体制的未来。”同一天，政府推行了一周三天工作制，以节约燃料并避免断电。每晚10：30必须关电视。一系列措施立竿见影，产量亦有增加，但是为政府制造了新的政治问题：如果加班禁令有空子可钻，在政治危机的氛围中有什么需要做的？

---

1 威廉·沃德格雷夫（1946—），受教于伊顿公学以及牛津大学基督圣体学院和哈佛大学；沃德格雷夫十二世伯爵的小儿子；1979—1997 年，西布里斯托尔保守党国会议员；1990—1992 年，卫生部国务秘书；1992—1994 年，兰开斯特公国大臣；1994—1995 年，农渔及食品部部长；1995—1997 年，财政部首席秘书；1999 年，被授予北山沃德格雷夫勋爵。

2 彼得·卡林顿（第六世卡林顿男爵）（1919—），受教于伊顿公学和桑德赫斯特皇家陆军学校；1959—1963 年，英国海军大臣；1963—1964 年、1974—1979 年，上议院领袖；1970—1974 年，国防大臣；1974 年，能源部；1979—1982 年，外交和联邦事务部；1984—1988 年，NATO 总干事；1999 年，当世袭封爵被部分废除时，被授予终身贵族。

3 伊恩·吉勒莫尔（1926—2007），第三代男爵；受教于伊顿公学和牛津大学巴里奥尔学院；1962—1974 年，诺福克中心保守党国会议员；1974 年 2 月—1992 年，切舍姆和阿默舍姆；《旁观者》杂志控股人（1954—1967）及编辑（1954—1959）；1974 年，国防大臣；1974—1975 年，保守党研究部主席；1979—1981 年，掌玺大臣；1992 年，被授予吉勒莫尔勋爵。

4 威利·惠特劳，被希思从北爱尔兰事务大臣一职上借调过来，以协助解决矿工纠纷，当时酗酒成风。“感情用事”说法从一定程度上讲是醉酒的潜台词。

希思与当时的正副党魁卡林顿爵士和吉姆·普莱尔，在一项正在持续的选举中举棋不定。一边喊着“勇往直前！”威利·惠特劳在另一边喊着“回头是岸！”[1]卡林顿和普莱尔将2月7日确定为最后投票日，届时保守党将拥有主动权，但是仍犹豫不决的希思在惠特劳带他出去用餐并劝阻他后，否定了这项提议。[2]希思与TUC举行了另外一场会议，试图解决危机。撒切尔夫人也逐渐丧失耐心。在内阁，她同意“最后的努力应该和矿工们而非TUC一起。不能再做一个傀儡政府。”[35]“民意调查向我们显示4%的支持率，”尼夫写道，“但是拖延是另外一种形式的摇摆不定。”[36]2月4日，NUM投票显示81%的会员支持执行委员会选择采取行动。2月9日，一次罢工呼之欲出。2月7日，希思宣布在当月28日举行大选。在内阁会议上通过了最终决议，撒切尔夫人告诉同事们这“将是一次残酷的选举，不过同时也是最具理想主义的”。她还与之前的态度做了对比，认为希思应当从选民中寻求“一名医生的指导”。[3]竞选更多地集中于“公平”而非冲突。[37]威利·惠特劳告诉希思：“如果我们这些人输了，你将得以保留我们的荣誉。”[38]

虽然口授了自己的竞选决定逻辑，希思仍旧不喜欢关于“谁掌舵英国？”的口号。他不希望与矿工们发生正面冲突。遂宣布，即便是发起了竞选运动，也将视他们的要求为薪资委员会的专家组意见，并将遵守其观点。使得人们不禁发问，有什么必要来发起选举。他以自己需要一个新使命为由说服了自己，而这一使命旨在应对由石油危机引发的新的经济形势。竞选结束前不久的格雷夫森德群众大会上，一名态度激烈的质问者冲希思喊道：“如果你胜出了，在你如今无能为力的事情上能做些什么？”[39]他并未获得满意答复。

在竞选中，对希思而言，有不同的事情开始变得糟糕。上述委员会发现在回应矿工薪资要求时，其夸张地使用8%的错误数据。次日，这一发现被传播开去，产生了灾难性后果。竞选中期，新的零售价格数据显示通胀以每年度20%的速度飙升，这明确强调一点，就是保守党在通胀问题上已经无路可退。从一开始，伊诺克·鲍威尔就宣称，自己将不会再次以保

1 撒切尔夫人是那些希望尽早选举者中的一员。在希思小范围召集大臣们在此议题上出谋划策时，她告诉了他该想法。不过，她的声音对希思毫无说服力。

2 竞选日期有太大的不确定性，甚至借助于占卜来帮助选择。内阁办公室官员们称他们在希思的内阁办公桌上，看到了一份当时流行的老莫尔年鉴的占星术作品。（对拉尔夫·巴克斯特的采访）

3 这句话表明对选民的呼吁，是基于专业技能的非意识形态立场，最初由斯丹利·鲍尔温提起。

守党候选人的身份站出来，因为政府已经违背了其 1970 年许下的承诺。两周后，他再次插手，呼吁其支持者将票投给工党，因为后者反对 EEC 的会员资格。在鲍威尔的据点西米德兰兹郡，其支持者中的大部分照办了。最后保守党被置于失败的边缘，公平而言，其中有鲍威尔的因素。

事实上，工党对竞选并不是特别较劲儿。身为党魁奋战了四次大选的哈罗德·威尔逊，好像厌倦了。该党回避为当时的经济危机提供任何方案，而是在竞选一开始就与工会一起提出了“社会契约”的口号，并无实质性内容。但是这无关紧要。只是发起选举的希思拧巴了，进退两难；也是希思，在选区创造了一个不满意记录；他正在挑起所有的麻烦。“我就像鲍尔温一样，”威尔逊告诉伯纳德·多诺霍，后者将于选举结束后接手他的政策团队。“我在此要为人们提供一种宁静的生活。”[40] 一旦工党提出的宁静理念并不比保守党的对抗想法高明，在两党之间一直弥漫着幻灭感的自由党将伺机而出，毕竟它们在最近十多年里都管理不善。

就像党内的大多数人一样，撒切尔夫人相信保守党将会胜出。虽然她对希思越来越不满，私下里也对其处理劳资纠纷的策略予以批评，尤其是其拖延竞选时间的做法，但是她认为斗争是正确的：“有一种感觉，就是我们正在变得坚强，这是一件好事。”[41] 虽然她在全国竞选活动中并非显要角色，但是还是在芬奇利努力奋战。在其选举会议上，她说这在个人职业生涯中“或许是最关键之战”，因为这是一场考验，看英国是否在严肃地与通胀做斗争（这对未来的货币主义者而言是异端邪说，她总结为“工资推动论”），而无论工资要求是以武力还是理性手段被决定。她自己主导的教育领域不是这次竞选中的主要议题。比希思更坚定地，她将注意力放在矿工问题上：

煤炭产业是收归国有的。你拥有它。针对国有化产业的争议之一在于，人们并不会罢工以对抗这个国家的其他人民，而是至今无所作为。我们如今面临的所有问题都来自于国有化产业，因为它们已经形成了垄断。这次选举只是针对所有该产业拥有者的一张选票。[42]

她的竞选风格极富战斗性。作为竞选过程中唯一一次做客全国性电台采访，她在 BBC“竞选之声”节目中与威利·惠特劳一起共享一个平台，撒切尔夫人驳回了一种观点，就是认为要建立一个由贤能内阁组成的全国节能联盟：“我认为如果要建立一个全部由最智慧的人构成的政府，实在是一种不靠谱的幻想，最有智慧的人聚在一起将只负责点头。”[43] 三天后，她接受了《每日快报》的全面深度采访，在其中表现得极其强悍：“‘我几乎要被那些人搞疯了，他们并未意识到潜藏背后的东西’——她敲击着一个黄金按钮——‘我就是响当当的一粒铜豌豆’。”[44]

到唱票日晌午，撒切尔夫人心中有些担忧。她不喜欢这么多芬奇利非保守党人进行投票。[45] 她的恐惧得到了验证，她自己的多数票几近减半：

玛格丽特·撒切尔夫人（保守党）	18180
马汀·欧·康诺尔（工党）	12202
劳伦斯·布拉斯（自由党）	11221
保守党多数	5978

从全国的投票结果看，保守党获得了多于工党的票数，但是少了四个席位。自由党获得了惊人的600万票（几乎占总数的20%），尽管多数席位很少，还是把保守党拽了下来。工党赢得了301席，保守党297，自由党14。没有政党在下议院获得整体多数。

希思试图抓住权力不放。按照惯例，他有权力这么做。当时因为这场危机，女王中止了对澳大利亚的访问，折回国内。她让希思尽力组建一套新班子。但是，虽然法律许可他这么做，公共舆论却完全没有了耐心。他曾经孤注一掷，在全国甚至在党内均感觉自己已经失败了。“我一开始以为E.希思会光荣隐退，”艾瑞·尼夫在1974年3月2日的日记中写道。失败的情绪弥漫了接下来的几天。如果希思未曾与北爱尔兰统一党闹翻脸，他还能够背水一战。他曾朝着这个方向迈出一步，但是浅尝辄止，无功而返。[46]

一个可能的搭档是自由党。3月1日，内阁聚首前往讨论来自希思以及那些如卡林顿、普莱尔（威利·惠特劳生病）等和他最亲密者的建议，试图寻到一条路。主张“稳健”的理念达成了一致，同时，还认为应召集一个联盟进行“反对社会主义者投票”。字里行间却流露微弱的热心，当时希思的首席私人秘书罗伯特·阿姆斯特朗记得，内阁显示出“一种示好的倾向，希望努力与自由党达成谅解”。[47] 但是，仅此就足以让撒切尔夫人无法忍受。三年半来头一次，她在内阁拍案而起，直言不讳地反对此建议，认为自由党的确是不得不顾及的一股势力："但是五百万自由党的选票并非来自自由党员。他们是我们的人，如果我们这样干就会永远失去他们。切忌出售眼前利益以留后患。"㊽ 内阁秘书约翰·亨特[1]爵士记载，她和希思不约而同地说："我们必须持守信念。""我们能对选举改革施加怎样的影响？"撒切尔夫人问道。"我们必须接受选举带来的后果，然后出于一颗爱国之心来反对工党。"约瑟夫说。内阁驳回了这两名反对者，次日，希思见了自由党党魁杰里米·索普。[2]

第二天晚上，在11号院参加了由安东尼·巴伯举行的晚宴之后，希思再次会见了索普，并于3月4日周一上午向内阁汇报了这次交流。双方立场不一，谁也不能让对方满意。内阁批准了希思给索普的最后信件，仅仅提供了一个全面联盟，基于比例代表制的一个发言人会议，而非他本人偏爱的宽松安排。索普在当天晚些时候适时否定了这种做法，内阁在最终认定之前还是再次听取了一下意见。阿姆斯特朗记录了希思首相任期的最后一段时光："下午6：25，首相离开了唐宁街10号前往白金汉宫，我与他一道前往；一路上我们谁都没有说一个字。满脑子的话语，却无从说起，此时无声胜有声。"㊾ 女王要求哈罗德·威尔逊组建其第三届工党政府。

教育部不同寻常地为撒切尔夫人举行了一场欢送宴会：最终他们还是日益喜欢上了她。她的秘书艾莉森·沃尔德注意到了这一点，后者适应着她长期以来的习惯，并且发现她是在政府垮台之前依然会保持自己办公桌清洁的人。㊿ 在落败几天后的一次报社采访中，撒切尔夫人表示："相较男人们，女人们更容易放弃权力，因为你失去的并不太多。我可以通过整理布置房屋来打发时间。"51 但是她后来回忆中的反应几乎是相反的："我无法描述自己当时有多失落。"52

保守党对竞选结果深深失望，因此牢骚日盛。第二天希思在1922委员会上做了强调，而艾瑞·尼夫随后如此描述他："他非常沮丧，有人记得

---

1 约翰·亨特（1919—2008），受教于唐塞德中学和牛津大学莫德林学院；1940—1946年，服役于RNVR；1946年，进入议会公务员服务部；1973—1979年，内阁秘书；1985—1990年，保诚集团主席；1980年，被授予唐沃思亨特勋爵。

2 1974年2月竞选都反映出彬彬有礼的习俗，保守党员们获得了一条关于杰里米·索普涉及同性恋丑闻的信息，此事使他功败垂成。党主席卡林顿爵士命令封锁这一消息并且不能以任何形式引用。很难想象这种政策今天会如何演绎。（来自瓦德格雷夫的消息）

他同样是一名糟糕的反对党党魁。”[53]一切瞬息万变："休·弗拉瑟[1]告诉我应当到前座，”尼夫说，“他已经开始与希思对抗了。”[54]甚至在更高层面上，也有一种要与希思对着干的情绪，至少有一种感觉就是他不能再随心所欲地办事了。希思辞去首相当晚，卡林顿在奥文顿广场他的家中与其共进晚餐，同时前往的还有提摩西·基德森[2]，道格拉斯·赫德和查尔斯·莫里森[3]。这些人一致认为希思身为党魁应当再发起一轮选举，并且副手莫里森在饭后也向他表达了这种意见。但是希思轻描淡写地一语带过："法律不允许这样干。”一切就这样不了了之。[55]大约一周后，哈罗德·威尔逊告诉伯纳德·多诺霍自己刚刚与休姆爵士做了一次交流，后者曾于1965年被希思取代。威尔逊说，休姆爵士“（尤其是休姆夫人）希望希思让出保守党党魁的职位。他和我一样。他希望报复”。[56]坊间开始打听希思的潜在继任者，不过并没有人有非常广泛的支持率。3月13日，尼夫参加了一场惠特劳也参加了的午餐。他记得，后者“喝了大量的威士忌”。“威利对希思的职位虎视眈眈，但是这不是我的选择，虽然几周前我曾有过一闪念。”[57]在交流中，当时保守党领导层中的其他名字均被提及，包括罗伯特·卡尔[4]、撒切尔夫人、杜·卡恩和杰弗里·豪，不过有一种反女权主义者的忧虑，就是豪的妻子埃尔斯佩思[5]过于忙碌而无法帮到他。不过，整体而言，这些名字均未引起大家太大兴致。[58]

新的反对党所面临的第一重考验不期而至，当时工党政府提议废除价

---

1 休·弗拉瑟（1918—1984），罗维特爵士的小儿子；受教于安普尔弗斯中学和牛津大学贝烈尔学院；1945—1984年，斯塔福德保守党国会议员，之前曾在斯塔福德和斯通；1962—1964年，空军大臣；这段时期娶了安东尼娅·弗拉瑟（娘家姓是帕肯哈姆），后者是作家、美女、日记作者，后来改嫁了诺贝尔奖获得者、剧作家哈罗德·品特。弗拉瑟在1975年第一轮投票中输给了希思和撒切尔夫人。

2 提摩西·基德森（1931—），受教于卡特尔霍斯公学以及赛轮赛斯特皇家农业大学；1959—1983年，约克郡里士满保守党国会议员；1970—1974年，爱德华·希思的PPS；1974年，被授予骑士爵位。

3 查尔斯·莫里森（1932—2005），马加戴尔爵士的小儿子；受教于伊顿公学；1964—1992年，迪韦其斯保守党国会议员。他当时的妻子萨拉或许是在政治上和个人层面与希思走得比较近的唯一女士。她于1971—1975年间担任保守党副主席。

4 罗伯特·卡尔（1916—2012），受教于威斯特敏斯特和剑桥康维尔克斯学院；1950—1974年，米切姆国会议员；1974年2月—1976年，萨顿和卡苏顿；1970—1972年，就业事务大臣；1972—1974年，内政大臣；1976年，被授予哈德利卡尔勋爵。

5 埃尔斯佩思·豪，原名埃尔斯佩思·莫顿·尚德（1932—），受教于巴斯高中，韦康比和伦敦政治经济学院；1975—1979年，机会平等委员会副主席；1997—1999，广播标准委员会主席；2001年，被授予艾德礼科特豪男爵夫人。

格与收入政策的阶段 3 条款。保守党商务官员搁下了一份修正案来反对这一行动。保守党后座议员们怒了。在该议题上，政府很有可能被击败，同时，它挑起了第二次选举，不过，这一次大家预料保守党会输得更惨。另外，他们中间有越来越多的人倾向于相信价格与收入政策已经失败了，应当弃之不用。对于反对派的前座议员们来说，幸运的是，政府表示在未来一段时期将维持阶段 3。政府还基于薪资委员会的建议书给矿工增加工资，终止了矿工纠纷。因此，保守党得以撤回其修正案。但是后座议员们的愤怒排山倒海。“过去三年半时间里，他的领导糟糕之至，其内阁在所有事上都犯错误[59]……我认为整个影子内阁应当辞职，由党对其重新选举。”[60]第二天，尼夫写道，“今晚，看来杜·卡恩成了备选候选人，”同时还记载了他个人支持 1922 委员会会长的意图。[61]

希思能够通过这段非常时期保住自己的位置，部分原因在于其对手内部的不团结，不过更多是因为选举窘境。没有人知道下一次大选何日举行，但是因为保守党缺乏整体多数，所以大家都同意随时发起。就像撒切尔夫人本人在议会关于住房法案的一次辩论中说道：“在这个议会中，很难知道要做什么：如果一个人不合作，就会有麻烦；如果一个人善于合作，同样有麻烦。”[62]面对这样的不确定，保守党后座议员们不敢强推领导层竞选，事实上，依照规定，回顾1965年的竞争，这样做并无明确机制安排。希思不会提供一种机制。3月22日，尼夫发现他和其他心怀不满者一样，已经要选举支持1922委员会会长了。3月25日，包括杜·卡恩和尼格拉斯·里德利在内的反对分子中有些人，在休·弗拉瑟位于坎普顿山广场的家中用餐。艾瑞·尼夫当时在场：他们“决定了”，他写道，“希思不愿离开”。[63]怨声载道的状态继续。次月，尼夫撞上了一名后座议员同事杰拉尔德·沃恩博士[1]，后者告诉他本党已经“群龙无首”：“他说，新的国会议员们喜欢玛格丽特·撒切尔，并且其他前座议员中的技术官僚们也这么认为。”[64]当时一名新的亲欧国会议员乔治·加德纳[2]，后来确认了这一点，说所有的后起之

---

1 杰拉尔德·沃恩（1923—2003），在东非接受私人教育；1970—1997 年，南里丁保守党国会议员；1979—1982 年，卫生大臣；1984 年，被授予骑士爵位。

2 乔治·加德纳（1935—2002），受教于哈维文法学校，牛津大学福克斯通和贝烈尔学院；1974 年 2 月—1997 年，雷盖特保守党国会议员；1991 年，被授予骑士爵位；撒切尔夫人的首批传记作者之一。他是一位著名右翼分子，从未担任过政府职务。他最终因不同意约翰·梅杰 90 年代关于欧洲的政策而脱党。

秀都感觉被希思忽视了。[65] 即便是首席党鞭汉弗莱·阿特金斯[1]也对希思本人产生了负面看法。[66] 不过希思后来的行为激起了更多的愤怒，他决定沿袭首相时期的做法，推行自己在经济政策上的个人理念。5月9日，反对希思的新1922委员会碰头讨论政策制定。“据说 E. 希思要在反通胀的重要领域发挥作用……”尼夫写道。“委员会极其反对这种安排，并将予以抗议。在我印象中，他依旧是一名独裁者，并且依旧在赌博。他不得不清醒了，如果不改变自己的态度，就将在下一次选举中再度落败。但是，他能怎么做呢？看起来他害怕每个人，就像每个人害怕他一样。”[67]

到5月底，这种不满情绪几乎达到一个爆发点了，1922委员会很严肃地讨论要计划一次反抗运动。问题在于如何把握继承程序。在一次由大卫·伦顿、休·弗拉瑟、尼格拉斯·里德利、爱德华·杜·卡恩、尼夫和其他一些人共同举行的晚餐会上，讨论了这种事态：“如果最终后果爆发了，我们同意将不得不采取行动。爱德华将不得不告诉希思，全党已经不再支持他。人们认为我们不会闹到这个份上，但是我认为这一切不日将至。困难在于希思将选择背水一战。”[68] 面对困难，希思的反对者们退步了，几天后，尼夫看见希思就像一枚原子弹：“他处在一种非常糟糕的状态中，红着脸，身体虚胖到不行，[2]垂头丧气。我想他应该退位来支持惠特劳，但是这需要太多说服工作。”[69] 尼夫不敢尝试从个人角度做这种说服。面对希思的寸步不让，1922委员会“决定将领导层问题束之高阁”。[70]

怀着悲喜交加的情绪，希思的 PPS 肯尼斯·贝克尔[3]试图与后座议员们保持好关系，参加了由尼夫为新保守党国会议员们组织的小型聚会，当时他问尼夫为什么没有征求领导意见。大吃一惊的尼夫假装自己正在筹备第二次聚会，到时候会邀请希思参加。但是说到做到，尼夫邀请了38个人，还从奥德宾斯运来一打半香槟。他对这个场合中的气氛进行了简要描述：“傍晚七

---

1 汉弗莱·阿特金斯（1922—1996），受教于威灵顿；1955—1970 年，莫顿和莫登保守党国会议员；1970—1987 年，斯佩尔索恩；1979—1981 年，北爱尔兰事务大臣；1981—1982 年，掌玺大臣；1987 年，被授予科恩布鲁克勋爵。

2 当时不为人知的是，希思从 1973 年开始就遭受甲状腺病痛折磨。这使得他易怒、优柔寡断且肥胖。

3 肯尼斯·贝克尔（1934—），受教于圣保罗学校和牛津大学莫得林学院；1968—1970 年，艾克敦保守党国会议员；1970—1983 年，在圣马力波恩；1983—1997 年，在莫尔河谷；1985—1986 年，环境大臣；1986—1989 年，教育和科技部；1989—1990 年，兰科斯特公国事务大臣；1989—1990 年，保守党主席；1990—1992 年，内政大臣；1997 年，被授予岛津贝克尔勋爵。

点，E. 希思和其他一些人到了，在前十分钟他脸色煞白。我的工作就是让他去和所有人说话，先从乔治·加德纳夫妇开始，伊万·劳伦斯[1]，帕特里克·梅休[2]……”温斯顿·丘吉尔[3]是前首相的孙子，是为数不多的老面孔，因此希思问他在那里干什么。作为回应，丘吉尔问他同样的问题：“跟着希思的话说，‘我是首席私通者。’”尼夫说：“这听着是一个奇怪的笑话。”[71] 这也是希思那令人迷惑的典型交流风格。尼夫感觉自己从这次派对上一无所得。他的妻子没有从这些领导人那里收到一朵鲜花或一张卡片。他在自己的日记里抱怨了一通，提到希思“每天都在变胖，以至于在电视上的形象越来越不堪”。[72] 一周后，他再次记录：“那次派对上，希思从未向戴安娜表达谢意。我的建议在那些政策领域从未起到应有的作用。”[73] 多年后，当被问及为何失去了党魁职位时，希思习惯于说只是因为自己没有创造太多的荣誉。[74] 当然还有其他更重要的原因，但是他并非一无是处。[4]

如果努力将批评者的声音纳入自己新的影子内阁，希思或许能够成功保持自己的地位。但是，他的天性是将自己圈在心腹群内。他做了一个重要决定，就是否认基斯·约瑟夫要成为影子大臣的雄心，转而将该职给了和蔼、忠实但乏味的罗伯特·卡尔。约瑟夫拒绝成为工业部门职务的替代品，而坚持一个没有履历的岗位，将重心集中于经济问题，这使得他自由全面接触到了经济领域的理念。为了防止自己离开影子内阁，他发起了一个公共分支机构，希思接纳了该请求。这是一步险棋，伴随着约瑟夫的一系列请求，他接近保守党支持者，搭建起自己的智囊团来寻求基于市场的各种解决方案，其中有些针对当时的政治和经济问题。这种做法很要命。然而在当时看来，这种想法的价值大于威胁。该智囊团公开宣传的目的是研究市场经济理论，尤其是国外的。约瑟夫希望使用一个理念“社会市场”——当时是来自战后德

1 伊万·劳伦斯（1936—），受教于布莱顿，霍夫和苏塞克斯文法学校和牛津大学基督教会学院；1974 年 2 月—1997 年，布尔顿保守党国会议员；1987—1997 年，保守党立法委员会主席；1992 年，被授予骑士爵位。

2 帕特里克·梅休（1929—），受教于唐布里奇和牛津大学贝烈尔学院；1974 年 2 月—1983 年，皇家唐布里奇威尔斯保守党国会议员；1983—1997 年，在唐布里奇威尔斯。1983—1987 年，副检察长，其信件出现于 1985—1986 年威斯特兰德事件漩涡中；1987—1992 年，总检察长；1992—1997 年，北爱尔兰事务大臣；1983 年，被授予骑士爵位；1997 年，被授予特威斯登梅休爵士。

3 温斯顿·丘吉尔（1940—2010 年），受教于伊顿公学和牛津大学耶稣基督学院；1970—1983 年，斯特雷特福德保守党国会议员；1983—1997 年，在曼彻斯特，戴维胡尔默；1976—1978 年，影子国防大臣。

4 萨拉·莫里森建议希思将荣誉“彰显出来”。他拒绝了。（对萨拉·莫里森的采访）

国的一种令人羡慕的模式——并将之纳入了自己新组织的题目中，但是这被他更严谨的建议者阿尔弗雷德·舍尔曼劝阻了。政策研究中心（CPS）呼之欲出。[1] 邀请保守党研究部的副主任亚当·里德利[2] 作为其假定委员会的谍报人员，希思感觉一切良好。但是他错了。CPS为约瑟夫提供了一个平台和后盾，使他得以发起对希思时代的全面科学评价。希思团队对此没有给以太多关注。“我们当时只是一只眼盯着党内将要发生的事情，”萨拉·莫里森说。[75] 5月，撒切尔夫人作为希思宣称的唯一潜在的反动分子，担任环境部影子大臣，以副主席的身份加入约瑟夫的CPS。

经由约瑟夫及其CPS，撒切尔夫人在保守党的种种理念得以复苏。直到1974年2月，撒切尔夫人的事业都一直在思想层面墨守成规。虽然她的性别和社会背景使其一直游离于保守党的高层圈子之外，地位一直徘徊在党的主流权力之外，但是她之前从未对党的政策基础发起质问。如今她如鱼得水，开始发问，开始更加大胆地思考。从中予以支持的阿尔弗雷德·舍尔曼将她描述为一个拥有“信念而非想法”的人。[76] 确如其然。她身上毫无一名知识分子惯有的自由放任、不切实际或者喜欢模棱两可等特点。她一直被道德热忱和对正确结果的渴望所激发，而非沉浸于不着边际的猜测当中。但是想法和男人——几乎所有人都是男人——所提供的东西令她兴奋。在1968年的CPC Lecture论文被盗取以来，撒切尔夫人一直没有花时间进行大量的政治和经济思想阅读。如今，她一触即发，开始阅读凯恩斯（她欣赏其关于和平的经济结果，胜于之前她经常抨击的凯恩斯主义者的需求管理理论），还有米尔顿·弗里德曼，19世纪中期法国自由贸易主义者弗雷德里克·巴斯夏；阿瑟·库斯勒，等等，一发不可收拾。经济事务学院（IEA）由拉尔夫·哈里斯[3] 和阿瑟·赛尔登[4] 负责，为自由市场理

---

1 关于谁第一个构思了CPS的问题一直有争议。在阿尔弗雷德·舍尔曼看来，最初的想法来自希思本人。但是当时同样参与筹办的西蒙·韦伯利记得，约瑟夫通过强调该中心希望研究欧洲大陆样本而说服了希思。

2 亚当·里德利（1942—），受教于伊顿公学和牛津大学贝烈尔学院；1974—1979年，保守党研究部副主任；1979—1984年，财政大臣特别顾问；1985年，被授予骑士爵位。

3 拉尔夫·哈里斯（1924—2006），受教于托特纳姆文法学校和剑桥大学皇后学院；1990—2006年，IEA筹备主席（1957—1987年，任主任；1987—1989，任主席）；1989—1991年，布鲁日团体主席；1979年，被授予克罗斯高地哈里斯勋爵。

4 阿瑟·赛尔登（1916—2005），受教于雷恩基础学校和伦敦政治经济学院（LSE）；1942—1945年，在非洲和意大利服兵役；1957—1988年，IEA筹备编辑委员会主任；是包括《资本主义》等许多书及册子的作者。

念的发展提供了一个知识分子论坛，当时被置于主流政治话语之外。[1] 撒切尔夫人消化了他们整理的笔记手册，其中包括自由主义经济学家格拉汉姆·赫顿[2]、布莱恩·格里菲斯[3]和道格拉斯·黑格[4]。舍尔曼记得，他曾经借给撒切尔夫人许多书籍，对方从未归还。[77] CPS 为撒切尔夫人提供了她梦寐以求的方向感和友情之爱，成为她前进的新后台。她记得其位于威尔弗雷德大街的办公室是“一个非常惬意之所”，并且在它建立之初前往帮忙，虽然只是盘起了电插头。[78] CPS 的核心灵魂人物之一西蒙·韦伯利记得她拿起电线说：“褐色被认为是鲜活的颜色，这实在太荒谬了，褐色是为土地而生的颜色。”[79] 她的实践和意识形态的热情结合起来。对她而言，CPS 是“反攻”的机会，从字面上几乎就可以看出她对自己所坚信的了然于胸，只不过一度被希思时代所压制。她本人并未贡献新理念，但是从基斯·约瑟夫和阿尔弗雷德·舍尔曼身上吸取到了不少。贯穿其职业生涯始终，撒切尔夫人对基斯·约瑟夫保持着无限的钦佩和推崇，虽然在担任首相后发现他极其令人窝火而对其说话粗暴，也不能掩盖这些。他彬彬有礼的公共精神，恪守礼仪，还有他的犹太人气质以及对政策的热情，在经济抉择中的兴趣所向，保守党达官贵人们所不屑的社会及福利议题，凡此种种均使他被撒切尔夫人所偏爱。

因此，从她进入议会之初，约瑟夫就曾帮助她，鼓励她前进，并经常与她一起研究一些议题，比如房产问题。在希思的内阁中，两人一度被日益增长的焦虑感拉得更近。1974 年 2 月大选落败后，他们的感情喷薄而出，就像被禁止的爱情最终被允许见于天日一样。撒切尔夫人认为约瑟夫是“我 40 年政治生涯中所遇到过的最敏感的人”。[80] 反之，卡灵顿爵士则将他描述为“我所遇见过最绅士，良善，也是最不敏感的男士”。[81] 不过，殊途同归地指向了一个相同的事实，就是约瑟夫极其细心，思想深刻，待人友好，

1　成为首相后，撒切尔夫人写信给 IEA 委员会成员们表示感谢：“你们所做的基础工作使得我们能够在党内重建理论框架，进而在过去能够旗开得胜。”（玛格丽特给哈里斯、赛尔登和伍德的信，1979年5月18日，THCR 2/4/1/8）

2　格拉汉姆·赫顿（1904—1988 年），受教于基督医院，LSE 和法国以及德国的大学；经济学家，作家；1929—1933 年，LSE 研究人员和教师；1933—1938 年，《经济学人》助理编辑。

3　布莱恩·格里菲斯（1941—），受教于迪尼沃文法学校和 LSE；1977—1985 年，城市大学银行和国际金融学教授；1985—1990 年，首相政策组组长；自 1991 年起，任高盛投资集团（欧洲）副主席；1991 年，被授予佛莱斯特法奇格里菲斯勋爵。

4　道格拉斯·黑格（1926—），受教于爱德华六世国王高中，伯明翰大学；1965—1981 年，曼彻斯特商学院管理经济学教授；1979—1983 年，首相政策组顾问。

哪怕是偶尔身处险滩恶水。所有这些品格在 1974 年尤其得以凸显，并且它们对玛格丽特·撒切尔不无助益。

阿尔弗雷德·舍尔曼的特点则非常不同。身为一名前共产党员和前西班牙内战中反弗朗哥共和党人的机枪手，在转变立场至右派之后，他一直保持着马克思主义者的严谨思想，以及一名列宁主义者先入为主与身边几乎每个人为敌的特点。他的辩论风格很特别。比如，在反对铁路上的公共开支时，他并不呼吁自由化或者减少补贴：指出所有的铁路轨道都应销毁并将线路转化为巴士专线。他有些骄傲而明确地配合着政党政治的妥协，后者至少从起初并未忽视其重要性。他骄傲于“思想不可思议之事”。在1969年中东政策问题上为基斯·约瑟夫进言时起就认识了对方，[82] 并曾在赛尔斯登会议上以诉诸市场来解决问题的理论说服了他。随着希思政府开始步入歧路，舍尔曼开始加以指控，并且到1974年，他发现约瑟夫以一名悔改的罪人身份在为自己的罪行寻求赦免。他告诉了对方应该如何做。当时撒切尔夫人和舍尔曼一样。“阿尔弗雷德·舍尔曼是一个单纯的人，”她记得，并将他的犹太人品格与约瑟夫的美德结合在一起考虑：“我们欠他们的太多。”[83] 然而，她补充说，舍尔曼“非常难以相处”。此种评价有所保留。

作为一种为 CPS 增加投入的手段，约瑟夫发表了一系列讲话，从技术和政治以及更广泛的角度对经济政策基础予以检测。6 月 22 日，他在阿普敏斯特号召人们关注“基于人性立法和制度安排框架的市场经济”，并推进了国际比较：

> 将我们今天的地位与邻居德国、瑞典、荷兰和法国做一比较。他们不如我们的天性禀赋，然而，和他们对比，我们有最长的工作时间，最低的收入和人均产出；我们有最高的税收和最低的投资；我们有最少的繁荣，最多的贫穷和最低的养老抚恤金。

他说，英国正在变成一个社会主义国家，并且自己已变为其中一分子的保守党政府，不敢对社会主义说不，但是已经“试图建立一个非常不稳定的基础”。约瑟夫的讲话鲜明地流露出与希思团队决裂的口吻，同样更加鲜明的分野产生于保守党研究部（CRD），其中有其新主席伊恩·吉勒莫尔和新主任克里斯多夫・帕滕[1]。上个月，吉勒莫尔在《泰晤士报》上发表了三篇文章，就“国家团结”主题加以诠释和剖析。[84]

同年初秋，大家翘首以盼的大选来到了，约瑟夫冒了更大的风险。在工党政府与工会达成了新的选举前社会契约——是一次社团交易，涉及价格控制、租金冻结和废止保守党针对适度工资要求的工会立法——后，约瑟夫提供了一些猛料。1974 年 9 月 5 日的普莱斯顿，他提供了最全面的货币主义理论版本，并针对政治危机提出了应用指导方案。在这份草稿中，他不仅获得舍尔曼的支持，还有阿兰・沃特斯[2]和《金融时报》萨缪尔・布里坦[3]的声援。出于对约瑟夫所言的担忧，又倍感无力阻止的希思，要求撒切尔夫人和杰弗里・豪伊对该文本予以监控并防止产生麻烦。他们照办了，但是并未做任何实质性改动。

“通胀正在对我们的社会构成灾难性威胁，”约瑟夫公开发表言论说，并警告“绝望和衰退的过程从根本上将与独裁握手拥抱”。他一再强调一种理念，就是通胀并非由工资上涨或世界商品价格引起，而是货币供应的过度增加所致，因此政府可以找到控制办法。他否认关于“货币主义”的建议是万能钥匙，但是表示它是“我们需要面对和希望从事之事的核心前提”。对希思而言，约瑟夫言论中最令其幻灭而又尴尬的部分内容在于集体许可，以及指出保守党错误地重复了工党政府忽视这一前提的做法。“过去三十年，这个国家的政府在经济生活方面拥有史无前例的权力，”约瑟夫说，“我们应当对已经犯下的错误承担起更高的责任，这样做才算公平。”这些错误的动机一度令人望而生畏——担心重蹈 20 世纪 30 年代初大面积失业的覆辙——但是无论如何错误终归是错误。用 20 世纪 30 年代的武器来应对 20 世纪 70 年代的战争，政府一度相信适当的通胀有助于解决失业

---

1 克里斯多夫・帕滕（1944—），中文名彭定康，受教于圣班迪尼克学校、伊灵学校，牛津贝烈尔学院；1974—1979 年，CRD 会长；1979—1992 年，巴斯保守党国会议员；1989—1990 年，环境事务大臣；1992—1997 年，香港总督；1999—2004 年，欧盟委员会专员；2003 年，牛津大学校长；自 2011 年始任 BBC 信托基金主席；2005 年，被授予巴恩斯帕滕勋爵，终身贵族。

2 阿兰・沃特斯（1926—2009），受教于雷赛斯特阿尔德曼牛顿学校，牛津大学大学学院、雷赛斯特和纳菲尔德学院；1967—1976 年，LSE 经济学教授；1981—1984 年、1989—1990 年，首相首席经济顾问；1983 年，被授予骑士爵位。1971 年 10 月，由于政府推行紧缩货币政策导致的失败，从希思的 CPRS 中辞职。

3 萨缪尔・布里坦（1933—），撒切尔夫人未来内政大臣利昂的哥哥；受教于吉尔伯恩文法学校和剑桥大学耶稣学院；自 1966 年起任《金融时报》专栏作家；1993 年被授予骑士爵位。

问题，有助于经济增长和社会服务资金投入：如今事实证明“这三方面均面临道德威胁”。通胀引发“来势汹汹的紧张局势”“不能经由收入政策化解”。收入政策作为抑制通胀的手段之一，就像“试图堵住漏房流出之水却不关掉水龙头一样，你想堵住一个破洞，却又发现了另外两个。”约瑟夫敦促停止收入政策，并鼓励政府建立起一套明确的渐进式政策，适当抑制过度的货币供应。不出三四年，将会取得明显成效。他强调，这种做法将包括推进充分就业中坚持更加可持续的路径，而不是由当前政府使尽浑身解数地要进行需求管理。

约瑟夫比任何人都更严厉地鞭笞自己，但是这也揭露了一个事实，就是其批评破坏了希思管理这个国家所立足的经济学基础，后者曾借此在前面的大选中放手一搏且功亏一篑，并试图为下一次大选而挣扎。约瑟夫的话就像希思政府时代伊诺克·鲍威尔的干预一样，既非异想天开，亦非恶作剧。普莱斯顿讲话只是 3 月份以来他在私下里与同事们所探讨议题的集中阐述，其中包括了 7 月 8 日在下议院的一次讲话。然而，这次讲话直接使抗议者从反对升格为斗争——会在下一次大选脱轨之后展开。[1]

在保守党内部，只有少数人了解货币主义争论的确切实质，但是大部分人是从和自己切身利益相关的经济问题角度来看待的。约瑟夫在此过程中受到的尊敬意味着许多人趋向于支持其观点。在影子内阁，玛格丽特·撒切尔和极其低调的杰弗里·豪伊一道，是仅有的两位约瑟夫反思的支持者，豪伊在 IEA 的自由经济学兴趣先于撒切尔夫人而产生。和个人回忆录相反，[85] 关于希思禁止关于这类议题的所有讨论的说法不实，虽然他确实对此并不欢迎。包括 5 月 3 日宣传团队碰面在内的三个场合中，影子内阁的确对约瑟夫在通胀议题上的观点给予了关注。但是其中的呈现形式只是假设性的，约瑟夫本人亦未强调应当抛弃价格和收入政策，只是应对其再评估。[2] 甚至在激进分子的思想中，有几种思想在争锋，其中一种是日益增长的关于控制货币供应的思想，认为此举是抗击通胀的关键；对应的想法则是工会的加薪要求不得不收回，同时认为工资增长不应该在各组织间有所不同。他们正在探索方法的一致性，当撒切尔夫人告诉影子内阁自己对约瑟夫的支

1 作为务实的政治家又是真正的信徒，撒切尔夫人虽然同意约瑟夫普莱斯顿讲话中的每一个字，还是在此后几个月表示它对本党 10 月份的大选有直接的负面影响。（私人信息）

2 这种重新评估的呼吁太多发生在希思身上，他私自做主采取措施。“你对政府记录的分析使我心碎，”他对约瑟夫说。见菲利普·齐格勒著，《爱德华·希思：授权传记》（哈珀出版社，2010），第 451 页。

持时，采取了非常谨慎的态度，使用了“我认为我们应当认真关注一下基斯的说法”这种表达方式，[86]而不是要求彻底与过去决裂。

部分原因在于他们都在期待一场随时而来的选举，撒切尔夫人在公共演讲中也保持着一种最低限度的异议。5月，和《旁观者》杂志的前右翼编辑乔治·盖尔一道接受一个电台采访，她完全不拘礼节地说：“我的确希望我们的政党回到一种状态，就是它能够使经济在正确的轨道上发展，”并且“我认为我们应该结束政党的激进状态。”但是，当盖尔请她声明自己是一名鲍威尔支持者时，她顾左右而言他，将注意力拉到了鲍威尔在大选中轮番对抗本党的弱点上。[87]人们开始更多地将她看作明日之星。6月份一份报纸报道中将她描述为“如今，有一个人的名字开始不绝于耳，大家都认为她就是那个能够挤掉泰德·希思成为保守党新党魁的人”，[88]但是她小心翼翼地不让自己过分张扬，甚至在私下里对此不发表任何看法。从2月份开始到10月份选举前，撒切尔夫人只在屈指可数的一些场合里公开谈论过超过影子职务的事情。

在给撒切尔夫人一些包括房产和地方税收在内的议题时，希思将她置于自己竞选战略的中心位置，不过还是没有将她吸纳进自己的心腹圈子。她的秘书艾莉森·沃德记得：“泰德将越来越多的任务压在她身上，因为他厌恶她，但是她却做得越来越好。”[89]在与加拿大首相皮埃尔·特鲁德的一次对话中，希思谈到了自己2月份竞选失利是因为自己太过实诚，没有为人们提供足够多他们渴望得到的东西。[90]特别是他坚信正是中产阶级否认了他们从保守党政府领导中尝到的甜头，转而叛逃到自由党一方。在希思时代早期房产业繁荣过后，房产价值滑跌，并且引入了彼得·沃尔克不受欢迎的对地方政府的重组，后者造成了利率大幅度上扬（就像众所周知的地方房产税）。因此，希思决定进行一次相当无耻的选举定调，房产和利率问题成为其立足之基。

从一定意义上，撒切尔夫人乐意发难。住房问题是她的兴趣点之一，并且她坚定地支持资产阶级拥有个人住房的愿望。另一方面，对希思所想之事保持谨慎。她小心翼翼地看待利率改革，因为已经看到了备选方案的困难性，同时，她对于政府插手房产市场的行为持保留态度。她对于社会主义的一次最强烈的批评是其控制措施已经损害了房产业。后者已经使租房市场脱离了市场，并迫使人们住进政府提供的高楼大厦内，而他们更喜欢的是维多利亚时代和爱德华时代的梯田露台。谈到这些钢筋水泥的房屋，她抱怨说："建造它们的建筑师们并不住在里面。"[91]"如果我们急于获得最大住房标准，要给尽可能多的人足够的资金以使他们成为业主。"她告诉下议院，[92]并且她支持一种长期存在于保守党圈子内的理念，就是政府公屋租客应当能够自由地购买他们的房子。然而，在实践中，她担心如果将这种购买方式作为一种权利予以法律保护，并为其提供太高的折扣，将会使那些在开放市场中不得不承担全价的"我们的人民"受到伤害。后来她认为自己的反对理由显得"狭隘且毫无想象力"。[93]

撒切尔夫人组建了一个房产政策小组，其中身为新国会议员的前《旁观者》杂志编辑尼格尔·劳森[1]，帮忙起草了2月竞选宣言。身为一名经济学家和自由市场论者，劳森反对政府对抵押贷款提供补贴。撒切尔夫人同样担心补贴的尺度和效果，但是，她的房产团队在政治上受到希思的鼓励而基于假想工作，采取不同形式的补贴手段。[94]接下来更多辩论是围绕应该补贴多少的问题，以及做出的承诺应该具体到什么程度。6月底当团队将形成的报告呈现在希思面前时，要求降低由建房互助协会支付的税率，并且，对于首次购房者，要减少一次性付清的款额，以和他们在协会内积累的储蓄金相匹配。另外一个受到撒切尔夫人鼓励的想法是"股权回购"，通过这种做法，业主能够分期购买股权。[95]她担心，公开承诺以特殊利率进行贷款会显得不负责任。她更喜欢表示要将利率维持在"合理限度"内。[96]

在利率问题上，撒切尔夫人一如既往地审慎。6月底的一次影子内阁会议上，她倡导就利率改革进行一次全党研究，而不是发布一个保守党的废除许可，这一提法未获通过。[97]6月27日议会的一场辩论中，保守党以两票优势成功击败政府。她呼吁"对配额制度进行一场根本改革"，[98]但是拒绝准确描述应该如何做。她谈及临时减免税，认为中央政府在其中有权借此为市政机关开支设限，并且可以对地方收入税的可能性予以调查，但是她也是点到为止。她的表现令艾瑞·尼夫失望："玛格丽特·撒切尔有点举棋不定。我们在推进有优势的议题方面太过半遮半掩，克罗斯兰德[2]驳回了她论及的大部分内容。"[99]

这真是一个晦暗的夏日。"天气持续阴冷而多风，股票交易记录低而

---

1 尼格尔·劳森（1932—），受教于威斯敏斯特以及牛津大学基督教会学院；1974年2月—1992年，布莱比保守党国会议员；1979—1981年，财政部财务司长；1981—1983年，能源大臣；1983—1989年，财政大臣；1992年，被授予劳森勋爵。

2 安东尼·克罗斯兰德当时是工党环境大臣。

又低，”尼夫写道。[100]希思在彼得·沃克尔的要求下进一步孤注一掷，后者在住房问题上是一个大胆的民粹主义者。希思决定为竞选拟定复兴政策。他受够了撒切尔夫人坚持要求针对贷款利率承诺一个准确数字的做法，就在8月1日将在兰博赫斯特度假的她召回来在自己威尔顿大街的家中开了一个会，同时出席的还有沃克尔、伊恩·吉勒莫尔和罗伯特·卡恩。他们希望她接受一个“低于10%”的可承诺数字。月底又采取了第二步措施，[1]希思的目的是要确保撒切尔夫人明确一点，就是将利率定得尽可能低，而不仅仅是“低于10%”，她说自己可以接受9.5%，但是不能再低。希思在利率问题上同样施压，再次将撒切尔夫人召至威尔顿大街，同样有高层同事们支持，这次是在8月16日，让她保证在下一届议会中废除国内税率。这次她勉为其难，不过无人知道替代方案会是什么。依据她的建议，利率负担的一部分将被转移至中央政府，而后者将直接支付教师薪资。

这是典型的撒切尔夫人的政治专业主义作风，即使不情愿，甚至对被强迫心怀怨恨，但是她还是抓住机会制定自己并不希望出台的大多数政策。在8月28日的一次媒体见面会上，她宣布，保守党政府愿意将房屋抵押贷款率从11%降至9.5%，并且确保其为未来的上限。她还注意到关于国内利率的“现实问题”，为地方政府谋求财政独立，“他们要通过这种方式对纳税人负责。（只有一小部分选民是地方税纳税人。）”她指出，收入纳税人比地方税纳税人多出900万，[101]并且发誓要摆脱配额制度束缚。在当晚政党政治广播中，她以一种画外音的方式说：“这是第一次，有些人开始回归常识，”撒切尔夫人重复了她的贷款利率承诺，并且对利率予以攻击，因为它们“常常和你所支付的商品不搭界，同样和你接受的服务毫无关系”。无论保守党引入何种新制度，都将“基于你所能承担的范围”。她的表现给人留下了深刻印象，甚至在那些将政策视为选举名利场的人看来，亦不同凡响。“这几乎令克罗斯兰德中风了，”尼夫写到9.5%的承诺时说，“他说这是不负责任的。”[102]

事情继续演进，大多数时候令泰德·希思不快。9月2日，朝霞寓雨，他的游艇在暴风雨中被掀翻。希思当时不在甲板上，但是两个船员中有一

1 按照撒切尔夫人自己的说法，她当时在从兰博赫斯特前往唐布里奇途中（一次短途旅行），前往参加一个住房相关的时政广播，当时通过寻呼机收到了一条信息，然后打电话给希思。（玛格丽特·撒切尔著，《通往权力之路》，哈珀柯林斯出版公司，1990年，第247页）这好像不大可能，因为当时寻呼机还不存在。不过这次通话无疑通过某种方式产生了。

个是他的教子，不幸遇难。9月8日，正值希思离开华盛顿时，保守党针对预期竞选的宣言内容被泄露给几家报纸。撒切尔夫人还为此次宣言在自己的政策范围内做了让步。她一度对一种理念愤恨不已，就是认为保守党要为所有公屋租客提供“购买权”，并主张给以市场价三分之一的折扣。宣言称，保守党将“在这些方面为每个市政单位设置售房责任”。在房屋建筑协会方面，税收“综合利率”的变化，将允许政府将住房贷款利率维持在9.5%或者更低水平。利率将被新的税收政策取代，而后者“更大范围地基于人们的支付能力”。宣言不能解决保守党在通胀问题上的内部混乱，其中提到了将控制货币供应作为必要工具之一，但是还提出对价格和收入政策的需要。它表示，一切出于自愿，但是“没有政府能够坦然以对地说，它将永无必要在国家利益方面动用法律,来支持一项对抗通胀的有效政策”。

1974年9月18日，哈罗德·威尔逊发起了10月10日大选。出于获得整体多数需要，他感觉万事俱备，用整个夏天使自己所希望的能够通过处理与工会的关系而对选举有利。由于保守党担心在解决当时的重大经济和工业问题时，保持一个模棱两可而又中庸的解决方案，撒切尔夫人推出的具体政策承诺几乎是保守党大选中绝无仅有的重要内容。她兴致盎然地投入战斗，毫无尴尬之意，强力推进中产阶级的利益，而这也是希思曾在办公室批评自己一度忽视的领域。正是在第一轮运动中，党内战略家们使她闻名全国，她从中获益匪浅，再次印证了自己的好战、有说服力，在电视上表现得超乎人们想象。她指出，休姆执政“给了人民在本国的独立地位[103]和大力支持”，[104]并且“为人们用以对抗通胀的储蓄提供了最大可能的保护”。“一处住宅，就像食物，”她在芬奇利告诉人们，“是我们生命中的基础。所有的政府以此为由避免向食品征税……然而，我们单单向住宅额外课税。”9月27日中央办公室一次分享其政策的新闻发布会上，她宣布：“在英国历史上，拥有你家庭得以伫立的那片土地的权利，是十分让人心有所感的事情……我无意向人们否定那一权利，因为他们居住在政府公屋里”；她再次提到了自己提供的抵押贷款利率问题，承诺圣诞节前将付诸实施。并且她甚至扭转了与自己纯粹的经济学教条不一致之处，将之转化为一种美德。“我正在着力解决一个问题，”她告诉货币主义者、记者彼得·杰伊，“在该问题中，经济学或许与人性化答案截然不同。”[105]随着竞选日临近，撒切尔夫人是被选出参加政治广播的人士之一。她说，有关利率的承诺是“坚定、不可动摇、无条件的”。她将这些底线阐述地非常清晰完美。他们使工党乱了阵脚。伯纳德·东诺各胡在个人日记中记录道："唯一的一个新议题是撒切尔9.5% 的抵押贷款率承诺，并且每个人都对此心有惧怕，并且由于托尼·克罗斯兰德没有解决该问题而大为光火。"[106]但是，至于为何撒切尔夫人的承诺是保守党在竞选中唯一言之有物的内容，另有原因。这是因为希思决定推动其"民族团结"理念，其中暗含着联盟之意。他希望尽可能少的政策出现，以免引发争议进而喧宾夺主。保守党宣言称"作为一个全国性政党，我们将从整个国家的利益出发来追求全国性政策，我们将带领整个国家劲往一处使。平时，党内之争是对自由的捍卫，但是就像眼前的危机时期，首要考虑的是国家利益。"惨淡的气氛需要被强调，可能的解决方案细节亟待被淡化："我们将此视作保守党战略的一部分，"东诺各胡写道，"要创造一种灾难性危机在即的情绪，就像1940年，亟须建立起必要的联盟。"[107]

"民族团结"的口号使撒切尔夫人异常恼火，就像在2月大选之后，她非常怀疑任何针对自由党的应对措施。她本能地喜欢看到公开的两党之争，而不是私下谅解甚至趋向联盟的世界。并且她相信国家危机的解决之道并非要在老旧而错误的政策上达成全民一致，而是要大胆跃往崭新的正确之道。在一定程度上，她的个人竞选运动被允许和党的领导层有所区别，她在其中的表现常常回应了基斯·约瑟夫的讲话。她在芬奇利的竞选会议上说："核心问题在于，我们是通过强调个人自由和责任来维持一个自由社会，还是要在世界的铁幕之外成为一个最受国家控制的社会，"并警告"极端左派正蓄势待发。"[108]在竞选运动最后一周的 BBC"有问必答"栏目，撒切尔夫人保留了政党纲领，就是一个强调民族团结的政府或许是一件好事，但是继而她话锋一转回到了自己的表达方式中，表示自己"绝不可能与迈克尔·富特或安东尼·韦奇伍德·本同在一个屋檐下办事，因为他们过于迷恋国有化"。

撒切尔夫人的抱怨并不合理，就像她在后来所做的，她抱怨"民族团结"在最后一刻已经强加于她。7月中旬，它已经以极其模糊不清的方式被达成一致，并且她还在自己的竞选演说中呼吁这一理念："我们是唯一一个誓与对民族团结怀有美好意愿者共谋成就的政党，因此，我们的主旨就是捍卫一个自由社会的存在。"但是她对于自己的恼火有个人解释，希思一再召她开会并试图说服她改变政策，尤其是在竞选进入高潮的当口。就在她亮相于"有问必答"前两天，刚刚发生了令她愤怒之事。10月2日，希思提出一个关于打造一个“汇聚全能型人才”政府的想法，以便更明确地推行自己的联盟理念。第二天，他召撒切尔夫人到威尔顿大街提醒她。他说自己希望推进一个“有关民族团结的政府”，并要求她准备好放弃自己的住房和利率誓言。选举前这些议题已经被希思推至山顶，撒切尔夫人不能打道回府。“我实在受够了，”她回忆说，“我差点没说一句：‘我将要成为半个共产主义者了。’”[109]在“有问必答”栏目中，她坚守自己的立场。她的工党对手罗伊·哈特斯利[1]瞅准了其与希思之间欲盖弥彰的矛盾之处，说希思和“他住房问题上的主要发言人之间意见不一，后者今晚大胆宣布了她未经协商住房提议”。[110]

另外，还有一些和“民族团结政府”理念的根本不相干之处。谁来领导这个政府？希思本能地认为非他莫属，但是民意认为他比其他领导者更易引起矛盾。许多他的心腹们试图说服他“壮士断腕”，这样一来，他将能够公开表示自己已经准备好维护团结之利益。他们认为，他一无所失。如果胜出，他所选择的联盟将虚位以待；一旦落败，他无论如何再无机会翻身。但是希思对这种想法表示完全怀疑并否定了它。因此，保守党竞选在毫无章法的状态中落幕。威尔逊将“民族团结”理念视为“一场骗局”。工党获得42票多数超过了保守党，不过它在下议院的整体多数只有3票。最终各政党的竞选结果是工党319票，保守党277票，自由党13票；SNP（苏格兰国民党）11票；威尔士党3票；北爱尔兰统一党及其他党派12票。在芬奇利，撒切尔夫人的多数选票下降了2000：

撒切尔夫人（保守党）	16498
马丁·欧·康纳（工党）	12587
劳伦斯·布拉斯（自由党）	7384
珍妮特·高德弗雷（民族战线党）	—
保守党多数	3911

“现在已经毫无疑问，”撒切尔夫人回忆说，“泰德是时候离开了。”[111]

1 罗伊·哈特斯利（1932—），受教于谢菲尔德城市文法学校和赫尔大学；1964—1997年，斯帕克布鲁克伯明翰工党国会议员；1983—1992年，工党副党魁；1997年，被授予哈特斯利勋爵。

11

骟马与小母马

“希思将暗杀了你”

10月竞选失败后，不仅仅是保守党右派希望希思下台。实际上，计划已经箭在弦上，还提前准备好了辩论，结果悬而未决。1974年8月7日，萨拉·莫里森就像忠实于希思的所有人一样，私下里告诉艾瑞·尼夫：“她认同一旦落败就让爱德华·希思退位的说法。并支持伊恩·吉勒莫尔，但是暂时接受威利·惠特劳，不过把玛格丽特排除在外了。罗伯特·卡尔无法决定‘自己需要一枚煮蛋还是煎蛋’。基斯·约瑟夫被排除。”[①]在公布结果当天，萨拉·莫里森试图让希思辞职。[②]同样怀有此想法的还有卡林顿爵士和吉姆·普莱尔。有些人抱怨说，希思的密友奥尔丁顿爵士在帮助他从失败的现实中走出来时，施加了不好的影响。[③]但是关于希思为何赖着不走的主要原因实际上只有一个。就是像卡林顿爵士一言概之的：“泰德”。[④]即便大量的言论与这个姓名对着干，希思继续坚信只有他自己才是国家领导人的合适人选，因为如其所料，经济危机需要联合政府这样的领导机构。因此他稳坐交椅岿然不动，其亲密支持者们闷闷不乐地保持着忠诚，但是保守党开始掀起推翻他的行动了。

1974年10月14日星期一，1922委员会执委会在上主北街爱德华·杜·卡恩的家中会面。杜·卡恩轮流征求意见，就像尼夫所记录的，“所有人认为希思应该让贤，但也有不同意见……唯一持不同意见的是杜·卡恩本人，他认为希思应该再待两年，或许是因为他在该职位上有想法。”[⑤]执委会一致同意由杜·卡恩立即前往希思处，告诉后者大家的想法。他们安排次日上午见面，这样杜·卡恩就能够汇报交流结果，同时将地点选择在米尔克大街凯塞—厄尔曼银行他的办公室里，以免有媒体窥探。在米尔克大街的聚会中，决定在10月31日召开一次1922委员会全体会议（意味着，所有的保守党后座议员们都要参加）。“有一封信被口述出来，”尼夫写道，“……提到出于党的最大利益考虑，他（希思）应当陈述自己的意图。信件被亲手呈递。我希望它比杜·卡恩昨晚与希思的面谈更成功。在他告诉后者我们的观点是要他辞职时，对方未置可否！我们一如既往地受到冷落，这就是希思对议会的态度，是我最不能认可的。杜·卡恩说，他是会议中唯一一个‘喜欢过’希思的人，而这是最明显的废话。”虽然有防范措施，媒体还是潜伏在外。执委会采取了回避行动：“杜·卡恩带着我们走到后门，找到一把钥匙，期间闹了不少类似《逃离科尔迪兹》式的笑话。”在他们试图悄悄溜出去时，摄影师们一拥而上，朝着杜·卡恩、尼夫和其他人一通狂拍。亲希思的《标准晚报》为图片配了一个大标题《米尔克大街黑手党》。当晚，希思做了一次电视讲话，这次显得比平素更有成效。

“我们在第一轮落败了，”尼夫写道。⑥实际上，希思阵营进行了反戈一击。首席党鞭汉弗莱·阿特金斯告诉左翼反希思的国会议员奈杰尔·费希尔[1]，1922委员会执委会在接下来的选举中会遭到整体反对。希思说，直到11月7日大选结束前，他不会会见该执委会。他基于一些原则性立场，就是新的下议院开会，选出了新的执委会，他才会着手处理1922委员会。对于尼夫而言，忧虑和郁闷在一段时期内接踵而至。他干脆踏上前往布莱顿的火车去旅行，并与朋友们待在一起。他记得：“我对那些粗俗、圆滑的上流政客们厌恶之至。我想知道他们是否意识到这个国家正处于革命的边缘。”[2]⑦

10月31日，1922委员会全体会议如期举行，爱德华·杜·卡恩赢得欢呼，并且只有2名发言人支持希思，19个人反对他。1名后座议员肯尼斯·刘易斯在议会发表了一句致命陈述，就是领导层是“一个租赁岗，而非永久不动产”。“这次会后，除了他（希思）之外所有人都会撂挑子，”尼夫写道。⑧但是，首席党鞭给正在威尔士的希思通电话，汇报了会议上的情绪，希思拒绝妥协。威利·惠特劳告诉朋友们，希思变得难以置信地傲慢自大，⑨但是他和其他保守党贵族达人们继续罩着他。11月7日，反希思的1922执委会重新选举产生，其会员们有恃无恐地草拟了一封给希思的信，发起新一轮竞争。围绕

---

1 奈杰尔·费希尔（1913—1996），劳工部长马克·费希尔之父；受教于伊顿公学和剑桥大学三一学院；1945年，MC；1950—1955年，希钦保守党国会议员；1955—1983年，在瑟比顿。他的《保守党领导人》（1977年）一书，囊括了大量1974—1975年间领导层的角逐。

2 尼夫之言并非党派观点。关于英国在崩溃边缘的情绪蔓延。伯纳德·东诺各胡在法国度过8月份，回国后他在日记中写道：“在国外我得以将英国看得更清楚。它看起来乱成一团。政治、经济均趋于瓦解，和法国相比显得软弱无力，而后者正在再次变成一个巨人。”《唐宁街日记》V.2，乔纳森·凯普，2005，2008，V.i：与哈罗德·威尔逊在10号院，174页）

所有这些的困难中，有一部分是针对领导人选举权的 1965 年法令——党的历史上首次票选——并无条款许可向在任领导人发起挑战。因此，需要新法令，于是 1922 执委会紧张兮兮地盯着希思的举动，担心他会找到一条脱身之道——或者干脆勇往直前——阻止改变规则，或者要求所有的变动都要获得他的肯定。他们知道自己终究会推进一场竞争，但是不知道会在何时，或者在怎样的规则之下进行。然而，11 月 14 日，希思走进了 1922 委员会（“他显得冷淡无情，不过还是受到了礼貌接待，”尼夫在当天的日记中写道），表示同意对领导人选举成立一个评估机制。

主导变化的人是休姆爵士。如今大家预料将会在1975年2月之内发起一次领导层选举。但是，有太多的不确定，就是谁是希思之外的候选人。尼夫与包括奈杰尔·费希尔、查理·莫里森和菲利普·古德哈特[1]在内的1922执委会的大多数人，希望希思出局，但是找到合适人选是令人挠头之事。尼夫的日记中流露出自己的困惑。在1974年，他一度看好杜·卡恩，还经常看好玛格丽特·撒切尔，有时是惠特劳，有时又是约瑟夫，偶尔想到吉勒莫尔。就像当时的大多数保守党国会议员们一样，他没有清晰而有力的支持对象。他只是在寻找一个靠谱的希思取代者，以回应自己所看到的国家和政党败局。10月大选落败后，他记得没有太多人支持惠特劳：“这使得 K. 约瑟夫最受欢迎，不过副党鞭杰克·威瑟利尔[2]说他很容易神经衰弱！”⑩第二天晚上的一次晚餐会上，“我们除了一一反对潜在候选人，如惠特劳、约瑟夫、卡尔、玛格丽特·撒切尔之外一无所获。基斯·约瑟夫是最靠谱的。”在希思最终同意对领导层选举规则进行评估之前，奈杰尔·费希尔组织了一个国会议员会议，以考量杜·卡恩的候选人资格。尼夫对这个主意非常感兴趣，就参加了会议并记录道：“看起来他（杜·卡恩）顾忌到自己的妻子，好像不太愿意站出来。他妻子讨厌政治。我们讨论了关于他在伦敦金融区的流言，但是这些能够被翻转以至于不被质疑，不过凯赛尔·厄尔曼拥有一个不太确定的名声……无论怎样，大家迫不及待地

1 菲利普·古德哈特（1925—），受教于霍奇克斯中学，雷克维尔，美国康奈迪克和剑桥的三一学院；1959—1997 年，贝肯汉姆保守党国会议员；1979—1981 年，议会次官，北爱尔兰办公室，DOE(NI) 事务大臣；1981 年，议会次官，MOD（国防部）；1981 年，被授予骑士爵位。

2 伯纳德·杰克·威瑟利尔（1920—2007），受教于莫尔文；裁缝；1964—1992 年，克罗伊登东北保守党国会议员；1973—1974 年，反对党副党鞭；1983—1992 年，下议院发言人；1992 年，被授予威瑟利尔勋爵。

要启动一场竞选运动。”⑪

如果从撒切尔夫人本人的角度看，她从10月大选的梦中醒来，尚未想过要挑战党魁一职。她记得自己要全身心力挺基斯·约瑟夫。在个人回忆录中，这样做无疑体现了对约瑟夫的忠诚，当时在自己命运的态度上尚显得过于无知。1974年，越来越多的人已经开始注意到她的能力，并且有些人告诉她这一点。一个好兆头随着彼得·莫里森[1]在1974年8月的一次登门造访不期而至，当时莫里森家族被誉为在理解保守党精髓方面拥有异乎寻常的实力，身为查理兄长的莫里森当时还是一名新国会议员。他告诉撒切尔夫人自己认同父亲玛格戴尔爵士的观点，后者于20世纪50年代至60年代之间曾担任1922委员会的主席："记住我的话，撒切尔夫人将成为下一任保守党党魁。”[2]⑫

媒体开始加强关注。每个人对于撒切尔夫人在1974年10月竞选中的表现给予认可，唱票日，《太阳报》将她作为保守党的唯一代表单列出来。次日，在回复《晚间新闻》关于领导人的预测时，她说："你可以将我的名字从名单上抹去。”记者约翰·克莱尔曾在10月13日的《观察家》撰文时见过撒切尔夫人，记得她当时正在寻求媒体关注，希望自己在特定时刻处于特定位置："她正在试水。”⑬第二个周日，在接受《周日快报》一次狡猾的采访中，撒切尔夫人坚称“我唯一的希望是更深入到保守党内部，更深地了解它所赖以构建的哲学基础。”（资料中的“哲学”用以攻击希思，因为大家认为他已经抛弃了这一点。）不过她补充说："针对女性的偏见比我预想得要淡化得快，”同时以某种方式表达了对希思的同情："无论如何，这些对他来说都是残酷的……不像我，他周围没有一个家庭可以供自己借力。”[3]接着她十分具体地回答了关于自己是否会站出来的问题："如果那个

---

1 彼得·莫里森（1944—1995），玛格戴尔爵士最小的儿子；受教于伊顿公学和牛津基布尔学院；1974年2月—1992年，切斯特保守党国会议员；1983—1985年，就业部大臣；1987—1990年，能源部；1990年，首相PPS；1990年，被授予骑士爵位。正是彼得·莫里森在担任其PPS时，主持了撒切尔夫人1990年那场不成功的保驾运动。

2 早在1972年，玛格戴尔已经在他艾雷岛苏格兰的家中一场大型午餐会上表达了此观点："撒切尔夫人将是下一任党魁，并且她应当如此。”当时所有在场者都认为此语“太蹊跷”。（来自未公开出版的对彼得·莫里森的采访，采访者不详，1993年。）

3 撒切尔夫人可能同样在雄心勃勃地对一种暗示欲盖弥彰，一度有说法认为希思是同性恋，但是当时这种事情被认为是一种羞耻。当时有许多人相信他就是。W.F. 迪兹记得在1976年与撒切尔夫人的私下交流中谈道："M. 好像要说服别人相信 TH 是一个同性恋。（女人们在这方面比我们有更准确的直觉。）我宽容地回答：‘这是出于本能的夸大其词！’”（W.F. 迪兹，笔记，1976年7月28日，未出版）

时刻到来了，并且人们认为我就是那个女人，我愿意接受挑战全力以赴——就像我曾经在生命中的任何事上竭尽全力一样——最大限度地发挥自己的能力。”⑭她的家庭将给以支持，她说。

事实上，撒切尔夫人在私底下曾明确过这一点。10月15日，一名梦想破灭的希思支持者、国会议员弗雷德·西尔维斯特[1]写信给她希望她努力争取党魁一职。她回信（日期不详）中坦言以对：“如果竞争不日袭来，我不会看好这个机会。如果再晚些，我或许可以……目前，全国对接受一名女士还存在太多偏见，但是随着在媒体上展开类似讨论，情况或许会变化。”⑮

不管怎样，撒切尔夫人依然假定约瑟夫将会挑战希思，而自己会在背后挺他。她被描述为约瑟夫的竞选经纪人。但是，在她于10月17日接受《周日快报》采访到报纸付印的10月20日之间，情况有变。10月19日，基斯·约瑟夫在艾格比斯顿发表讲话，形成了一个大黄蜂巢。讲话中的大部分内容是对自己早期定位的思想延伸。他试图将争论从纯粹经济学理论基础上推至“国民生活的基调”。他发起了一场“思想斗争，在每一所中学、大学、出版社、委员会、电视台”以反对集体主义。并且，他从左翼组织儿童贫困行动小组（CPAG）工作中显示的人口统计学变化趋势出发，形成了自己的“剥夺周期”思想。“我们社会人口的平衡，”约瑟夫说，“我们的人力股受到威胁，不适合生小孩的母亲们带来了极高且迅速增长的出生率……她们中有些人智力低下，大部分人受教育水平较低……她们正在制造问题儿童……然而，这些大多数年龄在20岁以下的单亲妈妈们，正在贡献三分之一的出生率……”约瑟夫指出这些年轻女性应当被鼓励使用避孕药。

数年后，围绕这些话是如何炮制出来的有一些争议。阿尔弗雷德·舍尔曼表示自己已经警告过约瑟夫，不要使用CPAG的材料，因为那是左翼的，但是约瑟夫表示我们“需要一个性别结构成熟的社会（这里是说，有稳定的婚姻），以确保自由企业（允许私有企业自由经营，政府较少管制）能够正常运作”。⑯约瑟夫使用的大部分内容，包括他对社会阶级的数字划分，有经历过舍尔曼的提醒。然而，可以肯定的是，约瑟夫并未采取自己的一贯做法，将草案给撒切尔夫人及其他同事看。撒切尔夫人第一次了

---

1 弗雷德·西尔维斯特（1933—），受教于圣乔治莫诺克斯文法学校和剑桥大学西德尼苏塞克斯学院；1967—1970年，西沃尔瑟姆斯托保守党国会议员；1974年2月—1987年，威辛顿，曼彻斯特；1974—1976年，反对党党鞭；1979—1981年，就业部大臣PPS。

解这次讲话是她在滑铁卢火车站拿起一份《标准晚报》（当时是在一个周六出版）时，当时她正在从伯恩茅斯赴约返程途中。⑰《基斯先生的"禁止婴儿说"引人注目》是此文标题。她马上意识到有麻烦了。艾瑞·尼夫的反应相当有特色。"基斯·约瑟夫昨天发表了一个支持家庭的演说，"[1]他写道，"哀叹道德的滑坡。不幸的是，他宣称的家庭计划特别适用于单亲家庭。他实在太笨了，这会引起一场风暴，并且将影响自己取代希思的机会。我预料我们将不得不接受最坏的结果。"⑱

如果约瑟夫做好准备反击，他或许已经经历到了伤害。实际上，他的讲话颇具思想性，揭示了一个时代的道德拷问，并引发人们对一直伴生我们左右的"下层阶级"的关注。但是他没有做好充分准备，亦无意进行战斗。他用自己的方式对自己所言进行道歉。他公开承认自己破坏了自己努力推进的议题。哈罗德·威尔逊10号院政策小组组长伯纳德·东诺各胡在艾格比斯顿演讲四天后的一次晚间会议上，坐在约瑟夫对面："我们就各种社会问题聊了很久……他很兴奋且充满乐趣，但是明显对自己近来的讲话以及个人的领导能力有些不安。后来的会议中，他只是双手抱头坐着。"⑲如果约瑟夫不能捍卫自己的言论，别人就更不能。在一次接受《标准晚报》麦克斯·哈斯廷斯的采访中，撒切尔夫人在回答问题时提到："基斯做得很对。这是中产阶级的曙光，"不过她也承认其艾格比斯顿讲话伤害了既定使命。⑳她意识到这些对自己并无伤害。11月3日接受《苏格兰周日邮报》采访时，她对自己收到的诸多来信表示感激，这些来自公众的信件鼓励她为领袖职位而战。约瑟夫自己也意识到前路已尽，大势已去。在艾格比斯顿讲话不久以后，他与塞西尔·帕金森同乘一辆车出行。"我想玛格丽特能成为标准的领导人。"他说。㉑

但是，不确定期持续了几乎一个月。希思与1922委员会就规则变化问题进行了争论，选区主席们的调查表明，大家仍旧支持他。甚至在保守党选民中，有超过一半的人支持他继续坚持。竞赛尚未真正开始，约瑟夫却已感觉伤痕累累，无意恋战。虚弱不堪的他似乎开始支持威利·惠特劳。艾瑞·尼夫在威赛克斯地区委员会见到了惠特劳，后者三缄其口保守秘密："他担心自己不能走得太长。我说希思必须在圣诞节前下台，而他（惠特劳）一定要积极主动。有40%—50%的强硬派极力要求把希思轰下台。

1　事实上是前一天。

威利说他或许不得不放弃主席职位的角逐（他已经在选举后取代卡林顿爵士的职位），因为自己想保住现在的有利地位。很显然，他意识到基斯·约瑟夫已经主动退出了赛场。”然而，尼夫对如何敦促他的话印象不深了，他说："没有人真正信任他，并且我怀疑他的性格太软弱。”㉒

当时发生在下议院的事情改变了气氛。在1974年10月29日回答女王讲话时，希思被伯纳德·东诺各胡描述为“他自己的后座议员们几乎全体沉默……每个政党私下里都在想这是一个改易党魁的时候了。”㉓接着，11月7日，在1922执委会选举中，是时候削弱对手了，希思宣布改变影子内阁。媒体将撒切尔夫人描述为一个可能的影子大臣，但是事实上，她被提供了一个几乎是羞辱人的职务：财政部第二发言人（不过在影子内阁中保持席位），位居罗伯特·卡尔之后。然而，她没有愤愤不平，而是心怀理想投入工作。11月12日，内阁大臣丹尼斯·希利[1]介绍了一份全景预算案，其中发明了资本收益税和资本转让税，并针对北海油田强加一个新税种。11月14日，撒切尔夫人在下议院围绕这份预算案进行辩论。她戏称希利“丝毫不掩饰自己的前后矛盾，如果他现在是正确的，那么其三月预算案就是错误的”。截至当时，公共部门借贷需求已经增长60亿英镑，不过他当时表示自己会设法压下来。如今，他倾向于“以分期付款形式做出牺牲”。这时，人们或许已经全盘接受了所有措施："人们准备好了，财政大臣并没有，他和他们都为此感到遗憾。”㉔她指出，政府对工会违背社会契约的做法未施以处罚。艾瑞·尼夫对她的表现欢欣鼓舞："在预算问题上，我听到了由玛格丽特·撒切尔所做的出众讲话，她在社会契约方面处理得非常好……非常精彩，为她加分不少。”㉕国会议员杰弗里·芬斯伯格[2]在汉普斯特德的邻近选区，敦促她站出来，她的PPS费格斯·蒙哥马利[3]之前同样如此鼓励她。但是她告诉蒙哥马利："政党并未准备好接受一名女性，并且媒

1　丹尼斯·希利（1917—），受教于布拉德福德文法学校和牛津大学贝烈尔学院；1952—1955年，利兹东南部工党国会议员；1955—1992年，在东利兹；1964—1970年，国防大臣；1974—1979年，财政大臣；1980—1987年，影子外事大臣；1980—1983年，工党副党魁；1992年，被授予希利勋爵。

2　杰弗里·芬斯伯格（1926—1996），受教于伦敦城市学校；1970—1983年，汉普斯特德保守党国会议员；1983—1992年，在汉普斯特德和海格特；1979—1981年，DOE议会次官；1981—1983年，DHSS（卫生和社会事务部）；1992年，被授予芬斯伯格勋爵。

3　费格斯·蒙哥马利（1927—2013），受教于伽罗文法学校和杜伦大学拜德学院；1959—1964年，东泰恩河畔纽卡斯尔保守党国会议员；1967—1974年2月，在布莱利山；1974年10月—1979年，奥特林厄姆和赛尔；1975—1976年，反对党党魁PPS；1985年，被授予骑士爵位。

体将会将我钉死在十字架上。”㉖

11月20日，就领导人选举规则，委员会在六天前经希思同意而正式实施。第二天傍晚时分，基斯·约瑟夫给撒切尔夫人通电话，问她是否可以到其议院办公室见面。她在个人回忆录中引用了自己的回忆：约瑟夫说：“对不起，我撑不下去了。自从我做了那次讲话后，媒体围堵在我家门外。他们实在太残忍了。海伦（他的妻子）无法接受这种局面，我决定不再继续。”“他的决心已下，”撒切尔夫人继续说，“我处在绝望的边缘。我们不能眼睁睁将党和国家拱手让给泰德的政治标签。我记得自己说：‘听着，基斯，如果你不能坚持，我将站出来，因为必须有能够代表我们观点的人站出来。’”㉗然后约瑟夫说：“我将全力支持你。”㉘回忆起这些场景，撒切尔夫人习惯于说自己一度“惊呆了……他（约瑟夫）就应该是领导者”。个性使然，她批评约瑟夫将失败的责任转嫁到妻子身上：“我很吃惊，并认为海伦百分百会在身后支持他。”㉙

然而，值得怀疑的是撒切尔夫人是否吃惊或不安。她所说的“记得自己说”的内容正是在会议举行之前准备好要说的。11月19日，党鞭已经被国会议员大卫·米切尔[1]告知约瑟夫将不再坚持，而他将提名支持撒切尔夫人。㉚次日，汉弗雷·阿特金斯就其他事项与撒切尔夫人进行了交流，最后，后者告诉他关于约瑟夫不再坚持而她将挺身而出的决定。[2]当然，阿特金斯保持了公正，但是那些亲近他的人确信他个人也倾向于支持撒切尔夫人。㉛并无理由可以怀疑撒切尔夫人与约瑟夫见面的情境是否如她所记载的那样，并且很重要的一点是他们是面对面地交流，而非通过中间媒介，但是这次会面完成了一次交接手续：她已经决定披挂上阵。她知道自己比约瑟夫更适合这份重任。

她对约瑟夫的爱慕和钦佩并无瑕疵，这两种情感均因对方的好心肠，以及他在攻击社会主义方面所提供的强大知识力量。[3]“社会主义就像有一张方格纸，要将规章放进每一个格子，”她说，然而约瑟夫的保守主义“就像建造一座房子”。不过她非常了解对方的性格，知道他不适合挑起最重的担子。

1 大卫·米切尔（1928—），受教于奥登汉姆学校；1964—1983年，贝辛斯托克保守党国会议员；1983—1997年，汉普郡西北；1979—1981年，议会次官，工业部；1981—1983年，北爱尔兰事务办公室；1986—1988年，交通部大臣；1988年，被授予骑士爵位。

2 据弗雷德·西尔维斯特的说法，他当时刚刚被任命为助理党鞭，撒切尔夫人在11月17日晚上告诉他，她刚刚确定打算竞争党魁位置。（与弗雷德·西尔维斯特的通信）

3 撒切尔夫人在个人回忆录《通往权力之路》的第一部分表达了对基斯·约瑟夫的怀念。

虽然她说“他再也不能成为首相是一个悲剧”，不过她又补充说他“会被自己所做的每一个决定所折磨”。㉜另外，那些分享了约瑟夫和撒切尔夫人的政治思想的人，甚至丝毫不为艾格比斯顿讲话感到尴尬，他们并不完全相信约瑟夫会这样做。结果是，约瑟夫根本就没有一个真正的竞选团队。

有一个冷眼看着正在发生的一切的人，就是戈登·里斯[1]，公共关系领袖，曾在保守党政治广播中提供建议。他观察了自1970年大选以来未曾使用过的政党政治广播片段，注意到撒切尔夫人是如何“在荧屏上强势展示自我的”。㉝他开始对她有较多了解，截至1973年12月，认定了她就是保守党的答案：“她看待事物的思路非常清晰。”1974年10月竞选失败后，里斯告诉撒切尔夫人有一个“千载难逢的机会成为女领袖”。然而，撒切尔夫人告诉他，自己正在支持约瑟夫，并敦促他为其传授电视演讲技巧。次日，里斯去见了约瑟夫并问了一些电视记者可能想了解的尖锐的个人问题（例如，家里能在多大程度上支持他成为候选人）。他认为，约瑟夫在镜头前表现得“非常不安”。里斯告诉他，他能够赢得党魁角逐，但是不能赢得大选。约瑟夫说：“我想我认同你的观点。”这次交流的内容为撒切尔夫人所知道。没有一次明确的约瑟夫运动因其对艾格比斯顿的反应而失败。相反，约瑟夫的候选资格是包括撒切尔夫人在内的那些人的精神支柱，在他行动的同时，大家在思考。当这种精神支柱坍塌时，大家更多的是一种释放而非沮丧失望。

撒切尔夫人记录了她当晚回到弗拉德大街自己家中告诉丹尼斯自己决定放手一搏时的情景。“你必须放弃这个决定，”她说这是丹尼斯的话。“你尚未形成一个愿景。”㉞他在那一时刻的个人视野更多彩，但是效果一样：“我倒吸了一口凉气。‘希思将暗杀了你’，我告诉她。”㉟

伴随这个勇敢的决定，撒切尔夫人的道路如今变得清晰。许多人认为她的候选人资格无非是一个挑战的机会，或者仅仅是不满者的泄愤之道。《经济学人》洋洋得意地用自己错误的信心来描述她为“典型的一种候选人，应该站出来，然后失败，悄无声息”。㊱在一次访问CRD时，R.A.巴特勒在电梯暂停时对部门主任克里斯·帕滕说：“我们不必严肃对待这个撒切尔夫人

1　戈登·里斯（1929—2001），受教于剑桥大学莱特克里夫学院和唐宁学院；从1960年起任报社记者，独立电视制作人和导演；1970年，加入电气实业有限公司（EMI）；1975年，被借调为撒切尔夫人工作；1978—1980年，保守党中央办公室宣传处处长；在1983年大选中返回CCO；1980—1984年，西方石油公司公关部主任；1986年，被授予骑士爵位。

的事，不是吗？”[37] 许多保守党国会议员几乎用猥琐下流的话来看待这次竞争。在11月28日的1922委员会上，一名议员称这是一场两匹马的角逐：

一名议员：你的意思是一匹小母马。

另一名议员：还有一匹骟马。[38]

撒切尔夫人极其担心自己的机会，她害怕一旦失败自己的努力就付之东流。当然，也有来自希思本人的反应。在她宣布其候选人资格时，彼得·莫里森表示自己会支持她。她说：“你必须了解，我别无选择。”并补充说自己对他的支持表示欢迎，“不过我求求你，出于你个人的目的不要将此宣传出去（这里的意思是要考虑到他的事业前途）”。[39] 事情发展得非常快。1974年11月21日，是她与基斯·约瑟夫交流的日子——一个特别引人注目的日子，因为当天发生了伯明翰 IRA 酒吧爆炸事故，其中有28人丧生[1]——杰弗里·芬斯伯格确认，撒切尔夫人将明确站在1922委员会执委会立场上。[40] 次日，艾瑞·尼夫记载道，“我将于周二7：30与玛格丽特·撒切尔进行一次私人会见，要弄清楚她的意图。”[41] 撒切尔夫人在兰博赫斯特度过了周末，但是稍早些返回了弗拉德大街。她从采访者戈登·格雷格称之为“肯特荒野”的地方前来接受《每日邮报》采访。在此过程中，她清楚地表示自己自始至终都拥有强有力的支持者，在她作为一名候选人的身份出现之前就如此：“当我知道基斯不再坚持时，我知道自己不得不认为，耳畔日夜萦绕的那些支持者的声音在推着我前进……党已经准备好了给我一个机会。”

《每日邮报》将其描述为“彻头彻尾的现代玛吉”，“摇身一变成为候选人”，并且称赞她的“勇气和诚实”而不是“坊间各种奇谈怪论所说的，认为她是要摆脱爱德华·希思”。次日周一，采纳了费格斯·蒙哥马利的建议，她必须单独与希思进行对话，而不是写信给他，以正式告诉对方自己将对他发起挑战。于是，她在自己上司位于下议院的办公室里拜访了他。坊间对此说法不一，但是，不管怎样，这次会见时间很短。在个人回忆录中，撒切尔夫人记得他告诉自己：“如果你必须这样做的话，”[42] 不过在其他场

---

1 伯明翰爆炸案促使影子内阁开始讨论恢复死刑问题。他们驳回了这种想法，但是恐怖主义相关问题的复苏为撒切尔夫人提供了一个机会，得以重申她长期以来支持绞刑的立场，这或许使她在竞选中处于一个有利位置。

合她记得对方说："你将落败。"对此，她补充说，"那种评论确实激发了我的竞争精神。"㊸希思在个人回忆录中说道："我感谢她。"㊹当时的气氛并不融洽。

在这次会见之前，艾瑞·尼夫花去了大量时间与爱德华·杜·卡恩通电话："他仍旧没有决定是否站出来。我想他认为自己放弃了金融城将会失去许多。我告诉他自己将要去见玛格丽特，"但是，尼夫谨慎地补充说，"……要'出卖'玛格丽特·撒切尔是相当困难之事。"㊺两天后，尼夫在撒切尔的议院办公室会见了她：

> 她说自己的确要以候选人的身份去竞争领导人一职。看起来她对于其影子内阁同事们的反应相当担忧。她曾经告诉E.希思自己将会站在他的对立面上，后者说："如果这是你想做的事情，尽管来吧。"我告诉她会在一周后再次见她。她有了一个好机会。㊻

尼夫被杜·卡恩的犹豫不决搞得怒火中烧，并且对自己阴晴不定的商业生涯的忧虑开始陡增。见到撒切尔夫人一天后，尼夫记得有一场交流使当时的氛围中增加了阴谋、谣言和种种错综复杂的因素："西塞尔·帕金森告诉我，党鞭已经通过约翰·塞尔温·古莫尔[1]听说，谢利·威廉姆斯（所有人中的一个）说，工党拥有一份关于爱德华·杜·卡恩及其金融城联络人的'档案'。他们希望他站出来，这样一来就可以利用上这份材料。"㊼希思阵营非常希望杜·卡恩成为挑战者，因为他们"都知道他有着不干净的财政记录，这样他就会是一个非常容易对付的目标。"㊽党鞭耳闻到一个谣言，一本关于诈骗犯伯尼·考恩菲尔德的书行将出版，其中将会牵连到杜·卡恩。㊾

不久之后，竞选中的首次卑鄙伎俩暴露出来。1974年11月28日，报纸上全文登载了一篇9月18日对撒切尔夫人的采访，当时是大选开始前，同样是在她成为领导人竞选候选人之前（这一事实在报道中并未交代清楚）。该采访是针对一份名为《退休前之选》的晦涩杂志。由于杂志付印前的空置

1　约翰·塞尔温·古莫尔（1939—），受教于国王学校以及剑桥大学塞尔温和罗彻斯特学院；1970—1974年，刘易舍姆保守党国会议员；1979—1983年，在艾城；1983—2010年，在萨福克海岸；1983—1985年，保守党主席；1989—1993年，农业大臣；2010年，被授予德本勋爵。

时间较长，采访（或者甚至是其前一半，后半部分在次月才推出）面世时间是11月27日。文章讨论了撒切尔夫人如何规划自己的退休——一个关于未来事件的奇怪主题，和一个接受采访时完全没有顾及的事实——在49岁时：当时丹尼斯接近60岁。这给了她一个机会去讨论通胀对家务产生的影响。她说："生平第一次，我开始固定购买像罐头食品这样的东西，"还有十年后需要的东西，就像床单和浴巾等。在举了自己母亲战时的例子后，她继续说，自己正在收集"昂贵的蛋白质：火腿、舌类、三文鱼、马鲛鱼、沙丁鱼。它们可以持续多年，"并且她解释说，"糖短缺将最终通过罐装水果解决"。她提到，蜂蜜在前些年是30便士，现在要花40便士："当你购买物品时，将价格标注在罐子上会很有意思，你将能够看到价格是怎样飙升的。"她估计通胀要持续，因此表示政策将持续有效："2000英镑一年或许已经不值那么多钱，但是一罐火腿仍旧是一罐火腿。""大量"囤积是错误的，但"节俭"是正确的。

希思团队可能通过彼得·沃克尔代理，瞄准了这个故事，并将之拖到媒体的聚光灯下。撒切尔夫人被指控发表"囤积居奇"（这是容易与战时重要问题形成共鸣的词语）的不爱国言论，并且受到的攻击来得密集而迅速。有一名不知名人士打进 LBC 电台说，撒切尔夫人在芬奇利高速路购买散装糖果，不过事实上，那里根本没有杂货商。哈罗德百货公司主席和前保守党党鞭雷德梅因爵士在电视上亮相公开指责她（"我打赌他在酒窖里'囤积'红酒，"她团队里一个人窃窃私语。）。有那么一小段时间，看起来似乎她的整个竞选运动都要脱离航线了："玛格丽特·撒切尔接受了一份杂志的采访，说她储存了一些食物，"尼夫写道，"……作为一种对抗通胀的手段，这通过一种毁灭性的方式被描述为'囤积居奇'，尤其是《每日电讯报》。虽然她只有一个货架来盛放这些物品，但是她在这个时候说这个真是太愚蠢。倍感梦幻破灭，但又不能太认真对待。"[50] 直到12月3日，尼夫才知道这次采访是近乎三个月前就进行了，并且整个故事被希思团队进行了改装嫁接。

撒切尔夫人被囤积的故事搞得极其不安，这唤醒了她在学校"牛奶事件"上的惨痛回忆，并且，它一再强调一名女性政治家会比男士们遭受更多的人身攻击。它向她显示了"保守党官员中的黑暗之处"。[51] 准确地说，是因为她比多数男人们采取了就像囤积的行动，却为此蒙羞遭受指控。然而，她迅速重整旗鼓，说："它们（媒体）永不可能像对待基斯那样的来对待我。”[52]因此她做好了准备进入下一阶段，也将成为众所周知的快速反击。她告诉电台1：“好吧，你称之为囤积居奇，但是我称之为谨慎节俭度日的家庭主妇之举。”[53]她邀请记者前往弗拉德大街参观自己的食品柜。《每日快报》印出了一个全面的目录清单，详细列举了那个时代一名中产阶级家庭主妇的食品单。撒切尔夫人的食品橱柜：

八磅砂糖；
一磅冰糖（“圣诞节备用”）；
六罐火腿；
六罐果酱；
六罐蜂蜜；
六听三文鱼（“准备做三文鱼慕斯”）；
四罐一磅装咸牛肉；
四罐一磅装火腿；
两罐一磅装舌制品；
一听马鲛鱼；
四听沙丁鱼；
两罐一磅装博瑞尔牛肉汁；
二十听各种水果；[1]
“一两”听蔬菜（“但是我们实在不喜欢听装蔬菜”）。[54]

现身说法给了撒切尔夫人一次为公众留下印象的机会——用一种和老旧派保守党不同的方式。尼夫心里的一块儿石头落了地：“许多家庭主妇认为她这是谨慎度日。”[55]在芬奇利山辩论中，当丹尼斯·希利在下议院以囤积居奇朝她大喊着斥责时，撒切尔夫人做好了准备以廉价却有效的反击方式，和对方舒适的房产做比：“我不像大臣那样成功地囤积数套房产。”[56]她的“家庭主妇”经济学曾被人用以对其发起攻击，但是她借力打力，化劣势为优势。

其间，杜·卡恩的优柔寡断在继续。当时乃至后来数年，杜·卡恩将妻子的不情愿和其1922委员会主席的位置作为自己不挺身而出的理由。“我

---

1 撒切尔夫人经常备些听装桃子，这使其团队有些失望。有一次谈到她最喜欢的和平话题，艾莉森·沃德和卡洛琳·瑞德习惯开玩笑说“桃子（peach 和 peace 只有一个字母之差——译者注），还有自由与公正”。（对维克汉姆夫人和温德姆瑞德夫人的采访）

从不认为自己应当发起挑战，因为我是裁判。”他回忆说。但是，如果这些真是理由的话，很难解释为何事情拖了那么久悬而未决，毕竟自从竞争开始之前这些问题就已存在。看起来很可能是杜·卡恩在试图权衡凯泽·厄尔曼的麻烦对他自身而言是否太过沉重，以至于无法决断，然而这很明显是他不能与外人讨论的事（在财政困难极其严重的时候，金融城许多机构在遭受挫折，因此危险的确切程度难以估量）。12 月 6 日，尼夫“看见了玛格丽特，并安排周三再进行一次谈话。如果爱德华·杜·卡恩不站出来，我将力挺她。全党弥漫着郁闷之风且群龙无首。”[57] 但是，不到一周后，当尼夫与撒切尔夫人进行更深入的沟通时，“她明确了一点，就是如果爱德华·杜·卡恩打算出来，她愿意放弃。主要取决于下周将要被印出的竞选制度的形式。”[58]

休姆的委员会建议两个重要的规则改变。就像其证明的，这两者均对撒切尔日后的职业生涯产生了明确影响。其一，每年可以有一次对在任领袖发起挑战的机会；其二，要赢得第一轮票选，候选人无须绝对多数加上针对最接近自己对手15% 的多出率（就像1965年规则中显示的一样），而只需要15% 的多出率即可，该比例的计算基于所有有投票资格者的选票。简言之，任何希思的挑战者胜出的门槛变低了。这是“亚力克的报复”。委员会的建议不会马上投票通过，而要等到来年才能实施，因此竞选的准确日期仍旧不确定。12月19日，奈杰尔·费希尔为杜·卡恩的支持者组织了一次会议，其中，所有人都参加了，包括尼夫，大家签名敦促他站出来。“我说，”尼夫记得，“如果杜·卡恩不站出来……我们将全体支持玛格丽特，但是并未获得全体一致同意。她目前的机会渺茫。希思的势力再次增强。”[59] 在圣诞节当天，尼夫感觉烦躁：“因杜·卡恩表现得不太开心，他的凯瑟·厄尔曼银行很明显在困难中。我打算一周后给他去电话，以搞清楚他是否决定站出来。如果不，我们必须支持玛格丽特。”[60] 三天后，他写信给撒切尔夫人建议新年期间举行一次会议。而就在这件事发生前，杜·卡恩本人也见到了撒切尔夫人。他回忆起那次会面，后者与丹尼斯一起走进他家。大家一起坐在沙发上，以至于“就像对一个家庭主妇和其丈夫的采访”。[61] 她在这次会见中说，如果对方安排自己作为影子大臣，她将支持杜·卡恩作为党魁候选人。但是卡恩告诉她自己不会参加竞选。这一记录或许不是太准确。在个人回忆录中，撒切尔夫人认为与杜·卡恩的交流中，他表现出“举棋不定”。[62] 1975年1月5日，尼夫和杜·卡恩通了40分钟电话。

尼夫记得杜·卡恩的说法如下：

他认为她很幼稚，不过很佩服其性格。他仍旧没有做出决定是否参加竞选。他认为我们应当尽快组织一次“人数调查”，这样一来我们可以对潜在人数做到心中有数……我说要将重任全部交付玛格丽特太困难了，他说我必须做对这个国家而言是正确的事情！但是这于事无补。直到我们知道有多少人将支持玛格丽特·撒切尔时，我认为无须再做任何决定。

与撒切尔夫人见面是在午饭时间，当时是1月9日。尼夫记录了当时的一些细节：

驱车前往弗拉德大街19号，我们（尼夫和妻子戴安娜一同前往）与玛格丽特·撒切尔单独共进午餐。一个非常漂亮的房子，有点太整齐了，并且所有物品都以玻璃纸包装着。然而，M看起来很好，有点太胖了，不过姿态优雅。我们讨论了历史建筑（它们的税收豁免权正在争论中）……

然后，我们继续谈到领导层问题。她说G.豪伊，还有其他一两位影子内阁成员支持自己。有一个重要变化，并未真正谈到政策，并且一直以来都没有一个“真实内阁”。泰德从未信任过任何人。她同意首先必须是进行一次人数清点。很可能她和杜·卡恩会获得同样的支持。到目前为止，尚未有竞选构架。我说，在对人数做初步评估前这些是不可能完成的。她通过媒体听说希思将获得120票。（他必须在第一轮票选中获得159票才能胜出。）我说还会多出70或80票。卡恩和她无论谁站出来，都要克服万难接近该数字。我发现这有点困难，但是当时已经承诺会支持她，并且给卡恩写了一封签名信，不过我们都不知道他是否愿意参与其中。我们还讨论了威利·惠特劳是否会竞选的问题。我不看好他的机会，但是可能中央办公室会通过其选区协会对国会议员们施加影响。[63]

三天后，杜·卡恩仍旧摇摆不定。在其寓所，尼夫“发现了一张来自奈杰尔·费希尔的私人备忘录，其中说爱德华仍旧未做决定。他的妻子不希望放弃他们在萨摩赛特的漂亮房子，如果失去银行，就将承担不起其费用。”[64]第二天，尼夫与撒切尔夫人通电话，告诉她自己将给其一个明确观点，以便确定在1月16日周四之前如何推进工作。周二，他最终从杜·卡恩处得到了一个决定："卡恩告诉我将明确不站出来：他不能'辜负'自己的妻子。"[65] 第二天晚上，在委员会的财政法案分会议阶段，撒切尔夫人在其中领导保守党人们讨论，尼夫"与奈杰尔·费希尔达成一致，我应该组织一个新团队来支持玛格丽特·撒切尔"。[66] 在采访室J厅举行了一次会议讨论组织事宜，但是直到这最后阶段"一些'反对妇女'的声音"四起。"随后我告诉在运作玛格丽特·撒切尔的'组织'（很难说是否存在）的费格斯·蒙哥马利，与威廉姆·舍尔顿[1]一起安排她的支持者们开会，决定在周一晚上9：00讨论'身份'问题。"[67] 次日，1月16日，1922委员会通过了休姆委员会关于改变领导人竞选规则的提议。

一项更深层次的安排进入尼夫的计划中："曾经告诉我不会竞选的休·弗拉瑟现在改变了主意，他确定将从玛格丽特和希思身上拿走选票，但是这样做的益处何在？"[68] 弗拉瑟，一名迷人而浪漫的男士，长期批判希思的人，已经兴致勃勃地在媒体上释放各种言论。他的妻子安东尼娅夫人，被尼夫描述为"漂亮、嚣张，就像格伦克拉·帕里瑟（安东尼·特罗洛普的帕里瑟系列小说女主人公，当时在BBC电视连续剧中，和扮演格伦克拉夫人的苏珊·汉普谢一起，声名大噪）"，她在个人日记中记录了当时的情境，自己丈夫对竞选的"言论"："要唤起公众的注意，看到他在政治世界里的继续存在。无需太多选票，但有即可。计划：让人们注意到另外一种保守主义的持续存在，激进、正义、爱国，非社会主义者。在希思保守主义下像自由党一样近乎灭绝。"[69] 宣传使休·弗拉瑟感觉乐观。"想着他可以获得50张选票，"安东尼娅在1月19日写道。"我认为是35张。"两天后她记录道："和休在C的H用晚餐……圣JS诺曼（圣约翰·斯蒂沃斯）[2]（做作地）：'我正在为休投票以便你能够使10号院蓬荜生辉。'"[3]

弗拉瑟的横空出世被认为是非常不严肃的，尼夫继续着自己的计划。

1 威廉姆·舍尔顿（1929—2003），受教于拉德利，泰伯学院，马里恩，牛津大学马萨诸塞州伍斯特学院；1970—1974年，克拉伯姆保守党国会议员；1974年2月—1992年，斯特里特姆；1989年，被授予骑士爵位。

2 诺曼·圣约翰·斯蒂沃斯（1929—2012），受教于特拉克里夫学院，费兹威廉学院，剑桥大学和牛津大学的基督教会学院（他被认为曾是唯一一位同时在牛津和剑桥办公的人）；大律师，作家（《沃尔特·白芷浩全集》编辑）；1959年，加入《经济学人》；1964—1987年，切尔姆福斯德保守党国会议员；1973—1974年，议会次官，教育和科技部，文化大臣；1979—1981年，下议院领导人及文化大臣；1987年，被授予福斯雷圣约翰勋爵。

3 威廉姆·舍尔顿回头游说建议圣约翰·斯蒂沃斯事实上投希思的票。党鞭在名单中记录他时在名字下备注"TH或MT"。

1月19日周日，他在电话中告诉撒切尔夫人曾经支持杜・卡恩的团队人员姓名："她说我应当咨询支持自己的基斯・约瑟夫。这意味着约瑟夫、撒切尔夫人和杜・卡恩的支持者如今团结起来了。我告诉她轻装上阵（意思是说，不要担心领导人竞选），要坚持财政法案。"[70] 次日晚上，尼夫和舍尔顿碰头敲定协议，并记录她的支持者范围。"气球腾空而起了，"尼夫写道，"竞选团队由所有党内有思想的影子人士组成"。[71]

在说到撒切尔夫人的团队几乎不存在时，尼夫并没有夸大其词。在尼夫联盟形成之前，她仅有的两名左膀右臂是威廉姆・舍尔顿和费格斯・蒙哥马利，两个人在议会中均无太高地位亦无多大名声。前者被认为是无足轻重的人，有些"嗜酒"，[72] 而蒙哥马利在这些事情发生时的年龄被认为尚不能担负重任，缺乏男人气概。他有些"装腔作势的做派"，[73] 看起来像"一个哑了的易装皇后（男扮女装的）"。[74] 蒙哥马利本人也对自己的能力做了自我批评："只有比尔・舍尔顿和我两个人，而我们一无是处。"[75] 并且，在竞选运动到达关键期时，他撂挑子前往南非进行计划已久的议会远足旅行。第三个撒切尔夫人的帮助者完全不在议院，他是戈登・里斯。里斯相信为撒切尔夫人提供最重要支持的国会议员是彼得・莫里森："正是他，也只有他一个人在授予郡骑士爵位的关键场合做了说服工作，认为她是可接受的希思的替代者。"[76] 莫里森无疑是重要的。不过，刚刚于当年2月份加入下议院的那些人，根本不可能从中发挥重要作用。

里斯观点中的正确之处是"授予郡骑士爵位"——从传统意义上讲，这一说法只有针对主要乡村，或保守党议会的贵族骨干——代表着撒切尔夫人势在必得的关键选区。数年后，经常被人写到的（尤其被朱利安・克里奇利[1]经常描述，他曾经为撒切尔夫人投票，不过后来成了一名全职评论家）是，撒切尔夫人的支持者是"小酒馆"，在党内是拥有土地的乡绅，她的胜出是因为"农民的起义"。事实并非如此。当时并无真正意义上的阶级斗争，在一定范围存在的版本是，"杂货商"希思（就像讽刺杂志《独眼龙》为他起的名字一样）只是杂货商女儿玛格丽特・撒切尔的战利品。郡里被授予骑士爵位者大部分是来自公立学校的男人们，大多数人曾经在"二战"中服过兵役。有些人有贵族背景；有些人是"小贵族"；有些人

1 朱利安・克里奇利（1930—2000），受教于什鲁斯伯里，索邦神学院和牛津大学彭布洛克学院；播音员和记者；1959—1964年，罗彻斯特和查塔姆保守党国会议员；1970—1974年，在奥尔德肖特和北汉斯；1974—1979年，奥尔德肖特；1995年，被授予骑士爵位。

来自各行各业；还有些人来自商业领域。他们倾向于组成一个军团，军官对政党的态度混乱，还有着强烈而模糊的爱国主义，这些却比任何被称为左派或右派的意识流来得更有力。

这是一个男人的团队（超过90%的人是男人），他们的政治习惯就像一个俱乐部人士的做法。1974年秋天，他们中大量人士开始得出一个结论，就是希思已经犯了众怒，削弱了俱乐部精神并且冒犯了大家的爱国主义。他们怒了，因为他常常忽视大家的天赋，并且公然地以恶劣态度斥责他们，同时，他们被他的政策理念搞得稀里糊涂，而这些政策使大家热爱的国家未能成功抵抗社会主义侵袭。就像萨拉·莫里森提出的："有着双姓（在英国，"双姓"用于指称上流阶层家庭。——译者注）的男人们从未真正支持泰德。"[77] 撒切尔夫人对这个俱乐部的价值观欣赏有加——她或多或少地参与其中——但是本人却不是其中的一分子："我意识到自己身为一名女性，拥有不同的社会背景，虽然他们从未让我感觉到这些……艾瑞有联系人，而我没有。"[78] 对于大多数郡骑士们而言，他们下意识地对一件事不假思索，就是一个女人能够领导保守党，但是当提名进入他们的眼球时，令人吃惊的是，这些人并不担忧。鲜有人因撒切尔夫人的性别而灰心，[79] 相反，更多的人力挺她的性格。她的议会表现和挑战的姿态令他们信服，她身上有一种为大家所钦佩的品质高于一切——勇气。

早在1965年自己的党魁角逐预备阶段，泰德·希思一度在委员会的财政法案辩论中将自己的角色加以区分。当时是以"全议院的一个委员会"名义发生的（就像反对一个"选举"或"常任"委员会），因此给了国会议员们一个在会议室大论坛上晒出自己的机会，同时部署管理细节。同样的事情发生在1974—1975年间，当时议会程序不会在电视直播，甚至不会通过电台广播：国会议员们感觉自己正在面对同事中的一个亲密观众，而在电视上的表现远非在下议院里那么重要。在20世纪末之前，这种观点被扭转了。当年希思不经意地将她放在财政部老二的位置上，撒切尔夫人抓住机会开始全身心投入对丹尼斯·希利及其财政大臣约尔·巴内特（一个经常和犹太人在一起的男人，尤其接近那些拥有优秀经济学大脑的人，她对此非常欣赏）的攻击。在二读辩论过程中，她抱怨希利治下的通胀情况，并且就其资本税提议亮明了自己的攻击武器："资本转让税不能对财富再分配，对财富税亦然。他们将财富集中于政府手中，而政府之手正是分配的对头。"[80] 从1月15日到1975年2月11日，包括双方领导人投票的时间在内，撒切尔夫人在12场财政法案委员会辩论中发言，常常进行到深夜，并且几乎一直收效甚佳。

她将对技术事实的惊人掌握力，与投票者被税收、通胀和经济失控等激发起来的情绪结合起来，不断推进着自己的理念。例如，任何一项鼓励储蓄的政策必须支持一个进行储蓄的必要动机——这事关保护后裔的渴望。“父辈们为他们（他们的孩子）储蓄，”她挖苦道，“然后做了一件可怕的事：顺手将这些储蓄传给了孩子们，”此举使他们如今面临被处罚。[81] 1月22日，撒切尔夫人在更大的范围内重复发动攻击。希利对她的批评回应说，她的“整个讲话是一名特权持有者对生育权和基本权利的公然挑衅”：“辩论中她暴露出特权‘热情花’（指的是西班牙内战时期一名善辩的共产主义演说家和广播员）的特点。她表示自己已经决定……将其政党视为少数富人的政党。”撒切尔夫人还以颜色：“我希望我可以说财政大臣已经做得很不公正。不幸的是，我只能说我相信他是站在公正的立场上。有些大臣是宏观经济学家，其他大臣擅长财会知识。这个人却毫无特点。”她强调自己生来“毫无特权”。[82] 她的斗志，特别是对干练而同样好斗的希利的对抗，赢得了许多欣赏之情。

艾瑞·尼夫知道如何将所有这种事在同事当中转化为竞选的利好因素，因为他的思想体系和自己试图争取过来的人的状态相似。不过比他们中的多数人聪明得多，他分享了职业当中的失望，囊中羞涩的中上阶层粗暴而团结，战争的经历以及国家趋于衰退时的灰心沮丧。尽管对于支持其选举犹豫不定，他还是一直喜欢玛格丽特·撒切尔。自打他们同为年轻候选人并同在律所时起，他就认识了她。在1970年的议会上，尼夫一度和她联手，分享了对科学和核能的兴趣（这发生于她在教育部工作期间）。1972年，撒切尔夫人说服他担任科学和技术选举委员会主席，“由于其建立迫切地需要一个‘得力干将’”。[83] 那一年，撒切尔夫妇两度前往和尼夫夫妇共度乡村时光，其中有一次去参观了哈维尔的核电站（“玛格丽特打击了科学家们”）。[1][84] 尼夫发现她体形姣好，易怒。据他们女儿的说法，他的妻子戴安娜对她有一点小小的嫉妒。[85] 他对丹尼斯却无甚好感，“一个笨拙，爱抱怨，非常嫉妒自己妻子的男人，不过人家确实漂亮而出众”。[86]

---

1 偶遇哈维尔很有意思。据记录了当时与尼夫夫人戴安娜交流情况的W.F.迪兹的说法，撒切尔夫人到电站时“穿着华丽的礼服和礼帽，在那一天显得格格不入。但是她当即就和科学家们开始了交流，他们的情绪在变化。她言之有物；在他们些许傲慢的气氛中产生的对她态度的变化，显得有些滑稽”。（W.F.迪兹所记录与尼夫夫人的交流，1983年3月26日，未出版。）

一开始担任她的竞选经纪人，尼夫将就之视为一项将撒切尔夫人置身各种争论阴谋之外。她应当端起自己在议会的枪，并且不到最后一刻就不能接受媒体采访，同样不能见那些想见到自己的国会议员们，但是不能逢迎任何人，亦不能丢掉自己的个性特色。工于心计且行事诡秘的尼夫走进走廊和抽烟室的人群中，告诉那些萎靡不振的后座议员们撒切尔夫人欣赏他们。一个典型的个案就是，他在约翰·法尔[1]身上使用了一个诡计，说："玛格丽特认为你一定会从泰德那里拒绝一份工作。"法尔："何以见得？"尼夫："哦，因为如果你想要得到它，很明显地这是理所应当（而非要人施舍）。"[87]由于撒切尔夫人以天真名声在外，其竞选经纪人的相反声誉对她毫无损害，外界还盛传一种谣言，说他曾经在安全部门工作，如今仍旧身在其中。约恩·霍尔[2]曾经担任基斯利国会议员直到1974年2月，然后被尼夫圈到身边来协助组织撒切尔夫人的竞选活动，据她的说法："艾瑞历来都是贴着墙根走，从未在走廊里走过直道，"然而撒切尔夫人"非常务实且直来直去"。[88]虽然撒切尔夫人赢得了来自基斯·约瑟夫和经济学午餐俱乐部成员们的大力支持，甚至其中包括了尼格拉斯·里德利和约翰·诺特，但是尼夫对此不以为意。他将精力聚焦于坐在吸烟室嘟嘟囔囔的男人们，比如罗宾·库克[3]当时籍籍无名，如今已然被忘记，但是需要赢得他们手中的选票。他还竭尽可能地与党鞭汉弗莱·阿特金斯套近乎，后者理应在竞选中保持中立，但是事实上倾向于支持撒切尔夫人。[89]阿特金斯顶住了来自弗兰西斯·皮姆[4]的压力，后者支持希思甚至为他助选。阿特金斯私下里笃定地认为希思应当退出。[90]

撒切尔的竞选运动很大程度上得益于希思阵营的战略安排。希思本人是一个绝望的竞选者，他比以往更变本加厉地对其他人怒目相向。他告诉伯纳德·威瑟利尔，保守党由"大粪，臭大粪，他妈的大粪"组成。[91]并且纸包

---

1 约翰·法尔（1922—1997），受教于哈罗公学；1959—1992年，哈伯勒保守党国会议员；1984年，被授予骑士爵位。他同样从未在撒切尔夫人那里获得一份工作。

2 约恩·霍尔（1935—），受教于玛格丽特女王学校，埃斯克里克和阿什里奇商学院；1970—1974年2月，基斯利保守党国会议员。

3 罗伯特·库克爵士（以罗宾知名）（1930—1987），受教于哈罗公学和牛津大学基督教会学院；1957—1979年，西布里斯托尔保守党国会议员；1979年，被授予骑士爵位。

4 弗兰西斯·皮姆（1922—2008），受教于伊顿公学和剑桥大学莫得林学院；1961—1983年，剑桥郡保守党国会议员；1983—1987年，在东南剑桥郡；1973—1974年，北爱尔兰事务大臣；1979—1981年，国防部；1981—1982年，兰开斯特公爵大臣及下议院领袖；1982—1983年，外交和联邦事务大臣；1987年，被授予皮姆勋爵。

不住火，他要从中争取选票的那些同事们耳闻到了这些话。据提姆·吉特森说，希思被其团队说服前往抽烟室，可他到了那里后只是拿起《标准晚报》，喝些威士忌，而不和任何人搭腔。[92] 他的竞选经纪人安排他和后座议员们共进午餐和晚宴，但是事实上这些最终都变成了无法收拾的残局，被邀请的人自言自语："过去五年我们怎么就没有被邀请过呢？"[93] 那些接近希思的人确信，他在这种情境下的尴尬，在基于性别而对其对手的憎恨中，无疑是火上浇油。"一切和泰德对女人们的心理有关系，"据他的另外一名 PPS 肯尼斯·贝克尔说。[94] 希思似乎很少喜欢和女人们共事。他对于受到一名女士的挑战颇感无措，并且认为这是一种令人作呕的背叛，以至于他不能面对或者想不出如何来应对。他告诉萨拉·莫里森："你认为她是不是一个女人？"[95] 但是，如果撒切尔夫人不是女人，他将会发现一切容易多了。

虽然角逐的唯一战场是议会，但是国会议员们的态度很明显受到来自公共舆论和媒体的影响。戈登·里斯参加了竞选活动的一些事情。由于目的旨在收回更大范围的不利之地，但是他一开始想的是一场消极的竞选而"无关政策"。[96] 撒切尔夫人需要看起来像一名胜利者，而"这是一个极其艰巨的任务，尤其在第一阶段她既不善于与人们沟通，亦不善于在电视上表现自己"。[97] 第一轮票选没有问题，候选人在电视上相互辩论，因为有规定"保守党员不能表现出反对保守党"。两个月时间里，撒切尔夫人没有接受任何媒体和广播采访，只是在第一轮票选前一周她打破了沉默。随着提名结束，她的经纪人感觉抛头露面的时机已成熟。在 ITN（英国独立电视新闻公司）上讲话时，她远离了政策，只是说到这是竞选时间，特别提到自己正处于希思成为领导人时的年龄，并且，他和现在的自己一样，当时在面对财政法案时也置身事外。她将自己和印度总理甘地夫人做了比较（"一个令人愉悦的人"）。[1][98] 两天后，她接受了 BBC "星期三" 节目迈克尔·科克雷尔的采访，特意做了一下头发。安东尼娅·弗拉瑟记得："玛格丽特·撒切尔很糟糕，身体不是太好。以一种毫无吸引力的方式忽闪着自己的睫毛，看起来糟糕透顶！"[99] 但是这些语言出自一名竞选对手妻子的口，不足为道。大部分人认为，相比希思，撒切尔夫人显得清新可人。希思没有接受采访，但是看起来要对新的领导人竞选规则发起攻击了。

1　同一天，希思前往会见了加拿大高级专员，在德国使馆共进了午餐，并在法国使馆举行了招待仪式。所有这些对于他的竞选活动而言，完全是浪费时间。

同一天，在《每日电讯报》上[1]，撒切尔夫人发表了自己竞选活动中的最新动态。在一个大标题《我心所属之保守党》下面，正文主要由安格斯·莫德[2]起草，开头强调保守党一度“辜负了人们”。⑩失败的教训有二：通胀是“最糟糕的敌人”；宏观经济学思想占主导。后者不应当“让我们对普通老百姓中日复一日的问题视而不见”。她写道，“我们必须从年轻夫妇的房屋抵押贷款以及收支平衡的角度来考量国际利率。”在防卫人们称之为“中产阶级价值”的过程中没有什么错误：“这不是一场针对‘特权’的战役；却是要为自由而战——每位公民的自由。”她继续对资本转让税发起攻击，并称那些不尊重自由财产的人将“成为社会主义者并且在利用它”。她补充说：“在老百姓看来，太多的保守党员已经变成了社会主义者。”就像之前提及的，她强调“工业化民主”和“共同合伙制度”是提升工会权力的途径，并且提到了那些憎恶“给懒人提供国家补贴”的工人们。第二天，她在自己的选区芬奇利发表讲话时强化了下面的信息：

在如今英国这种令人绝望的状态下，我们的政党需要所有坚守传统保守主义理想者的支持：激情，关注个体及其自由；反对过度的国家权力；尊重企业权利；勤奋进取并获得成功的渴望，同时能够从成功中收获奖励。继而把这些精神传承给自己的孩子们；对无限多样性选择的鼓励是自由的精神实质；反对社会主义国家并保护更大范围的私有财产分布；一个人不受雇主和工会老板压迫的工作权利。

---

1 这时候《每日电讯报》的地位折射出保守党的地位。从官方而言，该报支持泰德·希思的制度，底线由投资方哈特维尔保持着，强力的推动者则是他的妻子帕莫拉。但是团队中的多数人则相反，其中副主编科林·韦尔奇和像 T.E. 阿特利、弗兰克·约翰逊和约翰·O. 苏利文，以及兼职写作者阿尔弗雷德·舍尔曼等，对希思进行尖刻的批判，并且主导着对他治下形成的 U 型大转弯的攻击。1974 年 10 月大选离开议会的 W.F. 迪兹，很快被委以主编职务，但是并未产生直接效果。在宣布对他的任命通知头一天，迪兹和希思共进晚餐，后者招募他进入自己的竞选团队。在第二天写给自己前任莫里斯·格林的一个私人备忘录里，迪兹陈述了支持希思的理由以及他个人的观点，“工党将迅速从希思的表现中挖掘机会，毕竟他正在被自己忘恩负义的政党所伤害……因此他归咎于自己的政党……在自己的时代”。（来自 W.F. 迪兹写给莫里斯·格林的备忘录，1974 年 10 月 14 日，未出版。）1975 年初，在竞选开始前不久，迪兹正式以主编的身份入职。他将这份报纸视为在保守党内独立观战者的角色。因此《每日电讯报》力挺希思，但是在迪兹之前，该报已经准备好了为撒切尔夫人提供智力支持。

2 安格斯·莫德（1912—1993），受教于拉格比以及牛津大学奥利尔学院；1950—1958 年，南伊灵保守党国会议员；1963—1983 年，埃文河畔斯特拉特福；1975—1979 年，保守党副主席；1979—1981 年，主计长（财政部）；1981 年，被授予骑士爵位；1983 年，被授予埃文河畔斯特拉特福莫德勋爵。

国内有一种普遍的感受，就是保守党并未明确而坚强地捍卫这些理想，以至于英国一头扎进了社会主义平庸之道。[101]

里斯一直担心撒切尔夫人会过度抛头露面，进行太多的公开辩论。他安排她在格兰纳德电视台的“世界在行动”亮相，因为这个节目会更个性化。他和尼夫发生了一次激烈的争吵（尼夫在日记中提到他时形容为“某君里氏”），因为他认为撒切尔夫人不应当在“星期三”节目上露面，不过这次争吵以他失败告终。虽然“世界在行动”拍摄于一周前，却直到第一轮票选前夜才播出。该节目展示了撒切尔夫人和其家庭讨论周日报纸，在选区工作，会见一名议会清洁工，与同事们聊天以及在公共会议上发言等场景。就像自己此前经常所做的，她谈到治家如同经营事业一样的道理。她说，自己在10月竞选的经历使自己感觉到，她能够处理好领导人职务“与我的同事之间的每一点细节”（这不经意间确认了她在支持基斯·约瑟夫时就已经在谋划这份职务的想法），并且她一再驳斥那种认为她是特权捍卫者的说法，强调自己的格兰瑟姆背景，并宣称：“我所有（关于英国）的观念早在我17岁或18岁之前就形成了。”她承诺会为希思在自己的影子内阁提供一份差事。但是“目前”不会提供给伊诺克·鲍威尔（如今在议会以一名爱尔兰统一党员的身份出席），因为他已经“背弃了自己的人民”。

撒切尔夫人在最后一周冲锋在前线并更加有力表达个人意见的原因，缘于其团队日益增强的信心。尼夫和舍尔顿在后者保管的表格上进行数据分析。早在1975年1月21日，尼夫记录道：“我日益有把握玛格丽特会拔得头筹，并且如是告诉她。她今晚在资本转让税问题上摘出自己，真是惊艳一招。”[102]第二天，尼夫决定披露关于撒切尔夫人在第一轮票选中名列前茅的新闻。1月23日，BBC“今日”节目播报了该消息。“这已经引发了轰动，”尼夫写道，“并且使得一切进入良性循环。今天是我59岁生日，去看了玛格丽特，她不是太希望自己有太多在电视上的抛头露面。”[103]1月26日是礼拜天，尼夫告诉《泰晤士报》的乔治·克拉克：“我说玛格丽特第一轮票选中‘风头正劲’，在这条路线上，我和比尔·舍尔顿达成了共识。下午6：00，我和他还有基斯·约瑟夫一道前往弗拉德大街去找玛格丽特……她拥有112个誓要支持者，希思只有不到80个，不过这也不能太乐观。毕竟要看最终出来的数据。”[104]在工党政府内部，这些进展被兴致勃勃地观看着。在1月24日的日记中，伯纳德·东诺各胡记录了一次和哈罗德·威尔逊及其新闻秘书乔·海恩斯之间的交流："在他离开之前，乔建议他（威尔逊）我们应当为撒切尔夫人提供警力保驾护航，在竞选党领袖的过程中给她细致入微的帮助，因为乔说他希望希思被击败：'他依旧是最大的危险。' HW（威尔逊）起初同意了，不过随即又变卦说，他同样担心撒切尔，尤其她是一个女人。"[105]随着竞选活动渐近尾声，撒切尔夫人一度决定的"基础建设"万事俱备。休姆爵士宣布其对希思的支持。选区主席中对中央权力有比普通议员更多的支持者，同样宣布力挺希思。据《每日电讯报》2月3日报道的民意调查，甚至那些受虐的普通议员也支持希思：70%的保守党选民说，相比其他对手，他们更喜欢他。希思的竞选经纪人坚信他们自己的誓愿，并且似乎看见胜利正在向泰德招手，并希望这一时刻会一直持续到最后并吓跑所有的反对者。这一趋势使得尼夫开始改变策略。之前他安排撒切尔夫人冲锋在前一度增加了支持率。在他忙得不得不中止的日记最后一篇——1月28日——中写道："很明显，希思的支持率在提升……但是我们这边并非如此。"不过，他发现，许多倾向于撒切尔夫人者并不是因为他们真正希望她成为领袖，而是由于他们寻求第二轮票选，这样一来，其他候选人就能够站出来。尼夫想让这类人感觉到，在第一轮票选中投票给撒切尔夫人，很容易让威利·惠特劳或吉姆·普莱尔或其他什么人进入角逐，然而一旦希思胜出，一切的努力都将胎死腹中。

2月1日，由撒切尔夫人的牛津同门威廉姆·里斯—莫各[1]任主编的《泰晤士报》支持了惠特劳，尽管他还不是候选人。尼夫决定利用所有这些潜在机会，因此就开始行动。他看到的数字一再告诉他"玛格丽特做得很好，但是还不够好"。在票选之前的晚上，尼夫告诉《标准晚报》的时政记者罗伯特·卡维尔，希思的数据高于他本来的预期。该报在头版适时推出了相关报道，并且比尔·舍尔顿被安排去买了多份，给议会抽烟室和茶厅里的人看，他们支持有人顶掉希思，比如惠特劳。[106]这招很奏效。有些过去不关注撒切尔夫人的人开始为她投票，在撒切尔夫人阵营外，关于支持希思的信息开始变味。在票选前一天，伯纳德·威瑟利尔给提姆·吉特森看了党鞭办公室的个人数据。[107]他们发现多出国会议员25票。人们正在撒谎，并且自然而然地，相较挑战者，他们向在任者撒谎更多。从个人角度出发，阿特金斯告诉希思，

1 威廉姆·里斯—莫各（1928—2012），受教于切特豪斯中学以及牛津大学贝烈尔学院；1967—1981年，《泰晤士报》编辑；1981—1986年，BBC理事会副主席；1982—1989年，大英艺术协会主席；1988—1993年，广播标准委员会；1988年，被授予里斯—莫各勋爵。

他相信应该会有129票。[108]处在所有事件的核心位置，挑战者本人保持着冷静，几乎是超脱。撒切尔夫人确实按尼夫所言保持着与财政法案的关系。尽管在做公开演讲前状态糟糕，她却一点也不担心后面的竞选。当时亲近她的人均对此印象深刻。约恩·霍尔认为，撒切尔夫人意识到自己就是一名弄潮儿："她非芸芸众生所能比肩，当时正在安静等待命运所为之安排的一切。"[109]

第一轮票选日当天，撒切尔夫人安排了一次在罗斯柴尔德银行的午餐约会，由为其效命的年轻国会议员诺曼·拉蒙特[1]带着前往。在过去的路上，她注意到一份《标准晚报》的标语说："选民集会挺希思"，撒切尔夫人评论说："CCO（保守党中央办公室）工作很努力。"[110]艾维林·罗斯柴尔德是这个家族当中唯一一名参加此次午餐会的高级成员。运作着希思智囊团的罗斯柴尔德（维克多）勋爵拒绝参加，其子雅各布同样拒绝了。贯穿午餐会始终，撒切尔夫人发现自己左右碰壁。在返程途中，她告诉拉蒙特："再也不要带我去那个红色的银行。"[2][111]拉蒙特自己却正在起草来自主宾双方那违心的感谢信。

票选结束于3：30，并且没有多久就公布结果了。舍尔顿看到的最后版本显示，撒切尔夫人124票，希思122票。以"唱票者"身份站在为票选预留的委员会14号办公室门外，他曾公开与吉特森以一英镑打赌自己的候选人会胜出。事实上，其候选人所获得的票数比自己曾预期的还要高。在唱票期间，两名领衔候选人一直并驾齐驱，但是通过邮局而来的票数将撒切尔夫人拉到了前面：她赢得了130票，希思119票，弗拉瑟16票。其中有6人弃权，5张被损坏的废票。调查记录显示，其中一名弃权者是迈克尔·西斯廷[3]。另外一名是希思的支持者吉姆·普莱尔，他的火车到达太晚以至于错过了投票。

据报道，当泰德·希思听到自己落败的新闻时说："我们搞砸了。"[112]暗示一场运作不善的竞选活动。当时在场的威廉姆·瓦德格拉夫记得的版本却大相径庭。希思说："这就是说哪里出了问题，"这句话的意思是，有

---

1 诺曼·拉蒙特（1942—），受教于洛雷托中学以及剑桥大学费兹威廉学院；1972—1997年，金斯顿后泰晤士河保守党国会议员；1986—1989年，财政部财务秘书；1989—1990年，财政部首席秘书；1990—1993年，财政大臣；1998年，被授予拉蒙特特勋爵。

2 撒切尔夫人主政期间，罗斯柴尔德通过迈克尔·理查德森的从中调停与她重归于好，后者曾于1981年从嘉城集团加盟该银行。罗斯柴尔德银行在私有化历史上成为先驱。

3 迈克尔·西斯廷（1933—），受教于什鲁斯伯里以及牛津大学彭布罗克学院；1966—1974年，塔维斯托克保守党国会议员；1979—1983年，环境部秘书；1983—1986年，国防部；1990—1992年，环境部；1992—1995年，贸易委员会会长；1995—1997年，国家首席秘书和副首相；1999年，2001年，赫马斯特出版集团主席；2001年，被授予西斯廷男爵。

些事已经发生了根本变化，希思主导的政治时代已然过去。“他认为自己丢掉了继承使命。”⑬

自始至终坚持原则的撒切尔夫人阵营，如今品尝着时光飞逝、一切如昨的滋味。公布结果当晚，尼夫在自己的寓所举行了一个派对，并允许所有的电视、摄影摄像进入——而这犯了忌讳，毕竟当时并非最终胜出。他们看起来就像要在希思的失败中刮他的鼻子。丹尼斯被拍到哈哈大笑的样子，并且难得一见地做了一次公开讲话。问及其反应，他说：“爽啊！自然是无与伦比的骄傲，难道你不是这样吗？”⑭由于议会工作时间表要求，撒切尔夫人在与尼夫们共进晚餐后返回下议院，围绕财政法案进行更深一步的委员会阶段辩论。她直到凌晨2：30才回到家，当试图与竞选期间一直为其开车的约恩·霍尔一道离开时，他们发现议院已经关门了，霍尔的车被锁在里面。⑮大家不得不找到负责人打开门，这样两名女士才得以在霍尔小姐的金丰收双座 MGB GT 车中，绝尘而去。

按照规则，撒切尔夫人尚未完胜。还将进行第二轮票选，并且她的团队预计还会有第三轮。最终，希思面对着大势已去的局面而辞职了，委托罗伯特·卡尔担任过渡期领袖，直到最后。做一次事后诸葛，这种情况下撒切尔夫人在第二轮票选中已然稳操胜券。冲劲、媒体拥戴以及日益增长的声誉使她挑战的勇气大增。她已经定好了日程表，并且确定自己会大获全胜。看起来保守党自身已经摆脱了希思，却又忘恩负义地把宝压在所选盗食者身上。[1]许多人同意雷吉·莫德宁，此人在第一轮票选结果公布后撞见了肯尼斯·贝克尔并告诉他：“这是保守党历史上最黑暗的日子：他们全部都疯了。”⑯威利·惠特劳在希思失败之夜宣布了自己的选区。后来，撒切尔夫人一直认为当时他会击败自己。[2]⑰还谈及朱利安·埃默里[3]和小舅子毛里斯·麦克

---

1 希思本人或许曾想象过这种结果：在当时白金汉宫的一次招待仪式上，他告诉《经济学人》编辑安德鲁·奈特：“黑帮！她是一个黑帮分子。他们全部都是黑帮！”（安德鲁·奈特的采访）

2 惠特劳迅速对第三名候选人休·弗拉瑟发起了支持。安东尼娅夫人在自己2月4日的日记中记录道，休将会拥有20多张选票，“如果人们不被泰德的宣传吓到，并认为他们应当投票给玛格丽特来对付他”。在首席党鞭的要求下，弗拉瑟前往会见失败的希思：“泰德正坐在他的办公桌后，看起来肥胖异常。就像一只可怜的鲸鱼，”休说，“我想拥抱他，我真的打算给他一个大大的拥抱。”

3 朱利安·埃默里（1919—1996），受教于伊顿公学以及牛津大学贝烈尔学院；1950—1966年，北普勒斯顿保守党国会议员；1969—1992年，在英皇阁；1970—1972年，住房和建设大臣，DOE；1972—1974年，国务大臣；1992年，被授予埃默里勋爵。

米伦当时也出来了。事实上，约翰·佩顿[1]，吉姆·普莱尔和杰弗里·豪伊进入了白热化的角逐。前者并非严肃的候选人；第二个人过于严肃，将永不会和撒切尔夫人联盟；第三个人豪伊使撒切尔夫人一度烦躁不安。她曾经告诉尼夫，除了基斯·约瑟夫，豪伊将会是影子内阁中唯一一名来支持自己的人。事实上，第一轮票选中，他将票投给了希思。受到自己的老友伊安·高[2]的支持，豪伊雄心勃勃地前进，而伊安日后在撒切尔夫人的生命中扮演了一个极其重要的角色。"我当时缺乏意识到这些的智慧，"撒切尔夫人回忆说，"但是他拥有我未曾想到的赤裸裸的欲望。"[118]直到这个阶段，豪伊并未和她走得很近，就像他们在分享经济学理念时表现出的那样。

惠特劳很快以团结和温和来打造自己的团队，尤其被《卫报》称为"那些北方人，工人阶级的那群人"。[119]撒切尔夫人的竞选运动成为关注焦点，她否认自己是一名货币主义者，亦否认有必要反对收入政策。她还通过演讲粉碎了那些称之为反欧分子的谣言："这一火把（亲欧洲主义）必须被高举……无论谁当选都当如此……经验表明，我们在该区域的存在已经帮助我们看到它的外向型特征。"[120]为吸引中间派的选票，他们开始接近普莱尔，暗示他如果放弃自己的选区，他将成为撒切尔夫人的副手。他拒绝了这一提议。[121]

尽管进行了一场激烈的争吵，戈登·里斯试图说服撒切尔夫人不要与其他四名候选人发起辩论。她一度想这么干，以证明她绝不会因为自己是一个女人而畏缩不前，不过在争吵中，里斯尖刻地表示"龙在浅水犹如小虾米"，此语一度风靡。[122]第二轮票选前的唯一一次公开露面机会由青年保守党提供，周末他们在东伯恩开会。撒切尔夫人和惠特劳都在滨海区对着镜头展示风采，他给了她一个公开的吻，令毫无准备的媒体一度癫狂，其实，他们之前经常这么干，"并且此举绝对是单纯之举，再正常不过"。[123]会议期间，惠特劳在问答环节未能把握好机会，当时在回答政党组织和权力分割问题时，他的表现被认为太过平淡。相反，撒切尔夫人冒险发飙结果

---

1 约翰·佩顿（1919—2006），受教于伊顿公学以及牛津大学三一学院；1951—1983 年，约维尔保守党国会议员；1970 年，交通大臣；1970—1974 年，交通工业部长，DOE；1983 年，被授予佩顿勋爵。

2 伊安·高（1937—1990），受教于温彻斯特；1974 年 2 月—1990 年，伊斯特本保守党国会议员；1979—1983 年，首相 PPS；1983—1985 年，住房和建设大臣；1985 年，国务大臣，财政部；在英爱协定完成后辞去政府职务；后来被爱尔兰共和军临时军暗杀，当时暗杀者在他苏塞克斯家中的车下安放了炸弹。

使得其竞选运动大放异彩。她在平台演讲中告诉与会代表们："我相信我们应当以智慧评价一个人而非依据背景；我相信一个尽心工作的人应当获得最大回报并保证他们受益于税制；我们应当支持工作者而非懒人……如果所有的权力和财产收归国家，你们将不能长久地拥有政治自由。"[124]67秒，掌声不息，她赢得了人心。次日清晨的《周日快报》中，撒切尔夫人描述了这个国家的"千年历史"，并让英国人民"挑战生存权"。她谈到了"英国的转折点"。"如今我们或许不能拥有一个丘吉尔（暗示着他们可以很快拥有一位），但是丘吉尔借以建立自己吸引这个国家去奋斗和生存的理想和传统，远未消亡。""政党将团结自己，"她说，"我所希望做的事情是团结这个国家。"[125]为了抵抗这些话，惠特劳进行了一场电视秀，其中他穿着自己的羊毛衫在擦干锅碗瓢盆，软弱不堪。

1975年2月11日周二，第二轮票选如期举行。结果是撒切尔夫人146票，惠特劳79票，普莱尔和豪伊19票，佩顿11票，还有2张票作废。因此，她大获全胜，并不需要进行第三轮票选。舍尔顿的估计再次相当准确。他少算了惠特劳1张支持票，撒切尔夫人9张。她与福格斯·蒙哥马利坐在下议院阁楼走廊艾瑞·尼夫的小办公室内，记得尼夫轻轻推开门说："这么安静"，"我不得不告诉你，你是新的反对派领袖。"[126]

12

铁娘子

“这是一场道德战”

紧随胜利的是在大会议室会见媒体，撒切尔夫人说：“对我而言，这就像一场梦，瞅瞅那一条线，[1] 哈罗德·麦克米伦，亚力克·道格拉斯—休姆，爱德华·希思，然后是玛格丽特·撒切尔，我的名字。”在媒体面前，她变得谦虚，不过事实是她的竞选的确如梦一场。

很难用语言描述这一事件对人产生的陌生感。被撒切尔夫人强势击败的杰弗里·豪伊描述了其选举结束两天后的场景。她出现在委员会14办公室，参加1922委员会的例行会议：“新领导人在爱德华·杜·卡恩主席的护送下，从冲着发言席的房门走进来。她的周围是清一色来自委员会的男士们。她看起来漂亮极了，但又显得极其单薄柔弱，就像受到半打各郡骑士们压迫一样。那真是一个令人为之动容、几乎像回到封建时代的场景。我的眼泪充满了眼眶。”①这个世界上最古老，最庄严，甚至在许多人眼中又最呆板的政治派对，已经选举产生了一个领导人，阶级、性别本可以使其被排除在外的，但是如今却脱颖而出。至于此举事实上会产生怎样的影响尚不明晰，大家是否对此选择有信心也有待观察。“如今的保守党开始评估状况了，”美国驻伦敦大使馆的一份官方报告认为，“该党此时的感情可谓百味杂陈，其中有释放、快乐，但又有些许内疚，夹杂着疑云重重。”②撇开别的不谈，仅仅是来自一名女领导人制造出来自语言和视觉风格上的直观变化，也足以让人产生迷幻感。获胜当天，媒体在中央办公室问及撒切尔夫人何以取胜。“我倾向于认为是优点，”她回答说。“能延展开来说吗？”“不，不需要延展。你们不喜欢简短或直接回答。男人们喜欢冗长，信天游式的信口开河。”在接受BBC“星期三”栏目主持人迈克尔·科克雷尔采访时，她描述了自己对个人获胜的新闻的反应，带着一种强烈而充满感情色彩的表达方式，说：“当他们告诉我时，我几乎要哭出来了。我

1　在回忆中撒切尔夫人记得自己说到“名单”，但是当时的一些报告，比如《泰晤士报》，写的是“线”。

确实泣不成声。”这样的表达方式在24小时之前的保守党领导人中间都是难以想象的。她的“梦想”——对她的政敌来说是噩梦——将会落地开花呢，还是在凡常政治的冷酷光中萎缩乃至消失呢?

撒切尔夫人比其他任何人都更清楚这一问题。在凯旋之日，她与党鞭汉弗雷·阿特金斯在他的议会办公室内共进晚餐，以讨论如何构架影子内阁事宜。在个人回忆录中，撒切尔夫人说道：“我告诉汉弗雷，尽管我感觉对有些人，像基斯·约瑟夫和艾瑞·尼夫等负有人情债，但是我不想将原班人马扫地出门。”[③]不过她也坦言，自己担心约瑟夫的缺点以及尼夫身上偶尔的不受欢迎。经认真考虑，她安排尼夫来管理自己的办公室，并且直到此时才得以为其提供贵族爵位。[④]

在党鞭办公室讨论中，最紧迫而微妙的内容和泰德·希思有关。在竞选过程中，撒切尔夫人曾承诺在影子内阁为希思提供一席之地，但是她本能地希望对方予以拒绝。为了表现得礼貌得体以及对事情当机立断，她给希思转达了一条信息，表示自己希望尽快拜访他，商谈他的工作安排事宜。希思被朋友们支招——威利·惠特劳，卡灵顿勋爵（当时人在澳大利亚）和弗朗西斯·皮姆——最好让她先在工作上安顿好，六个月之后再来邀请自己加入其团队。因此，希思的身边人传达了这一信息，表示在此时期谈论该话题不合时宜。[⑤]然而，撒切尔夫人履行诺言的决心已定，就告诉希思办公室自己将于第二天一早亲往威尔顿大街拜访。希思在自己的书房接待了她，并未起身。“他就像一只折翅的小鸟，”撒切尔夫人回忆说，“他很受伤，换作我也会这样。我提出会在影子内阁为他安排所有他喜欢的职位。他只是说‘不’。”[⑥]希思的回忆版本却截然不同：“她什么也不给我提供。”[⑦]当时在场准备咖啡的提姆·吉特森回忆说：“泰德非常明确地表示自己不愿工作，因此撒切尔夫人事实上也没有提供给他。”[⑧]咖啡尚未上桌，会见就草草收场了。没有仪式，希思就这样无声无息地退出了。撒切尔夫人感觉自己不能马上离开，否则媒体会认为他们之间发生了争吵：“我不能径自离去，就和提姆在厨房待了一会儿。打那时起，我和希思没有进行过私人交流，真是悲哀。”[1][⑨]离开希思处后她告诉开车的约恩·霍尔：“泰德不愿加入我的影子内阁。好吧，就是这样。”[⑩]在泰德·希思主动拒绝与其继任者接触之后，其“难以置信的怒汉”之名即风靡一时，并且在些许讹传中

1 如果说她随后再也没有和希思进行过私人交流未免失实。后来撒切尔夫人确实在1978年私下见过他，不过不是单独，见后文。

一直持续到他于2005年去世才告停止。

同一天，撒切尔夫人还成功地将威利・惠特劳招至麾下。依照个人团队对自己角色的定位，惠特劳在自己败选的同时就准备好了为撒切尔夫人效命。撒切尔夫人随即将副职给了他。他接受了，而当时基斯・约瑟夫并未被任命为影子大臣。⑪然而，1975 年 2 月 17 日，约瑟夫告诉她自己要么担任影子大臣，要么什么也不做⑫——说来奇怪，他发现自己和泰德・希思同被安排了此职——但是，撒切尔夫人很灵活地劝阻了他，并让他满意地接受了第三把交椅，主要负责政策研究。杰弗里・豪伊出任影子大臣，不过起初她是将该职位留给爱德华・杜・卡恩的，后者却更喜欢留任 1922 委员会主席一职，同时继续在金融城赚钱。希思团队的左膀右臂罗伯特・卡尔和彼得・沃克尔被撤，但是党内余下的空缺已然无几。吉姆・普莱尔接手就业部；弗朗西斯・皮姆掌管农业部，不过在经历了精神衰弱几周后，他辞去了该职位。伊安・吉尔默被任命为影子内政大臣，同时撒切尔夫人召回雷吉・莫德宁到前座议席担任影子外事大臣。应艾瑞・尼夫的要求，他被委任北爱尔兰事务影子大臣。热衷于留住那些德高望重的政治贤能，她将黑尔什姆勋爵和卡灵顿勋爵留在团队中，前者没有实职，后者则担任上议院领袖，同时接受威利・惠特劳的建议，由其侄子桑尼克罗夫特勋爵担任党主席。撒切尔夫人根据各自意见挑选自己的影子内阁成员。最终有 24 个人围坐一桌与她会面，有四个人——尼夫、约瑟夫、安格斯・莫德和萨利・奥本海姆——曾投票支持她，只有两个人——尼夫和约瑟夫——曾是其铁杆支持者。在 4 月份写给约瑟夫的一份备忘录中，政策研究中心创始主任奈杰尔・文森[1]质疑CPS继续存在的必要性，“既然保守党已经在忠实信徒手中”。⑬不过不尽然，撒切尔夫人并不十分确信它的未来。

一开始，她的团队成员亦无太多抓手。威利・惠特劳在经历挫败后收到了来自罗伯特・卡尔的同情，他回应说：“当然，现在可以肯定的是，她的团队缺乏运作一个政党的两个支柱：a. 有识之士；b. 理念。”⑭

虽然没有对此表达看法，撒切尔夫人亦无否认。为了表达对老朋友爱德华・博伊尔贺信的感谢，她写道“太少有高素质的人来切中肯綮地及时提醒我”。⑮几乎没有人注意到她的两个私人秘书威廉姆・舍尔顿和福格

1 奈杰尔・文森（1931—），受教于本格伯恩海军学院；1952—1972 年，塑料涂料有限公司创始人兼主席；1985 年，可转移式养老金理念先锋代表；被授予文森勋爵。

斯·蒙哥马利，不过私底下很快传出谣言，提到后者一度卷入和苏联间谍约翰·瓦萨尔发生于20世纪60年代的同性恋丑闻。这一曝光事件令人害怕。在竞选的14天里，曾有名无实地担任私人办公室头儿的尼夫，曾经招募理查德·瑞德[1]来夜以继日地处理事务，后者是《每日电讯报》的一名记者。瑞德非常聪明能干，但是当时他只有25岁，并且未被自己的新老板赋予太多权力。理论上，艾瑞·尼夫管理着办公室，但是实际上，他参与了其北爱尔兰事务影子内阁的事务，所以瑞德包揽了所有的工作。撒切尔夫人还雇用了"非常有魅力，阳光而性感"⑯的卡洛琳·斯蒂芬斯[2]，她先前担任希思的私人文件秘书。在其团队中唯一一名曾于此前为其效命的重要成员是秘书艾莉森·沃德。在她位于史密斯广场的中央办公室和独立于老王后大街的保守党研究部团队中，她没有什么朋友。伊安·吉尔默的CRD主席职务很快被安格斯·莫德取代，而克里斯·帕滕则以主任身份留任。[3]在重新做出这些安排的过程中，撒切尔夫人一直小心谨慎，部分是因为她的政治根基薄弱，部分则由于其组织经验的缺乏，还有部分原因在于谨慎历来是她性格当中很重要的一部分。

不过还有其他原因，就是来自社会底层的自卑感。虽然她通过努力已经获得了保守党贵族达人的名声，并且也确实讨厌别人以高高在上的眼光看待自己，但是她本性上还是顺从于社会体制，并且尊重保守党一直以来的发展路径。许多年里，她的一名完美拍档、保守党领袖就是埃里克·道格拉斯—休姆："即使他已经知道如何传达自己的意见，埃里克还是愿意随时待命。"她在20世纪90年代末毫不掩饰自己的称赞。"他是一个了不起的男人。"⑰她对于历史的浪漫情感，还有讨厌沉闷平庸的性格，使她本能地被充满贵族气质的行为所吸引，虽然她太过直率以至于不能模仿它们。她希望遵守各种礼仪，亦无渴望翻云覆雨的心。那些为其工作的人们注意到，她一直被诸如穿衣戴帽以及外交礼节这样的事情搞得不知所措。例如，在成为党的领袖后不久，她被邀请前往奥文顿广场卡灵顿家中与其

---

1 理查德·瑞德（1949—），受教于里德利以及剑桥大学莫得林学院；1983—1997年，北诺福克保守党国会议员；1990—1995年，政府首席党鞭；2002—2004年，BBC副主席；1997年，被授予温萨姆瑞德勋爵。

2 理查德·瑞德和卡洛琳·斯蒂芬斯于1981年结婚。

3 帕滕对希思团队的理念特别认同。在希思辞职当天，他写信过去说："你所坚持的保守主义恰是我们所信奉的。你是我们中的一些人从事——或坚守其中——政治的原因。"见菲利普·齐格勒著，《爱德华·希思：授权传记》（哈勃出版社，2010年），第489页。

夫妇共进晚餐，由于这次会见很正式，撒切尔夫人心里对是否应该戴手套而忐忑不安，一直到她的办公室与卡灵顿夫人通电话进行咨询方才平静下来。[18]身为领导人第一次写信给女王时，她为如何结尾而寝食不安。卡洛琳·斯蒂芬斯建议她只需简单地附上一句“谨启”即可，这成为一个错误，被女王的私人秘书马丁·查特里斯爵士指出来，并告诉卡洛琳（“非常温和地”）正确的格式，请她转告自己的上司。[1][19]

撒切尔夫人的团队仔细观察党内的达官要人们如何与她相处。卡灵顿爵士的确完美之至。威利·惠特劳“表面上对她表现得很礼貌，背地里却恶言相向”。[20]伊安·吉尔默起初忠心耿耿，后来却被发现有日渐升高——他非常高——的“高傲”。克里斯多夫·索姆斯当时是欧盟委员会专员，但是一直在寻机返回英国政坛，被认为是“势利眼之魁”。[21]从各自角度出发，那些老人们则以复杂的眼光看待这位新领袖：迷人、羡慕，亦有厌恶和些许困惑。有人怀疑她是否能坚持下去；有人则一心想帮她一把。汉弗雷·阿特金斯和其他党内负责人帮助她寻求各种方式，以搭建起一个值得本人信任的朋友圈——就像卡灵顿、惠特劳和桑尼克罗夫特——但是一直存在一个问题，就是她的性别、阶级和个性，以至于她很难在类似事务中放松。因其过于注重隐私，他们颇受打击，就勉为其难地由别人来支持她的各种事务。[22]文化鸿沟同样存在。尽管克里斯·帕滕本人被达官要人们认为出身卑微，但是他一直在文化和政治上获得大家支持。他和 CRD 的同事们常常以撒切尔夫人那刻板的维多利亚式中间名“希尔达”来指称她，这种幽默的表达令她窝火，[23]有时候他们还称她“牛奶劫匪”。[24]

但是，在玛格丽特·撒切尔作为新领袖的形象渐次形成之先，她的一些少女情怀已然逐步退却，应当指出的是她同样为自己的不足付出了代价。竞选结束后在1922委员会上的一次发言中，她有过一次扬长补短之举，但是她告诉国会议员们自己是一个柔弱小女子，需要像他们那样的大男人出手相助。[25]然而，她并不像自己希望表现出来的那样脆弱。她有着熊熊燃烧的使命感。获选当天，她就告诉 ITN 新闻栏目：“除非你有清晰的理念和明确的使命，否则你不必作为一个政党存在。”从一开始她就对自己能够两者兼备充满信心，而将此理念加以传播就是其最富力量的表现之一。

1　确切的形式是（有细微差别）：“恭请亲启，陛下顺服之仆敬上。”（I remain, Your Majesty’s obedient servant.）

1975 年 2 月 20 日，她在讲话中更全面地接受了党的领导人身份。撒切尔夫人呼吁人们关注国家的过去。通过对伊丽莎白女王一世在蒂尔伯里讲话方向的些许认同，她宣称如果这个国家只是存在于那一刻，它从未真正启程实践伊丽莎白的探险之旅，从未坚定伟大的法律原则，亦未建立起议会民主并确保“不消退的自由”。现在需要的是一位更具远见和魄力的领导人，“要更多强调原则”。还有一个当务之急，因为如今的英国有着令人不快的经历，就是它正被视为“一个伟大只属于过去的贫穷国家”。[1] 如果工党赢得下一次大选，英国将“无可救药地通向社会主义国家”。很明显的一点就是，撒切尔夫人从一开始将党内会议视为宣扬信念的场合，倾向于在议会采取一种非传教士的口吻。3 月 15 日，她告诉保守党中央委员会要抵制“那些（工会）暗度陈仓者的行为”，并宣称“个人如正午之太阳，而国家则是以借来之光反照大地的那枚月亮”。3 月 25 日，她告诉保守党学生联合会“我们的政党处于防守的地位已经太久”，以此来鼓舞这些年轻人的信心。“如果我们赢得信念之战，就已经成功了一半。”至于她在党内对希思追随者的批判，这种语言使其处于险境。吉姆・普莱尔私底下认为这是“错误的表达方式，在知识层面上赢得一场辩论，只能说明你有一个具体的教条”。㉖但是正是她在思想领域的充分准备给了自己支持、指导，并赢得了党外支持，以至于使得公众注意力都集中于自己身上。

严格说来，撒切尔夫人应对理性斗争的知识储备不足。尽管她以高效而闻名，但是并不拥有一个条理清晰的头脑；并且从一开始就没有。她不善于形成个人的思想体系，而是像“剧场捧花郎”（stage—door Johnny）那样推行拿来主义。但是，这其实不能说是一种不足。阿尔弗雷德・舍尔曼当时提供了大量素材，形成了关于撒切尔夫人知识特点的论文。“她不是一个有完备思想的女人，”他说，“而是一位有信念的女士，当然信念胜于思想。”㉗即将出任其团队负责人的大卫・沃尔福森[2]将她描述为“一个先知而非一名国王。在国王被人们抛诸脑后很久以后，先知依然会被历史所纪

1 此言可能出自一次偶然的交流，当时撒切尔夫人告诉本书作者，她邀请了一名建筑师到自己位于弗拉德大街的家中，后者告诉她英国不得不接受已沦落为二流国家的事实。她记得当时“受到深深的打击”。

2 大卫・沃尔福森（1935—），受教于克里夫顿以及剑桥大学三一学院和加利福尼亚斯坦福大学；1975—1985 年，唐宁街 10 号政治事务办公室主任；1996—2000 年，大全零售集团主席；1991 年，被授予桑宁代尔沃尔沃尔福森勋爵。

念。”[28]独立商人约翰·霍斯金斯[1]当时正在绝望地力挽狂澜，试图将英国从经济坍塌的水深火热中救出来，他第一次遇见撒切尔夫人是1976年8月。她为这次会面太过兴高采烈以至于取消了午饭，确保谈话能够持续。霍斯金斯被她的信仰所触动，还有她的信念：“行成于思胜于思”。“我认为她对于所做之事并无明确想法，但是却拥有一种爱国情怀和冲动，还有对国家现实的荣辱感。”他还被对方的复杂感受所打动：“不安全感，认定天命并全力以赴的勇气”。[29]

从一开始，这些品格就构成了一种领导人的风范，为推进理念创造了空间。基斯·约瑟夫及其政策研究中心则是产出、分配和交流的渠道。就像阿尔弗雷德·舍尔曼颇具特色的描述：“最初的撒切尔主义是纯粹的基斯主义，也可以是纯粹的舍尔曼主义，她缺乏连贯性和系统性。”[30]正是这个所谓“纯粹的基斯主义”是新影子内阁很快必须考虑的东西，当时约瑟夫将之形成了文件（由T.S.艾略特附和），并定题为“政策定义注解”。[31]它很全面彻底且颇具爆炸性。约瑟夫致力于攻击战后保守党路径，他坦承自己一度是其狂热的支持者：“战后，我们把事情弄得愈发糟糕，选择了一条共识之路。对我来说，在许多议题上，我们已经穷途末路了。”他们承诺过太多，但是却愧于“在避免冲突发生时，将法治置于次要地位”。“简言之，由于忽视历史、本能、人性和常识，我们已经加剧了邪恶，当然我们确信通过最好的谋划和打算，可以将之清除。”

需要一种战略将事情推向正轨，其间应避免任何形式的国家联盟，亦要回避以包围战的方式来解决经济危机问题（“当敌人藏在内部，经济包围战毫无意义”）。该战略应当坚持一点，就是经济问题并非单纯的技术问题，而是和经济疲软对国家构成的压迫有关，还有就是外有苏联内有共产主义者颠覆的双重威胁。“一旦我们失去独立性，就会全盘皆输，”约瑟夫说，“我们已经在被通货膨胀缴械。”如果我们希望实现爱国主义，他继续说，“我们必须明确祖国的定义”，纳入更好的移民控制措施。不管是货币供应还是公共开支均须控制，并且必须允许价格增长。应当将福利从罢工者的家中消除掉，同时“针对收入和投资应大幅度降低直接税收”。在当前经济疲软而工会强权的大气候下，“假定我们认为废除国有化是行不通的”，但是他强调围绕工会行为的一个法律框架“终将构建起来”。

1　约翰·霍斯金斯（1927—），受教于温彻斯特；1979—1982年，首相政策小组组长；1984—1989年，董事学会理事长；1982年，被授予骑士爵位。

保守党应当避免地方补贴，尽力避免家庭单位衰落，因为“家庭……是态度和文化唯一可靠的动力引擎”，许可教育及健康抵用券，以及合法药品（当时为保守党所做的革命性建议），同时还要纳入人权法案。

除了最后两个建议，当时这些在私有化方面最终取得了难以想象的胜利，这份惊世骇俗之文本构架起后来称之为撒切尔主义的主要部分，不管是具体的政策层面还是一般心理层面均成雏形。基于危机和残酷的现实气氛，以及要唤起人们一度丧失的大国情感，它确定了一条直接而又狭窄的复兴之路，故意不迎合当时的流行观点。然而，有一个重要方面，就是它反映了基斯·约瑟夫和玛格丽特·撒切尔之间性格上的差异。约瑟夫的调子是悲观而晦暗的；而撒切尔夫人的基调是对已经犯错之事的苛责，由此生发出来志在矫正错误的乐观和活力。她深谙激发希望之道，正是其品格中的这一特质使她比约瑟夫更适合担任领导人。

约瑟夫推出的文案在内阁中引起了骚动，不过撒切尔夫人给以支持。官方记录表达了温和的不认同意见。他们说，对约瑟夫拒绝共识的做法“有些顾虑”，并且“大家普遍感觉 1970—1974 年的保守党政府，整体而言，已经试图励精图治了，但是缺憾在于它没有充分解释自己的意图和目标”。[32]黑尔什姆爵士私下里对一些讲话内容做了粗略的记录：

雷吉（莫德宁）：我对此一点都不同意。

吉尔默：1970 共识是保守党共识而非工党。

豪伊：1970 宣言是与共识的一次决裂。它和现在的文本大同小异。我们没有做到的就是解释它并恰当地予以呈现。

玛格丽特：伊安，你信奉资本主义吗？

伊安：那几乎是亵渎神明。[1]我不相信社会主义。

基斯：客观而言，百年来的相对衰落（自从世博会以来）是显而易见的。

雷森[2]：基斯的文本中弥漫着悲天悯人色彩。事实是我们需要达成一个共识。我们必须说服希利推出一份合理的预算方案。

1 吉尔默勋爵后来解释说，他的意思是，“信仰”只能用于宗教。（对吉尔默勋爵的采访）

2 提摩太·雷森（1929—2011），受教于伊顿公学以及牛津大学基督教会学院；1970—1992 年，艾尔斯伯里保守党国会议员；1979—1983 年，内政大臣；1983—1986 年，海外发展部部长；1991 年，被授予骑士爵位。

莫德：要切中要点。工党将一直压着我们。

皮姆：社会正在变得更左。必须有连贯性——意思是说要对协议有广泛应对措施——基斯的文本是克服灾难的秘籍。

赫塞尔廷：在电视上，我们看起来不像所有人知道的那样。

WW（惠特劳）：政治中最要命的事情在于试图避开我们的本来面目看待事物。人们一直抱怨我在电视上看起来简直是庞然大物。如果我穿着泳装出现他们会怎么说呢？

黑尔什姆面无表情地做了总结："几乎未冷场。"[33]约瑟夫提起了"芬兰化"这一幽灵般的概念，就是后来闻名于世的西方针对苏联共产主义的清静无为主义，撒切尔夫人有先见之明地警告"一个或将发生的危机是，政府被迫向国外举债，而其对象是我们无法忍受的左派"。[34]但是，保守党高级官员内部在分析基本问题时，并未形成共识，因此大部分可能的解决方案均未形成一致意见。在接下来的几周中，影子内阁在比例代表制（撒切尔夫人坚决反对）及其在工资冻结（吉姆·普莱尔支持）问题上产生了分裂。这些裂缝持续存在，并且后者尤其不可回避。

撒切尔夫人的部分困难在于当前的政治形势并不明朗，没有机会可乘。工党多数的不稳定意味着新一轮大选随时可能举行，但是它将不可能对保守党有利。危机感使得政党政治成为难以驾驭的游戏。工资和价格在某一时期一度飙升（1975年6月的商品零售价格指数显示出年度26%的通胀率），如果反对一项旨在遏制该势头的政策，会被认为不爱国和不负责任。当务之急应将注意力集中于公众，而不是货币控制和自由集体谈判之类似乎抽象的概念。因此，撒切尔夫人表现出出奇的沉默，并且试图回避在5月22日下议院的大型经济辩论会上发言，不过没有成功。从个人角度，她发表的这次讲话"未能给政府政策提供一种备选方案"。[35]公共舆论力挺价格和收入政策，她在党内最直言不讳的对手彼得·沃克尔和泰德·希思亦持此立场。当工党政府迫于法令压力，在7月份提议如果需要，将推出每周6英镑的最大工资涨幅时，撒切尔夫人感觉到是时候批评财政大臣丹尼斯·希利了，称其为半吊子做法，[36]不过她同意保守党应当避免而非跟风来反对工资限制，她不能为任何事件买单。

任期内的第一次大型政治活动也为她提供了有利之机。这次活动是要全民投票选出继续留任EEC的英国会员，哈罗德·威尔逊成众望所归，因为他能够平衡其党内在该议题上的不同派系。就像几乎所有的保守党高级官员（爱德华·杜·卡恩在最后一秒提出异议），撒切尔夫人投了赞同票，但是她并未假装在该议题上有任何伟大专长，并请求泰德·希思领导保守党在5月5日的全民投票中发起“赞同”运动。从一个党派的视角，这对她既明智又显得慷慨大方，虽然希思灵活地拒绝了她的邀请转而采取一种非正式的态度，他还是在该议题上发表了最精彩的保守党演讲。在1975年4月16日的活动动员会上，撒切尔夫人坐在希思旁边并说：“显然，让小学生在嘉宾之前发言实在有失体统。”[37]希思并未显出类似慷慨之态而做出回应。

在当天的讲话中，撒切尔夫人相当不乐意地重复着亲欧派的标准——“在法国会有更少的法国人吗？”诸如此类——有些她的欧洲怀疑主义支持者认为，她的心不在其中。很明显，她从未宣扬过对当时的欧洲论争表现出太大兴趣，并曾因此遭到委婉批评。哈罗德·威尔逊称她为“勉为其难、少不更事的少女”。接近她的人记得她坐观相当外行的“反对”运动广播，并说：“天哪，还挺棒！”[38]随着投票日到来，她告诉团队一名成员希望自己不要参与投票。[39]并且，还有一个事实是，她从来不买更具有远见的欧洲主义版本的账。在投票三天前的一次电视采访中，她否定了联邦欧洲的概念，说“美利坚合众国和欧洲国家联邦是不同的事物”，她所支持的是“更亲密的合作”；[40]但是她从根本上反对英国失去主权，并且国家“可以得到的远远多于你所放弃的”。[41]她强烈关注保守党的流行观点，就是EEC能够被视为抵制共产主义的营垒，并且她在动员会上告诉观众，“反对”运动的胜利将会是一场“左派吹鼓手的胜利”。

接近三分之二的人投票支持了令人信服的留任专员任命书，而这些在政治上对她无害亦无益。但是这场运动有助于恢复泰德·希思的声望，提醒人们他比撒切尔夫人更符合政治家的身份，并且在一些人的思想意识中重新点燃了他可能卷土重来的意念，或者至少撒切尔夫人要离开。因为“赞同”运动是一个跨党派联合体，由BBC秘密支持，并且被大多数权势集团力挺，它提供了一个可能的治理国家的模式，如果有一个国家统一的联盟来处理经济危机，或许是可行的路径。这样一个联盟将会终结玛格丽特·撒切尔。

在党的政治高度以及在下议院的位置上面对这重重困难，撒切尔夫人研究出了一种可以避开它们的方式。1975年5月，她的朋友戈登·里斯再度从EMI回来为她效命。

在一本写于 20 世纪 90 年代但未出版的回忆录中，里斯解释了 1975 年自己如何接受了说服更多人投票支持保守党这一任务。传统政治智慧是人们投票支持具体问题——税收、防务等：

我建议撒切尔夫人这样做不靠谱。告诉她普通人凭印象投票。问题……在于仅仅根据现实的难处来决定自己的投票意图。

另外一个因素……是回答一个问题："我喜欢、欣赏或尊重其中一名候选人的程度要甚于其他人吗？"电视本身作为一种直观媒介，彻底改变了政治运动的形式，使更多注意力集中于国家元首的特点，领导人应该是政党的脸面。

里斯尤其相信一点，就是举棋不定的投票者对政治并不感兴趣：

我建议撒切尔夫人，70 年代末的大多数选民从个人的最大利益点出发投票，政党将竭尽全力满足他们及其家庭需求……撒切尔夫人发现中产阶级的划分被打破了，她决定关注那些有最大需求、欲望来改善生活的投票者。在工党投票家庭中，妇女们有优先权，因为她们是实际上花费家庭预算的人，也是从经济管理不善中遭受最大风险的人。其次，优先权还会提供给技术或半技术工人，他们拥有从日益繁荣的经济中获益的最佳机会。第三，就是给那些初次投票者，这些人不只是希望一种更好的生活而投票支持一个人。

在里斯看来，这类人从对开大报的读者群以及严肃政治节目的观众中无法找到，同样不会出现在夜晚较长的新闻简报关注者中："我们必须接触的是读《镜报》的人，还有《太阳报》、《快报》、《邮报》、《人民报》、《世界新闻》，他们会看电视剧《加冕街》，名主持人吉米·萨维尔，《流行前线》杂志，他们会通过无线电收听吉米·杨。无论如何，要求首相最好走近他们，而不要期待大家向她走过来。"[42]撒切尔夫人强烈地渴望成为首相。她接受了该建议并身体力行，尽管很多行动遭到中央办公室的抵制。里斯策略直到1978年夏天方才如鲜花怒放。她在《每日快报》和《女人地盘》杂志上与基恩·卢克对话，并且做客第四电台的"妇女时间"栏目以及第二电台的"吉米·杨秀场"。1976年12月，做客吉米·萨维尔的"吉米来搞定"节目后，他们建立起了友好关系。[1] 她头脑中的目标人群是那些事实上管理着家庭预算的妇女们，身为其中一员的她反复现身说法，谈到自己的相关经历，来描述当一个国家与通胀做斗争时应该如何应对。从某些方面讲，她不是一个天生能和媒体相处好的人。她本能地不信任媒体，并且讨厌电视，因为议会仍未电视化，直到1978年，才会规律地在电台广播，对于媒体她经验有限，而习惯于像正式演讲那样的公共话语或者激烈辩论。她非常自律，品格高尚，主动远离日常生活中的粗俗下流之事。

1975 年 6 月 26 日，她人在西德——她出任领导人后首次出国造访之地是德国——当时有新闻称保守党已经在递补选举中拿下了西伍尔维奇。撒切尔夫人兴奋之情油然而生，尤其是她感觉到自己关于通过领导人不参加选区递补选举活动来打破旧俗的决定初见成效。当时，她对着镜头打起“胜利之 V”手型表达自己的开心。令里斯颇为沮丧的是，她的手型完全不对，打出了一个众所周知的下流手势。她对这一错误浑然不知，所以她简直太单纯了，以至于“当我们一再做出解释时，她还是不能真正理解自己做了什么”。[43]不过也难怪，虽然她并未从日常生活中完全超然，但也与所有粗俗的事物绝缘。她那家庭主妇的态度以及在商店里兴致勃勃地关心价格的习惯，流露出绝对的无辜和单纯。她一直拥有直言不讳的天赋，不拐弯抹角，还常常本能地将自己置于无权无势者一边，而不是对官员和工会老板们趋炎附势。她这样的性格特点使其在巡游以及走访工厂时颇为吃香；一点都不担心这些行程中与人碰面，反倒发现他们激励到了自己。同时，她深谙利用自己的性别之道。在竞选胜出一周后，她承接了希思的预定行程前往访问苏格兰。此前她在这里一点也不受欢迎，不过这次访问在爱丁堡王子大街遭到一大群粉丝的围堵，以至于不得不躲进一个商店以逃避人群。

在对个人形象以及与公众交流的态度中，撒切尔夫人表现出非同寻常的谦卑和专业精神。后来她说：“戈登·里斯告诉我电视是一个交流平台，而非一场讲座。”[44]她有电视恐慌症，里斯习惯于操起一个麦克风来排练，

1 萨维尔的观众不仅包括那些撒切尔夫人难以接触到的重要选民，而且后者发自内心地钦佩他的慈善工作。1980 年初，他开始募捐集资建立斯托克曼德维尔医院，距离首相别墅不远。她曾邀请他前往 10 号院共进午餐。“我的女病人假装疯了样地嫉妒你，其实是想知道你都是穿什么吃什么……”萨维尔随后写信感谢时说。“他们都很爱你，我也是！”（萨维尔写给 PM 的信，日期不详，TNA：接近首相 19/878）。想起后来萨维尔被指控涉及多起儿童性虐待和性骚扰案，这封信中的这句话让人感觉毛骨悚然。然而，在当时，撒切尔夫人和其他许多人一样，拉着萨维尔给自己长脸。

以确保她熟练地把握好和它之间的距离。他告诉她要接近一点，这样可以听起来更“性感、自信和理性”。㊺“你的语速过于紧凑，声音太过尖厉，”她记得里斯说，“你必须有意识地放松，降低语调。”她学习“每一次讲话应当讲一个故事或者一则寓言”，这样“讲话将会动听”，演讲者要进行一场生动的表演，还需要有手、眼和声音以及说话内容等全方位的配合。㊻从自身角度，尽管充满了其擅长的奉承话，里斯还是向撒切尔夫人坦率地讲出了其中要求的变化。他告诉她，衣服太过分装饰；帽子应该拿掉；在电视上佩戴了过多首饰；对于一名潜在首相而言头发太打卷儿。㊼她还必须取悦弗利特街（英国几家报馆办事处所在地）的编辑们。晚年时，撒切尔夫人回忆起来自里斯的功课，还会像奉若圭臬般兴致勃勃地重复它们。她说：“在电视上你必须穿戴简洁而干练的定制服装”，就像她以惯常的腔调说，“你必须拥有自由，不仅仅是自由本身，而是法治自由。”

当然，所有处于领导地位的政治家都担心自己的形象，并且有一种政治顾问众所周知的批评就是，他们对自己推崇的真理或者坚持的主要原则不感兴趣。但是至于为何里斯可以与撒切尔夫人有如此好的工作关系，一个原因在于他本人在道德和意识形态上与对方一致，这些使他成为日后闻名于世的撒切尔主义以及其个人特色的助推器。这意味着，他热情支持撒切尔夫人对知识分子、评论家和各种政策团体的开放态度，同时她从不敌视这种人在党的官僚结构中担负责任。在保守党研究部的克里斯·帕滕将CPS的存在视为一种“公然挑衅”。㊽里斯则视其为一个盟友。他竭尽全力帮助撒切尔夫人，使得理论家们和她在一起有一种宾至如归之感。例如，她接待斯大林清洗运动历史学家及与苏联关系解冻的批评家罗伯特·康奎斯特[1]时，里斯事先提醒她这位客人嗜酒，并安排康奎斯特于上午9点半到达。不过撒切尔夫人太过享受这次交流，以至于到了中午两人依然交流甚欢：由于里斯的建议，她得以前往制作冰镇香槟。[2]㊾

为避开微妙的国内政治状况，撒切尔夫人将自己出任党首的第一个争议性讲话议题定为冷战。她认为，身为一名新领导人，应当针对“英国在

---

1 罗伯特·康奎斯特（1917—），受教于温彻斯特以及牛津大学莫得林学院；《伟大的恐惧》、《悲伤之果》以及其他大量著作的作者，其作品主要和苏联有关。虽为英国人，康奎斯特却在加利福尼亚生活了多年，在那里担任胡佛研究所的研究员。康奎斯特是小说家金斯利·艾米斯的至交，并将其介绍给了撒切尔夫人。

2 康奎斯特本人一直对撒切尔夫人即兴发挥调酒的能力充满赞誉之情：“她好像不看表就知道是六点钟了。”（采访罗伯特·康奎斯特）

世界中的角色”建立起一个地位。这是正常不过的事情，但是要深潜其中并奋力弄潮着实非同寻常。1975 年，西方精英们针对苏联的主流情绪是主动修好，以对抗经济疲软的大背景。美国从越南撤军，此举被一些人视为无耻之举，又被另外一些人视为迟来的行动，不管怎样，随着南越首都西贡（后来的胡志明市）的沦陷，4 月份，此举就针对共产主义武装势力给出了自己的逻辑性结论。坊间围绕政策声音开始缓和，西方同盟国共同致力于 1973 年开幕的赫尔辛基对话，并希望通过 1975 年的“最后决议”画上一个圆满句号。赫尔辛基对话旨在通过接受苏联对东欧的控制，来换取苏联集团内部的人权发展。整个过程由理查德·尼克松总统发起，因此支持力量来自美国共和党，还有英国保守党，以及中间派和左派。普遍认为持不同政见的右翼分子对整件事情提出了质疑。

然而，撒切尔夫人选择了该议题，并请康奎斯特起草自己的讲话稿。她特别希望从他那里了解“苏联的长远目标是否要摆脱西方民主”，“答案是肯定的”；以及“从长远看，苏联模式是否可行”，“答案是否定的”。[50]她还担心共产主义引起后院失火，主要影响到学生、媒体和工会，以从根本上破坏国家意志。这些讨论的结果是形成了她将于1975年7月26日在切尔西保守党协会上的讲话。她指出了一种对全世界范围内的自由的威胁。共产主义者正在致力于在葡萄牙破坏其新的民主秩序，她说，柬埔寨和越南已然丧失（“如今那些保护机器何在？”）。事实是苏联拥有“比全世界其他地方海军总和都要多的核潜艇”，工党政府正在将皇家海军从地中海拉回来，并在南非西蒙斯敦构筑基地。就像赫尔辛基最后决议呈现的，假装东西方之间存在“和平和信任”的做法是错误的：“在这段表面风平浪静的时期，事实是苏联的武装力量已经增加，并且仍旧正在增加，毫无减少的迹象。”

她说，NATO（北大西洋公约组织）的权力“已经处于安全的最低限”，如果同盟国不保持足够的传统武器，它们将面对苏联的侵略，并且紧随其后的是骇人听闻的选择：要么投降；要么“提前使用核武器”。这种措辞足够激烈，但是真正使得撒切尔夫人态度与众不同的，不是其关于苏联军事意图的鹰派特点。她不满足于从传统的全球力量对比中竞争对手的视角来看待该问题，寄望于最终达成协议来解决问题，进而取得平衡。她从本质出发将苏联视为对西方的攻击力量。苏联等国“抵制我们所坚持的每一个原则”，她宣称，自己并非通过这些国家的军械库，而是通过它们强加给自己人民的伤害来判断它们：

> 因此，当苏联领导人囚禁一位作家，或者一位牧师，抑或一名医生或普通工人，均系因言获罪，那我们应当关心的将不仅仅是人道主义原因。因为这些行为暴露了一个惧怕真相和自由的政权；它不敢允许自己的人民享受有保障的自由，一个向自己的人民否认这些自由权益的国家将毫不顾忌地以自我标准来否定其他国家。

她举了最近发生的苏联小说家亚历山大·索尔仁尼琴[1]遭流放的例子，他坚持说出真相来抵制共产主义者的谎言。她检验和平是否真的触手可及的标准是“人民的自由流动以及思想的自由传播”是否有所推进。

在个人回忆录中，撒切尔夫人以近乎自豪的口吻指出，在前往切尔西发言时，自己不会向其委任为影子外事大臣的雷吉·莫德宁请教或确认：“……我知道自己能获得的只有障碍和警告，”她笔调尖刻，夹杂着一种难以掩饰的情绪，就是她对亲自选择一名发言人缺乏信心，“什么是随后可以泄露出去的——尤其是一旦事情搞砸了。”[51]但是她收到了（并未在回忆录里提及）来自休姆爵士的帮助，得以大胆对抗政要们的潜在批评。在丘吉尔和撒切尔夫人之间的所有保守党领导人中，休姆是最有力地表达了对苏联共产主义憎恶之情的一个人。在切尔西发言之前，撒切尔夫人就该议题与休姆开了个会议，邀请他在草案上写下评论。演讲结束后，她写信给对方致谢，“首先感谢你给我提供外交事务发言稿的框架；其次感谢你如此认真仔细地通读”。[52]休姆回信表示，她在发言中表现得“非常好”。[53]切尔西发言是玛格丽特·撒切尔生平第一次就世界局势发表公开主题发言。这确立了她所保持的清晰明辨的标准。

撒切尔夫人最早决定出访美国是在情理之中的，她的第一次外事访问，出于对现存 EEC 公投结果的顺服，不得不前往西德（见上文），在那里她被时任总理的赫尔姆特·施密特接见，并留下了深刻印象，[2]同时会见了基

---

1 亚历山大·索尔仁尼琴（1918—2008），受教于罗斯托夫大学以及莫斯科历史学院（函授）；多部著作的作者，其中包括《伊万·杰尼索维奇的一天》、《第一圈》和《古拉格群岛》；1945 年，由于反对苏联方针被判八年流放于古拉格群岛；1953 年获释；1953—1956 年，被流放至西伯利亚；1957 年，获得官方平反；1974 年，被苏联开除国籍；1990 年，恢复苏联市民身份；1970 年，获得诺贝尔文学奖。

2 然而，这种感觉并不是相互的。稍后赫尔姆特·施密特与一名美国官员施密特进行了会谈，后者向国务卿亨利·基辛格做了汇报，提到德国总理“对玛格丽特·撒切尔印象糟糕，他说她就是一个泼妇，是一个恶棍，缺少眼界，不能担纲领导”（谈话谅解备忘录，“英国和意大利经济形势”，1976 年 11 月 3 日，基辛格抄本，项目 02123，国家安全档案馆，华盛顿 DC）。

督教民主党领袖赫尔姆特·科尔[1]。她立即确认科尔是“德国版泰德·希思”，[54]这一观点带来了重要且恶劣的后果。[2]但是前往波恩的访问并未作为重要议程，美国则不然。她有一种下意识的欲望，就是要在美国阐述自己关于世界局势的观点，以及时表明自己的重要性，因为她答应了10月初以领导人身份出席党大会，届时将遭遇困难。这和她的意识形态中对于诸如自由和民主等语言的偏爱有关，而她在美国政治中被这些内涵深深吸引，于是坚信讲英语的民族可以共享这些。

她希望在英国政治辩论中，重新激活这些语言的生命力，因此将美国之旅视为因地制宜的练手机会。[55]她还希望修复保守党与美国政治家的关系，其在泰德·希思担任领袖期间一度跌入僵局。这种局面部分原因在于希思一心希望推动英国加入EEC，而此举在美国人眼中是不友好的，当然还有部分原因是他个人的反美主义，在当代保守党领袖中表现得最为强烈。[3]而撒切尔夫人的感受则相反。

1975年2月18日，在宣布其影子内阁前不久，撒切尔夫人与美国国务卿亨利·基辛格[4]在克拉瑞吉酒店共进早餐。二人此前曾见过一面，当时撒切尔夫人是教育大臣，去参加一个为泰德·希思劝阻的会议，[56]当时两人相处融洽。这次早餐亦很成功，撒切尔夫人写信给曾于1967年安排其美国之旅的美国大使馆官员威廉姆·盖洛威，坦言自己已经“成为他（基辛格）诸多粉丝中的一员”[57]，并希望能尽快访问美国。基辛格记得：“我发现她与其他政治家截然不同。其他我所认识的每一位政治家都表示要赢得大选，你不得不成为核心人物。她的立场是，你必须尽其所能阐明自己的立场，然后核心位置将自然而然移向你……我一直对她着迷。你可以说是她勾引我……但是我想她对这些观点从来都不屑一顾。”[58]在当时的记录中亦有明

1 赫尔姆特·科尔（1930—），受教于海德堡大学；1967—1976年，莱茵兰—普法尔茨大臣；1976—1998年，CDU/CSU领袖；1983—1990年，德意志联邦共和国总理；1990—1998年，参与两德统一事务。

2 撒切尔夫人还抽空去拜访了其尊敬的《西德自由市场经济复苏》一书作者路德维格·艾哈德。

3 在为1974年9月爱德华·希思参加福特会议准备的一份文件简报中，亨利·基辛格并未咬文嚼字：“希思是一名教条主义者，偶尔可见戴高乐主义的影子，多年来唯一一名反美的英国首相。他是一个复杂、敏感的男人，经常生闷气。”（与爱德华·希思的会见，1974年9月10日，第15栏，国家安全顾问，欧洲和加拿大国家总统档案馆，杰拉德·R. 福特图书馆）

4 亨利·基辛格（1923—），生于德国；受教于乔治—华盛顿高中，纽约及哈佛大学；1973—1977年，美国国务卿（1969—1975年，国家安全顾问）；1984—1990年，总统外国情报顾问委员会成员；1995年，被授予圣迈克尔和圣乔治高级勋爵士(Hon.KCMG)。

显值得怀疑之处。有一次杰拉德·福特总统要会见欧洲领导人并讨论相关议题，基辛格建议他："……索姆斯或许不日将成为保守党领导人，我认为玛格丽特·撒切尔坚持不下去。"[59]

1975年4月9日，撒切尔夫人在议院的个人办公室与一位来访的美国显贵坐在一起，他的名字是罗纳德·里根[1]。虽然这是两人首次促膝长谈，其实里根早在几年前就已受到她的关注。[2]回溯至1969年，丹尼斯在伦敦董事学会参加一个由时任加利福尼亚州州长里根发表了致辞的会议，回到家中他对其盛赞有加。[60]三年后的1972年7月17日，撒切尔夫人在10号院出席了一个正式的团体午餐会，里根同样光临其中，不过并无证据证明当时他们二人有过交谈。到1975年初，里根第二届州长任期期满，他开始着手准备1976年的总统候选人提名。[3]他访问英国时，其中有一项议程是与工党政府会晤，同时在清教徒学会中发表演说，这次访问旨在明确自己的外交政策。至于里根会见撒切尔夫人的建议，是出自其参谋团的一名成员之口，此人名为贾斯汀·达特，其特百惠公司在英国有着强大影响力。"罗尼，你应该去见见她，"达特告诉里根，"她是不可小觑的人物。"[61]里根与撒切尔夫人的会面计划45分钟，实际上进行了一个半小时。"我很快就被他的优雅、直率和幽默感折服了，"撒切尔夫人后来写道。[62]里根记得："我们见面的第一句话是我们是灵魂伴侣，都致力于打造小政府并扩大自由权。"[63]里根在参加一家电台节目时对这段为期一周的伦敦之行做了概括。"此时的伦敦依然春寒料峭，冬天的脚步尚未离去，"里根告诉听众，"但是海德公园的水仙花已然怒放，甚至礼拜天下午的充足阳光吸引了成群结队的婴儿车，在其中徜徉……"里根还就加入EEC的问题在英国辩论中发表了看法，突出强调了工党内部的分歧：

---

1 罗纳德·里根（1911—2004），受教于坦皮科公立学校，孟莫斯，盖尔斯堡，迪克森，以及伊利诺斯州（AB）伊利诺伊和尤里卡大学；1967—1974年，加利福尼亚州州长；1981—1989年，美国总统。

2 关于撒切尔夫人曾经见过里根，有一个很有趣的片段，就是在里根演艺生涯巅峰时期的20世纪40年代，她在格兰瑟姆的大屏幕上见过对方。晚年时，她表示确有此事，但是却叫不上一部里根出演的电影名字（与约翰·欧—苏利万的通信）。在她写给姐姐穆雷尔的信中，常常针对自己所看到的电影发表评论，但亦未曾提及这些电影，因此她是否真的看过或需存疑。

3 里根在这次提名中失败了，而时任总统杰拉尔德·福特胜出。不过他在1980年的再次尝试中终于如愿以偿。

有人指出，工党在内部调停工作的失败或许会影响今年秋天的选举。如果确实如此，英国可以拥有近900年历史上自己的第一位女首相。保守党新领袖玛格丽特·撒切尔夫人，是一个漂亮、智慧且有力的女人。英国人喜欢他们的政治家能够在某些事情上坚定立场，她做到了。在最近一次全国范围的民意调查中，她被列为英国最受欢迎的政治人物。[64]

会面结束后，里根一直向副手们反复盛赞撒切尔夫人。[65]“当天晚上，里根还在不断地谈论自己遇见的这位漂亮女士。”[66]在写信向她表示感谢时，他邀请撒切尔夫人前往加利福尼亚访问自己。她热情洋溢地予以回复，但是表示在自己9月份的出访计划中，恐怕没有时间前往西海岸。他们确实只有到1978年才能再次碰面畅谈了，不过他们的团队一直保持着联系。里根的工作人员将会转送他在广播和演讲中的手稿，这些将由撒切尔夫人办公室整理过滤，许多有趣的内容出现于她的周末电视栏目中。很少有人谈及这段时期的撒里关系，但是未来友谊的种子已然萌芽。

4月中旬，撒切尔夫人收到了来自英国驻美大使彼得·兰斯博瑟姆先生的信，提到听闻她考虑造访，就邀请她前往华盛顿自己的家中小住。她还获得了来自彼得在华盛顿的前任帕特里克·迪恩先生的建议。尽管对于美国之旅心有热情，但是她能够自由安排的时间并不多。她并不能够确定要做什么，或者将和谁会面，抑或要参加什么媒体的节目。其结果就是，虽然她信誓旦旦地说出了想到的计划，但是能够付诸实施的寥寥无几。她希望自己以最高规格受到接待。其私人办公室安排了演讲日程，但是请外交部将她的剩余事项打包处理。她接受了大部分官员的建议，不过的确拒绝了在布鲁金斯用午餐的想法，该学会是一个偏左的自由派智囊机构，她怀疑其代表着自己一度憎恶的“共识”。[67]她让拉姆斯波顿检查一下，如果自己不能和影子外事大臣莫德宁一同抵达，就不能在美国提及争议性话题：她不希望自己的个人影响力打折扣，并且渴望一次没有任何竞争对手关注的差旅。

随着出访计划的敲定，外交部的态度很明显，希望撒切尔夫人为美国观众呈现一个积极乐观的英国现状。美国媒体充斥着大量关于英国衰落的新闻。《华尔街日报》一篇题为《再见英国，认识你真好！》的文章曾吸引了无数人的眼球，并被撒切尔夫人在那个夏天引用。“这是记者来到的英国，”5月13日，她向苏格兰保守党读起该文，“经济和政治衰败的景象触目惊心。”私下讨论同样黯淡无光。1月份与总统杰拉尔德·福特交流时，亨利·基辛格告诉他“英国是一出惨剧，它沦落到乞讨、举债、偷窃，直到北海油田出现……”[68]而英国的经济困境已经成为美国人的警钟。4月，未来的美联储主席、时任总统经济顾问委员会主席的艾伦·格林斯潘向福特指出：“观察英国经济，显示其到了一个点，他们必须加速提升政府财政刺激的量以确保稳定。这显然是一个非常危险的境况。战战兢兢的两条平行线，就像美国和英国的财政政策，一条拖了后腿，也会拽着我们暂停。”[1][69]

一名外交部官员写信给撒切尔夫人的新闻官德里克·豪伊：“撒切尔夫人的观众将希望听到她将会带领英国渡过当前艰难之境的笃定之言。北美媒体已经过度解读了局势。撒切尔夫人无疑希望强调一下这幅画面的积极一面（相对低水平的失业率，国际收支平衡表，控制通胀的有力举措，不一而足）。”[70]除了这些建议，撒切尔夫人还写出了两个大问题，她确实希望讲一个关于自己国家潜力的好故事，但是却不愿谈论工党政府所取得的成就。

1975年9月13日，撒切尔夫人如约抵达纽约，15日，她发表了第一场全面演讲，题为“让我们的孩子们长高”。这是她对个人信念的一次严厉而全面的表达，该理念就是“追求平等本身就是海市蜃楼”。她说，那些希望更多平等的人，由“嫉妒和所谓的‘资产阶级罪恶’等心理混杂不清地搅在一起”。当务之急是创造财富而非将太多注意力放在分配上。1975年的英国，56%的GDP“由国家控制并由其支出”。1963年，平均每个人的收入中要缴纳5%的税；而目前他要缴25%。这是一个怪圈，充斥着低利润、额外工资、更多的政府开销、冗余的税种、不惜损失利润的控制，意味着人们不再愿意投资股市。“让我们的孩子们长高，”她宣称，“并且一旦有人有能力实现，他们应当高于其他人。”“你将会是下一任首相，”其中一名嘉宾喊道，引发了激烈的掌声。而反观英国，此番讲话成为灾难，因为保守党中央办公室——戈登·里斯确信有不友好的意图——披露了一份早期草案，建议政府限制购买人工肾的开支。中央办公室拒绝收回已经发出去的部分，因此要留待里斯解决，而他当时正在纽约和撒切尔夫人在一起。于是他向福利特大街到处打电话，告诉可靠的朋友们：“事实上，她不打算说这个。”他的介入如及时雨：《太阳报》的编辑拉里·兰姆告诉他，自己已经准备好了一个封面标题《玛吉说，让他们见鬼去吧》。[71]

1　这些财政刺激措施和他后来的行动不同，21世纪初他在美联储鼓励采取刺激政策。由于导致严重“信贷危机”而受到广泛指责。

即便没有人工肾，她的言论在国内还是引发了争议。她对于英国社会主义的攻击被一些人解读为冒犯法律的行为，迈克尔·布兰森在ITN报道称“所谓未成文的法令是，正在访问的英国政治家不讨论党内政治”。[72]外事秘书吉姆·卡拉汉批评她在讲话中夹杂了“炫耀辩论技巧的段落”。阁僚们私底下向外交部抱怨她所说的话，并且一位亲近工党的英国大使馆官员汉姆尔顿·怀特，指责其在华盛顿大放厥词。[73]然而，撒切尔夫人我行我素：她告诉《泰晤士报》：“做一名社会主义者治下的宣传员，那不是我的职责所在。”[74]讲话中明确阐述了对于不平等观（这里指的是她眼中不同性质的国家间的地位。——译者注）的支持，此举极其勇敢。她仔细地将自己对祖国落魄之态的攻击与对其天赋能力的赞扬做了对比，在“今日秀场”栏目她告诉芭芭拉·沃尔特斯：“我们历来是一样的人，有着一样的冒险精神，我们善于发明创造……我们是一个11小时不停歇的国度，我们倾向于坚持到行动前的最后一分钟。喔，我们正处在第十一个小时，并且正要采取行动。”[75]总而言之，撒切尔夫人在纽约留下的整体印象是极其美好的，这是一个惊喜。“最重要的关键词是夫人。”《纽约时报》引用了一名参加午餐会嘉宾的说法。“这就是那个金发碧眼的小女人，穿着浅桃红的裙装，婴儿般金色的头发。真是荆棘丛中一朵花。不过没有哪个小女人会如此突出，不仅见多识广还极其善辩。”[76]

撒切尔夫人非常高兴，因为大家的焦点都集中于其言论而非性别。当她接受芭芭拉·沃尔特斯采访时，对方事先警告她，自己“可能会提出一些诸如身为一名女性如何攀上高位的问题，而她很讨厌此类问题”。撒切尔夫人摇摇头。“并无太多女人有我们这样的感觉，这样看来很不赖。”她说。[77]

9月17日，撒切尔夫人飞往华盛顿，在到达后24小时内，她会见了基辛格，国防部长詹姆斯·施莱辛格，财政部长比尔·西蒙，以及福特总统，另外还有参众两院的议员们。令美国政府担心的是，不能为这些会见安排太多议程，毕竟撒切尔夫人在华盛顿籍籍无名，不过她在领导人竞选中的惊人胜出的确使外界印象深刻。“成为党首，使得男性沙文主义被打破，对于撒切尔夫人而言，这是引人注目的成就。她展示了自己的勇气、机敏和决断力，”国务院的内部传记如是描述她。[78]在基辛格向总统简单提及对撒切尔夫人个人的支持时，还指出了她尚未大权在握。国务卿指出了她在议院中的主要政治问题：

在法定工资管控的支持者与“严格的货币主义者”之间，他们自己就通胀政策产生了分歧，很明显，保守党在等着看工党是否能够与工会联合制定出一个自愿收入政策，而保守党在这个问题上提出的法定政策失败了……个别工会就工资增加上限问题进行了重要的合规测试，结果将于今年冬天出炉，届时，新一轮的工资争议将再度白热化。撒切尔夫人试图占据中间立场，结果导致公众无法明确了解保守党在这一重要问题上的准确方针。[79]

撒切尔夫人针对缓和国际关系的非正统观点并未出现于基辛格的简报中，很大一部分原因在于美国人不得不分析这些观点的价值究竟有多大。例如，美国驻伦敦使馆选出她7月份在切尔西保守党协会上颇具挑衅的讲话“西方国家与苏联关系这一问题上没有什么好谈的”。[80]基辛格敏锐地意识到撒切尔夫人在外交政策上缺乏经验，[1]因此不愿提及她开始严肃解释的想法。众所周知，她对美国极其友好，并且在当时算是倾尽所能了。另一方面，政府机关并未对其访问敷衍了事。她见到了自己想见到的所有重要人物。

撒切尔夫人还很重视“保安工作”、友好交谈和思想交流，而不是更多目的明确的讨论。她在9月18日与福特总统会面，进展非常成功，但是内容平平。当时在现场的布兰特·史考克罗夫特[2]记得：“她非常迷人，很友好，极其沉稳安静。我几乎记不得会面的内容了，只有一个整体印象就是‘俊夫人’……我们感觉她很漂亮，但是并不视其为一个即将改变一些事情的重量级人物。”[81]撒切尔夫人对这次交流似乎兴奋不已，又似乎平静以对。“福特没有显出高姿态的样子，见到对方她非常高兴，但是主要因为对方的地位而非讨论的内容。”[82]她的一位随行人员回忆说。

然而，其他随行人员则格外兴高采烈。和她一起参加会见的多数人是来自众议院国际关系委员会成员。据当时在场的英国官员说：“热情的程度超乎寻常的高涨，部分归因于她是一名女士，同时还因为她在宣传中透露出强烈的信念，足以吸引美国国会议员。”[83]同一天，撒切尔夫人拜访了国防部长

1 “她是一个了不起的姑娘，”基辛格在2月底告诉福特总统，“但是她对外交政策没有一点经验”（交流谅解备忘录，国家安全顾问，Box9，“1975年2月27日，福特，基辛格，理查德森”，杰拉尔德·R. 福特图书馆）。

2 布兰特·史考克罗夫特（1925—），受教于美国军事学院，哥伦比亚大学，拉法叶学院和乔治城大学；美国部队陆军中将；1973—1975年，国家安全副顾问；1989—1993年，国家安全顾问。

詹姆斯·施莱辛格。后者的团队几乎没有向他明确这是一名党首（他们注册的身份是影子内阁成员），并且他预备了一个时长为15分钟的会面：

令我震惊的是，一进来，这个引人注目的女人就开始对当时的施莱辛格学说高唱赞歌。[1]她对之知之甚少，但是有热切好学之心。我们谈论了战略核武器的话题，大约有一个半小时……她对我所说的兴致很高，并且之后不久就开始身体力行地支持这些观念。[84]

在财政部，比尔·西蒙同样产生了一种印象，认为这是一个灵魂伴侣和好学门徒。随后给她写信时，财政部长表达了热情洋溢的态度，超乎寻常的官方语言："你的奉献精神和知识令我印象深刻……在恢复贵国经济平衡的过程中，你面临着艰难重任。撒切尔夫人，你配得称赞，因为你在寻求必要政策以治理好通胀时充满了勇气。我将在你处理这些问题过程中寄予极大的兴趣和同情。"[85]

次日晚，撒切尔夫人接受了另外一位华盛顿人的款待——《华盛顿邮报》资本所有人凯·格雷厄姆夫人邀请她共进午餐。其中一位当时在场者记得："她大部分讲话都是即兴演说，给人留下了极大印象。她谈到了自由市场和自由权，使用了战争以来前英国领导人鲜见的语言。这次讲话没有伪装，亦不在取悦于人，而是有心而发。"[86]午餐会进展得好极了，但是格雷厄姆夫人从未真正将撒切尔夫人当作朋友。[2]午餐时坐在她旁边的是艾伦·格林斯潘：

我几乎不怎么了解她……不是十分确定她了解什么。她给我说的第一件事是"因此，格林斯潘博士，我们在英国时为何没有谈及M3？"她指的是一种货币流通总量，由于技术原因，在当时的英国未被采用。当我试图解释时，发现她正在紧紧地跟着我……我发现我们的交流令人吃惊，她拥有较高水平的理解力，世界上政治领域的大多数人不能望其项背。我认同她的一个观念，就是她笃信自由市场原则……[87]

---

1 施莱辛格学说是针对苏联不同程度的侵犯，致力于通过画出核报复的层级及范围，来加强核震慑力。

2 随后不久在伦敦由《每日电讯报》资本所有人的妻子哈特维尔夫人（她同样不是撒切尔夫人的粉丝）举行的午餐会上，格雷厄姆夫人极其挑衅地宣称："我认为她就是一个粗俗下流的骂街泼妇。"（对迪兹爵士的采访）

每一个造访华盛顿的英国政治家都很重视人际网的构架，但是撒切尔夫人的不同并不只是由于她在这方面大获成功，而是因为她正在寻找能够帮助自己在国内寻求意识形态和政治变化的盟友。

在旅途中的剩余时间里，撒切尔夫人又做了另外两个既定演讲。第一个是在华盛顿的全国记者俱乐部，时间是前面午餐会的第二天，她以阴郁的口吻描述了英国困境，并把它置于世界范围内的政治和文化斗争大背景下。她的国家所面对的不仅仅是技术经济问题，更多的还是“和生命有关的人类灵魂存亡问题”。西方盟友应当承认“我们的道路”没有胜利：“我们代表着正在衰减的弟兄姊妹的同心。”一旦解冻，产生了关系缓和局面，她担心“我们正在丧失实质性的解冻，并且在阻断这条道路；我们正在失去内在的信心”。马克思主义是“对人类尊严的否定”，美国和英国有责任“使自由信念在法律框架下得以复苏”。虽然承认美国当前的精神颓废之态，她说：“但是美国在我看来，如果这是失败，那么以上帝名义的成功是什么？”并且她明确将自己的生活与信仰同美国故事联系起来：“我并未出身于大户人家，努力工作是我的唯一出路……这是一场道德战……美国建国者那批清教徒的道德。”联合一起的任务涉及政治、道德和经济的重振——“高消费而少思想的时代应被终止”——但是她相信自己的国家能够做到这一点：“现在我们可能遭遇了英国的软弱期，但是我们有英国宪法，并且它依旧岿然不动；我们拥有英国人的良心和意志来获得最终胜利”。

在起身飞往加拿大以完成旅行的最后一站——芝加哥，撒切尔夫人做了一次主题全面的演讲[88]，主题和经济问题有关，并涉及“政治经济学”的优点。通过指出亚当·斯密的《国富论》和同一时期的《美国独立宣言》（1776年），将英国和美国联系起来，她强调指出反对政府在经济中的过度干预，以及面对通胀威胁时的应对之道。“通胀”，她表示，“是一个致命恶魔，有能力破坏任何一个基于崇尚自由价值体系而建立的国家。当通胀率持续高于20%就没有民主可言。当金钱不再能够扮演保值、储蓄和投资等角色，契约社会的根基就会被扭曲，专业人士和中产阶级市民，所有社会的主干将会被破坏。”自由世界需要团结起来对抗通胀：应当有一个“相互依赖声明”以帮助“构建一个公正可行的国际经济秩序”。

撒切尔夫人发表芝加哥演讲当天，一名叫萨拉·莫尔的女士在圣弗兰西斯科试图枪杀福特总统，结果失败。这次攻击事件自然而然地限制了美国人关注撒切尔夫人讲话的范围，但是在英国，这些话受到关注。《卫报》将她在美国谈及的所有内容整合起来做了个总结："撒切尔夫人的演讲……显示出她已经决定与迪斯累利的实用主义保守党传统决裂……保守党如今被置于发动改革运动的风口浪尖；保守党已经被极端主义者把控。"[89]当然，撒切尔夫人不同意极端主义的说法，但是她并未因自己的言语受到特别注意而内疚。她在北美的最后一次既定演讲是在加拿大多伦多的帝国俱乐部。和R.A.巴特勒一起，发表了极具战后特色的保守党中间路线演说："通常都说政治是一种无限可能的艺术，这类表达的危险之处在于我们会相信不可能的事情变成可能，只要我们有足够多的勇气和洞察力。"她开始形成自己对英国政治学独一无二的贡献——不可能的艺术。

在送给一位外交部同事的一份材料中，北美事务助理专员德雷克·托马斯对这次美国访问进行了个人分析和积极总结：

> 撒切尔夫人从这次访问中的确获得了自己希望得到的。但是在我看来，在向美国观众发表对英国鲜有悲观情绪的言论时，她提供了一个有用的无党派目标。毕竟在最近数月，对英国的悲观言论占据了它们的媒体。不可避免的是，撒切尔夫人应当……毫不顾忌地推行自己的政治信条，但是看起来对其美国观众们更重要的，是她对于英国未来充满信心的宣告。[90]

将美国人的思想成功俘虏的部分原因是她自己在英国对成功前景的预见。[1]当时接近她的人也注意到其美国之行在次月的党内大会上，帮助她巩固了自己的地位："并且它对于塑造其信心的意义不可估量。"[91]在她1975年2月大选和10月初作为党首参加第一次党大会期间，撒切尔夫人逐渐培育起了自己所需的随从人员。令吉姆·普莱尔愤怒的是，她迅速甩掉了希思团队的中央办公室总干事迈克尔·沃尔夫，并彻底废除了这一职务。她还召回了戈登·里斯，选择阿里斯泰尔·麦克阿尔潘[2]担任党内会计，这些都源于其对于党核心人物本能的防范意识："你为我工作，你是我任命的。"她还告诉对方抛弃自己的奔驰车，买一辆英国车。[92]麦克阿尔潘与艾瑞·尼

1 撒切尔夫人的美国之行实际上还小有回报，因为自己的演讲收到了3250英镑的答谢金。扣除各项开支后的剩余部分被用以充实保守党中央办公室那空空如也的咖啡罐（THCR6/4/1/13）。

2 阿里斯泰尔·麦克阿尔潘（1942—），受教于斯托；1963—1995年，导演，在罗伯特·麦克阿尔潘爵士父子公司；1979—1983年，保守党副主席；1984年，被授予西格林麦克阿尔潘勋爵。

夫有中间联系人。他的父亲埃德温拥有一家家庭建筑公司，罗伯特·麦克阿尔潘先生及其儿子们，作为英国核工业联合公司副主席，掌控着一个名为核动力集团的游说组织，该组织曾在希思政府期间雇用尼夫担任议会发言人。[1]运作撒切尔夫人的办公室时，尼夫的部分收入仍然来自埃德温·麦克阿尔潘。阿里斯泰尔也为罗伯特·麦克阿尔潘工作，1942年，他出生于父亲掌管的伦敦杜切斯特饭店，由此为吉兆的开始，他学会了如何在生命中要求并享受美好事物，成了食物、酒饮、服装、酒店、鸟类、花园、艺术和各类收藏品的专家。当时身为狂热的亲欧人士，麦克阿尔潘曾担任“赞同”运动全民投票副司库，还以警示的口气强调希思团队如何将撒切尔夫人推至边缘地带。从一开始，他只是从个人角度支持撒切尔夫人，而很少关注保守党。年轻、殷勤、短小矮胖且古里古怪的麦克阿尔潘人脉极广，足以翻云覆雨，他一方面熟知保守党的传统资金来源，另一方面和那些粗俗且附庸风雅的世界交往甚笃，而这些都是撒切尔夫人几乎一无所知的。他将传播关于撒切尔夫人的正面闲话作为自己的工作，与此同时还保证她不被潜在的捐赠人讨好。在他的引导下，撒切尔夫人开始建立起一个有力的商人小组，这些人随时准备着出手相助，其中包括比彻姆斯的弗兰克·麦克法德森爵士；当时在股票经纪公司嘉诚资本[2]的迈克尔·理查德森[3]后来在罗斯柴尔德银行对其有重要帮助；另外还有马库斯·谢夫爵士和玛莎百货公司的德里克·雷纳[4]。麦克阿尔潘很快就和戈登·里斯混熟了，与他一起分享对香槟的热爱，顺便还嚼嚼舌根聊聊八卦，并且在里斯的婚姻破裂时，还带他到自己在伦敦的寓所，引发关于两人是情人关系的虚假谣言，麦克阿尔潘一度要提起控诉。不管怎样，这古怪的一对儿在保持撒切尔夫人的斗志方面发挥了举足轻重的作用。

最重要的也是令人头疼之事是讲话稿的起草工作。事实上，撒切尔夫人有党内核心人物在帮其把控所起草内容的质量，并且她因自己的良好品

1 艾瑞·尼夫曾经邀请撒切尔夫人前往哈维尔（见本书前文）。尼夫一度被外界批评将政治和商业利益混在一起。

2 嘉诚资本曾经为撒切尔夫人提供了一场年度晚餐会，由理查德森组织，并未为其捐资以帮助她运作自己的办公室。

3 迈克尔·理查德森（1925—2003），受教于哈罗公学；1971—1981 年，嘉诚资本合伙人；1981—1990 年，N.M. 罗斯柴尔德父子公司常务董事；1990 年，被授予骑士爵位。

4 德里克·雷纳（1926—1998），受教于城市学院以及剑桥大学诺维奇和塞尔温学院；1984—1991 年，玛莎百货主席；1979—1983 年，首相顾问，致力于政府增效及消除浪费工作；1973 年，被授予骑士爵位；1983 年，被授予雷纳勋爵。

格而聚拢到了克里斯·帕滕及其研究部的助理主任亚当·里德利，他们均擅长此道，尤其是前者，更是她意识形态领域的灵魂伴侣。帕滕因其优秀的文笔受到关注，而里德利则是撒切尔夫人党内的经济顾问（从官方而言，是整个影子内阁），为她那个夏天的芝加哥演讲提供了许多资料。她还从外围拜访名人大家，比如就从阿尔弗雷德·舍尔曼处获得了第一手的基础理论文稿。但是撒切尔夫人从一开始就很清楚，自己需要得到适合自己口味和立场的资料，就像一看见它们就能够说“对了，那就是我（在说）。”本来就曾是拿过奖学金的女孩，她痛恨凡事不重视基于事实的做法和容易引发争执的内容，同时也不能容忍刻板的逐点罗列的形式。她所需要的讲稿撰写人是能够抓住其精神实质，同时又能让她放松的人。此人应当没有属于自己的思想成见，亦无党内派系背景。她告诉每个人自己希望的是一位“语言大师”。罗纳德·米勒[1]顺势而出。米勒是为其效命且爱慕撒切尔夫人的多名同性恋者之一，这些人都尊重她的理念。他是一名剧作家和电影编剧，其舞台剧改编自C.P.斯诺的小说，音乐剧《罗伯特和伊丽莎白》以及剧本《爱洛漪丝和阿贝拉》在伦敦西区声名大噪。

他曾经帮助泰德·希思起草一些讲话稿，一度估摸着会不受撒切尔夫人欢迎。因此当受到撒切尔夫人邀请时非常吃惊，当时是被请去帮她起草一份政治讲稿，而这是她就任党首后首次在电视上做此演讲，时间是1975年3月5日。为此，米勒选择了一些名言，并且和大多数人一样错误地署名为亚伯拉罕·林肯（真正的作者是威廉姆·波特克，写于林肯去世75年后）：“你不能通过削弱强者来使弱者变强大；你不能通过劝阻节俭来实现繁荣……”当他带着草稿去见撒切尔夫人时，后者请他大声读一遍给她听。读完后，有一段时间的沉默，米勒以为她不满意。随后看着她慢慢地、戏剧性地取过自己的手提包，上面有一张包含同一句“林肯”名言的黄色纸张。“它和我如影随形，”她告诉米勒。[93]于是，这句名言出现在了电视上，并且在那以后，撒切尔夫人一直信赖米勒。就像许多她最信任的合作者一样，米勒不可能成为她的朋友。

幽默、女性化的扭捏作态，穿着丝绸睡衣，带着些许慵懒之态，他来自诺伊尔·考沃德（当时的一位著名剧作家——译者注）的世界而非威斯敏斯特。他定期在“爱谁谁”活动中消遣以打发时间，里面有“各种各样的音乐，

1 罗纳德·米勒（1919—1998），受教于卡尔特学校以及剑桥大学国王学院；剧作家和电影编剧；1980年，被授予骑士爵位。

形形色色的人”。他不太关心政治，但是却笃信撒切尔夫人能唤起英国的复苏。他有一种能力，就是能让所参加的每一个聚会活跃起来。据说，许多人都惊讶撒切尔夫人海纳百川的口味，她竟然能与像里斯、麦克阿尔潘以及米勒这样的人同时相处得很好。其中有一点分析得极其正确，就是她从不古板封闭自己。[1] 理查德·瑞德回忆说：“她与团队中的每个成员都处得很好，哪怕是小辈。那是我曾工作过的最幸福的办公室。”[94]

不久以后，撒切尔夫人在米勒的亲手辅助下，就能够使用“罗妮化”一词来描述一个演讲了，但是随着 1975 年 10 月党大会的临近，她尚未敲定演讲稿。结果产生了令人不安的混乱和紧张。在每一次演讲前，撒切尔夫人都会极度紧张，而在党大会出场前这种紧张尤其加剧，变成了三重。这是她首次作为党首露面，她深知其中意义，这也将是目前为止她职业生涯中最重要的一次演讲。在当时的选举体制下，保守党普通议员们对于选举她出任领导人没有直接影响。据悉，他们中的多数人曾经支持希思，现在大家能接受她取代前者的现实吗？如果他们不能，她在议会、媒体和党的层级制度中的支持力量将不会太安全，其领导人的地位也不会太容易维持。她对于帕滕和其他研究部人员起初提供的草稿不满意，就利用周末时间在家里亲自写作。[95] 在黑潭的一周时间里，她被草稿和众多的经手人搞得闷闷不乐，其中包括安格斯·莫德，还有里德利和帕滕，理查德·瑞德，辛苦地整理材料。艾莉森·沃德和卡洛琳·斯蒂芬斯一遍又一遍地通过手动打印机输入了五十页的草稿，用去了六盒油墨，并将打印出来的文件捧在手上或放在膝盖上细心校对。[96] 经历了废寝忘食的数小时辛苦劳作后，被无数遍重复修改的文本终于摆在她面前，然而，撒切尔夫人依然不满意，最后接受了戈登·里斯的建议，将罗妮·米勒请到黑潭（从伦敦前来需要很长时间的火车）来救急。直到 10 月 10 日周五凌晨 4：30，一份演讲稿终于尘埃落定，她才得以上床睡觉。

撒切尔夫人在黑潭的紧张并未因泰德·希思的行为得到改善。负责组织党大会的保守党全国联合会，对希思一直抱有同情心。当撒切尔夫人团队的一个人带她进入帝国大饭店全国联合会的主席房间时，两人能听见希

---

1 然而，撒切尔夫人的忍耐也是有限度的。《旁观者》的时政编辑帕特里克·考斯格雷夫曾是她最初的支持者之一，并且为她登上高位付出了一臂之力。他也写了一本她的早期传记。考斯格雷夫非常优秀，但是缺乏冷静和严谨，有传言说他曾吐到撒切尔夫人的鞋子上（当时她还穿在脚上）。在任何重要事情上，他都不是一名核心成员，不过他在“爱谁谁”中介绍自己为“1975—1979 年任玛格丽特·撒切尔的特别顾问”。关于考斯格雷夫存在于核心圈子一事的结论是“鸡尾酒搞定了他”。

思的声音从里面传出来，一阵阵粗鲁的评价声透过紧闭的门缝钻出来，他们赶紧夺路而逃。针对他们的行为，撒切尔夫人评价说："有些男人简直泼妇不如。"[97]发表演讲头天晚上，威利·惠特劳打电话告诉她，他认为她和希思之间应该和解，希望邀请二人到自己房间喝一杯，并让她静候自己再次打电话。她同意了，但是两个小时后，依然没有电话进来，于是她打电话给惠特劳。惠特劳垂头丧气地说："不奏效。"她被惠特劳不回电话的失信之举搞得心神不宁，不管是他粗心大意还是忐忑不安所致都不该如此；同时，她也被希思的冷漠气得难以平静。"我的眼泪夺眶而出，"她回忆说。[98]

尽管伤痕累累，撒切尔夫人在周五下午站在发言席前时仍旧神采奕奕，这天距离她的50岁生日还有三天。她穿着一身孔雀蓝的礼服，戴着领结，还有一件修身款的宝石绿外套。在讲稿起头，以她当时一以贯之的做法写了几句话："放松，音量放低，不要太慢。"她径自指出了对在美国她批评英国的抱怨之声。她批评了社会主义，说："英国和社会主义并非一丘之貉。"并且为经济形势描绘了一幅阴暗的图画——"我们现在确实实行了一周三天工作制，实现这一点我们用去了五天"——但是，就像一直的观点，她将其置于道德而非技术层面的背景下。西方诸国有一重"道德挑战"，尤其是英国。"我们是怎样的人？"撒切尔夫人问道。英国人发明或探索了"电脑、冰箱、电动马达、听诊器、人造纤维、汽轮机、不锈钢、坦克、电视机、盘尼西林、雷达、喷气式发动机、气垫船、浮法玻璃和碳纤维。哦！还有那精妙绝伦的协和式超音速喷射客机，我们有一半功劳。"[1]她倡导更加自由的经济，不过并非纯粹的放任主义（"我们保守党痛恨失业"），她再次提出了在美国讲到的"不平等"观点。"我们都是不平等的，"她说，"……但是对我们来说，每个人都一样重要。"为了让大家注意到伟大的变化，她将眼光投放到了本国传统中去：

让我给你们提供我自己的愿景：一个人有听从自己内心召唤而工作的权利，也有权利花自己赚来的钱，有权拥有财产，不管身为佣人还是雇主，都各得其所。这些是英国的遗产……我们必须将私营企业拉回到复苏之路上，不仅仅是给人们更多的钱让他们按照自己所愿去消费，而是要有更多的钱去帮助老弱病残……我们正在回来的路上，我想，此刻正处于漫漫历

---

1 另外一半属于法国人。

史长河的又一个转折点上。我们可以选择继续沉沦下去，亦能够叫停并做出一个带有坚定行为的决定，同时宣告：“够了”。[99]

起立、鼓掌喝彩，接踵而至的是超越惯例的反响：这是发自内心的单纯举动，这是一个灰心已久的部队的反应，他们听到了自己内心最深处的信念，如今被表达出来，带着朝气，充满乐观。如今在两个政党之间产生了鲜明的差别，是时候能够且必须为这个国家的命运做决定了，这样的思想既出，是如此令人激情四射。并且，这个大厅充满的热情透过媒体和整个国家发出回响。撒切尔夫人演讲后的一份马普兰民意调查显示出保守党获得 54% 的支持率，与工党的 31% 形成对比。因此，在前互联网时代接受德国斯特恩杂志采访时，她不像在英国媒体前那样过于谨慎，撒切尔夫人对黑潭会议表达了无比感激之情，毕竟她打破了希思坚持要贴近工党的战略。[100]她确实赢得了来自基层的忠诚追随者而获得了安全，此次结果是前所未有的——“自丘吉尔以来，她比其他党首更多地使部队振奋起来，”克里斯·帕滕怀着勉强的羡慕之情回忆说[101]——并且一直持续到最后。胜选以来头一遭，她感觉自己的地位稳固了。

当时家里发生了一些变化。1975 年 5 月，已届花甲之年的丹尼斯从博马石油公司退休。他记得，自己退休时每年能赚到 12000 英镑，并且最后一年还获得了 1500 英镑的红利。[102]他认为这些钱很丰裕。（当时，他妻子的收入是 9000 英镑。）虽然还保留着忙碌的非执行董事的职位，丹尼斯已经不再每天辗转于伦敦和斯文顿之间了。因此，他在妻子的生命中开始扮演比以往更重要的顾问角色，无论是对方的政治事务，还是参与在家里举行的诸多非正式会议。由于太大且利用率太低，他们卖掉了兰博赫斯特的山庄别墅，随后在洛奇阁租了一间公寓，这是一间位于乡村的“大房子”。10 月份，撒切尔夫妇搬进了同样地处兰博赫斯特，在斯科特尼城堡里这个历史悠久的一位亡夫遗孀之所。

餐桌上方，他们悬挂着由叙利亚大使赠送给撒切尔夫人的礼物，是一块巨大的阿拉伯铭文。当时一名年轻的国会议员乔纳森·埃特金[1]，成了卡罗尔的男友，经常前往斯科特尼拜访，看到这块悬挂的铭文非常吃惊，

1 乔纳森·埃特金（1942—），受教于伊顿公学和牛津大学基督教会学院；1974 年 2 月—1983 年，东萨尼特保守党国会议员；1983—1997 年，在南萨尼特；1994—1995 年，财政部首席秘书；记者、作家；1999 年因妨碍司法公正被判 18 个月监禁。

因为，这些撒切尔夫妇看不懂的文字意思是："世上只有一位上帝，穆罕默德是他的先知。"[103]玛格丽特和丹尼斯享受着斯科特尼的生活，但是在当地显得很无助，并且来自工作的要求也意味着玛格丽特更无暇与家人共度乡村周末。另外，一对双胞胎不想在兰博赫斯特花费太多时间。因此，大部分时间生活在切尔西的弗拉德大街，实在是聚少离多。

一对儿女时年22岁，宅在家里。尽职尽责却毫无激情的卡罗尔，正在完成她的律师培训；马克在四年前遭到牛津大学基布尔学院拒绝后，心中对父母有极大的不满，[104]他在南非自得其乐，在获取会计师资格证时亦无果而终。由于没有时间，并且历来对儿子采取放纵态度，撒切尔夫人被身边一起工作的人视为"彻头彻尾的支票簿妈妈"。[1][105]在卡罗尔看来，在格兰瑟姆长大后，"这段经历像她的中间名一样控制着自己"，她的妈妈错在不在旁边给孩子们发号施令。[106]但是，弗拉德大街和撒切尔夫人家毗邻而居的苏·马斯特里佛特，却对撒切尔夫人要营造一个正常家庭生活的努力印象深刻。

马斯特里佛特小姐被卡罗尔描述为"一个非常好心的邻居"，[107]在20世纪70年代中期被丈夫抛弃，留下她一个人凭借寥寥无几的钱抚养孩子。反过来，撒切尔夫人对她也是好邻居。被她遭遇这样的困境所触动，撒切尔夫人热心而巧妙地给她一些食物及其他物品（作为领导人之后常常在差旅途中给她准备礼物），有时候还会给她一小笔钱。她也会帮对方买一些东西并帮着照看房子。比如，正是苏·马斯特里佛特在哈罗兹百货店买了一些材料，然后有了撒切尔夫人美国之行所穿的一件裙子。撒切尔夫人一直会安排马斯特里佛特的孩子们在他们放假期间去短途旅行。在其婚姻一度处于危机中的一个晚上，马斯特里佛特小姐在自己的寓所突然心脏病发作，然后打电话给卡罗尔。当时她正在为尚未成年的卡罗尔做临时保姆，然后两人成了密友，这也是她向其求助的原因。卡罗尔母女二人飞快地冲过去，拨打了999。听着撒切尔夫人在电话里向救护车所说无微不至的话，苏·马斯特里佛特被深深打动了："你们到来后，请不要按门铃，因为楼上有孩子们在睡觉。"[108]

无疑，在卡罗尔的头脑中，一点也不享受自己母亲的位高权重："我认为卡罗尔会喜欢一个围着围巾的乡下妈妈……一天到晚地烘烤面包。"[109]她

---

1 丹尼斯经常撕心裂肺地大叫："这孩子就是一个吸钱鬼！"（私人信息）

有时候会感觉自己被忽视了，开始变胖而又遭到撒切尔夫人的批评，还指责她衣着邋遢寒碜（她尤其讨厌一件被卡罗尔称为“消防服”的衣服）。[110]但是，在撒切尔夫人看来，她比卡罗尔称赞的表现得更好，并且很关心她的幸福。她“一直都知道卡罗尔身上正在发生的事情”[111]并徒费心机地尽量找到更好的方式去和她沟通。从个人角度，卡罗尔喜欢弗拉德大街的家更甚于他们之前所有的房子：它对我们大家来说太小了，在她妈妈成为反对党领导人时家里人如潮涌，门庭若市，并且“对于四个成年人一点也不舒服”。[112]在这些情况下，家庭生活并不理想。但是，在苏·马斯特里佛特眼中，丹尼斯和玛格丽特看起来是“非常甜蜜的一对儿”；她成为保守党党首的事实使他“自豪得恨不得把头仰得十英尺高”。[113]

即便是在竞选领导人胜利后，撒切尔夫人依然保持着一名认真而自豪的家庭主妇的角色。“她一直记得人们必须吃饭。”[114]她在弗拉德大街或斯科特尼为礼拜天午餐“做了一件大事”，就是制作了令人难以想象的大餐，其中有“加冕鸡”（又叫香芒鸡肉，是一道英国专有的特殊菜肴，专为庆祝英国女皇在 50 年代加冕而命名。——译者注）和在 20 世纪 50 年代学会的一种糖水橘子罐头。[115]她对家里柔软的家装怀有强烈兴趣（“她永不停止地叨叨：‘我结婚之初，不得不亲手制作窗帘’”），[116]一直都清楚自己的银行账户里有多少钱，但是都不在丹尼斯的户头里，并且积了一整套的绿盾邮票（相当于现代的奖励卡片），这种邮票在当时的商店里购者如潮。她为自己的所有衣服买单，并且和丹尼斯分付家庭开支。在苏·马斯特里佛特的印象中，撒切尔夫妇生活舒适，但并不富裕。孩子们的私教和随后的培训占去了大头开销，并且丹尼斯还要帮助自己离婚的姐姐乔伊。他们的生活很朴素，在那个通胀的时代属于辛苦工作的中产之家，从未真正感受到匮乏，但是也从不阔绰。

1975年11月，IRA 谋杀了罗斯·麦克维尔特，他是撒切尔夫人的支持者并在国家自由协会担任领导角色。在他死后不久，该协会就公然向工会权力发起了挑战。他的被谋杀第一次提醒撒切尔夫人，要配备警力保护，这种做法在她余生都得以保留。同样，此举将她与一直以来被描述的常态生活方式隔离了。不过，前往保护她直到20世纪90年代中期的政治保安处官员鲍勃·金斯顿，一度被“太容易打发”的撒切尔夫人及其友好态度所打动。她对金斯顿的残疾儿子给以特殊的关心，在他看来，对方从未装腔作势。“她难以接受那些犯错误的人，”他回忆说，但是对那些漂亮可人且高效利索的人，则表现得无可指摘："二十年里，她从未向我起过腔。"[117]

1975年秋，撒切尔夫人试图利用在黑潭的成功之机。在下议院，这很难做到。尽管哈罗德·威尔逊的幻想破灭，常常醉酒，并且在经历了五年的竞选之战后健康状态每况愈下，但是他一直保持着狡猾而又魅力四射的议会形象。在他们每周两次针对首相提问的决斗中，他发现撒切尔夫人比希思"更加尖锐却有更少意识形态的空谈"，于是认定，不让她搭台唱戏的最佳方式就是不攻击她。[118]在他的高级政策顾问伯纳德·东诺各胡眼中，当撒切尔夫人不得不在会议室面对首相时，她好像"目瞪口呆"，"就像一只在白鼬面前的兔子"。[119]她的声音也被认为不利于自己。[120]为了扭转情况，撒切尔夫人建立了一个由年轻国会议员构成的团队，其中有奈杰尔·劳森、诺曼·特比特[1]、杰弗里·帕蒂[2]和乔治·加德纳，旋即结成"四人帮"，来帮助她为首相提问做准备。她学得很快，特比特记得，由戈登·里斯帮助她提高技巧，但是"她并不真正专注于太多问题"。并且女士身份使然，她感觉对一些表达方式的使用有障碍。[121]在广播流行的时代，男国会议员们基于其性别来模仿撒切尔夫人时，并未感觉到这样的障碍。当她站在台上讲话时，工党后座议员们常常发出"模仿女声的哎呀尖叫"[122]，试图使她难堪。特比特被她对这些难题的反应搞得倍感沮丧，但是她是极其正确的，只是专注于问题本身而不是那些男人。从自身角度出发，撒切尔夫人认为威尔逊很聪明、善良、谦恭而又"敏感"，[123]但是，从自身说话的方式出发，她不希望与他走得太近。

对撒切尔夫人早年身为党首的议会表现加以研究，我们难以找到任何关于她成功驾驭下议院的片段。她一直精心准备议会辩论且在其中表现得敏锐有力，但是又一直在开拓议会支持范围方面毫无收效。眼下，她缺乏必要的内在自信。这对于她的议会同事们的斗志无疑是一种挫伤，尤其是像希思这样的人在会议室内表现得老练却恶意相向。新的一年，撒切尔夫人决定努力推进与所有议会影子成员的联系。威廉姆·舍尔顿于10月份离

---

1 诺曼·特比特(1931—)，受教于埃德蒙顿县文法学校；1970—1974年，艾平保守党国会议员；1974年2月—1992年，在清福德；1979—1981年，贸易部，议会次官；1983—1985年，贸易和工业部；1985—1987年，兰开斯特公爵大臣；1985—1987年，保守党主席；1992年，被授予特比特勋爵。

2 杰弗里·帕蒂（1936—），受教于杜伦中学以及剑桥大学圣凯瑟琳学院；1974年2月—1997年，彻特西和沃顿保守党国会议员；1983—1984年，国防采购大臣；1984—1987年，贸易和工业部；1987年，被授予骑士爵位。

去，转而被亚当·巴特勒取代担任其 PPS，而巴特勒是 RAB 的儿子，因此关系很好。同时还试图安排彼得·莫里森为其另外一名 PPS，但是此举遭到否定，原因是如果两个男人都来自尊贵的（这里是说他们都是同事的儿子）老伊顿公学之家，看起来不太妥。[1][124] 圣诞节后，可怜的福格斯·蒙哥马利被更有能力却不太受欢迎的约翰·史坦利[2] 所取代。她的议会地位逐渐得以巩固，但是她在议会大厅尚缺乏引以为豪的突出抓手。

撒切尔夫人在自己设计的公共说教角色打造方面尤其成功，再加上其好斗的个性特点，可谓相得益彰。她那些主要针对保守党观众所做的演讲，持续对全球共产主义威胁及相关事物发起攻击，伴随着“内部敌人”频频使用一些短语，后来在 20 世纪 80 年代闻名于世。她揭露左翼分子对地方政府的颠覆，发表了关于支出的最著名的短语“别人的钱”，[125] 并宣布了她关于“每个男人、每个女人都是资本家”的言论。[126] 除了在这种议题上对一般议题的有力掌控，还有一种具体的东西保证撒切尔夫人获得大部分媒体的注意，就是时常见诸报端、来自工会那日益增强而又有破坏性的力量。

印刷工会在限权方面未进行整体改革，并且常常有徇私舞弊之举，如今正在变得好战，更加频繁地停止报纸生产。由左翼就业大臣迈克尔·富特倡导的工会及劳资关系法案框架下，对已倒闭商店强征赋税比以往变得更轻而易举。撒切尔夫人指出，这意味着全国记者工会将会对报纸拥有垄断权。这敦促她将共产主义中国和苏联拿来做比，在那里“媒体被捆绑在锁链中”。[127] 这已经发生了，因为有一个实体控制着所有媒体，她在写给《芬奇利时报》的一封信中问道：“当极端分子们如此活跃在各个领域的时候，难道我们真的确信我们的自由是安全的吗？”[128] 报纸担心丧失自己的自由表达权和自我管理权：他们本能地认同这名女士表达出来他们内心的惧怕。

不过在刚刚过去的7月，撒切尔夫人在切尔西所提出的议题产生了最具杀伤力的效果。1976年1月，根据一份由《每日邮报》对苏联军事装备的调查，在罗伯特·康奎斯特因返回美国而缺席的情况下，理查德·瑞德联系了罗伯特·莫斯，他是一名研究恐怖主义及颠覆势力的年轻专家，当时在《经济学家》杂志工作。莫斯被邀请为撒切尔夫人撰写一份关于苏联威胁的

---

1 如果这一切发生了，历史或许会改变。因为莫里森将不会在 1990 年成为她的 PPS。

2 约翰·史坦利（1942—），受教于莱普顿学校以及牛津大学林肯学院；1974 年，唐布里奇及莫灵保守党国会议员；1979—1983 年，住房和建设部大臣；1983—1987 年，武装部大臣；1987—1988 年，北爱尔兰事务办公室；1988 年，被授予骑士爵位。

讲稿，并被授予相当自由的空间。然而，在这种情况下，为了避免之前不经咨询和请教而招致的批评，撒切尔夫人当天深夜请雷吉·莫德宁前往弗拉德大街一同研究草稿。雷吉·莫德宁很不喜欢自己读到的文字，抱怨说将苏联社会描述为“贫瘠的不毛之地”是错误的：“想想柴可夫斯基吧！”[1][129]然而，他的反对在相当大程度上被否定了。就像在切尔西演讲中体现出来的，撒切尔夫人整体反对一种理念，就是其主旨发言应被贴上“外交政策”这样的标签，然后将世界事务理所当然地置于清净之地加以阐述，她的演讲仍旧较少涉及“外交手腕”。她对于世界局势的观念一部分来自其对生活、宇宙等一切事物的描述。莫斯了解到，撒切尔夫人有意识地要回到1946年密苏里富尔顿的丘吉尔讲话，当时他以“一道铁幕”横亘欧洲的“铁幕演说”而名满天下。她致力于追求这样一种“感人至深的效果”，他就按图索骥，据此来起草文稿。[130]

1976 年 1 月 19 日，在参观了英国驻西德武装力量后，撒切尔夫人在肯辛顿市政厅发表演说，宣称“任何政府的首要之务在于防卫自己的人民不受外来侵略”。然后，她将此套在了工党政府身上，发现“上次战争结束以来，来自领土扩张主义者的权力正在变本加厉地对英国及其同盟国构成战略性威胁，而与此同时，该政府却正在拆除我们的防务”，“或许工党有些人认为我们正在和俄罗斯人站在一边！”她说，俄罗斯人“致力于主导世界”，并且在这方面的自吹自擂无人关注时，却试图在军事方面通过武装力量来追求这一目标；其政治局“将枪放在黄油前，而我们则将所有的东西放在枪口前”。在中欧，《华沙公约》迫使 NATO 在数量上超过既定目标“150000 男人，接近 10000 辆坦克和 2600 架飞机”。苏联每个月都会制造一艘新的核潜艇，以威胁我们的海上航线。她的坚持是正确的，对赫尔辛基的幻想提出了警告，并且呼吁其观众去听索尔仁尼琴的说法：自 1945 年以来，西方正在为发动第三次世界大战而努力，并且——就像越南以及如今的葡萄牙和安哥拉（在该国，随着 1975 年葡萄牙殖民地的垮塌，马克思主义者们努力要实现霸权）——在丧失领地。

撒切尔夫人说，补救措施不仅仅是重整旗鼓再次出发，而且她引用了美国民主党参议员丹尼尔·帕特里克·莫伊尼汉的话，要有“一个事关西方权利和民主概念的合理而有力的防务”。她声称自己的大西洋主义：“我

1 或许他在这里指的是肖斯塔科维奇。

们相信我们的外交政策，应当持续基于与我们的传统盟友美国形成亲密谅解，这是我们盎格鲁撒克逊传统的一部分，同时也是我们 NATO 承诺的一部分。”她对于在 EEC 内建立更亲密的关系更加小心谨慎，表示“任何指向进一步贴近欧盟的举措都务必深思熟虑”。英国衰落的许多原因由社会主义引起，“保守党要摇醒长期熟睡的英国公众任重道远”。撒切尔夫人说，“是时候由我们做出选择了，这将决定我们社会的生与死”：“让我们确保我们的孩子能够充分快乐地生活，不要放弃了他们的自由。”[131]

这是一场铿锵有力的演讲，在新鲜论点和鲜活事实的融合交错中迸发着激情。但是撒切尔夫人无法知晓她在人们对这次演讲的反应中有什么好运。这种兴奋感有时却被俄罗斯人煽动起来成为愤怒。红军报纸《红星》，通过莫斯科电台在报道中将这一切放大，侮辱性地将撒切尔夫人与德国 19 世纪的“铁血宰相”俾斯麦作比较，称其为“铁娘子”。她抓住了这一机会，对芬奇利保守党协会的讲话中再次向欣赏自己的观众做出了介绍：

今晚，我穿着“红星”雪纺晚礼服站在大家面前，我的面容化过淡妆，我的灰发温柔波动，这就是西方世界的铁娘子。一名冷战斗士……是的，我是一名铁娘子，毕竟相比成为一名铁公爵，这一切并不赖；喔，我的防务价值理念，我们生活方式的基本原则自由，原来他们是希望这么去解释的。[132]

很难考虑对其准确定位：一个女人味儿十足而又强大的女人，一个被其敌人们尊敬的对手，一个沿袭威灵顿公爵（“铁公爵”）的传统坚持爱国主义的领导人，一个国家及其价值观的捍卫者。拜其对手们所赐，她已经摇身一变成为一个全球性的人物，带着那个使她声名大噪的绰号——“铁娘子”。

13

陷入中庸

“她在其影子内阁无所作为”

1976年3月16日，撒切尔夫人为船舵智囊团（Bow Group）20周年纪念做了一次重要演讲，该小组囊括了诸多自由派思想者和保守党知识分子。受到亚历山大·索缜尼辛在BBC最新广播的鼓励，这次演讲主要强调抵制社会主义以孕育优秀土壤的必要性：“普通人的最大提升，是非常人士所取得成就的产物。”[①]然而，她的皇家咖啡厅观众们对此毫不关心，因为哈罗德·威尔逊在那天上午选择辞去首相职务。

直到如今，都没人确切知道威尔逊辞职的真正原因。坊间有传言说此举或许和丑闻有关，也有人认为是疾病所致。不过，他担任首相这么久，有想卸任的念头没有什么值得大惊小怪的，但是确切的时间表却着实令人吃惊。撒切尔夫人的应对能力为她在议院各方几乎没有赚取多少分数。观看那天下午首相提问环节，威尔逊赢得了赞誉，伯纳德·东诺各胡记得：“希思表现得完美之至。但是撒切尔夫人却再次搞砸了，颇显鲁莽，发表了一些冷嘲热讽的观点，并且发起了一场大选，此举着实令她同一战壕中的许多人尴尬不已。”[②]芭芭拉·卡斯特尔从政府前座看到了她：“他（威尔逊）只是捉弄了一下玛格丽特·撒切尔。对方就像平时在议会一贯的表现那样坐着，低着头，嘟着嘴，就像在积聚我们凡夫俗子无法理解的超级智慧。她的介入着实显得不太巧妙。”[③]

撒切尔夫人对自己那并不恰当的信念似乎极其真诚。她认定了一场大选是制度要求的得体之举。但是工党却不这么想，致力于选出威尔逊的继任者。事实上，政府正陷入深深的麻烦，由于发动第一轮针对未来数年的削减公共开支计划，近几个月已经丢了一些议会选票，并且2月份当基础货币跌至2美元以下时，英国在货币市场面临着一场不期而至的危机。但是，如今的注意力转移到了竞选上，留下一个无礼而颇感无趣的撒切尔夫人。一个出人意料的事实是，虽然1974—1979年的工党政府非常不成功，其内部却是藏龙卧虎。等着取代威尔逊的有吉姆·卡拉汉、罗伊·詹金斯、托尼·本、安东尼·克罗斯兰德、迈克尔·富特和丹尼斯·希利。所有这些人都是能言善辩、经验丰富且魅力四射的主儿，并且在当时都比撒切尔夫人的地位牢靠。1976年4月5日，第三轮票选为吉姆·卡拉汉带来了胜利。相比左派的首选人物迈克尔·富特，工党国会议员们更喜欢那个没有牛津学位的候选人。

这对于撒切尔夫人而言并非好结果，如果富特胜出（他一度在第一轮票选中表现惊人且位居榜首），她对于社会主义的苛责将迅速引起选民的共鸣。而吉姆·卡拉汉则不同，他是一头红狼，却穿着比以往任何人都更具迷惑性的羊皮外衣。卡拉汉比撒切尔夫人年长13岁，自1945年就成为国会议员。他是可敬的工人阶级中一个铁杆儿爱国主义产物，对于许多选民来说颇具说服力，并且他只有一个很具体的想法，就是只有工党能够与工会处好关系。这位高大的男士，部署了被撒切尔夫人描述为“绵里藏针”(avuncular flannel）的方针，[④]他带着下议院清一色男性惯常的高高在上对待站在讲台上的这名小女子。

在首相提问环节的一次早期交流中，撒切尔夫人强调：“他坚持政策的唯一目的就是要将英国陷入红色，并保持红旗在这里四处飘扬。”卡拉汉回应说：“我仍旧满怀希望地等着有一天质询时间会变得严肃，没有议员抢着蹦出几个自以为聪明的短语，然后绕着讲台将它们喊出去……我相信，有一天，这位尊贵的夫人将会稍许理解这些。”[⑤]还有一次，当撒切尔夫人正在试图强迫卡拉汉注意其一位同事的革命性观点时，对方对她进行了一番打击：“当然，在这些事情上，我可以提供给这位尊贵夫人我的观点，但是不幸的是，好像我不能给她捐赠些许幽默感。”[⑥]撒切尔夫人的记忆中，卡拉汉是一个比威尔逊更加“专横的”政治角色。[⑦]贯其领袖任期始终，卡拉汉在公众心目中有着比她更高的个人声望。

在卡拉汉成为党首两天后，工党在下议院失去了其整体多数席位，期间有一名议员去世，并且大骗子约翰·斯通豪斯[1]辞去党鞭职务。这种失控局面并未转化成为保守党的福气，许多支持者一度希望她抓住机会。如今，

---

1 约翰·斯通豪斯（1925—1988），受教于唐顿中学，南安普敦和伦敦政治经济学院；1957—1974年，温斯伯里工党国会议员；1974年2月—1976年，北沃尔索尔；1968—1969年，邮政大臣；斯通豪斯当时是一名捷克安全与情报工作代表，the StB(前捷克斯洛伐克国家安全部门)；1974年，他将衣服丢在迈阿密海滩上，伪造了一起个人死亡事件，以逃避追债者以及来自英国的追捕。他辞去党鞭职务，加入了英国国家党，之后不久便因盗窃和欺诈而锒铛入狱。

许多人期盼工党政府垮台，不过自由党和一些小党派却希望它待着不动。因此，撒切尔夫人发现自己处境艰难，她不得不将自己的部下维持在随时待命准备战斗的状态下，而这场战争有可能要等到远在三年之后才爆发——就是议会履行完自己的法定使命以后。议院各派之间的选票相当均衡，议会的混乱成了常态。1976 年 5 月底，工党要出台将造船业和飞机制造业国有化的法案，并进入了投票环节，而当时议长已经称之为“杂种”（他的意思是，这份法案将普遍规则与具体业务混淆应用了，而这和下议院议程相冲突）。保守党不顾一切地要将之付诸实施。

左翼保守党国会议员们开始在下议院大会议厅高唱“红旗飘飘”。接着，保守党行业发言人迈克尔·赫塞尔廷夺过象征王室授权的权杖，高高地空中挥舞。吉姆·普莱尔和威利·惠特劳阻止了他，但是每个人都已经看到眼前发生的一切。赫塞尔廷随后曾声明，自己此举只是想以权杖讽刺一下工党那些人，并非为了炫耀或者突出自己，[8]但是别人并不这么看。撒切尔夫人似乎非常享受这种混乱，并未斥责赫塞尔廷。这些闹剧的结果就是她在议会停止了所有与政府的合作，直到卡拉汉同意针对造船业法案再次投票。四周后，他照办了，但是届时他已经确保了自己所需要的选票。

甚至整个国家的经济困境亦未成为保守党的可乘之机。12 月，当 IMF（国际货币基金组织）同意针对英国政府的备用信贷时，以基斯·约瑟夫为发端的保守党所犯的货币病已经为公正的医疗意见所确认。在卡拉汉成为首相次日一场针对预算的辩论中，撒切尔夫人作为党首展示了自己最具效力的议会风采，她指出，一年前当希利站在这里呈出自己的预算案时，英镑的价值是 2.37 美元；如今却跌至 1.87 美元。公共部门高达 120 亿英镑的借贷需求意味着“财政赤字规模已经主导了一切，而财政部已无计可施”。“流行性感冒”正在泛滥，“癌症”是“潜在的结构性问题，我们正处于崩溃的边缘”。[9]两个月后，随着基础货币落入重压之下，一笔可供使用三个月高达 53 亿英镑的备用信贷，被国际清算银行加以提供。随后的 9 月 28 日，一场新的基础货币危机中，英镑再度下跌至 1.63 美元，这迫使希利在登机前一分钟从机场折返，当时他前往香港参加英联邦金融会议的航班正要起飞。英国向 IMF 借了 39 亿英镑。1976 年 10 月，虽然利率飙升至 15%，但是英镑依旧不减跌势，一度达到 1.56 美元。这下，IMF 的贷款条件变得苛刻，并要求提供下一年度预算案的意向书。英国政府遂于 12 月递交出去。在接下来的 15 年间，关于保守党的记忆都是对 IMF“卑躬屈膝”——

就像它一直表现的一样——这成为保守党宣传中的一个重要标志性特色。

虽然这些侮辱行为凸显了保守党的权利，但是它们同样改变了政治氛围。在这样一场危机中，更需要促进国家团结的对话。带有这样目标的联合政府曾被以哈罗德·麦克米伦为首的一些人所鼓吹，时年 82 岁的他悄悄地一个人想象着这一切。[1]伴随着勒紧裤腰带并齐心协力向前进的豪言壮语，撒切尔夫人认为收入政策如果和许多错误做法混在一起，就不会奏效。5 月初，议会通过政府的收入政策后不久，她接受了伦敦周末电视台“周末世界”栏目记者彼得·杰伊（他还碰巧是卡拉汉的女婿）的采访。“如果孤军作战，没有任何一项支付交易能够解决我们当前的问题，”她告诉他，“英国要被认为是完全受制的状态吗？难道我们不能有所改善吗？”[⑩]她呼吁缩减公共开支，并应该“当机立断”且“落到实处”，[⑪]与此同时，她还力推自己一直偏爱有加的自由集体协商制度，以至于许多人认为她是要终止向势大力沉的工会提供大额工资结算，并使处于弱势地位的工人们处境更糟糕。在这样一项重要领域的政策上，保守党高官们依然有分歧。

同时，工党政府在自身行为方面明显变得更加有所担当了。7 月 22 日，希利宣布削减 10 亿英镑的公共开支。9 月底，为回应 IMF 带来的危机，他推出了撒切尔夫人曾经要求的“坚定、果断措施”。并且，尽管在危机中期召开了工党大会，通过其他方式遏制了英镑的“跌跌不休”之势，并大大秀了一下自身实力，但是吉姆·卡拉汉在会上的演讲（由彼得·杰伊执笔）依然值得注意，他在其中宣称选择借贷和支出的方式来解决经济问题“不再存在”。“削减”时代事实上开始于这次讲话，不过撒切尔夫人后来因这一提法反复遭受指控。作为要领导整个国家平稳渡过危机的男人，卡拉汉看起来值得信赖，尽管他自己的政府正是危机的始作俑者之一。

第二周在布莱顿向政党大会做演讲时，撒切尔夫人自说自话，“对于责任和劝告的必要性近乎神经质地加以提醒”。[⑫]经常为她起草会议讲话稿的约翰·冈莫，懒洋洋地回忆说，“她最喜欢的就是被挑衅，因此大家的工作就是为她找到能够被挑衅之处。”[⑬]1976 年 10 月，一切相安无事。撒切尔夫人不得不去支持卡拉汉正在做的工作，他并没有为自己做宣传。她的立场底线是各种利益“昌盛、自由——是的，——还有英国的荣誉”，

1 撒切尔夫人回忆称，当时她曾前往麦克米伦的儿子莫里斯家中拜访他，谈论了这些话题。她说，自己听到这位老人问他儿子：“电话响了吗？”——当时的情景意味深长，使她感动，甚至想请他去率领这个国家政府。（THCR 4/4.）

而这一底线似乎要避开党的优势。“如今，一半的内阁成员开始说出一半的真相，”她告诉党的忠实成员，但是政府扭转局面的机会是“零”，由于左派的力量使然。她强调，由党的全国执行委员会和工党项目部（并未通过党的领导层）制作的文案是“赤裸裸的、厚颜无耻的马克思主义者所为”，并说，左派在一周前的黑潭为可怜的希利喝倒彩的行为是“这个国家永不可能忘记的一幕”。

她提议的补救措施非常小心翼翼。作为对泰德·希思在其布莱顿演讲中对政策大方向提供帮助的感谢（从某种程度上是勉为其难的），撒切尔夫人称赞他是“一个从不为特定时刻而出卖真理的人”，并且遵守与党的左派所签署的不成文协议，就是不谴责任何形式的收入政策。她描述了“一种对工资争议所形成普遍共识基础”的美德。同时，她宣称自己从不寻求与工会的冲突：“我们所在意的冲突是伴随着物价上涨的冲突，还有伴随期间的失业率飙升以及债务飞增。”⑭作为政治定位的一部分，这次演讲很奏效。《泰晤士报》基于自身的当权派心理试图将其隐藏：“撒切尔夫人明显在小心翼翼地转移到政治的中间地带……政党已经在一系列政策和措施上团结一致。引人注目的是，大家开始更亲近希思先生而不是基斯·约瑟夫先生。”⑮不过，会议大厅的观众们远没有前一年那样的兴奋，其演讲之声最终缓缓消散。《每日电讯报》的素描插图作家弗兰克·约翰逊[1]，是与撒切尔夫人所代表的变革派有共鸣的一部分人之一，他记载了后者当时在上述讲话之后所举行的补充会议上一场即兴演讲的精彩之处（由于建筑工程正在推进，这些事件都发生于一个小型的临时会议厅）。他写道，近来她的表现“明显不如去年”。⑯在个人回忆录中，为表达对曾经较为失败经历的感激，撒切尔夫人或许存有私心：她已经违心地为党内各派的两相情愿做出了让步。

导致撒切尔夫人和泰德·希思在1976年大会上不和的，是一份称之为《正确路径》（The Right Approach<Conservative policy statement>）[2] 的文件，其作为保守党在布莱顿会议的成果出版。这份冗长的文件由克里斯·帕滕起草，其副标题为“保守党目标声明”（撒切尔夫人基金会官网显示的

1　弗兰克·约翰逊（1943—2006），受教于彻特西中学，肖迪奇中学；1972—1979年和1999—2006年，《每日电讯报》的议会素描插图作家；1981—1988年，《泰晤士报》；1993—1995年，《星期日电讯报》副主编；1995—1999年，《旁观者》主编。

2　该文件的副标题是译者根据撒切尔夫人讲话原文所加，原文可参考玛格丽特·撒切尔基金会网站：http://www.margaretthatcher.org/archive/displaydocument.asp?docid=109439。

副标题为“保守党政策声明”，此处稍有出入。——译者注），目的是避免将过于明确的政策过早地悬于本党的脖颈上。就像帕滕本人所描述的，该文件代表着希思派与撒切尔派之间就保守主义等达成的“一份协议”。[17]就像所有好的协议一样，其致力于找到一种两个派系之间均能获得满足的表达方式。在修辞方面，帕滕本人真实的中间派表达方式占据了主导地位。《正确路径》反复谈及“回归共识”，并且警告要提防“过分固执”。要找到一个个体人和社会人之间的“一种平衡哲学”。文件旨在寻求一种“对欧共体发展的全心奉献”，并且它代表着“与我们同胞中大多数人的本能和观念步调一致”的保守党路径。它称赞了希思时代，指出在其间一度采取的“艰难抉择”。然而，究其实质，对于撒切尔夫人而言，这份文件几乎充分地表达了撒切尔派的旨意。其中的关键一章标题为“促进经济平衡”（这里的“平衡”一词，对于希思派意味着一种温和中庸之道，而对撒切尔派则暗含着一种平衡的预算），描述了“一种稳健而严格的货币政策”，要压缩政府借贷额并进行现金限制。控制货币供应量是“经济政策一个关键特性，但绝不是唯一的一个”。削减公共开支被描述为“至关重要的”，并且在文中被阐述为“一定范围内一些公共服务的减少是不可避免的”。一旦借贷额得以成功管束，直接税收将得以削减，并且税负“作为一个整体”将会被降低。

致力于控制价格的《价格法》应当予以松绑；在战略性行业中拥有控股权的全国企业理事会应被废止，并且应当针对国有化产业确定明确的财务目标：没有要廉价出售它们的一般性建议。超过三年期的固定租户，将会被授予可以购买政府公屋或公寓的法定权益。文中只有两处引起了明显分歧，首先是关于工会改革的内容。此项议题的前提是提升“议会的权威”。针对工会邮政选票的公共开支将予以提供，并且反对闭店的个人权利将得到更好保护，但是其余内容显得较为模糊：“我们无意引进新一轮劳资关系立法。”尽管该内容很少能代表撒切尔派所追求的目标，但是全党范围内达成了协议，就是谨慎胜于猛力：《劳资关系法案》给希思造成的伤疤依旧隐隐作痛。其次和价格政策领域有关。《正确路径》采取了必要的妥协态度对其加以减少，不过此举几乎是胡闹。它表示，限制工资争议并不意味着单一的物价和收入政策。“经验证明，这（收入政策）是为问题找到长远解决方案的最佳途径。同样的经验表明，断然地永久反对该理念是愚蠢之举。”就德国“协同行动”方针引起了喧哗，而工会和管理层在未确定工资增长比例原则的情况下，赖此方针同意构建一般财务框架。保守党内部关于收入政策的战争预计将于未来某日爆发。整体而言，撒切尔夫人对于条约起草怀有极大兴致。《正确路径》甚至还阴差阳错地生成了日后归功于她的一条短语："生活中的大事小情务必被证明是保守党的功劳。"[1]

虽然受到了来自上述讨论的政策弱点的打击，并且"高处不胜寒"，身边没有良师益友做伴，但是撒切尔夫人在此战场上拥有一个巨大的优势，就是经济，她希望在其中背水一战。在经济领域，党内针对她的批评较少。大多数政治寡头是经济上的小矮人（反之亦然）。威廉·沃德格雷夫是希思阵营中为数不多的元老之一，他对于自由经济表示出了兴趣和敏感，并记得当时的达官贵族对该议题不屑一顾："'难道凯恩斯不能永远解决所有问题吗？'他们想当然地问。"[18]并且，虽然他们本能地讨厌撒切尔夫人希望带领的方向，但是又没有足够知识，以基于事实参数来发起抵抗。即便是他们进攻最猛烈的收入政策，在其支持者看来也不过是暂时性的事物——"经济就相当于被囚禁于北爱尔兰（的人）"[19]——并且，他们发现很难抵制日益侵蚀该政策的反对浪潮。

这种对经济忽视的人后来以"保守党温和派"而闻名，当时被撒切尔夫人任命于其影子内阁。处理经济事务的人中，只有就业部的吉姆·普莱尔，对基斯·约瑟夫的分析以及玛格丽特·撒切尔的激情予以拦阻，并且，他是唯一一位足够勇敢以至于在影子内阁会议上，对政策方向进行严肃反对的人。但是由于普莱尔反对的是理念原则，因此他并未有太多属于自己的装备，在影子内阁对撒切尔夫人的其他批评者中，最具经济学素养的人是曾任财政大臣的雷吉·莫德宁，他一次又一次地发声抗议，但是却没有人尽其才，才尽其用，以至于其事业一直在走下坡路。[2] 撒切尔夫人影子内阁中的批评者试图从未来的实践中寻求安慰："不撞南墙不回头，所经历的事情会修正她的理念。"[20]

争论中的撒切尔这一边主要令年轻知识分子这一群体印象深刻，公众对他们的了解远少于老旧派权贵们。这些人中有一些是昔日抵制希思U型大转

1 这句话出现在文件《实践常识》一节中，旨在凸显保守主义在平衡各种力量时的能力。

2 就在莫德宁要离开议院时，撒切尔夫人的一名助理和他见面并问他为何不听丹尼斯·希利的预算说明。"实际上我在自己的预算演讲稿里睡着了，"莫德宁告诉他，"如果要我一直坐着听别人的，那就要被 *** 了"。（原文为I' m f***ed。——译者注）（来自私人信息）在希思政府期间，有一次首相要出国，莫德宁被授权为其代理。他在一场午餐会上把酒言欢后在下午4点回去工作。"如果指控一名政府要员醉酒会被判什么刑？"他听到有人问自己的秘书。

弯的“老兵们”，像极了那些曾在同一战壕里结下深厚友谊的士兵，并且他们所有人都不同程度地参与过金融法案常务委员会的工作。在竞选党首时，撒切尔夫人曾将自己与该委员会区别开来。其成员包括了大卫·豪威尔[1]、奈杰尔·劳森、尼古拉斯·里德利、约翰·诺特、约翰·比芬、伊恩·高、塞西尔·帕金森、诺曼·拉蒙特和约克·布鲁斯—加戴恩。这些男士形成了举足轻重的智囊团，并在反对派中间致力于推进新的经济政策。他们的关注点各有侧重——例如，比芬比里德利或劳森更谨慎——但是从实质上都坚持同一个方向，就是要争取更大的经济自由。

除了这些政治家，那些在经济议题上向撒切尔夫人建言献策者还有经济自由主义者。除了亚当·里德利是一个例外，他虽然不主张国家干预，却也来自希思团队。她的经济顾问们认为没有必要对希思的所作所为进行盖棺论定。实际上，大家迫切地渴望改变，并在保守党正式政策形成过程中和她一样失去了耐心。她在保守党研究部抱怨，“这个办公室里没有一个人拥有哪怕一个有价值的思想理念”。[21]当时在研究部致力于管理政策议程的克里斯·帕滕，不无悲伤地回忆说，撒切尔夫人虽然也愿意研究专业政策团队的工作，但是“如你所知，她同时还在见一位疯狂的瑞士教授”。[22]经由基斯·约瑟夫、阿尔弗雷德·舍尔曼和政策研究中心，还在重要的较小范围内通过阿瑟·塞尔顿、拉尔夫·哈里斯以及经济事务研究所，撒切尔夫人一连串地会见了多位经济和政治思想家，其中有大名鼎鼎的弗里德里希·冯·哈耶克[2]和米尔顿·弗里德曼[3]。她将索尔仁尼琴的格言当作自己的口号，“艺术家和思想家分内之责的一部分，是要为政治家照亮前路”。[23]而她自己最希望被照亮的道路是在法治框架下，能够通往更伟大的自由之路。

她本能地厌恶狭隘的个人主义：她正在追求的是一种有着强烈道德感并基于社会公序良俗的自由。当年还是牛津大学的一名本科生时，她就曾经读过哈耶克的《通往奴役之路》，并且在20世纪70年代，还常常把他的《自

---

1 大卫·豪威尔（1936—），受教于伊顿公学以及剑桥大学的国王学院；1966—1997年，吉尔福德保守党国会议员；1979—1981年，能源大臣；1981—1983年，交通部；2010—，外事大臣；1997年，被授予豪威尔勋爵。

2 弗里德里希·冯·哈耶克（1899—1992），受教于维也纳大学；1931—1950年，伦敦大学经济科学和统计学图克教授；1950—1962年，芝加哥大学道德和社会科学教授；1974年，被授予经济科学诺贝尔奖（共同授奖）；1984年，被授予荣誉勋爵称号。

3 米尔顿·弗里德曼（1912—2006），受教于罗格斯大学、芝加哥大学以及哥伦比亚大学；1948—1982年，经济学家和作家；芝加哥大学经济学教授；自1982年起担任荣誉退休教授；1966—1984年，《新闻周刊》经济学专栏作家；1976年，获得诺贝尔经济学奖。

由秩序原理》（也有译为《自由宪章》——译者注）放在手提包里，并声称“这就是我们所坚信的”。㉔她还乐于恳请那些伟大的思想家泰斗成为其竞选运动中公共宣传的一部分。在反对派岁月里，撒切尔夫人的演讲中在提到一些人名时充满敬慕之情，其中有卡尔·波普尔、巴斯蒂亚、凯恩斯、波克、熊彼得、托克维尔、阿尔弗雷德·马歇尔、C.S.路易斯[1]、亚当·斯密和鲁德亚德·吉卜林，等等。虽然在没有吸引到自己注意之前，很少读过这些大家的作品，但是她在自己的讲话中一直以他们的思想内核来诠释自己的真实兴趣点和理念。在别人建议下，撒切尔夫人甘心乐意地做起家庭作业。“我开始了假期阅读，”她写信给亚当·巴特勒，以感谢他的圣诞礼物。“但是读过陀思妥耶夫斯基的《附魔者》和凯斯特勒的《正午的黑暗》后，我再也高兴不起来了！”[2]㉕

1976年，她告诉小说家、记者吉利·库珀自己在这个酷暑期间，读完了845页的《吉卜林诗选》，这令对方颇为吃惊。㉖在准备一些比较重要的讲话过程中，尤其是周末时间，撒切尔夫人会求助于这些学界翘楚，同样还会更多地接触时下的思想家和评论家。据记载，1977年1月26日她准备发表题为《无阶级社会的“精灵之光”》的演讲过程中，就典型地体现了这一点。她特别重视新近报刊上的文章，尤其会圈定一批作者，比如：雪莉·罗宾·莱文[3]，彼得·鲍尔[4]，米尔顿·弗里德曼，萨缪尔·布里坦，罗伯特·斯基德尔斯基[5]，哈耶克，阿伦·沃尔特斯以及保罗·约翰逊。㉗

撒切尔夫人对于枯燥的经济学阅读了无兴趣。直到1977年9月她在美国

1 克莱夫·斯特普尔斯·刘易斯（1898—1963），又称C.S.路易斯，是英国20世纪著名的文学家，学者，杰出的批评家，也是公认的20世纪最重要的基督教作者之一，代表作有《四种爱》、《纳尼亚传奇》、《返璞归真》等。

2 在个人回忆录中，撒切尔夫人记录了自己在乡村邻舍、记者马尔科姆·马格里奇推荐下读《附魔者》一事，对方告诉她本书将有助于她了解共产主义者的思想结构（见《通往权力之路》，哈珀柯林斯出版公司，1995年，309—310页）。

3 雪莉·罗宾·莱文（1924—1993），受教于芝加哥大学和LSE；哲学家和思想史家；《撒切尔主义剖析》一书作者（1992）。她的丈夫比尔于1976—1988年间在LSE任政治科学教授，同样曾为基斯·约瑟夫和撒切尔夫人建言献策，并帮助他们起草演讲稿等。他们的儿子奥利弗就职于撒切尔夫人的政策小组，在作者撰写本书时，是联合政府成员之一。

4 彼得·鲍尔（1915—2002），受教于Scholae Piae以及剑桥大学冈威尔和吉斯学院；1960—1983年，LSE经济学教授；以其国际发展著作和政府在国家发展中作用的怀疑主义而闻名；1982年，被授予鲍尔勋爵。

5 罗伯特·斯基德尔斯基（1939—），受教于布莱顿学院及牛津耶稣学院和纳菲尔德学院；1990—2007年，华威大学政治经济学教授；奥斯威尔德·莫斯利和凯恩斯传记作者；1991年，被授予斯基德尔斯基勋爵。

遇到阿伦·沃尔特斯前，阅读了对方的《繁荣与萧条期的货币作用》。㉘20世纪60年代，她还在泰德·希思的影子内阁时，道格拉斯·黑格曾第一次给她提建议，据其回忆，当时撒切尔夫人是一名求知若渴的学生，“擅长财政学，法学素养非常好，但是不太擅长经济学”。她开始专心阅读道格拉斯的《经济学理论教科书》，并称“这是我曾拥有的最美好记忆”。㉙在成为领导人后，她向黑格抱怨说，“这个叫亚当·里德利的家伙写出了经济学领域最耸人听闻的东西，”㉚并请他在1975年出任自己的经济顾问。但是当时他正在价格委员会工作，不能给她更多更全面的关注，直到1978年离开该委员会。黑格和她都有卫理公会基督教会背景，在不同时期在牛津的卫斯理纪念教堂参与礼拜和服事。黑格提醒她留意约翰·卫斯理[1]的著名建议：“取你所能；救你所能；施你所能。”她随后在公开辩论中对此理念加以运用。后来，黑格对撒切尔夫人的一个重要影响是说服她取消了外汇管制。

除了黑格时不时的重要帮助，她更多地从戈登·帕博[2]的货币理论著作中获得技术性指导，后者是格林威尔公司高级合伙人、股票经纪人。每一次财政预算案之前，帕博都会和撒切尔夫人一起工作两个小时，偶尔还会在斯科特尼来一次“突然袭击”，因为他就住在附近。他说有关撒切尔夫人“耐人寻味”的名声实际上源自她的“求知若渴”，另外，对他有所触动的，就是细致入微的品格和心怀强烈信念的特点在她身上融合得恰到好处。他发现在他们的技术性讨论中，通常都会在开始的十分钟里先由撒切尔夫人进行一番苛评，先是她“从道德层面对通胀的深恶痛绝”，其次是表达对于节约重要性的相关信条。㉛帕博帮助她加深了对于英格兰银行以及当时流行学说的怀疑。她没有去找该银行行长戈登·理查德森[3]，并描述其为“一个爱慕虚荣的男人”。㉜

为了获得更多实际的业务建议，撒切尔夫人于1977年初缠上了约翰·斯帕罗[4]，后者在摩根建富投资部任部长。她希望后者基于“将我们国家从一

1 约翰·卫斯理，英国18世纪著名的基督教牧师、基督教神学家，他领导了英国宗教复兴，也是卫斯理宗（Methodist Church）和卫理公会的创立者。

2 戈登·帕博（1934—），受教于雷普顿以及剑桥大学的三一学院；1962年，格林威尔高级合伙人；自2000年起任朗伯德街研究所所长。

3 戈登·理查德森（1915—2010），受教于诺丁汉高中以及剑桥大学康维尔克斯学院；1973—1983年，英格兰银行行长；1983年，被授予盾体斯伯恩的理查德森勋爵。

4 约翰·斯帕罗（1933—），受教于文具公司学校以及LSE；1982—1983年，中央政策评估小组组长；1991—1998年，赛马征税委员会主席；1984年，被授予骑士爵位。

个分配财富的机制再次转为创造财富所需措施和步骤”发表看法。[33]第二次从银行前往撒切尔夫人办公室时，斯帕罗发现如果自己留在金融城而不是到议会工作，将会给对方提供更多帮助。他可以从金融城送给撒切尔夫人一份每周报告，其中会有经济和商务领域真实发生的一切，随后有了每周会议。斯帕罗认为，就经济和商务知识而言，撒切尔夫人过的是“一种绝对与世隔绝的生活”，但是她拥有一种“极其良好的直觉判断力”。[34]撒切尔夫人凭直觉讨厌高利率，斯帕罗在这方面对她提供了大量支持。撒切尔夫人的这种本能理念使然，她入职以来就和财政大臣观点相左。斯帕罗坚信，国家正在遭受太多来自过度货币供应的压力，而非过度需求，并指出银行应限制信贷，就像德国的做法，转而倍增外汇储备。和道格拉斯·黑格一样，他一直坚持要求放松外汇管制。他的任务之一就是告诉撒切尔夫人金融城在思考什么。这有时候会使她感到沮丧，但是坚持耐心倾听。在IMF的一揽子计划落实到位后，他提到：“金融城占据主导地位的议题是……不久以后，工党政府大势将去，我们最好尽快脱离它，并执行保守党（或者IMF）的政策。”他补充说，金融城的许多人事实上期待一项薪资政策。[35]

这场被称为“玛格丽特聚拢知识分子”的潮流中的一个重要组成部分，是从社会主义回转至正轨。有时候，来自左派的人看待社会主义造成的威胁，比从未身在其中的保守党更容易。例如，记者、前工党国会议员伍德罗·怀亚特[1]，就曾在20世纪60年代初期参与抵制共产主义者接管电工工会的斗争。布莱恩·沃尔登[2]曾被认为是同时代工党国会议员中最具辩才的人，却被工党中日益强大的左派打碎了梦想，在看待撒切尔夫人所发动的变革中，他比大部分人都有更清晰的视角。身为一名曾经为工党寻找社会进步之道的文法学院优秀才智精英，沃尔登认为撒切尔夫人提供了自己苦苦追求的方向。在撒切尔夫人赢得领导人大选后不久，吉姆·普莱尔就告诉他：“布莱恩，她当然是一个完全不值一提的人物，坚持不了六个月，”[36]当时沃尔登不同意该说法。但1975年5月，他与汉弗莱·阿特金斯共进午餐时已经转变立场，一起的还有其他六名工党右翼分子。[37]故事到此为止——

1 伍德罗·怀亚特（1918—1997），受教于牛津大学的伊斯特本和沃赛斯特学院；记者；1945—1955年，伯明翰阿斯顿分部工党国会议员；1959—1970年，雷赛斯特博斯沃思分部；1976—1997年，赛马博彩董事局主席；1987年，被授予威孚德怀亚特勋爵。

2 布莱恩·沃尔登（1932—），受教于布罗姆维奇文法学校以及牛津大学的女王学院和纳菲尔德学院；1964—1974年，伯明翰全圣徒工党国会议员；1974—1977年，在伯明翰，雷蒂伍德；1977—1986年，“周末世界”主持人。

虽然，作为个人发展所需，工党前教育大臣伦哲·蒲伦蒂斯[1]也叛逃到了保守党——沃尔登于1977年离开了议会，操起了一份电视记者的职业。由于与撒切尔夫人之间建立起的密切关系，加之对于撒切尔主义实质的准确把握，他对撒切尔夫人的采访一度闻名于世。1978年初，他告诉党鞭伯纳德·威瑟利尔："下次大选保守党失败的唯一方式，就是除非他们不是十足的保守党员，"㊳一语中的地指出了许多中间主义保守党员的存在。

阿尔弗雷德·舍尔曼起初也来自极端左派，并将培养"叛逃者"作为个人业务。他倡导了一种采取主动权的战略，并表示："我们是社会民主遗产的继承者。"此举将赢得"游手好闲的伪君子回归正途，并使我们赢得英国政治的中央地位"。㊴撒切尔夫人满腔热情地对该理念予以支持，并尽可能地用大量时间去观察其中的转变。其中有一个人是西班牙内战历史学家休·托马斯[2]，此人在大学期间成为一名社会主义者，如今痛改前非的部分原因是他开始担心受到共产主义者的恐吓。舍尔曼使撒切尔夫人了解到关于托马斯的转变，1978年夏天告诉她这个人正在藏匿："从灌木丛深处传来他那最动听的歌声，就像那低吟浅唱的夜莺（参考贺拉斯）。"㊵实际上，托马斯由负责党内学术参与工作的利昂·布莱顿[3]陪伴，在1975年春与撒切尔夫人共进了午餐，并于同年11月再次和她以及舍尔曼见面。1978年5月，她在船舵智囊团使用了托马斯关于"一个开放社会的理想"的材料，作为同题发言的基本文本背景，并鼓励他为外交政策提建议，尤其是针对南非的共产主义威胁。托马斯历来是一名坚定的欧洲派，不过这在当时并未令撒切尔夫人担忧。她欣然接受了他关于强化欧洲防御能力，并应与美国共同分担抵御苏联重任的呼吁。和托马斯以及罗伯特·康奎斯

1 伦哲·蒲伦蒂斯（1923—2001），受教于惠特吉福特学校以及LSE；1957—1974年，东哈姆诺斯工党国会议员；1974—1977年，新哈姆诺斯东；1977—1979年，新哈姆诺斯东保守党国会议员；1979—1987年，在达文特里；1974—1975年，教育与科学大臣；1975—1976年，海外发展部部长；1979—1981年，社会保障部部长，DHSS（卫生和社会事务部）；1992年，被授予蒲伦蒂斯勋爵。

2 休·托马斯（1931—），受教于谢伯恩国际学校以及剑桥大学的女王学院和巴黎大学的索邦神学院；1966—1976年，雷丁大学历史系教授；1979—1990年，政策研究中心主任；《西班牙内战》一书作者（1961年）；1981年，被授予斯温纳顿托马斯勋爵。

3 利昂·布莱顿（1939—），萨缪尔·布莱顿的哥哥；受教于制衣公司阿斯科中学以及剑桥大学三一学院和耶鲁大学；1974年2月—1983年，克莱夫兰和惠特比保守党国会议员；1981—1983年，财政大臣；1983—1985年，内政大臣；1983—1988年，在里士满和约克郡；1985—1986年，贸易和工业大臣；1989—1999年，欧洲专员；1989年，被授予骑士爵位；2000年，斯邦尼斯隆布莱顿勋爵。

特（见前文）一样，撒切尔夫人还结识了其他一些历史学家和思想家，比如伦纳德·夏皮罗[1]、迈克尔·霍华德[2]和以赛亚·柏林[3]——这三个人当时都曾为自由党提供建议——让他们就苏联共产主义的本质和危险性为其提供思想支持。“她乐于知道历史学家们看待事物之道，不过并未进行太多的背景阅读。”㊶

反过来，休·托马斯和他的老友保罗·约翰逊一样具有影响力（不过约翰逊宣称这一过程以另外一种方式推进会更有效）。直到20世纪70年代中叶，约翰逊日益对左派的权力增长不抱幻想，尤其是工会，于是在1977年，他将所有的不满倾注在一本名为《社会公敌》的书中，在其中罗列了英国的种种弊病，不料，这些与撒切尔夫人本人的分析不谋而合。到1980年，他对事情的走向倍感乐观，于是决定著作一本书，定题为《自由的复苏》。从1975年开始，他和撒切尔夫人断断续续地谈及政策（“她完全置身汪洋”），还谈及历史、思想以及后者应当阅读的书籍：“我让她去读大卫·沃特金的《道德与建筑》。她说自感力有未逮。”虽然是一名坚定的挺撒切尔者，约翰逊却在一定程度上瞧不起撒切尔夫人。他将对方描述为“在我遇到托尼·布莱尔之前，她是在这一地位上最无知的政治家”，但是令人感动的是，她意识到了自己作为“一名昔日奖学金女孩儿”的无知。约翰逊概而括之地总结道：“我一直喜欢她，但是她却一直使我心生反感。”㊷

不管怎样，约翰逊的支持对撒切尔夫人颇有价值，他是一名多产的新闻写手，最突出的是在《每日邮报》和《旁观者》中，影响甚巨。他是那些支持改变交流方式的许多报纸记者之一，这种改变就是后来众所周知的“喋喋阶级”（或闲聊派）。其他人还包括约翰·欧·苏利万[4]、弗兰克·约

1 伦纳德·夏皮罗（1908—1983），受教于圣保罗学校以及伦敦大学学院；1963—1975 年，LSE 政治科学系教授，专长俄罗斯领域。

2 迈克尔·霍华德（1922—），受教于威灵顿以及牛津大学基督教会学院；1966—1975 年，牛津大学沃尔森学院院长；1980—1989 年，牛津大学现代史钦定教授；1989 年，名誉退休教授；1986 年，被授予骑士爵位。

3 以赛亚·柏林（1909—1997），受教于圣保罗学校以及牛津大学科波斯—克里斯蒂学院；1957—1967 年，牛津大学社会和政治理论奇切里教授；1974—1978 年，英国研究院院长；牛津大学万灵学院研究员；1971 年，被授予骑士爵位。

4 约翰·欧·苏利万（1942—），受教于克罗斯比的圣玛丽学院以及伦敦大学；1986—1988 年，首相特别顾问。他的记者职务包括：《每日电讯报》的议会插图作家；《泰晤士报》副主编；《国家评论》主编。

翰逊和T.E. 厄特利[1]，他们都来自《每日电讯报》，还有来自《每日邮报》的安德鲁·亚历山大；《每日快报》的乔治·盖尔；外加日后到来的《泰晤士报》的伯纳德·莱文。萨缪尔·布里坦是《金融时报》的主要经济评论员，虽然谈不上是撒切尔团队的一员，却是后者在媒体圈里的一名首要经济学专家，他的每周专栏是撒切尔夫人雷打不动要阅读的新闻作品。[43]这些作家共同贡献了一种令人兴奋的感受，就是思想的潮流正在转离集体主义，并且最终“凡事皆有可能”。[44]撒切尔夫人为公共领域的变化击掌喝彩。在1977年党的大会上演讲时，她用保罗·约翰逊的话做了总结，强调他解释自己缘何抛弃左派时身为“作家的清晰思路”：“我已经开始欣赏……那种来自我对个人精神心生依恋后所迸发的无与伦比的力量。”[45]

一种相似的喜悦感弥漫在保守党哲学组的工作中，这一由休·弗拉瑟和乔纳森·埃特金筹建的非正式社团，将政治家和作家、思想家等男人世界融为一体。在学术方面，由罗杰·斯科卢登[2]和约翰·凯西[3]负责组织，整个小组将会在弗拉瑟办公室碰头，然后到埃特金办公室去听取更大范围的议题，比如移民、宗教信仰，或者君主制、货币供应或核武器等。由于这一组织和自己的昔日手下败将弗拉瑟有关联，起初撒切尔夫人对该组织心有疑虑，当时她会要求参会，并且在反对党内部这样做了几次。在其他事情上，该组织为她提供了以中性立场会见如今身为北爱尔兰统一党国会议员伊诺克·鲍威尔的空间。撒切尔夫人特别由爱德华·诺曼[4]带到了一次谈话中，这是她作为首相唯一一次视察该组织。爱德华·诺曼当时是剑桥大学彼得豪斯学院院长，曾在谈话中针对核武进行预测，认为其自20世纪60年代以来相对沉寂了，但是不久以后将再次成为重要话题，并且会在

1 T.E.（彼得）厄特利（1921—1988），受教于私立中学以及剑桥大学基督圣体学院；记者；1964—1980年，社论作者；1980—1987年，《每日电讯报》首席助理编辑；1987—1988年，《泰晤士报》讣闻编辑及专栏作家；1974年2月，在北安特里姆参与竞选（工会会员）。

2 罗杰·斯科卢登（1944—），受教于剑桥大学耶稣学院；1971—1979年，伦敦伯克贝克学院哲学讲师；1979—1985年，（地位次于讲座教授的）教授；1985—1992年，美学教授；1992—1995年，马萨诸塞州波士顿大学哲学教授；1982—2000年，《索尔兹伯里评论》编辑。

3 约翰·凯西（1939—），受教于剑桥大学国王学院；剑桥大学讲师，康维尔克斯学院研究员；保守党哲学组筹建者（与罗杰·斯科卢登一起）（1975年）。

4 爱德华·诺曼（1938—），受教于拉姆斯盖特查塔姆研究所学校以及剑桥大学塞尔温学院；1971年，英国教会牧师；1965—1988年，剑桥大学历史系讲师；1971—1988年，剑桥大学彼得豪斯学院院长；英国维多利亚时代的教会和社会历史学家，同样擅长现代爱尔兰历史研究；1978年，里斯讲师（1979年出版了《基督教与社会秩序》一书）；1999—2004年，约克大教堂主持。

西方形成一种强大的道德斗争。诺曼指出，从道德层面反对核武，和反对其他形式的武器无异，并且西方的政策有必要抵制苏联共产主义的唯物主义哲学。[46]当时在场的人记得，谈话结束后，撒切尔夫人在讨论中大喊起来："我同意诺曼博士的观点：我们必须用原子弹来捍卫基督徒的价值观。"[47]这次谈话成为20世纪80年代初期的CND（核裁军运动）战争的预演版，撒切尔夫人对诺曼的预言能力印象极其深刻，之后称之为"先知"，并且向他咨询核问题的伦理学，还在基督教看待资本主义正当性的个人研究中求教于他。这些内容持续活跃在她的思想中。在为苏黎世经济社团所做的几乎是哲学范畴的讲话中，撒切尔夫人表示道德是其经济信条的至高基础。"选择是道德的本质，"她说，并且"（关于西方生活方式）的经济效益更好的原因在于其道德哲学更优越。"[48]

正是对自己的信仰基督教根源的求索，特别是将经济学说植根于基督教，使得撒切尔夫人在面对国家危机时有了深度和广度。她一直拥有非常坚定的个人基督信仰，爱德华·诺曼称之为"英国人的意义"。[49]换言之，她对于灵性、圣礼或教会权威的问题兴趣不大，但是对于履行上帝之责以及伦理道德有着极大的兴致，甚至对于按照福音教导生活有着怀旧的思想。用诺曼的话来说，她拥有"小时候培养起的情感，渴望社会风气的清洁和有序"，彼时，她的父亲对她产生了极大的影响。阿尔弗雷德·罗伯茨坚信格莱斯通所称的"努力，诚实而坚毅地努力"。一方面是格莱斯通节俭和改革的经济理念，一方面是从小的卫理公会基督信仰浸染，两者的结合使得撒切尔夫人如鱼得水。丹尼斯·撒切尔分享了对她态度的分析，他确信，有些人认为自己妻子是"右翼分子"的想法事实上来自于她的宗教成长背景："他不能忍受不劳而获的人。"[50]撒切尔夫人告诉苏黎世的银行家，"值得注意的是，维多利亚时代——英国自由企业的全盛时期——同样是一个无私及慈善精神上升的时代"。[51]诺曼说，撒切尔夫人希望"使我们一度丧失的世界重新复苏"，并且她绞尽脑汁搜集基督教思想作为自己的理性支持。

身为反对派领导人，她基于这些原则在两个重要场合发表了公开讲话。第一次是1977年夏天的伊恩·麦克劳德纪念演讲。犹太人阿尔弗雷德·舍尔曼进行了许多起草工作，他一直认为拿"犹太人的基督教价值观"说事是一种逃避责任的托辞，并坚信英国保守主义应当明确植根于基督教。[52]在麦克劳德演讲中，撒切尔夫人指出，保守主义从根本上并不是要对抗社会主义。她说，信仰是"英国人生命中鲜活的一部分"，由此延伸的主导思想就是，一个人不仅是个体意义上的人，同时还是社会的一分子，并且具有灵魂。“一个人是具有社会属性的，出生于一个家庭，生来就要属于一个家族、社区、国家，并要在一个相互依存的关系中被抚养长大……‘要爱人如己’[1]表达的就是这个意思。”这是撒切尔夫人一直都坚信的，并且十年后当她遭到责难时曾反复说一句短语：“作为一个社会，没有这种事。”全面引用出来会使这句话的意思更清楚。1987年在接受《女人的地盘》(Woman's Own）采访时，撒切尔夫人批评有些人认为政府有责任解决他们的所有问题：“他们将自己的问题丢给社会。如你所知，作为一个社会，没有这种事。社会里有作为个体存在的男人和女人，也有家庭，没有哪个政府能够不通过人来运转……我们的责任是照顾好自己，然后同样照顾好我们的邻舍。”[53]她的麦克劳德演讲对亚当·斯密的思想大加赞赏，“一个有道德的人，是那种有选择地践行自我评判权的人”，用以强调“经济发展选择有一个道德维度”。[54]

次年，有一次应圣劳伦斯犹太人聚居区传教士之邀，她前往伦敦金融城演讲，T.E. 厄特利和西蒙·韦伯利为其起草了演讲稿，其中撒切尔夫人进一步明确了宗教信仰。她回忆了自己的成长经历：“一个人生命中最重要的事，是其与上帝的关系，并且说到底，这要取决于一个人的灵魂对上帝恩典的回应。”她继续说，“我从不认为基督教为我装备好了政治哲学，但是我认为它确实为我装备了每一个政治行为必须始终坚守的标准。”她说，基督教教义和敬拜活动不应离开学校，因为“对大多数人而言，天堂和地狱，正确与错误，良善与败坏，信仰在其中的意义非凡”。缓解贫困与痛苦是宗教信仰的分内之责，但是并非一个国家能够做好的，她结合自己最喜欢的例子表示：“我想知道，当一个人惨遭强盗伤害时，一个国家所能为他做的，会像那个好撒玛利亚人一样那么多吗？”她个人认为，以马克思主义为代表的最糟糕的政治学说（“完全与福音相悖”），公然宣称一个人可以经由政治实现自身的完全性。她说：“有一种最著名的祷告，它将上帝的事工看作‘完美的自由’。我对这个国家人民的期盼是，我们将‘自由地去服事（别人）’。”她说，从表面上看，在相互服事理念以及个人责任之间有一种明显的自相矛盾之处，但事实上并非如此：“政治智慧的全部意义在于使这两种思想共处于一种正确的相互关系中。”[55]

1 这句话引自《圣经·马可福音》12章。下文“我们的责任……邻舍”一句是这句话的延伸表达。

知识分子对所有这些的反应值得关注。他们中有些人深深地爱上了撒切尔夫人。一位教育学家约翰·维泽[1]在她还供职于教育部期间，曾从左派转了过来，此时写信给她说，她的声音听起来简直是一种享受。[56]大部分人被她的热情感染了，当然，还有其中一部分是被她的称赞打动了，因为他们的写作妙笔生花。“你所做的一切太令人不可思议了：我多么希望自己拥有你这样的语言天赋。”这是她惯用的表达方式，非常有效。通过利昂·布莱顿和她认识的历史学家大卫·迪尔克斯[2]，同样被她的话所触动：“直率，观点敏锐，听取了大范围的观点，充分发掘并展示了女性美的特质，并且还有身为一名母亲的品格。”[57]同时，他还对其开发“智力资本”过程中的求贤若渴印象深刻，撒切尔夫人从大学中寻觅智囊以重建保守党的思想库。然而，有些人认为她太过天真。爱德华·诺曼虽然是她的仰慕者，但是回忆起来认为她“推崇知识分子的同时，真正的知识分子却不愿意分享己见”。[58]她“没有对知识分子的真正了解”，却“有着超乎寻常的聪明和不成熟的思想”。有些人则怀疑她是否能够肩负起重任。1978年和她第一次见面后——他借此机会告诉她取消外汇管制——米尔顿·弗里德曼写信给支持人拉尔夫·哈里斯致谢：“罗斯和我很享受与玛格丽特·撒切尔的晚餐……真是太棒了！她是一位充满吸引力且有趣的女士。至于她是否真的具有当下英国迫切需要的能力，我都必须承认，这对我而言是个非常开放的问题……”[59]

不过所有人在一名党的领导人寻找思想支持过程中，对一种现象颇感惊奇。几乎所有人都回应了她的诉求，并且很快会受到关注，而无论它是来自保守党中的左派，还是来自工党中的社会民主人士。撒切尔夫人在意识形态的市场上，是最喧闹的主顾。结果就是，她能够刺激供应，收获颇丰，并且比任何竞争对手都赚得更多。她在该领域光芒四射，以至于围绕她的批评者显得阴暗而负面。克里斯·帕滕的记忆中，他的反应能够代表其他许多人：

她的领导才能中最基本的方面……在于她坚信自己所从事的是一场思想领域的战争。并且除非保守党大获全胜，否则她宁愿不让反对党执政……这样一来对我们中的许多人成了一种特别粗鲁无礼的打击。虽然我负责保

---

1 约翰·维泽（1929—1984），受教于刘易舍姆寇弗文法学校，女王玛丽医院学校以及剑桥大学卡苏顿和女王学院；经济学家和教育学家；1966—1982年，布鲁内尔大学经济学教授；1976年，被授予格林威治维泽勋爵。

2 大卫·迪尔克斯（1938—），受教于沃赛斯特皇家文法学校以及剑桥大学赫特福德学院和圣安东尼学院；1991—1999年，赫尔大学校长；内维尔·张伯伦传记作者。

守党研究部，亦对思想领域的研究颇感兴趣，但是太多时候我已经习惯了一种政治处理方法，几乎不是从知识冲突的角度来看待事情。我偶尔认为她是正确的，但是记得她第一次跟我说的话："我们不得不在英国政坛打赢这场思想领域的战役，"我想，"这有点让人摸不着头脑"。[60]

与这种来自知识分子的火力攻击相对应，有些希思派人士的辩论开始不攻自破。"货币主义"被用以抑制通货膨胀，进而对基斯·约瑟夫提醒的"无节制货币政策"形成攻击。只要大张旗鼓地加以宣扬，货币主义就能够或多或少地在前进路上畅通无阻。1976 年，为了防卫这种危险，约瑟夫在斯托克顿演讲时定题为"货币主义并非万能"：他强调指出，一个过于庞大的公共部门会对设计出最佳货币政策形成灾难性的打击。撒切尔夫人仍会被她正在努力尝试之事所带来的政治风险牵扯，以至于放慢脚步，但是没有什么能够阻挡前进的大方向。

然而，如果没有一个人试图在真实的政治战场进行尝试的话，这些正在发酵的思想无一能够产生什么作用。这里最重要的人物不是基斯·约瑟夫这个"在印第安国家打头阵的御用思想家"，[61]而是杰弗里·豪伊。据理查德·瑞德的说法，豪伊是"粉饰撒切尔主义的里手"。[62]他在成为党的左派过程中有些不同寻常，然而由于支持自由市场经济，又于 20 世纪 50 年代回归右派。正是他与经济事务研究所有着远比撒切尔夫人更亲密而长久稳定的关系，并且通过议院在亲自参与并引领泰德·希思的工会改革和推行其价格政策过程中，吸取到了惨痛教训。豪伊一直是一个善于纸上谈兵的人，饱读文案，并且是少有的如今称之为政策书呆子的高级政治家之一，他催生了大量对于政策细节的反思。他的非正式社团会在芬迪曼路自己的家中开会，其中包括基斯·约瑟夫、奈杰尔·劳森和税务专家亚瑟·考克菲尔德[1]，大家致力于为未来的保守党政府寻找到一条自由市场路径。

天生彬彬有礼服事别人并且柔和温顺的豪伊，比任何人都更适合担任这一领导角色，以建立起政策研究中心与党内和保守党研究部（CRD）之间的联系，因此可以使来自前者的自由建议与后者所推行的政策制定工作

1　亚瑟·考克菲尔德（1916—2007），受教于多佛文法学校以及 LSE；1945—1952 年，国内税收局统计信息和情报部主任；1961—1967 年，博姿公司总经理；1973—1977 年，价格委员会主席；1979—1982 年，财政大臣；1982—1983 年，贸易大臣；1983—1984 年，兰开斯特公爵大臣；1985—1988 年，欧洲专员；1978 年，被授予考克菲尔德勋爵。

相得益彰。例如，税收政策研究小组由考克菲尔德带领，彼得·克罗珀[1]任助理，后者是CRD中少有的坚持自由市场者之一。该小组对类似资本税改革之类的议题进行了扎扎实实的具体研究工作，这种方式为未来的政府做足了准备，同时也给撒切尔夫人提供了信心。这首先要归功于豪伊，他的方法不仅认真谨慎，而且坚韧甚至顽固。正是按照豪伊所表达的思想框架，具体地体现在了《正确路径》一文中，也正是因为他，对于自由的渴望得以最完美地表达，那种常识性的语言而非花言巧语让人喜闻乐见。虽然分享了基斯·约瑟夫的大部分意图，但是他也担心其所称的“拧着脖子冒进的节奏”：“你知道我自己推崇的是不要对有害制度心慈手软甚至忽视，而非进行哗众取宠的改革。”[63]

不幸的是，从担任领导人一开始，撒切尔夫人一度对杰弗里·豪伊有所保留。在第二轮票选中，当他站在自己对立面时，她感觉到惊讶甚至有些许气馁，并隐藏着自己内心日益增长的疑虑，就是担心对方一直觊觎自己的位置。[64]她与豪伊的妻子埃尔斯佩思之间的关系也不好，后者总是太过虚假，装出一副有学问的女人样，更多地倾向于左派，并且或许由于其出身于贵族阶级，有着过于自信的社交能力，以至于对撒切尔夫人有较强的吸引力。多年后，丹尼斯·撒切尔宁愿将埃尔斯佩思·豪伊形容为“那个婊子一样的妻子”。[65]其实，早期的时候一切并没有如此糟糕，只是到1975年产生了一个问题，才导致这种关系骤然紧张。撒切尔夫人一直反对性别平等立法，但是在这一立法背景下，机会平等委员会成立了。据豪伊夫人的说法，撒切尔夫人在事关女性的议题上“非常不感兴趣”，并且罹患了“蜂后综合征：‘我就是这样了，其他人可以一切照旧’”。[66]豪伊夫人曾被邀请去担任EOC（行政运作理事会）副主席，撒切尔夫人听闻该消息后颇为不悦，感觉这会导致保守党在这方面的妥协。以国会议员彼得·里斯[2]做中间调停人，她和杰弗里·豪伊将此事摊在了桌面上，豪伊送给里斯一个相当有特点的泄气答复（“我理解你的焦虑”），不过，他还是表达了支持自己妻子这一任命的态度。[67]这种情况在撒切尔夫人执政期间一直存

1 彼得·克罗珀（1927—），受教于希钦文法学校以及剑桥大学的康维尔克斯学院；1979—1982年，财政大臣特别顾问；1984—1988年，财政大臣；1951—1953年，1975—1979年，保守党研究部；1982—1984年，主任。

2 彼得·里斯（1926—2008），受教于斯托以及牛津大学的基督教会学院；1970—1974年，多佛保守党国会议员；1974—1983年，在多佛和迪尔；1983—1987年，在多佛；1983—1985年，财政大臣；1988年，被授予里斯勋爵。

在，这给她留下了根深蒂固的印象，就是豪伊在两个强势女人（他的妻子和自己）之间见风使舵的表现相当不爷们儿。豪伊夫人有同样的感觉，后来说自己的丈夫对此有责任，不过并未抱怨其错误的处理方式。她乐于引用约翰·比芬描述的图景，就是像昆虫世界里一样，她和撒切尔夫人“就像两只在果酱罐里的黄蜂一样”。[68]撒切尔夫人常常被杰弗里·豪伊那安静到几乎听不见的说话声搞得恼怒不堪，他常常说话啰嗦，外表上显得矮墩墩的，一身赘肉，戴着一副眼镜。他从来不会着急，而撒切尔夫人正相反。豪伊自认为是她“凡事不愿未雨绸缪”这种习惯的解毒剂，而正是他的极具耐心更使得她大为光火。豪伊确信她很聪明，但是又有“亟待别人来填充的知识空白”。[69]在克里斯·帕滕看来，豪伊“就像一个要求越来越多客户的国家律师”。[70]

豪伊不悦地回忆说，“和大部分男人不一样，她不愿意学习一点，就是不当着别人的面指责其他办公室人员。”[71]这种脾性上的差异使得撒切尔夫人错误地怀疑，在为经济改革而战斗的阵营中，豪伊并不会按照自己所希望的与其同心并成为盟友。在选择影子大臣时，他并非其第一人选，并且在反对派的大多数时间里被撒切尔夫人的三心二意所扰乱，她曾想过换人。1975年11月，她告诉汉弗雷·阿特金斯自己希望豪伊前往内政部，而由基斯·约瑟夫担任影子大臣，[72]不过最终她被说服，转而解雇了雷吉·莫德宁，释放了自己的沮丧之情。16个月后，当一场选举好像风雨欲来之际，撒切尔夫人想知道一旦自己胜出，将由谁来担任自己的财政大臣，她再次表达了对豪伊的担忧，对其能力提出了质疑。但是党的管理层却担心她和党内的左派人士沟通不畅，同时又将豪伊视为左翼成员之一。她和豪伊以及吉姆·普莱尔都相处得不融洽，他们也认同这一点，但是她需要明确一点，就是一旦保守党获胜，这两个男人都愿意留任原职。[73]豪伊坚持留任，并且比其他政治家更多地投入到准备工作当中，以确保保守党能够拯救英国经济。诺曼·斯特劳斯[1]是参与撒切尔事务的人中最为激进的一员，他以不无羡慕之情回忆豪伊说：“我们都认为杰弗里·豪伊是伟大的。他对我们所事工作给予了最伟大的理解。”[74]

所有的紧张情绪，个性的和意识形态的，战术和战略的，都困扰着身处反对派岁月的撒切尔夫人，而这些情绪中最让大家感觉头疼的是收入政

---

1 诺曼·斯特劳斯（1936—），受教于吉尔伯恩文法学校；1961—1981年，供职于联合利华；1979—1982年，首相政策小组兼职成员；1982年，牛津大学战略领导项目联合创始人。

策，以及如何对待工会等问题。这两个议题均系原则极高而又缺乏战术，并且极易诱发激烈争议，它几乎贯穿了保守党近期以来的历史，并且也是导致其1974年落败的原因所在。没有一个信奉自由经济学说的人会严肃地建议政府，让其对雇主支付给工人的工资水平永久负责。另一方面，通货膨胀来势汹汹，已经将工人抛于为增加工资而进行的严酷竞争中。并且，许多人坚信，没有一个政府能够在这方面置身事外。这是摆在公共部门面前最为明确的难题。每一次当英国经济的“制高点”令政府触手可及时，一种薪资政策——事实上或许尚未命名——都似乎不可避免地横亘其间。有一种理念认为，在经济领域控制货币供给是政府的分内之事，而解决雇员的薪资问题是雇主的应有之义，因此，不管哪个政党组建政府，都会认为这些问题似乎太过激进以至于无法理解，并且太过老套以至于无从下手。1977年3月，在和泰德·希思的谈话中，记者雨果·杨记得：“关于撒切尔及其团队的努力毫无颓势，泰德说，如果他们上位了，针对工会和经济政策‘他们将一无所为’。他说，不过他们将会被迫推出某种形式的收入政策。‘但是这将会浪费掉他们所有的时间……人们为什么不愿意从过去的经历中吸取教训呢？’”[75]当时弥漫的情绪被《观察家》所做的一次采访传达了出来，那是1975年夏天，由加拿大裔经济学左派学者J.K.加尔布雷斯所做。“美国受人推崇的经济学家解释了……为何薪资和价格抑制将会是常态，不管是在英国还是在其他任何一个工业国家，”报道以说明性的方式称，“他们还指出反对此理念的货币主义者都是浪漫主义人士，这些人应当被珍惜，只是因为其无关紧要”。[76]工党政府的反通胀政策将“永远持续下去”，盖尔布雷斯说，货币主义者“应当被像老古董一样地对待”。[77]这是时代的正统说法，并且要求一些自信的知识分子来加以抵制。直到20世纪末，没有一个西方国家推行价格和薪资抑制措施。

在道德而非知识层面，价格政策议题对于保守党而言处理起来要比工党更艰难。20世纪30年代的历史已经教会保守党，要将失业置于所有值得警惕的事情之首，并且在公共思想领域将这些与高失业率联系在一起考虑。对于希思和吉姆·普莱尔这些人来说，薪资政策是政府不能置之不理的大事，并且不能任由冰冷的经济飓风随意乱吹。1945年后，利用战时团结的本能，在和平时代占据了逾30年，他们鼓吹所有人应当团结一心的理念，呼吁大家勒紧裤腰带并对公益事业付出必要的牺牲。像极了英国皇家空军指挥官高高在上地按照图纸，发送出一架飞机，并给出一去不返的指令，他们坚信“在这个时代我们需要一种徒劳的姿态”。对于许多选民而言，这种做法具有强大的情感吸引力，并且在公众心理中有一种持续的优柔寡断，1974年两次大选结果就是明证，保守党本来可以更好地处理这些问题。泰德·希思从一定程度上在两边都获得了最糟糕的结果，他将薪资政策视为“对抗性产物”。他从希望“从事矿工工作”的人中赢得了许多支持，但是一个相对边缘的多数派却倾向于认为工党更值得下赌注，因为它能够“与工会和平相处”。对于像普莱尔这样的一些人来说，保守党要冒着被永远排斥出权力核心的风险，除非他们能够使选民信服自己与工会老板们可以拥有友好的工作关系。要实现这一点，将不得不达成旨在“控制”通胀的薪资和价格协议。

撒切尔夫人从根本上并不认同这一点，她的本性是憎恶并反对这种观点，认为工会领导和经济政策决定之间毫无关系，甚至与一般的薪资水平亦无关联。她从原则上反对一种观点，就是认为薪资协商是政府的业务。她认为，除非是其直接雇员，否则政府没有这项义务。另外，由于她不相信通胀是由工资上涨而引发的——在货币主义者看来，通胀是“货币之恙”——她确信价格和收入政策并非包治百病的良药，但是也笃信一点，就是它们有时的确能够成为进入紧急状态的合理理由。她同样不认同普莱尔的观点，就是任何时候失业水平都必须人为地保持在低位。当然，她希望人们拥有工作，但是这些工作必须是她口中的“真实工作”，而非那些创造出来并加以保持却只是看起来美好的数字。另一方面，她分担了普莱尔的政治担忧。她曾目睹希思劳资关系法案的功亏一篑，并且虽然她没有厌恶到要与工会领袖们发起一场战争，但是她已经看到了眼前发生的事情，就是保守党选出了他们曾经错失的那一位。因此，当她全天候尽力推动辩论时，还是听取了普莱尔及其他警戒之言，尤其是来自威利·惠特劳的劝告。

这一过程是必需而又痛苦的。1976年夏，普莱尔针对就业政策为影子内阁拟定了一份文件。撒切尔夫人的副本显示她远离了辩论的常识部分，“我们……必须使公众（尽可能是工会本身）信服，我们并不讨厌工会，并且无意挑起冲突。”然而，此后无论何时普莱尔开始提出具体建议，她都会变得暴躁。当他敦促在工党的新就业法律框架下，雇员应当被“确保”这“不是意味着他们必须要么加入工会要么丢掉工作”时，撒切尔夫人信手涂鸦了一句：“但是它就是这样。”普莱尔后来提起一种针对集会的“处理”理念，就是允许一些次要的集会，作为对限制集会人数的回报，撒切尔夫人写道："为什么？"[78]她本能地被之后基斯·约瑟夫于1977年初提出的私人建议所吸引，后者提出，责备应该有的放矢："工会和工党是一丘之貉，它们的共同目的已经变味为篡夺政治和经济权力。"约瑟夫倡导要实行针对公众的教育计划，要让公众明白良药生效需要"至少五年"，并将涉及与工会的对抗。[79]

痛恨冲突，而又希望真正的改革，杰弗里·豪伊在寻找一条平衡之道。在一份题为《我们看待薪资政策的态度》的文件中——他于1977年提交给了领导者指导委员会（影子内阁的一个直接压缩版）——他说自由集体谈判制度虽然值得考虑，但是并不充分。他警告大家不要相信普通工会成员将反对他们的领袖："对运动没有一种潜在的忠诚的伟大感情吗？……很明显，没有一个政府希望拥有这样一种强大的影响力，来与其整体经济政策相抗衡。"[80]豪伊的经济重建小组适时起草了一份文件，由亚当·里德利起草，其中倡导一种类似德国"一致行动"（这里指的是德国经济稳定法中一致行动的原则——译者注）的版本。所使用的"共识"一词历来都是撒切尔夫人的激怒源。该文件致力于"在全国范围内对开明政策一致予以支持的承诺"。撒切尔夫人在递交给她的副本顶上写道："请告知杰弗里·豪伊和亚当·里德利，我对这份文件强烈不满。我们正在努力减少咨询机构以及对数据的要求，不要再增加。"[81]豪伊尽力向她解释，这份呈送的文件是一份借鉴"他山之石"的论文，主要描述了一名德国经济学家如何使《一致行动》纲领生效。此举使事情变得更糟："这份文件几乎要把我吓死了。我们必须切实避免这样的一些行话（对撒切尔夫人而言，对"行话"的攻击常常是变相对实质内容的反对）。同样，我们应当认识到，这份由德国人清谈俱乐部起草的文本生效，是因为它全部由德国人组成。"[82]撒切尔夫人提到"清谈俱乐部"就火冒三丈的原因是她想到，这批德国佬或许是价格和薪资谈判问题的答案所在，而这使她直捣经济困境的文件《经济领域的正确方法》受阻，作为前面《正确路径》的姊妹篇，这份文件本来是要打算在1977年10月的党内大会上适时亮相的。

这份文件的主要执笔者是大卫·豪威尔，他试图给国民经济发展委员会（NEDC）一个名分，而这样的社团实体正是撒切尔夫人讨厌的一种。它甚至设想要在NEDC和议会委员会之间建立起正式关系，其中加了一句："西德的经历给我们提供了一些有用的教训。"在这句话旁边，撒切尔夫人写了几个字："为什么？"并且在自己的副本上密密麻麻注满了问题记号。[83]在她的支持下，约瑟夫试图加强解决收入政策的部门的作用。几天后，疲倦不堪的亚当·里德利写信给她说："我怀疑，起草文件的过程证明几乎是不可能的。"[84]最终，这份文件没有获得一致同意，撒切尔夫人决定不要将其作为影子内阁文件印发，而是以作者的名义——约瑟夫、普莱尔、豪伊和豪威尔，其落脚点选择收入政策，对于其间的纠结痛苦可窥一斑——来讨论收入政策为何是一桩坏事，但是文件使用了一个露怯的结尾："亟须开展一些论坛，以使经济领域的主要参与者能够心平气和地坐在一起来讨论……政府的财政和货币政策事宜。"实际上，撒切尔夫人在公共场合或多或少地选择了不退让的姿态，极力反对强制性收入政策，但是又谈到不要太快返回自由集体谈判制度议题。她对于整件事情像蟹爬般的进程失去了耐心。"我从未喜欢过《经济领域的正确方法》，"她在个人回忆录中写道。[85]

撒切尔夫人在公开场合所言与私下表现出的态度截然不同。1977年，她在党的大会上讲话时，避免了对收入政策的关注，转而去显示在保守党治下与工会的任何冲突，都不是工会与政府之间的冲突，而是工会与百姓之间的对抗。但是，她在私下里对问题所在心知肚明。在给一名右翼工会会员杰克·皮尔的一封手书中，她解释了为何连自愿的收入政策都不奏效的原因："任何自愿原则都会将成功企业对员工的奖励割裂开来。这样做不恰当。"她继续说，"我们不断谈到抑制，然而我在信中通篇都指向一个短语'使这份工作值得做'……我们迟早要谈到激励。"她承认问题在于，最具实力的企业会取得最大的增长："在国有化企业该问题已经恶化了，因为他们处于垄断地位，颇具讽刺意味的是，由于其议价权，'公有制'已经导致物价飙升。而这种本来由人民赋予的权力如今被用来对付人民。"[86]1977年，工会的权力问题还由于在格伦维克的纠纷，而产生了特别争议。这家主事摄影加工的企业位于伦敦西北部，在上一年的一场纠纷中开除了数名工人。而这些被开除的工人中有些人已经加入了APEX工会，他们遂向格伦维克讨"说法"，并要求对这些人恢复原职。当地法院支持了解雇行为的合法性，并且有一份格伦维克的民意调查显示，这家公司里有80%的工人不希望加入任何工会。直到1977年夏天，这起纠纷变成了左派大肆宣扬的事件，他们纠集了一个巨大的纠察队，以阻止工人们和信件出入于该公司。这个纠察队还有两名所谓的温和派内阁官员加入其中，他们是谢利·威廉姆斯和弗雷德·穆雷，而工党政府在这样的暴力事件中选择了退后。虽然参与事件者并非都是工会成员，但是它也被看作是和闭店政策有关的斗争，据估计，一旦成功，APEX 将会对格伦维克采取强制措施。这起事件还助长了左派街霸的气焰——就像希思治下的索特里焦炭厂事件一样，在面对类似事件时，政府和警察没有权力或意愿前往维持秩序。

撒切尔夫人被格伦维克事件震惊了，并且所有人都知道她的同情心在哪一边。她委派亚当・巴特勒和巴尼・海霍[1]（一名和吉姆・普莱尔关系密切的国会议员）带着工人们前往该公司，以使他们能够准确地将这次恐吓事件的程度汇报给她。但是无论如何，她都不能保证这家公司正常运转了。曾由被谋杀的罗斯・迈克沃尔特协助建立以反击左翼恐吓的全国自由协会，想方设法使得格伦维克的通信得以私运出入，但是此举遭到邮递员工会的非法抵制。虽然出于本能，保守党对暴力和非法行为予以谴责，但是还是对之保持了一定距离。这样做的部分原因在于担心其他实业家们会对格伦维克老板乔治・沃德起疑。在每周一次与撒切尔夫人的通信中，约翰・斯派洛警告她在面对媒体报道时的强烈反应，显示了她个人与沃德太过亲近："如果让外界感觉到你和沃德先生之间关系亲密，会引起太多的不愉快。"[87]这部分是由于沃德的个人商业行为曾遭到批评，但是更大部分的原因在于，许多商人，尤其是大企业的那些企业主都支持闭店政策。他们告诉保守党，如果只和一个群体的人进行磋商，这种问题就变得简单了。

这激怒了撒切尔夫人，她认为这部分人简直是贱骨头，但是还是更多听从了吉姆・普莱尔的建议，认为有必要缓慢推进工会法的修订工作。客观上讲，她虽然没有从情感上流露出来，事实上，相对于基斯・约瑟夫，她已经更走近了普莱尔。1977 年 9 月，她作为党首第二次访问美国时，劳德・斯卡曼要求调查格伦维克纠纷事件，并提出要将被解雇员工（如今在 APEX）恢复原职。这引起了普莱尔与约瑟夫之间的公开分歧。约瑟夫指责斯卡曼正在挑起对闭店政策的非法行动。当时的撒切尔夫人处于不利境况，因为她人在华盛顿，但是被迫发表了看法。她自感无从选择，但是要支持普莱尔，毕竟对方是她在该事件上的政党发言人。"我们不喜欢闭店政策，"她在就此议题被强行召开的新闻见面会上表示，而当时她正希望安排与吉米・卡特的会面。"我们认为该政策不正确，并予以抵制……但是因为我

1 巴尼・海霍（1925—），受教于公立学校以及伦敦南岸大学；1970—1974 年，赫斯顿及艾尔沃斯保守党国会议员；1974—1992 年，在布伦特福德及艾尔沃斯；1981—1985 年，财政大臣；1985—1986 年，DHSS 卫生部长；1992 年，被授予海霍勋爵。

不喜欢它，并且认为它违背了个人自由权，但是这并不意味着我就能够为之通过立法。”[88]

第二周礼拜日，她接受了《周末世界》的采访，在众多的媒体中，她首先选择了布莱恩·沃尔登，这表明了她在个人所处环境中的圆滑态度。沃尔登以格伦维克争议事件作为切入点，并提出了问题：“如果我们投票支持玛格丽特·撒切尔进入10号院……我们是否投票支持了一个政府与工会之间颇具灾难性而又徒劳的冲突呢？”还问及工会立法问题，撒切尔夫人表示，它将“不是泰德治下的那种方式……那不管用”。有关闭店政策的唯一立法将会摒弃其“最不好的内容”。沃尔登继续问她如果保守党政府再次遇到类似1974年2月那样的矿工冲突，将会怎么做。在没有事先和同事们商议的情况下，撒切尔夫人将自己的想法脱口而出——她所说的不太可能发生——如果不能达成共识，将诉诸全民投票，要基于一种原则就是“这个国家的所有人都是矿产的股东”。她引述了自己在1975年关于EEC问题上进行全民投票时的评论，对于体制问题，这是一种合法方式，可以“让全民都有机会说话”。[89]她的原则能够使自己越过工会领袖，而声称普通工会会员愿意站在自己这边。同时还能够扭转媒体注意力，从约瑟夫—普莱尔分歧转向工会改革。但是这并非分歧的解决方式，从实质上而言，它是变相提出了“谁来领导英国？”的问题，而这个问题勾起了希思政府太多的伤痛记忆。有个工作组调查了全民投票的想法，撒切尔夫人后来一次又一次地提到它，但是在她或所有人看来，这种想法永远都不可能变成问题的答案。

或许是在这次内部分歧公开化的经历中受到了伤害，撒切尔夫人强化了吉姆·普莱尔在工会事宜上的专属发言权。1978年1月初，杰弗里·豪伊递交给她一份演讲稿草稿，其中提议评估工会。她在上面的备注几乎表现了她就任反对党领袖期间最大的愤怒。她不但厌恶自己所看到的他对工会过于好心的弱点；还憎恶他不动脑子擅自闯入该议题的鲁莽之举。当时豪伊写道：“这些问题不会引起工会任何特别的批评，”撒切尔夫人提笔写了两个字：“哈，哈！”当他说这种改革应当“一步一步来”时，她写道“为何？”“太故步自封了！”她潦草地写道，“如果你只能这么一味防守，敬请不要插手！”“杰弗里——这不是你负责的事情，为什么要搅和进去——媒体将为此钉死你……如果由吉姆·普莱尔来谈这些事情就好得多。”[90]在她对这项举棋不定的政策予以备注的字里行间流露出诸多沮丧之情，另外还有对犹豫的必要性；影子内阁的缺乏纪律性；还有对可怜的杰弗里·豪伊本人。他的文本没有被递交上去。

反对党时期围绕工会这一议题产生的不快，非常清楚地印在约翰·希金斯的日记和回忆中。希金斯之前和保守党并无联系，他卖掉了自己经营成功的计算机公司，以使自己能够为挽救英国经济危局贡献自己的心力，进而找到某种路径。他通过基斯·约瑟夫的牵线搭桥而出场。1976 年 8 月，约瑟夫成功撮合了希金斯与诺曼·斯特劳斯以及撒切尔夫人的第一次会面。第二次，他们就开始为撒切尔夫人即将举行的党会演讲提供思想支持了，而这也是一场灾难的开始。希金斯在个人日记中记录了当时的场景，他和玛格丽特以及丹尼斯坐在弗拉德大街"她那相当无趣而又优雅的会客厅里"，大家试图给她一份演讲大纲，主题大致是"如果人们对于践行我们的假设足够信任，如何将改革和复苏变成可能"。"她对诺曼的语义表达吹毛求疵……然后开始滔滔不绝，拿着我们熟知的事情教训大家，我表现出了轻微的愤怒之意，Mr T(玛格丽特·撒切尔) 看着我，震惊于我竟然没有温和谦恭之态，以使她感觉到自己比本来的表现更卓尔不群。她是一个能力有限，喜欢掉书袋的枯燥乏味之人，并且没有举一反三的领悟力，毫无幽默感。或许我是错的，但这就是我的看法。愿上帝帮助保守党……"[1][91] 然而，希金斯和斯特劳斯坚持下来了。他们的目的是向保守党领导人灌输一种理念，就是为了进行必要的经济变革，不得不直面工会。同时，他们和其他人一样清楚的一点就是，冲突的未来结果就是在选举上的惨败，并且，保守党毫无准备地面对一场冲突将会比一点没有冲突的情况更糟糕。在 1977 年 6 月写给约瑟夫的信中，希金斯提到了如何实行正确经济政策的问题，他说，"关键的问题"是"需要哪些政治创新，以消除政治对政府自由追求这些政策的限制？"[92]

结果是，这是一个众所周知的"垫脚石"，用以准备打基础、竞选以及接下来的统治。希金斯向约瑟夫解释说自己正在了解一种"关键路径"的商业概念。

至 1977 年 11 月中旬，第一份报告准备就绪，据说它对于国家复兴是"一个主要障碍"，保守党致力于追求的国家复兴是"工会眼中的负面结果"，并且"要与一个不改革的工会和平共处，以保证与工党的竞争，必然导致经

1　当晚没有干成什么事，因为猫一度抓了诺曼·斯特劳斯的腿，然后是撒切尔夫人的。她想了一秒钟，意识到斯特劳斯正在碰自己的腿，继而显得尴尬不已。（对诺曼·斯特劳斯的采访。）

济的持续衰落。”[93]希金斯口中的“秘密花园”有一个特别指向就是“工会权力”。[94]“垫脚石”试图建立起一项工程，一方面在公共辩论中拆解工会；另一方面要使保守党对工会改革做出明确承诺，就是将给它们提供选举授权，而基于该授权，行政机关将不得不在它们赢得大选时按部就班地工作。[95]

下议院的一次工作午餐被希金斯视为“转折点”，当时撒切尔夫人批了这份报告。这件事使得希金斯清楚地领教了她的优点，但是依旧保留着一些微词：“玛格丽特的主要贡献在于勇气和决断力，还有就是完全没有自负和炫耀之态，这对于许多政治家而言非常困难。她的知识水平有限……还有思想层面亦然。知识的问题……在于她根本不清楚一个事实，就是其他人的智力或许比她本人的要更高。”[96]“垫脚石”更大胆地迈出了新的步子，随后建立了小组，前往调查诸如针对罢工者家属的福利支付等政策的细节，参与人员有奈杰尔·劳森、大卫·豪威尔和诺曼·拉蒙特。

斗争接踵而至，伴随着吉姆·普莱尔、罗德·索尼克罗夫特、伊恩·吉尔默以及克里斯·帕滕最为反对的可预见方针。他们所反对的问题主要是意识形态和战术方面。帕滕将“垫脚石”视为CPS的成果，为此对其极为反感。多年后，他在描述这份文件时称之为“一根筋的战略”，“读起来就像躺在一个管理顾问的信念与一个战争计划之间，几乎没有显示出政治理解力和触觉”。[97]在写于1978年2月一份题为《关于战略的深层思想》的文件中，他试图将“垫脚石”踢开：“‘垫脚石’的作者们将他们的政治战略描述成煞费苦心地建功立业，而榜样则是圣保罗的火柴棍房屋。我想用一个不同的比喻，一个成功的战略就像一架带有半打准确定位重机枪的大炮轰炸机。”因此，“垫脚石”应当被限制于“高档市场的活动范围”“而不要干预我们的其他任何计划”。[98]帕滕的“重机枪”将瞄准税收、法律和秩序、住房、教育及其他领域。在工会问题上，他们是哑火的。虽然帕滕使用了“战略”一词，但是他的方法却一点也不具战略性，而是一种战术。

在帕滕递交文件的当儿，希金斯在个人日记中吐露了内心的恐惧：

现实状况引起的惊人视野和创新将不会来自撒切尔夫人——对此我几乎可以笃定。阿尔弗雷德已经警告了要有一场反对她的“暴动”，而参与者来自普莱尔、惠特劳、吉尔默——但是眼下看来不可能发生。皮姆看起来像是继任者……似乎有些杞人忧天了。但毫无疑问的是，她在自己的影子内阁无所作为。有太多的媒体批评（由帕滕、阿尔弗雷德泄露）指向这一点，同时指向她在政策和思想层面的辩论失败。[99]

1978年1月30日，希金斯被允许参加督导委员会的会议，这是一次令他更加沮丧的经历。撒切尔夫人以一种不寻常的坦率口气给瑞德写了一个便签说“理查德，请注意安全”，会议记录显示她当时在说：“‘垫脚石’文件里有太多细节……它对于会员们来说，要在工会问题上实践自律是普遍可取的。撒切尔夫人强调，普莱尔先生将领导竞选活动，并且将在合适的场合讲话。”还有：“当戴维斯先生（约翰·戴维斯，曾取代瑞吉·莫德宁出任影子外事大臣）辩称，如果说出有关工会的真相，我们肯定会丢掉大选，撒切尔夫人确认说这不可能是我们战略的核心部分。”[100]

最终，心中燃烧着失望的火焰，希金斯和斯特劳斯前往会见撒切尔夫人，告诉她要甩开普莱尔。她本能地拒绝了，并且“认为我们太幼稚了”，[101]但是“她也没有太排斥这一提议。我认为在所有真正智慧而坚定的复兴计划占主导的大环境中，她将吉姆视为一种不幸……如今他位高权重，并且竞选在即，她无能为力”。[102]

对希金斯而言，认识到站在对立面的有些人在这场辩论中同样感觉不安，或许有了一种满足感。同年夏天，在私下接受采访时，克里斯·帕滕说，温和派主导了影子内阁，并且负责宣言的起草工作，但是“因为泰德不可能有所行动，不得不保持沉默”。帕滕为撒切尔夫人规划了未来针对亚当·里德利的行动，作为对她本人中庸程度的试金石。[103]随着预期中的1978年10月大选逐渐逼近，保守党自身陷入了一种僵局。撒切尔夫人的心与约瑟夫和“垫脚石”一起跳动，开始了与工会的较量。她意识到“试金石”“给了自己一种前所未有的清晰、可行而又智慧的通道”。[104]但是她的大脑和其他一些人联在一起——包括思想层面的支持者戈登·里斯——这些人认为一种模糊而又更加谨慎的方式是竞选中有必要坚持的。直到8月22日，艾瑞·尼夫在一次私人采访中告诉大卫·巴特勒，将撒切尔夫人的注意力转移到工会的核心点，并接受普莱尔的方法，前后用去了十八个月。[105]她陷入了中庸之道，但是吉姆·卡拉汉关于竞选日期的决定既出，使得竞选模式发生了巨大变化，最终她感觉到值得一战。

14

工党不灵了

“我知其然，你告诉我所以然”

1977 年秋，保守党的联合财务主管阿诺尔德·阿什当去世了。所有还在世的保守党领导人为其在伦敦北区举行了悼念仪式。

阿什当是犹太人，因此包括撒切尔夫人在内的所有人，都按照习俗要求戴上了帽子。出场时，每位领导人都成了一幅生动的漫画。哈罗德·麦克米伦戴了一顶爱德华七世时期的丝绒大礼帽，高高耸立于头上；亚力克·休姆则沿袭他年轻时的传统习俗，戴了一顶更显温和的霍姆堡毡帽；泰德·希思完全把戴帽子这茬儿忘得一干二净，不得不向犹太人组织人员借了一顶纸质圆顶小帽（犹太男子在祷告、吃饭、学习时戴的帽子）。在这群男人堆里，戴着一顶有着巨大帽檐儿礼帽的撒切尔夫人抢尽了风头，在一片黑色当中格外引人注目。①这个场合是她在公共舞台上成功绽放华彩的缩影。

尽管毫无经验，而且常常紧张不安，没有社会安全感，她却毫无疑问地拥有公共影响力。她在领导层中一直表现得惹人注目，甚至有些炫耀之态。这里有部分原因是因为在其所出入的场合中，她的性别独一无二，同时还要归功于她的肢体语言以及其强势的性格力量。在其党内，有一些人远比她的资历更深，阅历更丰富——部分排除希思——在她开始发挥出的把握大众想象力方面，没有一个人能与其比肩。她喜欢被人看见；她乐于引人关注；她喜欢担纲领导。当时在保守党研究部做雇员的迈克尔·博蒂略[1]，在1976年11月的剑桥递补选举活动中帮忙。他每天一早就必须前往特兰平顿一个小酒吧外，与撒切尔夫人及其团队碰面。当她匆匆忙忙下车时，就会冲博蒂略眨巴着眼睛说：“带我去战斗！”虽然那是一个半戏剧性的时刻，但是还是给他留下了深刻印象：“她身上有一种外人必须去关注的东西，并且非常适合扮演领导人这个角色。”②

---

1 迈克尔·博蒂略（1953—），受教于哈罗县男子学校以及剑桥大学彼得豪斯学院；1984—1997 年，索斯盖特的安非尔德保守党国会议员；1999—2005 年，在肯辛顿及切尔西；1994—1995 年，就业大臣；1995—1997 年，国防部；2001 年，以候选人身份竞选保守党领袖失败。

没有一个领导人在尚未在国际舞台亮相之前，就担任首相职务。这也是从一开始撒切尔夫人就致力于追求的——并且实现了——随着她以党首身份于1975年出访美国。从政策层面，她通过第二年的“铁娘子”演说就补足了这个功课。如果要成为领导人，她需要克服自身的短板，就像卡灵顿勋爵不怀好意地提出来的：“她几乎不知道加莱（法国海峡城市——译者注）在哪里。”[1]③ 随后数年间，她访问了欧洲各国首都、中东、中国[2]和澳大利亚。所有这些出访从一定程度上帮助她奠定了名声，并且确实增长了她的见识，不过没有任何一次访问产生极大的公共影响力。其中尤其重要的是她的第二次访问美国（虽然整体上算不得成功）。1976年，吉米·卡特在美国总统大选中击败杰拉尔德·福特，代表民主党获胜，这对撒切尔夫人没有太多帮助。她对福特评价不高，和共和党人的关系要好于民主党人。另外，卡特有着过分乐观的信念，就是独裁者的内心能够被西方世界表达出来对和平的真诚渴慕所扭转，在警惕怀疑苏联方面，他和撒切尔夫人从情感上显得格格不入。因此，她认为有必要开展新的工作，就是建立起与

---

1 在撒切尔夫人出任领导人早期，乔纳森·埃特金在贝鲁特的一次午餐会上因为一句玩笑而惹来麻烦，他说，撒切尔夫人“可能认为西奈山是静脉窦的复数形式”。[西奈山（Sinai）是地名，圣经中上帝授予摩西十诫的地方；静脉窦（sinus）则是器官名称，两者在英文写法上相似，所以有了这个笑话。——译者注] 这传到了艾瑞·尼夫那里，他要埃特金向撒切尔道歉。（对乔纳森·埃特金的采访）

2 1977 年 4 月，撒切尔夫人首次访问中国共产党，这不是一起重要政治事件，但是给人留下了深刻印象。因为当时中国对苏联极端敌视，她的出现受到了中国共产党领导人的热烈欢迎，一度呈现空前盛况。她收到的招待会邀请函上写着：

玛格丽特·撒切尔

宾至如归

在人民大会堂

但是她一点也没有回家的感觉。当时陪着她一起并做简报的官员约翰·格森回忆说，“如说她思想开放，那将会是一种侮辱。她知道他们是共产党员，而自己却痛恨共产主义”。（对约翰·格森的采访）在背后与记者们交流时，她估计说“人类的精神火花”将会在中国被掐灭，而最终将会使印度成为一个更加成功的国家。(《星期日泰晤士报》，1977年4月12日）在公开场合，她将中国路径描述为“和我们完全不同。他们拥有正确的思想，并且传承着正确理念……所幸的是，我们没有一种正确理念”。（BBC 电视台的采访，1977年4月14日）她由道格拉斯·赫德陪同，后者在进入政界之前已经作为一名中国事务外交官的角色出现。她爬上长城后，问赫德：“我到达顶峰的速度比泰德快吗？”（乔治·盖尔，《旁观者》，1977年4月23日）

美国总统的友好关系，并且在美国方面维持一份不无谄媚的交往框架，毕竟后者的政策精英们如今可能更认同工党右翼势力，而不是她。

1977年3月，一次9月出访计划开始酝酿，但是在出发前，撒切尔夫人会见了5月份访问英国的卡特，这是他们的第一次见面。这是一次礼节性会晤，地点在美国驻伦敦大使的住处温菲尔德庄园，持续了20分钟。卡特由国务卿塞勒斯·万斯陪同，一同前往的还有其国家安全顾问兹比格纽·布热津斯基。当时做记录的是布热津斯基的助理罗伯特·亨特，他回忆说："这次会面最让人触动和印象深刻的是撒切尔夫人的充沛精力和热情洋溢。卡特对此印象非常深刻。会面一开始，她就表达了自己对布热津斯基的热情：'哦，对，布热津斯基博士，'她愉快地叫起来，'我用了整整一个下午阅读您的著作。'这令兹比格纽心花怒放。"[④]布热津斯基同时期的日记确认了这些往事："总统当晚会见了撒切尔夫人。她给我的印象是一个精明而有力的政治家。令我高兴的是，她提到自己已经花了大量时间阅读我的作品……或许她应该更好地阅读一下卡特的书。她丝毫没有提到这一点！"

随后布热津斯基提到了一种担忧："撒切尔夫人表达了关于非洲问题的观点……我们不太喜欢这些提法。她没有说得很直接，但是我形成了一个直观印象，就是她倾向于支持白人的地位。"[⑤]从个人角度，撒切尔夫人后来回忆说这是一次成功的会见，"尽管我对他的外交政策增加了怀疑"。[⑥]《纽约时报》报道说："她充满自信地告诉卡特先生，无论大选在什么时候举行，保守党都将获胜，至于赢得多少多数席位是唯一值得存疑之处。"[⑦]正是这种渴望说服了人们，她就是众望所归的首相，这种渴望甚至比政策问题更迫切地促成了撒切尔夫人身为党首前往美国的第二次访问之旅。"我就是下一届政府（的主人——译者加）"她告诉美国记者团。"我想我应该会见一下你们的内阁。"[⑧]

随着出访时间的临近，却出现了一些障碍。撒切尔夫人发现外交部匆匆起草的简报并不充分。"她认为这很麻烦，"卡洛琳·斯蒂芬斯告诉保守党研究部的罗伯·谢博德，并要求他以更加精确的标准，为撒切尔夫人重写一份文件。[⑨]更加令人担心的是，白宫试图强行推出一条新规，就是总统将不能正式接见外国反对党领导人。在这一要求下，美国行政机关已经拒绝了一项来自法国社会党领导人弗朗索瓦·密特朗（未来的法国总统）的访问请求。

在给卡特的一份备忘录里，布热津斯基建议由于有先例在前，"一旦拒绝又有冒犯撒切尔夫人的风险，在我看来，应该建立一种原则就是反对党领导人可以会见副总统，而不是你。”他建议卡特“以日程太满为由”将撒切尔夫人推给副总统。⑩卡特的助手从思想上或许同样反对会见撒切尔夫人，[1]而他们确实又不希望令卡拉汉不快，毕竟彼此之间关系亲密。面对这些顾虑，卡特犹豫不决。“放大可能性，”他在布热津斯基的备忘录上写道。“告诉他们副总统或者我将接见他们。”⑪紧随其后的是大量官僚结构之间程序上的来来回回。最终，据白宫助手的说法：“鉴于美英之间的亲密关系，我们同意接见她。彼得·杰伊也站在她的立场上干预说，实际上，你们应该认识一下这位女士。”⑫撒切尔夫人事实上得益于彼得·杰伊，这位新任的英国驻华盛顿大使，他是吉姆·卡拉汉的女婿，因此，由于他同样不是一名专业的外交家而是一名记者出身，这是一项有争议的任命行为。由于和工党政府“不普通的关系”，杰伊认为自己应当“站在幕后”帮助撒切尔夫人，即便如此，外事大臣大卫·欧文[2]都感觉他“有点过分了”。⑬她如愿以偿地获得了与总统会见的机会。

会见前，撒切尔夫人先飞往了纽约市。为强调自己对自由企业的承诺，她乘坐了初出茅庐的莱克航空公司的廉价飞机，而不是当时仍归国有的英国航空。在对英国美国商会的主旨演讲中，她引用西奥多·罗斯福的话作为个人文本说：“终其一生，我们竭尽全力却总要空手而去”。由于她对集体经济谬误发起攻击，并宣称西方世界目前正在进入后社会主义时代，⑭这些观点赢得了观众的掌声，但是相比1975年，媒体对她的兴趣减少了，并未对这次演讲进行广泛报道。在一次由 NBC 举行的午餐会上，由于高温、疲惫，加之伴随一生之久的低血压，她差点晕倒。卡洛琳·斯蒂芬斯当时在途中和她的 PPS 亚当·巴特勒谈论这一问题，还记录了当时的情景：“她先退场了，ACB（巴特勒）和我讨论这一严重问题，我们决定她应该多扮演贵妇，一旦感觉眩晕就坐下来。但是她太过注意礼节，并且有一种社交不安全感。”⑮

---

1 据当时担任右翼参议员杰西·赫尔姆斯助手的约翰·卡尔波夫所言，卡特身边的人共同努力以防止行政机关的高管们看见撒切尔夫人。赫尔姆斯亮出参议员的“暂停”批文，要求取消行政分部的一些约会，除非卡特及其国防部长哈罗德·布朗同意，任何人不许见撒切尔夫人。关于此事未经证实。

2 大卫·欧文（1938—），受教于布拉德菲尔德以及剑桥大学西德尼—苏塞克斯学院；1966—1974 年，普利茅斯—萨顿工党国会议员；1974—1981 年，普利茅斯的德文波特；1981—1992 年，普利茅斯—德文波特社会民主党国会议员；1983—1987 年，社会民主党党首；1992 年，被授予欧文勋爵。

下一站是得克萨斯州的休斯敦，撒切尔夫人解释说：“因为休斯敦在北海石油问题上给予英国极大帮助，向朋友们道声谢谢是分内之事。”[16]英语口语联盟在橡树苑乡村俱乐部组织了一场晚宴，不过“组织了”这种说法并不恰当，卡洛琳·斯蒂芬斯记得：

没有为撒切尔夫人提供理发师（说了才做）；没有人熨烫她的衣服（说了才做），并且更糟糕的是她被反锁在了洗澡间。在到达橡树苑乡村俱乐部用餐之前我们折腾了40分钟，这些周折令撒切尔夫人很不快，并且她除了有那种进行主要演讲前一直都有的焦躁之外，显示出极大的愤怒……混乱主导了整个晚上的剩余时间。没有人问候我们……500个人全部浓妆艳抹地在自己的桌前就座，安然地喝着鸡尾酒。我们不宣而至好像没有一个人认识玛格丽特·撒切尔！最终，晚宴开始了，却没有任何正式声明——为女王干杯——长时间的停顿——玛格丽特·撒切尔本应该为总统举杯，但是没有人提醒她。然而，她做了一场精彩绝伦的演讲，以至于所有人都起立为之鼓掌喝彩。[17]

撒切尔夫人的演讲采取了自己擅长的说教方式。她强调了英国和美国思想领域的“共同遗产”，并宣称它正在遭受攻击。“基督徒的价值观……家庭生活，孩子们的纯真天性，公共礼仪，对法律的尊重，工作的自豪感，爱国主义，民主，如果没有妥善运转的自由经济，这一切都将会遭到破坏。凯恩斯……曾说：‘从长远来看，我们所有人都要死亡。’但是，从长远来看，我们的孩子们以及他们的孩子们将活着；让他们生活在自由之中吧。”她宣扬了自己对英国的希望，带着它的石油成为“欧洲的得克萨斯”，赚足了钱然后使其能够履行自己在NATO中的承诺。[18]休斯敦总领事罗伊·福克斯被这次演讲的力量打动了：“因为一位新星的来到，这里成了一场辉煌壮丽的盛会，她全然驾驭了自己的听众45—50分钟，在她面前几乎不能停下来做记录。显然，她收获了信心……随着时间一分一秒地流逝，他们越来越喜欢上了她。她的信心对于共和党而言可以称为一部《圣经》。”[19]其中有一种稍微显得有些模棱两可的恭维之词来自介绍她参加晚宴的男士，此人是乔治·H.W. 布什[1]，在《每日电讯报》的表单中被称为“CIA（中央情报局）

1　乔治·布什（1924—），1981—1989年，美国副总统；1989—1993年，美国总统。

前局长”。他说，撒切尔夫人是“一位聪明的女士……聪明得令人害怕”。[20]他对她的印象是“一个有着极其强势个性的女人”。[21]来自未来总统忐忑不安的赞誉之词，为未来两人的相互关系埋下了伏笔。

接着，撒切尔夫人飞往华盛顿，进入了一种心神不宁的氛围。在机场，她受到了彼得·杰伊和电视摄像的接待，然后被带到使馆，并待在那里。卡洛琳·斯蒂芬斯记得：“当我正帮她换零钱时，受到来自玛格丽特·撒切尔的暴喝：‘这次访问将要比我担心的还要糟糕，P. J.（彼得·杰伊）所做的任何事情都是为了扩大自己的权力范围［原文如此］；机场的摄像机都对准了他而不是我；不得要领的简报；他们没有告诉我任何新内容；我本来有比他们更好的联系人；这帮社会主义者根本不怀好意’［我认为这对于罗德·布里奇斯（外交部相关官员）很不公平，他已经给了她一份有力的简报］。”[22]这些轻蔑之言更多的是一种想象而非现实，其实，她住到最后对于杰伊夫妇为自己所做的努力非常感激；但是她内心的恐惧是真实存在的。“毫无疑问，外交部对她不怀好意，”斯蒂芬斯在个人日记中写道，“在我所知道的计划所有原因中有一条很明显，就是要归于社会主义者。”[23]在华盛顿访问的严肃政治活动中，罗德西亚给她制造了最大的麻烦。在当月初，大卫·欧文和卡特的驻英国大使安德鲁·杨推出了一项计划，是针对罗德西亚在伊安·史密斯的白人少数派政府，完成到多数派治理的过渡（这一政府是不合法的，因为它已经单方面宣布罗德西亚自1965年从英国独立出去）。但是这份计划的调子被卡特较早时候的声明搞得有些古怪，8月初，他已经单方面同意坦桑尼亚总统朱利叶斯·尼雷尔，现存罗德西亚安全武装（多数是白人）有必要遣散，而新国家的军队应“基于解放武装军队”，后者曾在抵制史密斯的过程中打过游击战。这种威胁强化了史密斯及其白人部落的地位（他在1977年8月31日竞选中赢得了议会的所有席位），同时令英国不安。撒切尔夫人告诉《时代》杂志，解散罗德西亚武装力量“会产生一个不安定因素”，[24]并且准备好了要亲自给卡特说同样的话。影子外交大臣约翰·戴维斯当时在华盛顿陪同她，并不认同她这种观点。他们在会见卡特之前就此问题进行了长时间的争吵。撒切尔夫人没有示弱。“我当初怎么会请他（戴维斯）加入我的团队，”后来她怒气冲冲地对卡洛琳·斯蒂芬斯说，“在罗德西亚问题上，他不可能采取我的观点；如果他偏行己路，我将不得不告诉他闭嘴什么的。”[25]在见到卡特之前，她先会见了国务卿塞勒斯·万斯，并向对方明确表达了自己的观点。“她强烈反对在罗德西亚军队里纳入任何黑人‘恐怖分子’，她以英国军队接纳爱尔兰共和党武装分子来做比，”万斯向总统汇报说。“我希望他们不要为史密斯提供支持，”卡特在空白处写道。[26]在椭圆形办公室会见前为卡特准备的简报中，万斯做了一个悲观的备注：“如果她的美国访问顺利结束，而没有在其立场上进一步公开承认她在英美计划关键内容上的强烈反对，我们将颇感幸运。”[27]

整个会见虽然确实很友好，但是整体并不轻松。美国国家安全委员会（NSC）的格雷戈里·特雷弗顿当时出席了会谈，回忆说：

在和卡特总统会谈时，撒切尔夫人讲话非常温柔，但是又显得非常咄咄逼人。她很快就表现出了竞选演说的架势，像极了在扶轮社俱乐部的发言。卡特是一个非常温和友善的男人，因此对此似乎并不介怀，而只是坐着倾听。然而，沃尔特·蒙代尔（副总统）感觉到不舒服。最后，卡特轻描淡写地打了一个擦边球。假设她非常精通国际问题，就问道：“你对于 CTB 问题怎么看？”随即而来的是沉默。你可以想象撒切尔夫人绞尽脑汁地翻腾自己的大脑卡片资料，却无济于事。最后约翰·戴维斯巧妙地帮她解了围，提醒她卡特所谈到的是全面禁止核试验（the Comprehensive Test Ban）问题。[28]

蒙代尔本人回忆：

玛格丽特·撒切尔在指出美国路径如何全盘错误方面，思路非常清晰而且颇具启示意义（这里是说，给予指导）。她坚持认为，罗德西亚需要被提供一个由自己解决问题的机会。卡特一言未发，但是我非常了解他。当他发怒的时候，脖子上的一根血管会习惯性地搏动。当玛格丽特·撒切尔开始谈论罗德西亚议题时，那根血管开始非常猛烈地跳动起来。事实上，她并不是不同意卡特的观点，而是表达方式有问题。她有些专横。[29]

美国国防部长哈罗德·布朗也产生了类似的印象，他与撒切尔夫人进行了单独会面。当时就武器管控问题，她针对卡特政府的柔和态度表现出近似于狠狠训斥的态度：“我们共同的一位朋友曾告诉我，‘她不是那种你愿意找着进行一对一晚餐约会的满意对象，’我很快就得出了同样的结论。”[30]

会晤后的新闻发布会上，撒切尔夫人自然而然地避免了任何与卡特有分歧的内容，不过她的确强调了自己对解散罗德西亚安全武装行为的担忧，就其与新一届美国政府的关系而言，她给大家留下了一个不太舒服的整体印象。友好的美国人也感觉到了这一点，亨利·基辛格回忆说，“她来到华盛顿，卡特身边的人傻乎乎地没有接待她。因此，在华盛顿的每天晚上我都请她吃饭……在我看来，她受到了来自卡特政府的冷落，但是并未表现出失望。”[31]实际上，基辛格博士的记忆是错误的——他只请撒切尔夫人吃了一顿晚饭——但是至于在白宫里的气氛相当冷淡，这一回忆是没错的。撒切尔夫人通过与杰西·赫尔姆斯的会面稍稍获得了安慰，这次会面被卡洛琳·斯蒂芬斯称为“私底下令人不安的右翼分子碰头”。[32]其中一次见面还包括了少将小乔治·吉冈，他当时刚刚从美国空军（USAF）情报局长位置上退休。退休后，吉冈曾表示，苏联已经超过了美国的军事力量，在其地下避难所网络系统支持下可以发动一场核战争，并最终获胜。[33]罗纳德·里根曾经在自己的公开言论中使用了吉冈的声明，撒切尔夫人一度对他的悲观警告十分迷信。

在会见卡特团队时不言而喻的张力，加上在后方家中针对闭店政策颇具攻击性的政党论争（见第十三章），这一切结合起来对撒切尔夫人而言证明了太多东西。在 1977 年 9 月 14 日返程前，在大使府邸的会客厅里，她举行了一场非正式但是有现场记录的媒体碰头会。很快证明这是一场错误。彼得·杰伊目击了全过程：

记者们继续就白宫新闻发言人代表政府在电视上提到的问题追问。他们认为美国的体制远远优于英国，后者被大厅记者们所把持（他们有特权进入议会大厦采访）。他们提到这个问题，认为这些记者们会先就背景进行吹风，就像卡拉汉将会这样做一样。撒切尔夫人给出了不同的说法。她认为这是对英国的攻击，显得非常愤怒。进行了一场虚张声势的讲话——就像普及知识一样，就部长责任以及议会问责制予以说明，情况越来越糟糕。很快，她就起身走了出去。我身为尽职的主持人跟着她走出去——我们径直沿着长长的大理石回廊走下去，直到房子的另一头的图书馆旁。接着看见——她流泪了——我认为是愤怒的眼泪，至少愤怒是一部分原因。我不得不给她拿了一些威士忌以舒缓情绪。[34]

撒切尔夫人到达伦敦时，一度想藏起来。《金融时报》报道称："她完全没有心情接受前往希斯罗机场的记者采访，也无心由摄影师拍照……一位发言人说：'撒切尔夫人无可奉告。在离开华盛顿之前她已经发表了声明，现在恐怕没有什么值得补充的。'"[35]

虽然在白宫私人简报发布后，《卫报》报道了她针对罗德西亚的态度已经令卡特政府"不安"，[36]但是并无公开反对的声音，各种公序良俗得以很好地维持。她在纽约颇受欢迎，在休斯敦体会了暴风骤雨般的拥戴，但是她知道自己的华盛顿访问并未取得政治成功，而且，在一个对反对党党首有本能敌意的世界里，她或许比两年前更体会到孤独无援的滋味。当她回到党内关于工会议题上去，有了倍感沮丧的理由。

要准确地描绘撒切尔夫人作为有着执着信念政治家的形象，很容易就可以使用多种方式，不过，她的领导风格中其他一些至关重要的特点却太容易被忽略。其中之一就是表演艺术，受到迈克尔·博蒂略的关注；还有就是围绕政党的管理艺术。据说有一段时期，甚至贯穿其职业生涯始终，一直有人认为撒切尔夫人是一个拙劣的管理者，不管是先前在影子内阁，还是后来的内阁。从一些情感因素上讲，这是真实的，因为她经常冒犯同事们的自尊心，并且在处理业务过程中常常表现出令人吃惊的凌乱无序。但是，特别是在20世纪70年代，她在党内更广泛的领域是一名得心应手的管理者，不管是在本国议会，还是在党的最高层面老练地保持着一个联合运作的智囊机构。她深知自己是在试用期，并且游走在一个各党派之间势均力敌的议会。她听从首席党鞭阿特金斯和威利·惠特劳的意见，并且不辞辛劳地参加党内草根阶层和后座议员们的活动，表现出了无尽的耐心。一旦投入研究一些自认为对国家复兴至关重要的问题——主要是经济方面——她通常乐于把注意力集中于和党内团结相关的事情上，而不是纯粹的教条中。

罗德西亚是一个现成的范例。1978年3月，忽视1977年卡拉汉和卡特政府的倡议，罗德西亚首相伊安·史密斯达成了一套"内部解决方案"，组成了由黑人担任骨干的多数派治理机构，并交由主教埃布尔·穆佐雷瓦领导。这份协议立即遭到了罗伯特·穆加比[1]和约书亚·恩科莫的谴责，

1 罗伯特·穆加比（1924—），受教于库塔马教会学校以及南非罗德西亚和福特海尔大学；1963年，津巴布韦非洲民族联盟（ZANU）共同创始人；1964—1974年，被扣留在罗德西亚；1975—1979年，从莫桑比克领导叛乱；1980—1987年，津巴布韦首相；1988—，总统。

这两个人是内战时期的黑人领导人核心成员。同时发出谴责的还有大部分“国际社会”。然而，对许多保守党员而言，他们过去看到的是在罗德西亚“我们的亲属和朋友”遭到迫害，且历来对此极为难过，同时，他们认为史密斯在大量工作中表现出来的能力值得赞赏，于是，党的领导层顶着压力对他予以支持。撒切尔夫人同样有这种情绪，并且得到丹尼斯的强烈支持，他非常了解该领域。与伦道夫·丘吉尔勋爵（英国首相温斯顿·丘吉尔的父亲——译者注）90年前针对乌尔斯特所发表的颇具煽动性的著名评论遥相呼应，她就该议题在一场党内特别政策会议上表示，如果马克思主义者穆加比被允许掌握大权，“白人将发动战争，并且白人将是为正义而战”。[37]她的真实理想是，维持这个国家的白人，同时使他们与温和派黑人团结一致，她充满激情地表达着对苏联所支持的马克思主义者的憎恶，这些人提供了武器、火车，并指导了许多游击战。她恰如其分地支持着所发生的事情，但是并未全身心投入其中。事实上，罗德西亚的黑人和白人需要彼此基于“永远有效解决问题的基础，”她说。[38]但是，当保守党的压力渐增，要为史密斯—穆佐雷瓦的大旗着色时，撒切尔夫人开始变得非常谨慎。

随着保守党年度党大会的日期临近，党代表们压下了一份修正案，其旨在支持单方面发起对罗德西亚的制裁，作为对内部解决方案的积极回应。当影子内阁于会议举行一周前讨论这件事时，撒切尔夫人要求充分探讨，以为黑潭会议做好准备。尽管并非影子外事大臣，这些事情使得卡灵顿勋爵发起从根本上对修正案的抵制，他认为它将会是一场外交灾难，并且将保护保守党政府免于被人认为是“各党派之间的桥梁”。撒切尔夫人也在会上寻找平息事态之道，并未表达任何支持或反对制裁的个人倾向：“撒切尔夫人建议，明确的反应将会基于一些底线，就是我们对议会所表达出的强烈感情给予理解和同情，但是我们不能接受将会把未来的保守党政府绑在一起的行动。”[39]会上，一度令人担心的起义还是如期而至，约翰·戴维斯代表影子内阁发表了苍白无力的讲话，却遭到全体议会的粗暴对待。（后来证明，戴维斯当时正在遭受由脑瘤引起的严重头痛折磨，这场病在几个月后夺去了他的生命。）

在个人回忆录中，撒切尔夫人将卡灵顿的原则描述为“扭曲而又不招人待见”，[40]但是她当时对其表示了默许。当修改后的制裁提议进入下议院投票时，前座议员的抵制决议引发了“二战”以来最大规模的保守党暴动，有114名保守党员不服从党鞭和约翰·比格斯·戴维森、温斯顿·丘吉尔两名前座议员的决定，要求辞职。撒切尔夫人后来宣布，她本来是要反对该提议，并解释了自己考虑到政党管理事宜决定支持弃权的原因："在这种微妙时刻，宁可有一个全面的后座议员反抗，也不能失去影子内阁成员们。"[41]所谓的"微妙时刻"是针对大选而言的，虽然延期了，但是也不会超过一年，保守党在民意中依然是摇摆不定，在收入政策问题上依然有公开分歧。面对诸多关键节点，她运用了一些技术性手段，一方面明确表达了对基层百姓的同情，他们通常是右翼人士；另一方面感谢大家为政党建立尽心尽力，提供了它所希望得到的一切支持。

罗德西亚尤其唤醒了保守党胸中的强烈情感，但是对撒切尔夫人来说，该问题比苏格兰权力下放问题显得容易多了。自从希思发表1968年《伯斯宣言》以来，保守党一度保持着理论上支持地方分权者的地位，不过希思政府并未落实它自己的提议，去支持一个苏格兰议会。苏格兰民族主义迅速发展壮大，并呼吁开始从阿伯丁海岸采油的北海石油应被视为"苏格兰石油"，这一呼声受到欢迎。为了赢得1974年10月大选，保守党曾许诺成立一个苏格兰议会，不过并未明确其具体本质。在那场大选中，苏格兰民族主义者因为在苏格兰获得11个席位而举起了庆功酒杯，而保守党苏格兰代表的席位跌至16个，是自从引入普选权以来的最低纪录。起初，在其处于领导地位的苏格兰国会议员的压力下，撒切尔夫人重新提起设立议会的承诺，并于1977年5月在伯斯表达了这一观点。它甚至被写入了1976年10月《正确路径》的文本当中，其中的表述是"一个直接选举产生的苏格兰议会，作为英国议会的另外一个会议室存在"，这种表达表明其并不同意工党关于单独成立一个苏格兰执行部的想法。但是，潜伏在表面之下的政策还是变动，有几个方面的原因。

其一，是英国保守党国会议员们的多数派（还有威尔士保守党国会议员，在那里保守党几乎一致反对权力下放）日益感觉到不安，因为这些事或将导致联邦解体；其二，那些真正支持权力下放的保守党员——伊安·吉尔默、弗兰西斯·皮姆和埃里克·布坎南—史密斯[1]，苏格兰事务影子大臣，他们是其中最著名的几位——倾向于成为那些被"民族"或联合政府所吸引的人。

1　埃里克·布坎南—史密斯（1932—1991），受教于剑桥大学三一学院，格兰诺蒙德、彭布罗克学院以及爱丁堡大学；1964—1983年，北安格斯和莫恩斯保守党国会议员；1983—1991年，在金卡丁和狄塞德；1979—1983年，农渔及食品部大臣；1983—1987年，能源部。

他们中的许多人支持比例代表制，并相信该制度将包含苏格兰分裂主义，有助于在英联合王国范围内构建永久的温和型政府。所有这些对于撒切尔夫人简直是一种诅咒，引起了她对于那些倡导者动机的怀疑。另外，分权开始浮现出工党的问题。正是工党在苏格兰失去了比其他党派更多的席位，该党内在该议题上的暴动分子最多，并且在这样一个颇有争议的问题上，工党要维持其在下议院的多数席位，几乎已经是不可能的事情。

撒切尔夫人冷眼观望这一问题并加以深思。虽然她确实是一名本能的联合主义者，该问题并未影响其热情洋溢的兴趣。就像北爱尔兰问题，她在反对党中几乎全部授权给了艾瑞·尼夫。她一直盼望分权问题能够烟消云散。然而，她非常清楚，苏格兰是一个削弱保守党支持的区域，当她成为党首时，立即通过一系列的苏格兰访问来致力于弥补该问题。上任后的前七个月内，她去了三次，并且所有访问都被认为是成功的。她需要弄清楚保守党支持分权会在北部边境带来选举上的加分还是相反。这很难估计，因为她的苏格兰政党已经四分五裂，彼此对立，以至于在自己的大会上，他们开始相互混战。一般而言，越多把持党内的等级制度并产生三分之二苏格兰国会议员的上层阶级和乡下人倾向于分权，就会有越多的城里人和工人阶级来反对。1976年1月，在爱丁堡举行了特别会议就该问题进行投票，有103票支持分权，60票反对，40票弃权。鉴于党内在控制投票方面的努力，该结果显示出反对力量的强势回流。

在该问题上保守党的首度炸锅正在蓄势待发。撒切尔夫人1月份在肯辛顿的铁娘子演说，有助于遮掩党内在权力下放问题上的混淆不清状态。但是当年随后的经历中，事态在恶化。被迫背负希思的承诺，她感觉极为愤怒，就写信给莫里斯·麦克米伦，对方是1976年3月权力下放的反对者："如今看来，一个明确的教训将是，永远不要在反对党的位置上做重要声明。"[42]保守党形成的明确解决方案是尽量团结周围的力量，以反对工党政府的计划，而不是从原则上撕裂它本身。这样做可能是因为保守党的位置——就该议题在埃里克·休姆的报告中得以正式表达——是支持"一个直选产生的议会，并与威斯敏斯特立法体系吻合"，然而，工党的计划则是支持一个拥有自身执委会的独立苏格兰议会。苏格兰出生的威利·惠特劳，同时在边境区占有一个席位，从较早时候对权力下放的支持，转为反对工党的立场，这样一来，就使得各方观点势均力敌。就在撒切尔夫人设法推进问题解决时，保守党希望"一个有辐射能力的权力核心，而不是一个混乱的领导”。[43]这种立场是为了让支持和反对权力下放的保守党员们都能够对政党保持忠诚。在这种精神支持下，1976年11月撒切尔夫人进行了重新洗牌，事实上提拔了地方分权的支持者弗兰西斯·皮姆，由其担任该党在这一问题上的发言人。

然而，几乎是皮姆刚刚被任命的当口，压力陡然加剧变得几乎无法忍受。工党政府这时希望推进实施自己的法案，因此，保守党不得不决定在二读的时候是否加以反对。由布坎南—史密斯领导的一小撮人铁了心要投票支持法案，但是影子内阁的立场相反。他和自己的下属，其中包括年轻的马尔科姆·里弗金德[1]，以辞去前座议员席相要挟。撒切尔夫人在自己的权力范围内尽其所能地挽留他们。她告诉所有身处困境的苏格兰人，由布坎南—史密斯和里弗金德率领前来见她。在会后不久写的一份便签中，里弗金德记录道：

> 玛格丽特明确表示，她没有来得及认真思考我们集体辞职的决定，必须找到一些折中办法。首先，我们的离去将会破坏保守党在苏格兰的阵脚；其次，她强调说自认为要致力于直选产生一个苏格兰议会。如果我们离去，她将不得不任命像泰迪·泰勒[2]这样的反对者担任苏格兰前座发言人，而这显然是不可能的……她大笑着评论说，如果我们不得不辞职，她将在必要的情况下再次对我们进行任命！

她承诺说，保守党政府将在议会面前提议支持产生一个苏格兰议会。里弗金德总结说：“会后，我们感觉我们已经输掉了这场战役，但是赢得了整场战争！”[44]在这次事件中，里弗金德和布坎南—史密斯确实辞职了，但是其他人被劝阻了，并且为保证大家留下来显示了最大的灵活性。当伊安·吉尔默以辞职相威胁时，她说服对方在投票过程中缺席，而不是用一个借口参加党内事务。[45]面对自己的损失，撒切尔夫人接触了另外三名国会

---

1 马尔科姆·里弗金德(1946—)，受教于乔治沃森学院以及爱丁堡大学；1974年2月—1997年，爱丁堡彭特兰区保守党国会议员；自2005年，在肯辛顿和切尔西；1986—1989年，苏格兰事务大臣；1990—1992年，交通部；1992—1995年，国防部；1995—1997年，外交和联邦事务部；2005年，以候选人身份竞选保守党领袖失败；1997年，被授予骑士爵位。

2 泰迪·泰勒（1937— ），受教于格拉斯哥高中以及格拉斯哥大学；1964—1979年，格拉斯哥卡斯卡特保守党国会议员；1980—1997年，在绍森德东；1997—2005年，在罗奇福德和绍森德东；1991年，被授予骑士爵位。除了其影子职务，泰勒从未在撒切尔夫人行政机构的任何部门担任要职。

议员，由他们出任苏格兰影子大臣，最后绝望地找到自己曾尽量避免碰头的人泰迪·泰勒，而他在幕后根本不知道这些调遣。[46]泰勒，一个强硬而古怪的工人阶级格拉斯哥人，在这个城市的席位依赖着高级苏格兰民族主义者支持，他们拥有工党选票。他记得撒切尔夫人告诉自己：“我希望你毁掉 SNP（苏格兰民族党）。”泰勒巴不得一试，但是他回答说：“如果我们这样做，我还会毁了自己的席位。”[1][47]在议会投票中，包括希思在内的27名保守党员弃权了，5个人投票支持政府。相比之下，工党国会议员中有相当数量的人通过其他方式揭竿而起，反对他们的党鞭。

整个事情一团混乱，但是自它浮出水面后，从撒切尔夫人的务实观点出发，事件还是维持了一个相当令人满意的状态。倾向于分权的保守党员们感觉自己在表达个人观点时做到了以礼相待；反对分权者则清楚所有事情都在沿着自己的道路走；所有人都感觉能够团结一致反对工党。一个更深层面的机会很快使保守党受益匪浅。担心法案遭遇冗长辩论，政府试图打破宪法相关事项不应当囿于时间限定的惯例，就退出了终止辩论将议案付诸表决的行动（意思是说，要缩短辩论环节），但是这一计划被 27 人投票适时地否决了。随后，卡拉汉失去了民族主义者的支持，而这些人一度给他提供了一小部分的有效多数席位。两周后，在可耻地拒绝了在公共开支议题上的休会运动竞争后，政府发现自己面临着完全没有信心的投票，一旦输了，将迅速产生一场大选。

直到 1977 年 3 月 22 日，很明显，自由党已经通过谈判达成了一项协议，以支持本届政府，而撒切尔夫人对这份“协定”嗤之以鼻。对于保守党而言，这并非一个完全不好的消息，因为他们对于在不期而遇的一场大选中获胜并无把握——但是自由党—工党协议实际上暴露了它们的虚弱，是一种本能的丧气之举，同时还对当时并无信心辩论的撒切尔夫人做出了贡献。“撒切尔夫人几乎是黔驴技穷了，”伯纳德·东诺各胡记得，“陈词滥调连着陈词滥调……她没有适应议院里浮躁且动荡不安的情绪。”[48]私底下，撒切尔夫人告诉朋友们她意识到自己的失败，进而责备自己。4 月 1 日的斯泰克福德递补选举中，保守党以 17.6% 胜出，高唱赞歌地将满天乌云一扫而光。

当工党政府再一次感觉准备好了重提权力下放问题时，撒切尔夫人同样和自己的政党做好了准备。对于支持权力下放的国会议员们来说，他们要求

1 泰勒的预判是准确的。保守党在 1979 年大选中从 SNP 获得了 7 个苏格兰席位。仅仅失去的一席是他的，投给了工党。因此保守党在苏格兰实际获得的多数席位是 6 个。

有一条更有力的路线。她写道："我们的承诺是支持直选产生苏格兰议会的原则……不变。我没有收回成命，而是打算兑现它，"不过她补充说，"我不确信，在现在这个阶段提出正式的具体建议会是明智之举。"[49]同年秋，弗兰西斯·皮姆独辟蹊径，向影子内阁提交了一份文件名为《更加积极的必要性》，其中强调要支持直选产生议会；但是他没有如愿获胜。

11月2日，影子内阁同意"摆在面前的最佳方式是发起一次宪法会议，将所有可供选择的提议都囊括其中"。[50]就像泰迪·泰勒回忆的："影子内阁里从未形成决议以反对分权。它只是悄悄地溜走了。"[51]卡拉汉坚持不懈地努力着，但是收到了一份修正案的阻碍。这份修正案由他自己党内的造反派提出，其中规定，在分权决议颁布之前，需要全民投票中至少要有40%的选民投出"赞同"票。1979年3月1日在苏格兰和威尔士的投票，并未达到该限定。实际上，威尔士几乎是清一色的"否定"票。由此，伴随着民族主义者政党所产生的压力，导致当月晚些时候的崩溃。

至于保守党员们，他们已经能够不通过否定分权原则而反对政府法案了，也能够进入竞选了，低调地准备一场"否定"投票。他们在1979年5月大选中的宣言承诺"讨论关于苏格兰的未来政府问题"。这场选举中，保守党在威尔士赢得了2个席位，苏格兰6个。有许多人通过逐渐远离分权问题的方式，来强调撒切尔夫人最终带来了苏格兰保守主义的瓦解，这导致保守党在1997年失去了苏格兰的每一个席位。但是这种说法有将后来的问题强加于那个时代之嫌。[1]由于奇怪的议会现状以及保守党在1975—1979年之间的分歧，要求精打细算，撒切尔夫人坚定地表现了自己身上那些被其对手宣称欠缺的品质——机智、倾听的能力，以及巧妙变通的良好举措。

还有一件事情，在当时并未像分权问题那样公开化，但是具有更重要的长远意义。这件事提醒了撒切尔夫人对政治管理能力的重视。1978年夏，西德总理赫尔姆特·施密特和法国总统瓦雷里·吉斯卡尔-德斯坦决定，在1979年1月1日推进一项正式创举，就是筹建欧洲货币体系（EMS），所有的EEC成员国从一开始都选择了加入。然而，该体

1　一些保守党员当时有这种担忧。1978年，R.A.巴特勒告诉本书作者，他当时曾威胁说要用一支粉笔在撒切尔夫人胸脯上写下"苏格兰"字样。当撒切尔夫人问他原因时，他回答说："因为英国的一位女王就曾将'加来'字样写在自己的心上，所以你应当将'苏格兰'写在自己的心上。"关于这段历史的另外一个版本同样由巴特勒勋爵讲述，他将"苏格兰"字样写在了时任撒切尔夫人的PPS、自己儿子亚当的西装上。两个版本其实都无据可查，亚当对于此事没有一点印象。

系最重要的内容是汇率形成机制，并且是自愿加入。较早时期曾有过以“蛇”著称的欧洲货币合作的努力，当时由希思政府主导加入其中，匆匆坚持了可耻的六星期。但是如今的ERM（汇率形成机制）已然制度化，包括英国在内的成员国政府将不得不决定是否参加。

由于决定权要抛给卡拉汉，保守党稍感释放。卡拉汉被欧洲事务所困扰，却不会影响到保守党。但是尽管如此，他们也不得不在该问题上占据适当位置。党内政要的观点非常明确，曾经一开始就带英国加入EEC的希思阵营，曾于1975年发起全民表决，以决定去留，如今他们仍旧打算提升自己的计划。1978年夏，亚当·里德利给撒切尔夫人写了一份备忘录，虽然提到了技术难题，但是也提供了摆在英国面前的两种选择：扮演“建设性且积极的角色”；或者“在边缘上徘徊继续沉默”。[52]秋天，随着决定即将做出，里德利再次给她写信强调了问题所在，就是其中有95%关涉政治而不是经济，同时，对一名顾问而言，他相当勇敢地发出了富于技术性和经济性的倡议，就是英国应该“在你目之所至之前完成飞跃”。[53]

两天后，影子大臣们忧心忡忡地碰头——豪伊、皮姆、奈杰尔·劳森以及约翰·诺特，还有罗德·索莫斯（身为前欧洲事务专员，他是一名有相关知识的高层保守党员），以及亚当·里德利一同参加——讨论ERM问题。当时有一个背景，就是鲍威尔派系的欧洲怀疑论者约翰·比芬坚持发表了一个最新演讲，攻击ERM是一个强化欧洲法德轴心的工具。劳森极其谨慎地支持该机制的某些部分：“我们必须首先决定它是否奏效；然后，如果它是正确的，我们是否应该加入。”[54]诺特担心的是由国外强加而来的货币贬值，毕竟此现象颇不受欢迎。索莫斯和皮姆则力挺ERM，和杰弗里·豪伊一样，在他们的政治生涯中一直都是强劲的亲欧派。据记载，豪伊当时说：“要回答比芬担心由法德轴心产生的威胁问题，答案就是将我们置于另一端形成三足鼎立的局面。”

劳森和豪伊随后单独给撒切尔写了信。劳森致力于在“亲欧派和欧洲怀疑论者”之前做一引导，并发出倡议“我们应当尽可能长久地避免在EMS[1]问题上承诺任何坚定立场……这是一个可怕的极其复杂而又棘手的问题，不管是从经济层面抑或（更重要的）政治层面。”“可以做一件事，”他继续写到，“……没有一个英国政府——从实践上——感觉将来能够保持一

1 当时的政治家们在说到ERM时，通常是指加入EMS。

种充分的货币和财政政策，除非有外来支持，而一个固定的汇率正是外部约束的因素所在。”另一方面，ERM 的情况或许会促使 EEC“太不受欢迎以至于使得继续支持 EEC 会员资格形同于政治自杀”。他将这一情况与英国要回到1925年金本位的决定做了比较，并且担心一种“人为的高英镑平价”。但是，如果不加入，英国将“冒着失去欧洲领导地位的风险”。劳森冷静地补充了自己的最好愿望，就是该体系的迅速坍塌，这样一来，“我们能够有一些新的选择权，为欧洲经济联合发展搭建一种更合理的框架”。他认为，如果工党要加入其中，对保守党更有好处。但是如果他们不加入，保守党则能够以“害怕挑战”为由对卡拉汉进行攻击。他总结说：“我们不应该给以任何承诺……关于我们将带英国加入 EMS。如果这样做，将会不必要地造成党内的分崩离析。”[55]

相反，杰弗里·豪伊则毫不含糊地从情感和政治层面坚决支持 ERM：“从根本上讲，我们确信德国在经济治理方面的原则，并且应当能够使我们自己和他们站在一起。”他说，保守党应当“明确表态支持”ERM，因为它“提供了更大的货币稳定性，并鼓励经济政策形成合力”。他继续说：“这一结论的政治启示尤其强烈：其他选择意味着放弃 EEC 的大方向……失去法德贵宾席。”涉及策略，豪伊指出，以改革共同农业政策（CAP）作为英国加入 ERM 的条件是不可能的，该政策通过 EEC 会有固定的农业补贴机制；同时要加强改革以增强英国对 EEC 预算的贡献力，因为“我们的议价地位太弱”。[56]

就像往常的做法一样，涉及经济事宜的信件，撒切尔夫人没有回信，但是她在豪伊的信件空白处做了备注，使自己的感觉更明确了。出于对他宣称关于货币稳定即经济合力说法的反对，她写下了“为什么？”他提到预算的观点，还有 CAP 优惠措施不能作为加入 ERM 的筹码，撒切尔夫人在旁边写道：“以后不能做到。”在他关于法德贵宾席的提议旁边，她轻描淡写地注了一个字“不”。[57]为感谢英格兰银行前副行长乔治·博尔顿先生在该议题上为自己提供理念，1978年11月13日，她说：“这是在 EMS 的现实问题上，我所收到的最具启发性的备忘录，这些问题在当时看起来几乎是无法克服的。”[58]

从实际层面，吉姆·卡拉汉使问题在保守党方面显得容易了。他决定反对英国加入 ERM，并于 1978 年 12 月 6 日在下议院提出了这一提议。这样一来，撒切尔夫人可以轻而易举地说，加入 ERM 的失败是英国经济衰弱的一个信号，同时亦证明工党内部的分歧严重，总之“这是欧洲悲哀的一天”，[59]然后就不了了之了。但是诸多上文提及的文档和信件都预示了——从定调方面、内容上、个人层面，甚至是语言的打磨上——未来的事态发展，将在其内阁中引发极端的敌对和分歧，直到20世纪80年代末。甚至在成为首相前，撒切尔夫人对欧盟一体化的议题都心有怀疑，但是周围那些同样身居高位的同事们都和她有分歧。

这一阶段关于ERM的辩论还停留在私人层面，但是这些文件充分显示了撒切尔夫人的习惯——有人可能会称之为技术——通过鞭辟入里的分析表达观点来主导政策研讨会，这一点她要优于自己的同事们。通常，她会公开这样做。关于移民的议题给了她一次至关重要的机会。自从伊诺克·鲍威尔发表1968年“血流成河”的演讲以来，这一问题在保守党政治圈里一度就像毒药，但是公众情绪对移民（持续有广泛的工人阶层支持鲍威尔）的反对是显而易见的。实际上，由于工党对相关规定的懈怠，才使得该问题死灰复燃。例如，内政大臣罗伊·詹金斯给予许可，允许来自亚洲的妇女的未婚夫进入该国，这迅速为滥用体制开了一个头。当詹金斯1977年暂时离开英国政治成为欧洲委员会主席时，在他之前的斯泰克福德选区进行的递补选举中，移民问题成为主导型议题。保守党候选人安德鲁·麦凯[1]散发了30000份传单，上面以大字写着“停止移民”。保守党戏剧性地从工党手中获得了席位，但是同样值得注意的是，恶毒的反移民组织民族阵线，如今的英国国家党先驱，赢得了8.1%的选票。

直到1977年底，随着工党的经济约束措施初见成效，在民意调查中一度领先的保守党或多或少销声匿迹了。这是由于撒切尔夫人将更多注意力放在了非政治议题上，在这些领域存在舆论的不满之声。

据理查德·瑞德的说法，“她感觉被收入政策包围了，因此认为自己宁愿在移民问题上有所作为。”[60]1978年1月30日，在接受格拉纳达的广播栏目“世界在行动”采访时，她指出到世纪末可能将有400万巴基斯坦人和新联邦移民涌入英国，这个数字“多得可怕”，她说，并且英国人担心自己“被不同文化背景的人们所埋没，如你所知，英国人的性格当中有

1 安德鲁·麦凯（1949—），受教于索利哈尔；1977—1979年，斯泰克福德伯明翰保守党国会议员；1983—1997年，在东伯克郡；1997—2010年，在布莱克奈尔；1996—1997年，政府副首席党鞭；2005—2009年，反对党领导人高级政治和议会顾问。2009年，他在一度吞没了议会的“报销门”丑闻中被迫辞职。

太多的民主、法治成分，并且在全世界范围内做了这么多贡献，以至于一旦感受到任何要被埋没的威胁，人们将会有所反应甚至对外来者充满敌视。”她补充说，自己在一个有着25000人口的小镇长大，每年大约有两倍于该数字的人进入英国。“我们是一个英国人组成的国家，”她说，“有着英国人的特色。”[61]

在这一问题上，愤怒充斥着报端和威斯敏斯特，国内有着广泛共识。当时处于最艰难位置的人是威利·惠特劳。他暴跳如雷，一方面由于撒切尔夫人的评论基调；另一方面由于她在未事先提醒自己的情况下发表了这些言论。他希望对方先对这些言论予以沟通确认，但是又知道采访的环境，其中有原始记录可以有机会在采访播出前将这些评论抹去；但是她没有这么做。颇具个性特点地，惠特劳来回地说要辞职，但是并未付诸行动。他告诉罗伊·詹金斯“与这样可怕的女人在一起工作，真是一种痛苦至极的生活”，谈到了他正在考虑辞职，[62]但是随即一切如常。私下里，在保守党研究部的克里斯·帕滕表达了自己因党内偏向自由主义一翼的每个人而产生的心神不安。“只是想象一下，”他告诉迈克尔·博蒂略，“如果她说我们正在被犹太人淹没（会是什么结果）。”[63]

在下议院，易怒的工党国会议员安德鲁·福尔兹被议长命令要“控制自己”，当时他正在对撒切尔夫人发起攻击。福尔兹回头大叫着说：“在议院和这样该死的女人共事，你还想让它好得了？”[64]他的一句“该死的女人”被许多不喜欢撒切尔夫人的人引用，通常被简缩为“TBW”。她的评论之所以举足轻重并非因为提出政策变化——大部分保守党员同意加强移民管控——而是她对语言的选择。一个人在谈及移民问题时的表达方式是其对别人态度的试金石，就像今天沿袭着的做法一样。就像其本人对于死刑的支持——一个未能诉诸政党政策的事关良知的问题——撒切尔夫人深谙此道，并乐于站起来对抗那些喋喋不休爱评头论足的阶级。有一种感觉就是，她对于成为“TBW”乐在其中。她认为自己招致非议之处，正是别人想方设法隐藏的地方。

25年后，回忆起那场引发“口水仗”的采访，她引用了吉卜林的诗《寓言家》：

当整个世界宁愿把一件事情遮盖
只因真理鲜有观望的人群拥戴，

人们写下寓言，一如老伊索的无奈。[1] ⑮

伊诺克·鲍威尔认为，撒切尔夫人迫于来自党内的压力，在移民问题上已经迅速从个人立场上撤了回来，因为保守党的大佬们“历来是宁愿为阶级利益牺牲文明的雅典式独裁者”。⑯然而，她实际上在身体力行自己的言论，并不失时机地重申自己的信念，就是民族阵线远非表里如一的真实，甚至极其扭曲，口中叫着爱国权利，实际上是“一个社会主义者的阵线”，⑰她还担心引起经济封锁和国家管控。她对一件事非常感兴趣，就是单词“纳粹”（Nazi）是国家社会主义者（National Socialist）的缩写，并感觉社会主义的因素一度被忽视，这是很危险的。她将移民问题视为一个政治家必须参与到群众的合法担忧中去的问题，其中，人们有资格在数字和承诺方面获得更大确定性。保守党在民意调查中的支持者人数直线上升，从一开始与工党的并驾齐驱到后来领先 11 个百分点。感觉到政治地位脆弱的卡拉汉邀请撒切尔夫人参加所有政党围绕移民问题的对话，后者以承认该议题令人窒息而拒绝了。移民问题帮助保守党在 1978 年 2 月的北伊尔福德递补选举中胜出。在整个“淹没性”争议过程中，她坚持了一个日益增强的信念，令其影子内阁最为反感，却又获得选民不容置疑的验证，该信念就是“在关键问题上,我必须信任自己的判断,而没有必要试图事先说服我的同事们;因为我能够预料，在这个国家之外的某个地方，将会有我的追随者，或许他们还是一个我的多数派。”⑱

当然，撒切尔夫人能够证明有“一个我的多数派”的唯一途径就是大选。带着这种想法，1978年初春，保守党在选择广告代理商时做了一个大胆的决定。有三家公司被邀请前往推销想法，但是保守党主席桑尼克罗夫特勋爵向戈登·里斯提出了怀疑，就是选择一个广告代理商的必要性。戈登·里斯已经委托了相关工作，但是并不喜欢推销这种形式。里斯后来写

---

1 一个有意思的例子是，撒切尔夫人针对移民问题的个人态度被年轻的迈克尔·博蒂略记录了下来，他当时是研究部成员，在1976年夏参加了影子内阁会议的一部分环节。在讨论移民问题到中间环节时，分歧的钟声响起。撒切尔夫人问投票是要干什么，有人告诉她这是为了给戴着防撞头盔骑摩托车的锡克族特别免税政策，以确保他们能够将头巾扎在头上。（锡克族人有用头巾包头的习俗。——译者注）卡灵顿在这样一个关键时刻针对这一尖锐问题轻声做了评论。撒切尔夫人言语犀利地说，“你在说什么？”卡灵顿说：“是一个笑话，玛格丽特，”然后做了解释。她回答说：“好吧，这一点都不好笑，这些人在战争中与我们为敌。”

道：“我在商业广告中的经验已经告诉我，代理商竭尽所能地进行推销，同时他们应当将这种努力投入客户业务中去。”⑲他确信盛世广告是三家代理商中唯一一家拒绝推销的，它获得了这项业务。萨奇兄弟莫里斯[1]和查尔斯[2]是这家公司的所有人，他们完全在保守党的世界之外。出生于巴格达一个犹太人家庭的他们，之前从未参与过政治。当里斯提供给莫里斯·萨奇这项业务时，莫里斯给他们的主席提姆·拜耳[3]打电话咨询意见。拜耳是公司高层中唯一一个了解保守党的人，当时正在巴巴多斯度假，他在麦克米伦时代曾经供职于另外一家代理机构，期间与保守党有过共事。他认为这是一个糟糕的想法。他说，做这件事无钱可赚，却会大量受气。

拜耳认为，萨奇兄弟不是保守党员，并且对保守党心感不安，因为他们担心自己会被视为“自命不凡的犹太男孩”。他们能够全心全意做这件事吗？⑳然而，拜耳的意见遭到了否决，他很快变成与里斯的联络人。萨奇兄弟则置身幕后。在1979年5月选举前，莫里斯只见过撒切尔夫人一面，而查尔斯则一次都没有。财务主管阿里斯泰尔·麦克阿尔潘被萨奇兄弟惊到了，对他们说：“如果我们选举获胜，将支付你们酬劳。否则分文皆无。”㉑不过，实际上他是对他们的工作最为热心的人之一。当为竞选试图从富人手里募集资金的时候，他会带着一堆针对海报的最佳建议顺道看他们，萨奇则问道：“你愿意为其中哪一幅付钱？”㉒实际上，里斯、拜耳和麦克阿尔潘在保守党中央办公室内形成了一个团队，并且不受党的生活中正式组织结构、竞争对手及官僚机构的约束。他们在态度上形成了一个相当不同寻常的组合体——一种对于广告魔法性作用的信念，以及伴随着对保守主义核心理念在意识形态上的严肃承诺，而萌发出在图像管理方面最具现代意义的方法。甚至更重要的是，他们全部与玛格丽特·撒切尔“陷入了爱河”（提姆·拜耳的原话）。这三个男人，此时都是中年偏早期的年龄，并且当时都未婚，喜欢喝酒、女人、派对和寻欢作乐。他们还带着“我们从事伟大改

1 莫里斯·萨奇（1946—），受教于LSE；1970年，盛世长城广告公司联合创始人；1985—1994年，公司主席；自1995年，上思广告合伙人；2003—2005年，保守党联合主席；1996年，被授予萨奇勋爵。

2 查尔斯·萨奇（1943—），受教于基督医院学校；1970年，盛世长城广告公司联合创始人；自1995年，上思广告合伙人；以当代艺术收藏家身份知名。

3 提姆·拜耳（1941—），受教于巴内特伊丽莎白女王文法学院；1970—1975年，盛世长城广告公司常务董事；1975—1985年，盛世长城广告公司康普顿主席兼总经理；自1987年，拜耳—柏婷阁主席；1998年，被授予拜耳勋爵。

革运动的知识”。[73]他们从表面上对撒切尔夫人形成了一些刻板印象，就是她是一位溺爱孩子的母亲或者保姆，一位圣徒般的主顾，还有一个独一无二的机会。他们对她有感情上的忠诚，对保守党则不然，这有利于发挥他们的工作优势。

然而，萨奇—里斯战略并不是要让公众的注意力集中在自己的女主角身上。拜耳告诉索尼克罗夫特，撒切尔夫人“难于营销”，因为她看起来太像人们头脑中保守党员的妻子形象，而这一形象与一个领导人的形象显得格格不入。[74]里斯担心开始于1978年4月份的议会电台广播，该广播使得一切对于一名女领导人而言显得尤其艰难，因为公众能够听到她要使自己在喧嚣中被大家听到的尖厉叫声。[1] [75]他还对吉姆·卡拉汉在电台及电视中的技巧给予了很高的评价。尽管更多的电视政治的趋势，使得竞选运动更像总统制做法，萨奇不希望鼓励这一点。他们认为自己的任务是彰显一种积极的自由及国家复兴的理念，还有就是要唤醒人们是时候要推动变化了的意识。他们的首次政党政治广播开始于5月份，是关于财富创造的乐观消息。但是他们很快意识到保守党应当开掘一句古谚的价值“反对派不赢得选举；政府错失良机”，并且应当引入时下流行在人们当中日益增长的怨愤之情。老百姓们正在说一切都变得太恐怖了，因此保守党也应当顺着他们的话说。他们建议保守党不应当任由工党摆布，毕竟它拥有择日竞选的权力，而是要立即发起进行。他们建议，保守党广告应当针对工党最有力的传统观点发起攻击。

1977年，失业人数已经高达150万，这是一个明证。他们中间一名颇具创造力的成员安德鲁·卢瑟福发明了一个标语“工党不灵了”。一群来自亨顿的青年保守党员，组成了一支模仿旧传统中排队领取救济金的队伍，虽然人数不多，他们还是要在海报前重复上演几遍，并将队伍蜿蜒开去。海报的设计旨在从一个安静的时机出手，打乱工党预期在1978年秋初发起大选的时间表。海报被张贴在不多的站点处，但是选择了一些报纸，如《每日邮报》重磅出击。然而，关注到海报的工党要求将其撤掉。拥有毋庸置疑的聪明和善辩能力的丹尼斯·希利，往往被坏脾气搞得声名狼藉，

1　伯纳德·东诺各胡是卡拉汉政策小组组长，记得撒切尔夫人第一次亮相“总统问答”广播节目时，其表现从一名工党党员的角度看颇为满意：“她看起来面色非常苍白，显得很紧张，声音听起来很刺耳。这次广播从某种程度上是竞选前的试水，我们顿时感觉信心十足。”（伯纳德·东诺各胡著，《唐宁街日记》，第二卷，乔纳森·凯普出版公司，2005，2008，vol:II: 与詹姆斯·卡拉汉在NO.10共事的日子，1978年4月4日，305页）

他强烈反对海报——部分原因在于一个相当古怪的理由，就是它通过“演员”表演的形式，侮辱了失业现象——因此应确保自由宣传的清洁。吉姆·卡拉汉当时在苏塞克斯的灵默自家农场间度暑假，由《泰晤士报下院指南》做伴，[76]得以在决定竞选日期之前，一览其中关于所有边际选区的数据。萨奇所做的海报在他内心制造了紧张感。

一句“工党不灵了”使得这张海报增强了大家的信念，为1979年5月大选不无助力，一度成为打头阵的先锋号。它着实从一开始就粉饰了保守党的竞选理念，从修辞上就打压了工党。海报为应对挑战找到了一个得心应手的语言武器，后来得以运用在各个竞选主题宣传中——教育（原文是“Educashun”——译者注）不灵了，这张海报旨在说明一个在黑板上拼写错误的男孩子。“英国并未变得更好”则描述了另外一个领取救济金的队伍，排到了数里开外，而这句话的上边则是“医院”的标志。

面对那个夏天萨奇的提议，撒切尔表现得非常有个性。她并未感觉这是一份很好的竞选海报或标语，不过她常常做一些细微而具体的评论。“公众并不知道20%意思是什么，”她说，并提醒说要注意写法上的考究，以免对手抓住其中的漏洞，轻易地在上面信手涂鸦，以至于意思和初衷大相径庭。她记得在达特福德时，自己对手的海报内容是“达特福德：多兹再现”（Dodds again for Dartford），这句话被她的青年保守党员们读做“达特福德：多兹再见”（Odds against Dodds Dartford）（这里译者据中文语言习惯翻译，并非和原文语意完全一致。——译者注）[77]她基于个人偏好和理解力提出了常识性的反对意见——他们之前在党的政治广播中本来要使用婴儿尿布和拳击手套，她拒绝出现一丁点这种痕迹，[78]并要求每一个玩笑都要解释给她听，颇为费神费力。萨奇兄弟的创意总监杰里米·辛克莱尔记得，“当我们为她写东西时，她会全部删掉重写，最后呈现出来的和我们当初的一模一样。”[79]起初，萨奇兄弟提出使用她的一张照片，遭到了否定，理由是照片中她手指上的指环过于醒目。她说：“它使我看起来像个阔太太。”[80]她对于“工党不灵了”的第一反应是抱怨，因为“海报上最大的一个词是‘工党’，”[81]不过，拜耳记得，她很快就战胜了自己的负面想法，“因为她发现这句话会（对工党）构成伤害，她喜欢这种效果”。[82]

虽然喜欢吹毛求疵，撒切尔夫人在自己不了解的地方却表现得十分谦卑，广告业就是其中之一。她信任里斯，在有必要做什么等问题方面接受了对方的分析意见，并且对他引进的团队情有独钟，尤其是拜耳。对于她应当穿什么和如何讲话之类的要求，她表现得温良顺服，尤其是其中能够帮助她提高的地方，更是喜乐满怀。早在1972年，当她只是一名内阁大臣时，里斯已经在她的讲话发音方面为其提供了帮助。彼时，他在来自布莱顿的火车上偶遇了劳伦斯·奥列弗[1]，就向这位伟大的演员求教。奥列弗安排时间为撒切尔夫人提供了指导，让她参加了国家剧院的发音培训，由此使她的声音听起来不再那么冷冰冰的。[83]撒切尔夫人在这些过程中毫无怨言，并且身为领导人，在这些课程当中亦颇受打击。意识到自己有时候站在镜头前像一个木头人，任何时候要上镜，她都会请拜耳坐在后面或台下，这样一来，她会感觉自己在对着一个真实而友好的人说话。

她还接受了萨奇—里斯的教条，就是没有一个政治家应当持续出现在党的政治广播中超过30秒（那个时代有一个法定的超长时间是9分钟40秒）。他们希望广播能够打破传统、风格和趣味性。这些要求，从本能上讲并非玛格丽特·撒切尔的个性特点，但是她接纳了；因此保守党领导人中最具严肃思想的人，发现自己就像电影幕后制作人一样，充满创意地在主持广告制作（要显示出工党正在带领英国的方向），同时又像演绎一些小剧种（例如，关于电影中排队抱怨通胀问题），而不是像那些守旧的电影，国会议员们在其中呆板麻木地传输着标准的格式化信息。她还同意里斯的建议，保守党最需要获得的选民，是那些身处保守党传统阵营之外的人们，通常会是那些对政治没有强烈兴趣的人。因此，她热情支持直接定睛于购物女性的广告策划。这些广告被植入女性杂志，其中的表达是这样的："做一份小测验，看看自己是工党人还是保守党人。"在一系列关于政策的问题之后，测试题最后以如下题目结束：

> 以下这些人当中，谁最有可能了解诸如家庭购物之类的事情？
>
> a. 詹姆斯·卡拉汉
>
> b. 你丈夫
>
> c. 撒切尔夫人

就像里斯从一开始就强调的，培育主流报纸是同样战略的一部分，并且撒切尔夫人已经准备好了尽力配合。里斯分析了社会中日益凸显的趋

1 劳伦斯·奥列弗（1907—1989），演员兼导演；1973—1974年，国家剧院联合创办人，并担任助理导演；1947年，被授予骑士爵位；1970年，被授予奥列弗勋爵。

势，1978年5月，鲁伯特·默多克的右翼报纸《太阳报》的地位，首次取代了工党支持的《每日镜报》。撒切尔夫人向前者送上了自己的祝贺之辞。她恭维了该报的编辑拉里·兰姆，并且对其中的头条新闻等重要文章给予了极大的信赖。当时，这类文章通常出现在第二页，与著名的“第三页女郎”相对应。有一次，在和自己的顾问辩论时，撒切尔夫人偶然发现在当天的《太阳报》上有两篇重磅报道，非常有力地证实了自己的观点。“那里，”她喊道，将报纸顺手甩到了他们面前，“你们如何看待这两篇文章？”年轻的副手们面面相觑，发现自己正在盯着一对巨大的乳房，随即极力压抑着要迸发出来的大笑，当时一度要窒息。当然，撒切尔夫人并未注意到他们那一刻竟然在偷着乐。[1][84]戈登·里斯与编辑们有私交，其中包括《星期日快报》的约翰·朱诺，以及《每日邮报》的大卫·英格里希。当时邮报获悉了之前鲜为人知的丹尼斯第一次婚姻的故事，里斯动用了自己与英格里希的私交，让他确保本报以友好礼貌的笔调来写。实际上，英格里希亲自操刀写了该文。[85]文章提到了撒切尔夫人生活里外之间的迥异状态，一方面是她成功地塑造自己的公共形象；另一方面是在培养孩子过程中的局促不安，毕竟关于第一次婚姻的事情并未被马克和卡罗尔知道。这篇报道发表时，卡罗尔正在澳大利亚，当时是艾莉森·沃德前往向她确认。[86]马克记得，这起事件令人非常痛苦和沮丧。[87]这是里斯所采取技巧的一部分，他释放了这位端庄甚至会压抑自我的女人身上娱乐、平民化、善于交际的天赋，之前，这些因子一直被抑制在内心。相较自己的潜在党内对手，她和媒体打交道的能力使其生活要艰难得多。

假设1978年秋将会启动大选，保守党开始摩拳擦掌积极准备，并且拟定了竞选宣言。所有的政策团体（不少于93个）被告知，应于6月30日前结束自己的工作。大部分政策文件和宣言草案显示对于胜利的谨慎估量，这种情绪凌驾于勇敢之上。迈克尔·赫塞尔廷被要求负责调查保守党曾于1974年10月承诺过的废除住宅税情况，他报告说，所有可能的替代方案

1　撒切尔夫人一直不得不请人对双关语进行解释，她害怕错误地理解和使用它们。她将双关语视为男人的专属品，而这些对她而言历来保持着神秘。有一次，她想在讲话中使用单词“黑球”（blackball，即反对票。——译者注），她的顾问团慌忙阻止了她，并未告诉其原因。最后，亚当·巴特勒的一句话点醒了梦中人：“难道它听起来没有一点太过排外的意思，玛格丽特？”（对多布斯勋爵的采访）或许最著名的例子是她在1983年的一次电视采访中声明自己“日理万机”。（always on the job. 但是这句话在英语俚语中有“正在性交”之意。——译者注）[Aspel & Company, LWT（伦敦周末电视台）]

恐怕都很困难。例如，“人头税”对于穷人而言是“极其退化的”做法。他建议，保留当初的承诺，但是在宣言中应将其置于比削减所得税“相对次要的地位”。他还提议“集中决策过程中要有标本兼治的再评估，以免一叶障目”，并且要批准“增加地方政府的自由裁量权”。[88]在这些文件旁边，撒切尔夫人画了波浪线，这是她历来表达反对意见的记号。

即便是激进分子尼格拉斯·里德利，曾经就国有化产业提出过一项政策建议，这次写到非国有化 [“私(民)营企业”没有在文件中使用] 时表示“我们必须谨慎而灵活地追求一种目标，要意识到在诸如公用事业领域的一些行业，主要的改革措施可以跳到问题之外迂回进行。”以电信行业为例，当时该行业几乎全部被邮政局所控制，改革中该行业将会被分解为一个独立的企业，但是“电话网将保持国有化，私人电话供应商将被授予更大分量”。[89]然而，里德利提议，在公共资产方面可以有直接销售，这些资产项目涉及英国钢铁公司，英国国营铁路公司，全国货运公司，英国国家石油公司和全国公交公司。1978 年 7 月，影子内阁一致同意，非国有化理念将不予发表。

在齐心协力准备宣言的同时，同样不能忽视撒切尔夫人的随从们。早在她成为领导人之后，就曾担心自己的办公室不能恰当处理好从各地涌入的大量信件（每周 3000 封）。这桩任务于 1976 年落在了一个人头上。当时还有一个小插曲，来自她幼时生活过的格兰瑟姆的地方公爵——拉特兰德公爵——收到了一封回信。这是撒切尔夫人的团队成员之一对其写给她本人的一封信件的回复。回信以“亲爱的拉特兰德先生”开头。乍一听到这个消息，撒切尔夫人就炸了。阿里斯泰尔·麦克阿尔潘雇用了大卫·沃夫尔森就具体改进工作提供建议，对方当时正在帮忙管理家族企业大百货店的一些事务，因此了解直邮相关事宜。很快，沃夫尔森就提拔了一个能够推进中央办公室与领袖办公室之间交流的角色。1978 年夏，撒切尔夫人认为大选不日将至，就邀请沃夫尔森全职为她工作，并委任他为影子内阁秘书。此举引发了一场争吵，因为身为研究部主任的克里斯·帕滕是影子内阁的常任秘书。他对眼前发生之事感到不安，认为这是对个人及意识上的冷落。撒切尔夫人或许无意冒犯，也并未意识到帕滕的职务本身和这一举动之间的关系，以至于令其倍感难堪。

在沃夫尔森看来，事情的起因是因为在领导人扎堆儿的办公室里，根本没有可供他落座的一席之地，除了影子内阁办公室。因此，撒切尔夫人本能地给了他一个头衔和办公席，然后要他负责会议记录，而这样的安排在旁观者看来纯属“地理问题”。不过，事实上他没有这样做，只是维持了原状。[1]⑩不过这起节外生枝的事件也显示出撒切尔夫人对于职位的态度，模糊到令人吃惊。她没有太多等级、工作头衔、地位等等方面的明确意识，而这些在一定程度上是一个人颇有吸引力的标签，抑或会因之使人受到冒犯。同样，这件事也表明了她喜欢任用那些对她本人而非所在机构保持忠诚的人。

制定竞选宣言的过程使得所有派系焦虑不安。克里斯·帕滕担心自己以及他颇为看重的自由保守主义被排除在外，撒切尔派系担心搞得太沉闷乏味。沃尔夫森就宣言的初期草案对撒切尔夫人提出的评论片段如今尚存在。在一份倡导竞争、“强化垄断委员会”的提议文件上，他写道，“拜托，难道我们还没有长记性？”同时，当这份文件建议政府应当对公平交易办公室“扩权”时，他写道：“更多吃饱了不打仗的公务员”。⑪从个人角度，撒切尔夫人倍感焦躁，因为他们在政策制定过程中，将精力和原则浪费在了太多的承诺之中。影子内阁7月31的会议记录中写道：“撒切尔夫人指出，由于插入了太多细枝末节的鸡零狗碎，在减少支出方面，我们正处在失去信誉的危险之中。她提议，下一份宣言稿起草时，应主要强调切中肯綮的核心议题：(1)减税；(2)增强国内外防务。”⑫但是，同一场会议上，还同意“基于罢工者的利益考虑，我们不应该在一些小问题上与工会发起斗争，这应该作为原始承诺而存在”。

当时撒切尔夫人的感受反映了她所面对的审慎与信念之间的冲突。1978年8月9日，她在接受大卫·巴特勒和丹尼斯·卡瓦纳的私人采访时表示，她已经清理好办公桌，做好了前往唐宁街10号的准备。她解释了一名领导人是如何需要一种“毫无惧怕的大无畏精神”，并且她已经获得“一定程度的智力与政治自由，没有妻儿缠累的那种”，而这种自由无疑是一种支持。她分析了当时面对的三个主要问题：通胀、税收和法规，并表示所有这三个问题都是由政府引起的。她说，自己根本没有时间考虑任何关于民族团结的政府，或者比例代表制，以及可能产生类似联盟的选举办法。她告诉巴特勒和卡瓦纳，显而易见，在影子内阁中只有卡灵顿、普莱尔和伊恩·吉尔默想要公共关系。采访者对她的报道中显示了她的原话，卡灵顿“是一位老辉格党人，一名卓越的战术家，但是不能够做长时间思考……然而他一直

1　实际上，帕滕也没有正式接手这些工作，而是交由大卫·尼克尔森负责了。

都在阐述自己内心的怀疑和不确定性，这会使她失去耐心。她对像卡灵顿这样的人说话是有一种固定表达方式：我知其然，你告诉我所以然。”[93]其中最后一句话能够作为贯穿其反对派岁月的一种方法总结和浓缩。

同一次采访中，在被问到其政治战略资源问题时，撒切尔夫人说：“我的信仰。”不过她通过强调保守党不应当再犯1959年休·盖茨凯尔的错误，证明自己已将信仰与政治谨慎融为一体。彼时，盖茨凯尔在涉及减税政策时，过早地让自己的好理念浮出水面。还将投入大量时间去“解读社会主义”：要改变所有事情需要十年。举例来说，这样一来，市场将得以逐渐进入福利事业领域，并且健康保险服务将成为“工会愿意协商的事情”。撒切尔夫人私底下还抵制那些仍旧支持工资管制的同事们，她说希思政府的收入政策中最糟糕的举措曾经是“破坏了对法治的尊重”。她还预见到数年后日益严重的环境问题同样是当务之急，告诉两位教授，自己每天早上都会花点时间对冰箱除霜，同时还注意到能源浪费：“运用冰箱产生出来的热量进行住房供暖难道是不可能的事情吗？”[94]在这次私人采访中，撒切尔夫人清晰地表达了自己的有力观念，比当时在公开演讲中的表达方式更稳健，以至于这成为她日后闻名天下的有力注脚。

1978年8月底，所有的宣言文本汇总到了一起。关于领导人前言的第一个版本——所有的版本主要由伊恩·吉尔默执笔——显示了方法的尝试性。他采取了一个弯弯绕的开头：“这次选举并不仅仅事关失业和通胀或类似对许多人都颇为重要的问题。它涉及英国过去数年间所有犯下的错误，走错的道路。”[95]这种模糊不清而又消极的表达方式导致这一版本通篇要求被修改。重新公开的语句宣称：“英国人民已经从太多政府行为中遭受了损害——但是他们并未受到政府的良好服务。”[96]不过，尽管新句子阐明了一个更清晰的主题，却仍然没有表达出紧迫感，并且，除了“工党不灵了”，前言没有将工作作为一个前提加以提及，直到撒切尔夫人亲自写进其中。

整份文件有一种强烈的受到巴茨凯尔主义[1]影响的渴望，其中占主导性的理念是“保持平衡”。“我们将不偏不倚地解决劳资问题，”草案中说，并且“我们所倡导的，既非革命的激进主义，亦非反对改革的反动主义。”“我们并不试图在现有劳资关系法律框架下进行任何彻底变革，”它许诺说。撒

1 该词的意思是所有党内的温和派，是将R.A.巴特勒和休·盖茨凯尔两人名字的姓加以缩略并混合使用，最终创造而成。

切尔夫人用自己的钢笔在上面写写画画。她删除了工会改革必须来自工会运动内部的建议，还删掉了草案中提到当有一个“绝大多数”投票支持时闭店政策将得以维持的说法。她笔调尖刻地写道：“也就是少数派没有任何权利”。“需要更多强调工党的左翼趋势，”她这句话笔迹潦草。另外，草案还提到应基于“尽可能多的跨党派协作”进行体制改革，她也提笔删掉了。针对经济部分，她抱怨说：“这是一个许诺的金矿。”关于薪资的段落松散地围绕一个主题不知所云，其中提到不应该采取单一标准，还述及“政府经济议题非正式研讨”的重要性。撒切尔夫人写道：“本段言之无物。”针对年轻人对于工作不切实际的期望，她信笔涂鸦道：“本段内容几乎没有准确认知，工作是出于满足消费者。”[97]

虽然她干预到的内容都涉及经济和工业的主要领域，撒切尔夫人对其他方面的评论同样遍布整份文件。就移民问题，她补充道：“但是毫无疑问，强制遣返也是能够采取的。”在涉及包括欧洲在内的相关章节，草案希望欧洲议会议员“有权中止不必要的立法变动”。撒切尔夫人曾经颇为警惕地反对增加 EEC 在宪法上的权力，就删掉了“有权中止”几个字，转而以“应当阻止”的表达来代替。然而，她并未反对支持“EEC 协同外交政策的发展”。[98]这次，她渴望 EEC 的行动更加有力，并且更好地团结一致来对抗苏联扩张主义。总而言之，即便由领导人注入了些许活力，这份由保守党计划于秋季呈现给选民的文件仍然平淡无奇。

注　释

第一章　格兰瑟姆

①采访穆雷尔·库伦（本姓罗伯茨）。②这些布道记录出自阿尔弗雷德·罗伯茨之手，撒切尔夫人资料文件，剑桥大学丘吉尔学院，THCR1/9/8。③同前。④采访玛丽·格里尔斯（本姓华莱士）。⑤玛格丽特·撒切尔著，《通往权力之路》，哈珀柯林斯出版公司，1995 年，第 5 页。⑥《玛吉：第一夫人》（布鲁克—拉平公司为英国独立电视台和美国公共广播公司出品，2003 年）。⑦采访撒切尔夫人。⑧来自米列姆·斯托帕德的采访，“女性面对面”节目（约克郡电视台），1985 年 11 月 19 日（http://www.margaretthatcher.org/document/105830）。⑨采访撒切尔夫人。⑩采访穆雷尔·库伦。⑪同前。⑫“女性面对面”节目。⑬同前。⑭采访卡罗尔·撒切尔。⑮同前。⑯采访穆雷尔·库伦。⑰采访撒切尔夫人。⑱同前。⑲撒切尔，《通往权力之路》，第 9 页。⑳同前。㉑采访撒切尔夫人。㉒THCR1/9/8。㉓帕特里夏·穆雷，玛格丽特·撒切尔，W.H. 艾伦，1980 年，第 22 页。㉔THCR1/9/8。㉕采访撒切尔夫人。㉖同前。㉗“女性面对面”节目。㉘穆雷尔，玛格丽特·撒切尔，第 22 页。㉙采访基恩·迪恩（本姓法莫尔）。㉚采访穆雷尔·库伦。㉛同前。（同见第五章。）㉜同前。㉝采访玛格丽特·威克斯泰德（本姓古德里奇）。㉞采访帕莫拉·索莫斯。㉟采访穆雷尔·库伦。㊱采访玛格丽特·威克斯泰德。㊲采访撒切尔夫人。㊳“女性面对面”节目。㊴给穆雷尔的信，1944 年 7 月 30 日。㊵给穆雷尔的信，1944 年 8 月 20 日。㊶采访基恩·迪恩。㊷私人信息。㊸采访卡罗尔·撒切尔。㊹采访帕莫拉·索莫斯。㊺采访撒切尔夫人。㊻采访玛格丽特·威克斯泰德。㊼采访丽塔·莱特（本姓新德）。㊽采访谢利·伊利斯（本姓沃尔什）。㊾《玛吉：第一夫人》。㊿与撒切尔夫人的数次交流。51《玛吉：第一夫人》。52采访肯尼斯·华莱士。53采访玛丽·格里尔斯。54采访肯尼斯·华莱士。55采访玛丽·格里尔斯。56采访肯尼斯·华莱士。57采访麦德林·赫拉白（本姓爱德华兹）。58《玛吉：第一夫人》。59采访基恩·迪恩。60与撒切尔夫人的交流，就像大卫·希斯寇特—阿莫里所报道的。61给穆雷尔的信，1944 年 7 月 30 日。62撒切尔著，《通往权力之路》。63采访奈尔列，《玛吉：第

一夫人》。⑭ 撒切尔著，《通往权力之路》，第 3 页。⑮《玛吉：第一夫人》。⑯“女性面对面”节目。⑰ 采访穆雷尔 9780713992823_MargaretThatcher_TXT.indd 759 25/04/13 10：40 AM760 Notes Cullen。⑱《格兰瑟姆日志》，1936 年 7 月 11 日。⑲ 撒切尔著，《通往权力之路》第 21 页。⑳ 同前，第 25 页。㉑ 采访撒切尔夫人。㉒ 同前。㉓ 同前。㉔同前。㉕《格兰瑟姆日志》，1939 年 1 月 28 日。㉖同前。㉗采访撒切尔夫人。㉘同前。㉙ 同前。㉚ 来自艾迪斯·穆尔鲍尔写给阿尔弗雷德·罗伯茨的信，1939 年 1 月 21 日。㉛ 来自艾迪斯·穆尔鲍尔写给阿尔弗雷德·罗伯茨的信，1939 年 3 月 23 日。㉜ 采访撒切尔夫人。㉝ 采访穆雷尔·库伦。㉞ 同前。㉟采访麦德林·赫拉白。㊱ 采访玛丽·格里尔斯。㊲ 同前。㊳ 采访肯尼斯·华莱士。㊴ 同前。㊵ 采访穆雷尔·库伦。㊶ 采访撒切尔夫人。

第二章　奖学金女孩

① 给穆雷尔的信，1941 年 7 月 25 日。② 给穆雷尔的信，1941 年 9 月 20 日。③ 同前。④ 玛格丽特·撒切尔著，《通往权力之路》，哈珀柯林斯出版公司，1995 年出版，第 21 页，在个人回忆录里，撒切尔夫人错误地将该节日记成了国王乔治五世的五十周年庆典仪式，其举办的时间同样为 1935 年。⑤ 采访基恩·迪恩（本姓法莫尔）。⑥ 来自罗娜·史密斯的信，2003 年。⑦ 乔治·贾迪娜，玛格丽特·撒切尔：从童年到领袖，威廉姆·金波尔，1975 年，第 20 页。⑧ 所有上述引用来自对基恩·迪恩的采访。⑨ 给杰克·法莫尔夫妇的信，1974 年 3 月 7 日。⑩ 采访谢利·伊利斯（本姓沃尔什）。⑪ 给穆雷尔的信，1941 年 12 月。⑫ 给穆雷尔的信，1941 年 9 月 20 日。⑬ 给穆雷尔的信，1941 年 10 月。⑭《格兰瑟姆日志》，撒切尔夫人的讣告草案。⑮ 所有引用的这些内容都来自撒切尔的《通往权力之路》，第 9—10 页。⑯ 写给穆雷尔的信，1944 年 7 月 30 日。⑰ 写给穆雷尔的信，1941 年 10 月。⑱ 同前。⑲ 来自劳拉·史密斯的信，2003 年。⑳《格兰瑟姆日志》，撒切尔夫人讣告。㉑ 采访艾米·奥蒙德（本姓伍登），波林·哈里森（本姓考恩）以及贝蒂·罗宾斯（本姓斯派斯）。㉒ 采访撒切尔夫人。㉓ 同前。㉔ 同前。㉕ 同前。㉖ 采访丽塔·莱特（本姓新德）。㉗ 采访撒切尔夫人。㉘ 采访丽塔·莱特。㉙ 来自罗娜·史密斯的信，2003 年。㉚ 同前。㉛ 采访丽塔·莱特。㉜ 采访罗娜·史密斯。㉝ 采访麦德林·赫拉白（本姓爱德华兹），以及玛格丽特·威克斯泰德（本姓古德里奇）。㉞ 写给穆雷尔的信，1941 年 12 月（未注明日期）。㉟ 所有引用内容来自玛格丽特的学校报告，这些报告复本先归于 KGGS 图书馆。本书作者对于该校允许

查阅并出版这些内容而不胜感激。㊱ 帕特里夏·穆雷，玛格丽特·撒切尔，W.H. 艾伦，1980 年。㊲《格兰瑟姆日志》，撒切尔夫人讣告。㊳ KGGS 档案。㊴ 写给谢利·伊利斯的信，1990 年 7 月 6 日。㊵ 撒切尔著，《通往权力之路》，第 18 页。㊶ 同前。㊷ 写给穆雷尔的信，1941 年 10 月。㊸ 采访基恩·迪恩。㊹ 采访丽塔·莱特。㊺ 同前。㊻《卡斯蒂文及格兰瑟姆女子学校历史（1910—1987 年）》，1987 年宣传册。㊼ 采访撒切尔夫人。㊽ 写给穆雷尔的信，1941 年 10 月。㊾ 拉塞尔·路易斯，玛格丽特·撒切尔：个人和政治传记，鲁特里奇 & 基根—保罗出版社，1975 年版，第 12 页。㊿采访穆雷尔·库伦。51 撒切尔著，《通往权力之路》，第 34 页。52 来自罗娜·史密斯的信。53 采访麦德林·赫拉白。她说接受更好教育的目的是可以理解和接受的。54 采访玛丽·格里尔斯（本姓华莱士）。55 采访撒切尔夫人。
9780713992823_Margaret Thatcher_TXT.indd 760 25/04/13 10：40 AM Notes 761

第三章 牛津的爱与恨

① 采访玛丽·格里尔斯（本姓华莱士）。② 采访玛格丽特·威克斯泰德（本姓古德里奇）。③ 玛格丽特·撒切尔著，《通往权力之路》，哈珀柯林斯出版公司，1995 年版，第 37 页。④ 资料涉及对撒切尔夫人回忆录的编辑，撒切尔资料库，剑桥大学丘吉尔学院，THCR4/4。⑤ 撒切尔著，《通往权力之路》，第 38 页。⑥同前。⑦见对帕莫拉·莫森（本姓卢德思）的采访，她是一名在萨默维尔的同事，说到玛格丽特“给人留下的是一种褐色的印象”，《玛吉：第一夫人》（布鲁克—拉平为英国独立电视台和美国公共广播公司出品，2003 年）。⑧ 采访雷切尔·金琴—史密斯。⑨ 采访玛丽·格里尔斯。⑩ 写给穆雷尔的信，1944 年 9 月。⑪采访撒切尔夫人。⑫写给穆雷尔的信，1944 年 9 月。⑬采访贝蒂·罗宾斯（本姓斯派斯）。⑭来自约恩·布里奇曼（本姓帕克）；来自约恩·达尔蒙（本姓索色斯特）的信。⑮采访艾米·奥蒙德（本姓伍登）。⑯来自玛丽·威廉姆森（本姓马林森）的信。⑰采访鲍林·哈里森（本姓考恩）。⑱采访贝蒂·罗宾斯。⑲《玛吉：第一夫人》。⑳来自基恩·达尔蒙的信。㉑来自玛丽·威廉姆森的信。㉒ 写给穆雷尔的信，1946 年 6 月。㉓ 来自玛丽·威廉姆森的信。㉔ 由奥本海默夫人（本姓海伦·卢卡斯·图斯）提供的信息。㉕ 采访贝蒂·罗宾斯。㉖ 私人信息。㉗ 尼可拉斯·瓦普绍特和乔治·布罗克，撒切尔，麦克唐纳，1983 年，第 46 页。㉘ 采访鲍林·哈里森。㉙ THCR4/4。㉚采访撒切尔夫人。㉛写给穆雷尔的信，1945 年 4 月 19 日。㉜ THCR4/4。㉝采访贝蒂·罗宾斯。㉞ 采访鲍林·哈里森。㉟ 来自多萝茜·霍奇金写给托尼·爱泼斯坦的信，

1988 年 8 月 23 日，牛津大学波德林图书馆。㊱ 采访贝蒂·罗宾斯。㊲ 雨果·杨和安妮·斯洛曼著，《撒切尔现象》，BBC 图书出版公司，1986 年出版，第 17 页。㊳ 同前。㊴ 采访撒切尔夫人。㊵ 瓦普绍特和布罗克，撒切尔。㊶ 采访贝蒂·罗宾斯。㊷ 撒切尔著，《通往权力之路》，第 78—79 页。㊸ 同前。㊹ 来自牛津沃顿大街给穆雷尔的信，1947 年（日期不详）。㊺与罗密丽、麦克阿尔潘夫人交流。㊻来自基恩·达尔蒙的信。㊼ THCR4/4。㊽ 同前。㊾ 采访艾米·奥蒙德。㊿ 同前。51 采访鲍林·哈里森。52 采访玛丽·格里尔斯。53 THCR4/4。54 撒切尔著，《通往权力之路》，第 50—51 页。55 同前。56 THCR4/4。57 同前。58 采访撒切尔夫人。59 同前。60 同前。61 THCR4/4。62 同前。63 同前。64 写给穆雷尔的信，1945 年 3 月 25 日。65 1945 年 6 月 25 日在斯莱福德的讲话，1945 年 6 月 29 日斯莱福德公报报告 (http://www.margaretthatcher.org/document/100817)。66 来自利兹—巴林顿给穆雷尔的信，1945 年 7 月 17 日。67 撒切尔著，《通往权力之路》，第 46 页。68 THCR4/4。69 撒切尔著，《通往权力之路》，第 46 页。70 THCR 4/4。71 同前。72 牛津大学保守党协会政策小组委员会报告，1945 年秋季学期，迈克尔·金琴—史密斯出于好心借给了本书作者。73 THCR 4/4。74 1946 年 3 月 28 日，在大学保守党联盟以及联盟主义者协会大会上的演讲，1946 年 5 月 1 日在伊西斯的报告（http://www.margaretthatcher.org/document/100818）。75 THCR 4/4。76 撒切尔著，《通往权力之路》，第 48 页。77 同前。78 与里斯—莫各勋爵的交流。79 采访迈克尔·奥本海默爵士。9780713992823_MargaretThatcher_TXT.indd 761 25/04/13 10：40 AM 762 Notes。80 私人信息。81 采访撒切尔夫人。82 THCR 4/4。83 与后来的巴克卢公爵交流。84 THCR 4/4。85 写给穆雷尔的信，1946 年 10 月。86写给穆雷尔的信，1947 年 5 月。87写给穆雷尔的信，1947 年 1 月。88与麦克斯·芬德利交流。89同前。90写给穆雷尔的信，1947 年 5 月。91 从达特福德达伦斯路佳丽山写给穆雷尔的信，或许是写于 1949 年末。92 与麦克斯·芬德利的交流。93 写给穆雷尔的信，1947 年 5 月 15 日。94 采访肯尼斯·华莱士。95 写给穆雷尔的信，1944 年 8 月 20 日。96 写给穆雷尔的信，1945 年 1 月 3 日。97 采访玛格丽特·威克斯泰德。98 同前。99 采访托尼·布雷。100同前。101同前。102写给穆雷尔的信，1945 年 3 月 25 日。103采访托尼·布雷。104写给穆雷尔的信，1945 年 3 月 25 日。105同前。106采访托尼·布雷。107写给穆雷尔的信，1945 年 4 月 19 日。108采访托尼·布雷。109同前。110采访穆雷尔·库伦。111采访托尼·布雷。

第四章 埃塞克斯女孩

① 资料涉及对撒切尔夫人回忆录的编辑，来自撒切尔资料库，剑桥大学丘吉尔学院。THCR 4/4。② 玛格丽特·撒切尔《通往权力之路》，哈珀柯林斯出版公司，1995年版，第62页。③ 写给穆雷尔的信，1947年11月17日。④ 写给穆雷尔的信，2月17日。⑤ 写给穆雷尔的信，或许是在1947年11月初（日期不详）。⑥ 写给穆雷尔的信，1947年10月。⑦ 写给穆雷尔的信，或许是在1948年6月（日期不详）。⑧ 同前。⑨ 写给穆雷尔的信，1948年3月3日。⑩ 写给穆雷尔的信，1948年8月18日。⑪ 写给穆雷尔的信，1947年9月28日。⑫ 写给穆雷尔的信，或许是在1947年10月（日期不详）。⑬ 写给穆雷尔的信，1947年9月28日。⑭采访布莱恩·哈里森。⑮ 写给穆雷尔的信，或许是在1947年10月（日期不详）。⑯ 写给穆雷尔的信，1948年4月27日。⑰ 同前。⑱ 写给穆雷尔的信，1947年11月17日。⑲ 写给穆雷尔的信，1948年5月11日。⑳ 写给穆雷尔的信，或许是在1948年4月（日期不详）。㉑ 写给穆雷尔的信，或许是在1948年6月（日期不详）。㉒ 写给穆雷尔的信，1948年2月17日。㉓ 采访托尼·布雷。㉔ 所有上述引用内容都来自写给穆雷尔的信，1948年5月18日。㉕所有上述引用内容都来自写给穆雷尔的信，1948年9月初（日期不详）。㉖ 写给穆雷尔的信，1948年12月8日。㉗ 写给穆雷尔的信，1949年1月4日。㉘ 写给穆雷尔的信，1949年2月16日。㉙ 采访托尼·布雷。㉚ 同前。㉛ 写给穆雷尔的信，1948年11月23日。㉜ 写给穆雷尔的信，1949年1月19日。㉝ 采访布莱恩·哈里森。㉞ 采访托尼·布雷。㉟ 写给穆雷尔的信，或许是1948年9月（日期不详）。㊱ 写给穆雷尔的信，1948年8月18日。㊲ 写给穆雷尔的信，1948年10月11日。㊳ 同前。㊴ 撒切尔著，《通往权力之路》，第63页。㊵ 同前。㊶ 采访肯·提斯戴尔。㊷ 采访谢利和阿兰·威尔斯，以及琼·伍德。㊸ TCHR 4/4。㊹ 来自博伊尔·库克给保守党副主席J.P.L. 托马斯的信，1949年2月1日，THCR 1/1/1。㊺ 来自马乔丽·麦克西写给J.P.L. 托马斯的信，1949年2月1日，THCR 1/1/1。㊻ 这一点以及所有后来的相关引用都来自玛格丽特·罗伯茨的推荐文献资料，它们来自保守党中央办公室资料库，属于在THCR 1/1/1 的复本。㊼ 写给穆雷尔的信，1948年9月22日。㊽ 同前。㊾ 写给穆雷尔的信，1948年11月14日。㊿ 同前。51 写给穆雷尔的信，1949年1月4日。52 写给穆雷尔的信，1949年1月18日。53 写给穆雷尔的信，1949年2月16日。54 同前。55 写给穆雷尔的信，1949年2月23日。56 同前。9780713992823_MargaretThatcher_TXT.indd

762 25/04/13 10：40 AM Notes 763。⑰ 同前。⑱ 1949 年 2 月 28 日在采纳会议上的演讲，1949 年 3 月 4 日伊利斯《观察者》杂志的报道 (http://www.margaretthatcher.org/document/100821)。⑲ 同前。⑳ 写给穆雷尔的信，1949 年 3 月 17 日。㉑ 采访丹尼斯・撒切尔爵士。㉒ 同前。㉓写给穆雷尔的信，1949 年 3 月 17 日。㉔ 写给穆雷尔的信，1949 年 3 月 13 日。

第五章　达特福德浪漫史

① 采访帕特里夏・格林诺（本姓卢克）。② 采访撒切尔夫人。③ 采访帕特里夏・格林诺。④ 同前。⑤ 前面所有引述内容均来自于前达特福德保守党员谢利和阿兰・威尔斯、琼・伍德、肯・提斯戴尔及葛文・摩根的交流。⑥ 同前。⑦ 采访帕特里夏・格林诺。⑧ 写给穆雷尔的信，1950 年 5 月 20 日。⑨ 写给穆雷尔的信，1949 年 9 月 29 日。⑩ 资料涉及对撒切尔夫人回忆录的编辑引用，撒切尔夫人档案，剑桥大学丘吉尔学院，THCR4/4。⑪ 采访撒切尔夫人。⑫ 写给穆雷尔的信，1949 年 9 月 29 日。⑬ 见《达特福德编年史》，1949 年 10 月 7 日。⑭ 与工党候选人（诺曼・多兹）的辩论演讲，1949 年 11 月 25 日，伊利斯《观察家》杂志报道，1949 年 12 月 2 日（http://www.margaretthatcher.org/document/100845）。⑮ 采访谢利・威尔斯。⑯ 在贝尔韦代雷保守党的演讲，1949 年 4 月 23 日，伊利斯《观察家》杂志报道，1949 年 4 月 29 日（http://www.margaretthatcher.org/document/100824）。⑰ 在达特福德青年保守党的演讲，1949 年 8 月 13 日，《达特福德编年史》记载，1949 年 8 月 19 日（http://www.margaretthatcher.org/document/100831）。⑱ 在贝克斯利保守党妇女大会上的演讲，1949 年 9 月 15 日，肯特《独立报》报道，1949 年 9 月 23 日，（http://www.margaretthatcher.org/document/100836）。⑲ 在伊利斯保守党妇女大会上的演讲，1949 年 6 月 9 日，肯特独立报报道，1949 年 6 月 17 日，(http://www. margaretthatcher.org/document/100828)。⑳ 在达特福德保守党的演讲，1949 年 3 月 31 日，《达特福德编年史》记载，1949 年 4 月 8 日 (http://www.margaretthatcher.org/document/100822)。㉑ 在伊利斯保守党妇女大会上演讲，1949 年 6 月 9 日，肯特《独立报》报道，1949 年 6 月 17 日 (http://www.margaretthatcher.org/document/100828)。㉒《晚间邮报》报道，1950 年 1 月 27 日 (http://www.margaretthatcher.org/document/100855)。㉓ 在达特福德青年保守党的演讲，1949 年 8 月 13 日，《达特福德编年史》记载，1949 年 8 月 19 日 (http://www.margaretthatcher.org/document/100831)。㉔ 写给穆雷尔的信，或许是在 1949 年 5 月

初（日期不详）。㉕ 在达特福德扶轮社的演讲，1950 年 1 月 3 日，《达特福德编年史》记载，1950 年 1 月 6 日 (http://www.margaretthatcher.org/document/100851)。㉖ 来自玛格丽特·菲利莫尔（本姓珀特尔）的信息。㉗ 写给穆雷尔的信，1949 年 3 月 13 日。㉘ 同前。㉙ 写给穆雷尔的信，1949 年 3 月 23 日。㉚ 同前。㉛ 写给穆雷尔的信，1949 年 5 月（日期不详）。㉜ 同前。㉝ 写给穆雷尔的信，1949 年 5 月 23 日。㉞ 写给穆雷尔的信，或许是在 1949 年 4 月（日期不详）。㉟ 同前。㊱ 写给穆雷尔的信，1949 年 5 月 23 日。㊲ 写给穆雷尔的信，或许是在 1949 年 6 月（日期不详）。㊳ 写给穆雷尔的信，1949 年（日期不详）。㊴ 写给穆雷尔的信，1949 年 7 月中旬（日期不详）。㊵ 写给穆雷尔的信，1949 年 7 月 21 日。㊶ 同前。㊷ 写给穆雷尔的信，1949 年 7 月初（日期不详）。㊸ 写给穆雷尔的信，1949 年 10 月（日期不详）。㊹ 同前。㊺ 写给穆雷尔的信，或许是在 1950 年初（日期不详）。㊻ 同前。㊼ 写给穆雷尔的信，或许是在 1950 年 1 月中旬，9780713992823_MargaretThatcher_TXT.indd 763 25/04/13 10：40 AM 764 Notes（日期不详）。㊽ 写给穆雷尔的信，1950 年 2 月 14 日。㊾ 采访穆雷尔·库伦。㊿ 写给穆雷尔的信，1950 年 3 月 10 日。51 同前。52 同前。53采访穆雷尔·库伦。54采访安德鲁·库伦。55 采访穆雷尔·库伦。56 采访琼·梅斯（本姓库伦）。57 采访乔西·亨德森。58 采访茱迪，波西瓦尔夫人。59 采访乔西·亨德森。60 写给穆雷尔的信，或许是在 1950 年 1 月初（日期不详）。61 写给穆雷尔的信，或许是在 1950 年 1 月中旬（日期不详）。62 写给穆雷尔的信，1950 年 2 月 14 日。63 来自安东尼·汉克斯的信。64 1950 年 2 月 3 日大选地址 (http://margaretthatcher.org/document/100858)。65 所有上述引用都来自格雷夫森德和达特福德记者，1950 年 1 月 28 日报道 (http://www.margaretthatcher.org/document/100856)。66火车时间的记录和来自菲利莫尔的说法有细微不同（见上面的注解 26）。67《达特福德编年史》，1950 年 2 月 10 日。68 THCR 4/4。69 同前。70 同前。71《达特福德编年史》，1950 年 3 月 3 日 (http://www.margaretthatcher.org/document/100874)，米克·贾格尔不久之后是该校学生。72 作为达特福德保守党候选人在一周年大会上的演讲，1950 年 3 月 9 日，伊利斯《观察家》杂志报道，1950 年 3 月 17 日 (http://www.margaretthatcher.org/document/100875)。73 写给穆雷尔的信，或许是在 1950 年 5 月（日期不详）。74 采访兰顿勋爵。75 写给穆雷尔的信，或许是在 1950 年 7 月初。76 写给穆雷尔的信，或许是在 1950 年 9 月（日期不详）。77 写给穆雷尔的信，1950 年（日期不详）。78 写给穆雷尔的信，1950 年 3 月（日期不详）。79 写给穆雷尔的信，或许是在 1951 年春天（日期不详）。80 写给穆雷尔的信，1950 年 3 月 20 日。81 写给穆雷尔的信，或许是在 1950 年 5 月（日期不详)。㉜写给穆雷尔的信,1950 年 6 月 20 日。㉝写给穆雷尔的信,1950 年 8 月末或者 9 月初(日期不详)。㉞写给穆雷尔的信,或许是在 1950 年 5 月(日期不详)。㉟写给穆雷尔的信,或许是在 1950 年 7 月初(日期不详)。㊱所引用内容和信息来自给穆雷尔的信,1950 年 6 月 20 日。㊲同前。㊳引用自给穆雷尔的信,1951 年 2 月 28 日。㊴采访撒切尔夫人。㊵写给穆雷尔的信,1951 年 5 月(日期不详)。㊶同前。㊷写给穆雷尔的信,1951 年 5 月 28 日。㊸写给穆雷尔的信,1951 年 5 月(日期不详)。㊹写给穆雷尔的信,1951 年 5 月 23 日。㊺写给穆雷尔的信(日期不详)。㊻同前。㊼写给穆雷尔的信,1951 年 5 月 23 日。㊽来自阿尔弗雷德·罗伯茨写给穆雷尔的信,1951 年 1 月 28 日。㊾来自阿尔弗雷德·罗伯茨写给穆雷尔的信,1951 年 5 月 7 日。⑩⓪采访穆雷尔·库伦。⑩①来自阿尔弗雷德·罗伯茨写给穆雷尔的信,1951 年 8 月 8 日。⑩②采访撒切尔夫人。⑩③采访穆雷尔·库伦。⑩④写给穆雷尔的信,1951 年 2 月 28 日。⑩⑤写给穆雷尔的信,1951 年 5 月 28 日。⑩⑥写给穆雷尔的信,或许是在 1951 年 5 月(日期不详)。⑩⑦来自阿尔弗雷德·罗伯茨写给穆雷尔的信,1951 年 9 月 25 日。⑩⑧写给穆雷尔的信,或许是在 1950 年 10 月(日期不详)。⑩⑨《每日快报》报道,1985 年 10 月 11 日。⑪⓪采访乔西·亨德森夫人。⑪①采访穆雷尔·库伦。⑪②与撒切尔夫人的交流。⑪③写给穆雷尔的信,1954 年 1 月 20 日。⑪④采访乔西·亨德森夫人。⑪⑤来自玛格丽特·撒切尔写给乔西·亨德森夫人的信,2000 年 3 月 20 日。⑪⑥采访丹尼斯·撒切尔爵士。⑪⑦采访撒切尔夫人。⑪⑧采访丹尼斯·撒切尔爵士。⑪⑨采访撒切尔夫人。⑫⓪见玛格丽特·撒切尔著,《通往权力之路》,哈珀柯林斯出版公司,1995 年版,第 66 页。⑫①同前。⑫②采访撒切尔夫人。⑫③同前。⑫④同前。⑫⑤引述内容来自对丹尼斯·撒切尔爵士的采访。⑫⑥同前。⑫⑦同前。9780713992823_MargaretThatcher_TXT.indd 764 25/04/13 10:40 AM Notes 765。⑫⑧见卡罗尔·撒切尔著,《站在背后:丹尼斯·撒切尔传记》,哈珀柯林斯出版公司,1996 年版,第 51 页。⑫⑨同前。⑬⓪与撒切尔夫人交流。⑬①采访辛西娅·克劳福德。⑬②在贝尔维雷德的演讲,1951 年 10 月 15 日,伊利斯《观察家》杂志报道,1951 年 10 月 19 日 (http://www.margaretthatcher.org/document/100917)。⑬③采访帕特里夏·格林诺。⑬④THCR4/4。⑬⑤采访克莱夫·博瑟姆爵士。⑬⑥采访迪兹勋爵。⑬⑦写给穆雷尔的信,或许是在 1950 年 9 月(日期不详)。⑬⑧采访克莱夫·博瑟姆。⑬⑨写给穆雷尔的信,1951 年 5 月 23 日。⑭⓪写给穆雷尔的信,1950 年 5 月 20 日。⑭①在达特福德保守党的演讲,1950 年 7 月 10 日,《达特福德编年史》记载,1950 年 7 月 14 日 (http://www.margaretthatcher.org/document/100885)。⑭②在赫斯特青年保守党会议上的讲话,1950 年 9 月 25 日,《达特福德编年史》记载,1950 年 9

月 29 日 (http://www.margaretthatcher.org/document/100890)。⑭《达特福德编年史》，1950 年 12 月 29 日 (http://www.margaretthatcher.org/document/100896)。⑭在达特福德教会自由理事会上的演讲，1951 年 5 月 30 日，《达特福德编年史》记载，1951 年 6 月 8 日 (http://www.margaretthatcher.org/document/100905)。⑭在采纳大会上的演讲，1951 年 10 月 8 日，伊利斯《观察家》杂志报道，1951 年 10 月 12 日 (http://www.margaretthatcher.org/document/100911)。⑭写给穆雷尔的信，1951 年 2 月 28 日。⑭撒切尔著，《通往权力之路》，第 69 页。⑭ THCR 4/4。⑭在克雷福德的演讲，1951 年 10 月 22 日，《达特福德编年史》记载，1951 年 10 月 26 日 (http://www.margaretthatcher.org/document/100924)。

第六章　婚姻、法律与芬奇利

① 写给穆雷尔的信，1952 年 2 月中旬（日期不详）。② 玛格丽特·撒切尔著，《通往权力之路》，哈珀柯林斯出版公司，1995 年版，第 76 页。③ 卡罗尔·撒切尔著，《站在背后：丹尼斯·撒切尔传记》，哈珀柯林斯出版公司，1996 年版，第 65 页。④ 写给穆雷尔的信，1951 年 12 月 19 日。⑤ 同前。⑥ 卡罗尔·撒切尔著，《站在背后》，第 65 页。⑦ 写给穆雷尔的明信片，1951 年 12 月（日期不详）。⑧ 写给穆雷尔的信，1952 年 1 月 28 日。⑨ 撒切尔著，《通往权力之路》，第 77 页。⑩《周日图鉴》，1952 年 2 月 17 日 (http://www.margaretthatcher.org/document/100936)。⑪ 来自阿尔弗雷德·罗伯茨写给穆雷尔的信，1952 年 4 月 1 日。⑫ 写给穆雷尔的信，1952 年 4 月 21 日。⑬ 卡罗尔·撒切尔著，《站在背后》，第 69 页。⑭ 同前，第 71 页。⑮ 撒切尔著，《通往权力之路》，第 80—81 页。⑯ 撒切尔资料库，剑桥大学丘吉尔学院，THCR 1/1/1。⑰ 同前。⑱ 卡罗尔·撒切尔著，《站在背后》，第 71 页。⑲ 写给穆雷尔的信，1953 年 9 月 20 日。⑳ 采访丹尼斯·撒切尔爵士。㉑写给穆雷尔的信，1954 年 1 月 20 日。㉒ 写给穆雷尔的信，或许是在 1955 年 1 月中旬（日期不详）。㉓ 写给穆雷尔的信，1958 年 7 月 10 日。㉔ 写给穆雷尔的信，1958 年 7 月 3 日。㉕写给穆雷尔的信，或许是在 19 世纪 60 年代初（日期不详）。㉖ 写给穆雷尔的信，1963 年 11 月 18 日。㉗ 写给穆雷尔的信，1960 年 9 月（日期不详）。㉘ 写给穆雷尔的信，或许是在 1957 年 10 月。㉙ 写给穆雷尔的信，或许是在 1955 年 1 月（日期不详）。㉚ 卡罗尔·撒切尔著，《站在背后》，第 72 页。㉛ 写给穆雷尔的信，19 世纪 60 年代初（日期不详）。㉜ 采访卡罗尔·撒切尔。㉝ 同前。㉞详见网站资料 1954 年 4 月 (http://www.margaretthatcher.org/document/100939)。㉟

写给穆雷尔的信，或许是在 1955 年 6 月（日期不详）。㊱ 采访卡罗尔・撒切尔。9780713992823_MargaretThatcher_TXT.indd 765 25/04/13 10：40 AM766 Notes。㊲ 采访安德鲁・库伦和琼・梅斯（本姓库伦）。㊳ 采访安德鲁・库伦。㊴ 采访卡罗尔・撒切尔。㊵ 写给穆雷尔的信，19 世纪 60 年代初（日期不详）。㊶ 写给穆雷尔的信，1955 年 1 月或 2 月（日期不详）。㊷ 写给穆雷尔的信，1954 年 1 月 20 日。㊸ 写给穆雷尔的信，1958 年 7 月 3 日。㊹ 写给穆雷尔的信，1954 年 2 月 16 日。㊺ 写给穆雷尔的信，或许是在 1957 年 10 月（日期不详）。㊻ 同前。㊼ 卡罗尔・撒切尔著，《站在背后》，第 77 页。㊽ 写给穆雷尔的信，或许是在 1957 年 10 月（日期不详）。㊾ 写给穆雷尔的信，1957 年 12 月 31 日。㊿采访卡罗尔・撒切尔。(51)写给穆雷尔的信，1954 年 1 月 20 日。(52)采访帕莫拉・托马斯。(53)采访弗雷德里克・劳顿。(54)同前。(55)同前。(56)同前。(57)同前。(58)见撒切尔著，《通往权力之路》，第 84 页。(59)同前。(60)采访弗雷德里克・劳顿。(61)同前。(62)采访丹尼斯・撒切尔爵士。(63)写给穆雷尔的信，或许是在 1955 年 1 月（日期不详）。(64)采访布莱顿勋爵夫妇。(65)同前。(66)信息来自约翰・斯蒂文森。(67)引用自帕特里夏・穆雷、玛格丽特・撒切尔，W.H. 艾伦，1980 年，第 54 页。(68)采访帕莫拉・托马斯。(69)同前。(70)撒切尔著，《通往权力之路》，第 88 页。(71)采访詹金勋爵。(72)采访帕莫拉・托马斯。(73) THCR 1/1/1 复本。(74)同前。(75)采访穆雷尔・库伦（本姓罗伯茨）。(76)《格兰瑟姆日志》，1952 年 5 月 23 日。(77)同前，1970 年 2 月 13 日。(78)“女性面对面”栏目（约克郡电视台），1985 年 11 月 19 日 (http://www.margaretthatcher.org/document/105830)。(79)《格兰瑟姆日志》，撒切尔夫人讣告草案。(80)见约翰・哈雷给玛格丽特・撒切尔的信，1954 年 12 月 15 日，THCR 1/1/1 复本。(81)写给约翰・哈雷的信，1955 年 1 月 3 日，THCR 1/1/1 复本。(82)写给约翰・哈雷的信，日期被错误地引用为 1954 年，THCR 1/1/1 复本。(83)写给唐纳德・卡百利，1956 年 2 月 28 日，THCR 1/1/1 复本。(84)写给唐纳德・卡百利的信，1956 年 5 月 15 日， THCR1/1/1 复本。(85)写给唐纳德・卡百利的信，1957 年 12 月 2 日，THCR 1/1/1 复本。(86)写给穆雷尔的信，或许是在 1957 年 10 月（日期不详）。(87) THCR 1/1/1 复本。(88)写给穆雷尔的信，1958 年 7 月 3 日。(89)采访德雷克・菲利普斯。(90)采访约翰・提普拉迪。(91)写给唐纳德・卡百利的信，1958 年 8 月 18 日，THCR 1/1/1 复本。(92)撒切尔著，《通往权力之路》，第 95 页。(93)采访约翰・提普拉迪。(94)采访德里克・菲利普斯。(95)采访哈登・布拉奇。(96)卡罗尔・撒切尔著，《站在背后》，第 78 页。(97)《标准晚报》，1958 年 7 月 15 日报道。(98) THCR1/1/1 复本。(99)撒切尔著，《通往权力之路》，第 97 页。(100)见保守党档案文件，牛津大学波德林图书馆，CCO1/12/375。(101) THCR1/1/1 复本。(102)在芬奇利采纳会议上的演讲，1958 年 7 月 31 日，芬奇利出版社报道，1958 年 8 月 8 日 (http://www.margaretthatcher.org/document/100941)。⑩³同前。《芬奇利时报》报道，1958 年 8 月 1 日。(http://www.margaretthatcher.org/document/100941)。⑩⁴同前。⑩⁵采访约翰·提普拉迪。⑩⁶ 写给伯吉斯女士的信，1958 年 9 月 17 日，CCO1/12/375。⑩⁷采访撒切尔夫人。⑩⁸ 同前。⑩⁹ 撒切尔著，《通往权力之路》，第 98 页。⑪⁰ 大卫·基纳斯顿著，《英国家庭（1951—1957 年）》（新耶路撒冷系列传说），布鲁姆斯伯里，2009 年，第 697 页。⑪¹引用自爱丽斯戴尔·霍恩著，《麦克米伦》，第二卷：1957—1986 年，麦克米伦，1989 年，第 62 页。⑪²同前，第 143 页。⑪³ 芬奇利出版社，1959 年 3 月 26 日。⑪⁴ 上文所有引用内容来自弗莱恩·巴内特的演讲，1959 年 4 月 3 日，芬奇利出版社报道，1959 年 4 月 10 日 (http://www.margaretthatcher.org/document/101016)。⑪⁵ 在采纳大会上的演讲，1959 年 9 月 21 日，芬奇利区新闻报道，1959 年 9 月 26 日，9780713992823_MargaretThatcher_TXT.indd 766 25/04/13 10：40 AM Notes 767 (http://www.margaretthatcher.org/document/100944)。⑪⁶ 采访《晚间新闻》，1959 年 10 月 5 日（克里斯多夫·柯林斯教育公司，CD—ROM 的 1945—1990 年玛格丽特·撒切尔公开演讲集锦，牛津大学出版社，1998/2000）。⑪⁷ 同前。

第七章　议员与部长

① 采访帕蒂·利雷。② 同前。③ 写给穆雷尔的信，1959 年 10 月 15 日。④ 来自阿尔弗雷德·罗伯茨写给穆雷尔的信，1959 年 10 月 18 日。⑤ 与撒切尔夫人的交流。⑥ “有问必答”节目（BBC 光线节目），1960 年 1 月 8 日（克里斯多夫·柯林斯教育公司，CD—ROM 上的玛格丽特·撒切尔公共演讲集锦，牛津大学出版社，1998/2000）。⑦《晚间新闻》，1960 年 1 月 22 日 (http://www.margaretthatcher.org/document/101053)。⑧ 资料涉及对撒切尔夫人回忆录的编辑，撒切尔资料库，剑桥大学丘吉尔学院，THCR4/4。⑨ 采访帕蒂·利雷。⑩ 见玛格丽特·撒切尔著，《通往权力之路》，哈珀柯林斯出版公司，1995 年，第 109 页，ff. ⑪同前，第 111 页。⑫ 约翰·坎贝尔，玛格丽特·撒切尔，两卷本，乔纳森·凯普出版公司，2000,2003 年，第一卷：杂货商的女儿。⑬ 英国国会议事录，SC Deb(C)，1960 年 4 月 6 日。⑭ 采访格雷斯戴尔的西蒙勋爵。⑮ 国家档案馆（TNA）：公共档案室（PRO）HLG29/490XC10776。⑯ TNA: PRO HLG 29/490 XC10776, HA (59) 153. ⑰ TNA: PRO，HLG 29/490 XC10776。⑱ 同前。⑲ 同前。⑳ 同前。㉑ 采访迪兹勋爵。㉒ 撒切尔著，《通往权力之路》，第 112 页。㉓ 所有上文引述都来自英国国会议事录，

HC Deb，1960 年 2 月 7 日 (http://www. margaretthatcher.org/document/101055)。㉔《星期日电讯报》，1960 年 2 月 7 日报道（柯林斯教育公司，公共声明全集）。㉕《新闻晚报》，1960 年 2 月 25 日（柯林斯教育公司，公共声明全集）。㉖ 所有上文引述都来自《每日快报》，1960 年 3 月 4 日 (http://www.margaretthatcher.org/document/100948)。㉗ 英国国会议事录，HC Deb 1960 年 5 月 13 日 (http://www.margaretthatcher.org/document/101069)。㉘“有问必答”节目（BBC 光线节目），1960 年 11 月 4 日。㉙ 来自阿尔弗雷德·罗伯茨写给穆雷尔·库伦的信，1961 年 4 月 13 日。㉚ 所有引用来自英国国会议事录，SC Deb（B），1961 年 2 月 14 日 (http://www.margaretthatcher.org/document/101088)。㉛ 同前。㉜ 来自阿尔弗雷德·罗伯茨写给穆雷尔·库伦的信，1960 年 8 月 26 日。㉝ 来自阿尔弗雷德·罗伯茨写给穆雷尔·库伦的信，1960 年 9 月 16 日。㉞ 来自阿尔弗雷德·罗伯茨写给穆雷尔·库伦的信，1960 年 9 月 27 日。㉟《利物浦每日邮报》，1960 年 12 月 6 日 (http://www.margaretthatcher.org/document/100954)。㊱ 来自阿尔弗雷德·罗伯茨写给穆雷尔·库伦的信，1961 年 12 月 23 日。㊲ 写给穆雷尔的信，1960 年底（日期不详）。㊳ 来自阿尔弗雷德·罗伯茨写给穆雷尔·库伦的信，1961 年 4 月 27 日。㊴ 来自阿尔弗雷德·罗伯茨写给穆雷尔·库伦的信，1961 年 6 月 24 日。㊵ 来自玛格丽特·撒切尔写给阿尔弗雷德·罗伯茨的信，1961 年 9 月 4 日。㊶ 来自玛格丽特·撒切尔写给阿尔弗雷德·罗伯茨的信，或许是在 1962 年 6 月（日期不详）。㊷ 采访卡罗尔·撒切尔。㊸ 来自阿尔弗雷德·罗伯茨写给穆雷尔·库伦的信，1962 年 4 月 17 日。㊹《每日快报》，1961 年 4 月 17 日（柯林斯教育公司，公开声明全集）。㊺ 同前。㊻ 彼得·卡特罗尔（教育），《麦克米伦日记》，第二卷：首相任期及日后（1957—1966），麦克米伦，2011，第 417 页。㊼《谢菲尔德电讯报》，1961 年 10 月 11 日（柯林斯教育公司，公开声明全集）。㊽ 收集自未经确认的报纸，1961 年 10 月 10 日 (http://www.margaretthatcher.org/document/101112)。㊾ 撒切尔，9780713992823_MargaretThatcher_TXT.indd 767 25/04/13 10：40 AM768 Notes。《通往权力之路》，第 119 页。㊿ 同前。51 同前，第 118—119 页。52 采访撒切尔夫人。53 约翰·博伊德·卡朋特著，《生活方式》，西奇威克 & 杰克逊出版公司，1980 年，第 133 页。54 同前。55 采访迈克尔·帕特里奇爵士。56 MPNI 年度报告，1962 年。57 英国国会议事录，SC Deb(B)，1961 年 12 月 5 日 (http://www.margaretthatcher.org/document/101121)。58 英国国会议事录，HC Deb1961 年 12 月 13 日 (http://www.margaret thatcher.org/document/101123)。59 同前，1962 年 3 月 13 日 (http://www.margaret thatcher.org/document/101134)。60 同前，1964 年 1 月 22 日

(http://www.margaret thatcher.org/document/101222)。⑥同前，1963 年 2 月 6 日 (http://www.margaret thatcher.org/document/101172)。⑫同前，1962 年 3 月 13 日。⑬同前，1963 年 2 月 6 日 (http://www.margaretthatcher.org/document/101173)。⑭同前，1962 年 7 月 13 日 (http://www.margaretthatcher.org/document/101153)。⑮博伊德—卡朋特著，《生活方式》，第 257—258 页。⑯理查德・克罗斯曼著，《内阁大臣日记》，第三卷：社会服务部秘书（1968—1970 年），编辑：珍妮特・摩根，汉密士・汉密尔顿 / 乔纳森・凯普，1977 年，1969 年 10 月 26 日。⑰撒切尔著，《通往权力之路》，第 120 页。⑱ THCR4/4。⑲同前。⑳同前。㉑撒切尔著，《通往权力之路》，第 121 页。㉒采访克莱夫・博瑟姆爵士。㉓在芬奇利保守党的演讲，1961 年 8 月 14 日，芬奇利出版社报道，1961 年 8 月 18 日 (http://www.margaretthatcher.org/document/101105)。㉔在保守党协会会议上的评论，1962 年 8 月 10 日，芬奇利出版社报道，1962 年 8 月 17 日 (http://www.margaretthatcher.org/document/101156)。㉕在芬奇利保守党事务会议上的演讲，1963 年 6 月 22 日，芬奇利出版社报道，1963 年 6 月 28 日 (http://www.margaretthatcher.org/document/101191)。㉖英国国会议事录，HC Deb，1961 年 4 月 19 日 (http://www.margaretthatcher.org/document/101095)。㉗在芬奇利保守党妇女大会上的演讲，1962 年 3 月 15 日，芬奇利出版社报道，1962 年 3 月 23 日 (http://www.margaretthatcher.org/document/101135)。㉘在保守党协会会议上的评论，1962 年 8 月 10 日，芬奇利出版社报道，1962 年 8 月 17 日 (http://www.margaretthatcher.org/document/101156)。㉙同前。㉚来自玛格丽特・撒切尔写给阿尔弗雷德・罗伯茨的信（日期不详）。㉛采访撒切尔夫人。㉜在芬奇利保守党妇女大会上的演讲，1963 年 7 月 11 日，芬奇利出版社报道，1963 年 7 月 19 日 (http://www.margaret thatcher.org/document/101195)。㉝见爱丽斯戴尔・霍恩著,《麦克米伦》，第二卷，1957—1986 年，麦克米伦，1989 年。㉞采访撒切尔夫人。㉟撒切尔著，《通往权力之路》，第 129 页。㊱采访撒切尔夫人。㊲同前。㊳来自玛格丽特・撒切尔写给阿尔弗雷德・罗伯茨的信，1963 年 11 月 18 日。㊴ THCR4/4。㊵撒切尔著，《通往权力之路》，第 128 页。㊶同前，第 129 页。㊷采访撒切尔夫人。㊸在芬奇利保守党会议上的演讲（惠兹通—沃德午餐会），1963 年 10 月 19 日，芬奇利出版社报道，1963 年 10 月 25 日 (http://www.margaretthatcher.org/document/101200)。㊹见玛格丽特・撒切尔在《保守党视点》上撰写的文章，1963 年 12 月 31 日 (http://www.margaretthatcher.org/document/101219)。㊺在芬奇利保守党妇女大会上的演讲，1964 年 4 月 16 日，芬奇利出版社报道，1964 年 4 月 24 日 (http://www.margaret thatcher.org/document/101233)。㊻参观格尔登斯・格林时的评论（智囊团），1964 年 2 月

13 日，《芬奇利时报》报道，1964 年 2 月 21 日 (http://www.margaret thatcher.org/document/100962)。⑰THCR 4/4。⑱D.E. 巴特勒及安东尼·金著，《1964 年英国大选》，麦克米伦，1965 年。⑲采访东诺各胡勋爵。⑳《每日电讯报》，1964 年 10 月 5 日（柯林斯教育，公共声明全集）。9780713992823_MargaretThatcher_TXT.indd 768 25/04/13 10：40 AM Notes 769。

第八章　反对党生涯之 1964—1970

①资料涉及对撒切尔夫人回忆录的编辑，撒切尔资料库，剑桥大学丘吉尔学院，THCR4/4。②卡罗尔·撒切尔著，《站在背后：丹尼斯·撒切尔传记》，哈珀柯林斯出版，1996 年，第 91 页。③采访丹尼斯·撒切尔爵士。④卡罗尔·撒切尔著，《站在背后》，第 92 页。⑤采访卡罗尔·撒切尔。⑥同前。⑦同前。⑧采访丹尼斯·撒切尔爵士。⑨采访撒切尔夫人。⑩英国国会议事录，HC Deb 1964 年 12 月 3 日 (http://www.margaretthatcher.org/document/101285)。⑪同前。⑫卡罗尔·撒切尔著，《站在背后》，第 93 页。⑬芬奇利出版社，1965 年 1 月 29 日 (http://www.margaretthatcher.org/document/101308)。⑭与丹尼斯·撒切尔交流。⑮信息来自 THCR4/4。⑯同前。⑰玛格丽特·撒切尔著，《通往权力之路》，哈珀柯林斯出版，1995 年版，第 136 页。⑱同前，第 135 页。⑲ THCR4/4。⑳芬奇利出版社，1965 年 8 月 13 日 (http://www.margaretthatcher.org/document/101346)。㉑ THCR4/4。㉒见英国国会议事录，HC Deb 1965 年 12 月 6 日 (http://www.margaret thatcher.org/document/101366)。㉓《每日邮报》，1966 年 5 月 10 日。㉔在雷丁保守党妇女大会上的演讲，1965 年 5 月 21 日，《雷丁编年史》，1965 年 5 月 28 日 (http://www.margaretthatcher.org/document/101330)。㉕世界新闻，1968 年 5 月 5 日 (http://www.margaretthatcher.org/document/101617)。㉖在汽车代理协会的致辞，1969 年 10 月 21 日 (http://www.margaretthatcher.org/document/101693)。㉗ THCR4/4。㉘英国国会议事录，HC Deb 1966 年 1 月 31 日 (http://www.margaretthatcher.org/document/101442)。㉙ THCR4/4。㉚英国国会议事录，HC Deb 1966 年 7 月 28 日 (http://www.margaretthatcher.org/document/101513)。㉛同前，1966 年 5 月 5 日 (http://www.margaretthatcher.org/document/101481)。㉜同前。㉝同前。㉞见英国国会议事录，HC Deb 1966 年 6 月 27 日 (http://www.margaretthatcher.org/document/101497)。㉟同前，1966 年 7 月 12 日 (http://www.margaretthatcher.org/document/101505)。㊱同前，1966 年 7 月 20 日 (http://www.margaretthatcher.org/document/101511)。㊲同前，

1966年10月25日(http://www.margaretthatcher.org/document/101523)。㊳詹姆斯·普莱尔著,《权力的平衡》,汉密士·汉密尔顿,1986年,第42页。㊴"有问必答"节目(BBC光线节目),卡尔德罗斯,1966年6月10日,BBC档案。㊵同前(BBC电台1和2频道),利兹,1968年4月5日(克里斯多夫—柯林斯教育,在CD—ROM上的玛格丽特·撒切尔公共演讲集锦,牛津大学出版社,1998/2000)。㊶同前,北安普顿,1970年1月30日(柯林斯教育,公共演讲全集)。㊷同前,普利茅斯,1968年10月4日(柯林斯教育,公共声明全集)。㊸ THCR4/4。㊹同前。㊺"女性时间"节目(BBC电台4频道),1970年4月9日(http://www.margaretthatcher.org/document/101845)。㊻保守党会议上的讲话,1969年10月10日(http://www.margaretthatcher.org/document/101687)。㊼写给穆雷尔的信,1966年10月18日。㊽在芬奇利保守党的讲话,1966年3月10日,芬奇利出版社报道,1966年3月18日(http://www.margaretthatcher.org/document/101458)。㊾芬奇利出版社,1966年3月25日(http://www.margaretthatcher.org/document/101472)。㊿同前。51《每日电讯杂志》,1966年3月18日(http://www.margaretthatcher.org/document/101465)。52芬奇利演讲,1966年3月18日。9780713992823_MargaretThatcher_TXT.indd 769 25/04/13 10:40 AM770 Notes。芬奇利出版社报道,1966年3月25日(http://www.margaretthatcher.org/document/101466)。53在芬奇利的演讲,1966年3月14日,芬奇利出版社报道,1966年3月18日(http://www.margaretthatcher.org/document/101460)。54英国国会议事录,HC Deb 1966年7月26日(http://www.margaretthatcher.org/document/101512)。55英国国会议事录,HC Deb 1966年7月28日(http://www.margaretthatcher.org/document/101513)。56芬奇利出版社,1966年9月2日(http://www.margaretthatcher.org/document/101516)。57英国国会议事录,HC Deb 1966年6月27日(http://www.margaretthatcher.org/document/101497)。58见英国国会议事录,HC Deb 1966年10月25日(http://www.margaretthatcher.org/document/101523)。59英国国会议事录,HC Deb 1967年1月31日(http://www.margaretthatcher.org/document/101539)。60"有问必答"栏目(BBC光线节目),佩恩顿,1966年11月18日(柯林斯教育,公共声明全集)。61英国国会议事录,HC Deb 1966年11月30日(http://www.margaretthatcher.org/document/101530)。62同前,1967年4月17日(http://www.margare tthatcher.org/document/101551)。63同前。64同前,1967年6月6日(http://www.margaretthatcher.org/document/101564)。65建筑协会公报,1967年10月9日(柯林斯教育,公共声明全集)。66保守党大会演讲,1967年10月20日(http://www.margaretthatcher.org/document/101586)。67《星

期日泰晤士报》，1967年5月5日。㊳英国国会议事录，HC Deb 1967年10月26日(http://www.margaretthatcher.org/document/ 101587)。㊴"有问必答"栏目（BBC电台1和2频道），兰大弗，1967年11月3日（柯林斯教育，公共声明全集）。㊵所有上文引述都来自英国国会议事录，HC Deb 1967年11月28日(http://www.margaretthatcher.org/document/101594)。㊶英国国会议事录，HC Deb1968年5月1日(http://www.margaretthatcher.org/document/101616)。㊷ THCR4/4。㊸同前。㊹《每日镜报》，1968年10月10日（柯林斯教育，公共声明全集）。㊺ THCR4/4。㊻同前。㊼同前。㊽同前。㊾约翰·坎贝尔，玛格丽特·撒切尔，两卷本，乔纳森·凯普出版，2000年，2003年，第一卷：杂货商的女儿。第205页。㊿芬奇利保守党（协会，AGM）上的讲话，1970年3月3日，芬奇利出版社报道，1970年3月6日(http://www.margaretthatcher.org/document/101721)。(81)采访安德鲁·亚历山大。(82)《每日电讯报》，1969年3月17日和4月26日(http://www.margaretthatcher.org/document/101650; http://www.margaretthatcher.org/document/101651)。(83)在芬奇利英国—以色列友谊联盟上的讲话，1965年6月24日，芬奇利出版社报道，1965年7月2日(http://www.margaret thatcher.org/document/101293)。(84)同前，《芬奇利时报》报道，1965年7月2日(http://www.margaretthatcher.org/document/101293)。(85)同前，芬奇利出版社报道，1965年7月2日(http://www.margaretthatcher.org/document/101293)。(86)见贾尔斯·斯考特—史密斯撰文，"'她那雄心十足的华盛顿项目'：1967年玛格丽特·撒切尔前往美国的国际访问计划"，《英国当代史》，第17卷，第4篇，2003年冬。(87) THCR 1/10/1。(88)见沃尔特·罗斯托的任命书，1967年3月2日，林顿·B.约翰逊总统图书馆，奥斯汀TX。(89)坎贝尔，玛格丽特·撒切尔，第一卷，第176页。(90)基恩·拉什利给娜塔莉·格里宁的信，1967年3月29日，教育和文化事务局（CU），第155格，第26号文件夹。阿肯色大学费耶特维尔图书馆特别收藏部。(91)关于撒切尔夫人此次访问的主要资源：THCR4/4。(92) CU档案馆，阿肯色大学图书馆。(93)《休斯敦邮报》，1967年3月9日。(94) CU档案馆，阿肯色大学图书馆 9780713992823_MargaretThatcher_TXT.indd 770 25/04/13 10：40 AMNotes 771。(95) THCR4/4。(96)撒切尔著，《通往权力之路》，第154—155页。(97)英国国会议事录，HC Deb 1967年5月2日(http://www.margaretthatcher.org/document/101558)。(98)"有问必答"栏目（BBC电台1和2频道），兰大弗，1967年11月3日（柯林斯教育，公共声明全集）。(99)英国国会议事录，HC Deb1967年6月7日，http://www.margaretthatcher.org/document/101564)。(100)凯瑟琳·温恩给弗朗西斯·迈克菲特斯的信，1969年2月19日，英语演讲联盟（ESU）档案，伦

敦。⑩凯瑟琳·温恩给弗朗西斯·迈克菲特斯的信，1969 年 2 月 14 日，ESU 档案。⑩同前。⑩玛丽·塔格特写给弗朗西斯·迈克菲特斯的信，1969 年 3 月 19 日，ESU 档案。⑩所有引用来自 THCR4/4。⑩同前。⑩同前。⑩保守党档案馆，牛津大学波德林图书馆，LCC1/2/6。⑩同前，LCC1/2/8。⑩在芬奇利保守党（协会，AGM）的演讲，1965 年 3 月 4 日，芬奇利出版社报道，1965 年 3 月 12 日 (http://www.margaretthatcher.org/document/101312)。⑩在弗莱恩·巴内特青年保守党内的演讲，1967 年 9 月 15 日，芬奇利出版社报道，1967 年 9 月 22 日 (http://www.margaret thatcher.org/document/101584)。⑪保守党档案库，CRD3/8/8。⑫ BBC 电台新闻，1969 年 10 月 21 日（柯林斯教育，公共声明全集）。⑬英国国会议事录，HC Deb 1969 年 10 月 31 日 (http://www.margaretthatcher.org/document/101702)。⑭保守党资料库，LCC1/2/18。⑮英国国会议事录，1970 年 5 月 5 日 SC(A)(http://www.margaretthatcher.org/document/101744)。⑯写给穆雷尔的信，1969 年 11 月 3 日。⑰写给穆雷尔的信，1969 年 12 月 4 日。⑱ THCR4/4。⑲采访卡罗尔·撒切尔。⑳《每日电讯报》，1970 年 2 月 11 日。㉑采访穆雷尔·库伦。㉒同前。㉓同前。㉔爱德华·希思著，《我这一生》，霍德尔 & 斯托顿出版，1998 年，第 301 页。㉕同前，第 302 页。㉖保守党档案库，CRD3/9/93。㉗同前。㉘见坎贝尔著，《玛格丽特·撒切尔》，第一卷，第 206—207 页。㉚大选演讲辞，1970 年 5 月 28 日 (http://www.margaretthatcher.org/document/101754)。㉛采访约翰·以兹比基。㉜见卡罗尔·撒切尔著，《站在背后》第 97 页。

第九章　抢牛奶的人

①写给穆雷尔的信，1944 年 8 月 20 日。②写给穆雷尔的信，1944 年 7 月 30 日。③同前。④写给穆雷尔的信，1944 年 8 月 20 日。⑤写给穆雷尔的信，1944 年 9 月（日期不详）。⑥同前。⑦《玛吉：第一夫人》（布鲁克—拉平为英国独立电视台和美国公共广播公司出品，2003 年）。⑧采访卡罗尔·撒切尔。⑨采访迈克尔·詹姆斯。⑩同前。⑪资料涉及对撒切尔夫人回忆录的编辑，撒切尔资料库，剑桥大学丘吉尔学院，THCR4/4。⑫采访尼格拉斯·斯托特。⑬玛格丽特·撒切尔著，《通往权力之路》，哈珀柯林斯出版，1995 年版，第 5 页。⑭内阁秘书记录簿，1970 年 6 月 23 日。⑮采访约翰·赫杰。⑯ THCR4/4。⑰《每日电讯报》，1970 年 6 月 22 日（克里斯多夫·柯林斯，关于玛格丽特·撒切尔公开声明的集锦，1945—1990 年在 CD—ROM 上，牛津大学出版社，1998/2000）。⑱《泰晤士报》，1970 年 11

月 11 日 (http://www.margaretthatcher.org/document/101813)。⑲见“女性时间”（BBC 电台 2 频道），1970 年 7 月 23 日（柯林斯教育，公共声明全集）以及《星期天时报》，1970 年 11 月 15 日 (http://www.margaretthatcher.org/document/101814)。⑳英国国会议事录，HC Deb 1972 年 10 月 19 日 9780713992823_MargaretThatcher_TXT.indd 771 25/04/13 10：40 AM772 Notes，(http://www.margaretthatcher.org/document/102224)。㉑ THCR4/4。㉒采访麦克斯 · 莫里斯。㉓芬奇利出版社，1971 年 6 月 25 日 (http://www.margaret thatcher.org/document/102126)。㉔采访尼可拉斯 · 斯托特。㉕同前。㉖《泰晤士报教育副刊》，1971 年 7 月 2 日。㉗撒切尔著，《通往权力之路》，第 166 页。㉘采访约翰 · 赫杰。㉙私人信息。㉚ THCR4/4。㉛采访贝尔斯泰德勋爵。㉜采访尼可拉斯 · 斯托特。㉝采访约翰 · 班克斯、约翰 · 赫杰和安东尼 · 查米尔。㉞私人信息。㉟采访安东尼 · 查米尔。㊱采访卡罗尔 · 撒切尔。㊲采访约翰 · 班克斯。㊳采访约翰 · 赫杰。㊴国家档案馆（TNA）：公共记录办公室（PRO）ED207/103，1970 年 6 月 24 日。㊵ THCR4/4。㊶采访尼可拉斯 · 斯托特。㊷采访贝尔斯泰德勋爵。㊸彼得 · 亨尼西著，《白厅》，赛科尔 & 沃伯格，1989 年，第 626 页。㊹ TNA：PRO T 227/3146。㊺同前，1970 年 8 月 11 日。㊻ TNA:PRO T 227/3147，1970 年 9 月 1 日。㊼ THCR4/4。㊽内阁秘书记录簿，1970 年 7 月 30 日。㊾《卫报》，1970 年 10 月 28 日。㊿ TNA:PRO ED 269/1，来自 J.A. 哈德森写给威廉 · 派尔的备忘录，1971 年 1 月 7 日。51 TNA:PRO ED 269/1，来自爱德华 · 绍特写给撒切尔夫人的信，1971 年 5 月 20 日。52英国国会议事录，HC Deb 1971 年 6 月 14 日 (http://www.margaretthatcher.org/document/102119)。53《太阳报》，1971 年 7 月 9 日。54《观察家》，1971 年 2 月 7 日（柯林斯教育，公共声明全集）。55见《一次会面之机》（BBC1），1971 年 3 月 21 日（柯林斯教育，公共声明全集）。56采访安东尼 · 查米尔。57《太阳报》，1971 年 11 月 25 日。58《卫报》，1971 年 11 月 2 日。59《每日邮报》，1971 年 12 月 15 日。60见卡罗尔 · 撒切尔在《站在背后：丹尼斯 · 撒切尔传记》书中谈及此处的内容，哈珀柯林斯出版，1996 版，第 98 页。61采访撒切尔夫人。62采访肯尼斯 · 克拉克。63 TNA:PRO ED269/13。64采访安东尼 · 查米尔。65采访爱德华 · 希思。66 TNA:PRO PREM15/1482，1972 年 1 月 13 日。67采访贝尔斯泰德勋爵。68《星期天快报》，1972 年 1 月 16 日（柯林斯教育，公共声明全集）。69《每日邮报》，1972 年 2 月 8 日（柯林斯教育，公共声明全集）。70《利物浦每日邮报》，1972 年 2 月 21 日 (http://www.margaret thatcher.org/document/102180)。71采访尼可拉斯 · 斯托特。72采访麦克斯 · 莫里斯。73采访迈克尔 · 詹姆斯。74内阁秘书记录簿，1972 年 11 月 30 日。75采访迈克尔 · 詹姆斯。76采访贝尔斯泰德勋爵。

⑦⑦引用自伦敦新闻，1973 年 11 月报道（柯林斯教育，公共声明全集）。⑦⑧采访埃里克・博尔顿。⑦⑨《每日邮报》，1972 年 6 月 9 日。⑧⑩《星期天时报》，1973 年 4 月 8 日 (http://www.margaretthatcher.org/document/101823)。⑧①采访安东尼・查米尔。⑧②见《标准晚报》，1973 年 11 月 17 日（柯林斯教育，公共声明全集）。

第十章 谁掌舵英国?

①爱德华・希思著，《我这一生》，霍德尔 & 斯托顿出版社，1998 年，第 327 页。②道格拉斯・赫德著，《掷地有声》，柯林斯出版社，1979 年版，第 95 页。③希思著，《我这一生》，第 348 页。④同前。⑤资料涉及对撒切尔夫人回忆录的编辑，撒切尔资料库，剑桥大学丘吉尔学院，9780713992823_MargaretThatcher_TXT.indd 772 25/04/13 10：40 AM Notes 773 THCR 4/4。⑥玛格丽特・撒切尔著，《通往权力之路》，哈珀柯林斯出版公司，1995 年版，第 221 页。⑦采访帕金森勋爵。⑧ THCR4/4。⑨采访爱德华・希思勋爵。⑩例如，采访沃克尔勋爵和普莱尔勋爵。⑪ 059 国家 1970—1973 年核心资料，美国国家档案馆和记录管理局（NARA）。⑫采访布洛克威尔的巴特勒勋爵。⑬所有上文引述都来自内阁秘书笔记簿。⑭采访帕金森勋爵。⑮ THCR4/4。⑯采访布洛克威尔的巴特勒勋爵。⑰所有上文引述都来自内阁秘书的记录簿，约翰・亨特爵士于 1973 年接任波克・特伦德爵士。间接引语缩略是他的。⑱ THCR4/4。⑲见撒切尔著，《通往权力之路》，第 195 页。⑳ THCR4/4。㉑希思著，《我这一生》，第 334 页。㉒私人信息。㉓在芬奇利保守党的演讲（协会 AGM），1972 年 3 月 2 日，《芬奇利时报》报道，1972 年 3 月 10 日 (http://www.margaretthatcher.org/document/102186)。㉔在德文郡保守党的讲话，1972 年 7 月 29 日，《艾克赛特快报》报道，1972 年 7 月 31 日（克里斯多夫・柯林斯，玛格丽特・撒切尔公共声明在 CD—ROM 的集锦（1945—1990 年），牛津大学出版社，1998/2000）。㉕ THCR4/4。㉖同前。㉗同前。㉘艾瑞・尼夫日记（未公开出版）。㉙同前。㉚来自卡罗尔・撒切尔写给穆雷尔・库伦的信，1973 年 8 月 30 日。㉛撒切尔著，《通往权力之路》，第 228 页。㉜要讨论此事，见约翰・坎贝尔著，《爱德华・希思：传记人生》，乔纳森・凯普出版公司，1993 年，第 566—567 页。㉝采访北山的维尔德格雷夫勋爵。㉞ THCR4/4。㉟内阁秘书的记录簿，1974 年 1 月 17 日。㊱尼夫日记，1974 年 1 月 17 日。㊲内阁秘书的记录簿，1974 年 2 月 5 日。㊳同前。㊴采访北山的维尔德格雷夫勋爵。㊵采访东诺各胡勋爵。㊶ THCR4/4。㊷《芬奇利时报》，1974 年 2 月 15 日 (http://www.margaretthatcher.org/document/102337)。㊸ “竞选热线”

（BBC 电台 4 频道），1974 年 2 月 19 日（柯林斯教育，公共声明全集）。㊹《每日快报》，1974 年 2 月 22 日。㊺采访撒切尔夫人。㊻要了解 3 月 1—4 日商谈的全部信息，见罗伯特·阿姆斯特朗的记录，1974 年 3 月 16 日，国家档案馆（TNA）：公共记录办公室（PRO）PREM15/2069。㊼同前。㊽内阁秘书的记录簿，1974 年 3 月 1 日。㊾罗伯特·阿姆斯特朗的记录，TNA:PRO PREM15/2069。㊿采访维克汉姆夫人。(51)《每日邮报》，1974 年 3 月 9 日（柯林斯教育，公共声明全集）。(52) THCR4/4。(53)尼夫日记，1974 年 3 月 5 日。(54)同前，1974 年 3 月 7 日。(55)采访查尔斯·莫里森爵士。(56)伯纳德·东诺各胡，《唐宁街日记》，两卷本，乔纳森·凯普出版公司，2005 年，2008 年，第一卷：与哈罗德·威尔逊同在 10 号院，1974 年 3 月 15 日，第 71 页。(57)同前，1974 年 3 月 13 日。(58)私人信息。(59)尼夫日记，1974 年 3 月 14 日。(60)同前，1974 年 3 月 18 日。(61)同前，1974 年 3 月 19 日。(62)英国国会议事录，HC Deb 1974 年 5 月 6 日 (http://www.margaretthatcher.org/document/102360)。(63)尼夫日记，1974 年 3 月 25 日。(64)同前，1974 年 4 月 24 日。(65) THCR4/4。(66)私人信息。(67)尼夫日记，1974 年 5 月 9 日。(68)同前，1974 年 6 月 13 日。(69)同前，1974 年 6 月 17 日。(70)同前，1974 年 6 月 27 日。(71)同前，1974 年 7 月 2 日。(72)同前，1974 年 7 月 8 日。(73)同前，1974 年 7 月 14 日。(74)采访爱德华·希思爵士。(75)采访萨拉·莫里森。(76)采访阿尔弗雷德·舍尔曼爵士。(77)同前。(78)采访西蒙·韦伯利。(79)同前。(80)采访撒切尔夫人 9780713992823_MargaretThatcher_TXT.indd 773 25/04/13 10：40 AM774 Notes。(81)采访卡灵顿勋爵。(82)要了解全部信息见阿尔弗雷德·舍尔曼著，《权力悖论》，学术版，2005 年。(83)采访撒切尔夫人。(84)《泰晤士报》，1974 年 5 月 2、3、4 日报道。(85) THCR4/4。(86)采访沃尔克勋爵。(87)电台采访（LBC），1974 年 5 月 17 日 (http://www.margaretthatcher.org/document/102366)。(88)《利物浦每日邮报》，1974 年 6 月 17 日 (http://www.margaretthatcher.org/document/102369)。(89)采访维克汉姆夫人。(90)采访巴尔内斯的帕滕勋爵。(91)《每日电讯报》，1974 年 7 月 1 日 (http://www.margaret thatcher.org/document/102377)。(92)英国国会议事录，HC Deb 1974 年 4 月 29 日 (http://www.margaretthatcher.org/document/102358)。(93)撒切尔著，《通往权力之路》，第 246 页。(94) THCR4/4。(95)采访约翰·斯坦利爵士。(96) THCR4/4。(97)撒切尔著，《通往权力之路》，第 247 页。(98)英国国会议事录，HC Deb 1974 年 6 月 27 日 (http://www.margaretthatcher.org/document/102375)。(99)尼夫日记，1974 年 6 月 27 日。(100)同前，1974 年 8 月 14 日。(101) ITN 采访，1974 年 8 月 28 日 (http://www.margaretthatcher.org/document/102390)。(102)尼夫日记，1974 年 8 月 28 日。(103)《每日邮报》，1974 年 9 月 18 日 (http://www.margaretthatcher.org/document/102397)。

⑭世界新闻，1974 年 9 月 22 日 (http://www.margaretthatcher.org/document/102398)。⑮“周末世界”栏目（LWT），1974 年 9 月 29 日 (http://www.margaretthatcher.org/document/101829)。⑯东诺各胡著，《唐宁街日记》，第一卷，1974 年 9 月 30 日，第 204 页。⑰同前，1974 年 9 月 29 日。⑱在采纳会议上的讲话，1974 年 9 月 23 日，芬奇利出版社报告，1974 年 9 月 27 日 (http://www.margaretthatcher.org/document/102399)。⑲ THCR4/4。⑳“有问必答”（BBC 电台 4），南安普顿，1974 年 10 月 4 日（柯林斯教育，公共声明全集）。㉑ THCR4/4。

第十一章 骗马与小母马

①艾瑞・尼夫日记（未公开出版），1974 年 8 月 7 日。②同前，1974 年 10 月 12 日。③见约翰・坎贝尔著，《爱德华・希思：传记人生》，乔纳森・凯普出版公司，1993 年版，第 654—656 页。④与卡灵顿勋爵的交流。⑤尼夫日记，1974 年 10 月 14 日。⑥所有上文引述都来自尼夫日记。1974 年 10 月 15 日。⑦同前，1974 年 10 月 22 日。⑧同前，1974 年 10 月 31 日。⑨私人信息。⑩尼夫日记，1974 年 10 月 13 日。⑪同前，1974 年 11 月 13 日。⑫资料涉及对撒切尔夫人回忆录的编辑，撒切尔资料库，剑桥大学丘吉尔学院，THCR4/4。⑬采访约翰・克莱尔。⑭《星期日快报》，1974 年 10 月 20 日（克里斯多夫・柯林斯，玛格丽特・撒切尔在 CD—ROM 上的 1945—1990 年公共声明集锦，牛津大学出版社，1998—2000）。⑮弗雷德・西尔维斯特给玛格丽特・撒切尔的信，1974 年 10 月 15 日；玛格丽特・撒切尔给弗雷德・西尔维斯特的信，日期不详。信件由西尔维斯特所有。⑯采访阿尔弗雷德・舍尔曼爵士。⑰ THCR4/4。⑱尼夫日记，1974 年 10 月 21 日。⑲伯纳德・东诺各胡著，《唐宁街日记》，两卷本，乔纳森・凯普出版公司，2005 年，2008 年，第一卷：与哈罗德・威尔逊同在 10 号院，1974 年 10 月 24 日，第 230 页。⑳《标准晚报》，1974 年 10 月 24 日（柯林斯教育，公共声明全集）。㉑采访帕金森勋爵。㉒尼夫日记，1974 年 10 月 26 日。㉓东诺各胡，《唐宁街日记》，第一卷，1974 年 10 月 29 日，第 234 页。㉔英国国会议事录，HC Deb 1974 年 11 月 14 日 (http://www.margaret thatcher.org/document/102436).9780713992823_MargaretThatcher_TXT.indd 774 25/04/13 10：40 AM Notes 775。㉕尼夫日记，1974 年 11 月 14 日。㉖采访福格斯・蒙哥马利。㉗玛格丽特・撒切尔著，《通往权力之路》，哈珀柯林斯出版公司，1995 年，第 266 页。㉘采访撒切尔夫人。㉙ THCR4/4。㉚私人信息。㉛私人信息。㉜采访撒切尔夫人。㉝这一点以及随后的引述来自戈登・里斯爵士，是本书

作者对他的采访，同时也来自于2001年他去世之前不久所写的未经出版的回忆录（由戈登爵士的家庭所有）。㉞撒切尔著，《通往权力之路》，第266页。㉟采访丹尼斯·撒切尔爵士。㊱《经济学人》，1974年11月30日。㊲采访巴尔内斯的帕滕勋爵。㊳尼夫日记，1974年11月28日。㊴未经出版的对彼得·莫里森爵士的采访（采访者未知），1993年。（手稿由玛丽·莫里森夫人所有。）㊵尼夫日记，1974年11月21日。㊶同前，1974年11月22日。㊷撒切尔著，《通往权力之路》，第267页。㊸采访保罗·约翰逊。㊹爱德华·希思著，《我这一生》，霍德尔&斯托顿出版，1998年，第530页。㊺尼夫日记，1974年11月24日。㊻同前，1974年11月26日。㊼同前，1974年11月27日。㊽采访北山的维尔德格雷夫勋爵。㊾私人信息。㊿尼夫日记，1974年11月28日。(51) THCR4/4。(52)同前。(53) BBC电台采访，1974年11月28日（柯林斯教育，公共声明全集）。(54)《每日快报》，1974年11月29日（柯林斯教育，公共声明全集）。(55)尼夫日记，1974年12月1日。(56)英国国会议事录，HC Deb 1974年12月17日 (http://www.margaretthatcher.org/document/102448)。(57)尼夫日记，1974年12月6日。(58)同前，1974年12月12日。(59)同前，1974年12月19日。(60)同前，1974年12月25日。(61)采访爱德华·杜·卡恩爵士。(62)撒切尔著，《通往权力之路》，第271页。(63)尼夫日记，1975年1月9日。(64)同前，1975年1月12日。(65)同前，1975年1月14日。(66)同前，1975年1月15日。(67)同前。(68)同前，1975年1月16日。(69)安东尼·弗拉瑟夫人日记（未经出版），1975年1月10日。(70)尼夫日记，1975年1月19日。(71)同前，1975年1月20日。(72)采访威瑟利尔勋爵。(73)采访爱德华·杜·卡恩爵士。(74)采访乔纳森·埃特金。(75)采访福格斯·蒙哥马利爵士。(76)里斯回忆录。(77)采访萨拉·莫里森。(78)采访撒切尔夫人。(79)采访普莱尔勋爵。(80)英国国会议事录，HC Deb 1974年12月17日 (http://www.margaretthatcher.org/document/102448)。(81)英国国会议事录，HC Deb 1975年1月15日 (http://www.margaret thatcher.org/document/102588)。(82)英国国会议事录，HC Deb 1975年1月22日 (http://www.margaretthatcher.org/document/102591)。(83)尼夫日记，1973年公开记载。(84)同前，1972年9月21日。(85)采访玛丽格尔德·韦伯（本姓尼夫）。(86)尼夫日记，1972年7月6日。(87)采访提姆·吉特森爵士。(88)采访约恩·霍尔。(89)采访威瑟利尔。(90)私人信息。(91)采访威瑟利尔勋爵。(92)采访提姆·吉特森爵士。(93)同前。(94)采访杜金的贝克尔勋爵。(95)采访萨拉·莫里森。(96)里斯，回忆录。(97)同前。(98)第一报告（ITN），1975年1月28日 (http://www.margaretthatcher.org/document/102597)。(99)弗拉瑟日记，1975年1月30日。(100)《每日电讯报》，1975年1月30日 (http://www.margaretthatcher.org/document/102600)。(101)在芬奇利的演讲，

1975 年 1 月 31 日 (http://www.margaretthatcher.org/document/102605)。⑫尼夫日记，1975 年 1 月 21 日。⑬同前，1975 年 1 月 23 日。⑭同前，1975 年 1 月 26 日。⑮东诺各胡著，《唐宁街日记》，1975 年 1 月 24 日，第 294 页。⑯采访温瑟姆的瑞德勋爵。⑰采访提姆·吉特森爵士。9780713992823_Margaret Thatcher_TXT.indd 775 25/04/13 10：40 AM 776 Notes。⑱私人信息。⑲采访约恩·霍尔。⑳采访拉蒙特勋爵。㉑同前。㉒见约翰·坎贝尔著，《玛格丽特·撒切尔》，两卷本，乔纳森·凯普出版公司，2000 年，2003 年，第一卷：杂货商的女儿，第 301 页。㉓采访北山的维尔德格雷夫勋爵。㉔十点新闻（ITN），1975 年 2 月 4 日 (http://www.margaretthatcher.org/document/102607)。㉕采访约恩·霍尔。㉖采访杜金的贝克尔勋爵。㉗THCR4/4。㉘ THCR4/4。㉙《卫报》，1975 年 2 月 8 日。⑳同前。㉑采访普莱尔勋爵。㉒采访戈登·里斯爵士。㉓在青年保守党大会上的演讲，1975 年 2 月 8 日，《观察家》杂志报道，1975 年 2 月 9 日（柯林斯教育，公共声明全集）。㉔同前。㉕《星期日快报》，1975 年 2 月 9 日 (http://www.margaretthatcher.org/document/102614)。㉖ THCR 4/4。

第十二章 铁娘子

①杰弗里·豪伊著，《忠诚的冲突》，麦克米伦出版社，1994 年，第 94 页。②“保守党聚集在新领导人背后”，1975 年 2 月 12 日，121546z Feb 75，电子电报 1/1/1975—12/31/1975，美国国家档案馆和记录管理局（NARA）。③玛格丽特·撒切尔著，《通往权力之路》，哈珀柯林斯出版公司，1995 年，第 282 页。④私人信息。⑤采访提摩西·吉特森。⑥采访撒切尔夫人。⑦采访爱德华·希思。⑧采访提摩西·吉特森爵士。⑨采访撒切尔夫人。⑩采访约恩·霍尔。⑪采访乔普林勋爵。⑫私人信息。⑬来自奈杰尔·文森写给基斯·约瑟夫的信，由文森所有，1975 年 4 月 14 日。⑭写给罗伯特·卡尔的信，1975 年 2 月 19 日，引用于马克·加内特和伊恩·埃特金，精彩之极！精彩绝伦！：威利·惠特劳的授权传记，乔纳森·凯普出版公司，2002 年版，第 218 页。⑮写给爱德华·博伊尔的信，1975 年 4 月 2 日，由安·高尔德所有。⑯伯纳德·东诺各胡著，《唐宁街日记》，两卷本，乔纳森·凯普出版公司，2005 年，2008 年，第一卷：与哈罗德·威尔逊同在 10 号院，1975 年 4 月 17 日，第 357 页。⑰采访撒切尔夫人。⑱采访维克汉姆夫人。⑲采访温瑟姆的瑞德夫人。⑳同前。㉑同前。㉒私人信息。㉓采访大卫·尼克尔森。㉔采访迈克尔·博蒂略。㉕采访威瑟利尔勋爵。㉖大卫·巴特勒采访詹姆斯·普莱尔，1978 年，大卫·巴特勒档案，牛

津大学纳菲尔德学院。㉗采访阿尔弗雷德·舍尔曼爵士。㉘采访桑宁代尔的沃夫森勋爵。㉙采访约翰·希金斯爵士。㉚采访阿尔弗雷德·舍尔曼爵士。㉛基斯·约瑟夫爵士著，《政策定义注解》，1975年4月4日，撒切尔资料库，剑桥大学丘吉尔学院，THCR2/6/1/156。㉜第57次会议记录，1975年4月11日，保守党档案文件，牛津大学波德林图书馆，LCC1/3/6。㉝黑尔什姆勋爵日记，1975年4月11日，黑尔什姆资料库，剑桥大学丘吉尔学院，HLSM1/1/10。㉞ LCC1/3/6。㉟撒切尔著，《通往权力之路》，第302页。㊱见英国国会议事录，HC Deb 1975年7月21日 (http://www.margaretthatcher.org/document/102746)。㊲在欧洲保守党集团的演讲，1975年4月16日 (http://www.margaretthatcher.org/document/102675)。㊳采访温瑟姆的瑞德勋爵。㊴同前。㊵《卫报》，1975年6月3日。㊶对话罗宾·戴（BBC1），1975年5月15日（克里斯多夫 9780713992823_MargaretThatcher_TXT.indd 776 25/04/13 10：40 AM Notes 777 柯林斯教育，玛格丽特·撒切尔1945—1990年间在CD—ROM上的公共声明集锦，牛津大学出版社，1998/2000）。㊷所有上文引述都来自戈登·里斯未经公开出版的回忆录。㊸采访温瑟姆的瑞德夫人。㊹采访撒切尔夫人。㊺采访戈登·里斯爵士。㊻采访撒切尔夫人。㊼采访戈登·里斯爵士。㊽采访巴尔内斯的帕滕勋爵。㊾采访戈登·里斯爵士。㊿采访罗伯特·康奎斯特。51撒切尔著，《通往权力之路》，第351页。52来自玛格丽特·撒切尔写给休姆勋爵的信，1975年7月（日期不详），何塞尔档案馆。53见D.R.索普著，亚力克·道格拉斯—休姆，辛克莱—斯蒂芬森，1996年，第451页。54私人信息。55采访温瑟姆的瑞德勋爵。56采访亨利·基辛格。57玛格丽特·撒切尔写给威廉·盖洛威的信，1975年2月27日，引用自对威廉·盖洛威的采访，外交事务口述历史项目，外交研究及培训协会，阿尔灵顿VA。58采访亨利·基辛格。59交流备忘录，“1975年5月9日，福特，基辛格”，国家安全顾问，第11格，杰拉德·R.福特图书馆，安·阿波尔MI.。60采访丹尼斯·撒切尔爵士。61采访彼得·汉纳福德。62撒切尔著，《通往权力之路》，第372页。63罗纳德·里根著，《一个美国人的生活：自传》，西蒙&舒斯特出版社，1990年，第204页。64《视点》，罗纳德·里根前总统电台广播，1975年4月；Disc 75－08, Box39，子系列C，里根图书馆，西米谷CA。65与彼得·汉纳福德的通信。66迈克尔·迪弗，引用自彼得·罗宾逊，“罗和玛格丽特”，未经公开出版的资料；与彼得·汉纳福德的通信。67私人信息。68交流备忘录，“1975年1月8日，福特，基辛格”，国家安全顾问，第8格，杰拉德·R.福特图书馆。69格林斯潘写给福特的信，1975年4月23日，CO160，Box56，白宫中央资料库，杰拉德·R.福特图书馆。70 G.N.史密斯写给D.豪伊的信，1975年7月21日，THCR6/4/1/5。

⑪采访戈登·里斯爵士。⑫十点新闻（ITN），1975年9月18日。⑬采访温瑟姆的瑞德勋爵。⑭《泰晤士报》，1975年9月19日(http://www.margaretthatcher.org/document/102464)。⑮引用自《标准晚报》，1975年9月16日(http://www.margaretthatcher.org/document/102565)。⑯《纽约时报》，1975年9月18日。⑰同前。⑱“玛格丽特·罗伯茨·撒切尔”，1975年7月24日，第56格，CO160，白宫国家资料库，杰拉德·R.富特图书馆。⑲为总统所做的国务院简报资料，1975年7月30日，Box11，国家安全顾问，差旅简要书籍和电报，福特1974—1976，杰拉德R.福特图书馆。⑳“一个保守党员眼中的赫尔辛基峰会”，1975年7月28日，281801z Jul 75，电子电报，1/1/1975－12/31/1975，NARA。㉑采访布伦特·斯考克罗夫特将军。㉒采访温瑟姆的瑞德勋爵。㉓采访乔纳森·达维德森。㉔采访詹姆斯·施莱辛格。㉕威廉·西蒙写给玛格丽特·撒切尔的信，1975年10月14日，THCR6/4/1/15。㉖私人信息。㉗采访艾伦·格林斯潘。㉘沃尔特·赫勒国际金融演讲，罗斯福大学，1975年9月22日(http://www.margaretthatcher.org/document/102465)。㉙《卫报》，1975年9月27日。㉚德里克·托马斯写给R.M.拉塞尔的信，1975年9月30日，国家档案馆（TNA）：公共记录办公室（PRO），FCO82/491。㉛采访温瑟姆的瑞德勋爵。㉜采访西格林的麦克阿尔潘勋爵。㉝见罗纳德·米勒著，《两翼视点》，韦登菲尔德 & 尼克尔森出版，1989年，第225—227页。9780713992823_Margaret Thatcher_TXT.indd 777 25/04/13 10：40 AM 778 Notes。㉞采访温瑟姆的瑞德勋爵。㉟见撒切尔著，《通往权力之路》，第305页。㊱采访维克汉姆夫人和温瑟姆的瑞德夫人。㊲采访温瑟姆的瑞德勋爵。㊳采访撒切尔夫人。㊴在保守党大会上的演讲，1975年10月10日(http://www.margaretthatcher.org/document/102777)。⑽斯特恩，1975年10月24日（柯林斯教育，公共声明全集）。⑽采访巴尔内斯的帕滕勋爵。⑽采访丹尼斯·撒切尔爵士。⑽采访乔纳森·埃特金。⑽采访维克汉姆夫人。⑽采访德里克·豪伊。⑽采访卡罗尔·撒切尔。⑽同前。⑽采访休·马斯特里夫特。⑽同前。⑾采访卡罗尔·撒切尔。⑾采访休·马斯特里夫特。⑾采访卡罗尔·撒切尔。⑾采访休·马斯特里夫特。⑾采访温瑟姆的瑞德夫人。⑾同前。⑾同前。⑾采访鲍勃·金斯顿。⑾大卫·巴特勒对哈罗德·威尔逊的采访，1978年7月18日，大卫·巴特勒档案。⑾东诺各胡著，《唐宁街日记》，第一卷，1975年4月17日，第357页。⑿同前。⑿采访特比特勋爵。⑿采访弗兰克·约翰逊。⑿采访撒切尔夫人。⑿私人信息。⑿在伦敦危机会议上的演讲，1975年12月6日(http://www.margaretthatcher.org/document/102822)。⑿《诺丁汉晚间邮报》，1975年12月2日(http://www.margaretthatcher.org/document/102467)。⑿在诺福克保守党的讲话，1975年11

月 7 日 (http://www.margaretthatcher.org/document/102798)。⑫⑧写信给《芬奇利时报》，1975 年 11 月 21 日 (http://www.margaretthatcher.org/document/102806)。⑫⑨采访罗伯特·莫斯。⑬⓪同前。⑬①在肯辛顿城镇会议厅的讲话，1976 年 1 月 19 日 (http://www.margaretthatcher.org/document/102939)。⑬②在芬奇利保守党的演讲，1976 年 1 月 31 日 (http://www.margaretthatcher.org/document/102947)。

第十三章 陷入中庸

① 在“船舵智囊团”的演讲，1976 年 3 月 16 日 (http://www.margaret thatcher.org/document/102984)。② 伯纳德·东诺各胡著，《唐宁街日记》，两卷本，乔纳森·凯普出版公司，2005 年，2008 年，第一卷：与哈罗德·威尔逊同在 10 号院，1976 年 3 月 16 日，第 700 页。③ 芭芭拉·卡斯特尔，《卡斯特尔日记》，1974—1976 年，韦登菲尔德 & 尼克尔森出版，1980 年，第 692 页。④ 英国国会议事录，HC Deb 1976 年 6 月 29 日 (http://www.margaretthatcher.org/document/103065)。⑤ 英国国会议事录，HC Deb 1976 年 6 月 8 日，(http://www.margaretthatcher.org/document/103045)。⑥ 英国国会议事录，HC Deb，1977 年 7 月 5 日 (http://www.margaretthatcher.org/document/103412)。⑦ 采访撒切尔夫人。⑧ 采访西斯廷勋爵。⑨ 英国国会议事录，HC Deb1976 年 4 月 6 日 (http://www.margaretthatcher.org/document/103000)。⑩ 周末世界（LWT），1976 年 5 月 9 日 (http://www.margaretthatcher.org/document/102836)。⑪在莫尔顿保守党的讲话，1976 年 5 月 22 日 (http://www.margaretthatcher.org/document/103032)。⑫ 玛格丽特·撒切尔著，《通往权力之路》，哈珀柯林斯出版，1995 年，第 316 页。⑬ 采访德本勋爵。⑭ 在保守党大会上的演讲，1976 年 10 月 8 日，(http://www.margaretthatcher.org/document/103105)。⑮《泰晤士报》，1976 年 10 月 9 日。⑯《每日电讯报》，1976 年 10 月 9 日。⑰ 采访巴尔内斯的帕滕勋爵，9780713992823_MargaretThatcher_TXT.indd 778 25/04/13 10：40 AM Notes 779。⑱ 采访北山的维尔德格雷夫勋爵。⑲ 同前。⑳ 采访克雷格米勒的吉尔默勋爵。㉑ 与大卫·迪尔克斯教授的通信。㉒ 采访巴尔内斯的帕滕勋爵。㉓ 被撒切尔夫人引用，在“船舵智囊团”的演讲，1976 年 3 月 16 日 (http://www.margaretthatcher.org/document/102984)。㉔ 理查德·考克特著，《出奇思考》，哈珀柯林斯出版，1994 年，第 174 页。㉕ 来自玛格丽特·撒切尔写给亚当·巴特勒的信，或许是在 1975 年 12 月底（日期不详）。㉖ 采访《周日时报》，1976 年 9 月 12 日，出版于 8 月 5 日（克里斯多夫·柯林斯编辑，玛

格丽特·撒切尔1945—1990年间在CD—ROM上的公开声明集锦，牛津大学出版社，1998/2000）。㉗ 撒切尔资料库，剑桥大学丘吉尔学院，THCR2/6/1/173。㉘ 采访阿伦·沃尔特斯爵士。㉙ 采访道格拉斯·黑格爵士。㉚ 同前。㉛ 采访戈登·派博。㉜ 同前。㉝ 来自玛格丽特·撒切尔写给约翰·斯派洛的信，1977年1月27日。㉞ 采访约翰·斯派洛爵士。㉟ 来自约翰·斯派洛写给玛格丽特·撒切尔的信，1977年3月25日，THCR2/6/1/226。㊱ 采访布莱恩·威尔登。㊲ 同前。㊳ 采访威瑟利尔勋爵。㊴ 来自阿尔弗雷德·舍尔曼写给玛格丽特·撒切尔的信，1977年10月25日，THCR2/6/1/226。㊵ 来自阿尔弗雷德·舍尔曼写给玛格丽特·撒切尔的备忘录，1978年6月26日，THCR2/6/1/226。㊶ 采访斯温纳顿的托马斯勋爵。㊷ 采访保罗·约翰逊。㊸ 采访温瑟姆的瑞德勋爵。㊹ 采访斯温纳顿的托马斯勋爵。㊺ 在黑潭保守党大会上的演讲，1977年10月14日(http://www.margaretthatcher.org/document/103443)。㊻ 采访爱德华·诺曼牧师。㊼ 采访约翰·凯西。㊽ 在苏黎世经济协会的演讲，1977年3月14日(http://www.margaretthatcher.org/document/103336)。㊾ 采访爱德华·诺曼牧师。㊿ 采访丹尼斯·撒切尔爵士。51 在苏黎世经济协会上的演讲，1977年3月14日(http://www.margaretthatcher.org/document/103336)。52 采访阿尔弗雷德·舍尔曼爵士。53 采访“女性专属”，1987年10月31日（未经编辑的采访手稿，和公开出版的版本不同，参见http://www.margaret thatcher.org/document/106689）。54 所有上文引述都来自《大伦敦区青年保守党的演讲》（伊恩·麦克劳德纪念演讲），1977年7月4日(http://www.margaretthatcher.org/document/103411)。55 所有上文引述都来自圣劳伦斯犹太教堂的演讲，1978年3月30日(http://www.margaretthatcher.org/document/103522)。56 约翰·维泽写给玛格丽特·撒切尔的信，1975年2月17日，8号文件夹，第14格，约翰·维泽的资料，胡佛研究所档案，斯坦福CA。57 来自大卫·迪尔克斯教授的信。58 采访爱德华·诺曼牧师。59 来自米尔顿·弗里德曼写给拉尔夫·哈里斯的信，1978年12月4日，12号文件夹，第296格，经济事务研究所资料，胡佛研究所档案。60 采访《唐宁街岁月》（BBC1），1993年。61 采访博尔纳斯的帕滕勋爵。62 采访温瑟姆的瑞德勋爵。63 杰弗里·豪伊爵士写给基斯·约瑟夫爵士的信，THCR2/1/3/9。64 采访撒切尔夫人。65 采访丹尼斯·撒切尔爵士。66 采访伊德里克特的豪伊夫人。67 来自杰弗里·豪伊爵士写给彼得·里斯的信，1975年12月12日，THCR2/1/1/30。68 采访豪伊夫人。69 采访亚波拉昂的豪伊勋爵。70 采访博尔纳斯的帕滕勋爵。71 采访亚波拉昂的豪伊勋爵。72 私人信息。73 采访亚当·巴特勒爵士 9780713992823_MargaretThatcher_TXT.indd 779 25/04/13 10：40 AM780 Notes。

⑭ 采访诺曼·斯特劳斯。⑮ 雨果·杨著，雨果·杨档案：英国政策30年——非正式的，艾伦—莱恩出版社，2008年，第109页。⑯《观察家》，1975年7月27日。⑰ 同前。⑱ THCR 2/6/1/159。⑲ 基斯·约瑟夫爵士，"我们的基调和任务"，1976年12月7日，THCR 2/6/1/160。⑳ THCR 2/6/1/245。㉑ "协同行动"资料，1977年5月16日，THCR 2/6/1/96。㉒ 杰弗里·豪伊写给玛格丽特·撒切尔的信（包括她在上面信手涂鸦的评论），1977年5月26日，THCR2/1/3/9。㉓ "经济发展正确路径"草案，THCR2/6/1/161。㉔ 来自亚当·里德利写给玛格丽特·撒切尔的备忘录，1977年8月22日，THCR 2/6/1/161。㉕ 撒切尔著，《通往权力之路》，第404页。㉖ 玛格丽特·撒切尔写给杰克·皮尔的信，1977年10月1日，THCR 2/2/1/25。㉗ 约翰·斯派洛写给玛格丽特·撒切尔的信，1977年12月15日，THCR 2/6/1/142。㉘《每日电讯报》，1977年9月14日（柯林斯教育，公开声明全集）。㉙ 周末世界（LWT），1977年9月18日 (http://www.margaretthatcher.org/document/103191)。㉚ 豪伊，演讲草稿，1978年1月12日，THCR 2/1/3/9。㉛ 约翰·希金斯爵士日记（未经公开出版），1976年11月25日，日记的部分内容的编辑版本出现于希金斯著《正逢其时：撒切尔变革内幕》，奥鲁姆出版社，2000年，这是撒切尔担任领导人早年最好的细节描述。㉜ 希金斯著，《正逢其时》，第26页。㉝ 同前，第45页㉞ 采访约翰·希金斯爵士。㉟ 同前。㊱ 希金斯日记，1977年11月24日。㊲ 爱丽斯戴尔·库克编辑，《保守党政策制定》，CRD，2009年，第85—86页。㊳ "战略未来构想"，1978年2月23日，THCR2/6/1/233。㊴ 希金斯日记，1978年2月19日。⑽ THCR 2/6/1/233。⑾ 采访约翰·希金斯。⑿ 希金斯日记，1978年5月22日，见《正逢其时》，第67页。⒀ 大卫·巴特勒采访克里斯·帕滕，1978年，大卫·巴特勒档案，牛津大学纳菲尔德学院。⒁ 采访温瑟姆的瑞德勋爵。⒂ 大卫·巴特勒对艾瑞·尼夫的采访，1978年8月22日，大卫·巴特勒档案。

第十四章　工党不灵了

① 私人信息。② 采访迈克尔·博蒂略。③ 采访卡灵顿勋爵。④ 采访罗伯特·亨特。⑤ 兹比格纽·布热津斯基日记（未经公开出版），1977年5月8日；采访兹比格纽·布热津斯基。看起来布热津斯基可能指的是《与人民一样良善的政府》（西蒙 & 舒斯特出版，1977年），在1977年撒切尔夫人与总统会见前一周卡特的演讲集，已经出版。或者他可能想到的是卡特的竞选传记：为何不是最好？（班特姆图书公司，1976年）。⑥ 玛格丽特·撒切尔著，《通往权力之路》，哈珀柯林斯出

版公司，1995 年，第 367 页。⑦《纽约时报》，1977 年 5 月 9 日。⑧ 同前，1977 年 9 月 6 日。⑨ 采访罗伯·舍费尔德。⑩ 布热津斯基写给卡特的信，“与撒切尔夫人会见”，1977 年 6 月 6 日，RAC NLC—126—8—4—1—8。卡特图书馆，亚特兰大 GA。⑪ 同前。⑫ 采访大卫·亚伦，他 1977 年担任卡特总统的副国家安全顾问。⑬ 采访彼得·杰伊。⑭ 在英国美国商会的演讲，1977 年 9 月 8 日 (http://www.margaret thatcher.org/document/103436)。⑮ 卡洛琳·斯蒂芬斯记录（未经公开出版），1977 年 9 月 7 日。⑯《每日电讯报》，1977 年 9 月 15 日（克里斯多夫·柯林斯编辑，玛格丽特·撒切尔在 1945—1990 年间在 CD—ROM 上的公开声明集锦，牛津大学出版社，1998/2000，9780713992823_MargaretThatcher_TXT.indd 780 25/04/13 10：40 AM Notes 781）。⑰ 斯蒂芬斯记录，1977 年 9 月 9 日。⑱ 在休斯敦英语演讲联盟的讲话，1977 年 9 月 9 日 (http://www.margaretthatcher.org/document/103268)。⑲ 与罗伊·福克斯的通信。⑳《每日电讯报》，1977 年 9 月 12 日（柯林斯教育，公开声明全集）。㉑ 与总统乔治·H.W. 布什的通信。㉒ 斯蒂芬斯记录，1977 年 9 月 11 日。㉓ 斯蒂芬斯记录，1977 年 9 月 12 日。㉔《时代》，1977 年 9 月 19 日。㉕ 斯蒂芬斯记录，1977 年 9 月 11 日。㉖塞勒斯·万斯写给总统的信，1977 年 9 月 12 日，RAC NLC—128—12—12—7—6，卡特图书馆。㉗万斯写给总统的信，“与英国反对党党魁玛格丽特·撒切尔夫人的会面，上午 10：30，斯蒂芬斯 13”，美国国务院档案，在 FOLA Case #200502415 披露。㉘采访乔治·特雷沃顿。㉙采访沃尔特·蒙代尔。㉚采访哈罗德·布朗。㉛采访亨利·基辛格。㉜斯蒂芬斯记录，1977 年 9 月 12 日。㉝见《国家评论》，1977 年 1 月 21 日。㉞采访彼得·杰伊。㉟《金融时报》，1977 年 9 月 16 日。㊱《卫报》，1977 年 9 月 15 日（柯林斯教育，公开声明全集）。㊲私人信息。㊳在布鲁塞尔天主教徒主会场的演讲，1978 年 6 月 23 日 (http://www.margaretthatcher.org/document/103720)。㊴保守党领袖委员会会议记录，1978 年 10 月 4 日，撒切尔资料库，剑桥大学丘吉尔学院，THCR 2/6/1/213。㊵ 撒切尔著，《通往权力之路》，第 418 页。㊶ 同前。㊷ 玛格丽特·撒切尔写给莫里斯·麦克米伦国会议员的信，1976 年 3 月 29 日，THCR 2/6/1/87。㊸ 英国国会议事录，HC Deb 1976 年 1 月 13 日，(http://www.margaretthatcher.org/document/102935)。㊹ 马尔科姆·里弗金德记录（未经公开出版），1976 年 12 月 3 日。㊺ 采访克雷格米勒的吉尔默勋爵。㊻ 私人信息。㊼ 采访泰德·泰勒爵士。㊽ 伯纳德·东诺各胡著，《唐宁街日记》，两卷本，乔纳森·凯普出版公司，2005 年，2008 年，第二卷：与詹姆斯·卡拉汉同在 10 号院，1977 年 3 月 23 日，第 171 页。㊾ 玛格丽特·撒切尔写给埃里克·布坎南—史密斯及其他人的信，1977 年 4 月 5 日，THCR 2/6/1/86。

㊿ 领导人咨询委员会会议记录，1977 年 11 月 2 日，THCR 2/6/1/161。51 采访泰迪·泰勒爵士。52 亚当·里德利写给玛格丽特·撒切尔的备忘录，1978 年 7 月 18 日，THCR 2/12/2/4。53 亚当·里德利写给玛格丽特·撒切尔的信，1978 年 10 月 23 日，THCR2/12/2/4。54 1978 年 10 月 25 日会议记录，THCR 2/1/1/32。55 奈杰尔·劳森写给玛格丽特·撒切尔的备忘录，1978 年 10 月 30 日，THCR 2/1/2/12。56 杰弗里·豪伊爵士写给玛格丽特·撒切尔的信，1978 年 10 月 31 日，THCR 2/1/1/32。57 同前。58 玛格丽特·撒切尔写给乔治·博尔顿，1978 年 11 月 13 日，THCR 2/2/1/5。59 英国国会议事录，HC Deb1978 年 12 月 6 日 (http://www.margaretthatcher.org/document/103794)。60 采访温瑟姆的瑞德勋爵。61 世界在行动（格拉纳达），1978 年 1 月 30 日 (http://www.margaretthatcher.org/document/103485)。62 罗伊·詹金斯著，《欧洲日记 1977—1981 年》，柯林斯出版，1989 年，第 215 页。63 采访迈克尔·博蒂略。64 英国国会议事录，HC Deb 1978 年 1 月 31 日 (http://www.margaretthatcher.org/document/103605)。65 采访撒切尔夫人。66 大卫·巴特勒采访伊诺克·鲍威尔，1978 年，大卫·巴特勒档案，牛津大学纳菲尔德学院。67 吉米青年项目（BBC 电台 2），1978 年 1 月 31 日（柯林斯教育，公开声明全集）。68 撒切尔著，《通往权力之路》，第 409 页。69 戈登·里斯回忆录（未经公开出版）。70 采访拜耳勋爵。71 采访西格林的麦克阿尔潘勋爵。72 采访拜耳勋爵。73 里斯回忆录。74 大卫·巴特勒采访提姆·拜耳，1979 年 5 月 22 日，大卫·巴特勒档案。9780713992823_MargaretThatcher_TXT.indd 781 25/04/13 10：40 AM782 Notes。75 大卫·巴特勒采访戈登·里斯，1978 年 6 月 12 日，大卫·巴特勒档案。76 私人信息。77 采访拜耳勋爵。78 采访西格林的麦克阿尔潘勋爵。79 采访杰里米·辛克莱。80 采访拜耳勋爵。81 采访杰里米·辛克莱。82 同前。83 采访戈登·里斯勋爵。84 采访多布斯勋爵。85 采访温瑟姆的瑞德勋爵。86 采访维克汉姆夫人。87 采访马克·撒切尔爵士。88 THCR 2/6/1/163。89 同前。90 采访桑宁代尔的沃夫森勋爵。91 THCR 2/6/1/163。92 同前。93 玛格丽特·撒切尔接受大卫·巴特勒以及丹尼斯·卡瓦纳福采访，1978 年 8 月 9 日，大卫·巴特勒档案。94 同前。95 未署日期的序言草稿，THCR 2/7/1/5。96 宣言草案，1978 年 8 月 30 日 THCR 2/6/1/163。97 同前。98 同前。